汨罗年鉴

（2018）

中 共 汨 罗 市 委
汨 罗 市 人 民 政 府 主办
中共汨罗市委史志办公室 主编

方志出版社
Publishing House of Local Records

图书在版编目（CIP）数据

汨罗年鉴.2018/中共汨罗市委史志办公室编.
——北京：方志出版社，2019.3
ISBN 978-7-5144-3703-4

Ⅰ.①汨… Ⅱ.①中… Ⅲ.①汨罗—2018—年鉴
Ⅳ.①Z526.44

中国版本图书馆CIP数据核字（2019）第053090号

汨罗年鉴（2018）

编　者：中共汨罗市委史志办公室
责任编辑：董　琳

出 版 人：冀祥德
出 版 者：方志出版社
地址　北京市朝阳区潘家园东里9号（国家方志馆4层）
邮编　100021
网址　http：//www.fzph.org
发　行：方志出版社图书经销中心
电话　（010）67110500
经　销：各地新华书店
印　刷：岳阳鑫容印刷有限公司

开　本：889×1194　1/16
印　张：34.9
字　数：1100千字
版　次：2019年3月第1版　2019年3月第1次印刷
印　数：001～600册

ISBN 978-7-5144-3703-4　定价：350.00元

致敬，飞跃的时代

谨以此年鉴献给

中国改革开放40周年（1978—2018）

汨罗撤县设市30周年（1987—2017）

城市名片

中国屈原文化的源头

中国浪漫主义诗歌文学发祥地

中国龙舟名城

“汨罗江畔端午习俗”世界非物质文化遗产

中华诗词之乡

全国素质教育发源地

全国科技进步先进县（市）

全国国土资源节约集约模范县（市）

汨罗江国家湿地公园

全国首批循环经济试点单位

全国首批“城市矿产”示范基地

湖南省文明城市

湖南省卫生城市

湖南省园林城市

湖南省旅游强县（市）

湖南省“双拥”模范县（市）

湖南省县域经济综合实力十强县市

湖南省保护非物质文化遗产十强县市

数字汨罗

年末常住人口**71.63**万人

年末总户数**21.94**万户

年末城镇化率**56.26%**

年末城镇单位从业人员**5.13**万人

全年完成地区生产总值**422.45**亿元

人均地区生产总值**59092**元

全年公共财政预算收入**18.1**亿元

地方财政收入**100166**万元

一般公共预算支出**374653**万元

全年固定资产投资**300.2**亿元

农林牧渔业总产值**746076**万元

在岗职工年平均工资**49698**元

全年社会消费品零售总额**96.5**亿元

全年城镇居民人均可支配收入为**29445**元

全年农村居民人均可支配收入为**16552.5**元

全市中等学校**50**所

全市普通小学**94**所

全市卫生机构**677**个

图说汨罗·领导足迹

2017年5月，省委书记杜家亳（右二）看望慰问“湖南省优秀共产党员”李大元同志家属

2017年7月，省委副书记、省长许达哲（前排右二）在汨罗镇武夷山村调研

2017年2月，省委副书记乌兰（右二）在弼时镇白鹤洞村村民服务中心调研

2017年4月，省委常委、省委秘书长谢建辉（右二）在友谊河社区调研

2017年7月，水利部副巡视员吴志平（左一）检查兰家洞水库保护工作

2017年7月，岳阳市委书记刘和生（右三）在磊石垸查看管涌险情

2017年7月，岳阳市委副书记、市长李爱武（右一）在长乐镇调研供销社改革工作

2017年10月，岳阳市政协主席徐新楚（左二）在汨罗循环经济产业园督导项目建设

2017年8月，市委书记喻文（右二）在川山坪镇调研脱贫攻坚工作

2017年11月，市委副书记、市长朱平波（右三）在弼时镇白鹤洞村调研

2017年7月，市委副书记、组织部部长李冯波（中排右三）参加屈子祠镇双楚村党建活动

2017年10月，市人大常委会主任闵秀明（右二）率队考察湘阴县工业企业

2017年10月，市政协主席彭千红（左三）在三江镇调研脱贫攻坚工作

2017年7月，市委常委、常务副市长林治学（右三）检查防汛工作

2017年8月，市委常委、统战部部长陈培宏（中）参加商会活动

2017年8月，市委常委、人武部部长向进良（中）与扶贫帮扶对象座谈

2017年9月，市委常委、宣传部部长王敏求（左二）在顺欣科技调研

2017年7月，市委常委、市纪委书记、市监委主任柳雁翔（右一）在白水镇王家坪村调研

2017年9月，市委常委、政法委书记杨峰（中）调研汨罗镇综治工作

2017年10月，市委常委、市委办主任舒文治（右二）调研社区管理工作

2017年8月，市委常委、副市长陈若杨（左二）在飞地产业园调研

2017年9月，市委常委、副市长陈双全（右一）查看罗城路沿街环境秩序

向家洞水库

2017年3月，全市脱贫攻坚突出问题集中整改和迎接中央环保督察工作部署会议召开

三江镇洪源洞

2017年7月，市委专题研究环境保护工作

青苗喜色

罗江镇红花山

白塘镇梦里水乡

集中销毁烟花爆竹

罗江镇环保砖窑

可回收物置换点

汨罗江环境治理

玉池山麻石整治

白水镇生态净化池

友谊河清淤

屈子书院揭牌

2017年5月，屈子祠文化园开园仪式

屈子书院牌坊

屈子书院全景

湖南抬阁故事联盟成立大会

长乐地故事《龙凤呈祥》

长乐故事会

新市镇烧宝塔活动

广场舞流动课堂

汨罗江沿江风光带市民晨练

智峰山滑翔基地

图说汨罗·活力

2017年2月，汨罗市党政代表团赴长株潭学习考察并召开座谈会

国道240桃林寺镇段

新拓宽的汨罗江大桥

国道536南环线

循环经济产业园区企业

弼时飞地产业园区企业

屈子生态湿地公园

汨罗城区一角

高泉新城开工奠基仪式现场

全国首次优质稻田间拍卖活动在汨罗市举行

全运会摔跤女子自由式75公斤级冠军周倩在赛场上

汨罗镇武夷山村

弼时镇白鹤洞村易地扶贫搬迁安置点

桃林寺镇东塘村新农村

三江镇高华村易地扶贫搬迁安置点

村民服务中心

“三城同创”千人签名会

“三城同创”文明志愿者

新市镇福元村农民微课堂

美丽乡村龙塘大屋

2017年10月5日，汨罗市“盛世姻缘”主题集体婚礼活动在城区大操坪举行

汨罗市行政区划图（2018年）

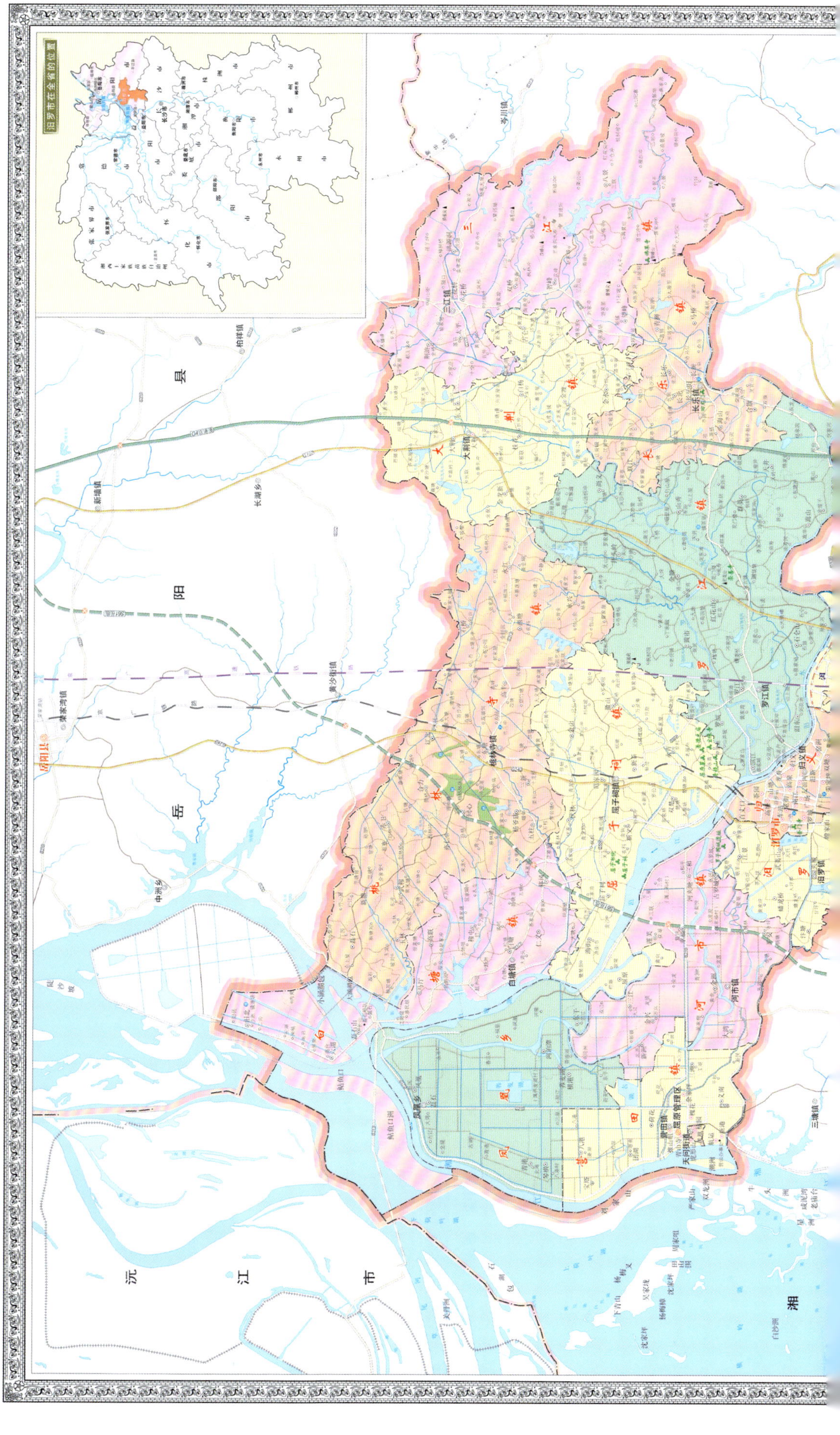

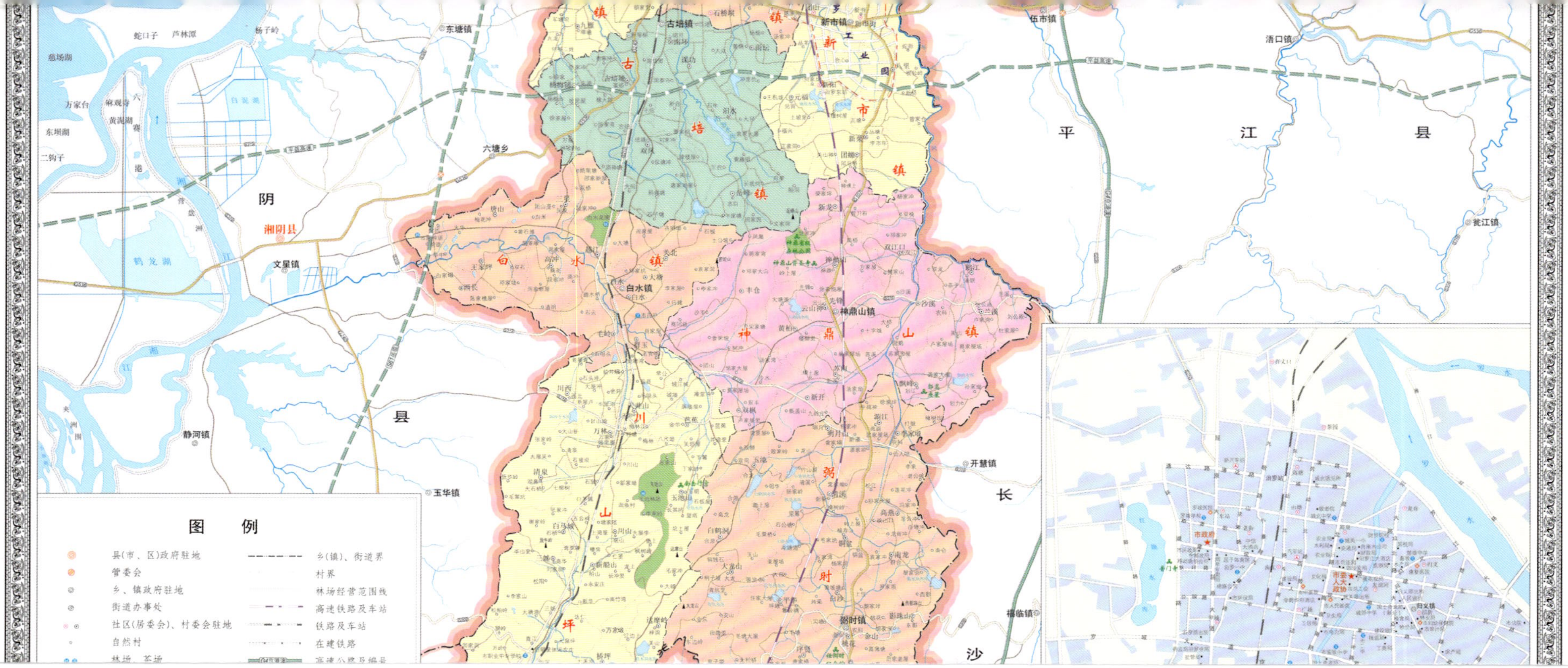

图例
县(市、区)政府驻地
管委会
乡、镇政府驻地
街道办事处
社区(居委会)、村委会驻地
自然村
乡(镇)、街道界
村界
林场经营范围线
高速铁路及车站
铁路及车站
在建铁路
古培镇
新市镇
白水镇
神鼎山镇
弼时镇
伍市镇
洛口镇
瓮江镇
开慧镇
福临镇
东塘镇
六塘乡
玉华镇
文星镇
静河镇
湘阴县
平
江
县
长
沙
阴
县
古培镇
新市镇
白水镇
神鼎山镇
弼时镇
山川坪
新市工业园
市政府

编辑说明

一、依湖南省地方志编纂委员会指导意见，从2018年起，当年度年鉴记载上年度内容。

二、《汨罗年鉴（2018）》由中共汨罗市委、汨罗市人民政府主办，中共汨罗市委史志办公室主编，全市各部门共同参与编撰。本年鉴坚持以马克思列宁主义、毛泽东思想、邓小平理论、“三个代表”重要思想、科学发展观、习近平新时代中国特色社会主义思想为指导，坚持历史唯物主义和辩证唯物主义，注重反映地方特色、时代特点、行业特征，力求体现改革精神，如实记述上一年度汨罗市政治、经济、文化、社会等方面的基本情况，为“存史、资政、育人”服务，为各级领导决策服务，为广大读者掌握信息、积累资料、了解汨罗服务。

三、本年鉴采用分类编辑法。除彩色照片外，内分特载、专辑、大事记、汨罗概况、国民经济、政治、社会团体、法治、军事、综合经济管理、农业、城建·环保·交通、工业·商业·贸易、财税·金融·保险、教育·科技、文化旅游·广播电视、卫生·计划生育、乡镇、人物、附录等20个栏目，部分分目后设有附表。为了便于检索，栏目、分目在字体、字号和编排方面均有明显区别。

四、本年鉴从2017年“三个汨罗”建设的实际出发，对市直行政机关、事业企业单位及乡镇的主要工作编写条目记述。对市人大和政协内设各工作委员会，市委直属科（局）级单位，市政府工作部门及直属企业、事业管理机构，驻汨上管单位等，分别收录党政负责人名单，收录专职党总支（支部）书记名录。乡镇分别收录党政负责干部名录，原则上按党委、政府、人大顺序排列。

五、“人物”收录的人物按生卒年月先后排列。

六、本年鉴是一本文、表、图结合的综合年鉴，文体为语体文、记述体。所有数据基本以市统计局的统计数据为准。数字书写遵循1987年国家语言文字委员会等单位制订的《关于出版物上数字用法的试行规定》；计量单位为公制；专用名字在首次出现后使用简称；文中所附彩图均由汨罗新媒体中心记者提供。

七、部门单位按汨罗市编办提供的《汨罗市党政群团（事业单位）机构设置表》的顺序排列。

八、本年鉴的编辑工作得到全市各级领导的大力支持和各单位的通力协作。由于编辑水平有限，疏误在所难免，恳请读者批评指正。

《汨罗年鉴2018》编纂委员会

	周　征	汨罗市屈子文化园管理中心党组书记
	张　勇	汨罗市屈子文化园管理中心主任
	吴朝霞	汨罗市教体局局长
	何发扬	汨罗市卫计局局长
	周爱煌	汨罗市食药工商监管局局长
	彭建芳	汨罗市审计局主要负责人
	黄永红	汨罗市农业局主要负责人
	胡　义	汨罗市统计局党组书记
专职委员	郑志宏	中共汨罗市委史志办公室副主任
	李建辉	中共汨罗市委史志办公室副主任
	刘国辉	中共汨罗市委史志办公室副科级干部
	胡虎中	汨罗市地方志特约研究员

《汨罗年鉴2018》编辑部

主　　编	王三乐
副 主 编	郑志宏　李建辉　刘国辉
编　　辑	冯贵林　马志宇　胡虎中
	朱卫兵　聂　后
编　　务	徐　西　刘　宏　郑　艳
图片摄影	周　敏　胡　清

目 录

图片专辑

特 载

专 辑

大 事 记

汨罗概况

国民经济

政 治

社会团体

法 治

军 事

综合经济管理

农　业

城建·环保·交通

工业·商业·贸易

财税·金融·保险

教育·科技

文化旅游·广播电视

卫生·计划生育

乡 镇

人　物

附　录

特　载

对标新时代　实现新跨越
夺取更高品质生态文化活力汨罗建设的大胜利

——在市委十届二次全体（扩大）会议上的讲话

（2017年12月21日）

喻　文

一、在总结工作中坚定信心

今年来，我们全面推进“六大战略”，打响“四大会战”，聚力“三园一区”，预计全年主要经济指标稳居岳阳中上游，特别是因为铜铝价格上涨，园区再生资源加工企业产销两旺，财政收入大幅增长，同比增长17.8%，税比82.8%，发展质量不断提高，综合实力有所增强。

（一）以项目攻坚推动强劲发展。打响项目建设百日攻坚战，开展“迎老乡、回故乡、建家乡”和“产业招商月”活动，全年共引进项目72个。规模工业企业增至212家，高新技术企业发展到21家。循环经济产业园顺利通过国家“城市矿产”示范基地验收，岳阳（汨罗）公路口岸投入使用。“飞地”产业园初步建成3平方千米启动区框架，优冠集团建成投产，美好置业落地开工。国道240汨罗段竣工通车，创造“汨罗速度”，打造“汨罗风景线”；国道536汨罗段完成土路基，加速构建交通大循环网络。

（二）以城乡统筹改善民生民利。启动8大棚户区改造，加快屈子生态湿地公园、山塘路跨铁路桥建设，兴建高泉新城汨罗城市广场综合体，“三城同创”有序推进。加快建设屈子祠诗歌中华小镇、长乐故事小镇等特色集镇，建设一批集中建房示范点，创建1个省级美丽乡镇示范镇。成功举办全国首次高档优质稻田间拍卖活动，荣膺全省粮食生产标兵县。全年脱贫7884人，退出贫困村15个。启动城区医院布局调整，计生工作成功创建新一轮“国优”，获评全国义务教育发展基本均衡县（市）、国家级农村职业教育与成人教育示范县（市）。举办“盛世姻缘”集体婚礼，推进殡葬改革向镇村延伸，“治陋习、树新风”专项工作成效显著。开展“安全生产三大行动”，扎实推进“平安创建”，持续打击“三违三强”，打好党的十九大特护期“四大保卫战”，综治民调稳居全省先进行列，群众安全感明显提升。

（三）以文化建设放大品牌影响。屈子文化园基本建成屈子书院一期等景观，端午节如期开园，“挑战了不可能”。粽子文化产业园完成一期工程“三通一平”，启动4栋标准厂房建设。集中推进新国际龙舟竞渡中心、金泽国际大酒店等6个单体项目，承办“爱我国家·圆梦中华”全国文明村镇文艺展演，举办第十三届汨罗江国际龙舟节、全省首届抬阁故事文化节等活动，汨罗文化品牌影响力不断扩大。

（四）以集中整治提质生态环境。创新“三三法则”，着力深化农村环境综合整治。推进“四大整治”，依法关停塑料加工作坊、麻石加工企业、黏土砖厂、禁养区养殖场，引导转型升级。完成中央环保督察交办件52件，开展洞庭湖突出环境问题集中整治月行动，规范提质园区企业环保设施运行，实现生态效益与社会效益双赢。

（五）以夯实党建增强队伍活力。坚持“党员活动日”制度化，上好“第一堂党课”，开展“六进”宣讲活动，用党的十九大精神凝聚新动能。风清气正圆满完成村级换届，建成村（社区）综合服务平台178个。“红星云”激活率达88.9%，学习排名居于全省第一方阵。深入开展“汨罗新发展、党员新作为”创先争优活动，党员在抗洪救灾等急难险重任务中充分发挥先锋模范作用，三江镇李大元同志被追授为革命烈士。干部管理选拔更加规范，“不作为”“乱作为”追责力度不断加大，反腐败工作持续保持高压态势，汨罗政治生态环境得到改善。纪检监察“一体化”改革深入推进，市委巡察办、纪检派驻组开始运行。党管武装工作成效显著，省级“双拥”模范城达标考核优秀。全力支持工会、共青团、妇联、文联、科协、残联、党史、档案、工商联、关工委、民宗、侨务等开展工作，凝聚了强大的发展合力。

一年来，汨罗“稳”的基础打得更实，是因为我们咬定目标不动摇。党的十九大推出“美丽中国战略”为“生态汨罗”带来更强的动力，“文化强国战略”为“文化汨罗”带来更多的机遇，“乡村振兴战略”为“活力汨罗”带来更大的空间，与新一届市委、市政府“建设更高品质的生态文化活力汨罗”发展战略，是深度契合的。一定要一张蓝图干到底，紧盯宁乡、望城，谋求大突破，实现新跨越。一年来，汨罗“特”的优势放得更大，是因为我们聚力项目不松劲。全力奋战“三园一区”，集中攻坚“四大会战”，在打造循环经济、屈原端午龙舟文化等特色品牌上取得实效，活力有所增强。一年来，汨罗“进”的步伐跑得更快，是因为我们坚持实干不懈怠。全市上下撸起袖子加油干，扑下身子抓落实，把心思集中在“想干事”上，把力量凝聚在“干成事”上，形成了上下团结和谐、干群同心同向的良好态势。

在看到成绩的同时，我们也必须清醒地认识到，中国特色社会主义新时代有新定位，有新使命，有新要求，也给我们带来了新挑战。新时代，发展品质的标准更高。我国经济已由高速增长阶段转向高质量发展阶段，质量摆在第一，效益始终优先。但是，汨罗当前的产业档次不高，高新企业不多，循环经济瓶颈难以突破，屈原端午龙舟文化与旅游融合不紧，缺乏市场创新，缺乏产业支撑。新时代，人民群众的需求更多。就汨罗而言，农村基础设施欠账不少，城镇建设管理水平不高，再生资源行业污染环境较为严重，文化教育卫生资源布局不合理，农村教育力量亟需加强，基层医疗卫生服务能力较弱，看病难、看病贵甚至因病致贫依然存在。新时代，党员干部的要求更严。与新形势、新要求相比，汨罗党员干部队伍的能力素质、工作作风还存在一些差距。有的服务意识不强，门好进，脸好看，事难办；有的担当精神不够，遇到问题就绕，碰到矛盾就躲；有的廉洁自律不严，权力特殊化、商品化，贪污受贿，牟取私利。这些沉疴陋习，与新时代极不协调极不相容。我们必须坚持问题导向，补短板，强弱项，严要求，在攻坚克难中夺取发展新胜利。

二、在主动作为中开创新局

2018年工作总的指导思想是：全面贯彻落实党的十九大精神，高举习近平新时代中国特色社会主义思想伟大旗帜，突出创新引领，加快开放崛起，落实“四个十条”，聚力“三园一区”，加速产业提质、城乡融合、改革创新、民生改善，领跑岳阳，争先湖南，不断夯实党的建设，决战全面建成小康，用实干实绩夺取更高品质生态文化活力汨罗建设的大胜利。

对标新时代，实现新跨越，我们必须结合实际，按照已定思路、路径、重点，把干事创业的动力和激情充分释放出来。

（一）始终把“更高品质”作为不懈追求。加速转型升级，着力提升产业品质，全面提高发展效益

1. 决战园区，工业上转型升级。牢固树立“工业强市、园区兴工、项目立园”发展理念，落实“园区十条”，理顺园区管理机制，大力发展高效益、低能耗、无污染的工业，建设“生态效益品质园区”。循环经济产业园实施“项目落地三年计划”，建成再生材料园，启动高铁新城建设，将老区转型为创新创业区，清理“僵尸项目”，加快“腾笼换鸟”，持续提升承载能力。“飞地”产业园加快承接大长沙、江浙沪粤产业转移，聚集高新项目，引进龙头项目，努力打造全省“飞地经济”示范园区。落实“非公十条”，用好“支持工业企业十条措施”等扶持政策，建立园区行政审批服务中心，优质高效服务好项目，激发和保护“企业家精神”，支持企业家持续创新、转型发展。

2. 打响品牌，文化上培优育强。以“一江（汨罗江）一园（屈子文化园）一节（端午龙舟节）一产业（粽子文化产业）”为重点，把更多的文化资源从“沉睡”中唤醒，全力打造“湘楚汨罗、诗歌源头、文化圣地”。加快汨罗江端午文化产业项目整体开发，深度挖掘汨罗江畔端午习俗、长乐故事会等世界级、国家级非物质文化遗产，保护性开发汨罗江国家湿地公园，汨罗江风光带续建二期、启动三期，把汨罗江建成文化长卷、旅游长廊。高标准建好屈子书院，打造田园综合体，把屈子文化园建成AAAA级景区。创新办节模式，特色化策划，市场化运作，围绕龙舟竞渡、水上娱乐等主题，引进一批体验性文化项目，有内涵回味，让游客回头，获经济回报。咬定“5万亩基地、5万人就业、50亿产值”发展目标，打造粽子文化产业园、糯稻生产基地两个核心载体，推动粽子产业提档次、上规模、增效益。

3. 彰显特色，农业上提效增收。坚持什么市场大种什么，什么效益好栽什么，让低效农业变成高效农业。围绕水稻、蔬菜、油茶、茶叶四大主导产业，稳面积、育主体、调结构、增效益，建设高标准农田，推广粮食生产全程机械化，再创“湖南省粮食生产标兵县”。推进土地承包经营权确权颁证，完善“三权分置”办法，盘活农村闲置房屋、土地，引导合法流转，创新托管机制，打造特色产业园，把高档优质米、长乐甜酒等地方土特产和小品种做成大产业。推广电商服务，发展订单农业，从根本上打通农产品上行“最先一公里”，推动“一产接二连三”。推进“同心创建”，发展“回乡经济”，引导工商资本扎根田头，带动农民增收致富。

（二）始终把“美丽家园”作为共同愿景。坚持规划先行，统筹发展，让城乡更为秀美、更加宜居。

1. 突出“三个重点”，提升城市品位。重点一：旧城提质。旧城做减法，攻坚棚改任务，建设友谊河生态景观走廊，打造城市中央公园。融入海绵城市理念，疏通排水管网“肠梗阻”，清淤拓建调蓄水体，下大气力解决内涝问题。尽快启动安置区项目，从源头上平抑房价。实施农贸市场提质工程，建设农产品电商物流园。完善城区路网，改造背街小巷，新建停车场，着力缓解市民“出行难”“停车难”等问题。重点二：新区开发。新区做加法，坚持“多规合一”，突出“沿江一线，沿湖一片”，加快建设高泉新城片区、屈子生态湿地公园片区，更加注重建设质量，更加注重集约高效，更加注重地上地下统筹。重点三：三城同创。全力创建国家园林城市、国家卫生城市、全国文明城市，从严落实城市管理“十条禁令”，城市规划区重点管控区全面禁止个人建房。“文明创建”要创新形式，广泛挖掘宣传“身边好人”“道德模范”“文明家庭”，培育践行社会主义核心价值观。创建“园林式小区”“园林式单位”，建设小游园、林荫大道，打造绿不断线、景不断链的城市生态屏障。

2. 实施“四大行动”，推动乡村振兴。实施“规范建房行动”。结合易地扶贫搬迁、农村危房改造等项目，规范村民建房，推行集中建房。不大拆大建，80%的新建住房适度集中，统一屋顶、外墙颜色，规范朝向，抱团发展。推行“厕所革命”，建设三格式化粪池，通过管道收集、湿地吸附，分解降低污染。实施“环境美化行动”。继续推行“垃圾户分类减量、就地消纳”模式，确保垃圾不出村，出村的是极少量的可回收垃圾，建设看得见山、望得见水、留得住乡愁的美丽乡村和特色小镇。实施“危房杂屋清理行动”。对农村空心破败房、废弃闲杂屋集中清理、大面拆除，消除隐患，盘活资源，美化村容村貌。实施“移风易俗行动”。以“村规民约倡导、党员干部带头”为着力点，以规范操办婚丧喜庆事宜为突破口，深入推进“治陋习、树新风”，加大殡葬改革力度，推动公益性公墓乡镇全覆盖。

3. 推进“三大工程”，厚植生态优势。推进绿化工程。落实落细“三年绿化行动”，大面绿化园区、道路、集镇、村庄、水系，让道路变成“绿网”、河道变成“绿脉”、森林变成“绿肺”，让绿色铺满罗城。推进“三线”整治工程。对国道107、汨新大道、高铁沿线废品收购点集中整顿、彻底清理，推动塑料行业入园经营、封闭运行、圈区管理，严防污染反弹。推进生活垃圾焚烧发电厂建设工程。利用垃圾焚烧发电变废为宝，实现城区垃圾处理无害化、减量化、资源化，减少“二次污染”。同时，建成重金属固废填埋场，建设中水循环污水处理项目，完善重金属污水收集处理系统，不断夯实环保基础，推动绿色发展。

（三）始终把“改革创新”作为活力源泉。大力落实“开放十条”，为发展集聚更多新动能。

1. 解放思想，拓宽新路径。在思想观念上，近处向湘阴、平江取经，远处向江浙沪粤等地学习；在工作坐标上，向宁乡、望城看齐，找准发展差距，汲取先进经验。今后，市委中心组学习和党员干部培训，要坚持“走出去，请进来”，以解放思想、学习先进理念为重点，引导全市广大党员干部用更加开放的视野谋划新思路，用更加务实的办法开辟新境界。

2. 对接大长沙，集聚新优势。把“飞地”产业园打造成区域合作桥头堡的同时，重点抓好“三大对接”：一是抓好交通对接，融入长沙“经济圈”。加速汨杨公路拓改，适时启动国道107东移暨升级改造（汨长大道），建设融长对接新快道，推动“长汨半小时交通圈”覆盖汨罗全域。二是抓好旅游对接，打造休闲“后花园”。发展特色民宿、美食娱乐、田园观光等旅游产业，开发“周末游”“农家乐”等精品市场，成为长沙市民休闲度假的首选地和目的地。三是抓好农业对接，建设绿色“供应站”。精心培育绿色食品、有机农产品，积极建设省会农产品配送基地，力争成为大长沙的“米袋子”“菜篮子”。

3. 全面深改，激发新活力。加快“放管服”改革，为市场主体减负担，为大众创业降门槛。推行“一门式”政务服务，坚持“一个窗口受理、一次集中审批”，实行全程代办，让数据多跑路，让群众少跑腿。管好用好178个村（社区）综合服务平台，集党务、政务、村（居）务、商务、社务于一体，打造“线上线下融合、前台后台贯通、纵向横向联动”的基层服务新模式。推进供销社综合改革，建好“两组织一平台两社”，让老树抽出新枝，在“乡村振兴战略”中发挥更大作用。做实财政，用活国资管理中心，落实“金融十条”，防范金融风险，强化多元融资，打通经济“血脉”。推进法院审执分离改革，提高执行效率，创新“汨罗模式”。鼓励创新创业，争创国家知识产权示范城市，建强省高新技术产业开发区，建设科技创新服务中心，培育新的市场要素，增强经济增长的内生动力。

（四）始终把“民生幸福”作为根本目的。办好民生实事，提高幸福指数，不断回应人民对美好生活的向往。

1. 脱贫攻坚路上，一个都不能掉队。2018年全市建档立卡贫困人口6860人必须脱贫，9个贫困村必须全部退出，目标上绝不打折扣。持续推进“十大攻坚行动”，集中政府支持、市场推动、社会帮扶等力量扶贫济困，引导走出“懒汉心态”，激发脱贫志气。落实“一把手”负责制、驻村帮扶制、结对帮扶制、项目资金倾斜制，不脱贫绝不脱钩绝不撤兵。

2. 社会保障网络，一处都不能疏漏。优先发展教育事业，启动“教育振兴三年行动”，迁建市一中，提质扩建市二中，建设1所城区九年制义务教育学校，新建市体育中心，改造农村薄弱学校，引进民办学校，化解教育债务，落实待遇保障，稳定教师队伍，提高教学质量，重塑汨罗素质教育品牌。迁建人民医院、疾控中心、妇幼保健院，启动中医院综合大楼建设，优化医疗卫生资源布局，做好计划生育优质服务，抓好出生缺陷干预，让“健康中国战略”惠及更多的基层百姓。推行“阳光救助”，破解低收入群体“因病致贫返贫”困局，建成市老年活动中心，提升农村养老机构服务水平，用实际行动关爱帮扶老弱病残。

3. 安全稳定工作，一刻都不能松懈。持续推进“安全生产三大行动”，落实“党政同责、一岗双责、齐抓共管、失职追责”的要求，推行市、乡、村、组网格化管理全覆盖，争创省级安全生产先进县（市）。深入推进“平安创建”，积极化解矛盾纠纷，畅通信访渠道，遏制“非访”行为，绝不花钱买平安，不惜代价保平安。严厉打击“黄赌毒”“地痞村霸”等，加快“天网”工程、“风控”系统建设，提高监管、预测、防护能力。大力整治发展环境，从重打击强买强卖、强揽工程、强行阻工等违法行为，努力营造廉洁高效的政务环境、公平诚信的市场环境。

三、在加强党建中夯实保障

党的建设是新的伟大工程，要把基层党建作为最大的政绩来抓，建强忠诚担当干净的干部队伍。

（一）深入贯彻落实党的十九大精神。高举习近平新时代中国特色社会主义思想伟大旗帜，系统掌握“八个明确”“十四个坚持”的科学内涵，自觉当好坚定信仰者、忠实实践者、有力传播者。始终在思想上、政治上、行动上与以习近平总书记为核心的党中央保持高度一致，衷心拥戴核心，坚决维护核心，自觉服从核心，坚定紧跟核心。全面深化“六进”宣讲活动，坚持在学懂、弄通、做实上下足功夫，确保党的十九大精神在汨罗落地生根，贯彻践行卓有成效。

（二）切实加强政治建设。开展“不忘初心、牢记使命”主题教育，推进“两学一做”学习教育常态化制度化，强化“四个意识”，严守政治纪律，站稳政治立场。充分发挥市委“总揽全局、协调各方”的领导核心作用，全面落实党组（党委）向市委报告工作制度，推动人大、政协、“一府两院”依法行权履职，始终与市委同心同步。发挥“大统战”工作格局优势，继续开展“迎老乡、回故乡、建家乡”活动，凝心聚力谋求最大公约数，画出最大同心圆。全面落实党委（党组）意识形态工作责任制，牢牢掌控舆论主导权，传播汨罗好声音，做到正能量充沛、主旋律高昂。扎实抓好党管武装工作以及工会、共青团、妇联、科协、文联等工作，发挥老干部、老同志的积极作用，调动一切有利因素，凝聚磅礴发展力量。

（三）不断建强基层党组织。推进党支部“五化”建设，加强“两新”组织党建，做到“成熟一个、组建一个、巩固一个”。强化“智慧党建”，利用“红星网”“红星云”，把基层支部建在网上，把广大党员连在线上。建立稳定的基层经费投入机制，以适当待遇为村干部队伍稳人心、鼓干劲。加强党内激励关怀帮扶，规范发放离任村干部生活补助，做好农村特困党员和老党员的关爱活动。提质改造基层“软弱涣散”党组织，选准一个书记，配强一套班子，建好一支队伍。

（四）持续激发创先争优的干劲。始终保持争先进位的精神状态。大力弘扬求索精神、骆驼精神、龙舟精神，主动到“三园一区”主战场、信访维稳最前沿、脱贫攻坚第一线干事创业、比学赶超，做有情怀、有担当的党员干部。牢固树立“深入一线争创一流”的使命意识，谋发展亲自抓项目，保稳定亲自包案件，促改革亲自当先锋，抓民生亲自下基层。不断锤炼干事创业的过硬本领。实施罗城英才“121计划”，办好异地干部培训，选派干部赴外挂职锻炼，大力培养年轻干部，不断提高改革创新、科学发展、狠抓落实等“八种本领”。充分发挥绩效考核的激励作用。创新干部考核评价办法，坚持“面子、位子、票子”三挂钩，让能干事、干成事的得到重用，让不作为、乱作为的受到惩罚，进一步调动全市党员干部的积极性、创造性。

（五）构建风清气正的政治生态。落实党风廉政建设主体责任和监督责任，强化不敢腐的震慑，扎牢不能腐的笼子，增强不想腐的自觉。深挖细查隐形变异“四风”，突出抓早抓小，绝不能让“针鼻子大的眼，吹出笸盘大的风”。用好“四种形态”，让“红脸出汗”成为常态，彰显“第四种形态”的“压舱石”作用。稳步推进监察体制改革试点工作，组建好监察委员会，完善纪检派驻机构工作机制，充分发挥市乡纪检监察工作“一体化”在信访执纪审查方面的优势。深化“交叉巡察”，坚持“借刀削把”，做到无禁区、全覆盖、零容忍。发挥“互联网+监督”的作用，坚决落实中央精神，持续开展扶贫领域腐败和作风问题专项治理，紧盯“雁过拔毛”，严惩“小官大贪”，把关键岗位的“苍蝇”拍下去，把群众身边的“蛀虫”挖出来，让老百姓在全面从严治党中增强获得感和认同感。

同志们，新时代开启新征程，新使命呼唤新作为。让我们在党的十九大精神的正确指引下，不忘初心，牢记使命，只争朝夕，奋力作为，再干几件对发展有利的大事，再干几件对群众有益的好事，再干几件对子孙后代高度负责的实事，全力实现67万汨罗人民对美好生活的向往，努力夺取更高品质生态文化活力汨罗建设的大胜利！

名词解释：

三城同创：全国县级文明城市、国家卫生城市、园林城市。

国优：国家优质产品的简称。

三违三强：河道采砂违法、工程招投标违法、工程监理违法、强揽工程、强买强卖、强行阻工。

做有情怀的汨罗人

——在全市三级干部大会上的讲话

（2018年2月28日）

喻 文

全市“四大家”班子风清气正换届后，大家已经并肩作战一年多了。一年多来，我们风雨兼程，不断奋进，没有因为发展压力大而动摇信心，没有因为民生任务重而弱化担当，没有因为遗留问题多而放弃追求，始终一步一个脚印走下去，一件事情接着一件事情干下来，着眼更高品质，加快强劲发展，决战全面小康，有望重返“全省十强”，干出了换挡加速的好态势，向全市人民递交了一份满意的成绩单。从一年多的工作中，从汨罗的新变化中，从与大家越来越多的交往中，从昨天的典型发言和今天各层次受表彰的先进身上，我深刻感悟到了一种质朴而高尚的情怀。这种情怀，来源于对家园故土的无限热爱。全市干部、群众、乡友，深情关注1562平方千米热土，深深融入这个大家庭，相扶相助，休戚与共，心系发展，情系民生，满怀感激之情，常存报答之心。这种情怀，升华于代代传承的“三种精神”。矢志不渝的求索精神、团结拼搏的龙舟精神、负重奋进的骆驼精神，内化于心，外化于行，化作了大家干事创业的激情、攻坚克难的力量。这种情怀，落实于奋勇争先的生动实践。大家以“领跑岳阳、争先湖南”为奋斗目标，不图虚名，更求实效，不断续写新的辉煌。

这种情怀，形象很鲜明，内涵很丰富，如果描述、概括一番，能让每一个汨罗人看到我们的精神图谱，引起我们心灵的强烈共鸣。这种情怀，我们可以如数家珍：求索向上，追求卓越；奋发有为，实干担当；开拓创新，开放包容；襟怀坦荡，充满阳光；成就梦想，从不言弃；乐于奉献，情意绵长。我们将这种情怀称为新时代的“汨罗情怀”。她是汨罗独特的文化气质，是汨罗一方水土涵养的思想底蕴，是汨罗人共有的精神坐标。我们正是依靠汨罗情怀，凝聚了更多力量，顺利通过了无数场“大考”，交上了更好的答卷，也期待夺取更大的胜利。

有一种汨罗情怀叫“求索”，让追求更有价值

求索，是汨罗固有的文化特质与精神力量。从“路漫漫其修远兮，吾将上下而求索”的屈原，到“党和人民的骆驼”任弼时；从“焦裕禄式干部”彭亮根，到“革命烈士”李大元；从“湖南省消灭荒山第一市”，到“全国素质教育先行者”；从“一根扁担两箩筐，串乡走户收荒货”，到全国首批循环经济试点单位、全国首批“城市矿产”示范基地……求索精神一脉相承、贯穿始终，一直响彻在汨罗江上龙舟竞渡的隆隆鼓声中，一直铭刻在1562平方千米的罗城大地上，一直飞扬在汨罗人追求美好生活的征途中。特别是新一届市委、市政府担纲领衔以来，勇于求索，积极进取，经受了重大考验，取得了实实在在的成效。2017年，我们突围发展，实施“六大战略”，打赢“四大会战”，提质“三园一区”，财税收入大幅增长，同比增长17.4%，税比达82.7%。我们务实干事，合力攻坚抓项目、破难题、促发展，全面小康总体实现程度预计达97.8%。我们扎根基层，抓“精准扶贫”一个都不掉队，抓“环保国考”一处都不疏漏，抓“移风易俗”一刻都不懈怠，在民生改善上谱写了新的篇章。我们强基固本，大力提振干部士气，全力打造服务平台，着力构建风清气正的政治生态，基层党建更具创造力、凝聚力、战斗力。

当前，建设更高品质的生态文化活力汨罗，已经成为了新一届市委、市政府的战略总目标，成为了67万汨罗人民的共同新愿景。“更高品质”是我们的不懈追求，不仅要体现在经济指标的增长上，更要体现在市民的切身感受上；不仅要体现在城镇建设上，更要体现在乡村振兴上；不仅要体现在面貌改善上，更要体现在内涵提升上。聚力项目建设绝不畏难。今天下发的《汨罗市产业项目建设年2018年工作实施方案》，就是督战书、责任状、集结号。各级各部门要拿出“开局就是决战、起步就是冲刺”的劲头，始终以“产业项目”为总抓手，坚持“一个项目、一名领导、一套班子、一个方案、一抓到底”，领导力量向产业项目集聚，办公现场放到产业项目工地，绩效考核提高产业项目权重，督查督办突出产业项目重点，确保洽谈项目早签约、签约项目早开工、开工项目早投产，推进“六个一批”落地见效。始终以“三园一区”为主战场，聚集高新项目，引进龙头项目，发展优势项目，提质改造传统产业，培育壮大新兴产业，推动“创新引领开放崛起战略”落实落地。加速乡村振兴绝不松劲。乡村振兴战略，是做好新时代“三农”工作的行动纲领。我们要按照既定部署统筹推进，重点抓好四项工作：一是打赢脱贫攻坚战。坚持问题导向，补齐工作短板，严格落实“一把手”负责制、驻村帮扶制、结对帮扶制、项目资金倾斜制，持续推进“十大攻坚行动”，努力完成脱贫6860人、退出9个贫困村的年度任务，不让一个贫困户掉队。二是集中整治农村“空心房”。结合规范村民集中建房、农村危房改造、“厕所革命”等，综合采取经济、行政、法律等手段，推动生态大修复、建房大集中、面貌大提升，留住自然风貌、文化传承和美丽乡愁。三是抓好环境综合整治。实施“三三法则”，推行“垃圾户分类减量、就地消纳”模式，确保大部分垃圾不出村，出村的是可回收垃圾，不断提升环境品质。四是强化移风易俗。进一步巩固“治陋习、树新风”专项行动成果，坚决做到“婚事新办、丧事简办、余事不办”，努力培育文明乡风、良好家风、淳朴民风。夯实基层党建绝不懈怠。高举习近平新时代中国特色社会主义思想伟大旗帜，加强政治建设，强调政治纪律，始终坚持党是领导一切的。全面从严治党，深化作风建设，大力反腐倡廉，全面贯彻落实中央八项规定实施细则精神，深挖细查隐形变异“四风”。提质改造基层“软弱涣散”党组织，选准一个书记，建好一支队伍，用好一个平台，确保战斗堡垒更强、基层基础更实、政治生态更优、党员干部队伍更纯，打造汨罗党建新品牌。

要实现这些新目标、新追求，任务还很重，困难还很多，没有一种执着精神，没有一股“虽九死其犹未悔”的韧劲，我们就无法勇攀高峰。作为血液中沸腾着求索精神、骨髓中生长着奋进力量的汨罗人，必须充分发扬“宁误一季田，不误五月船”的劲头，敢于跟好的比，与强的争，同快的赛，不因困难而退缩，不因挫折而气馁，以“钉钉子”精神做实做细做好各项工作，才能积小胜为大胜，领跑岳阳，争先湖南。

有一种汨罗情怀叫“担当”，让干事更有激情

伟大时代呼唤担当精神，崇高事业需要榜样引领。今天，我们隆重表彰了16位突出贡献者，他们强于执行，敢于突破，不找借口，不讲价钱，对应负的责任，迎着风险也要扛住；对该做的事，顶着压力也要干成。他们奋战在城镇棚改、脱贫攻坚、环保督察、项目建设、招商引资等一线，始终以“严”的作风推进工作，以“干”的精神抓好落实，以“闯”的劲头开创新局，为我们树立了最有情怀、最讲担当的身边典型。2017年上半年，屈子文化园建设者把付出当作天经地义的责任，把奋斗当作义不容辞的使命，倒排工期，加班加点，抢晴天，战雨天，麻风细雨当好天，确保端午节顺利开园，成功“挑战不可能”。240国道汨罗段改扩建工程开工最迟、路程最长、投资最大，但是速度最快、质量最好、环境最优，打造了全市首条高标准生态景观大道。从这些项目团队可以看出，在急难险重任务面前，决心比能力更重要，担当比方法更关键。有些工作迟迟不落实，有的局面迟迟打不开，我想，从根本上讲，不是方法问题，也不是能力问题，而是敢不敢担当、想不想落实的问题。对于我们汨罗的党员干部而言，发展、改革、稳定等任务十分繁重，面对的社情民情也十分复杂，许多突发事件的应对没有“先例”可以参照，没有“模式”可以套用，如果不敢担责，不敢碰硬，就解决不了难事，干不成大事。

我们要有功成不必在我的胸怀。领导就是责任，职责就是担当。汨罗的每一位领导干部，任期都是有限的，交替也是必然的。一些工作和事业的成功，虽然不一定在任期内实现，但是只要对汨罗的长远发展有利，对67万汨罗人民有益，我们就得干，就得苦干、实干、大胆干。循环经济产业园、“飞地”产业园是汨罗强劲发展的“大龙头”，要实现转型升级绝非一朝一夕之功，要做大做强绝非一时一地之力，我们要坚持“工业强市、园区兴工、项目立园”，善于打持久战，敢于打攻坚战。对一些具有带动效应的大项目，我们一定要久久盯住、死死粘住，一年接着一年做，一届接着一届干，确保落地生根、开花结果。文化旅游业开发周期长，汨罗江端午文化产业整体开发项目的合作期限长达30年，难以吹糠见米，难以立竿见影。但是，屈子端午龙舟文化是一块响当当的品牌，核心竞争力和对外影响力无法估量。我们这届市委、市政府不能计较短期政绩，不能计较眼前名利，必须尽最大的努力，下最大的功夫，紧紧围绕“一江（汨罗江）一园（屈子文化园）一节（端午龙舟节）一产业（粽子文化产业）”，把文化品牌打响打亮，把文化汨罗做强做优。这就是一种大情怀，这就是一种大担当。

我们要有愈战愈勇的精神。塑料加工、畜禽养殖等行业污染环境行为肆虐多年，贻害无穷，长期以来市民谈“虎”色变。2017年4月中央环保大督察，我们顶住重重压力，以铁的决心严管，以铁的手腕严治，以铁的纪律严查，毅然采取“休克疗法”，一举关停1000多家小企业、养殖场，100%办结办好52件重大交办件，实现生态效益与社会效益双赢，在环保“国考”中获得了高分。困难和压力面前，我们不仅不能低下头，还要挺起胸抬起头，逢山开路，遇河架桥。建设生态汨罗是主攻方向，我们必须以壮士断腕的决心、猛药去疴的力度、刮骨疗毒的勇气，持续推进塑料行业、熔炼企业、麻石加工产业、畜禽养殖场四大整治，狠抓新市全域环境综合整治，对环境违法行为露头就打、落地就抓，打造山水林田湖“生命共同体”。

我们要有吃得苦、霸得蛮、扎硬寨、打硬仗的血性。在“棚改集中攻坚月”中，一大批市级领导靠前指挥，一线攻关，忙在现场，吃在现场，昼夜奋战在现场，感动了拆迁户，带动了党员干部。各指挥部、部门单位、相关乡镇以及社区合力攻坚，不分晴雨，不知疲倦，全天候、超负荷地开展工作。面对辖区五大棚改项目、十二大重点工程等繁重任务，归义镇党委书记黄平坚持“五软五硬”方法，取得显著成效，成为全市征拆工作样板。归义镇干部赵滔舍小家为大家，顾不上照料多病的父亲和住院的小孩，始终坚守征拆一线，2017年签约征拆户超过150户，创下了全市拆迁工作个人最高记录。去年腊月二十九，我们的执法队伍发扬连续作战的优良作风，一举将建设中路临街门面、屈子生态湿地公园旁“钉子楼”依法征拆，攻克了难关，打赢了硬仗。今年，棚改任务更重，我们要克服畏难心理、厌战情绪，继续保持这种决战决胜的信心、攻坚克难的激情，奋战一线，连片推进，坚决完成棚改年度任务。以前过年，城区“炮声”隆隆，空中硝烟弥漫，街上看不清人，市民开不了窗，每次环卫工人要用10多台翻斗车、花三四天时间来清运垃圾。这次大年三十到初一，整个城区只有三处燃放了烟花爆竹，所有垃圾清运干净不到一个半小时，大家过了一个健康年、吉祥年、清新年。今年的城区“禁炮令”为什么能够令行禁止？是因为禁炮部门坚持上门劝导，半夜蹲守，春节“枕戈待旦”不休战；是因为社区党员点对点包户，面对面宣传，大街小巷全覆盖；是因为大家用意志和毅力掀起了一场深得市民拥护的群众运动。“禁炮”成功，为今年深入推进“三城同创”开了一个好头，迈出了关键的一步，我们要继续发扬这种“不达目的不罢休、不获全胜不收兵”的“汨罗血性”，从严落实“十条禁令”，持续推进“控建拆违”，全力创建国家园林城市、国家卫生城市、全国文明城市，共建共享更为秀美、更加宜居的幸福家园。

有一种汨罗情怀叫“创新”，让发展更有品质

由于政策有所调整、市场发生变化、管理存在漏洞，砂石开采曾经步入了阶段性困局。我们一手抓整治，平整清理砂场，解体上岸采砂船，实现了“由浊水变清流”的完美转身；一手抓创新，推行公司模式，实施国有经营，积极对接市场需求，确保砂石效益最大

化，为全市工程大建设、财税大增收作出重要贡献，完成了“从黄沙到黄金”的顺利嬗变。

发展无穷期，创新无止境。想创新、敢创新、善创新，是加速发展的第一动力。只有不断创新，才能突破自我；只有不断创新，才能超越别人。我们要清醒看到：2017年，汨罗虽然打了一个“翻身仗”，但是，从主要经济指标上来分析，从湘阴、平江、华容等周边县市区逼人的发展态势来看，我们的领先优势不多，慢进则退的严峻现实一直摆在汨罗面前，我们有动力也有压力，有机遇也有挑战。我们更要警醒起来：汨罗的产业质量还不高，龙头企业不多，创新能力不强；文化品牌还不响，与旅游深度融合不够，效益难以提高；城镇建设还不快，管理机制不够健全，与市民的生活需求有差距，与汨罗的对外形象不匹配；财政收入还不高，可用财力不足，税收不够稳定。这一系列问题，如果不从“根子”上想新办法彻底解决，就会成为束缚汨罗强劲发展的瓶颈，成为影响市民生活品质的短板。破解汨罗的发展困境，迫切需要新思路，需要新探索。

解放思想是创新发展的“总开关”。当前，一些领导干部抱着老黄历，对付新问题，抓落实就是开会、发文件，抓督查就是听汇报、查资料，抓招商引不进新项目，抓产业拿不出新举措，抓发展走不出新路子。这次三级干部大会，我们请来两位专家教授讲课，请来三位本土典型人物发言，主要目的就是为大家释疑解惑、传经送宝、提神洗脑。思想就是力量，观念就是财富。希望大家多学习先进理念，多汲取成功经验，善于打开思路，勇于挑战盲区，不断开创新局面，实现新飞跃。蹲在井底的青蛙，不晓得天空有多大；守在窝里的母鸡，不晓得外面有多好。我们要善于“走出去”问计取经，转变旧观念，学到“真东西”，找到“金钥匙”。我们要深入开展“抓重点、补短板、强弱项”大调研活动，紧紧围绕事关“三个汨罗”建设的24个重要课题，大兴调查研究之风，从实践一线找到解决问题的新思路、破解矛盾的新办法，变不利为有利，变不能为可能，形成大众创业万众创新的良好局面。

创新的事业呼唤创新的人才，人才是创新的核心要素。去年腊月二十九，我参加了汨罗智库专家座谈会，社会各界专家学者为汨罗发展“把脉开方”，提出了许多有价值的好建议、新路子，不亚于一场能力充电、智力风暴。天津市社科联智库工作处处长江立云等十多名老乡联名写信，为汨罗打好文化牌、国际牌、民俗牌、生态牌献计献策，其情也切切，其心也拳拳，我们深受启迪，倍感振奋。我们要进一步完善新型智库建设，引进创新型人才，以“服务决策、推动发展”为目标，努力打造信得过、靠得住、用得上的“智囊团”。同时，全面实施罗城英才“121计划”，舍得花成本育人、花价钱引人，不仅把人才“引进来”，还要让人才“留得住”，更要把人才“用得好”，确保各类创新型人才发挥重大作用、获得最佳效益。

有一种汨罗情怀叫“开放”，让前行更有力量

发展是永恒主旋律，开放是时代最强音。开放包容，是一种大胸怀，更是一种大智慧。汨罗经济总量不够大，本身实力相对弱，仅靠自身“滚雪球”发展，后劲难以为继，必须以更加开放的姿态、更加包容的胸怀，加速合作交流，强化产业承接，吸纳外部增量。

开门招商是地方经济发展的“生命线”。我们引进经卓新材料项目，投资达15.5亿元，循环经济就增添了新的“引擎”；我们引进优冠集团等项目，“飞地经济”就插上了强有力的“翅膀”。招大引强，必须锲而不舍。市人大常委会原主任郑晓之同志，退位不退志，退岗不褪色，发挥人脉优势，紧盯项目不放手，引进了总投资过10亿元的“大庭纳米”项目。市人大常委会副主任何中良同志，凭着师生情谊，既打“感情牌”，又打“底气牌”，用好汨罗的招商政策，把香港龙智集团请回家乡，引进了总投资36亿元的5万吨铜箔项目。这些都体现了我们党员干部的大开放情怀、大招商谋略。外资要进来，干部要出去。困难困难，困在家里才难。要广开招商渠道，广纳投资客源，坚持政府推动、园区主动、部门联动，从江浙粤沪等发达地区，引进投资规模大、科技含量高、发展前景好、环境污染少的大项目、好项目。要发扬“狼团队”的精神，走出去招商、以商招商，向开放要项目、要速度、要质量、要效益，以大开放带动大发展。

打好“乡情牌”，是加速汨罗开放发展的关键。寓外成功乡友是汨罗的精英和优秀儿女，具有情系家乡的大爱之心、回报家乡的赤诚之心。2月13日晚，在汨罗市寓外文艺界知名人士新春联谊会上，著名学者、诗词大家，84岁的乡友周笃文老先生这样深情抒怀：“走南闯北看世界，最喜欢的还是家乡的萤火虫和白鹭，永远铭记故乡夏天扑面而来的流萤。”在外游子的一片冰心，溢于言表，感人肺腑。在2017年寓外乡友迎春茶话会上，实业界乡友向家乡送上16个项目、90.46亿元的“大单”，经济价值高，情义价值更高。我们要深入推进“迎老乡、回故乡、建家乡”活动，加强结对联系，加强情感交流，用一片真情激发乡友的浓厚乡情、回归热情、创业激情，为汨罗发展招商引资、献计出力、牵线搭桥，引入更多的优质资源集聚汨罗。

长株潭是全省经济发展核心增长极，融入、对接大长沙，是汨罗借力发展、开放崛起的现实需要。汨罗知名乡友、全国人大代表、友阿集团董事长胡子敬等人，斥资36亿元建设高泉新城汨罗城市广场项目，打造崭新地标，提升城市品位，拓宽了汨罗对接大长沙的新领域。今后，在园区建设、产业承接、交通互联等方面，汨罗要进一步借助大长沙的外力，乘势而上，蓄势而飞。要高标准拓改汨杨公路，适时启动汨长大道工程，充分发挥京广铁路、京广高铁、107国道、240国道、京港澳高速及其复线等主通道作用，在交通上实现互联。要做大做强“飞地”产业园，承接大长沙产业转移、项目输出，在产业上实现互补。要整合文化休闲资源，开发观光度假精品项目，打造长株潭“后花园”，在旅游上实现互融。

环境是开放发展的第一竞争力。环境是水，企业是鱼，哪里水好，企业就往哪里游。过去一年多来，我们从严打击“三违三强”，发展环境有了很大的改善，但是仍然存在一些不和谐的音符、一些不满意的地方。正月初八，我和平波同志等到循环经济产业园调研座谈，发现强揽工程者还是有之，阻工闹事者还是有之，不作为、缓作为、乱作为者更是有之。说明汨罗的投资环境，客商和企业家仍然还不满意。优化环境如果不下重手，谁还敢到汨罗来投资，谁还敢到汨罗来创业，谁还敢到汨罗来搞建设？我们要重拳整治“三违三强”，坚决刹住歪风邪气，全力为企业排忧解难，为发展扫雷清障。在此，市委、市政府再次正告：凡是阻工闹事的，一定依法顶格处理。全国性的“扫黑除恶”专项斗争已经轰轰烈烈地展开，党和人民的“刀把子”正在严阵以待，这项工作下午将作专门部署。

对于县域经济而言，投资者就是上帝，企业家就是功臣。大家不要只看到他们赚钱兴业的“乐”，还要看到他们背井离乡的“苦”；不要只看到他们在汨罗发财，还要看到他们促进了汨罗发展，为我们带来了新的就业机会，带来了新的财税增长点。因此，无论是从汨罗的发展大局来看，还是从我们每个人的切身利益来看，开门招商是重中之重的工作，服务企业更是理所当然的职责。市委、市政府以及各级各部门，都要带头讲诚信、守信用，说过的话一定算数，作出的承诺一定兑现，用真心留住人心，用情怀凝聚能量。今年要集中一段时间，优化再造政务流程，精简行政审批事项，高标准设立园区行政审批服务中心，全面推行“一门式”服务，真正做到“一窗口受理、一站式办结、一条龙服务”，让投资者在汨罗安心创业、放心发展、舒心生活，带动更多的外地客商信任汨罗、投资汨罗、助力汨罗。

有一种汨罗情怀叫“挚爱”，让奉献更有温度

在汨罗的公益事业中，活跃着11家爱心团队，汇聚了5000多人。其中，“爱心帮帮” 近年来共开展各类公益活动400多次，募集、发放善款和物资800多万元，被评为“湖南省学雷锋志愿服务百强社团”“岳阳市最佳志愿服务组织”。“帮主”伏雯患病多年，始终以“帮助别人、奉献社会”为己任，团结带领1400余名固定志愿者，积极传递“爱心接力棒”，为贫困学子献上爱心，为白血病人筹集善款，为孤寡老人送去温暖……“感人心者，莫先乎情。对老百姓的感情有多深，做好事的动力就有多大。” 伏雯的善言善行，“让爱心传递得更远”，是对情怀的一种完美诠释。还有爱心天使助残服务中心创办人杜忠美，身残志坚，乐于助人，服务全省十大残疾人阳光扶贫基地，对接帮扶3000多名残疾人。她们的付出，让我们倍感温暖、倍受感动。

在去年防汛抢险中，有一群“急先锋”，筑子堤，堵管涌，砍青巡查，把垸区当作战场，把抢险当作战斗。他们就是屈子祠镇义务治安巡防队。他们已经为群众义务巡逻8年多，不要报酬，不计得失，是一群“开自己的车、抽自己的烟、花自己的钱”，却“为别人办事、替别人干活、代别人操心”的“志愿兵”。

在脱贫攻坚第一线，有一支驻村帮扶工作队，他们真心与贫困户结对子、交朋友、认亲戚，同坐一条凳谈心，同喝一壶茶交心，把温暖送到群众心坎上，把发展带到贫困村来。市委编办帮扶干部仇小明扎根弼时镇玉池村，东家西家走得勤，老的少的谈得拢，大事难事帮得忙。短短1年时间，他帮助完成3千米村组道路拓宽硬化，引进猕猴桃种植等产业项目，撰写8万多字、230多篇工作日志，帮助全村43户140人顺利脱贫，获评“全市脱贫攻坚十大典型人物”。

诗人艾青深情说过：“为什么我的眼里常含泪水？因为我对这土地爱得深沉……”作为汨罗的党员干部，作为生于斯、长于斯的市民，谁不希望自己的家园越来越好？谁不盼望汨罗的形象越来越美？谁不会对这片土地始终保持一份大爱？把汨罗当作自己的家园来热爱，哪里的路不好、电不通、基础设施不达标，大家心里自然有本账；资金怎么筹集，进度怎么统筹，质量怎么保障，大家心里自然有盘棋。即使苦，也苦中有乐；即使忙，也忙得充实；即使累，也累得有价值。把工作当作一生的事业来钟爱，面对更具挑战的棚改任务，我们就会主动出击，而不是敷衍塞责；面对越来越难的脱贫攻坚，我们就会精准发力，而不是推诿扯皮……无论任何时候，都会眼中有事、手中有活、心中有责。把群众当作身边的亲人来关爱，在困难户缺衣少食时，我们就会千方百计送上帮助；在偏远学校、敬老院跑风漏雨时，我们就会筹资集款改善条件；在群众表达强烈诉求时，我们就会感同身受，想方设法解决问题。只有像对待父母子女、兄弟姊妹一样对待基层群众，我们党员干部才会知道他们缺什么、盼什么，才会知道自己该干什么、怎么干，才会无论为群众吃多少苦、遭多大罪而没有半点怨气、没有半点委屈。

情怀带来使命，奉献彰显大爱。新时代是奋斗者的时代。我们要有“在一线”的干劲。各级党员干部特别是领导干部，要大力践行“一线工作法”，深入基层，深入实践，亲自“上火线”，带头“打冲锋”，一竿子插到底，一口气抓到底，能力在一线提升，成果在一线取得，形象在一线树立。我们要有“马上办”的狠劲。凡是上级部署的事、市委市政府决定的事、群众期盼的事，说了算，定了干，遇到矛盾及时化解，发现问题快速排除，少一点“等靠要”思想，多一点“闯冒试”劲头，用“马上就办”的精神干事创业，用“办就办好”的实效推动发展。我们要有“钉钉子”的韧劲。紧紧围绕全市发展大局，围绕市委、市政府的战略目标，一张蓝图干到底，不打“太极拳”，不玩“空手道”，以“踏石留印、抓铁有痕”的精神，多做打基础、利长远的实事，多办惠民生、解民忧的好事。

有情怀的党员干部始终讲奉献、重实干，有的长期战斗在基层一线，有的经常加班加点，透支了身体，损害了健康，牺牲了休息时间，没有精力照顾家庭，为了汨罗的发展而无私奉献，为了群众的利益而努力追求。对于这些实干型干部，组织上要提供更多的、富有人情味的关怀，用一片阳光关心干部，用一份激励提振干部，用一套规矩保护干部，完善容错纠错机制，进一步营造“鼓励成功、宽容失败”的环境和氛围，让想干事、能干事、敢干事的人没有后顾之忧，为他们筑牢“补给站”“避风港”。这也是一种组织情怀。特别是在选用干部上要做到公道正派，如果任人唯亲、拉帮结派、暗箱操作、搞团团伙伙，即使制度再完美、程序再严密，最优秀的干部也可能选不上来。长此下去，最老实的人也会学“精”，最有情怀的干部也会灰心。市委用干部的导向十分鲜明，我们已经从项目建设主战场、脱贫攻坚最前沿、棚改征拆第一线，公开选拔了一批有情怀、讲奉献的好干部，今后使用这些干部的力度将更大。市委就是要通过这种干部选用机制，使正向激励的作用越来越大，使干事创业的精气神越来越足，使汨罗的政治生态越来越“山清水秀”。

同志们，每一种情怀，都是一种力量，都是汨罗的希望。做一个有情怀的汨罗人，就能守得住初心，经得住考验，扛得住压力，始终保持一种执着的追求，始终保持一种前行的动力；就能在建设更高品质的生态文化活力汨罗的新征程中，干在实处，走在前列，勇立潮头！

政府工作报告

——在市第十二届人民代表大会第二次会议上

（2017年12月25日）

朱平波

2017年工作回顾

即将过去的一年，在市委正确领导下，在市人大、市政协监督支持下，全市上下深入贯彻上级各项决策部署，努力建设更高品质的生态文化活力汨罗，经济社会发展呈现积极态势。预计全年完成地区生产总值373.3亿元，同比增长（下同）7.5%；公共财政预算收入18.1亿元，增长17.8%；固定资产投资300.2亿元，增长15%；社会消费品零售总额96.5亿元，增长11.5%；城、乡居民人均可支配收入为29445元、16591元，增长9%、8.6%。

我们奋力推进生态汨罗建设，发展质量稳步提升。贯彻绿色发展理念，用心呵护青山绿水，努力推动更高质量、更可持续的发展。

四大整治削减了污染存量。顺应群众呼声，强力推进小散乱废企业、砖厂、麻石加工企业和畜禽养殖四大整治。集中优势力量，成立四大工作班子，深入调研，反复论证，集体决策，出台整治方案。顶住多方压力，克服重重困难，对全市塑料加工作坊、麻石加工企业、黏土砖厂、禁养区养殖场，依法关停，引导转型转产。严格巡查执法，全面防控反弹，乱焚烧、乱排放、乱采挖等现象得到有效遏制，全市PM2.5（细颗粒物）平均浓度下降4.2%，空气质量优良率提高5.5个百分点，地表水主要断面水质稳定在Ⅲ类标准以上，顺利通过中央环保督察。这充分说明，只要我们合力同心，持续攻坚，就能拥有青山秀美、水流清澈、空气清新的美好环境。

产业转型控制了排放增量。严格生态标准、品质标准、效益标准，倒逼产业转型，否决不符合环保要求的项目26个，单位GDP能耗下降3%。规模工业企业增加到212家，实现增加值142亿元，增长5.4%；新增国家高新技术企业8家，完成高新技术产业增加值68亿元，增长15.3%，专利申报279件、授权173件，获批省级高新技术产业开发区，工业高新化迈出坚实步伐。创建优质稻万亩示范片4个、特色种植基地20个，新增种养大户300个、农民专业合作社198个、家庭农场178个、省级农业特色产业园2家、无公害农产品和绿色食品3个，农业机械化水平达到82.7%，成功举办全国首次高档优质稻田间拍卖活动，获评全省粮食生产标兵县（市），绿色农业、品牌农业有新进展。第三产业实现增加值121.9亿元，增长10%，占GDP比重提高2个百分点，三次产业结构比调整为11.9：55.5：32.6。

生态修复扩大了环境容量。划定生态保护红线，全面推行河长制，严格生态环境监管。恢复矿区生态，修复已关停矿山23万平方米。实施“绿化三年行动”，大面造林2.2万亩，绿化通道300千米，森林覆盖率达到47%。落实洞庭湖水环境综合治理行动，解体上岸采砂船23艘，平整砂场25个，清除垃圾堆场15个，关闭治理排污口9个，全面拆除汨罗江国家湿地公园内的违章建设，汨罗江恢复了应有的宁静。创新“三三法则”，深入开展农村环境综合整治，建设压缩式垃圾站14个、垃圾分拣站195个、三格式垃圾池1.2万个、污水处理池2.3万个，清运垃圾8.7万吨，评选美丽村庄29个、美丽庭院881个，弼时镇被评为省级美丽乡镇示范镇，长乐镇、白水镇被评为省级卫生镇，打造了一批垃圾分类合理、污水治理有效、村容干净整洁的秀美村庄。开展环境整治巾帼在行动、小手牵大手等活动，参与环保成为广大群众的自觉行动，城乡面貌焕然一新。

我们奋力推进文化汨罗建设，发展动能更加丰富。挖掘屈原端午龙舟文化资源，提炼湘风楚韵元素，做优载体，擦亮品牌，增强文化软实力，培育经济新支撑。

文化名城建设加快推进。屈子生态湿地公园建设融入求索精神，凸显湘楚风格，建成沿湖四环，完成主要景观，布局健身设施，成为市民锻炼休闲的好去处。高泉新城建设坚持“城市地标、活力新区”定位，完成片区概念规划、控详规划编制，新汽车站一期基本竣工，汨罗国际广场当年签约、当年开工，主体建筑商贸博览中心接近封顶，民泰恒生中心开挖地下室。山塘路跨铁路桥建设进展顺利，拉通山水路，提质汨罗江大道6千米，改造背街小巷7条，启动街道规范命名工作。强力推进棚户区改造，为城市发展腾出空间。开展“三城同创”，拆除临街门面104个，新增停车位380个，新建小游园4个、压缩式垃圾站（公厕）11个，开展文明劝导，实施严管重罚，通过省级灭蚊C级达标复查。

文化产业开发实现突破。建成屈子书院一期、饮马塘等景观，建好游客服务中心、停车坪等配套，汨罗江骑行公园投入使用，屈子文化园端午节如期开园。征地近1000亩，完成一期工程“三通一平”，建设标准厂房4栋，粽子文化产业园快速推进。金泽国际大酒店、汨罗江风光带二期、新国际龙舟竞渡中心、端午文化产业运营中心、诗歌中华国际交流中心、新市古镇风情街等项目整体实施，汨罗江端午文化产业开发多点发力，蓝墨水的上游荡漾出新的诗意和风采。开发神鼎山省级森林公园、玉池山省级风景名胜区等生态人文景观，全域旅游来势看好。

文化事业蓬勃发展。承办“爱我国家·圆梦中华”全国文明村镇文艺展演、全省首届抬阁故事文化节。举办屈原文化传承与区域文化创意产业发展高峰论坛，推出《屈原文化研究丛书》，省屈原文化研究基地落户汨罗。举办第13届汨罗江国际龙舟节，我市龙舟代表队应邀参加俄罗斯圣彼得堡夏季中国文化节，向世界展示了汨罗的龙舟文化和龙舟精神。长乐镇获评“中国楹联之乡”、湖南省经典文化镇，弼时镇弼时村获评全省经典文化村。举办韩少功文学创作40周年汨罗乡亲见面会，《甜酒谣》列入国家艺术基金项目，《歌郎》等文学作品结集出版，《雕龙头》等五幅作品入选平遥国际摄影大赛，新媒体建设取得进展。完成“村村响”数字化改造，放映公益电影4524场，送戏下乡85场，送书下乡6.9万本，举办第八届花鼓戏艺术节、“书画进万家”“学习十九大·唱响新汨罗”合唱音乐会等活动，群众文化生活不断丰富。

我们奋力推进活力汨罗建设，各种要素充分涌流。立全局、算大账、谋长远，挖掘潜能，激发活力，汇聚更大能量，提升发展品质。

市场活力得到释放。落实“放管服”改革，新登记注册市场主体5305户，增长37%，其中企业1230户，增长32%。开展“迎老乡、回故乡、建家乡”和产业招商月活动，引进项目72个。电商企业增至1660家，实现交易额45.5亿元，增长24%，其中农产品上行交易额增长195%。快递上行量增长97%。房地产完成投资5.7亿元。规范融资平台管理，推行PPP模式，投资总额稳定增长。农商银行挂牌开业，率先在岳阳实现“一县两行”目标。全市金融机构存款余额219.3亿元，贷款余额108.2亿元，净增贷款38.8亿元，增长率位居岳阳第一。

创新活力不断迸发。推进财税体制改革，开展“发票有喜”摇奖活动，收入规模和质量进一步提升，公共财政收入税收占比达到82.8%，地方收入税收占比达到68.9%。推进行业协会商会与行政机关脱钩，12家行业协会回归本位。成立固定资产投资审计中心，创新审计管理方式，审计核减工程造价4156万元。启动供销合作社综合改革，组建市惠农服务公司1家、镇惠农服务中心4家、村综合服务社70家。农村土地确权颁证外业基本完成，带动流转土地26.45万亩。划定管控红线，全面禁止城市规划区重点区域个人建房。严格控建拆违，坚决拆除鲁师坝“批三层建八层”等违法建筑，全年拆除违法建设6.7万平方米，清理违规广告牌匾5000多平方米。各镇创新开发模式，长乐故事小镇功能不断完善，大荆镇、弼时镇启动集镇提质改造。规范村民建房，建设集中示范点14个。

社会活力有效增强。各类社会组织发展到359家，其中公益慈善组织9家，多次开展爱心志愿活动，助学、助残、资助大病患者2000多人，救济受灾群众1000多人，爱心之家志愿者协会被评为全省最佳志愿服务组织，志愿服务成为一种风尚。举办首届集体婚礼，推动殡葬改革，婚事新办、丧事简办、余事不办成为社会共识，树新风、治陋习效果明显。汨罗籍运动员周倩夺得第十三届全运会女子自由式摔跤冠军，环洞庭湖流域羽毛球邀请赛、广场舞大赛、篮球足球联赛、游泳比赛和全民健身登山等群众性活动广泛开展，广大市民的健康意识逐步增强，追求美好生活的脚步更加自信。

制度活力初步显现。出台制度性文件52个，以制度促规范、管长远、添活力。完善《汨罗市政府工作规则》，推动政府工作有计划、按程序、规范化运行。出台《汨罗市工业企业招商引资办法》《汨罗市支持工业企业十条措施》等政策，鼓励招大引强，扶持产业发展。修订《汨罗市市级财政支出管理暂行规定》《汨罗市规范项目申报整合资金使用实施办法》等文件，规范资金管理，提高使用效益。健全《汨罗市项目建设工程指挥部管理暂行办法》《汨罗市进一步加强投资项目管理》等制度，严管重点工程，加快项目建设。制定《汨罗市突发事件预警信息发布管理办法》，切实提高应急处突能力。完善建议、提案办理工作制度，办理人大议案1件、人大代表建议195件、政协委员提案98件，办复率、满意率均为100%。整治不作为、缓作为、乱作为，鼓励敢作为，严格落实全面从严治党主体责任，作风建设、党风廉政建设得到加强。

围绕更高品质生态文化活力汨罗的宏伟目标，各部门单位履职尽责，努力作为。交通建设大会战强势推进，国道240汨罗段建成我市首条高标准生态景观大道，红屈线一期实现通车，国道536汨罗段完成主路面工程，罗城西路二期完成70%的工程量，打通农村断头路11.1千米，加宽窄路33千米，完成安保工程156千米，改造维修危桥12座。循环经济产业园加快“二次创业”，开工项目18个，创新创业园等重大工程有序实施，岳阳（汨罗）公路口岸投入使用，通过国家“城市矿产”示范基地验收。长沙经开区汨罗产业园基础设施逐步完善，建成3平方千米启动区框架，美好置业、吉尔科润等项目成功落户。脱贫攻坚大会战推进十大行动，实施省级产业扶贫项目1个、县级项目227个，培训贫困劳动力387人，发放小额贷款5124.5万元，易地搬迁725户，改造补助危房701户，退出贫困村15个，脱贫7884人。升级30个行政村宽带，提质48个行政村农配网，建成178个村（社区）综合服务平台。“两癌”免费检查惠及1.6万农村适龄妇女，计生工作成功创建新一轮“国优”，获评全国义务教育发展基本均衡县（市）、国家级农村职业教育与成人教育示范县（市）。城市盲区供水工程、农村安全饮水巩固提升工程解决了10.1万居民饮水安全问题。新增城镇就业5483人，转移农村劳动力就业5236人。公开分配公租房764套。清零信访积案，办结12345公众服务热线、市长热线、市长信箱事项近万件。开展烟花爆竹打非清缴、补短板除隐患、长治久安三大行动，安全生产始终保持高压态势，古培镇被评为全省安全生产示范镇，屈子祠镇、三江镇被评为岳阳市安全生产示范镇。应对有记录以来最大的雨情汛情，夺得防汛抗灾最终胜利。依法整治“三违三强”，严厉打击各类违法犯罪，社会大局稳定和谐。人武、法制、人防、消防、血吸虫防治、司法、编制、老干、民宗、移民、保密、史志、档案、气象、邮政、侨务、盐务、商业、外贸、物资、烟草、石油、住房公积金等工作均有新进步，工商联、共青团、科协、工会、残联等群团组织均有新成绩。

各位代表，成绩的取得，是上级正确领导、关心支持的结果，是市委总揽全局、科学决策的结果，是市人大、市政协有力监督、大力支持的结果，凝聚了各位代表、各位委员的智慧和力量，饱含了广大干部群众的辛勤汗水。光荣属于这片热土，成绩属于全市人民。一年来，面对“新发展要有新作为”的号召，各级负责干部身先士卒，忙碌在项目现场，奋战在工作一线，夜以继日，攻坚克难；许多老干部老同志关心汨罗建设，积极建言献策，为发展鼓与呼；不少乡友心系家乡，以回乡创业、推荐项目、引进资金、出谋划策等方式，支持家乡建设，造福汨罗人民；特别难能可贵、让人感动的是，重点工程指挥部和市直部门、乡镇、社区村组的同志抢晴天、拼雨天，从早干到黑，加班加点，任劳任怨，为项目建设、重点任务付出了艰辛努力。从城市到乡村，从机关到基层，从学校到企业，各条战线挥洒着干事创业的汗水，全市上下涌动着积极向上的正能量。此时此刻，我们要为有担当、有作为的广大党员干部喝彩，为能干事、能成事的汨罗人民点赞。在此，向所有关心、支持、参与汨罗建设的各级领导、各界人士，表示衷心的感谢，并致以崇高的敬意！

当前面临的主要挑战

各位代表，建设更高品质的生态文化活力汨罗，有了良好开端，取得明显成效，但对照第十次党代会的总体部署，对照广大群众的期盼要求，发展任务还非常艰巨，我们的工作面临着不小的压力。

经济社会发展还有不少短板。工业主导产业单一，政策依赖性强，市场竞争力弱；农业大而不强，特色农产品缺乏；端午文化产业还没有形成气候，提振实体经济、提高有效供给、加快产业转型的任务十分繁重。中心城区功能不全，配套不完善，农村道路、水利等设施欠账较多，汨新大道、107国道、高铁沿线垃圾乱堆的问题令人担忧。教育资源布局不合理，学校债务包袱重，教师结构不优，农村学校基础建设滞后，文化、卫生等公共服务与群众期盼都有较大差距。发展不平衡不充分的问题还比较突出。

适应新形势还有明显弱项。一些干部学习意识不强，专业知识不足，全市产业发展、城市经营、资本运营等方面的人才紧缺。有的干部不适应新形势，不熟悉新事物，思想观念陈旧；有的干部习惯按老黄历办事，摆脱不了路径依赖；有的干部创新意识不够，走不出思维定势。一些干部以文件落实文件，以会议落实会议，作风漂浮，落苑功夫不够。少数干部缺乏担当精神，有点风险就畏缩不前，看到矛盾就绕道回避。一些单位看重部门利益，缺乏主动服务意识；个别部门互相推诿扯皮，很多事项协调成本高、工作推进慢。要打造最好的队伍形象、最优的服务环境，我们还要下苦功夫，花大力气。

创先创优还要破解难题。汨罗要当好岳阳的排头兵、跻身全省县域发展第一方阵，一些难题亟需破解。有色金属价格波动，产业链不长，稳增长还面临压力。PPP项目要适应政策调整，还需进一步加强管理，规范运行。融资门槛更高、难度更大，平台公司改制转型迫在眉睫。中小企业信用担保有限公司化解风险、走出困境、提升服务，还要打开思路，创新办法。棚改任务重，政策逐步缩紧，推进速度必须加快。城区禁止个人建房后，新旧问题交织，必须及时稳妥化解。

各位代表，面对这些挑战，我们没有任何退路，只有积极应对，主动作为：我们要有百折不挠、自强不息的韧劲。汨罗是一座有着光辉历史的城市，从高泉山起步，从一张白纸开始，到现在争做岳阳新增长极建设的领头羊，靠的就是汨罗人民知难不畏、迎难而上的品格，靠的就是全市上下坚韧不拔、一拼到底的精神。面对困难和风险，再苦再难我们也要坚持。我们要有逢山开路、遇水架桥的决心。屈子文化园开园挑战不可能。国道240汨罗段建设人员三班倒，设备不停歇，在岳阳交通建设大会战中树立了速度、质量和生态标杆。国土部门积极实施耕地占补平衡项目，努力争取用地指标，保障了建设需求。经卓新材料20天开挖填土80多万方、平整土地320亩，成为服务项目建设的新典范。这些事实说明，只要我们下定决心，就有能力应对各种风险、解决各类难题。我们要有稳打稳扎、积小胜为大胜的定力。汨罗江河道治理取得阶段性成果，烟花爆竹行业实现有效整治，接受中央环保督察得到上级肯定等，这些都是我们一步一个脚印干出来的。只要我们一个一个项目扎实推进，一项一项工作抓好落实，更高品质生态文化活力汨罗的宏伟蓝图就一定能变成美好现实。

2018年工作安排

2018年，政府工作的总体要求是：坚持以习近平新时代中国特色社会主义思想为指导，全面贯彻党的十九大精神，牢牢把握供给侧结构性改革这条主线，大力实施“创新引领、开放崛起”战略，认真落实“四个十条”，按照市委十届二次全会部署安排，以对接大长沙为主方向，以“三园一区”为主抓手，加快产业提质、城乡融合、改革创新、民生改善，开放开明，善作善成，创先创优，夺取更高品质生态文化活力汨罗建设的大胜利，实现领跑岳阳、争先湖南。

2018年，全市经济社会发展主要预期目标是：地区生产总值增长9%；公共财政预算收入增长7%；固定资产投资增长16%；社会消费品零售总额增长11.5%；城、乡居民人均可支配收入分别增长9%、8.8%。单位GDP能耗下降3.6%，主要污染物排放量削减2%。全面小康实现程度领先岳阳各县市。

一、以强园兴工为根本，狠抓工业转型升级

按照建设实体经济、科技创新、现代金融、人力资源协同发展的产业体系要求，深化供给侧改革，推动高质量发展，贯彻“园区十条”，开展园区建设大会战，加快打造生态品质效益园区，着力提升工业经济实力。

夯实园区平台。循环经济产业园：修编园区总体发展规划、区域环评规划、产业规划和高铁新城控详规划。加快3000亩新区开发，建好再生塑料园。启动高铁新城建设，发展以先进制造业为主的高新技术产业，配齐商贸餐饮娱乐等城市要素，推动工业“区”向产业“城”转变。运营好创新创业园，引导乡友、大学生、科研人员入驻发展。建设电子安防产业园，建成标准厂房20万平方米，入驻电子、安防项目10个以上，打造全省同类行业标杆性产业集群。长沙经开区汨罗产业园：完成产业规划、产城融合规划编制。建好坪上南路、塑塘路等5条道路，建成招商中心，扫尾安置区一期，启动二期建设，加速引水工程、污水处理厂、自来水厂和气站建设。

扩大产业规模。落实“产业项目建设年”行动，不断壮大现有产业，积极培育新兴产业。循环经济产业园围绕“千亿园区”目标，从2018年开始，实施项目落地三年行动，通过“招商引进一批、腾笼换鸟一批、扩产新建一批”，力争落地项目100个；启动扩产扩能“111”工程，通过三年左右努力，培育年产值过50亿元企业1家、过10亿元企业10家、过亿元企业100家。2018年力争落地项目30个，其中过5亿元项目1个以上，支持振升三期和晨威、三兴、中联等项目二期建设，培育年产值过10亿元企业3家、过亿元企业30家，实现税收10亿元。长沙经开区汨罗产业园坚持高标准定位，深化与长沙方合作，推进联合招商，力争年内落地亿元项目10个以上，开工建设5个以上。

加强要素保障。实行循环经济产业园财政独立管理，建立园区行政审批服务中心，执行“二号公章”，让园区放手创业。贯彻“非公十条”，设立产业基金、科技创新引导基金，支持企业做大入“规”、创新升“高”、股改上市，力争新增规模企业10家、高新技术企业5家、主板上市企业1家。引进企业综合性服务平台，设立续贷周转基金，化解中小企业信用担保有限公司风险，引导银企对接，撬动更多社会资本流入实体领域。做好企业用工和高端人才引进服务，依法清理闲置用地，推动僵尸企业“腾笼换鸟”，盘活存量资源。市场运作，办好循环经济发展论坛。企业家是推动产业发展的中坚力量，我们将进一步激发企业家精神，鼓励企业家创新，弘扬工匠精神，营造敬业风尚。多途径保护企业家利益，打造一流的营商环境。

二、以完善功能为目标，狠抓城市扩容提质

坚持“加减结合、内疏外扩”战略，提质旧城，开发新区，推进“三城同创”，加快建设端午龙舟文化名城。

全力改造棚户区。实施高泉新城综合体、东延线、友谊河沿线、通江路沿线、循环经济产业园新桥片区、高铁新城一期、武夷山夹城、玉笥山和长乐镇棚改项目，以及中心城区零星棚户区改造，拆迁安置4880户，同步清零往年任务。坚持阳光拆迁、公平拆迁、依法拆迁，坚决维护支持棚改、配合拆迁群众的根本利益。加快安置区建设，切实保障品质房源，有效平抑市场房价。汨罗城市容量有限，中心城区扩容提质任务艰巨，我们将保持高压态势，坚决做好禁建工作，严厉打击违建行为，确保新增违法建设零增长、存量违法建设负增长。

加快建设重大项目。启动新一轮城市总规编制，以规划引领城市建设。高泉新城建成新汽车站，加速国际广场开发，开业商贸博览中心，封顶民泰恒生中心，启动龙舟酒店、红星美凯龙、城市维护中心建设。屈子生态湿地公园片区启动生态酒店、儿童乐园建设。适时启动城南商圈和端阳城建设，打造一批城市地标和品位街区。建成山塘路跨铁路桥，新建道路6条，提质道路5条，改造背街小巷10条。综合治理友谊河，净化河道，美化沿岸，建好亲水平台，实现人车分流、雨污分流，打造河畅水清、岸绿景美、自然和谐的友谊河城市中央公园。

努力提升城市品质。搬迁中心城区的集贸市场，改造大众南路和屈原北路市场，建设农产品电商物流园，新建农改超项目10个，标准化改造社区蔬菜门店。加快海绵城市建设，新建改造箱涵11个、机埠5个，清淤调蓄水体6个、排污渠20千米。启动智慧城市建设，提高政务服务质量。完善社区治理和服务体系，执行十条禁令，推进严管重罚，提升管理水平。新建一批生态公厕、小游园和停车场，规范街道命名，布局雕塑体系，探索城市书吧建设，留住历史记忆，厚植文化基因，打造有深度、有内涵、有书香的特色城市。

三、以城乡融合为引领，狠抓美丽乡村建设

贯彻乡村振兴战略，倾斜力量和资源，优先发展农业农村，逐步把农村建成广大市民的幸福家园、休闲乐园。

发展现代农业。整修水库13座、山塘159口，疏浚沟渠199.4千米，加固堤防19千米，建设高标准农田1万亩，推广粮油生产全程机械化，改善农业生产条件。紧盯市场需求，以水稻、蔬菜、油茶、茶叶为重点，创建高产示范基地6个，发展特色种养基地5个，播种粮食115万亩以上，实现粮食总产量50万吨以上。整镇推进，一村一品，做强罗江杨梅、神鼎蓝莓、玉池山珍等特色产品，创建西长富硒大米、大垅蔬菜等“三品一标”农产品3~5个。鼓励集中流转土地，新培育农民专业合作社、家庭农场各200户以上，新增农业龙头企业3家。鼓励乡镇引进农旅结合项目，建设涵盖农业体验、乡村旅游的生态农庄，培育田园综合体，创建省级农业特色产业园、农产品加工产业园、休闲农业示范园各1家，推进一二三产业融合。严格管理、积极盘活资源资产资金，壮大集体经济实力。

提高宜居程度。加快乡镇规划编制，推进镇区规划、集镇规划、村庄规划“多规合一”，让乡村布局更美。全面规范村民建房，新建集中规范建房点14个以上；扎实开展“危房杂物清理行动”，实施村庄整治试点30个；保护传统民居，彰显田园风光，让乡村风情更美。深化农村环境综合整治，以屈子祠镇为试点，集镇建好污水处理厂，成片屋场建好污水集中处理设施，每户建好三格式化粪池，全域推进污水无害化处理；其他各镇在建好集镇污水处理厂的基础上，推进村庄污水无害化处理试点，实施“厕所革命”；支持各镇建好压缩式垃圾中转站、垃圾分拣站等设施，引导群众分类减量、就地消纳生产生活垃圾，建设秀美村庄30个、秀美屋场100个、秀美庭院3000个，让乡村环境更美。推进自然村通水泥路建设，升级69个村电网，新增农村自来水受益人口10万人，通过接续努力，让广大群众走上平坦路、用上稳压电、喝上放心水，让乡村生活更美。

优化乡村治理。围绕治理有效目标，夯实基层基础，完善“自治、法治、德治”相结合的乡村治理体系。建立激励机制，抓好示范带动，增强镇村干部主动服务意识，培养一支懂农业、爱农村、爱农民的“三农”工作队伍。鼓励非公组织、公益团体和社会能人参与乡村治理、发展公共事业。完善村规民约，引导群众自我管理、自我监督、自我约束。弘扬社会主义核心价值观，持续治陋习、树新风，评选“道德模范”“身边好人”“文明家庭”，宣扬善行义举，倡导勤劳节俭、守望相助的传统美德，提升乡村文明程度。

四、以双重效益为导向，狠抓文化繁荣发展

用全域旅游理念引领文化建设，在保护中开发，在开发中弘扬，提升文化的社会效益和经济效益。

开发文化产业。加快建设诗歌中华小镇，全力打造“湘楚汨罗、诗歌源头、文化圣地”。屈子文化园按照AAAA级景区标准，提质蓝墨湖和楚堤，修缮屈子祠，启动生态酒店、楚辞植物园、文创街和影视实景娱乐基地建设。粽子文化产业园拉通园区道路，建成各功能区及物流平台，端午节前实现批量生产。汨罗江风光带建成二期，启动三期建设，加快诗歌中华国际交流中心、新国际龙舟竞渡中心、金泽国际大酒店和新市古镇建设，完成60%以上实物工程量。启动故事文化园建设，推动长乐故事小镇整体运营。

发展文化事业。建设市文化艺术中心，提质乡镇文化站、农家书屋，免费开放公益场馆，完善村（社区）综合服务平台文化功能。结合“文化三下乡”和文化志愿服务活动，搭建群众喜闻乐见的百姓大舞台，形成乡村文化新看点。制定激励措施，支持创作一批本土文艺精品，推出一批反映汨罗特色的微电影、微视频，讲好汨罗故事，增强广大市民的文化认同感和归属感。

做热旅游市场。办好汨罗江国际龙舟节、中华诗歌节、屈原文化高峰论坛、元宵故事会、中秋烧宝塔、花鼓戏艺术节等活动，筹备中国屈原学会第十八届年会，扩大“世界有条汨罗江”文化旅游品牌影响。完善旅游标识标牌系统，开通旅游观光线路，配备公交车辆、观光巴士。提质景区游客服务中心，建立旅游官方网站、手机APP和微信公众号，提供便捷的导游导览服务。挖掘端午习俗、故事会等资源，开发艺术龙舟、川山毛笔、长乐甜酒、屈原酒等特色产品，探索非遗生产性保护路径。开发玉池山、神鼎山等风景区，充分利用生态、文化资源优势，做活乡村旅游。策划精品旅游线路，融入长岳湖湘文化旅游走廊，打造长沙、岳阳市民休闲度假的“后花园”。

五、以综合治理为突破，狠抓生态环境保护

落实中央环保督察要求，统筹山水田林湖草系统治理，加快建设生态汨罗。

深化专项整治。推进小散乱废企业整治，通过整合入园一批、转型转产一批、关闭淘汰一批，实现再生塑料加工企业入园经营、圈区管理、封闭运行。强化麻石加工企业整治，按照整顿企业、规范行业、提升产业的要求，取缔非法生产企业，加快建设麻石产业园，引导企业整合入园、环保生产、集聚发展。深化畜禽养殖整治，禁养区实现零养殖，限养区和适养区不新增养殖场。巩固黏土砖厂整治成果，发展新型墙材企业13家以上。开展“三线”整治行动，全面清理汨新大道、107国道、高铁沿线废品收购点，拆除违规搭建的钢架棚、围墙等建筑，清运陈年垃圾，还道路洁净、通畅和安全。建立联防共管机制，严厉打击非法采砂采矿行为。

提高绿化水平。继续推进“绿化三年行动”，大面造林2万亩，绿化通道150千米，森林覆盖率提高到47.01%。按照“乔木进城、四季有花”的思路，新栽苗木3万株以上，打造多个城市主干道平交路口园林景观，保证新上城建项目绿化率，提高城市绿化覆盖率和人均公共绿地面积。建立长效管护机制，切实保护森林和绿地，新增省级森林公园1个，创建岳阳市森林小镇4个、绿色村庄5个。

控制污染排放。严格执行“水十条”“土十条”，落实湘江保护和治理第二个“三年行动”计划，推进洞庭湖环境问题集中整治，实施新塘河流域农业面源污染综合治理试点。落实河长制、湖长制，深化汨罗江整治，抓好汨罗江国家湿地公园日常巡护和常态保洁。严格“六禁”措施，健全生态补偿机制，保护向家洞、兰家洞等饮用水水源地。完善重金属污水收集处理系统，全天候监控排污企业、污染处理设施运行。建设生活垃圾焚烧发电厂，严管建筑工地、渣土车辆，淘汰黄标车，强化餐饮油烟治理，确保空气质量优良率稳步上升。

增强全民环保意识。完善生态环境监管机制，建成区域环境监测系统和预警平台。落实环境保护“一岗双责”，探索建立绿色发展评估、生态环境损害赔偿机制，落实领导干部自然资源资产离任审计制度。持续开展环保执法“亮剑行动”，对各类环境违法行为“零容忍”，真正使环保“高压线”通上“高压电”。开展环保宣传进机关、进学校、进企业、进社区、进村组等活动，评选绿色机关、绿色家庭、绿色学校、绿色社区，让绿色生活成为时尚。

六、以全面小康为目标，狠抓民生实事办理

创新社会治理，办好民生实事，做到保障水平只增不减。

坚决打好脱贫攻坚战。落实“一把手”负责、驻村帮扶、结对帮扶、项目资金倾斜等制度，坚持扶贫、扶志、扶智相结合，确保6860人脱贫、9个贫困村全部退出。持续开展十大扶贫行动，加大职业技能培训和实用技术培训力度，引导贫困群众自力更生。强化兜底保障，确保农村低保标准与国家扶贫标准“两线融合”。严格程序，规范管理，易地搬迁贫困群众2580人。继续开展“万企联万村、万商帮万户”活动，支持代表、委员参与扶贫，依托中国社会扶贫网，引导全社会参与扶贫。

优先发展教育事业。教育是中华民族伟大复兴的基础工程，必须放在更加重要位置。我们将实施教育振兴三年行动，办好人民满意的教育，重塑素质教育品牌。化解教育债务，保障教育经费，让教育人安心从教。优化城区学校布局，解决“大班额”“择校热”等问题；完善农村学校功能，努力让农村孩子享受更好的教育资源。完善教师补充培养机制，确保有人教、能教好。2018年，启动市一中、市体育中心建设，扩容市二中，整合职业教育，引进民办学校1所，建设九年制义务教育学校1所，改造薄弱学校32所，建设合格学校8所、公办幼儿园3所。挖掘屈原文化、诗歌文化，编好用好乡土教材。抓好校车校园安全，治理学校周边小摊小贩，营造良好的教育环境。

切实做好社会保障工作。优化就业服务，确保零就业家庭动态清零、城镇登记失业率控制在4%以下。迁建人民医院、疾控中心、妇幼保健院，启动中医院综合大楼建设，争取省血吸虫病防治所实验基地落户汨罗，支持社会办医，取消以药养医，提高医保报销比例，开展农村适龄妇女“两癌”免费检查，做好计划生育优质服务。建成市老年活动中心，完成市光荣院附属工程，新建乡镇敬老院2所。落实城乡低保、五保供养和优抚政策，发展社会福利事业、慈善事业和残疾人事业，完善救灾救助体系。成立“五险”统缴中心，实现一站式服务。规范行政事业单位人员工资、津补贴、社保、医保、住房公积金发放，由市财政按照标准统发到位。

营造安全稳定的社会环境。推行市、乡、村、组网格化管理全覆盖，建立涵盖综合治理、安全生产、环境保护、规范建房等方面的监管体系。推进安全生产领域改革发展，持续开展“三大行动”，创建省级安全生产示范县（市）。完善自然灾害、突发事件、群体性事件应急预案，加强气象、地质、水文等监测预警预报，做到反应迅速、处置有力。畅通群众诉求渠道，及时回应舆情，妥善化解矛盾。加强法治建设，营造尊法学法守法用法的浓厚氛围。加快人防工程、天网工程、重点人员“风控”系统建设，持续重拳整治“三违三强”，深入开展集中打击整治突出犯罪斗争，坚决惩处扰乱市场秩序的不法行为，坚决打击各类违法犯罪，坚决维护安全稳定的社会环境。

七、以开放创新为驱动，狠抓内生动力激活

强化改革意识，保持开放心态，坚守市场思维，求新求进，锐意突破，充分释放发展活力。

坚持开放开明。主动对接大长沙，认真学习大长沙，在产业发展、市场服务等方面借鉴经验，争取更多理念、技术、信息等要素辐射。落实“开放十条”，支持弼时镇、川山坪镇、大荆镇、桃林寺镇集镇开发，打造南北门户。建成国道536汨罗段、罗城西路二期，建设岳望高速汨罗连接线，实施红屈线拓改，启动汨杨公路、湘慧线等道路建设，做好汨长大道前期工作。用好岳阳（汨罗）公路口岸，启动高台码头、汨罗江航道建设。实施“汨商回归”工程，坚持开展“迎老乡、回故乡、建家乡”活动，着力引进战略投资者。推进外贸“破零倍增”计划，实现利用外资持续增长、外贸进出口总额大幅增长。

鼓励创业创新。落实“三张清单”，实行“多证合一、一证一码”登记，推行电子营业执照，营造规范统一、宽进严管的准入环境。建设循环经济产业园和长沙经开区汨罗产业园创业孵化器、屈子文化园众创平台，开展创业大赛、创业培训等活动，激发大众创业。实施罗城英才“121”计划，着力引进、培养各类紧缺人才，坚决兑现政策，确保人才引得进、留得住。在工业、农业、文化、社会管理等方面，加强与省内高校战略合作，建设科技创新服务中心，支持科技成果就地转化。加强知识产权保护，专利申报数和授权量增长20%，积极创建国家知识产权示范城市。

落实改革任务。启动承担行政职能和生产经营性事业单位体制改革。推进执法领域审执分离改革，构建顺畅高效的执行机制。推行“互联网+政务服务”，探索“一门式”服务，让数据多跑路，让群众少跑腿。深化财税管理改革，强化税收征管，提高收入质量。严控财政支出，不该用的一分不给，必须用的足额保障。落实“金融十条”，提高城建投、安居投等平台信用等级，强化风险管控，推动市场化转型。规范项目融资，降低融资成本，杜绝盲目举债、过度举债、高成本举债。创新统计工作，坚持依法治统，努力发挥统计的监测预警分析功能。探索建立更加完善的保障机制，努力解决低收入人群因病返贫问题。推进殡葬体制改革，形成文明习俗。加快供销合作社综合改革，创建岳阳供销合作社深化改革示范县（市）。推进土地承包经营权确权颁证，完善“三权分置”办法，让群众享受更多发展红利。

各位代表，新时代对政府工作提出了新要求，我们将不忘初心，牢记使命，始终坚持党的领导，坚决落实市委的要求，认真回应群众的呼声，努力做到：

始终把人民满意作为发展的最高目标。坚持以人民为中心，牢牢把握人民群众对美好生活的向往，从人民群众关心的事情做起，从让人民群众满意的事情做起，带着感情、集中资源、倾斜力量，扎扎实实为群众办实事、办好事，让民生幸福成为汨罗最厚重的底色，让共建共享成为汨罗最温暖的主题。

始终把绩效高低作为工作的评判标准。百分之一的责任要有百分之百的担当。我们将紧盯第十次党代会明确的目标，对今年全会和本次“两会”确定的任务，逐项分解，台账管理，定期公开亮进度。加强效能建设，严格督查督办，深入整治不作为、缓作为、乱作为，切实减少“文山会海”，让抓落实、快节奏成为一种习惯，推动政府工作提速提质提效。

始终把公正清廉作为履职的必守底线。把依法行政作为政府工作的基本准则，把从严治政作为政府建设的重中之重，做到办事有据、痕迹管理、公开透明。坚持用制度管权管事管人，严格监管权力集中、资金密集、资源富集的部门和岗位，对公共资金、国有资产、国有资源等实行审计全覆盖。严防“四风”问题反弹，严查“雁过拔毛”式腐败问题。主动接受市人大、市政协和社会各界的监督，树立清正廉洁的政府形象。

各位代表，新时代赋予新使命，新目标需要新作为，让我们在市委的坚强领导下，凝心聚力，开拓创新，乘势而上，以实干谱写新篇章，为夺取更高品质生态文化活力汨罗建设的大胜利而努力奋斗！

在全市三级干部大会上的讲话

（2018年2月28日）

朱平波

这次全市三级干部大会，既是一次晒成绩、奖先进的总结表彰大会，也是一次明任务、压担子的工作部署会，还是一次提精神、鼓干劲的学习活动。昨天，我们聆听了两位专家的精彩授课，分享了汨罗几位同志的工作感悟，相信大家都经历了一场头脑风暴，都经受了一次心灵洗礼，黄平同志业务过硬、敢于担当，体现了一个汨罗干部真正的情怀；伏雯、杜忠美两位女性，用柔弱的肩膀撑起了爱心的天空，背后付出的艰辛细节，让我们为之动容落泪，令人感动震撼，这两位女性，不禁让我想起了春节期间很火、清代诗人袁枚写的一首小诗：白日不到处，青春恰自来。苔花如米小，也学牡丹开。2017年，在市委的坚强领导下，各条战线都展现了新作为，各个领域都取得了新成绩，多项工作跻身全国全省先进，汨罗有望重返全省县域经济10强方阵。成绩来之不易，广大干部群众为此付出了艰辛努力，刚才受到表彰的单位和个人，就是其中的典型代表。希望全市上下向榜样学习，切实做好2018年的各项工作。关于今年的具体任务，春节前的市委十届二次全会和人大、政协“两会”已经详细部署。如何带着情怀、用实干实绩夺取更高品质生态文化活力汨罗建设的大胜利，实现领跑岳阳、争先湖南？稍后，喻文书记还将作指示，请大家深入领会、认真落实。下面，就贯彻上级相关会议精神，践行岳阳“一三五”发展思路，重整行装再出发，扎实做好今年的重点工作，推动经济社会高质量发展，我从抓落实层面，谈五个方面的意思。

一、抓实产业项目，壮大实体经济

省委、省政府将2018年定为产业项目建设年，我市从今年启动项目落地三年行动和扩产扩能“111”工程，年前的人大会也把“2018年确立为我市产业项目建设提质年”定为一号议案，今天还下发了《汨罗市产业项目建设年2018年工作实施方案》。怎样把这些部署落地，加快建设实体经济、科技创新、现代金融、人力资源协同发展的产业体系，落实高质量发展的要求呢？

一要大力开展精准招商。去年，市委、市政府出台了系列优惠政策，招商引资取得较好效果。今年，将进一步完善工作流程、调度机制和考核办法，重奖招商引荐人，鼓励全员招商。成立汨罗国际商会，继续组建异地汨罗商会，利用好汨罗智库资源，落实北上广深委托招商，将贸促会力量下沉到产业园区，通过组织培训、挂职锻炼等多种方式，提升专业能力。按照“区域到人、商会到人、产业到人、项目到人、老乡到人”的要求，把任务落实到牵头领导、相关单位和具体岗位，推进长线布局、定员定点招商。要突出有色金属、再生塑料综合利用、电子智能制造、汽车配套等产业，组织参加港洽周、湘商大会等活动，积极迎老乡、回故乡、建家乡，开展“补链、延链、强链”工程，深化专题招商。要严把项目质量关，综合考量投资强度、投入产出、科技含量、资源环境等要素，确保“捡进篮子的都是好菜”。全年要签约项目48个以上，新开工项目25个以上，力争在引进国内500强和民营企业500强项目上实现突破。

二要全力服务项目建设。签约项目再多，开工落地才是根本。总投资15.5亿元的经卓新材料是循环园建园以来投资最大的工业项目，经阁集团在有多个选择的情况下，最终将新的生产基地定在汨罗，重要原因就是我们坚持紧密跟踪、全程对接，达成合作意向后，立即成立专门班子，竭尽所能提供优质服务，我们只用20天时间就开挖填土80多万立方米、平整土地320亩，推动了项目落地建设。这个例子告诉我们：只要我们下定决心，只要我们盯住目标，只要我们用心用情主动服务，就能实现项目早开工、早投产。春节期间，我们集中签约了16个项目，要分别成立专班，紧盯对接，力促及早落地建设。产业项目建设的主阵地在园区，各园区要抓住项目建设这个“牛鼻子”，继续发扬“钉钉子”精神，持续打好园区建设大会战。循环园要建好再生塑料园、创新创业园、安防电子产业园，启动高铁新城整体开发；经卓新材料要加快建设，立德有色、大利铜业、中塑新能源、新基源新材料等项目要建成投产；三兴、晨威、中天、天惠、振纲、给力达等企业要完成扩产扩能。飞地园要建好招商中心，完善基础配套，建成美好置业、吉尔润科、乐浦物流等项目。文化园要建成诗歌中华国际交流中心，完成生态酒店一期，开工屈子精舍，为举办第十四届汨罗江国际龙舟节和首届中华诗歌节做好充分准备；粽子产业园要完成一期建设，招商入驻企业，实现批量生产，加速一二三产业融合发展。

三要坚决创优营商环境。近两年，市委、市政府大力优化经济发展环境，取得了一定效果，但投资者还不满意，有些地方与他们的期望还有很大差距，最突出的就是政务环境不优。很多同志思想观念还没有转变过来，只习惯当管理者发号施令，根本没有主动当服务员的意识。一些审批部门的少数工作人员以“条条框框”为由，他说行就行，他说不行就不行，把手中的权力异化为谋取私利的工具，“吃拿卡要”现象还时有发生，一些公职人员与中介机构遮遮掩掩、拉拉扯扯，变相地对投资者“强买强卖”。产业项目建设年也是经济发展环境整治年。今年，市委、市政府将把优化营商环境作为部门单位的“一把手”工程，下大力气开展一场系统的环境创优革命，全方位营造尊重创造、尊重企业家的良好氛围。重点推行“三大制度”：公开承诺制。凡是涉及行政执法与涉企收费（税）的单位“一把手”，都要就严格行政执法、高效政务服务、规范涉企收费等作出公开承诺，政府网站开辟专栏发布承诺内容。凡是“一把手”承诺的事项，就是纪委监察委重点监督的领域。凡是承诺避重就轻，或不兑现的，严格追究“一把手”责任。反向测评制。每半年组织企业对服务单位进行满意度测评，对测评排位最后的三个单位，“一把手”在全市性大会上说明原因，并作表态发言。一年两次均排最后三位的，取消该单位“一把手”评优评先资格，并进行诫勉谈话；属上管单位的，以市委、市政府的名义向其上级主管部门进行通报。“背靠背”审批制。建立园区行政审批服务中心，所有入园项目行政审批手续，由园区全程代办，相关部门集中受理、见章盖章、限时办结。持续加大对“三违三强”行为打击力度，对破坏经济环境的行为，露头就打，坚决打击。今天会议通报了园区企业的生产经营情况，我们希望各位企业家坚定信心，抢抓机遇，强化竞争意识，专注品质，练好内功，做响品牌，争当行业龙头。

二、抓实棚改攻坚，推进城市建设

去年以来，我们坚持内疏外扩，城市面貌发生了可喜变化，但离端午龙舟文化名城的目标还有很大差距。今年要用更大动作、下更大气力，使城市功能、城市品质再有明显提升。

要加速棚改拆迁。棚改拆迁是战场也是考场，它考验的是我们的工作能力和奉献精神。去年，七大棚改指挥部都如期完成任务，大家不计报酬不讲条件，牺牲休息时间，以实际行动诠释了汨罗干部敢攻坚、能成事的过硬作风。今年我们成功申报了棚改10个项目4880户，加上拆除腾空，任务更加艰巨，请大家务必保持连续作战的风貌和干劲，一鼓作气，乘势而上，快速推进。要维护既定政策，公开征拆情况，一把尺子量到底。对已签约的房屋，要把“地平场清”作为最终目标，集中力量拆除，分片分区清零。有三项工作要同步跟进：保障房建设要完成茶园一期扫尾，加快窑洲小区建设，开工文化园安置区、大众北路二期、电力小区和茶园三期、四期等保障性房源小区，年内要建成保障房1000套以上。要坚持“房子是用来住的，不是用来炒的”定位，建立多主体供应、多渠道保障的住房制度，创新土地供应模式，发挥“看得见的手”的调控作用，将市场房价控制在合理区间。要始终保持控建拆违高压态势，对违法建设，发现一起、查处一起、拆除一起。对禁建以后的遗留问题，严格按照《城市禁建区个人建房遗留问题处理办法》稳妥处理，决不允许随意突破、私讲人情。

要发力重点工程。每个重点工程都要排出任务分解表，明确时间节点，压实责任到人。要建成新汽车站、山塘路跨铁路桥、国道536汨罗段，新建通江路、新站路，南延大众路，进一步改善城区交通。汨罗国际广场要开业商贸博览中心，建成民泰恒生中心，市文化艺术中心要完成基础工程，切实提升高泉新城的吸纳能力。屈子生态湿地公园要完善配套设施，建设儿童乐园，汨罗江风光带要完成二期，启动三期规划，友谊河城市中央公园建设要完成水系清淤净化、沿岸园林造景，做美城市风貌。推进金泽国际大酒店、龙舟酒店、公园生态酒店等项目建设，启动集贸市场搬迁改造工程，加快完善城市功能。新市古镇片区要完成中街改造，建好主入口和卧龙岗主体。

要推进三城同创。创建国家园林城市、卫生城市、文明城市，是为了改善城市环境，提升市民生活品质。今年要突出四抓：对影响管理的问题抓好理顺，健全责任机制，推行路段包干制和门前六包制，执行“十条禁令”，推进严管重罚；对影响形象的问题抓好整治，依法拆除有碍观瞻的建筑，整理入地横街线路，完善交通信号和监控系统，搬迁屠宰场，改善市容市貌；对影响配套的问题抓好完善，新建改造公厕16座、压缩式垃圾站11座，建好街道污水管网，实现雨污分流；对不讲文明的问题抓好劝导，把创建过程作为引导人、提高人、凝聚人的过程，通过志愿服务、公益宣讲等方式，提升城市文明程度。

三、抓实优先发展，加快乡村振兴

十九大提出“实施乡村振兴战略”，今年中央一号文件进一步明确了乡村振兴“三步走”的时间表，这是新时代做好“三农”工作的总抓手和路线图。我们要围绕“产业兴旺、生态宜居、乡风文明、治理有效、生活富裕”的总要求，坚持农业农村优先发展，推动乡村振兴战略落地见效。

改善农村人居环境。追求田园风光、诗意山水的村居生活，既是广大群众的强烈呼声，也是当前的一种生活时尚。我们要顺应发展潮流，结合实际来建设美丽乡村。要突破两大难题。污水和垃圾处理是影响农村环境最突出的现实问题。污水处理方面，要新老办法结合，集镇和人口密集区域的村建好污水集中处理设施，实行集中处理、达标排放；分散户头要落实“厕所革命”，建好三格式化粪池，推进污水无害化处理。屈子祠镇要整镇推进，试点探路，提供示范。垃圾处置方面，长乐镇长乐村的做法值得我们推介，要通过分类减量，就地消纳处置。要打造两个亮点。空心房整治和规范村民建房是岳阳重点推进的两项工作，和生书记在今年岳阳“两会”期间，对汨罗提出了特别要求，希望我们在这两项工作上全面推进、做出特色。规范建房方面，各镇要严格把好规划关、审批关，全市要新建21个30栋以上的集中建房点，打造一批有规模、上档次的民居典范。空心房整治方面，要按照“宜耕则耕、宜建则建、宜绿则绿”的原则，分类实施，整体推进，依法清理危旧房、闲置房、违建房，开辟一批绿地，开垦一批良田，打造一批精品屋场。要建设秀美村庄。试点先行、重点培育、全面推进，支持创建秀美村庄。引导群众绿化美化庭院，搞好周边环境卫生。鼓励基层党员、村组干部带头，带动群众把菜园建成房前屋后的一道景观。同时，加快农村公路、供水、电网、物流等基础建设，推动基础设施提档升级。

引导产业融合发展。供给侧我们简单理解就是：我有什么？人家需要的是什么？人家需要的产品，我们可不可以提供出来？能不能满足当前消费升级的需求？从农业供给来看，过去只求吃得饱，现在要吃得放心、吃得绿色、吃出健康，吃的过程还要体验田园生活，还要游得开心。消费需求的变化，在今天赋予了农业“接二连三”的时代属性，我们必须顺应这种变化，推进农业向深度和广度进军。要坚持做品牌。跟着市场走，把长乐甜酒、汨罗粽子、罗江杨梅、富硒大米、玉池山珍等有一定影响的产品做起来，把一些不是品牌的想办法做成品牌。要坚持做标准。引导农产品生产和经营户，按标准化生产技术流程，进行生产和管理，大力发展绿色食品、有机食品、地理标志产品。用好村（社区）综合服务平台，引导供销、电商把网点延伸到乡村，让农产品卖得好。要坚持做规模。加快土地流转，发展种养大户、家庭农场、农民专业合作社，培育一批家庭工场、手工作坊、龙头企业，把产业规模做大。以品牌产品、绿水青山、人文资源为卖点，建设一批康养基地、乡村民宿、森林人家、田园综合体，大力发展乡村旅游、健康养生等业态。市里将采取“三个一”的措施，即整合

1000万元，通过以奖代投，支持环境整治、空心房整治和秀美村庄建设；释放100亩土地，鼓励集镇开发等；择优帮扶10个农业产业项目，让环境、产业留住人、吸引人，让乡村人气旺起来。政策实施决不搞“撒胡椒面”式的平均主义，而是先做先给、多做多得，请乡镇用行动来争取、用项目来争取。

加强规范有效治理。春节期间，通过政府引导、个人承诺、红白理事会劝导、村规民约约束等方式，烟花爆竹禁燃工作取得了很好效果。这说明只要我们的工作是为了大多数人的利益，就会得到群众的响应和支持；也说明了我们的管理方式正在优化、治理手段不断进步、治理体系不断完善。这项工作，社会反响很好，我们还要加大力度，只能紧，不能松。在加强治理方面，今年要重点抓好三件事：扎实推进公墓建设，城市公益性公墓和桃林寺镇、三江镇、长乐镇、弼时镇四个试点乡镇的公益性公墓要建成使用，再启动5个乡镇公墓建设，力争年内建成，同步清理“活人墓”、豪华墓，努力扭转乱葬陋习。深入开展树新风活动，通过举办集体婚礼等形式，告诉群众什么是提倡的，什么是反对的，要旗帜鲜明地反对大操大办，反对人情攀比，反对封建迷信，树立勤俭节约的文明新风。全面铺开扫黑除恶专项斗争，突出“操纵基层组织、威胁政治安全、破坏营商环境” 的三类对象，坚持打早打小、露头就打，有黑扫黑、无黑除恶、无恶治乱，坚决铲除黑恶势力滋生蔓延的土壤。

四、抓实底线工作，决胜全面小康

习近平总书记指出：要坚决打好防范化解重大风险、精准脱贫、污染防治的攻坚战，使全面建成小康社会得到人民认可、经得起历史检验。我们要突出重点关键，坚守发展底线。

守住安全底线。紧紧围绕“力减一般事故、遏制较大事故、杜绝重特大事故”的目标，完善责任清单，重点以开展“落实企业主体责任年”活动为抓手，采取专题培训、联合惩戒和监管执法等措施，推动企业主体责任落实。持续推进“三大行动”，严格落实重大事故隐患“一单四制”要求，严格落实停产整顿、关闭取缔、上限处罚、依法追责措施，坚决堵住事故漏洞。深入开展“监管执法年”活动，以“立案起数、罚款数量、行政拘留和刑事拘留人数”为重点，每月通报各部门、各乡镇执法情况。推进“创零”行动，创建一批零事故企业、零事故行业、零事故乡镇，推动创建省级安全生产示范县（市）。当前，要突出抓好节后复工复产，危险化学品、建筑施工等行业领域企业复工复产安全方案，相关部门要抓好监管，强化督查。要加强社会治安综合治理，严厉打击暴力性、侵财性、涉毒涉赌等各类违法犯罪行为。开展信访“三无（无进京、赴省、到岳阳上访）单位”创建活动，按照“三到位一处理”的要求，做好群众信访工作，诉求合理的解决问题到位，诉求无理的思想教育到位，生活困难的帮扶救助到位，行为违法的依法处理，全力构建平安汨罗。

守住环保底线。要按照人与自然和谐共生的目标，全力把生态环境治理好、保护好。对中央环保督察还没有销号的问题，坚持队伍不散、力量不减、责任不松，按照要求整改到位。“四大整治”要持续发力、纵深推进，今年将综合整治新市全域环境，全面取缔零散露天收购户，彻底关停小散乱废企业。麻石加工行业、畜禽养殖都要按照既定要求整治到位，不达目的决不收兵。落实湘江保护和治理“三年行动”计划，高标准实施新塘河流域农业面源污染综合治理项目。严格执行河长制，县级河长每月巡河不得少于一次，镇、村级河长分别每旬、每周不得少于1次，要把怎么巡、查什么、问题如何处理搞清楚，落到实处。启动生活垃圾焚烧发电项目，推进环保设施建设，统筹山水田林湖草系统治理，优化城乡生态空间布局。

守住债务底线。要严控政府性债务，逐步降低存量，今后政府性债务统一通过省政府在国务院批准的限额内，代发地方政府债券举借，并且从严论证审批、从严监管控制。新的形势要求我们要正确处理上项目、抓发展与防风险、化债务的关系，要严控财政资金支出，把主要投向转到产业项目建设、民生事业发展上来，依规实施PPP、政府购买服务等项目，对超出财政实际承受能力的“高大上”项目、非公益性的“功利型”项目，一律不上。要创新办法破难题，特别是要把准政策导向，积极争资争项，今年要争取国家预算内投资专项资金4亿元以上。同时，落实“金融十条”，狠抓金融生态建设，严厉打击恶意逃废金融债务行为，严厉打击非法集资、高息揽储等违法违规活动，确保不发生系统性、区域性金融风险。

守住民生底线。高质量发展的最终目的，是满足人民日益增长的美好生活需求。中央将2018年定为脱贫攻坚作风建设年，我们要坚持把精准脱贫作为第一民生来抓，按照“一超过、两不愁、三保障”的标准，深入推进“七大行动”，确保6860人脱贫、9个贫困村全部退出。省里对新建易地扶贫搬迁项目的安置方式、安置规模、安置选址进行了调整，要求一律集中安置，规模达到30户以上，选址主要在人口聚集、有产业基础的区域，按照省里要求，我们要全面完成今年的易地搬迁任务。今年是教育振兴三年行动和卫生布局调整的起步之年，这两项工作社会关注度、期望值极高，起步稳不稳，关系到市委、市政府能否如期如质向全市人民兑现承诺。我们一定要注重速度、注重质量、注重统筹，出实招，见实效，推动教育和卫生事业公平、优质、协调发展，带动文化、体育、社保等各项事业全面进步。

五、抓实保障工作，全面完成任务

我们的工作特别是经济工作，最终要用事实来说话，用数字来衡量，来不得半点虚假。各部门乡镇要弘扬真抓实干的作风，以落实来体现水平，以实干来创造实绩。

要坚持一线工作法。文化园建设挑战了不可能，国道240汨罗段创造了岳阳标杆，棚改任务提前清零，靠的就是领导靠前指挥、现场调度，靠的就是中层力量、技术骨干、普通干部，驻扎在工地，坚守在一线，日夜兼程抓推进。只有沉到一线，脚踏实地，摸透实情，有的放矢，抓工作才有支点，破难题才有办法。工作推进到哪里，哪里就是一线；问题发生在哪里，哪里就是一线；矛盾出现在哪里，哪里就是一线。我们要带着责任、带着感情、带着压力，直奔现场，直插基层，拿出过硬办法，确保问题在一线解决、政策在一线落地、矛盾在一线化解。

要发扬“钉钉子”精神。武汉历时十三年，紧盯目标，锲而不舍，终于引进富士康。早在延安时期，毛主席就号召全党发扬“钉钉子”精神，在工作和学习上要刻苦钻研、持之以恒。习近平总书记多次强调，干事创业要以“钉钉子”的精神抓落实。当前，无论是产业发展、脱贫攻坚、棚改拆迁等重点任务，还是一般性的日常工作，都要环环相扣、步步跟进。我们只有以功成不必在我的胸怀、建功必须有我的决心、不破楼兰终不还的韧劲，一件件抓好，一桩桩落实，更高品质生态文化活力汨罗才会由蓝图变成现实。特别是基层的同志，是市委、市政府决策能否落地的关键力量，更要保持专注的工作状态，从细处着手，从实处发力，从小事做起，一锤接着一锤敲，久久为功。

要强化责任担当。有多大担当才能干多大事业。我们要树立“汨罗发展、我的责任”的强烈使命感，百分之一的责任，就要有百分之百的担当。我们要强化“今天不做、明天没有”的危机意识，对重大项目、重点工程、重要工作，分秒必争，扎实推进。我们要有“敢打敢拼、敢闯敢试”的干劲，凡是没有明令禁止的，就不要说办不了；凡是先进地区有成功做法的，就不要说做不到；凡是大多数群众反映强烈的，就不要说再研究。我们要有“善作善成、创先创优”的追求，提高标准，自加压力，放大格局，以是不是真正干到了极致，来检验我们的担当。

同志们，今天已是正月十三，工作又进入了一个很忙碌很紧张的阶段。很多同志参加了岳阳市的三级干部大会，都深有感触，你追我赶的氛围容不得我们有半点懈怠。这次我们很有希望进入全省“十强县”，但排在我们前面的县市，总量都很大；紧跟在我们的，湘阴的GDP到了360亿元，平江的财政收入也到了13亿元，势头都特别强劲。我曾经跟同志们分享过一部电影中的一句台词，大意就是，只有不停地奔跑，才能确保不落后，才能确保至少还可以站在原地。前不久，阿里巴巴收购了国内顶级品牌大润发，不到3个月的时间，大润发创始人黄明端离职，他辞任时发文表示：他战胜了所有对手，却输给了时代。这个事件后，一句“时代抛弃你时，连一声再见都不会说”瞬间走红。我讲这个例子，就是想说明，在今天这个时代，充满了竞争，我们必须要奋斗。面对新时代，奋斗是唯一的选择。习近平总书记说：“新时代是奋斗者的时代。”让我们在市委的坚强领导下，强化赶考心态，怀揣为民情怀，只争朝夕，担当作为，奋斗新时代，不负新时代，为夺取更高品质生态文化活力汨罗建设的大胜利，作出新的贡献！

汨罗市人民代表大会常务委员会工作报告

——在市第十二届人民代表大会第二次会议上

（2017年12月26日）

闵秀明

2017年的主要工作

2017年，在中共汨罗市委的坚强领导下，市人大常委会积极贯彻党的十八届三中、四中、五中、六中全会和十九大精神，认真落实市委第十次党代会决策部署，始终坚持党的领导、人民当家作主、依法治国的有机统一，紧紧围绕生态文化活力汨罗建设，依法履职，积极作为，实现了本届人大工作良好开局。

一、依法行使职权，积极助推汨罗新发展

常委会坚持抓大事、议大事、决大事、督大事，依法作出决议决定21项，积极助推经济社会发展。

规范行使决定权。贯彻落实中央《关于健全人大讨论决定重大事项制度、各级政府重大决策出台前向本级人大报告的实施意见》文件精神，对重大事项的提请方式、审议程序、决定主体进行严格界定，确保重大事项决定权行使更加规范。在审议汨罗市2017年政府投融资项目时，常委会严格项目论证，把关融资规模，督促对项目内容多次修改、不断完善。常委会第二次会议通过了市政府相关议案，该议案涉及“三园一区”、文教卫生、交通建设、生态治理、棚户区改造等工程60余项，投融资规模75.96亿元，为推进我市城乡发展提供了重要支撑。常委会还先后听取了市政府关于工业企业、长沙经开区汨罗产业园招商引资办法及重点企业投资、重要协议签订等一系列重大事项的报告，提出意见建议15条。

深化预决算监督。高度关注2017年度预算编制，两次召开专门会议，详细审查预算草案，围绕优化收入结构、增强可用财力、提升保障水平，提出10余条修改意见，落实到预算方案中。密切关注预算执行，每季度开展一次调研活动，每月听取财政部门报告，重点掌握收入征管、支出保障、资金使用绩效、财政制度改革等情况，要求政府广辟财源、做实收入，增强预算刚性、严控预算追加。切实强化审计监督，要求审计部门将财政资金效能、专项支出、民生保障、“三公”经费等纳入重点审计范畴，并对市级融资平台开展全面审计，督促政府制定投融资平台管理办法，防控债务风险。出台《关于审计查出问题整改工作的监督办法》，要求政府及财政部门对审计指出的问题加力整改、积极纠正。督促出台税收保障办法，实现税收收入量质齐升。密切关注乡镇财政改革，推动政府出台乡镇财政管理体制改革实施方案，进一步保障乡镇运转经费，减轻基层财政压力。

突出议案督办。积极响应市委号召，把《加强城乡环境综合整治的议案》确定为“一号议案”。高度重视议案督办工作，与政府建立沟通协调互动机制，在监督中支持，在支持中参与，在参与中推动。督促开展“主干道、主水域、陈年垃圾”三大集中整治行动，创造发明厌氧垃圾池，创新开展美丽菜园、生态田园、秀美庭院等评比活动，以点带面、以线带片，以城带镇、以镇带村，环境整治工作步入常态化轨道，城乡面貌持续改善，3个村获评省级新农村建设重点村，15个村成为岳阳“百村示范”明星村。常委会第五次会议对议案办理情况给予肯定。

推动依法治市。积极贯彻“全面依法治国”战略，加强司法监督，维护公平正义。服务上级人大立法工作，大范围、多渠道、分层次征求立法意见，提出修改建议50余条，其中多条被采用。先后就《烟花爆竹安全管理条例》《湖南省农村扶贫开发条例》《中华人民共和国禁毒法》实施情况开展执法检查，保障法律实施。修订《汨罗市规范性文件备案审查办法》，接受、登记、审查市政府规范性文件33件，反馈审查意见13条。听取“七五”法治宣传教育规划工作汇报，督促“谁执法、谁普法”责任落实，全市5964人参加如法网学法考试，较去年增加2倍，考试合格率达92%。支持法院推行审执分离改革工作，亮剑执行难；支持检察院依法办案、独立司法，全面履行法律监督职责。

严格人事任免。坚持党管干部原则和人大依法任免的有机统一，切实把好干部任免的程序关，共任免人大机关和“一府两院”工作人员51人，所有任命人员全部全票、高票通过。在任命市政府组成部门主要负责人时，严格把关供职发言内容，突出民生实事规划；通过电视媒体对供职发言全程录播，向全市人民公开履职承诺，接受群众监督；组织向宪法宣誓，增强被任命人员的法制信仰、使命意识和责任担当。

二、锐意创新求效，充分激发工作新活力

常委会在持续开展对政府工作报告实施“五审三督一评议”全程监督的基础上，进一步创新工作方式，完善监督机制。

首次开展专题询问。针对年初我市较为严峻的安全生产形势，及时启动安全生产工作专题询问。本次询问将问题导向贯穿全过程，组成5个组深入全市各行业各乡镇调研，精心确定询问议题。询问会议上，所有安委会组成单位“一把手”参会，3位副市长、16家单位主要负责人应询，常委会组成人员就安全生产方面存在的突出问题进行尖锐提问，直指症结；对应询单位工作进行满意度测评，测评结果当场公布，9家单位中满意和基本满意率在80%以上的只有4家，3家刚刚获得“及格”分数。会后形成审议意见，指出安全隐患45处，要求政府逐个拉条挂账，严格整改。10月份，常委会对应委室带领媒体进行跟踪监督和现场采访，市电视台、汨罗时刻连续9期对整改情况密集报道。政府及相关部门积极落实审议意见，一批安全隐患得到及时处置。常委会第五次会议听取了整改落实情况汇报，再次对应询单位工作进行满意度测评，满意率明显上升。这次专题询问，“问前”坚持严格检查、深入调研，“问中”加入审议工作报告、评议专项工作的成熟做法，“问后”实行委室对口监督、媒体跟踪问效，运用多种方式，形成监督合力，有力提升了询问质效。我们的做法得到了省、岳阳市人大常委会充分肯定，并在省、岳阳人大刊物上予以重点推介。

首次评价乡镇人大工作。多次到各个乡镇走访调研，6次召开人大主席会议，全面掌握乡镇人大工作现状。研究出台《汨罗市乡镇人大工作年度综合评价方案》，从党委重视、本职工作、代表履职等3个部分24个方面，采用百分制量化评价各镇人大工作。在这一方案的督促激励下，各镇人大配齐工作力量，健全工作阵地，组织代表开展形式多样的履职活动，呈现出生动活泼的全新气象。11个镇举行半年度人代会，通过决议决定56项，有力助推镇域发展。弼时镇引导代表服务“飞地”产业园建设，优化招商环境，造浓“红色小镇”氛围；归义镇发动代表带头厉行“三禁”，支持棚户区改造，服务城市建设；长乐镇动员代表参与古街保护开发，畅通社情民意收集渠道，为群众解决多个难题。年末，主任会议成员带队交叉评价各镇人大工作，评价结果将报送市委，作为市委了解和掌握乡镇人大干部工作作风、能力和绩效的重要依据。

首次建立代表动态档案。出台《汨罗市人大代表履职动态跟踪信息管理方案》，对每位代表参加活动、提出建议、实事推动、履职效果等13个方面的履职情况进行登记，按完成情况计分，实现一人一档动态管理。根据动态管理情况，常委会会议决定，徐鹏飞等22名代表作为本年度代表活动积极分子予以表彰，并将他们的先进事迹编印成册。《汨罗市人大代表履职动态跟踪信息管理方案》的出台和运用，标志着我市人大代表管理工作步入规范化轨道。

首次安排代表接访选民。依托代表之家，安排代表定期接待、走访选民，听取收集选民意见1200余条，处理、督办、解决群众反映问题近800个，环境治理、用地纠纷等多起难题得到有效解决。其中，屈子祠镇、罗江镇代表定期联系选民机制健全，活动经常，成效明显。市级代表之家接访选民群众150余人次，批转、交办、化解各类信访案件52起，依法处理涉法涉诉信访案件16起，有力引导信访问题回归法治轨道解决。

三、关注社会热点，全力促进民生新改善

常委会以促进民生改善为己任，重点关注民生大事，充分发挥职能作用，切实增进民生福祉。

建言资源布局。组建专门课题组，深入相关部门及城区各家医院调研卫生资源布局情况。广泛征询各方意见，辨证借鉴临近县市医疗资源布局的做法，共召开座谈会5个，座谈走访230多人次，发出问卷100份，统计数据11项。本着实事求是、着眼长远的原则，提出择址新建人民医院、搬迁中医院至人民医院原址并进行改扩建等建议，在市委决策中被采纳。常委会第五次会议听取了优化教育卫生资源布局情况汇报，进一步督促政府科学配置资源，加快布局调整。

守护绿水青山。高度关注全市生态环境状况，支持政府加大环境保护和违法惩处工作力度，着力解决突出问题。号召各级代表宣传环保、支持环保，用实际行动守护共同家园。专题听取政府关于中央环保督察组交办问题办理情况的报告，监督政府及环保部门持续发力，加强环境监测，严格环评审批，突出环保执法，确保环境整治成果稳定长效。为保护城市主要饮用水源地兰家洞水库生态环境，主任会议成员带队深入库区村组，走访座谈当地群众65户，召开大小会议20余次，收集归纳群众意见16条，借鉴铁山等地经验，召开环保、林业、水利等13个部门座谈会，对群众诉求逐条提出解决建议，有力推动了库区“六禁”，保护了市民“水杯子”安全。

助推城市建设。密切关注城市规划、管理、建设工作，赴临近两县考察学习先进经验，围绕城市建设组织讨论，撰写调研报告9篇，提出意见建议20余条，其中新城建设要“站位高、谋划远、设计精、执行严，依水塑城、以水靓城”的建议得到市委充分肯定、政府高度重视。常委会第二次、第五次会议分别听取城市规划实施和城市建设管理工作汇报，指出城市建设要突出生态优先、体现文化底蕴、激发发展活力，做好“提质、提速、提品、提效”四篇文章。今年以来，我市城市建设力度空前，城区变化日新月异，社会各界好评如潮。

四、着力引导代表，广泛凝聚赶超新力量

代表是人大工作的力量源泉。常委会突出代表主体地位，用心服务、着力引导代表依法履职、积极作为。

服务代表履职。组织代表参加履职培训，共培训各级代表500余人次。扎实开展“双联”工作，驻汨岳阳市代表每人联系2名汨罗本级代表，主任会议成员分别联系指导3个乡镇人大工作，督促代表联系选民，为群众排忧解难。组织31名市、镇人大代表向选民述职，与选民互动。市十二届人大一次会议期间，代表们提出建议195件，数量创历届新高。市委高度重视建议办理工作，将之纳入“三个汨罗”目标管理考核，加大分值权重；政府多次专题研究，常务副市长亲自主抓，逐件交办，逐件督查；特别是在本次大会预备会上，首次组织全体代表对建议办理情况集中测评，充分体现了政府尊重代表及办好代表建议的决心。

丰富代表活动。大力推进市镇村三级代表平台建设，规范建设镇人大代表之家15个。督促指导各镇人大依托代表之家开展学习培训、座谈交流、建言献策、接访选民等活动，有效发挥平台载体作用。尊重代表主体地位，邀请82人次代表列席常委会会议、93人次参加调研视察，推荐102人次代表担任市作风建设监督员、政风行风评议员、信访听证员，以及参加“一府两院”有关会议、工作和活动。代表们在各类活动中既反映了民声民意，促进了公平正义，又锻炼了履职能力，彰显了代表形象。

发挥代表作用。积极响应岳阳市人大常委会倡议，号召全市各级人大代表参与脱贫攻坚、环境保护、治陋习树新风活动，出台《发挥代表作用，推进“六大战略”》实施办法和细则，全力服务全市中心。在代表中开展“一对一”帮扶活动，共帮扶贫困户1065户，结对贫困学生426人，引进资金443.8万元、项目33个，安排就业669人，今年可实现509户、1587名贫困人口脱贫。在代表中开展带头实施环境保护、带头实行垃圾分类、带头参与综合整治、带头建设秀美屋场“四带头”活动，通过代表参与和推动，环境整治氛围更浓厚、合力更强大、效果更突出。各镇人大分别举行“微笑接访、文明出行、移风易俗”等主题实践活动，弘扬新风，传为美谈。

一年来，我市各级人大代表踊跃投身“三个汨罗”建设，当表率、勇担当，勤履职、善作为，奏响了共建汨罗、共促发展的最强音。彪雪辉代表深入调研、积极建言，在省人代会上提出多条事关汨罗民生的建议，为助推汨罗发展发声发力；彭双全代表争资引项，推动西长村“山乡巨变”；陈范兴代表传承传统文化，甘为故事“抬阁”，为长乐故事小镇建设作出贡献；何伟雄代表秉承工匠精神，弘扬本地品牌，屈原酒获评中国驰名商标、湖南老字号，公司为贫困群众提供就业岗位30余个；吴应晋代表身在外地，心系家乡，为家乡建设献计献策、出钱出力；周立军代表发动乡友捐资助教，先后出资300余万元反哺乡邻、扶危济困；伏雯代表带领“爱心帮帮”，筹集公益资金50余万元，帮扶贫困学生151名；周国光代表壮大水稻合作社，流转土地3000亩，吸引36户贫困户入社分红；苏文胜、黄文德、彭益明、仇芬伟等代表分别在实施产业扶贫、协助易地搬迁、安排贫困群众就业等方面带头行动、发挥作用，广受群众赞誉；郑昔党、曾定根、周后龙等代表带领群众投工投劳，打造秀美屋场，改善人居环境；郑建雄代表以实际行动响应“治陋习树新风”倡议，主动将儿子婚事简办，不搭拱门、不放鞭炮、不请地方客；钟卫代表带着考取高校的女儿参加扶贫活动，以最具意义的方式为女儿举行升学礼。在汨罗转型发展最关键、农村提质美化最迫切、脱贫攻坚任务最繁重的时刻，广大代表挺身而出，大展身手，汇聚成磅礴的力量，体现了人大代表的责任与担当。在此，我谨代表市人大常委会，向大家表示诚挚的感谢！

五、加强自身建设，锤炼担当实干新作风

深入贯彻落实中央、省、市关于加强和改进县乡人大工作和建设的要求，切实加强自身建设，全面提升履职实效。

提高政治站位。强化“四个意识”，坚持将党的领导贯穿人大工作始终，重大问题主动向市委报告，坚决把市委决策部署通过法定程序转化为全市人民共同意志。突出党组和机关党支部建设，筑牢学习阵地，开展“两学一做”，不断把作风建设推向深入。认真开展学习贯彻十九大精神活动，常委会主要领导带头在机关党支部及联点乡镇讲党课，党组班子成员到基层支部、所联乡镇讲党课11次。

提升履职水平。构建逢会必学、请进走出相结合的学习新常态，组织常委会组成人员、机关干部及乡镇人大主席参加省、岳阳市及本级人大举办的培训班，学习重要精神、业务知识和法律法规，提升政治素养和履职能力。出台调查研究制度，制定新闻宣传和理论研讨奖励办法，鼓励宣讲人大故事，钻研人大理论，多篇论文在省、岳阳市获奖，30多篇报道在各级刊物、网站刊载。机关比学赶超氛围浓厚，干部谋事干事热情高涨，团结和谐、积极向上的机关文化已然形成。

锤炼务实作风。坚持在实践中锤炼作风，走出机关，深入一线，参与中心工作，服务全市大局。人大机关驻点帮扶弼时镇玉池村、归义镇双塘社区，机关干部全部结对扶贫。为玉池村引进项目资金110万元，解决实际困难30余个，帮助发展家庭养殖、农产品加工，开辟贫困户稳定的增收渠道；机关帮扶队员为双塘社区贫困户制定落实帮扶措施27条，全体干职工在“七一”党日活动中自发捐资近万元资助贫困户，2017年该社区贫困户可全部脱贫。全力服务“三个汨罗”建设，主任会议成员在脱贫攻坚、农村环境整治、规范村民建房、美丽乡村建设、水资源保护、抗洪抢险等重点工作中，在棚户区改造及文体中心、山塘路跨铁路桥、国道536等重大项目建设中，勇挑重担，冲锋在前，起到了指挥、把关、督促作用，服务中心成效明显。

一年来，在市委高度重视和关心支持下，全市人大工作和建设取得长足进展。市委常委会议3次专题听取人大工作情况汇报，研究解决人大工作中的具体问题；出台《汨罗市关于进一步加强市镇人大工作和建设的意见》，从加强党对人大工作领导、充分发挥人大作用、支持和保障人大履职、加强人大自身建设等7个方面作出安排部署。这一文件，成为指导我市人大工作的重要制度性文件。市委高度重视人大干部任用，换届以来，先后有9名干部被交流、提拔，充分激发了人大队伍活力。市委对人大工作的重视和支持，为人大常委会依法行权、大胆履职明确了方向，增添了底气，提供了保障。在岳阳市人大常委会组织的年终考评中，我市人大工作所有36项指标均居岳阳前列；在岳阳市加强县乡人大工作和建设推进会上，我市人大作为先进典型作了经验介绍。

各位代表，回顾今年工作，我们取得的成绩，是市委坚强领导的结果，是“一府两院”充分配合的结果，是全体代表共同努力的结果，是全市人民信任支持的结果，是各位老领导、老同志持续关心的结果。在这里，请允许我代表人大常委会，向关心、支持人大工作的所有领导、各位同志和社会各界，表示衷心的感谢，并致以崇高的敬意!

同时，我们也清醒地认识到，我们的工作还存在一些不足，主要是：监督方式方法需要进一步创新，代表“双联”工作需要进一步加强，平台建设需要进一步推进等。我们将高度重视这些问题，虚心听取意见，切实加以改进。

2018年工作设想

2018年，常委会工作的指导思想是，深入贯彻落实党的十九大精神，以习近平新时代中国特色社会主义思想为指导，坚持党的领导、人民当家作主和依法治国的有机统一，不忘初心，牢记使命，积极履行宪法法律赋予的职责，增强同人民群众的密切联系，全力助推更高品质的生态文化活力汨罗更快发展

新时代标明新方位，新时代开启新征程，新时代呼唤新作为。新的一年，常委会将重点做好以下几项工作：

一、突出政治建设，强化履职保障

全面系统深入学习十九大精神，深刻认识中国特色社会主义进入新时代的重大意义，更加自觉地增强中国特色社会主义道路自信、理论自信、制度自信、文化自信。精心组织、认真开展“不忘初心，牢记使命”主题教育，在学思践悟上下功夫，见实效。始终坚持市委领导，服从市委安排，落实市委部署，旗帜鲜明讲政治，立场坚定讲忠诚。深入贯彻《关于进一步加强市镇人大工作和建设的意思》文件精神，持之以恒加强党的建设，大兴务实之风，深入调查研究，积极为汨罗发展建言献策。依法议决大事，创新工作方式，着力推动解决我市城乡发展不平衡不充分的问题。开展学习交流，组织常委会组成人员和各级代表参加履职培训，不断提高常委会的整体素质和依法履职能力，建设胜任职责的“工作机关”、人民满意的“代表机关”。

二、突出关注民生，服务全市中心

紧紧围绕“三个汨罗”建设战略部署，全力助推民生持续改善。督促落实《湖南省饮用水水源保护条例》，持续关注向兰库区生态保护工作，调研集镇地表式供水饮用水源保护情况，促进饮用水安全。视察教育、卫生资源布局调整工作，督促政府加快工作进度，优化功能布局，为群众提供更优质、更便捷、更舒心的公共资源服务。落实乡村振兴战略，调研粽子产业园项目进展，推动西长片区现代农业科技示范园建设，关注农村面源污染防治，助推“三农”发展。听取市政府关于校车校园安全、“家教家养”和非法培训机构办学问题整改情况报告，关注消防站、液化气站与钢瓶检测站建设，巩固安全生产专题询问成效。聚焦城市发展，调研“数字汨罗”和智慧城市、海绵城市专项规划实施情况，推动城市建设更加宜居宜业、更加便民惠民。

三、突出精准监督，推动依法治市

纵深推进全口径预决算审查监督，从预算制定、执行、决算及审计查出问题整改、审议意见落实等各个环节进行全程监督，切实管好“钱袋子”。前移预算监督关口，落实《预算审查前听取人大代表和社会各界建议的若干规定》，推动参与式预算逐步实施，为联网预算监督做好准备。推动政府完善偿债机制，优化收入结构，加强审计监督，防范财政风险。建立市政府向人大常委会报告国有资产管理情况制度，监督国有资产经营管理，促进国有资产保值增值。根据代表、群众反映的焦点、热点问题，更好地运用专题询问这一监督利器，增强专项工作监督实效。全面加强司法监督，探索建立法检两院向人大常委会报告重大事项、报送相关文件制度；督促司法机关加大涉法涉诉信访案件化解力度，维护公平正义。服务上级人大立法工作，进一步加强规范性文件备案审查，提高报备率，突出审查效果。支持监察委员会行使监察权力，依法实施对监察委员会的工作监督。

四、突出联系群众，加强代表工作

建立完善“一述二访三联”工作机制：“一述”即落实代表向选民述职制度，实现代表述职比例达到20%以上；“二访”即开展集中走访选民、定期接访群众活动，保障人大工作紧贴民意、紧接地气；“三联”即健全主任会议成员联系乡镇人大、驻汨岳阳市人大代表联系汨罗市人大代表、市镇人大代表联系选区选民工作机制，缩短服务群众距离，畅通群众意见表达渠道。大力推进村级人大代表工作站建设，完善硬件设施，按照驻汨岳阳市人大代表每年不少于1次、市镇两级人大代表每年不少于2次的要求，定期安排代表到工作站接待群

众，把代表联系、服务群众的窗口前移下沉到群众家门口。进一步完善和坚持乡镇人大综合评价和代表履职动态管理工作机制，鼓励代表通过执行代表职务、提出议案建议等方式，推动解决群众反映的热点、难点问题。试行“谁提出建议、谁量化评价”新模式，推行建议办理工作百分制评价机制，进一步提高建议办成率。持续深入开展“发挥代表作用，助推‘六大战略’”主题实践活动，不断发挥代表在脱贫攻坚、农村环境整治和治陋习树新风中的示范引领作用，引导全市各级代表成为助推汨罗发展的强大力量。

各位代表，历史画卷在前行中铺展，时代强音在奋斗中共鸣。人民群众对我们满怀期待，汨罗发展需要我们倍加努力。让我们紧紧团结在以习近平同志为核心的党中央周围，在中共汨罗市委的坚强领导下，牢记使命，矢志奋斗，以不忘初心的为民情怀、时不我待的争先意识、建功有我的责任担当，共同续写更高品质的生态文化活力汨罗建设新篇章！

竹林（2018年）

中国人民政治协商会议汨罗市第十届委员会常务委员会工作报告

—在政协汨罗市第十届委员会第二次会议上

（2017年12月24日）

彭千红

2017年工作回顾

一年来，在中共汨罗市委的坚强领导下，在市人民政府的大力支持下，市政协常委会坚持团结、民主两大主题，充分履行政协职能，全力服务发展大局，突出工作重点，打造工作亮点，圆满完成了一年工作任务，为建设更高品质的生态文化活力汨罗做出了积极贡献。

一、坚持方向，学习提升讲政治

强化理论武装。将组织学习贯彻党的十九大精神作为头等大事抓实抓好，组织召开政协党组会议、主席会议、政协常委会议、政协机关干部大会开展学习、认真讨论，邀请市委党校老师作专题解读，准确把握习近平新时代中国特色社会主义思想，牢固树立“四个意识”，夯实思想基础，确保政协工作始终坚持正确政治方向。市政协领导带头深入机关支部、所联界别、联点镇村、老干部中开展宣讲，举办了政协机关“喜迎十九大”送戏下乡、扶贫募捐等宣传活动。

坚持党的领导。增强走中国特色社会主义政治发展道路的自觉性和坚定性，坚决维护市委核心。要求政协机关、政协委员坚决做到“三不”：不该说的坚决不说，不该做的坚决不做，不该跟的坚决不跟。严格遵守政治纪律和政治规矩，自觉把握角色定位，认真履行政治协商、民主监督、参政议政职能，进一步凝聚广大委员和社会各界人士的力量，积极为全市各项工作建言献策、献智出力。

落实市委要求。市委总揽全局、协调各方，把政协工作放在全市工作的重要位置，高度重视、大力支持政协依章履职。喻文书记两次主持召开市委常委会，专题听取市政协党组情况汇报，对政协工作提出新要求。平波市长多次到政协调研工作，参加民主协商会，研究政协提案。市政协认真落实市委政府工作部署，在文化建设、城市建设、生态环境建设、精准扶贫、防汛救灾等方面，竭忠尽智，较好地完成了各项工作任务。

二、积极履职，创新突破求实效

一年来，市政协团结各界别委员，认真履行政协职能，不断创新工作思路，为推进我市各项工作持续贡献政协力量。

（一）民主协商谏诤言。主席会议就《关于城市规划区禁止个人建房的通告（送审稿）》和《汨罗市城市规划区禁建区范围内危房户和住房困难户安置办法（试行）》认真开展协商，对市政府起草的相关文件提出修改意见。柳新华委员就堤垸安全问题深入调研，发现了不少隐患和问题，提出了加大投入力度、禁止大堤禁脚建房、更新改造老旧机埠等建议，得到市委、市政府的高度重视，堤垸安全得到加强。发挥委员界别作用，深入各乡镇和职能部门单位，就文化产业发展、屈子生态湿地公园建设、团山市场整治等开展界别协商和调研，有力推动了我市相关工作开展。由分管副主席牵头，继续跟踪上届金融调研成果的转化，多次组织召开金融工作专题协商会议，促进了我市金融生态环境持续改善。

（二）抓实提案惠民生。把提案列为工作的重中之重，组织委员深入基层、把准问题关键，提出高质量的提案，同时大力促推各部门单位落实提案办理、切实解决问题，使提案办理促进工作，惠及民生。

提案质量明显提高。今年共立案提案98件，其中重点提案5件，委员大部分提案切中时弊、回应关切，既契合了市委、市政府的中心工作，也得到了人民群众的普遍认可。如刘献陆等委员提出的《去陋习树新风建设社会主义新农村》，真实反映了我市广大人民群众的心声，与之后岳阳市委、市政府出台的相关规定不谋而合；吴娜莎等委员提出的《加强农村环境整治，推进生态汨罗建设》，为市委、市政府今年部署的重点工作“美丽乡村建设”贡献了智慧。

督办力度不断增强。坚持重点提案由市级领导领衔督办，所有提案必须由承办单位“一把手”负总责。通过政协网站、政协云等网络媒体开辟提案网上办理渠道，公开提案办理进度。由副主席带领分管专委会工作人员跟踪督办，分线召开提案督办会，邀请市政府分管领导参加，逐案问效、狠抓落实。政协常委会对今年提案办理工作进行专题审议视察，并制定《政协汨罗市委员会提案办理工作考评细则》，考核评议工作进一步规范完善。

办理成效更加显著。在提、办、督三方共同努力下，今年98件立案提案全部办复完毕，落实和基本落实率达到92%，部分提案已转化为市委、市政府的重点工作。如吴雪彪等委员提出的《关于在农村建立有线广播村组通的建议》，市委、市政府高度重视，市财政拨出600万专项经费，市广播电视台大力推广实施，已在全市农村安装了近1500台广播，办理成效明显；陈先云委员提出的《关于加快推进汨罗市特色小镇建设的建议》、郑湘利委员提出的《关于引进我市寓外商友回乡投资兴业的建议》等等，都已转化为全市中心工作，得到有力推进和落实。

（三）深入调研献良策。充分发挥政协“精英荟萃、智力密集”的优势，紧紧围绕全市重点工作和社会热点、难点问题，组织调研力量，深入调查研究，撰写调研报告，“不求说了算，但求说得准”，为市委、市政府决策提供有益参考。

三级联动调研。积极配合省政协开展“优化非公经济发展法治环境”、“加快发展我省有色金属固体废弃物循环利用产业”等专题调研，配合岳阳市政协开展“开放崛起在岳阳”、脱贫攻坚、“规范村民建房，建设美丽乡村”等专题调研。周育林副主席积极参加省政协组织的教育扶贫调研活动，在十一届省政协第二十五次常委会上以“教育扶贫不能让一个贫困留守儿童掉队”为主题作大会发言，反响良好。

精选课题调研。针对全市教育布局存在的突出问题，由主席团队牵头，成立专题调研领导小组，就优化和整合全市教育资源深入调研，到周边先进县市学习取经，向市政府提交了《全市教育布局调整调研报告》。部分委员先后赴浙江西塘、乌镇、贵州镇远、青岩等地，学习考察文化建设、特色小镇建设。政协常委赴浙江横店学习考察影视城建设、新农村建设等，结合我市实际撰写考察报告，以“参政议政”专刊的形式报送市委、市政府，为领导决策提供参考。

围绕专题调研。积极配合市政府开展再生塑料、麻石生产、畜禽养殖、黏土砖厂等4项环保专项整治行动，组织政协委员开展视察调研，为专项行动建言献策。为推进我市文化旅游产业发展，政协常委专题调研视察屈子文化园建设，听取端午文化产业整体开发项目情况汇报，为文化产业发展出谋划策。为推进我市交通大格局尽早形成，政协常委专项视察一级干线公路国道240汨罗段的建设情况，为后续工作推进提出意见建议。

三、服务中心，尽心尽力促发展

始终坚持服务大局、助推发展，充分体现政协人的担当、责任和力量，积极参与全市中心工作，取得显著成绩。

（一）全力以赴助推生态建设。主席团队积极参与屈子生态湿地公园片区建设，反复调研考察，完善建设方案，狠抓工程质量与进度，片区建设取得重大进展。大力推进垃圾焚烧发电固废处置项目建设，较好地完成了立项审批、项目落地、招投标等工作。积极参与“三城同创”工作，认真落实“四级联治”责任，工作取得明显进步。此外，很多政协委员都积极参与汨罗生态环境建设，在各自的岗位上作出了贡献。黄吉芳委员在发改局负责项目申报工作，今年她协助相关部门，成功争取中央3000万元农业面源污染治理项目，该项目将在涵盖2万人的新塘河流域开展封闭环境治理。

（二）汇聚智慧助推文化繁荣。协助市委起草《关于建设更高品质文化汨罗的实施意见》，为汨罗文化事业和文化产业拟定发展规划。主席团队深度参与屈子文化园、新市古镇、长乐故事小镇建设，在项目的规划、设计、建设、运营、管理等方面倾注了大量心血。大力推进粽子文化产业园建设，多次参加外出考察招商，已对接马复胜、寿哈等10余家食品生产企业；协助市委、市政府承办由中央文明办主办的“爱我国家·圆梦中华”端午节系列主题文化活动；参与组织屈子文化园开园活动；参加在云南大学召开的2017年度屈原及楚辞学国际学术研讨会暨中国屈原学会第十七届年会，成功申请汨罗为下一届年会主办地；通过向中国屈原学会申请，确定中国屈原文化研究院落户汨罗；深化与中南大学、湖南理工学院的校地合作，不断扩大研究成果，促力编辑《屈原文化研究丛书》并成功出版发行；促成“湖南省屈原文化研究基地”在屈子文化园正式挂牌。组织政协联络办主任及相关部门单位对我市古旧民居和代表性建筑进行调查摸底，向市政府提出《关于加强对50年以上老旧民居和代表性建筑进行保护的建议》，得到市政府高度认可。释慧闻委员长年在智峰山上修行布道，依靠个人的影响和努力，为佛果寺重建募捐2000余万元，并在美国与果光大师联合举办书画展览，受到国内外业界的赞扬。傅为委员充分利用其在影视传媒方面的资源、人才优势，积极宣传推介并参与汨罗文化建设。

（三）凝聚力量助推经济发展。充分发挥政协工商实业界委员的精英优势，积极参与市委、市政府倡导的“迎老乡、回故乡、建家乡”活动；深入开展“万企帮万村”活动，参与帮扶企业352家，实施帮扶项目573个，安排贫困户劳动力就业1068人，投入1亿多元开展扶贫济困和支持基础设施建设；组织成立“汨商物流产业联盟”，推动全市物流产业发展；在15个镇成立了商会联络办，在基层打造企业家联络平台。杜忠美委员带领152名残疾人创业团队发展电商产业链，仅用7个月时间实现了1200万元的销售业绩，成为我市电商发展的典范。刘移求委员积极响应市委、市政府招商引资的号召，率领深圳龙岗区园山工商联商会来汨考察“三园一区”建设，实地对接引进项目。姜益平委员始终坚持打响“屈原”品牌，带领湖南屈原酒业有限公司开拓进取，今年营业收入突破7000万元，屈原商标被认定为“中国驰名商标”。李咏洁委员致力于发展农业经济、带动农民增收，先后成立绿色食品开发有限公司、餐饮管理有限公司和长乐水稻合作社，从农产品种植、加工到销售形成产业链，并对50多名农村妇女开展技能知识培训，提供就业岗位。

（四）锐意进取助推科技创新。部分委员立足行业发展需要，勇于创新，善于创新。朱绪坤委员率先在汨罗开展颅内血肿微创清除术，在治疗心力衰竭、心律失常方面创新多项技术，带动人民医院内科医疗水平明显提高。王安华委员因为多项农业技术突破，入选农业部专家库，并被多次委派赴非洲技术援外，两次获农业部嘉奖。秦为忠委员创办的湖南三兴精密工业股份有限公司，专注于全自动智能装备的研发生产，累计获国家专利30多项，产品居世界前列，借助科技创新，公司发展势头强劲，今年实现销售额5亿多元，纳税5000多万元。

（五）同心协力助推脱贫攻坚。今年，市政协共联点扶贫村7个，主席团队深入村组农户研究脱贫方案，落实扶贫措施，组织募捐活动，制定并落实《汨罗市政协委员参与“三个一”扶贫行动工作方案》，动员机关干部、全体委员和委员企业积极参与扶贫行动。全市253名政协委员共结对帮扶324户贫困户，资助212名贫困学生上学，帮助264户贫困户通过发展产业增加收入，解决了173名贫困对象就业问题，捐款捐物折合人民币1000余万元。黄世林委员捐款100万元资助玉池山村修路，捐助贫困家庭学生10余万元；吕忠民委员在汨罗累计捐资600余万元，资助建校和贫困学生。宋正元委员组织“善行天下”志愿者积极开展公益活动，捐款捐物折合人民币130余万元，儿子结婚举办“慈善婚礼”，善款全部用于扶贫帮困。

四、强基固本，提升能力树形象

始终将加强自身建设摆在重要位置，创新学习形式，完善工作机制，切实提高干部和委员履职能力，努力提升机关整体服务水平，为政协充分履行职能、服务全市发展奠定坚实基础。

（一）大兴学习之风，建设文化政协。年初制定政协机关学习计划。开辟“政协讲堂”，先后邀请王跃文、曾维纲等文化名家学者讲国学、谈文学、介绍汨罗文史等，为政协机关干部和政协委员加油充电。支持各界别委员和机关干部参加各类学习培训活动，切实提高履职能力。潘绍东委员参加鲁迅文学院第三十二届中青年作家高级研讨班学习，其小说集《歌郎》出版后，受到社会各界广泛好评。

（二）加强制度建设，理顺工作机制。根据市委安排，起草《中共汨罗市委关于进一步加强和改进新时期人民政协工作的意见》，文件出台为政协开展工作提供了有力依据和充分保障。认真落实“党员活动日”制度，严肃党内政治生活，严格落实党风廉政建设主体责任，开展谈心谈话，加强廉政教育，机关作风进一步优化。按照省、岳阳市政协的统一部署，大力推进政协云建设，政协委员全部上线，委员履职有了新平台。市工商联加强制度创新，推动工作水平不断提高，被评为2017年全国“五好”县级工商联。

（三）开展联络联谊，增进学习交流。不断加强与其他县市区的交流合作，先后赴临湘、湘阴等地考察学习，参加湘鄂赣边境毗邻县（市、区）政协工作研讨会，认真接待淮安、祁阳等20多个全国各地县市政协来我市考察交流，既扩大了汨罗的影响，又学到了许多有益经验。

（四）加强文史研究，传承优秀文化。完成《汨罗地方谚语、歇后语、惯用语》编辑评审工作，留存汨罗特色语言文化。大力支持《屈原与岳阳综论》一书编辑出版，集中展现了屈原与汨罗研究的阶段性成果。继续完善政协网站、微信公众号的建设，宣传报道政协重要工作和典型事迹，传递政协声音，树立政协形象。

各位委员！过去的一年，是新一届市政协履职的第一年，在市政协常委会、政协委员和机关干部的共同努力下，政协工作取得了一定的成绩。这些成绩的取得，离不开市委的坚强领导，离不开市人大、市政府和市直各部门单位、各镇的大力支持，离不开老干部、历届政协委员和社会各界人士的关心厚爱。在此，我谨代表市政协常委会，向长期以来关心、重视和支持政协工作的各级领导、同志们、朋友们表示衷心的感谢！向为政协事业付出辛勤劳动的全体委员和政协工作者致以崇高的敬意！

过去一年的工作，我们也还存在一些不足，如协商民主机制还有待进一步完善，民主监督方式还有待进一步创新，委员履职能力还有待进一步提升等等，都需要我们认真研究，在今后的工作中不断加以改进完善。

2018年工作设想

2018年是全面贯彻落实党的十九大精神的开局之年，也是政协各项工作深入推进之年。新的一年，市政协工作的指导思想是：高举习近平新时代中国特色社会主义思想伟大旗帜，深入学习贯彻党的十九大精神和中央、省、岳阳市关于政协工作的有关精神，坚决贯彻落实市委各项决策，全力支持市政府工作部署，坚持团结、民主两大主题，全力发挥职能优势，不断提升工作水平，为建设更高品质的生态文化活力汨罗作出新的更大贡献。

一、进一步维护核心，巩固政治基础

将学习宣传贯彻十九大精神作为全市政协组织当前和今后一个时期的首要政治任务，学深悟透，融会贯通，自觉用习近平新时代中国特色社会主义思想武装头脑、指导实践、推动工作。一是深学细学。组织学习讨论、专题讲座、知识培训，联系实际全面准确把握十九大精神，努力推动十九大精神在政协落地生根。二是积极宣讲。发挥政协统战功能和人才优势，当好宣传员、解说员，深入社会各界，把党的十九大精神讲深讲透，广泛凝聚共识。三是自觉践行。按照党的十九大对人民政协工作提出的要求，不断加强履职能力建设，全面提高政协工作的科学性和实效性，使履职活动更加契合党的十九大的部署和要求，更加符合市委、市政府的中心任务。

二、进一步凝心聚力，促进社会发展

围绕发展大局，把握工作重心，突出政协人才荟萃、精英集中的特点，充分发挥政协委员在文化建设、制度创新、科技引领、管理增效等方面的优势作用，大力推进我市各项工作。

（一）充分履行职能促发展。不断加强协商民主建设。将协商民主贯穿政治协商、民主监督、参政议政全过程，加强与党政部门的沟通协调，围绕我市重大项目建设、财政预决算等工作制定好年度协商计划，使政治协商与党政决策同行同向。对协商意见的办理进行跟踪问效，及时向市委、市政府报送情况，促进协商成果有效转化。不断加强民主监督。通过提案办理、视察监督、民主评议等形式，加强对重大方针政策、重要决策部署贯彻落实情况和社会热点、难点问题的协商和监督。不断深化参政议政。坚持问题导向，选准调研课题，深入开展调研视察。要实施几项重大工作调研，在对接长沙问题上，主要从规划、产业、文化、交通、科技等领域对接进行调研；在文化产业发展上，主要从如何做实“中华诗歌节”、“龙舟大赛”、“文化论坛”等活动品牌和文化市场营销上进行调研；在美丽乡村建设上，结合十九大提出的“乡村振兴战略”，主要从农村政策、产业支撑、乡风民俗、环境保护、建筑风貌等方面进行调研。

（二）营造和谐环境促发展。高度关注民生，积极深入基层，倾听群众诉求，及时如实地给党委政府反映情况，协助做好协调关系、化解矛盾、理顺情绪的工作，维护有利于经济社会发展的良好局面。发挥人脉优势，向群众宣传市委、市政府的重大决策，推介近年来在生态、文化、活力汨罗建设中的发展成果，进一步提高汨罗的知名度和影响力。鼓励委员招商，引导工商实业界委员发挥作用，进一步开展“迎老乡、回故乡、建家乡”等活动，为我市经济腾飞作出新贡献。

（三）推进中心工作促发展。按照市委统一安排部署，积极参与园区建设、城市建设、美丽乡村建设、环境治理、民生实事等中心工作。全力协助汨罗端午文化产业、新市古镇和长乐故事小镇等文化旅游项目建设，切实抓出成效。继续收集整理好汨罗有价值的文史资料，为文化汨罗添砖加瓦。全力推进所联镇村扶贫工作，继续开展好政协委员“三个一”扶贫行动，推动脱贫攻坚实现新突破。

三、进一步创新机制，提升工作水平

持之以恒加强自身建设，以文化政协建设、制度体系建设、委员队伍建设为抓手，大胆创新，激发活力，着力提高机关干部和政协委员履职能力，不断提升机关服务水平，为顺利推进政协工作提供坚强有力的保障。

继续加强文化政协建设。制定好年度学习计划，进一步拓展学习形式，丰富学习内容。继续办好“政协讲堂”，提升机关干部和政协委员的学识水平。协助开辟屈学讲坛，力促讲坛逐步成为全国知名讲坛。积极组织视察调研、学习交流等活动，开阔眼界、增长见识，提高委员能力。继续做好文史研究和新闻宣传工作，不断增强政协工作的影响力。

不断完善制度体系建设。进一步健全常委会工作制度，改进常委会工作方式，提高常委会工作效率和活力。探讨与市委统战部、工商联建立走访共商、课题共研、履职共评、委员共管的联动机制。建立镇委员工作室，方便群众通过政协委员充分表达诉求，打通政协工作“最后一公里”。加大政协云建设力度，拓展委员履职平台。进一步完善机关党建和廉政建设制度，改进机关作风，营造良好的工作环境。

持续加强委员队伍建设。进一步加大委员培训力度，着力提升委员能力素质。进一步严肃纪律，增强委员规矩意识。进一步树立正气，倡导正能量。加强委员界别与职能部门的联系，让分散在各条战线、各个领域的委员能够根据自身专长，选择参政议题，通过界别座谈、调研、协商、监督等形式，形成界别集体提案、界别协商监督意见等履职成果，使委员个人智慧上升为政协组织的集体智慧。

各位委员，同志们！新时代新形势赋予了政协更多的责任和担当，也带来了更多的机遇和挑战，政协舞台无限宽广，政协事业大有可为。让我们紧密团结起来，在中共汨罗市委的坚强领导下，努力作为，开拓进取，为推动政协工作新发展、共同建设更高品质的生态文化活力汨罗而不懈奋斗！

名词解释：

四种形态：第一种：党内关系要正常化，批评和自我批评要经常开展，让咬耳扯袖、红脸出汗成为常态。第二种：党纪轻处分和组织处理要成为大多数。第三种：对严重违纪的重处分、作出重大职务调整应当是少数。第四种：而严重违纪涉嫌违法立案审查的只能是极少数。

六大战略：“工业立市”战略；“文化兴市、旅游热市”战略；“城乡统筹”战略；“绿色生态”战略；“一流发展环境创建”战略；“创新创业、活力汨罗”战略。

三个汨罗：生态汨罗、文化汨罗、活力汨罗。

四大会战：产业园区大会战、交通建设大会战、港口建设大会战、脱贫攻坚大会战。

三园一区：循环经济产业园、飞地产业园、屈子文化园、城区建设。

专　辑

汨罗改革开放40周年辉煌成就

2017年，汨罗撤县设市30周年；2018年，中国改革开放40周年。

【汨罗城市化历程】 汨罗市地处湖南省东北部，东邻平江县，西与屈原管理区、沅江市、湘阴县毗连，北接岳阳县，南抵长沙县、望城区。1979—1986年，汨罗城内先后建成建设路、高泉路、车站路、人民路等15条街道。1988—1991年，新建和扩建12条街道。1992年，兴建7条城区主次干道。1997年，新建汨罗火车站。2001年，为促进中心城市“扩容提质”，将城市布局分为“五大功能区”，即以综合服务为主的高泉区、以团山工业区为依托的新市区、以农业产业开发为主的红花区、以农副产品深度加工为主的营田区、以屈子祠为龙头的楚文化风景旅游区。同时，围绕“三名”（名人、名祠、名江）、“四水”（汨水、罗水、汨罗江、友谊河）、“五山”（高泉山、玉笥山、红花山、团螺山、范家山）做文章，确定“以汨罗江为轴心，以湘楚文化为底蕴，东扩北上”的城市发展战略。2003—2006年，兴建建设东路。2006年，经湖南省人民政府批准，汨罗市罗城经济开发区连同工业园一起更名为“湖南汨罗工业园”。2016年，借助乡镇区划调整改革的东风，汨罗在行政区划分上作了很大的战略调整，将原有的31个乡镇场撤为15个镇，进一步加快城镇化进程。

【汨罗经济化历程】 市域经济持续发展。全市地区生产总值由1978年的1.85亿元，增至2017年的378.7亿元，增长204.7倍；人均地区生产总值由1978年的348元，增至2017年的59985元，增长172.4倍，初步实现由温饱型向总体小康型转变；财政收入由1978年的1754万元，增至2017年的18.1亿元，增长103.2倍。三次产业结构比由1978年的42.7：32.4：24.9调优为2017年的11.5：55.7：32.8，产业所占比重顺序由“一、二、三”转变为“三、一、二”，工业、商贸服务业发展速度明显快于农业，市域综合经济实力进入湖南省“经济强县”行列。

农业经济稳定增长。汨罗是湘北地区的农业大市，素有“鱼米之乡”美誉，农业经济在市域经济中举足轻重。中共十一届三中全会以来，汨罗市委、市政府认真贯彻中央有关农业农村经济的方针政策，积极推进农村体制改革，大力推广现代农业科学技术和农业机械化，大力发展商品经济，大力兴办乡镇企业，彻底打破吃“大锅饭”的落

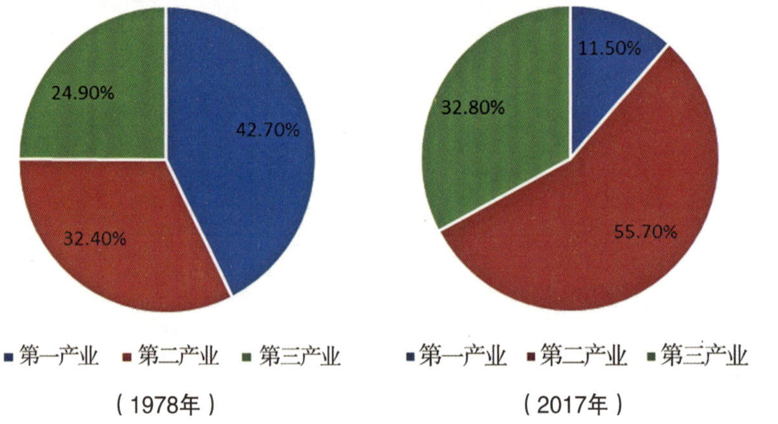

图1 汨罗市1978年、2017年市域经济三次产业占比

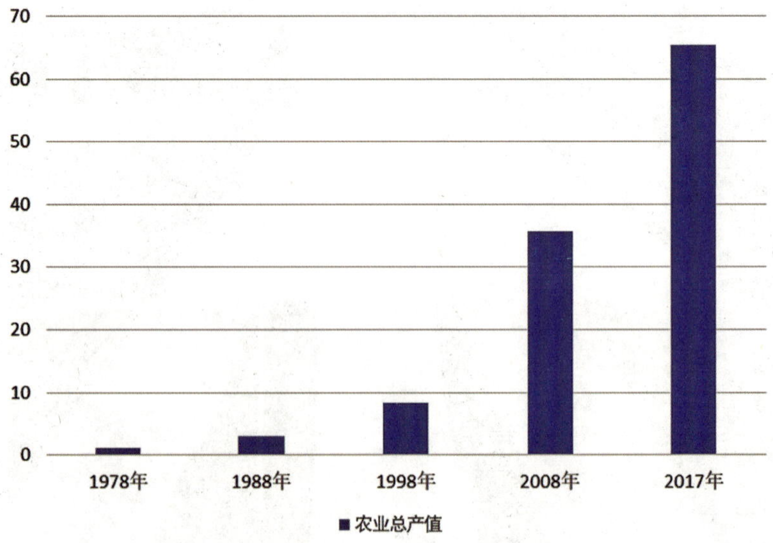

图2 汨罗市部分年份农业总产值

后局面，农村经济因子有效激活。截至2017年，全市粮食总产量达39.7万吨，其中林业、牧业、渔业产值分别为1.4亿元、23.4亿元、7.9亿元。

工业经济持续走强。汨罗的工业体系分为乡镇工业、园区工业、个体民营工业，分布于机械、化工、冶金、建材、食品、再生资源、有色金属等行业。1978年，境内各类工业企业达131家，实现工业总产值1.0亿元（含汨纺），占工农业总产值的46.8%。1979年以后，全市上下认真贯彻执行以计划经济为主、市场调节为辅的方针，多主发力发展工业经济。1984—1985年，全市基本实现政企业分开、所有权与经营权适当分离。1993年，市直国有工业进行股份制改革试点。1998年以后，经过不断改革探索，汨罗工业逐渐改变规模小、产品少、污染大、效益差的局面，涌现不少名优企业、名优产品和驰名商标，工业企业成为全市经济的“聚宝盆”。2017年，全市规模工业企业212家，实现规模工业总值756.5亿元，其中轻工业、重工业分别为178.6亿元、577.9亿元；外商及港澳台投资企业、股份制企业分别为8.2亿元、687.8亿元。

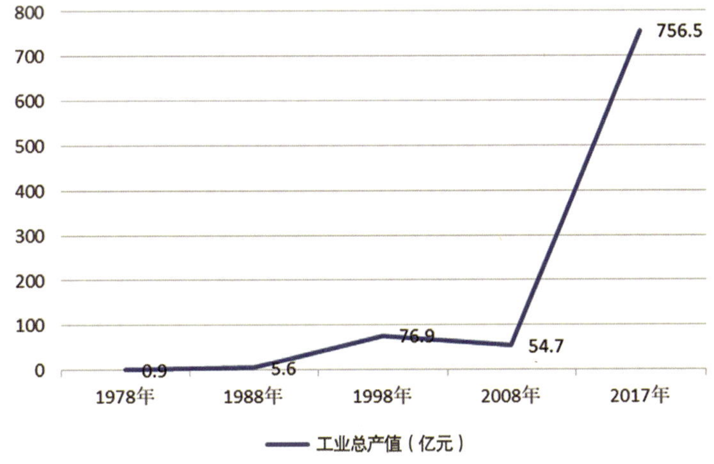

图3　汨罗市部分年份工业总产值

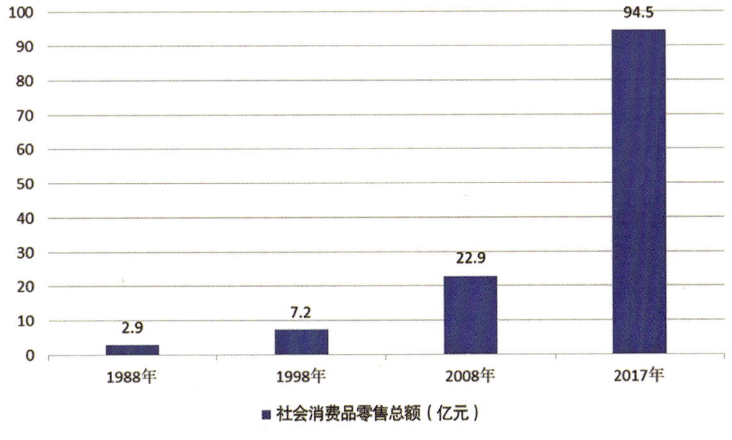

图4　汨罗市部分年份社会消费品零售总额

商贸服务业蓬勃发展。1978年以来，汨罗商品贸易逐步取消统购包销体制，实行“多种流通渠道、多种经营方式、多种经济成分，减少中间环节”新的流通体制。国有商业垄断经营的格局不断被打破，个体私营商贸服务业不断发展。1993年，汨罗市有国营、集体商业机构、网点1061个，从业人员5145人；个体私营商业服务业8065户，从业人员15457人。1994年，国营、集体商业体制改革进一步深化，商贸流通呈现多元化、市场化态势。2000年，汨罗市全面取消粮食定购任务，国有粮食企业完全走向市场。2000—2004年，全市先后新建汨罗大市场、天恒量贩超市、心连心购物广场，改造升级中心集贸市场，发展乡村两级农家店186家。随着互联网技术的日新月异，2003年，淘宝网成立，电子商务随即兴起。2011年，伴随微信智能终端的推出，全市涌现出大批微商代购，越来越多的市民热衷于网上购物，企业也越来越重视网上销售，人们的衣、食、住、行与网络购物越来越紧密，人们足不出户也能刺激消费，拉动经济的增长，实体店面临更大挑战。2017年，全市实现社会消费品零售总额94.5亿元，城镇消费品零售总额、乡村消费品零售总额分别为73.7亿元、20.8亿元。

金融业、保险业日臻健全。二十世纪八九十年代，全市形成以人民银行为领导，国有商业银行和农村信用社为主体的金融服务体系，九十年代中期通过清理整顿农村合作基金会，逐渐规范金融秩序。近年来，邮政储蓄改为邮政储蓄银行，引入华融湘江银行、村镇银行、光大银行等新生银行机构，设置城市建设投资公司、交通建设投资公司、文化建设投资公司和中小企业信用担保公司，多渠道融资，为城市基础设施建设、工商企业发展提供贷款。行政机关、企事业单位及个人储户，大多实行非现金结算。各银行机构都装配有柜员机，给存、取款带来方便。从2002年第三方支付平台的萌芽到2011—2016年的高速发展时代，就连六七十岁的老人家不出家门也能熟练地在手机上操作收款、转帐、存款等网银业务。

汨罗市部分年份人口表

表1　　单位：户、人

年度	总户数	人口	其中		性别比
			男	女	
1978	121385	523740	274289	249451	110.0
1988	157655	571604	299464	272140	110.0
1998	186201	635810	329900	305910	107.8
2008	200650	652113	341169	310944	109.7
2017	207052	671480	349674	321806	108.7

【汨罗社会化历程】　城乡居民生活水平不断提高。人口方面，1981年，全国人口生育进入第三个高峰期。为了实行优生优育，防止人口过快增长，1984年，全国开始推行计划生育政策，人口生育开始进入下降期。

随着经济条件的改善，城乡居民消费观念、消费方式、消费渠道、消费结构也发生重大变化，吃讲营养、穿讲漂亮、住讲宽敞、用讲高档，汨罗作为湘北地区相对比较发达的县市，这些走势已成为全市的新时尚。农村居民饮食消费。农村经济活跃，农民不愁没饭吃、没肉吃，而愁“卖粮难”“卖猪难”。2006年，农村调查大队（农调队）百户农民调查显示：农村居民人均食品消费支出1435.5元，比1994年增加568.9元；其中农民人均购买食品支出956.2元，比1994年增加575.5元；恩格尔系数由1994年的63.9%降至44.0%，下降20.0个百分点。2017年，农村居民人均生活消费支出16512元。城市居民饮食消费。20世纪70年代至80年代，吃粮凭粮证、吃肉凭肉票、豆腐、百叶凭豆制品票、白糖等凭副食品票。1992年，取消定量粮油平价供应，各种粮油票证停止流通。市场繁荣，物资丰富，餐饮业兴旺，白天晚上均有食品供应。2006年，城市居民人均食品支出2265.6元，占生活消费支出的39.0%；2007年，城市居民人均食品支出2723.9元，占生活消费支出的35.8%；2008年，城镇居民人均消费支出8561元；2017年，城镇居民人均消费支出19062元。居民收入方面，中共十一届三中全会以来，由于生产关系的逐步改善，生产活力空前释放，全市居民收入逐年增加。1980年，农民人均纯收入83.1元，1990年，增至784.3元，10年增长8.44倍；2000年，农民人均纯收入达2477.6元，比1990年增加1693.3元，10年增长2.2倍。1995年，城市居民人均可支配收入2710元，2005年为7200元，10年增加4490元。2006年，城市居民人均可支配收入8124元；2007年，城市居民人均可支配收入10610元；2008年，城市居民人均可支配收入13515元，城乡居民收入水平逐年稳步增长，幸福感、获得感不断提升。

基础设施不断完善。交通方面，改革开放以来，汨罗区位交通快速发展，由“道塞山河旧”变为“路通天地新”，形成公路（含京珠高速）、铁路（含武广高铁）、水路纵横交错、四通八达的崭新格局。截至2008年，汨罗市内国道、省道、县道、乡道共1814条，共计里程3397.9千米（京广、武广铁路2条，合268千米除外），比1978年的235千米增长13.5倍；按全境1562平方千米面积计算，每平方千米公路为2.2千米；村组公路从零起步，处处贯通，共计里程2357.4千米。2006年，全市上下积极支持配合筹建武广高速铁路（汨罗段），在汨罗境内辟通新的交通大动脉。邮政通信方面，1992年，汨罗市在全省首家开通2000门数字程控电话。1999年，全市基本形成程控电话、无线寻呼、移动通信、数据通信、数字传输等现代通信网络。截至2017年，全市邮政总收入6501.7万元，函件量完成35.0万件，订阅报刊累计完成2.5万份，快递业务量

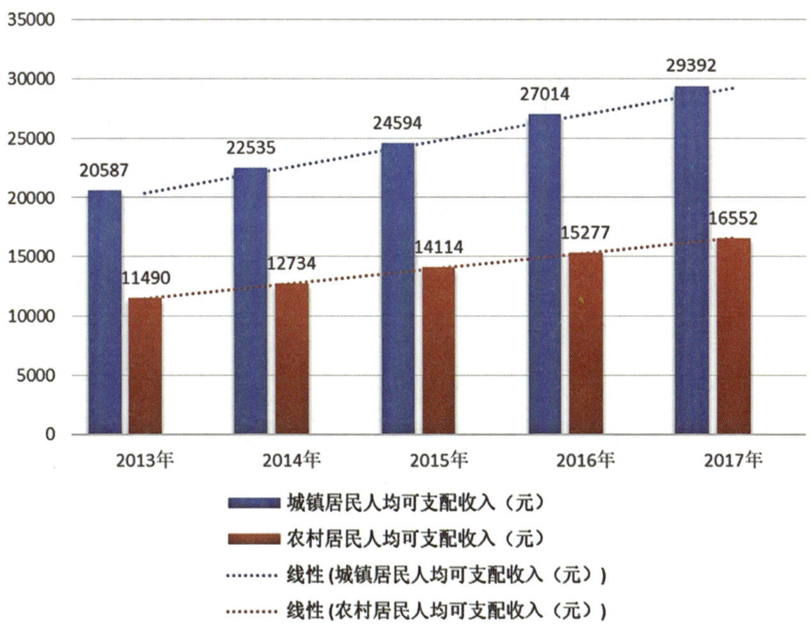

图5 2013—2017年汨罗市城镇居民人均可支配收入和农村居民人均可支配收入

完成1066.7万件，电信用户196047户，移动用户370000户，联通用户157593户。电力方面，1978—2017年，汨罗市电力事业经历小水电与自备发电、大电网建设、电力大发展、城乡电网建设与改造阶段，电力服务生产生活的能力显著增强。居民文化生活方面，为了丰富居民文化生活，让人民享受改革发展成果，1997年，制定《汨罗市城市绿化规划》，规划2020年城市绿地面积445.2公顷，人均14.8平方米。2006—2017年，全市持续改善居民生活环境，致力打造“两带”（汨罗江两岸布置绿化带、沿江形成风光带）、“四轴”（友谊河绿化风光轴、建设路、汨新路、沿江大道绿化景观轴）、“五园”（窑洲生态公园、屈子公园、新市公园、红花公园、营田区橘颂公园）、“六场”（窑洲广场、求索广场、红花广场、新市文化广场、楚风广场、营田广场）。

“开放兴市、招商富民”。1978年以来，汨罗市提出“内商外商一齐招，内资外资一齐引”。1996年，全市累计完成内引外联项目88个，投资总规模18781万元。1997年，市委、市政府出台招商引资优惠政策，加快水、电、路、城等基础建设，进一步扩大招商引资成果。2003年，开展“招商引资年”活动，倡导“大力招商引进，推动五化进程，实现市域经济的跨越式发展”。2005—2017年，汨罗市连续13年成功举办汨罗江国际龙舟节，“端午源头、龙舟故里”的品牌效应逐步显现。目前，旅游业已成为汨罗的一大朝阳产业，新的经济增长点的作用日益显现。2017年，全市共有A级旅游景区3个，其中AAAA级以上景区1个，星级饭店1家，休闲中心7处，农家乐7处。共接待国内游客 393.9万人次，入境游客1.0万人次。旅游总收入38.1亿元，其中国内旅游收入38.0亿元，国际旅游收入104.5万美元。

实施“教育兴市”的战略。1978年，汨罗286所小学达到“一无六有三配套”标准、147所中小学达到花园式学校标准，市委市政府提出幼儿教育“两条腿”走路的方针，实行党支部领导下的校长负责制。1996年，国务院副总理李岚清亲临汨罗考察素质教育时指出“汨罗经验要逐步在全国推广”。从重视幼儿教育，推进家庭、社会和学校教育的有机结合，形成科学的人才培养机制。2017年，全市共有各级各类学校（幼儿园）289所，其中幼儿园109所，在园幼儿16751人；小学130所，初级中学23所，九年一贯制学校15所，在校小学学生40886人，在校初中学生17942人；职业中学4所，在校学生5607人；普通高中6所，在校学生8899人；特殊教育学校1所，在校学生214人；工读学校1所，工读生228人。小学适龄入学率100%。

民主法治建设不断加强。中共十一届三中全会以来，汨罗的人民代表大会制度、中国共产党领导的多党合作、政治协商制度进一步完善，侨务、台务、宗教等工作取得新的进步，爱国统一战线得到巩固，政务公开方便群众办事，村民民主普选全面推行，法律监督、舆论监督、社会监督力度加大，公正司法、依法治市工作向纵深推进。“七五”普法任务圆满完成，群众信访和民事调解、文明执法和司法调解工作卓有成效。社会治安综合治理水平进一步提高，依法打击刑事犯罪和经济犯罪活动，侦破各类刑事案件，铲除邪恶势力，净化社会风气，保持良好的社会秩序和经济秩序。

见成就 见未来

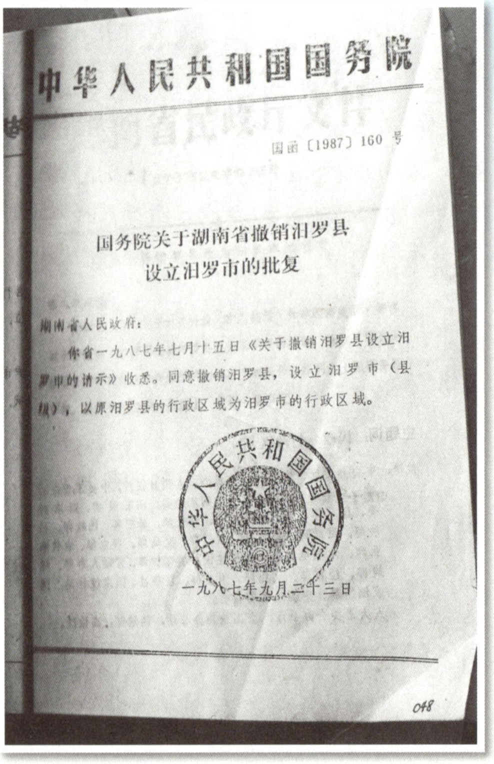

中华人民共和国国务院

国函〔1987〕160 号

国务院关于湖南省撤销汨罗县
设立汨罗市的批复

湖南省人民政府：

你省一九八七年七月十五日《关于撤销汨罗县设立汨罗市的请示》收悉。同意撤销汨罗县，设立汨罗市（县级），以原汨罗县的行政区域为汨罗市的行政区域。

中华人民共和国国务院

一九八七年九月二十三日

048

1987年9月23日，汨罗撤县设市函件

1987年12月31日，汨罗撤县设市，市人民政府挂牌

1988年7月8日，全国文联主席曹禺（左二）接见汨罗花鼓戏剧团演员

1989年3月9日，时任副省长卓康宁代表湖南省绿化委员会授予汨罗市“湖南省消灭荒山第一市”称号（图为纪念碑揭牌仪式）

1990年9月7日，时任汨罗市委书记彭亮根（左）被中共湖南省委授予“焦裕禄式的干部”

2000年9月27日，日本赤平市田茂议长（左三）率团第四次访问汨罗、与汨罗市签订友好城市协定书

2005年4月，著名作家韩少功（左二）在汨罗会见中外来访人员

2005年端午节，余光中在汨罗江畔引领观众诵读《汨罗江神》

1989年，汨罗市建设路旧貌

2001年，汨罗氮肥厂一角

1990年，大荆西瓜丰收

2003年，汨罗江周家垅卡口拓宽现场

2005年5月，汨罗江国际龙舟赛

2017年10月，京广高铁汨罗东站

2017年9月，长乐古镇全景

2017年6月，任弼时纪念馆

2017年10月，弼时镇新貌

2017年12月，汨罗循环经济产业园区一角

向着更高品质生态文

做有情怀的汨罗人
求索 让追求更有价值
担当 让干事更有激情
创新 让发展更有品质
开放 让前行更有力量
挚爱 让奉献更有温度

化活力汨罗坚实迈进

创建 国家园林城市
国家卫生城市
全国县级文明城市

大事记

1月

1—3日　市委书记喻文、市长朱平波率团赴广东省深圳市、佛山市、广州市考察招商。市人大常委会主任闵秀明，市政协主席彭千红，市委常委、统战部部长陈培宏，市委常委、市委办、市政府办主任舒文治，副市长朱苇、宋辉，市政协副主席、工商联主席周育林，循环经济产业园区党工委书记、管委会主任任伯钧等陪同考察。

4日　市委书记喻文调研国道240拓改工程汨罗段、屈子文化园项目建设。市领导王敏求、舒文治、吴高明参加调研。

是日　汨罗江端午文化产业整体开发PPP项目规划方案对接会召开。市领导朱平波、林治学、仇正勇、宋辉出席会议。

6日　汨罗市集中整治烟花爆竹经营场所专项行动会议召开。副市长、公安局长刘四清出席。

是日　岳阳市八届人大一次会议分组讨论《政府工作报告》，汨罗代表团成员、岳阳市委副书记、市长刘和生参加汨罗代表团活动。岳阳市领导李永斗、张益民，市政府秘书长刘传汉等一同参加。汨罗市委书记喻文、市长朱平波、人大常委会主任闵秀明等代表参加讨论。

17日　岳阳市委常委、岳阳军分区政委张作坤、副市长兼公安局长唐文发一行深入古培镇、汨罗镇，看望慰问敬老院老人及困难群众，市长朱平波、副市长兼公安局长刘四清等陪同。

是日　岳阳市委常委、纪委书记李挚带领岳阳市纪委、监察局班子成员，岳阳市卫计委负责人，岳阳市第二人民医院医务工作者等深入三江镇八景村精准扶贫联系点，开展义诊、走访慰问贫困户、送去新春祝福。汨罗市委书记喻文，市委常委、市纪委书记柳雁翔，市委常委、政法委书记杨峰等一同看望慰问。

是日　市长朱平波深入屈子文化园项目指挥部召开调度会，研究解决具体问题，推进项目加快建设。市政协主席彭千红、副市长仇正勇出席会议。

19日　汨罗市召开党委书记抓基层党建工作述职评议考核大会。市领导喻文、朱平波、李冯波、向进良、柳雁翔、杨峰、舒文治、任伯钧、朱苇、陈岭华、吴高明、刘四清、宋辉、孔剑出席会议，各乡镇党委书记、部分市直单位党组书记及市级党代表参加会议。

20日　市长朱平波、副市长吴高明率队检查节日市场供应、食品安全、交通保畅、环境卫生以及春运等工作。

是日　由人民日报、微博、新浪网联合主办的2017政务影响力峰会在广州召开，@汨罗发布荣获“年度快速响应微博”奖，这是湖南省仅有的6个获奖政务微博之一，也是湖南唯一一个县级市政务微博获奖单位。

是日　汨罗市“新起点新希望”2017年春节联欢晚会在市电影院举行，市领导闵秀明、彭千红、李冯波、王敏求、舒文治、仇正勇、徐德元等出席春晚。

25日　市委书记喻文、市长朱平波、人大常委会主任闵秀明、政协主席彭千红、市武装部部长向进良、市委办主任舒文治、副市长兼公安局长刘四清等先后看望慰问驻汨武警战士及坚守工作一线的干职工，送上新春祝福。

是日　市委书记喻文到新市镇、S308沿线等城乡结合部督查环卫状况和春节保洁工作，市委常委、市委办主任舒文治陪同。

26日　市委常委、宣传部长王敏求携文明办负责人看望慰问岳阳市道德模范汨罗市爱心帮帮志愿服务队创始人伏雯。

是日　市委书记喻文、市长朱平波、市委常委舒文治以及爱心帮帮、蓝天救援、爱行天下的志愿者们到市福利院和老人们一起吃团圆饭。

是日　市长朱平波、常务副市长林治学深入城区市场、烟花爆竹门店、仓库、液化气站等重点部位督查安全生产工作。

27日　大年三十，市委常委、市委办主任舒文治代表市委、市政府到公安、环卫等市直保障部门慰问坚守一线的工作人员。

2月

3日　市委书记喻文在赴循环经济产业园区生产现

场调研。常务副市长林治学，市委常委、市委办主任舒文治，副市长吴高明参与调研。

4日　长乐抬阁故事文化节保障服务工作调度会召开。市领导朱平波、李冯波、王敏求、杨峰、舒文治、刘四清、仇正勇出席会议。

6日　国家林业局林木种苗质量检验检测中心副主任张瑞甲带领专家组，对汨罗桃林林场湿地松子园进行抽查检测，省林业厅种苗站、汨罗林业局负责人等陪同检测。

是日　市委书记喻文、市长朱平波率汨罗市党政代表团赴长株潭考察学习，就产业发展、美丽乡村建设、城市管理等考察望城谷山体育公园、宁乡智慧政务“市民之家”、韶山美丽乡村建设、湘潭九华经开区、长沙经开区等，意在主动谋划对接，融于大长沙，助推汨罗新一轮强势发展。

13日　市长朱平波深入循环经济产业园区调研企业运行和项目建设情况，循环经济产业园区管委会主要负责人任伯钧以及市发改、工信等相关部门负责人参加调研。

16日　中共汨罗市第十届纪委第二次全体（扩大）会议召开，总结回顾2016年工作情况，全面部署2017年全市党风廉政建设和反腐工作，市委书记喻文出席并讲话，市长朱平波主持会议，市人大常委会主任闵秀明、市政协主席彭千红，林治学、陈培宏、柳雁翔、舒文治等市委常委参加会议。

17日　市委书记喻文、市长朱平波就生态汨罗建设项目与深圳铁汉生态集团达成初步合作意向，市领导朱苇、宋辉、彭国光等陪同考察、参加座谈。

21日　汨罗市人大常委会主任闵秀明带队赴湘阴县考察学习，副主任杨勇、何中良、许向云、易红、毛炼红等参与考察。

是日　市委书记喻文到屈子祠镇（原楚南金钩村）走访座谈，调研村支“两委”换届选举工作，市委常委、市委组织部部长李冯波，市委常委、市委办主任舒文治参与调研。

是日　市长朱平波、副市长吴高明、宋辉率市飞地产业园建设领导小组深入长沙经开区汨罗产业园调度园区建设和项目推进工作。

22日　岳阳市委副书记李爱武带领相关部门负责人到汨罗循环经济产业园、白水镇、汨罗镇和古培镇考察新型工业化、农业农村工作和基层党建等工作，汨罗市领导喻文、朱平波、闵秀明、彭千红、李冯波、舒文治、陈岭华、循环经济产业园区负责人任伯钧及相关部门乡镇负责人参加活动。

是日　汨罗市召开2017年计划生育工作大会，明确年度加大政策外多孩控制出生人口性别比治理、出生缺陷综合防控，加强扶助政策落实，流动人口服务管理等五大重点。市委常委、宣传部长王敏求、市人大常委会副主任易红、副市长仇正勇、市政协副主席彭国光参会。

23日　市委书记喻文深入川山坪镇、归义镇走访贫困群众，调研扶贫工作及村级换届选举工作，闵秀明、李冯波、舒文治、杨勇等一同调研。

是日　市长朱平波主持召开第十二届市人民政府第二次常务会议，审议《汨罗市畜禽养殖禁（限）养区划定实施方案》，研究年度全市重大项目建设工作。市领导林治学、毛炼红、朱苇、陈岭华、刘四清、吴高明、宋辉、何秀伟参会。

是日　先导控股集团党委书记、董事长刘继雄一行到汨罗，听取集团所投资的金融平台汨罗农商银行的工作情况汇报，洽谈与汨罗进行高铁产城融合项目，市领导朱平波、吴高明、宋辉、任伯钧出席洽谈会，市政府办、发改局、规划局、国土资源局、农商行等部门负责人参与。

24日　市委书记喻文主持召开十届二十次市委常委会议，传达全国影响稳定问题排查化解视频会议和岳阳市政法工作、组织工作会议精神，重点研究党建要点和村级换届选举工作方案，朱平波、闵秀明、李冯波、林治学、陈培宏、王敏求、柳雁翔、杨峰、舒文治等出席会议，何中良、陈岭华、何秀伟等列席会议。

是日　岳阳市政协副主席、工商联主席刘晓英带领“四个一”调研组到汨罗走访调研非公有制经济发展工作。汨罗市委常委、统战部部长陈培宏、市政协副主席周育林陪同调研。

27日　汨罗市白塘镇木屯村发生一起烟花爆竹爆炸事故。事故发生后，市长朱平波、副市长林治学带领相关人员第一时间赶赴事故现场，组织救援。

是日　汨罗市组织工作暨村（社区）换届工作大会在市电影院召开。市委书记喻文、市长朱平波等市委市政府领导出席。

是日　市委书记喻文主持召开市委十届22次常委会议，传达贯彻上级关于汨罗“2·27”烟花火药爆炸事故处理指示精神，部署全市安全生产工作。朱平波、闵秀明、李冯波、林治学、陈培宏、向进良、杨峰、舒文治等出席会议。

3月

1日　市委书记喻文主持召开市委十届22次常委（扩大）会议，通报省纪委关于白维国严重违纪案件的处理决定，全体市级领导，副处级干部参会。

2日　市长朱平波主持召开汨罗市项目建设动员大会，副市长林治学、朱苇、刘四清、仇正勇、吴高明、宋辉出席。

是日　市长朱平波，副市长吴高明调研国道240建设情况，现场查看工程进度。

3日　市委书记喻文到古培镇暗访烟花爆竹整治情况，深入商家店铺检查。

是日　市长朱平波专题调研新市镇环卫整治情况，何秀伟、任伯钧以及市环保局、农业局等相关职能部门负责人参加调研。

是日　汨罗市召开安全生产三大行动暨信访维稳工作会，宣读省安委对白塘镇“2·27”非法生产烟花火药爆炸事故的通报，对“2·27”事故进行反思，对全市安全生产三大行动进行动员，并安排部署信访维稳工作。

是日　汨罗市纪委、市委组织部联合组织召开全市村（社区）“两委”换届工作指导督导及纪律监督人员培训会。

5日　“广东省湖南汨罗商会、微善风助学汨罗”爱心见面会在汨罗一中体育馆举行，603名贫困学子与结对资助爱心人士牵手见面。市委常委、市委统战部部长陈培宏、人大常委会副主任易红、副市长仇正勇、市政协副主席彭国光、市教体局、市工商联负责人以及汨罗爱心志愿者团队出席活动。

是日　市人大常委会主任闵秀明、市政协主席彭千红分别带队到归义镇、三江镇督查村级“两委”换届工作和扶贫工作。副市长朱苇及“换届”督导纪检组参加第一小组活动。

是日　岳阳市采砂管理处主任曹卫东一行到汨督导安全生产，并到营田青港码头趸船上现场督查。

6日　市委书记喻文到川山坪镇督查烟花鞭炮经营整改情况，慰问退伍军人刘和平、刘菊明、黄胜华，送去党的关怀。市委常委、政法委书记杨峰、民政局和川山坪镇负责人参与活动。

7日　市委书记喻文就村级“两委”换届、精准扶贫工作再次深入川山村走访座谈。夜宿老乡家，促膝拉家常。市领导杨峰、舒文治、刘四清、彭国光一同调研。

是日　闵秀明主持召开汨罗市人大常委会十二届一次会议，副主任杨勇、何中良、许向云、易红、毛炼红出席会议。市长朱平波、副市长兼公安局长刘四清、法院院长孔剑、检察院检察长赵承卓等列席会议。会议表决任命26个政府组成部门主要负责人并举行宪法宣誓仪式。

是日　岳阳市计生协会会长白尊贤一行来汨调研，指导创建全国计生基层群众自治县（市）工作，市委书记喻文、常务副市长林治学参与调研。

是日　全市统战工作会议召开，总结和部署过去未来的统战工作，统战部部长陈培宏、副市长仇正勇出席会议。

8日　市委书记喻文、市长朱平波带队深入桃林寺镇、屈子祠镇、汨罗镇“美丽乡村”“秀美屋场”建设示范点参观。市领导闵秀明、舒文治、何中良、许向云、陈岭华、何秀伟以及各镇、市直部门主要负责人参加活动。

是日　市委书记喻文主持召开屈子生态湿地公园建设情况调度会。市政协原主席、园区指挥部顾问周群开、副市长朱苇、政协副主席彭国光以及部门单位负责人参加会议。

9日　市委书记喻文、市长朱平波到市林业科技示范园义务植树，以实际行动迎接第39个植树节。“四大家”在家领导、市直各单位主要负责人100余人参加活动。

是日　市人大常委会主任闵秀明主持召开107国道线沿线乡镇主要负责人环卫整治长效机制建设征求意见会。副主任许向云和相关部门负责人参会。

10日　著名作家、湖南省作协主席王跃文应邀到汨讲学，开讲主旨《陈廷敬为官之道——兼谈〈大清相国〉的历史真相》，市领导彭千红、舒文治、徐德元、何秀伟、彭国光、李才红以及政协常委、市文联、市作协、部分文学爱好者聆听讲座。

是日　市政协召开十届一次常委会，出台年度工作要点、工作规划、扶贫方案和重点提案、人事任免等事项。市政协主席彭千红，副主席徐德元、何秀伟、彭国光、李才红出席，政协各部办主任，各界别组长，专职党组成员，乡镇联办主任等参加会议。

11日　市政府常务副市长林治学带队深入全市烟花爆竹非法运输营销点检查，督查打非工作。

是日　长沙经开区汨罗产业园举行2017年第一批重大项目集中开工仪式。

是日　中房集团城镇化建设投资公司副总经理吴剑华、福建发展集团副董事长邓皓一行到汨罗考察，洽谈合作。湖南省贸促会副会长余炳锐、秘书长杨恩奇、岳阳市贸促会党组书记、副会长何晖、汨罗市长朱平波、副市长宋辉参与活动。

14日　市委书记喻文参加汨罗军队退役人员座谈会。常务副市长林治学主持座谈会，人武部长向进良，宣传部长王敏求，政法委书记杨峰，市委办主任舒文治，副市长陈岭华及相关部门各镇主要负责人参会。

是日　市委书记喻文、市长朱平波到白塘镇境内垸区、水库、堤坝、老管涌地等督查防讯情况。市领导林治学、向进良、舒文治、陈岭华及相关部门、乡镇负责人参加。

是日　汨罗召开一季度安全生产工作调度会。市长朱平波、副市长兼市公安局长刘四清出席会议。

是日　汨罗市民政工作暨敬老院建设现场会在古培镇召开，市领导杨峰、毛炼红、陈岭华、何秀伟及民政局主要负责人参加会议。

是日　副市长、公安局局长刘四清率队重点督查人流量较大的公共娱乐场所安全隐患。

是日　市委常委、政法委书记杨峰率团到岳阳楼区学习考察，着重考察社区治理、服务创新、公共网络服务平台建设等。

17日　岳阳市人大常委会副主任彭先政、岳阳市人大教科文卫委员会副主任委员李首元、李正钧一行到汨罗，就“创新引领在岳阳”调研报告征求意见。市领导闵秀明、林治学、何中良、许向云、易红、毛炼红。部分驻汨岳阳人大代表，相关部门负责人参加座谈。

18日　副省长谢建辉在省民政厅厅长唐白玉，岳阳市委副书记、市长刘和生，汨罗市委书记喻文等陪同下在友谊河社区、古培镇、汨罗镇、归义镇调研汨罗村级（社区）“两委”换届选举工作。省政府办公厅党组成员、研究室副主任黎咸兴，岳阳市副市长李激扬，汨罗市领导李冯波、舒文治、陈岭华陪同调研。

20日　市长朱平波主持召开汨罗市第十二届人民政府第3次常务会议，审议《汨罗市投融资平台管理办法》《汨罗市招商引资暂行办法》等，研究城乡三年绿化行动、“河长制”等工作。林治学、朱苇、陈岭华、刘四清、仇正勇、吴高明、宋辉等副市长以及循环经济产业园负责人任伯钧出席会议。

是日　汨罗市商务粮食局综合执法大队联合安监局、消防、气象、交警、运管等有关部门开展成品油市场“补短板、除隐患、促安全”专题行动，意在进一步规范全市成品油市场经营秩序，打击违法违规经营行为，消除安全事故隐患。常务副市长林治学参加专项活动。

20日　副市长宋辉率队赴白水、川山、新市等镇督查特种设备安全工作，市食品药品工商质量监督管理局、安监局等相关部门负责人参与督查。

是日　汨罗市卫计局召开全市疾病预防控制卫生应急工作会，全市各医院、镇卫生院、疾控中心相关负责人参会。

21日　金诚集团“大树计划”暨汨罗市诗歌中华小镇项目建设开工典礼在屈子文化园举行，汨罗市政府、金诚集团、中铁十八局集团在景区联合打造集诗歌文化传播、体验、交流、互动于一体的诗歌中华小镇。

23日　岳阳市卫计委联合岳阳市二医院组团深入弼时镇大龙山村玉山片区送医下乡，精准扶贫，汨罗市副市长陈岭华、市扶贫办、卫计局等相关负责人陪同活动。

是日　市委常委、政法委书记杨峰带领政法委、公安、消防、教育、卫计、食药工商质量监管局等部门负责人暗访春雷学校。副市长、公安局局长刘四清参加活动。

24日　致公党湖南省第六次代表大会报告起草和修订《中国致公党章程》征求意见座谈会在汨举行。致公党湖南省专职副主委向佐谊主持会议，长沙、岳阳、常德、张家界致公党负责人以及省党部相关处室负责人、机关干部出席活动。

是日　市委常委、政法委书记杨峰深入三江镇督查安全生产、易地扶贫工作，政法委、安监局、易地扶贫搬迁指挥部、商务粮食局负责人参加督查。

27日　市委书记喻文主持召开十届二十四次市委常委会议，传达学习相关会议精神，部署当前工作。朱平波、闵秀明、彭千红、李冯波、林治学、陈培宏、向进良、王敏求、柳雁翔、杨峰、舒文治等出席会议。朱苇、陈岭华、吴高明列席会议。

是日　市长朱平波、统战部部长陈培宏、副市长朱苇深入高泉新城项目建设现场调研，市政府办、国土资源、规划、贸促会、归义镇、汨罗镇及项目指挥部相关负责人参加活动。

28日　副市长朱苇带队督查城镇燃气和人防工程安全工作，安监、住建、规划、归义镇等相关负责人参加。

29日　市长朱平波暗访循环经济产业园4家企业，市政府办、安监局负责人陪同暗访。

是日　汨罗市公安局召开表彰授奖大会，副市长兼公安局局长刘四清，岳阳公安局政治部副主任鲁昶辉分别向荣获三等功的民警彭璞、吴敏、吴浩等4人授奖。

是日　岳阳爱卫专家组到汨，指导创建国家园林城市、国家卫生城市、全国县级文明城市，市委常委、宣传部部长王敏求陪同调研。

是日　市长朱平波深入白塘镇，调度全市耕地占补平衡，规范村民建房和养殖禁（限）养工作，副市长朱苇、陈岭华，市政府办、国土资源、农业、畜牧水产等部门及各镇长参加活动。

30日　统战部部长陈培宏带队到古培镇暗访安全生产，市人大副主任许向云、安监局相关负责人参加。

是日　组织部部长李冯波深入大荆镇、三江镇、长乐镇督查“两委”换届工作。

31日　市人大常委会主任闵秀明，副主任许向云、易红、毛炼红及人大机关相关负责人深入弼时镇玉池村指导扶贫工作。

是日　湖南汨罗龙舟农机股份有限公司应邀参加湖南省农机局召开的“三减量行动”现场促进会。

是日　市委书记喻文、市长朱平波到三江镇调研易地扶贫搬迁工作，召开全市易地搬迁和规范农民建房工作调度会。市领导杨峰、舒文治、陈岭华参加调研。

4月

4日　市委副书记、市长、市森林防火指挥部指挥长朱平波，副市长、市森林防火指挥部常务副指挥长陈岭华分别带队下乡督查森林防火工作。市政府办、林业局、森林防火指挥部办公室负责人参加。

5日　市委书记喻文深入十古公路沿线及长乐古镇督查烟花爆竹经营整改情况。

6日　市长朱平波到汨罗江风光带二期和汨罗江大道东延工程建设现场，查看工程推进情况，召开专题调度会议。组织部部长李冯波、副市长朱苇参加活动。

是日　市委书记喻文深入三江镇智峰村、长乐镇海山村调查村级换届选举工作。李冯波、杨峰、舒文治参加调研。

是日　市长朱平波主持召开第三次市长办公会，会议审议了再生资源行业整治，农村村民规范建房等方案，研究供销联社综改，司法改革等工作。林治学、朱苇、陈岭华、刘四清、仇正勇、吴高明、何秀伟、任伯钧等出席会议。

是日　市委书记喻文主持召开十届二十四次市委常委会议，组织学习《中国共产党工作条例（试行）》，传达岳阳市卫生与健康会议精神，研究纪检监察相关工作，部署当前工作。朱平波、闵秀明、彭千红、李冯波、林治学、陈培宏、向进良、王敏求、柳雁翔、杨峰、舒文治出席，仇正勇列席。

7日　“端午文化传承演艺基地”战略合作协议签约仪式在屈子祠举行。市长朱平波、副市长仇正勇、省演艺集团董事长吴友云，总经理胡俊，副总经理刘睿懿等出席签约仪式。

是日　市委书记喻文、市长朱平波率党政代表团赴岳阳县考察学习文明城市创建、产业发展、城市建设管理、美丽乡村建设等工作。

10日　省政协常委、调研组组长钟小汨一行到汨罗，就“优化非公有制经济发展法治环境”开展调研协商监督。岳阳市政协副主席秧励，汨罗市市长朱平波、市政协主席彭千红、副主席周育林、李才红、市法院院长孔剑及来自岳阳各地14家非公经济人士参加调研。

是日 岳阳市副市长、公安局局长、汨罗江岳阳市级河长唐文发到汨罗白塘镇境内的垸区、水库等督查指导防汛及河长制推进落实工作。汨罗市委书记喻文、副市长陈岭华、刘四清陪同。

11日 岳阳市委书记、市人大常委会主任胡忠雄到汨调研指导屈子文化园建设，市委书记喻文、市政协主席彭千红、市委办主任舒文治陪同调研。

是日 全市消防工作会议召开，副市长、公安局局长刘四清、消安会各成员单位负责人、各镇政府分管消防的负责人参加会议。

是日 汨罗市环境违法专项整治行动正式启动。市环保、公安、工信、电力、城管、整治办等部门联合执法，依法取缔关停新市镇、归义镇辖区内21家违法企业，市人大常委会副主任何中良、市政协副主席何秀伟现场“督战”。

12日 启迪桑德公司副总裁兼北京桑新环卫投资有限公司总经理张新建一行到汨罗，就城乡生活垃圾清扫、清运及卫生填埋、生活污水处理等项目进行实地考察和座谈，市委书记喻文、市长朱平波、副市长朱苇、陈岭华、市政协何秀伟参加。

是日 汨罗市“三城同创”领导小组办公室正式挂牌。市领导王敏求、杨勇、朱苇、徐德元出席活动。

13日 汨罗召开城市建设重点工程项目推进调度会，听取汨罗江风光带二期、高泉新城城市综合体、屈子生态湿地公园片区、山塘路跨铁路大桥等7处重点工程建设情况，研究下步工作，市领导喻文、朱平波、闵秀明、彭千红、李冯波、林治学、舒文治、易红、朱苇、彭国光出席会议。

是日 副市长宋辉带领市商务粮食局、邮政、电商协会及企业代表团参展浙江义乌2017中国国际电商博览会，这是汨罗入选全国电子商务进农村综合示范县以来第二次参展。

是日 市政府法制办在长乐镇召开决策听证会，就制定《汨罗市长乐甜酒地理标志产品保护管理办法》（草案）是否科学合理进行论证和听取意见，15名来自甜酒企业、市镇人大代表、政协委员、法律专家、社会公众等不同层面的听证代表参加会议。

14日 省委常委、宣传部部长蔡振红考察汨罗镇南托新村、屈子祠、屈子文化园。岳阳市市长刘和生、宣传部长马娜，汨罗市领导喻文、朱平波、彭千红、王敏求、舒文治、仇正勇等陪同调研。

是日 市人大常委会主任闵秀明、副市长吴高明分别深入归义镇高泉和友谊河社区、白塘镇和客运站调研督查环卫小巷改造和水上安全生产情况。

是日 国家林业局组织北京林业大学、北华大学、中国林业科学研究院专家教授一行到汨罗，对玉池林场“赤皮青冈珍贵用材林定向培育技术研究与示范项目”进行现场查定。

是日 市长朱平波主持召开第4次市长办公会，传达岳阳安全生产会议精神，审议“汨罗市九大城市棚户区改造，支持工业企业十条措施”等方案，研究市域户外广告特许经营，城区医卫服务体系建设等工作，林治学、朱苇、陈岭华、刘四清、仇正勇、吴高明、任伯钧等出席会议。

是日 全市科技特派员工作会议召开。市委常委、组织部部长李冯波、市科技局、全体科技特派员参加会议。

是日 安仁县县委副书记杨理诚率考察团考察汨罗江湿地公园建设管理工作，市委常委、纪委书记柳雁翔，副市长陈岭华陪同调研考察。

17日 市委书记喻文到川山坪镇督查金门坝安置区工程建设，走访贫困群众，并在老乡家借宿。

是日 市长朱平波深入屈子文化园项目指挥部召开调度会，研究解决具体问题，推进文化园项目建设。市政协主席彭千红、副市长仇正勇出席会议，市政府办、相关职能部门、屈子文化园管委会负责人参加会议。

是日 70名知青阔别汨罗37年后从全国各地再次回到汨罗相聚，忆知青岁月，感怀故乡变化。

18日 市委副书记、市长朱平波到汨罗江湿地公园、名山渡口、湘江汨罗段等检查水上安全、采砂安全，调查河长制落实工作。

19日 省委副书记、省长许达哲到汨罗考察三兴精密工业股份有限公司，汨罗镇南托新村等。岳阳市委书记刘和生、汨罗市委书记喻文陪同。

22日 财政部文化司司长王家新率调研组深入汨罗，先后到市花鼓戏剧团、新市镇综合文化站、新市镇文化馆、屈子书院、屈子祠调研公共文化服务体系建设情况。

24—28日 市委副书记、市长朱平波带队赴港参加

2017湖南（香港）投资贸易洽谈周相关活动。通过“港洽周”平台，汨罗金诚影视小镇暨湖南神鼎山森林公园开发、民泰恒生商贸物流中心两个项目成功签约，总投资达202亿元。

25日　汨罗召开脱贫攻坚突出问题集中整改和迎接中央环保督察工作部署会。

26日　市委书记喻文深入汨罗江国家湿地公园、团山再生资源交易市场、循环经济产业园区等地，督查循环产业、汨罗江岸重点领域环保整治工作。

27日　岳阳市委书记、市人大常委会主任胡忠雄，深入长沙经开区汨罗产业园调研项目建设情况。

5 月

3日　市委书记喻文实地察看市人民医院、市疾控中心、市妇幼保健院、市二人民医院、市精神病院拟迁建址，调研城区医卫情况，并举行座谈。

5日　市委副书记、市长朱平波主持召开第十二届市人民政府第四次常务会议，审议《关于推进电子商务创新发展的实施意见》《汨罗市实施光伏发电扶贫工作方案》，研究脱贫攻坚、环保督察、城市消防基础设施和消防装备建设等工作和2017年度为民办实事工作，财政预算安排，小城镇建设等。

是日　汨罗市文化艺术中心年内启动建设，中心基地位于友谊河西北侧，南临沿江大道，东北面朝汨罗江，离龙舟竞渡中心1千米，占地181亩，主建筑有文化中心、会展中心、展览馆，面积约80100平方米。

4—5日　汨罗市工信、国土资源、公安、电力、安监、食药监、城管及各镇政府联合执法，依法关停市内58家黏土砖生产企业。

8日　长沙经开区汨罗产业园优冠实业集团生产基地举行投产开工仪式，其成为“飞地”产业园区首个正式投产开工的企业。该企业主要从事运动场地材料研发、生产、销售和铺装，项目总投资约1.5亿元，预计年产值可达2亿元。

9日　岳阳市委书记、市人大常委会主任胡忠雄到汨罗调研指导汨罗粽子产业发展工作、督查突出环保问题整改。

10日　市人大常委会举行十二届第二次会议，审议通过2017年市本级财政预算和《关于提请审议汨罗市2017政府投资公司投融资项目的议案》《关于提请审议将汨罗市生活垃圾焚烧发电厂特许经营项目政府支付的生活垃及补贴费列入财政预算的议案》等5个文件。

11日　汨罗职工医保异地转诊转院可通过微信办理。

13日　“爱我国家、圆梦中华”我们的节日·端午——全国文明村镇文艺展演在汨罗江国际龙舟竞渡中心盛大开幕。

15日　市委副书记、市长朱平波到循环经济产业园再生材料新园规划拟用地块，了解规划设计、用地规模等情况。

16日　全市召开财税工作调度会，市委书记喻文出席会议。

18日　屈子文化园建成占地2万平方米的停车坪，目前是全市最大露天停车场。

19日　汨罗市2017年第二批重大项目集中开工仪式在长沙经开区汨罗产业园举行，共有13个项目开工，总投资4.73亿元。

22日　市委书记喻文专程赴八景拜会湘籍知名作家韩少功，代表市委市政府诚挚邀请他出席屈子文化园开园仪式。

是日　市委书记喻文主持召开十届市委第27次常委会，就中央环保督察组交办问题整改落实进行研究，会议还集体约谈桃林寺镇、神鼎山镇、白水镇、白塘镇党政主要负责人，以进一步提高认识，严明职责，强化措施，落实责任，加快推进问题整改。

是日　岳阳市委常委、常务副市长唐道明深入长沙经开区汨罗产业园、循环经济产业园区，督战园区大会战。

23日　“中华文化四海行”——走进湖南活动参会团200余名各级文史馆馆员、文化艺术界知名人士、国家级新闻媒体记者来到汨罗参观屈子祠、屈原碑林，参加祭屈大典，进行文化交流。

是日　在2017年全国旅游投融资促进大会上，国家旅游局会同国家开发银行、中国进出口银行、中国农业发展银行等12家金融机构，共同遴选出680个优选旅游项目，其中湖南汨罗市汨罗江端午文化产业，整体开发项目入选。

29日　屈子文化传承与区域文化创意产业发展高峰论坛在汨罗举行，全国各地百余屈学专家、学者汇聚汨罗。

是日　北京师范大学教授、博导、电视连续剧《思美人》总编剧、总制片人梁振华携剧组演员到汨罗一中捐赠《思美人》书籍100套。

30日　屈子文化园开园。著名作家韩少功，著名工笔画大师、旅美画家何山，屈学专家，《思美人》剧组一起出席开园仪式。

是日　屈子文化园核心项目屈子书院揭牌，对外开放。

6月

5日　市委书记喻文到屈子文化园实地察看工程进度，调研项目建设。

是日　市委书记喻文分别到市一中、市二中等高考考点，督查高考备考工作。全市共设市一中、市二中、罗城学校3个考点，126个考场，考生3577人。

6日　市委副书记、市长朱平波深入城区方家坪巷、山水路、罗城路现场调度市政配套设施工程建设，召开调度推进会。

7日　岳阳市人大常委会副主任李永丰、副秘书长戴丽在汨罗市人大机关与6位驻汨岳阳市人大代表座谈，听取代表们对“代表双联”工作的意见。

8日　岳阳市妇联副主席吴玉玺到汨罗为荣获“全国巾帼文明岗”称号的市发改局政务中心窗口举行授牌仪式。“全国巾帼文明岗”属国家殊荣，是全国妇联授予优秀妇女团体的最高荣誉称号。

13日　市委书记喻文到屈子生态湿地公园，实地调研项目建设进度。

是日　汨罗玉池山省级风景名胜区管理中心挂牌成立。

14日　汨罗市计划投资千万元在24个贫困村建光伏电站，桃林寺镇的赤卫村、永兴村、江北村，弼时镇的大龙山、玉池村5个村先期动工新建，白水镇的群玉村等7个村完成选址。

是日　汨罗寓外乡友伍玉龙向白水小学捐资200万元兴建教学楼。此次为家乡教育所捐款项是汨罗教育史上个人单笔最大捐赠。

15日　市委副书记、市长朱平波主持召开市城乡规划委员会2017年第四次专题会议，审议并原则通过《金泽国际商务酒店规划建筑设计方案》《汨罗江国际龙舟竞渡中心概念性方案》，讨论研究《沿江大道提质改造项目设计方案》。

20日　汨罗江端午文化产业整体开发项目概念性规划研讨会召开。

是日　汨罗市生态环保志愿服务行动启动仪式在新市中学礼堂举行，1300余名志愿者现场宣誓。在“拒绝污染，从我做起”的喷绘海报上签字。

22—23日　市委书记喻文率招商考察组赴江苏南京宜兴、浙江嘉兴等考察，先后与6家公司进行对接。

24日　市委副书记、市长朱平波深入弼时镇玉池村、白鹤洞村、大龙山村等地，督查地质灾难防御工作。

26日　岳阳市委书记、市人大常委会主任胡忠雄深入弼时镇桃花村、大龙山村和易地扶贫搬迁集中安置区以及川山坪镇金门坝易地搬迁安置区调研精准扶贫、基层党建、治陋习树新风美环境等工作。

是日　全市“刹人情歪风、治婚丧陋习、树文明新风”暨“互联网+监督”工作促进会召开。会上，市委书记喻文强调，这两项工作是新常态下的新要求，态度务必坚决，方法务必管用，纪律务必严明，成效务求显著。

30日　入汛以来最强降雨过程持续“发威”，0—19时汨罗新市降水量270.8毫米，属特大暴雨，日降水量达近40年来汨罗范围极端降水事件标准。市委书记喻文、市长朱平波连夜召集防指成员单位紧急商会，研究应对当前汛情，部署防汛救灾工作。

7月

1日　16时，汨罗全市范围内启动防汛Ⅱ级应急响应。

是日　上午10时，市委书记喻文听取市防指汛情汇报，对全市防汛工作作出部署。

10—12日　市委书记喻文先后深入川山坪镇、弼时镇、白水镇、三江镇、长乐镇，走村入户，与镇村干部座谈，督查脱贫攻坚，刹歪风治陋习树新风，村级服务平台建设等工作。

是日　市长朱平波深入神鼎山镇，弼时镇暗访督查脱贫攻坚工作。

13日　12时，全市解除防汛应急响应。解除后，各镇专人负责对险工险段，穿堤建筑物等重点部位开展定期巡查，确保安全。

14日　岳阳市人大常委会党组书记、副主任、市交通建设大会战指挥长向伟雄调研国道240汨罗段项目建设。

是日　汨罗调集15万公斤水稻“倒种春”种子，启动灾后复播等支农惠农工作。

24日，汨罗用电负荷刷新历史最高纪录，达到22.4万千瓦，全市将实施夏季有序用电方案。

26日　市委书记喻文、市长朱平波率汨罗市党政代表团赴平江、湘阴考察学习。

27日　汨罗召开“项目建设、百日攻坚、棚户区改造工作推进会”。

8月

1日　建军90周年，市委书记喻文、市长朱平波、市人大主任闵秀明，市政协主席彭千红、市人武部部长向进良先后来到人武部、消防大队、武警中队、75708部队新市通信站，慰问人民子弟兵。

2日　投资3.5亿元山塘路跨京广铁路立交桥正式启动建设。

是日　“互联网+监督”平台在汨罗正式运行，市民可在线了解民生项目“钱从哪里来，花到哪里去，干了什么事，效果怎样，有没有问题”。

是日　汨罗首个渔光互补光伏发电项目——汨罗镇蟠龙桥村鹤巢湖渔光互补电站正式并网发电，该项目总投资1.2亿元，总水域面积700亩，总装机容量达20兆瓦。桃林寺镇赤卫村、永兴村、江北村、弼时镇大龙山村4个光伏电站相继建成，投入使用，赤卫村40天发电收入9800元。

是日　推进司法改革，汨罗法院庭审直播上线。

11日—12日　汨罗市突发特大山洪灾害。12日下午2点40分，组织救援的三江镇花桥村党支部书记李大元在救援群众返回途中被急流冲走，因公殉职。

是日　汨罗江端午文化产业整体开发项目开工建设，项目总投资50亿。

是日　汨罗市循环经济产业园八大项目集中签约仪式在汨罗江大酒店举行，项目总投资近70亿，其中产业项目6个，基础设施建设合作项目1个，新能源生态项目1个。

17—19日　中国人民大学乡村建设中心等四机构联合主办、北京爱故乡文化发展中心等承办的“发现故乡与乡土书写”工作坊走进汨罗，走进著名作家韩少功的文学故乡——三江镇八景村。这次活动有韩少功、黄灯等来自全国十多个省份，60余名专家教授、学者，齐聚一堂，在汨罗山水之间，开展乡土文化盛宴和文化寻根之旅。韩少功、祝东方、昌切、李明华等进行专题讲座。

是日　中国美术学院教授陈汉一行4人到汨为罗城雕塑考察，参观屈子文化园，市长朱平波陪同考察。

是日　汨罗启动建设病死畜无害化处理中心、6个病死畜禽收集暂存点，以实现非法屠宰行为查处、病死畜禽收集、转运和集中处理一体化运作管理。

21日　汨罗召开粽子产业园调度会，传达岳阳市委书记、市人大常委会主任胡忠雄8月17日调度汨罗粽子发展会议精神，就产业园领导班子、施工设计方案、产业招商、配套基础设施建设等进行专题研究。

9月

6日　在第13届全运会上，汨罗籍摔跤运动员周倩获得摔跤女子自由式75公斤级冠军，实现汨罗市在全运会上金牌“零”的突破。

8日　汨罗召开市纪委派驻机构全覆盖工作会议，会上向13家派驻机构授牌。

是日　汨罗召开第33个教师节座谈会。市委书记喻文与12位优秀教师代表和教育系统相关负责人欢聚一堂，共商汨罗教育大计。

9日　汨罗与长沙理工大学联合举办的“罗城金融英才”研修班开学典礼在市委党校举行。汨罗30余名领导干部参加为期一年的金融知识学习，市长朱平波出席典礼。

10日　副市长仇正勇带领市教体局负责人到川山坪镇高家坊，代表市委、市政府看望慰问刚刚参加完第13届全运会载誉归来的周倩，对她所取得的优异成绩表示祝贺，并送上慰问金。

11日　市委常委、组织部部长李冯波出席在大荆镇召开落实“9·8”扶贫工作会议精神暨问题整改推进会，传达省扶贫办派出的暗访组反馈的扶贫领域通报情况，坚持问题导向，推动精准扶贫。

是日　召开全市打击盗采高岭土行为工作会议，市委常委、政法委书记杨峰，副市长朱苇、市检察院检察长赵承卓出席会议。

是日　岳阳市政协主席、市脱贫攻坚大会战指挥长徐新楚深入罗江镇山秀村、黄市村督查脱贫攻坚，并召开省扶贫办暗访组反馈问题整改落实暨现场调度会。岳阳市扶贫办主任李永胜，汨罗市市长朱平波、人大常委会主任闵秀明、组织部部长李冯波、副市长陈岭华及15个乡镇党委书记，14个扶贫单位负责人参会。

是日　市委常委、副市长候选人陈若杨主持召开全市殡葬改革工作推进会，大会积极倡导文明治丧，全力推进殡葬改革。

12日　市长朱平波到汨罗循环经济产业园金正科技公司与13家安防企业负责人座谈，调研全市安防产业发展工作。副市长吴高明、副市长兼产业园管委会副主任宋辉，产业园管委会副主任冯勇刚、市政府办主任刘勇等参会。

是日　市长朱平波主持召开会议，研究安置区建设，调度棚户区改造工作，副市长朱苇及规划、国土、征拆办、安居投、城建投等单位负责人参会。

13日　汨罗举行统一战线“泛海助学行动”捐赠仪式，全市68名贫困家庭大学新生获得34万元助学金。统战部部长陈培宏，市扶贫办、教体局负责人参加。

是日　市委常委、统战部部长陈培宏到大荆镇调研“迎老乡、回故乡、建家乡”工作，市政协副主席、工商联主席周育林及相关部门负责人参加。

是日　岳阳市副市长、公安局局长唐文发一行到汨督查安全生产工作。汨罗市委常委、副市长陈双全及安监、公安、消防等部门负责人参加活动。

是日　屈子文化园项目相关设计方案评审会在市委宣传部召开，省屈学会会长郭建勋，屈学研究者刘石林、曾维纲、中国美院东方雕塑工作室周奇等8位专家应邀出席。市领导彭千红、王敏求、仇正勇及文广新局、屈子文化园管理中心、屈原纪念馆等部门负责人参加评审。

是日　市长朱平波到屈子文化园现场办公，推动汨罗粽子文化园建设，市领导彭千红、王敏求、仇正勇参加会议。

14日　中国青少年发展基金会副秘书长杨春雷，中央电视台著名主持人、阅读公益基金发起人宋一平一行深入汨罗春雷学校调研，阅读大使、中央电视台快乐汉语主持人韩佳走进课堂，现场教孩子们如何阅读。汨罗市政协副主席周育林，团市委、春雷学校相关负责人参加活动。

是日　岳阳市首届忧乐精神典型人物表彰大会召开，汨罗市卫计局职工王永林获“首届忧乐精神典型人物”表彰。

是日　市长朱平波主持召开产业园区建设大会战专题会议，推进园区项目落地、塑料产业园建设、标准厂房建设等工作，市领导林治学、宋辉、园区管委会副主任夏宇、冯勇刚、市政府办主任刘勇参加会议。

17日　湖北襄阳市湖南商会考察汨罗经济社会和投资环境，市政府办、工信局、循环经济产业园等负责人接待陪同。

是日　汨罗市赴北京经济技术开发区挂职学习干部带着汨罗招商引资项目参加首届京津冀发展论坛暨产品与服务交流会。

是日　汨罗市贸促会向海外湖湘名士下达聘书，聘请湛艺女士为汨罗贸促会驻澳大利亚、新加坡招商代表。湛艺女士祖籍湖南汨罗，旅居新加坡多年在湖南省驻澳大利亚商务代表处，新加坡湖南商会任职。她情系家乡，乐为乡梓建设作贡献。

18日　岳阳市委副书记李爱武调研国道240汨罗段建设情况，岳阳市人大常委会党组书记、常务副主任、岳阳市交通建设大会战指挥长向伟雄、岳阳市人大常委会秘书长骆岳梨，汨罗市领导朱平波、闵秀明、舒文治、吴高明等参加调研。

是日　受市委书记喻文委托，市长朱平波主持召开十届市委36次常委会，常委会组成人员闵秀明、彭千红、李冯波、林治学、陈培宏、王敏求、柳雁翔、杨峰、舒文治、陈若杨、陈双全出席会议。

是日　国家新型城镇化课题组与人民日报社县域课题组、真人秀电影《无间稻》制片人到汨罗市神鼎山镇实地调研并召开座谈会，为打造特色小镇出谋划策，市委常委、宣传部长王敏求，副市长仇正勇陪同。

20日　汨罗市2017“全国科普日”活动启动仪式在罗城学校举行，岳阳市科技馆馆长欧阳雷云、汨罗市人大常委会副主任易红出席、汨罗市科协、教体局等单位负责人及罗城学校师生代表300余人参加活动。

是日　市委常委、组织部部长李冯波带队深入全市乡镇督办村级服务平台建设。全市178个村级服务平台将在11月底前全面完工。

是日　市人大常委会主任闵秀明到长乐、弼时两镇召开脱贫攻坚暗访情况反馈问题整改现场调度会。市纪委、问责办、驻村办、扶贫办等单位负责人及相关镇村负责人参加会议。

21日　汨罗召开粽子文化产业园建设推进会，产业园规划设计方案已获审批并付诸施工，选址屈子祠镇新义村金钩片区，市领导彭千红、王敏求出席。

是日　市政协召开十届三次常委会，审议视察2017年度提案办理工作，彭千红、吴高明、徐德元、周育林、何秀伟、彭国光、李才红及全体政协常委出席会议，市政协委员、乡镇政协联络办、市政府法制办、农业局、民政局、交通运输局、发改局等相关部门负责人参加会议。

是日　市委常委、副市长陈双全主持召开全面小康短板指标攻坚调度会，市工信局、环保局、发改局等相关部门负责人参会。

23日　中国城镇化促进会特色小镇规划研究院执行院长王政道一行3人到汨实地考察，了解汨罗特色小镇建设情况。市领导彭千红、陈若杨、市文旅广新局、住建局、屈子文化园管理中心及市贸促会、相关乡镇负责人参加活动出席会议。

26日　岳阳市人大常委会副主任许伟奇带领督查组到汨，调研市镇人大工作情况。闵秀明、何中良及屈子祠镇、罗江镇等相关负责人参加。

是日　汨罗召开迎接十九大安保暨禁毒综治民调推进会。

是日　水利部副巡视员吴志平率国家饮用水水源地安全重点复查组到汨，对汨罗饮用水水源地兰家洞安全进行复查，省水利厅副厅长罗毅君、岳阳水务局局长陈正文、汨罗市市长朱平波、副市长陈双全陪同复查。

是日　岳阳市全覆盖排查整治“问题地图”专项行动第二巡查组到汨巡查，此举意在强化国家版图意识，开展全民宣传教育，提高识辨“问题地图”能力，汨罗市委宣传部、国土资源局、文旅广新局相关负责人参加。

是日　市委书记喻文深入罗江镇山秀村、黄市村等地，聚焦脱贫攻坚，村级综合服务平台建设，综治维稳，美丽乡村建设及“刹人情歪气，治婚丧陋习、树文明新风”专项工作等察民情、听民意、抓整改、促推进，市委常委、组织部部长李冯波等参加活动。

27日　市委书记喻文信访值班接待日。在信访接待中心，喻文耐心倾听群众诉求，帮助群众排忧解难。市领导杨峰、舒文治、陈双全、毛炼红一同接访。

是日　湖南省爱卫办组织省病媒生物控制考核鉴定专家，对汨罗市城区蚊虫密度控制水平进行现场考核。反馈会上，专家认定：汨罗市通过蚊虫密度控制C级水平考核验收合格。副市长朱苇、三创办主任吴侃参加活动。

28日　循环经济产业园区召开骨干企业负责人座谈会，会议重点研究如何破解困局，如何加快发展问题。林治学出席，宋辉主持，塑料、铜、铝行业协会，园区骨干企业代表及相关部门负责人参加。

是日　市委书记喻文到粽子文化产业园督查建设情况，要求体现文化、生态特色，打造精品工程。彭千红、王敏求、仇正勇及相关部门负责人参加。

是日　汨罗市启动食品安全大检查，重点检查超市、月饼加工作坊、餐饮酒店、蔬菜食品市场等，专项工作由市食品药品工商质量监督管理局牵头负责。

30日　市委书记喻文主持召开十届市委37次常委会议，市委常委组成人员李平波、闵秀明、彭千红、李冯波、林治学、陈培宏、向进良、王敏求、柳雁翔、杨峰、舒文治、陈若杨、陈双全出席。

10 月

2日　市委书记喻文到市信访局、归义镇、屈子生态湿地公园等地，督查国庆长假期间值班工作及重点工程项目推进情况。

3日　汨罗市举行“迎老乡、回故乡、建家乡暨汨商联合会”筹备恳谈会，来自全国各地的汨罗寓外企业家齐聚一堂，感受建设新貌，共商发展蓝图。市长朱平波、统战部部长陈培宏、政协副主席周育林出席活动。

9日　全省巡视巡察工作电视电话会议召开。市委书记喻文、组织部部长李冯波、纪委书记柳雁翔、市委办主任舒文治等在汨罗分会场收听收看会议实况。

是日　市委组织部开展党员活动日，学习忧乐精神的典型人物叶剑芝同志先进事迹，观看网红书记薛荣讲党课视频。组织部部长李冯波出席活动。

是日　屈子祠举行“缅怀诗祖、情醉汨罗”金秋诗歌朗诵会。来自省诗歌学会、岳汨诗歌学会40余位诗人共聚一堂，中国金融作家协会副主席、省金融作家协会主席、省诗歌学会常务副会长罗鹿明出席，市政协副主席彭国光致辞，宣传部、文旅广新局负责人参会。

10日　汨罗市长乐镇举行“中国楹联文化之乡”授牌大会。中国楹联学会会长蒋有泉出席，长乐中学同获“中国楹联教育基地”牌匾。

是日　市委常委、人武部部长向进良到白塘镇调研扶贫工作，市砂石局、扶贫办相关负责人参加。

是日　市委书记喻文主持召开汨罗粽子文化产业园工作调度会。市领导王敏求、舒文治及相关部门负责人参加。

是日　汨罗市野生动物保护者到麋鹿活动区域——白塘镇等地，宣传倡议保护野生动物人人有责。此活动由市林业局组织。

11日　岳阳市人大常委会副主任陈光荣到汨调研司法改革、审执分离改革试点工作，岳阳市中级人民法院院长彭世理、汨罗市政法委书记杨峰、人大常委会副主任毛炼红、法院院长孔剑、检察院检察长赵承卓、法院副院长李才红、司法局长黎中元参加调研。

是日　市委书记喻文来到信访接待中心接访，从下午3点到夜12点8个小时接访，听诉求、解难点。市领导李冯波、杨峰、舒文治、毛炼红等一同接访。

是日　市委常委、纪委书记、市委巡察工作领导小组组长柳雁翔主持召开市委巡察工作领导小组第五次会议，市委巡察工作领导小组全体成员、市委第一、二巡察组组长、扶贫专项巡察组长、副组长和市委巡察办负责人参会。

是日　市委书记喻文就国道240汨罗段绿化宣传召开调度会，市领导舒文治、吴高明及相关部门、乡镇负责人参会。

12日　汨罗市“九不准”规定专题学习会在市委六楼召开，会议认真学习省纪委、省监察厅印发的《严禁违规插手干预公共资源交易活动“九不准”规定》，市领导李冯波、向进良、柳雁翔、舒文治、陈双全、陈若杨、刘四清、吴高明和市政府首席专家、市长助理刘祚祥及相关单位负责人出席会议。

是日　汨罗市循环经济产业园召开企业闲置地及低效用地清理工作调度会，要求细清理，再开发。副市长宋辉，检察院、国土资源局及园区相关负责人到会。

15日　汨罗市首届家谱乡贤文化交流会召开，中国书法协会常务理事荀耀林出席。市文广新局、幸福传统文化传播协会等负责人，部分姓氏族长、退休老干部、百姓通谱网等50余人参会。

是日　“汨罗洪淑慧亲子共读道德大讲堂”在市图书馆开讲，洪淑慧作为两岸亲子共读道德大讲堂创办人、中华经典文化教育协会创会会长出席第一讲。

16日　汨罗市开展学校（幼儿园）食堂及周边食品安全专项督查行动，3个小组分赴城乡各类学校督查，此活动由市食品药品工商质量监督管理局组织。

是日　汨罗市公安局禁毒大队联合巡警、刑侦在汨罗火车站开展缉毒实战演练，确保十九大期间维稳安全，提高打击毒品犯罪能力。

是日　市委书记喻文主持召开十届38次市委常委会议，朱平波、闵秀明、彭千红、李冯波、林治学、陈培宏、王敏求、柳雁翔、舒文治、陈若杨、陈双全出席。会议主要研究部署近期重点工作。

17日　市委常委、副市长陈双全带领市食品药品工商质量监督管理局负责人到楚雄中学、川山坪镇周坊学校开展食品安全督查。

是日　市委书记喻文调研市财政局、市城投公司，并召开座谈会，重点就做实财政收入、规范债务管理，加强资金监管等工作进行调度，林治学、舒文治参加调研。

是日　汨罗召开组工干部学习薛荣书记讲党课暨“红星云”学习工作推进会，观看党课视频、部署党建工作。组织部部长李冯波出席，全市100余名组工干部参加学习。

是日　省水利厅政法安监处处长、常德市水利局质安站站长唐要美带队，督查汨罗水利安全生产和水利行政执法责任制建设工作。副市长陈双全、市水务局相关负责人陪同督查。

是日　全国扶贫日，汨罗市委会将在川山坪镇川山村开展“全国扶贫活动日暨党员活动日”活动。市委书记喻文寄话广大党员牢记使命，率先垂范，“扶贫路上一个不能少”。市领导闵秀明、舒文治参加活动。

是日　第四个全国“扶贫日”，市政协主席彭千红、副主席周育林到三江镇双桥村进行扶贫调研，民政局、三江镇村负责人参加调研。

18日　中国共产党第十九次全国代表大会在北京隆重召开，习近平总书记作大会报告。汨罗市内各单位、各镇店面、居民家中组织收听收看大会盛况。喻文、朱平波、李冯波、陈培宏、王敏求、舒文治、陈若杨、陈双全、朱苇、仇正勇、吴高明等在分会场收看收听。

是日　市长朱平波主持召开会议，专题调度全市交通大会战，林治学、朱苇、吴高明参加会议。

是日　湖南省饮用水源地保护督查组到汨罗，兰家洞水库就水质、水量、水源保护现状实地察看，听取相关工作汇报。副市长陈双全及相关部门负责人参加活动。

19日　汨罗市原创广场舞网络电视大赛罗江大荆赛区在罗江镇开赛，市政协副主席彭国光宣布开幕。

是日　湖南省重点办副主任胡建生一行到汨罗调研重点项目建设工作。

是日　市长朱平波主持召开汨罗市十二届人民政府第8次常务会议。林治学、陈若杨、陈双全、朱苇、刘四清、仇正勇、吴高明、宋辉、刘祚祥、市人武部政委刘为、市政府办主任刘勇参会。部分人大代表、政协委员应邀列席。

是日　市委书记喻文深入白塘镇、桃林寺镇走村入户慰问贫困群众，督查扶贫攻坚、村级平台、农民建房、综治维稳等工作。舒文治参加活动。

是日　副市长、公安局长刘四清到汨罗镇夹城村、川山坪镇玉池村看望贫困户组织扶贫单位为两村贫困户募捐，市政协副主席彭国光参加玉池村走访活动。

是日　岳阳市市长刘和生到汨罗循环经济产业园区调研产业项目建设，岳阳市副市长杨昆、市政府秘书长刘传汉，汨罗市领导喻文、朱平波、舒文治、宋辉等陪同参加调研活动。

是日　岳阳市各区县（市）美丽乡村建设负责人到汨罗考察学习美丽乡村建设工作，美丽乡村建设“汨罗模式”受到考察团成员赞誉，副市长陈岭华陪同。

是日　市政协副主席李才红带领科教文卫5名政协委员深入玉池大山，慰问达摩岭村的贫困农家。

20日　“杂交水稻之父”袁隆平院士率队到汨罗古培镇汨水村视察超级杂交稻再生稻千亩示范片，市委书记喻文、副市长陈双全陪同。

21日　湖南省51个“国培计划”项目县的200余名培训管理者齐聚汨罗，参加“国培计划”（2017）项目县送教下乡研修班培训。汨罗市副市长仇正勇、省教育厅、省国培办、汨罗市教体局相关负责人参加开班仪式。

23日　市老年活动中心建设推进会召开，中心选址沿江风光带一期与二期过渡地带，用地25亩。十二月份开建。组织部部长李冯波、副市长朱苇出席会议，15个相关单位负责人参会。

是日　张家界永定区常务副区长龚朝明一行到汨罗考察端午文化产业园。市领导林治学、毛炼红陪同。

是日　汨罗市控建拆违工作推进会召开，副市长朱苇及相关部门，乡镇负责人参会。

是日　市委常委、组织部部长李冯波先后参加屈子祠镇永青村，古培塘镇汨水村村级服务平台的揭牌仪式，这是汨罗首批建成投用的村级综合服务平台。

24日　岳阳市粮食安全责任制考核工作领导小组副组长，市商务粮食局副局长蔡宇志一行到汨，督查推进2017年落实粮食安全省长责任制工作。汨罗市副市长陈双全，商务粮食局、罗江镇等单位负责人参加。

是日　汨罗市行业扶贫短板工作调度会召开，重点研究行业脱贫攻坚。市人大常委会主任闵秀明、市扶贫办、住建局、教体局、卫计局、发改局、财政局、人社局等相关部门负责人参会。

是日　汨罗拆墙还绿工作推进会召开。首批13个主街道机关单位将启动这项工作，打造“绿色机关”。副市长朱苇及市“三创办”等单位负责人参会。

25日　兰家洞水库扩容补水工程开工动员会召开。此工程将在年底完成，可增供水量1300万立方米，进一步改善城区及周边乡镇饮水问题，副市长陈双全出席，市政府办、水务局、公安局等8个单位负责人参会。

是日　市长朱平波深入罗江红花山建房点、古培栗桥安置区、川山燕塘一期安置区督查，指导规范村民建房工作。

26日　汨罗市2018年度城乡居民医保基金筹集参保动员会召开，特困供养人员、重点优抚对象等四类困难群众将享受资助政策，常务副市长林治学、市政协副主席周育林出席，相关单位200多人参会。

是日　副市长仇正勇在教体局主持召开“以解决问题为导向、狠抓校车安全管理”工作会，重点解决超员超速、准驾资质不全和经费不足等安全问题。

是日　全市高标准农田建设工程项目活动会在川山坪镇召开，标志着全市高标准农田建设正式拉开序幕。

是日　岳阳市人大常委会党组书记、常务副主任向伟雄带队到汨罗白水镇，就西长片区美丽乡村建设进行现场办公，岳阳市人大常委会秘书长骆岳梨和汨罗领导喻文、闵秀明、柳雁翔、陈双全，岳阳及汨罗相关部门负责人参会。

是日　第22个环卫工人节，副市长朱苇到市环卫处，代表市委市政府慰问环卫工人，向“城市美容师”问好并祝福。

是日　汨罗召开2017年重阳节老干部座谈会，喻文、朱平波、李冯波、林治学、舒文治与郑晓之等20余位老干欢聚一堂，叙情谊，话发展，共庆重阳佳节。

是日　市长朱平波深入汨罗江风光带、汨罗江大道提质改造、金泽国际大酒店等项目施工现场，督查项目推进情况，组织部部长李冯波参加。

是日　汨罗市镇纪检监察工作一体化建设推进会在市纪委廉政警示教育中心召开，市委常委、纪委书记柳雁翔出席会议并讲话，市、镇纪委负责人参会。

27日　汨罗市涓江河综合治理推进会在神鼎山镇举行，副市长、公安局长刘四清出席。公安、住建、水务及所在镇相关负责人参会。

是日　市委、市政府、市人大、市政协四大家召开务虚会议，专题讨论汨罗文化艺术中心、端午文化产业整体设计方案，市领导喻文、朱平波、闵秀明、彭千红、林治学、王敏求、舒文治、朱苇以及老领导郑晓之、周群开等参会。

30日　市委书记、市全面深化改革领导小组组长喻文主持召开专题会议，研究供销社综合改革工作。领导小组成员朱平波、闵秀明、彭千红、李冯波、林治学、陈培宏、王敏求、柳雁翔、杨峰、舒文治、陈若杨、陈双全出席。

是日　市委书记喻文主持召开十届39次市委常委会议，传达学习十九大精神、部署全市学习贯彻工作，常委会组成人员参会。

31日　市委书记喻文专题调度友谊河沿线棚改工作，市长朱平波主持会议，杨峰、朱苇、刘四清、孔剑等市领导参会。

是日　市人大常委会举行第五次会议，主任闵秀明、副主任杨勇、何中良、许向云、易红、毛炼红出席，副市长陈双全、陈若杨、法院院长孔剑、检察院检察长赵承卓列席。

11月

1日　汨罗市委第二轮巡察工作动员部署会在市廉政中心召开，会议决定对农业局、审计局、卫计局、古培镇4个单位进行为期30个工作日的巡察。组织部部长李冯波，纪委书记、巡察领导小组组长柳雁翔和市委办主任舒文治出席会议。

是日　市人大常委会主任闵秀明到市职业中专调研，研究职业教育发展工作，市教育局、川山坪镇负责人陪同调研。

是日　市委理论学习中心组举行主题辅导，学习贯彻党的十九大精神，省委党校原常务副校长、教授徐晨光应邀讲学。喻文、朱平波、闵秀明、彭千红等领导、处级干部，以及部门、乡镇负责人参加学习。

是日　市长朱平波主持召开城乡规划委员会2017年第7次专题会议。市领导彭千红、王敏求、何中良、朱苇、宋辉、徐德元，循环经济产业园区管委会副主任冯勇刚、市政府办主任刘勇等参会，规划专家刘化高、陈文安应邀指导。

是日　弼时镇被评为湖南省美丽乡镇示范镇（第三批）。

6日　市长朱平波到循环经济产业园调研，副市长兼循环经济产业园区管委会副主任宋辉参加调研活动。

是日　岳阳市委书记、市人大常委会主任胡忠雄到汨罗调研脱贫攻坚、基层党建、农村综治等工作，岳阳市委常委、市委秘书长谈正红、市委组织部副部长张赟，汨罗市领导喻文、朱平波、李冯波、舒文治、陈双全参加调研。

7日　市委书记喻文现场调度重点城建项目。朱平波、李冯波、陈培宏、舒文治、朱苇、彭国光参加会议。

是日　湖南省示范性高中督导评估会在汨罗江多媒体会议中心召开，由评估专家、省教科院原党委书记田刚组成的省政府督评组对汨罗一中、二中进行评估反馈，市长朱平波、副市长仇正勇及相关部门负责人参会。

是日　汨罗市人民政府与长沙经开区管委会签订《关于合作开发长沙经开区汨罗（弼时）产业园合作协议》的补充协议，标志双方深度合作，长沙经开区管委会党工委张湘鸿、汨罗市副市长陈若杨出席签约仪式。

8日　市委书记喻文到白水镇群玉村宣讲十九大精神，走访调研扶贫、村民建房等工作，王敏求、舒文治陪同调研。

9日　汨罗市书法协会会员作品辅导班在华瑞大酒店举行，近百名会员参加培训，中国书协会员、省书协副主席崔向君，中国书协会员、岳阳市书协副主席徐驰等书法家出席，并点评和示范。

是日　省文明办副主任李力明一行到汨罗就神鼎山镇神鼎村创建全国文明村的情况进行调研，市委宣传部、神鼎山镇村相关负责人陪同。

是日　市委副书记、市长朱平波主持召开市政府党组（扩大）会议，学习党的十九大精神，研究当前工作，林治学、陈若杨、陈双全、朱苇、刘四清、仇正勇、吴高明、宋辉及市政府办干职工参会。

是日　深圳龙岗区园山工商联商会考察团一行到汨罗，实地考察“三园一区”建设情况，了解投资环境，市领导朱平波、陈培宏、宋辉、周育林，循环经济产业园区、屈子文化园管理中心、市贸促会等相关负责人参加活动。

是日　市委理论学习中心组（扩大）学习宣传党的十九大精神专题辅导会在市委党校举行，湖大岳麓书院研究院院长国际儒学联合会副理事长朱汉民结合十九大精神，以《文化自信与湖南人精神》为题授课。市领导喻文、闵秀明、李冯波、林治学、舒文治、陈若杨等参会。

是日　市委书记喻文到白水镇群玉村调研，宣讲十九大精神和乡村振兴、脱贫攻坚、移风易俗等，村民反响强烈。

10日　汨罗市道路交通事故调解委员会及工作室揭牌成立。副市长、公安局局长刘四清出席，市政法委、公安局、司法局相关负责人参加活动。

是日　岳阳市政协主席徐新楚，副主席、市发改委主任刘晓英到汨罗循环经济产业园区督导经阁铝材重点项目建设，市领导喻文、朱平波、林治学、宋辉参加活动。

13日　市委书记喻文主持召开十届40次市委常委会，传达学习胡忠雄书记到汨罗调研讲话精神，研究当前工作，常委会组成人员参会。

14日　汨罗市召开全面奔小康推进工作调度会议，评估前段工作，部署后段攻坚。副市长林治学、市委办主任舒文治、循环经济产业园管委会副主任冯勇刚出席，相关负责人参会。

15日　岳阳市城乡绿化三年行动督查组到汨，深入白水、弼时等镇调研绿化工作，副市长陈双全陪同调研。

16日　市长朱平波到市工信局宣讲党的十九大精神，交任务、鼓干劲。副市长吴高明、政府办主任刘勇参加调研。

是日　广东廉江市人大常委会党组书记、主任李世东一行到汨罗考察交流，汨罗市人大常委会副主任杨勇、易红、毛炼红、市人大各委办及专委会负责人等参加相关活动。

是日　市委常委、宣传部长王敏求在市委党校授课，专题讲座“适应新时代发展要求，努力提高与媒体打交道的能力”。

17日　迎接湖南省、岳阳市2017年河长制工作年度考核部署会在市政府召开，副市长陈双全出席会议，相关职能部门负责人参加。

是日　岳阳市安全生产现场考核第一组组长赵珍彩一行到汨，市领导林治学、陈双全及相关职能部门负责人参加汇报会。

21日　常务副市长林治学、政协副主席徐德元及市法院、市检察院负责人等与新市、罗江镇市人大代表和政协委员座谈，听取对“一府两院”工作报告的意见和建议。

22日　副市长仇正勇、政协副主席徐德元走访文艺、教育、医疗界别组政协委员，收集对“一府两院”工作报告的意见和建议。

是日　市委组织部部长李冯波到大荆镇、罗江镇督查脱贫攻坚和村级综合服务平台建设工作。

是日　常务副市长林治学到罗江镇专题调研爱心天使助残服务中心，市财政、民政、商务粮食、人社局、残联、罗江镇等相关负责人参加调研活动。

是日　汨罗市公路局荣获湖南省2017年公路系统“平安创建活动先进单位”。此项殊荣全省只有13个单位获取。

是日　市人大常委会副主任许向云、副市长陈岭华到桃林寺、大荆两镇与人大代表、政协委员座谈，听取对“一府两院”工作的意见与建议。

23日　市长朱平波到弼时镇与人大代表、政协委员座谈，听取对“一府两院”工作的意见与建议，市领导陈若杨、何秀伟及人大、检察院、法院相关负责人参加座谈。

是日　市人大常委会主任闵秀明深入弼时、川山坪两镇督查脱贫攻坚。

是日　深圳旭辉资本管理有限公司总裁寇忠宝一行到汨罗考察，洽商合作。市政府首席专家、市长助理刘祚祥，屈子文化园管理中心，市贸促会、长乐镇负责人参加活动。

是日　岳阳市人大常委会副主任赵岳平一行到联系点乡镇汨罗白水镇调研，汨罗市人大常委会副主任毛炼红，岳阳、汨罗相关部门负责人参加。

26日　著名诗人、学者、中国诗词大会首席顾问周笃文到汨罗市人大常委会会议室讲授国学与诗学。

是日　市委常委、统战部部长陈培宏到市委党校以《使命、责任、追求》为题，给50余名青年后备干部讲授党课。

是日　市委常委、组织部部长李冯波到古培镇上党课，主题为：学习贯彻党的十九大精神，“支部书记带好头，乡村振兴不用愁”。镇村两级党员干部听课。

12 月

1日　湖南省儿童医院和汨罗第二人民医院举行医联体授牌签约仪式。省儿童医院副院长李爱勤、副市长仇正勇出席仪式，市卫计局、第二人民医院相关负责人参加仪式。

是日　由省教育管理干部培训办公室承办的“国培计划（2017）送培到县”示范性培训走进汨罗，国家课改专家、全国知名特级教师、全国优秀教师、徐特立教育奖获得者——株洲市二中正高教师黄国雄出席讲座，汨罗市150余名高中物理、化学、生物学科教师参加听课。

5日　副市长仇正勇深入在建工程——大荆镇金渡村渡头小学实地调研，市住建、教育、财政、市政公司，以及镇、村两级负责人陪同调研。

是日　市委书记喻文、市长朱平波带队实地察看物流园、龙舟主题酒店和农贸市场等重点项目选址，深入循环经济产业园区调研塑料再生产业园建设。市领导舒文治、宋辉、何秀伟等及相关部门、乡镇负责人参加活动。

是日　岳阳市副市长喻昌一行到汨罗，深入基荣木业，长乐甜酒生产专业合作社调研产业发展，督查森林防火营房建设。岳阳市政府副秘书长毛绍武、汨罗市政协副主席何秀伟等陪同调研。

6日　汨罗市十九大精神宣讲小分队培训班在市委党校举行，市委常委、宣传部长王敏求出席。市直部门单位、乡镇、新闻媒体相关负责人参加。

是日　副市长吴高明到屈子祠镇名山渡口、白塘镇江南堤渡口等调研安全管理工作，市交通运输局、海事处等单位负责人陪同。

是日　省供销合作总社党组书记、理事会主任曾震亚到汨罗，调研督查深化供销合作社综改工作，汨罗市委书记喻文、统战部部长陈培宏、副市长陈双全等陪同调研。

8日　汨罗市人民政府与美好置业集团就装配式建

筑产业基地项目举行签约仪式。市长朱平波、副市长陈若杨、美好置业集团总裁孟凡中、长沙经开集团监事会主席谭超纲、汨罗“飞地”产业园主要负责人等参加仪式 。

是日 市委常委、统战部部长陈培宏，市人大副主任许向云到古培镇督查基层党建和精准扶贫工作。

10日 校地共建屈原文化研究基地项目成果移交暨《屈原文化研究》丛书首发式在屈子文化园举行，这一成果是汨罗市政府与湖南理工学院合作的标志性项目。同时，“湖南省屈原文化研究基地研习站”牌匾正式在屈子书院揭牌。汨罗正式成为省屈原学会屈子文化研究基地之一。

11日 中华慈善总会“为了明天”关爱儿童项目开班仪式在罗江镇东冲小学举行，该项目首次在汨落地。市教育局、罗江镇、湖南省乐善社工、爱行天下志愿者协会等相关人员参加仪式。

是日 市委书记喻文深入川山坪镇清泉村、川山村督查脱贫攻坚工作。市委办主任舒文治参加督查。

是日 岳阳市卫计委副主任任诺波率检查组到汨罗，考核验收“美丽县城”创建工作，副市长仇正勇、政协副主席徐德元及三创办等相关部门单位负责人陪同检查。

12日 市十二届人大常委会举行第6次会议，市人大常委会主任闵秀明、副主任杨勇、何中良、许向云、易红、毛炼红出席会议，副市长林治学、市法院院长孔剑、市检察院检察长赵承卓列席会议。

是日 市委书记喻文到屈子生态湿地公园、大荆镇古仑村考察项目建设、督查脱贫攻坚工作，相关部门、镇村负责人参加督查。

13日 汨罗召开全民国防教育委员会（扩大）会议，会议调整市全民国防教育委员会成员，市委常委、宣传部长王敏求担任主任委员。同时，召开学习贯彻十九大精神会议。市国防教育成员单位负责人，各基层武装部长参会。

18日 省商务厅党组书记、厅长徐湘平到汨罗调研高泉新城项目建设，市长朱平波、副市长陈双全陪同调研。

是日 市委常委、政法委书记杨峰带领公安、法院、归义镇政府等相关负责人到建设中路劳动大厦等地，督查棚改拆违工作。

是日 耒阳市人大常委会副主任曾阳生带队到汨罗，就人大如何更好的对政府工作进行依法监督等问题考察交流，汨罗人大常委会副主任何中良、易红陪同考察。

是日 岳阳市委书记、市人大常委会主任胡忠雄深入汨罗白水、古培、屈子祠等镇，就基层党建、治陋习树新风、公墓建设、环境整治、脱贫攻坚等进行调研，汨罗市领导喻文、朱平波、李冯波、舒文治、陈岭华等陪同调研。

是日 市委书记喻文到国道536、经卓新材料项目建设现场督查工作，相关部门、镇负责人参加调研。

19日 市长朱平波深入屈子生态湿地公园、罗城西路、山塘路跨铁路桥等项目施工现场，查看工程进度，调度项目建设。

是日 岳阳市政府副市长、公安局长唐文发到汨，征求《岳阳市政府工作报告》意见和建议，市长朱平波主持会议，市领导闵秀明、林治学、陈若杨、陈双全、陈岭华、刘四清、仇正勇、吴高明、宋辉、徐德元等参会。

是日 汨罗召开2017年度综合绩效考核工作调度会，市领导李冯波、林治学、舒文治出席，相关单位及乡镇负责人参会。

21日 中共汨罗市十届二次全体（扩大）会议于12月21日召开，市委委员40人，候补委员9人，其他168人参会。大会主要是总结2017年工作，全面部署2018年工作，动员全市上下对标新时代，实现新跨越，全力夺取更高品质生态文化活力汨罗建设的大胜利。

是日 市人大常委会主任闵秀明主持召开农村环境整治、规范村民建房、河长制工作推进会。副市长陈岭华出席，各镇长、分管负责人、相关部门单位负责人参会。

23日 政协汨罗市第十届委员会二次会议预备会议在汨罗江大酒店会议中心召开。市领导彭千红、柳雁翔、徐德元、周育林、何秀伟、彭国光、李才红出席会议。会议应到262人，实到251人，符合法定程序。会议历时4天，于26日闭幕。

24日 汨罗市第十二届人民代表大会二次会议预备会在汨罗市电影院召开，市领导喻文、朱平波、闵秀明、李冯波、林治学、柳雁翔、倪运清、杨勇、何中良、许向云、易红、毛炼红出席会议。全体人大代表、各镇党委书记、镇长、镇人大主席参会。会议由易红主持。会议历时4天，于27日闭幕。

26日　“两会”间隙，市委书记喻文带队督查国道240汨罗段、国道536、循环经济产业园等重点项目建设，市领导朱平波、林治学、舒文治、吴高明、宋辉及相关部门、镇负责人参加。

27日　汨罗召开全市脱贫攻坚补短板迎“国检”工作部署会，市领导李冯波、闵秀明、柳雁翔、陈岭华、周育林及相关单位负责人、各镇党委书记参会。

28日　S210汨罗至杨桥公路破土动工，岳阳市交通运输局副局长方全民，汨罗副市长吴高明、政协副主席彭国光出席仪式，市政府办、交通运输、住建、国土资源等部门负责人参加仪式。

是日　岳阳市2017年重大建设项目第三批集中开工仪式在汨罗循环经济产业园经卓新材料建设项目工地举行，24个重大项目开工。

29日　市委常委、常务副市长林治学到国税、地税、财政、银行慰问金融一线工作人员，代表市委、市政府感谢他们为汨罗经济建设所作贡献，并致以新年祝福。

2017年度汨罗新闻大事件

1.国道536汨罗段改扩建工程启动

2017年2月20日，国道536汨罗段改扩建工程启动征拆。国道536汨罗段改扩建工程全长12.707千米，起于汨罗市新市镇河内屋，从东至西贯通国道107和国道240，途经新市镇、归义镇、古培镇、汨罗镇4个镇13个行政村，止于古培镇蔡屋章。该路建设完成后，汨罗将再添一条东西向交通大动脉，形成城市交通的南环线。

2.《汨罗周刊》休刊，媒体融合发展

2017年1月12日，《汨罗周刊》正式休刊。《汨罗周刊》原有的新闻报道、舆论引导等媒体功能，全部转移到《汨罗时刻》新闻客户端，完成了传统媒体向新媒体的转型。从《汨罗周刊》、中国汨罗网（红网汨罗分站）到汨罗手机报，从@汨罗发布、微汨罗到《汨罗时刻》，纸媒、网媒、“两微一端”，形成汨罗全媒体格局。

3.烟花爆竹“打非”清缴行动全面铺开

2017年2月27日13点05分，白塘镇木屯村4组一偏僻废弃养羊场内，一烟花爆竹小作坊因非法生产烟火药引发一起爆炸事故，敲响安全生产警钟。汨罗第一时间组织现场救援，更痛定思痛，在全市范围内，开展烟花爆竹“打非”清缴行动，强化“打非”措施，筑牢全年安全生产防线。

4.屈子生态湿地公园启动建设

2017年3月，屈子生态湿地公园启动修建，主要景观年内建成可实现开园。位于汨罗中心城区西面，屈子生态湿地公园总用地面积达1719亩，景区面积1000亩。该项目总投资6亿元，将依水建栈道架拱桥、挖湖堆堤设岛，周边将设商业服务建筑和公共体育活动中心。公园门楼处，中国当代著名书画家启功先生曾亲笔题名“屈子公园”。

5.“飞地”产业园区迎来首个正式投产开工企业

2017年5月8日，长沙经开区汨罗产业园优冠实业集团生产基地投产开工仪式举行，成为“飞地”产业园区首个正式投产开工的企业。一年来，园区安置区工程、自来水厂、污水厂、变电站等基础设施项目也正全速推进，汨罗“飞地”产业园启动区块3平方千米大框架已基本成型。

6.八方来客齐聚汨罗江畔共庆端午龙舟节

2017年5月13日，汨罗江畔热闹非凡。“爱我国家，圆梦中华”——我们的节日·端午全国文明村镇文艺展演暨2017年中国汨罗江国际龙舟邀请赛，在汨罗龙舟竞渡中心举行。来自全国各地各民族的精彩传统文化节目、16支国内外龙舟队，齐聚有“端午源头·龙舟故里”之称的汨罗，为数万群众送上精彩的端午大戏。

7.屈子文化园开园

2017年5月30日，湖南省“十二五”规划重大文化项目和标志性重大文化工程——屈子文化园开园。屈子文化园位于湖南省汨罗市屈子祠镇，占地面积10平方千米。先期启动的2.5平方千米屈子祠核心景区初步建成。当天，屈子文化园核心项目屈子书院正式揭牌。

8.汨罗坚决关闭小散乱废非法塑料企业

2017年6月，汨罗市将全市范围内所有小散乱废非法塑料企业（作坊）全部关闭，引导整合小散乱废塑料企业入园生产，推进塑料产业转型升级。

9.大暴雨突袭汨罗，数万干群奏响抗洪战歌

2017年6月30日凌晨，大暴雨突袭罗城，最大累积降水达336.3毫米，汨罗江水位猛涨。截至7月2日8时，6处万亩堤垸均超警戒水位。截至7月5日，磊石垸离保证水位仅0.19米……汨罗防汛应急响应由Ⅳ级升为Ⅲ级，再升为Ⅱ级。全市数万干部群众奔赴抗洪抢险第一线，不舍昼夜，无论风雨，奏响了汨罗江畔的抗洪战歌！

10.村级综合服务平台建设覆盖15镇176个村（社区）

2017年7月12日，汨罗市召开村级综合服务平台建设推进会，要求各乡镇在今年完成村级综合服务平台建设。按照建设标准，村级综合服务平台包含便民服务、党建服务、农业服务、文体活动、医疗服务等五大功能。汨罗村级综合服务平台建设涵盖15个乡镇及176个村（社区），其中新建60个，改扩建116个。

11.高泉新城奠基，打造汨罗城市新中心

2017年7月17日，汨罗市高泉新城正式奠基。斥资36亿，汨罗籍商界巨子携手返乡，打造汨罗城市新中心。高泉新城是市委市政府“沿江为主、组团开发、加减结合、内疏外扩”的城市发展战略区域。作为高泉新城001号工程——汨罗国际广场，未来五年，将在汨罗投资36亿元，重点建设“购物中心、商贸中心、物流中心、品质住宅”为主体的城市产业综合体，助力汨罗的城市升级。

12.汨罗投资2.2亿启动山塘路跨铁路桥

2017年8月，山塘路跨铁路桥正式动工，10月11日，完成首个（0号）桥台混凝土浇注，目前，已正式动工预制桥梁。山塘路跨京广铁路立交桥工程西连前进路，东接山塘路，从西往东依次与新站路、京广铁路、车站路、劳动路相交。项目总投资2.2亿元。项目建成后，将切实改善城区交通状况。

13.省委追授李大元同志“湖南省优秀共产党员”称号

2017年8月12日，汨罗三江镇遭遇特大山洪灾害，三江镇花桥村党总支书记李大元第一时间赶往现场转移受困群众，返途中，船只受洪水冲击侧翻，落水的李大元把岸上村民扔过来的木制窗户推给身边一名落水的群众，自己英勇牺牲，终年53岁。8月25日，中共湖南省委追授李大元同志“湖南省优秀共产党员”称号。

14.汨罗城区棚户区改造工作启动

2017年8月，汨罗城区棚户区改造工作启动。全市共有12个棚户区改造项目，其中城区占5个，分别为屈子生态湿地公园棚户区改造项目、沿江风光带棚户区改造项目、高泉新城棚户区改造项目、友谊河沿线棚户区改造项目和城市中心棚户区改造项目。这5个棚户区改造项目涉及到12个社区、1000余户拆迁任务。

15.国道240汨罗段主线通车

2017年9月20日，国道240汨罗段主线通车。国道240汨罗段从北向南分别经过桃林寺、屈子祠、归义、汨罗、古培5个镇16个行政村，并利用与岳望高速公路汨罗连接线共线5.8千米，绕开汨罗城区，止于湘阴县城新世纪大道与芙蓉北路平交处，全线长34.18千米。

16.汇聚各方力量，坚决打赢精准脱贫攻坚战

2017年，汨罗凝心聚力、攻坚克难，众志成城、苦干实干，“扶真贫、真扶贫”，坚决打赢精准脱贫攻坚战。10月17日是我国第四个“扶贫日”。这一天，市领导、各部门单位负责人及社会爱心团体纷纷深入联点贫困村，走访慰问困难群众，汇聚各方力量，全心全力脱贫攻坚。喻文号召全市党员干部，率先垂范，时刻把群众冷暖放在心上，在建设更高品质生态文化活力汨罗的征程中，不落下一个贫困人口。

17.韩少功回汨罗“省亲”，重温40多年前青葱岁月

2017年10月15日，“今有韩大爹——韩少功先生创作40周年汨罗老乡见面会”在罗江镇群英村举行。这一年是韩少功创作40周年，他和妻子回到青少年时下乡插队的天井，跟老乡们见面，一起回望那段激情燃烧的

岁月。

18.汨罗掀起学习十九大热潮

中国共产党第十九次全国代表大会（简称党的十九大）于2017年10月18日至10月24日在北京召开。会后，汨罗迅速掀起学习十九大精神的热潮。集中学习、聆听音乐会、表演花鼓小戏------汨罗选调精干力量组建宣讲工作队，采取灵活多变的形式，分层次、有重点、重创新，让党的十九大精神深入人心，在基层落地生根。据统计，全市各乡镇、市直各单位先后组织十九大精神报告会100余场。

19.市委全会吹响十九大精神落实号角

市委十届二次全体（扩大）会议于12月21日召开，会议总结了2017年工作，对2018年工作进行了全面部署，动员全市上下高举习近平新时代中国特色社会主义伟大旗帜，全面贯彻落实十九大精神，对标新时代，实现新跨越，全力夺取更高品质生态文化活力汨罗建设的大胜利，明确2018年全市重点工作为：三个重点提升城市品位；四大行动推动乡村振兴；三大工程推动绿色发展；决战园区，对接大长沙集聚新优势；抓基层党建，建强忠诚担当干净的干部队伍。

丰收节（2017年）

汨罗概况

建置沿革

【地理位置】 汨罗位于湖南省东北部，属幕阜山脉与洞庭湖平原的过渡地带，西临洞庭湖。地处北纬28° 28′ ~29° 27′，东经112° 51′ ~113° 27′ 之间。地势由东南向西北倾斜。汨罗市东与平江相靠，南与长沙、望城两县相携，西与湘阴县、沅江市接壤，北同岳阳县毗邻。最东处为三江镇山阳村的山阳寨，最西处是芦苇场的石湖包，最南端系川山坪镇鹿峰村的陈家湾，最北端是白塘镇汨岳村的汨岳界。南北相距66.75千米，东西相距62.5千米，全境周长301.84千米，总面积1562平方千米。

【历史沿革】 汨罗，简称罗城，隶属于岳阳市，处湖南省东北部，紧靠洞庭湖东畔、汨罗江下游。春秋时，楚文王置罗子国于此。秦改为罗县，治所在今汨罗市区北，属长沙郡。南朝梁增置岳阳县，属岳阳郡，郡、县同治于今长乐镇。隋开皇（581—600）时，岳阳县并入湘阴县。唐武德八年（625年）废罗县入湘阴县。此后历为湘阴县地。1966年2月，析湘阴县东北部建汨罗县，县治设高泉山（今城关镇）。时属岳阳专区，1968年后属岳阳地区，1986年后属岳阳市。1987年9月23日，国务院批准，撤销汨罗县，设立汨罗市（县级）。以原汨罗县的行政区域为汨罗市的行政区域。总面积11562平方千米，中心城区面积12平方千米。

【行政区划】 1949年8月，汨罗境内设17乡、3镇。1950年9月，划乡建政结束，改设6区、84乡、2镇。其后，区乡规模常有变更。1956年5月，并31乡。1958年，建立人民公社，设16个公社，120大队，1126个生产队。1961年底调整至33个公社。1966年2月，设置汨罗县，33个公社调整为25个及1个县属镇。1984年，撤社复乡，大队、生产队改为村、村民小组。其后部分乡撤乡建镇。2002年年末，汨罗市辖17个镇：城关镇、汨罗镇、新市镇、古培镇、白水镇、川山坪镇、高家坊镇、弼时镇、李家塅镇、沙溪镇、黄柏镇、长乐镇、三江镇、大荆镇、桃林寺镇、屈子祠镇、范家园镇。12个乡：城郊乡、红花乡、黄市乡、玉池乡、天井乡、古仑乡、智峰乡、八景乡、火天乡、新塘乡、白塘乡、磊石乡。6个场圃：原种场、范家园茶场、磊石渔场、桃林林场、玉池林场、白水苗圃。1个办事处：营田办事处。辖村（居）委会413个。

2015年，经调整后辖凤凰乡、白塘、长乐、三江、归义、汨罗、新市、大荆、罗江、神鼎山、弼时、桃林寺、屈子祠、古培、白水、川山坪、河市、营田17个镇，天问街道办事处共1个乡、17个镇、1个街道办事处。2016年并村后，共有208个村（社区）。总面积1562平方千米，总人口67.1万人，市人民政府驻归义镇（原城关镇）。其中，凤凰乡、河市镇、营田镇、天问街道办事处由屈原管理区实际管辖。

自然环境

【地质·地貌】 汨罗地势东南部高、西北部低，由山地向滨湖平原呈梯降过渡，头枕幕阜，脚踏洞庭。东南部峰岭起伏，连绵成脉，形成天然屏障。其中，东有幕阜山余脉智峰山，群峰拱岱，岭峦盘结，沟谷回环，犬牙交错，地形险峻。山区有南岭、米家寨、老山尖、苦岭、乌石尖、冷水尖、从毛山、汉峰山等山峰。南部有飘峰山、神鼎山、隐居山、玉池山、湖鼻山、密岩山等。汨罗的丘陵多处于岗地与低山过渡地带或山地余脉末梢。海拔一般在110~250米之间。岗地是汨罗分布最广的地貌类型，面积613.51平方千米，占汨罗市总面积39.28%。汨罗的平原位于汨罗江及其支流溪谷两侧，由中部向西北部呈扇形展布敞开，地表物质由河湖的沉积作用形成深厚的冲积物或冲积湖组成。海拔绝大部分在50米以下，平原面积296.01平方千米，平原土质肥沃。

【气候】 亚热带湿润性气候，四季分明。累计年平均气温17℃，以1月、4月、7月、10月分别代表冬、春、夏、秋四季，其平均气温分别为4.4℃、17.0℃、28.9℃、18.1℃。全年气候是冬冷、春暖、夏热、秋凉。热量充足，雨水集中。累计年平均日照时数为1650.1小时，日照百分率为37%。其中71.6%集中在多雨地区，65.6%的降水和70%~85%的总辐射集中在4—10月，光、热、水三者配合较好，适宜于双季稻生长成熟和亚热带经济林木生长，为农业生产的发展提供良好的气候环境。

【土壤】 汨罗土壤的成土母质有第四纪松散堆积物、花岗岩母质、板页岩母质及云母片岩母质、红岩母质4种，不同母质形成不同类型的土壤。土壤类型有水稻土45.60万亩，红（黄）壤94.57万亩，紫色土11.57万亩，潮土2.54万亩。土壤分布为南部红（黄）壤水稻土区、中北部红壤水稻土区、汨罗江流域潮土及水稻土区、东北部紫色土、红壤水稻土区。

【矿藏资源】 市境蕴藏砂金和非金属矿产资源比较丰富。已开发利用的有黄金、花岗石、砂砾石、钾长石、石英和黏土等，尚待开发的是高岭土。其中汨罗江砂金矿是已探明的长江以南最大的河流矿床，地质储量20吨左右；高岭土总储量5000万吨以上，可淘洗精泥1250万吨以上；花岗石总储量在5000亿立方米以上，产品已销往日本及国内的20多个省、市、自治区。黏土总储量在10亿吨以上；石英总储量10万吨以上。在境内花岗岩体的晚期伟晶岩脉中，已探明有铍（绿柱石）、锂、铷、铯、铌、钽等稀有金属矿分布。石油、天然气具有一定的找矿前景，汨罗市发现矿床、矿点、矿化点40多处。

【水资源】 汨罗有湘江段及流长4千米、流域面积6.5平方千米以上的河流44条。其中，流域面积在100平方千米以上的河流10条。属于洞庭湖水系的有汨罗江，是洞庭湖水系中仅次于湘、资、沅、澧的第五大水系。汨罗江的上游称汨水。汨水发源于江西修水县黄龙山的梨树埚，流经修水的官田桥、龙门厂，平江的长寿街、嘉义、三市、浯口，汨罗的长乐、新市，在大洲湾与罗水汇合。汨罗江流长253.2千米，流域面积5543平方千米。罗水因源出巴陵罗内而得名。罗水流域跨岳阳、平江、汨罗三县市。罗水干流长88千米，流域面积595平方千米。汨罗多年平均降水量1345.4毫米，降水总量21.31亿立方米，地表水资源总量44.65亿立方米，尚可利用的地表水资源为28.43亿立方米。

人口统计

【人口】 据2000年11月1日零时全国第五次人口普查结果显示：汨罗市总户数19.40万户，总人口65.89万人。其中非农业户人口8.83万人。男女性比例107.6：100。2002年，人口出生率9.6‰，净增率3.3‰。

2012年年末，汨罗市总人口66.6万人，全年出生人口9043人，人口出生率13.5‰。全年死亡人口2925人，死亡率4.4‰。自然增长率为9.1‰。

2017年年末，汨罗市总人口67.1万。

交通布局

【概况】 汨罗市交通发达，国字号铁路有：京广铁路、京广高铁。公路有：107国道、京珠高速、京珠高速西线、国道240线、国道536线、省级公路、市级公路100%的镇镇通村村通，95%以上村组硬化路做到户户通，上述铁路、公路纵横交织，贯通全市，加之依托洞庭湖，长江航线，汨罗陆路水路交通便捷，得天独厚，享誉三湘。

习俗风情

【概况】 截至2012年，汨罗市共有“汨罗江畔端午习俗”等人类非物质文化遗产保护项目1个，“长乐抬阁故事会”等人类非物质文化遗产保护项目1个，“屈原传说”“屈子祠祭典”等省级非物质文化遗产保护项目2个，“民间龙舟打造技术”等岳阳市非物质文化遗产保护项目6个，“大三爷的故事”等汨罗市非物质文化遗产保护项目20多个。另外，普查登记造册的各类非物质文化遗产220多项。

【端午习俗】 汨罗江畔端午习俗是具有一整套丰富、独特而又神秘的端午习俗，分布于汨罗市的汨罗江流域中下游一带。汨罗江畔端午节一般从农历五月初一开始到十五日止，整个节日活动具有悠久的历史性、广泛的群众性、丰富的多样性、浓郁的文化性、狂热的参与性和深远的影响力。2005年，“汨罗江畔端午习俗”被列入第一批国家级非物质文化遗产保护名录。2009年9月30日，被列入联合国人类非物质文化遗产代表作名录。

【长乐故事会】 汨罗市长乐抬阁

故事会源于隋唐，盛于明清，由元闹花灯中演变而来，是一项集惊、奇、险、巧于一体的传统民间杂技，并集表演、彩绘、历史、天文、地理、文学、民情、时代精神等融为一体的独特的、古老而又神秘的民间行为艺术。故事会分为地故事、地台故事、高彩故事、高跷故事四大类，分上、下市街故事会。2012年，被列入国家级非物质文化遗产名录。

【地花鼓】 地花鼓属灯舞类，最初仅限于春节等传统佳节时与大闹花灯活动穿插进行，汇同“狮子”“龙灯”“彩莲船”一起进行表演，载歌载舞，情节生动，内容朴实，表演风趣，喜闻乐见。这种文化习俗后来逐渐进入人们日常生活领域，民间操办红白喜事也打地花鼓。

风景名胜

【屈子祠】 全国重点文物保护单位、全国青少年爱国主义教育基地。屈子祠汨罗江景区是国家级重点风景名胜区，是湘楚文化旅游黄金线上的重要景点。

【任弼时纪念馆】 国家AAAA级景区、全国重点文物保护单位、全国爱国主义教育基地、全国红色旅游经典景区。江泽民、胡锦涛等党和国家领导人都曾莅临该馆，并留下墨宝。该馆已与毛泽东、刘少奇、彭德怀、贺龙等老一辈无产阶级革命家的纪念馆建立长期合作关系，以实现客源共享、优势互补。

【汨罗粽子】 湖南汨罗传统节令食品。据南朝梁吴均《续齐谐记》记载，端午包粽食粽纪念屈原的习俗起源于汨罗。汨罗粽子以粽叶裹饭，呈尖角，并以五彩丝线系之，每年端午向汨罗江丢放，以示祭屈原，慰水鬼，镇蛟龙，并向华夏各民族传播，相沿成为各地区各民族吃粽子纪念屈原的端午习俗。因屈原投水卒于汨罗江，故湖湘民间尤重此俗，汨罗粽子习俗更是源远流长，粽子成为端午节必备之食品。粽子品种繁多，如豆沙粽、八宝粽、蛋黄粽、火腿粽、枣仁粽、莲蓉粽、香肠粽、叉烧粽等，以碱水粽最为常见。其制法为：糯米淘洗净，用碱水（古代及偏远山区多用稻草灰浸制液）浸泡数小时，沥干，用新鲜箬竹叶包成牛角形，用席草、棕叶或彩线扎紧，置锅内宽水旺火煮烂熟，即成。食时去箬叶，撒上绵白糖，颜色橙黄，晶莹透亮，入口糯软略粘，清香味甜。

【长乐甜酒】 系境内所产的“三粒寸”（即千斤糯、桂花糯）糯米配以本地生产的曲花籽（甜酒曲）酿制而成，含有丰富的糖类、蛋白质、维生素。该酒始于明朝，盛于清代，有近三百年历史。相传“长乐甜酒”四字，系当年乾隆皇帝下江南途经长乐品尝甜酒后亲笔题赠。2001年，长乐甜酒获湖南省第三届农博会金奖。2004年，农业部认定其为无公害农产品。2007年9月，长乐甜酒制作工艺被列入岳阳市非物质文化遗产。

【屈原酒】 屈原酒秉承浓香型白酒“混和续糟、双轮发酵、分层起糟、量质摘酒”的传统生产工艺，聘请四川宜宾五粮液酒厂酿酒专家舒尤荣先生担任常年技术顾问，汲取名、优酒酿造技术之精髓，借助汨罗江得天独厚的自然生态环境，结合现代微生物技术的运用，选用优质高粱、小麦、玉米、糯米、大米五种粮食为原料酿制而成。精粹的粮食、精湛的工艺、精美的环境成就出屈原酒高贵的品质——酒香浓郁、入口醇甜、落口爽净、回味悠长。产品质量符合国家名优白酒标准，先后荣获“马来西亚国际金奖”“湖南省优质产品”“湖南省首届名优特新农副产品博览会金奖”“第三届中国（长沙）国际食品博览会金奖”等。

国民经济

【概况】 初步核算，全年完成地区生产总值378.7亿元，比上年增长6.3%。其中，第一产业实现增加值43.6亿元，增长4.2%；第二产业实现增加值210.8亿元，增长5.0%；第三产业实现增加值124.3亿元，增长9.6%。三次产业结构比为11.5：55.7：32.8。按常住人口计算，人均地区生产总值 59985元，增长8.6%。（图6）

年末全市户籍人口671480人，其中男性349674人，女性321806人；18岁以下133685人，18~34岁150426人，35~59岁254941人，60岁及以上132428人。全年人口出生率为14.63‰，死亡率为5.94‰，自然增长率为8.69‰。

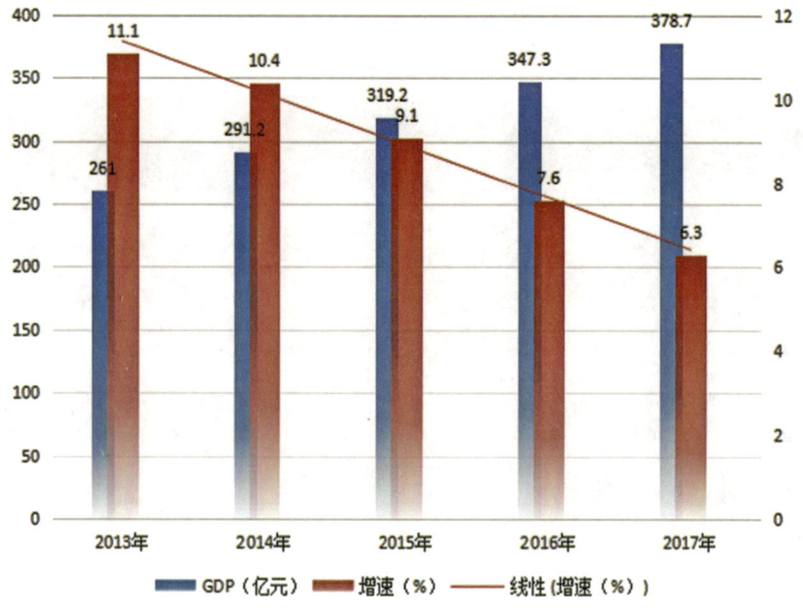

图6 2013—2017年地区生产总值及增速

【农业】 全年实现农林牧渔业总产值65.4亿元，增长4.6%，其中农业产值31.6亿元，增长13.3%；林业产值1.4亿元，增长7.7 %；牧业产值23.4亿元，增长8.1%；渔业产值7.9亿元，增长14.5 %；农林牧渔服务业产值1.1亿元，增长10.0%。

全市农作物播种面积95700公顷，增长0.7%。其中粮食作物种植面积68700公顷，下降0.1%；全年粮食总产量39.7万吨，增长0.8%，其中稻谷产量35.7万吨，增长0.8%；蔬菜产量35.5万吨，增长3.8%；肉类产量8.6万吨，增长10.3%；水产品产量3.9万吨，下降7.1%。

全年新增农田有效灌溉面积0.6万亩，新增年节水能力167.5万立方米。开工各类水利工程1481处，投入资金1.6亿元。完成水利工程土石方270.5万立方米。

表2 2017年末户籍人口数及构成

指　　标	年末数（人）	比重（%）
户籍人口	671480	100
其中：非农业人口	133803	19.9
农业人口	537677	80.1
其中：男性	349674	52.1
女性	321806	47.9
其中：0 ~18岁（含不满18周岁）	133685	19.9
18 ~34岁（含不满34周岁）	150426	22.4
35 ~59岁（含不满60周岁）	254941	38.0
60岁及以上	132428	19.7

【工业】 全市新增规模工业企业16家，总量达到212家，完成规模工业总产值756.5亿元，增长12.0%。园区完成工业总产值549.4亿元，增长17.4%。园区规模工业增加值占全市规模工业增加值比重达到70.1%。

规模以上工业中，轻工业完成工业总产值178.6亿元，增长12.1%；重工业完成工业总产值577.9亿元，增长12.0%。外商及港澳台投资企业完成工业总产值8.2亿元，增长16.3%；股份制企业完成工业总产值687.8亿元，增长14.3%。

规模以上工业统计产品产量各类共有25种，新增机制纸及纸板，其中产量比上年增长的有17种，占产品产量种类的68.0%。（图7）

全市共有 25家建筑企业，其中

表3 主要牲畜存出栏情况

牲畜名称	出栏（累积数）	增长（%）	年末存栏	增长（%）
生猪（万头）	115	0.17	64	3.6
牛（万头）	1.9	1.6	6.2	1.8
羊（万头）	1.4	6.9	1.3	6.7
家禽（万羽）	332.7	-3.6	368	1.9

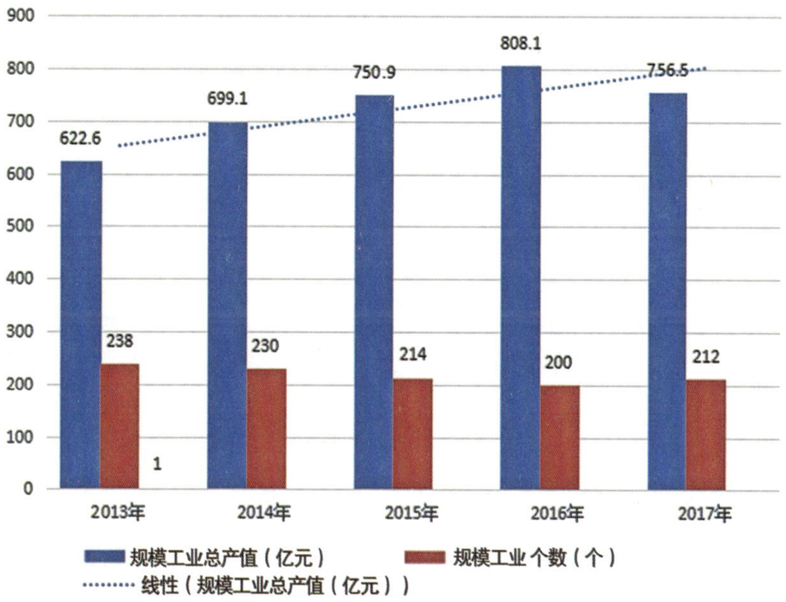

图7 2013—2017年规模以上工业总产值及企业数量

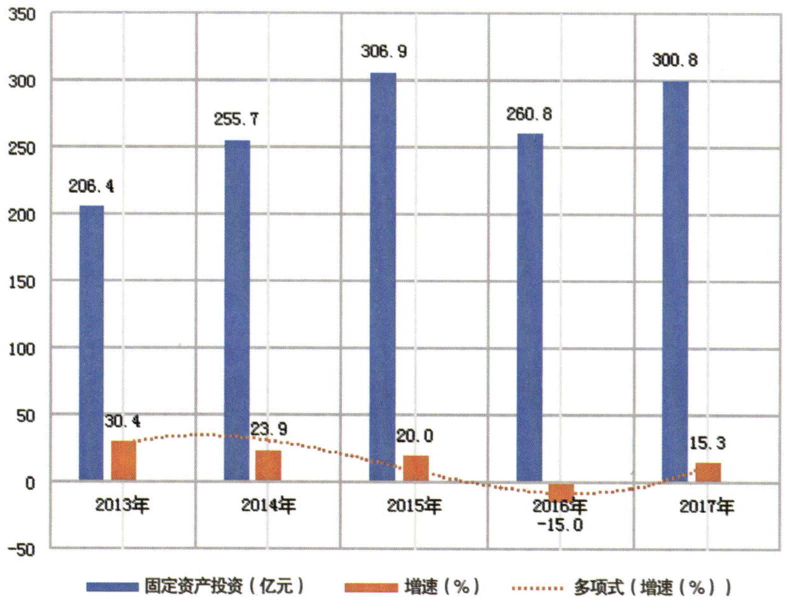

图8 2013—2017年固定资产投资及增速

15家为二级建筑业企业，8家为三级建筑业企业，实现建筑业总产值23.7亿元，增长24.1%。

【固定资产投资和房地产】 全年完成固定资产投资300.8亿元，比上年增长13.5%，其中项目投资294.7亿元，房地产投资6.1亿元。项目投资中工业投资106.5亿元，工业技改投资65.2亿元。施工项目709个，其中5000万元以上80个，5000万元以下629个。（图8）

全市房地产开发企业29家，其中三级资质及以上企业6家。从商品房屋建筑用途看，住宅投资占全部房地产开发投资的84.6%。房地产新开工面积218137平方米，竣工面积90166平方米，商品房销售面积261415平方米。

【国内贸易】 全年实现社会消费品零售总额94.5亿元，比上年增长9.6%。从经营地看，城镇消费品零售总额73.7亿元，增长6.9%；乡村消费品零售总额20.8亿元，增长19.5%。从消费类型看，商品零售额90.9亿元，增长9.6%；餐饮收入3.6亿元，增长9.0%。限额以上法人批发和零售业商品零售额45.7亿元，比上年下降15.2%。从商品类别看，粮油、食品类下降29.4%，家用电器和音像器材类增长20.9%，饮料类增长4.5%，烟酒类增长33.5%，服装、鞋帽类下降27.1%，化妆品类增长25.6%，日用品类增长1.2%，汽车类下降4.7%。

【财政、金融和保险业】 全年全市公共财政预算收入18.1亿元，比上年增长17.4%，其中税收收入15.0

亿元，增长67.8%，非税收入3.1亿元，下降21.5%；按完成部门分，国税完成11.8亿元，地税完成3.9亿元，财政完成2.4亿元；上划中央收入6.4亿元，增长39.1%。全年公共财政预算支出37.5亿元，增长12.6%。

全市金融机构10家，各项存款余额223.7亿元，增长23.3%，其中个人存款137.5亿元，增长14.6%。年末各项贷款余额107.5亿元，增长54.9%。

全市保险机构22家，全年实现保费收入6.8亿元，增长38.8%，其中财产保险费收入2.4亿元，增长41.2%；寿险保费收入4.4亿元，增长37.5%。全年支付和结付各项赔款2.2亿元，增长37.5%。

【交通、邮电通信和旅游】 全市共有客运汽车210辆，客运量299.2万人次。铁路旅客发运量1154840人次，其中高铁发运量667569人次。拥有城市公交141台，其中新能源（纯电动）公交车辆81台，开通营运线路10条。

全年邮政总收入6501.7万元，比上年增长23.0%。函件量完成35.0万件，增长6.2%；订阅报刊累计完成2.5万份，增长5.7%；快递业务量完成1066.7万件，增长54.0%。移动电话用户567096户，互联网宽带用户116456户。

全市A级旅游景区3个，其中AAAA级以上景区1个。星级饭店1家，休闲中心7处，农家乐7处。接待国内游客 393.9万人次，增长17.7%；入境游客1.0万人次，增长9.7%。旅游总收入38.1亿元，增长18.7%。其中，国内旅游收入38.0亿元，增长20.0%；国际旅游收入104.5万美元，增长16.1%。

【科技、教育、文化、卫生和体育】 全年专利申请量321件，其中发明专利30件；专利授权203件，其中发明专利授权22件。

全市共有各级各类学校（幼儿园）289所，其中幼儿园109所，在园幼儿16751人；小学130所，初级中学23所，九年一贯制学校15所，在校小学学生40886人，在校初中学生17942人；职业中学4所，在校学生5607人；普通高中6所，在校学生8899人；特殊教育学校1所，在校学生214人；工读学校1所，工读生228人。小学适龄入学率100%。

全市艺术表演团体180余个，文化馆16个，公共图书馆（室）406个，博物馆（纪念馆）4座。广播电台1家，电视台1家，有线电视用户8.7万户，无线电视用户3.7万户，通信运营商互联网电视及其他0.4万户。广播综合人口覆盖率99.9%，广电电视综合人口覆盖率

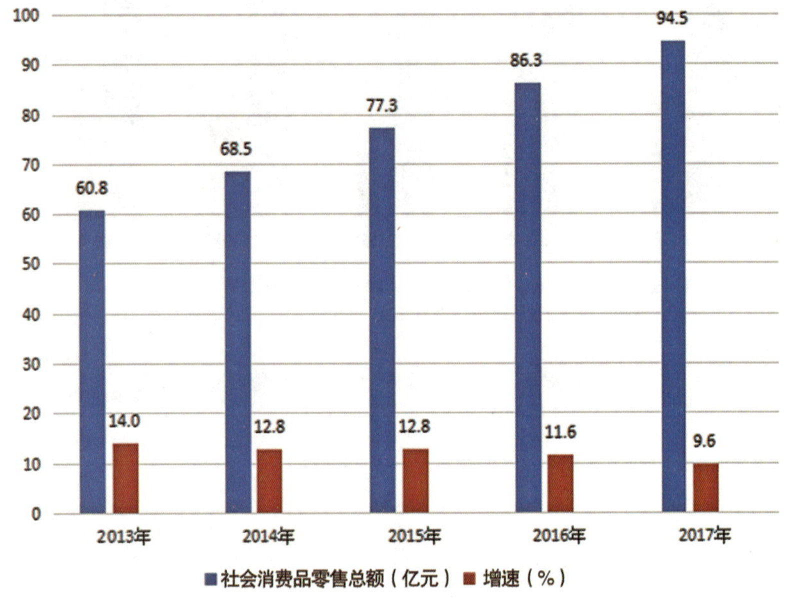

图9 2013—2017年社会消费品零售总额及增速

表4 2017年移动电话用户和互联网宽带用户情况

单位	分类	用户数（户）	普及率%
电信	固定宽带用户数	62633	30.2
	3G、4G用户数	113414	16.9
移动	固定宽带用户数	32223	15.6
	3G、4G用户数	327789	48.8
联通	固定宽带用户数	21600	10.4
	3G、4G用户数	125893	18.7
广电	开户数	5680	2.7

99.8%，分别比上年增长0.4个和0.6个百分点。人类非物质文化遗产保护项目1个、国家级非物质文化遗产保护项目2个、湖南省级非物质文化遗产保护项目3个、岳阳市级非物质文化遗产保护项目8个。馆藏图书265872册、期刊20种、报纸16种。

年末，全市共有卫生机构677个，其中医院9所、妇幼保健院1所、专科疾病防治医院2所、乡镇卫生院33所、社区卫生服务中心（站）3个，诊所、卫生所、医务室187个，村卫生室435个。共有卫生技术人员3310人，增长1.0%，其中职业医师和助理医师1838人，增长4.3%；注册护士1028人，增长4.7%。医院拥有床位2055张，增长15.0%。乡镇卫生院拥有床位1155张，增长2.8%。

全市共有综合性体育场馆4座，游泳场8个，羽毛球馆4个。中华人民共和国第十三届运动会上，市运动健儿周倩荣获国际式摔跤女子自由式75公斤级摔跤冠军。

【人民生活和社会保障】 全市城镇居民人均可支配收入29392元，比上年增长8.8%；农村居民人均可支配收入16552元，比上年增长8.3%。

全市城镇居民人均消费支出19062元，比上年增长9.8%；农村居民人均消费支出16512元，比上年增长9.4%。城镇居民食品消费支出占消费总支出的比重（恩格尔系数）为22.9%。

全市新增城镇就业人员5483人。年末参加城镇基本养老保险人数25927人，比上年末增加1011人，其中参保职工24373人。参加城镇基本医疗保险人数602354人，其中城镇职工基本医疗保险参保人数41245人。参加失业保险人数26000人。参加工伤保险人数38595人，比上年末增加1740人。参加生育保险人数29307人。城乡居民养老保险登记参保人数408334人。城镇居民基本医疗保险人数561109人，参合率95.55%。年末，领取失业保险金人数178人。城市低保标准440元/月，月救助水平达300元；农村最低生活保障标准260元/月，月救助水平达140元。五保户分散供养、集中供养年标准分别提高到4056元、7200元。全年发放城镇最低生活保障资金1500万元，发放农村最低生活保障资金1900万元。年

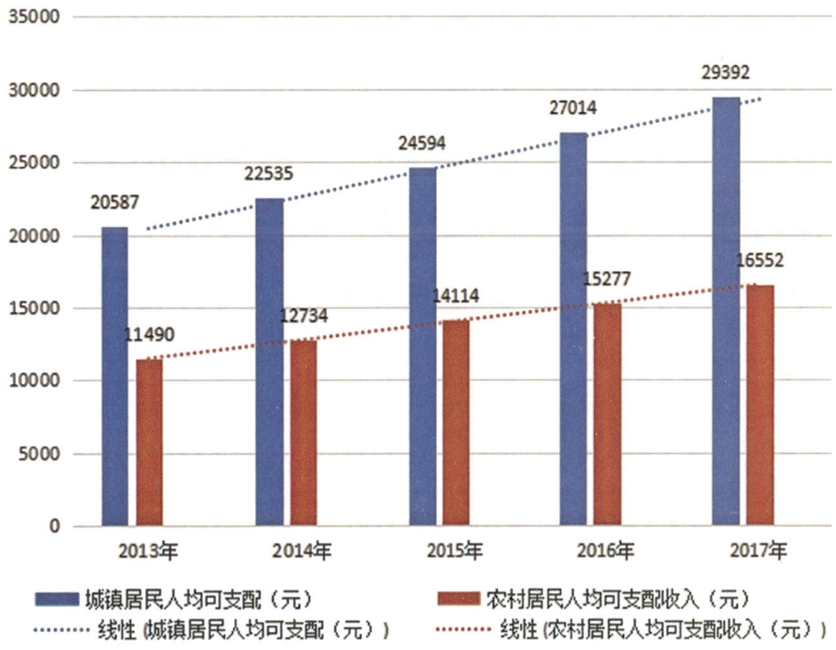

图10　2013—2017年城镇居民人均可支配收入和农村居民人均可支配收入

表5　2017年居民消费支出相比上年涨跌幅度

指　标	涨跌幅度（%）	按城乡划分	
		城市	农村
居民消费价格	9.7	9.8	9.4
其中：食品烟酒	7.2	1.8	13.9
衣着	9.5	2.6	20.1
居住	10.3	8.4	12.3
生活用品及服务	10.2	29.6	−13.6
交通和通信	9.4	6.7	12.3
教育文化及娱乐	11.2	17.4	−0.3
医疗保健	16.3	43.0	4.2
其他用品和服务	7.4	−17.3	32.9

底建成社会养老服务床位3882张，每千老人拥有床位数35张。

【资源、环境和安全生产】 全市已发现矿床、矿点、矿化点100多处，已探明的矿种主要有花岗岩、长石、石英、高岭土、耐火黏土、砖瓦用黏土、金、砂砾石等种类。

城市空气自动监测站主要对PM10（可吸入颗粒物）、SO_2（二氧化硫）、NO_2（二氧化氮）、CO（一氧化碳）、O_3（臭氧）、PM2.5（可吸入颗粒物）六参数进行监测。2017年共监测365天，优良天数313天、超标天数52天，其中轻度污染37天（其中PM2.5超标25天、O_3超标11天、PM10超标1天）、中度污染8天（其中PM2.5超标7天、PM10超标1天）、重度污染6天（其中PM2.5超标6天）、严重污染1天（其中PM2.5超标1天），首要污染物为PM2.5（可吸入颗粒物），次要污染物为O_3（臭氧）和PM10（可吸入颗粒物），空气质量为良，环境空气质量指数（AQI）为71，环境空气监测点位达标率为85.8%。PM2.5（可吸入颗粒物）年平均浓度为0.043微克/立方米。

城市水质，每月对汨罗江新市断面、窑洲断面、南渡断面及兰家洞水库进行监测分析，根据汨罗市地表水各断面全年监测数据统计结果情况，2017年，汨罗江各监测断面水质均符合《地表水环境质量标准》（GB3838-2002）表1中Ⅱ（二）、Ⅲ（三）类水质标准，水质达标率为100%。

全市共有水库294座，其中中型3座，蓄水量7741万立方米；小Ⅰ型38座，蓄水量5986万立方米；小Ⅱ型253座，蓄水量4508万立方米。全年平均降水量1729毫米。

全市共有林地面积63998.8公顷，林木蓄积量为309.2万立方米，森林覆盖率为47.1%。全市大面造林22500亩，义务植树123万株，绿化通道186千米。境内有2个国有林场（玉池林场11700亩、桃林林场5800亩）、1个国有苗圃（白水苗圃2080亩）、1个国家级湿地公园（湖南汨罗江国家湿地公园2954.1公顷）、1个省级森林公园（神鼎山省级森林公园1062公顷）、1个林业科技示范园暨植物园（6500亩）。

全年发生生产经营性安全事故8起（其中建筑施工事故1起，道路交通事故7起），死亡7人，同比下降29.4%，没有发生较大及以上生产安全事故。突出重点行业领域安全生产专项整治，立案调查223起，责令停产停业92家，关闭取缔生产经营单位188家，行政拘留8人。

注释：

[1] 本公报数据均为初步统计数，部分数据最终需岳阳市、省相关部门评估认定，部分数据因四舍五入的原因，存在分项与合计有偏差的情况。

[2] 地区生产总值、各产业增加值绝对数按现价计算，增长速度按不变价计算。

资料来源：

本公报中财政数据来自市财政局；物价、城乡居民收入和支出、恩格尔系数、部分农业数据来自国家统计局汨罗调查队；铁路旅客发送量数据来自火车站；公路客运输量、公路里程数据来自市交通运输局；电信业务量、移动电话用户数、固定电话用户数、互联网宽带用户数来自市工业和信息化局；邮政业务量来自市邮政管理局；存贷款数据来自中国人民银行汨罗中心支行；保险业数据来自市金融证券办；教育、体育数据来自市教育体育局；科技、专利数据数据来自市科技局；测绘、矿产资源、土地数据来自市国土资源局；年降水量数据来自气象局；水土治理和城市水质数据来自市水务局；造林、育林、森林覆盖率数据来自市林业局；旅游、艺术表演团体、公共图书馆、文化馆、非物质文化遗产、广播、电视、报纸、期刊、图书数据来自市文旅广新局；人口出生率和死亡率、医疗卫生数据来自市卫计局；户籍人口数据来自市公安局；新型农村合作医疗、城镇新增就业、社会保险数据来自市人力资源和社会保障局；城乡低保、社会福利、社会捐赠数据来省自市民政局；空气质量数据来自市环境保护局；安全生产数据来自市安全生产监督管理局。

政　治

中国共产党汨罗市委员会

中国共产党汨罗市第十届委员会（名单）

书 记	喻 文
副书记	朱平波 李冯波（12月起）
常 委	喻 文 朱平波 李冯波 林治学 陈培宏 向进良 王敏求 柳雁翔 杨 峰 舒文治 陈若杨 陈双全
委 员	（按姓氏笔划为序） 王启辉 王敏求（女） 仇正勇 仇深根 孔 剑 朱 苇 朱平波 任伯钧 向进良 刘四清 李 旺 李冯波 李亚江 李银海 李锦平 杨 峰 杨惜春（女） 吴高明 吴朝霞 何发扬 余亚星 闵秀明 宋 辉 陈岭华（女） 陈学礼 陈培宏 陈若杨 陈双全 林治学 周 卫 周爱煌 周雄伟 郑 智 赵承卓 胡 义 柳才平 柳雁翔 夏伟阳 倪 勇 倪运清 黄 平 黄永红 彭千红 喻 文 舒文治 楚 军 黎中元
候补委员	郑 伟 周 琴（女） 黄光胜 彭词新 彭庆雄 倪 锐（女） 欧阳三华 胡满林 彭建芳

市委工作概况

【概况】 2017年，汨罗市委高举“建设更高品质的生态文化活力汨罗”奋斗目标，聚力经济建设，改善民生福祉，维护大局稳定。全市完成地区生产总值373.3亿元，同比增长7.5%；公共财政预算收入18.1亿元，同比增长17.8%；固定资产投资300.2亿元，同比增长15%；社会消费品零售总额96.5亿元，同比增长11.5%；城、乡居民人均可支配收入29445元、16591元，分别同比增长9%、8.6%。

【政治担当】 一是定方案建机制。全面部署学习宣传贯彻十九大精神，形成制度，抓到实处。二是抓宣讲重培训。邀请省专家教授集中授课。市领导分赴基层、乡镇讲党课。积极开展“互联网+宣讲”活动和“三小”活动（小辅导、小研讨、小讲评）。三是强宣传树典型。在各媒体开辟专栏，宣政策、树典型、立红旗。四是严督查求实效。将学习贯彻十九大精神纳入年度考核，十九大精神成为破解困局、推进工作的“金钥匙”“金刚钻”。

【发展引擎】 一是强力推进“四大会战”。园区大会战。循环经济产业园完成工业产值376亿元，增长10.7%，完成税收9.39亿元，增长50%。落地5亿元以上项目3个，入驻企业11个。引入社会资本7.74亿元，授信融资9.4亿元。屈子文化产业园端午节开园。交通大会战。国道240汨罗段全线完工。国道536汨罗段完成路面主体工程。国道107（汨长大道）完成工可编制。汨杨公路进入省规划，港口大会战。完成各仓库、电子卡口、查验平台建设，海关、商检实现互联互通。脱贫攻坚大会战。投入整合资金5400万元，完成易地搬迁、危房改造1426户，发放小额贷款5124.5万元，退出贫困村15个，脱贫7884人。实施省级重点产业扶贫项目1个，带动贫困户1008人。实施县级产业扶贫项目11个，建成6个村级光伏电站。二是积极落实“四个十条”。园区十条。扎实推进19个重点项目建设。下放审批事项6大项，为企业处理问题10多起。招揽各类人才100多人。非公十条。选派69名干部帮扶产业、企业。申请专利137件，授权115件。开放十条。发展外贸经营企业74家。新登记注册市场主体5305户，增长37%。引进项目72个，落地23个。金融十条。金融机构存款余额219.3亿元，贷款余额108.2亿元，净增贷款38.8亿元，贷款增长率居岳阳第一。三是大力弘扬“四种精神”（求索精神、忧乐精神、骆驼精神、平江起义革命精神）。扎实开展“四种精神”专题学习讨论活动，认真做好“四个结合”（与学习贯彻习近平总书记系列重要讲话精神相结合；与开展“砥砺奋进的五年”系列宣讲宣传活动相结合；与培育和践行社会主义核心价值观活动相结合；与扎实推进“两学一做”学习教育常态化制度化相结合）文章。

【城市品质】 一是加快工程建设。全力推进17个城市重点项目建设。屈子生态湿地公园建成单体建筑17个、广场1个、停车场3个。二是加大市政投入。完善8条城市道路建设规划财评。新建小游园4个，新增停车位380个。三是加强精细管理。拆除违章棚亭和占道设施600余个，清理违规广告牌5000多平方米。改造背街小巷7条，启动8大棚户区改造。拆除违法建设6.7万平方米。

【生态环境】 一是削减污染存量。关停塑料加工作坊、麻石加工企业、黏土砖厂、禁养区养殖场1199家。PM2.5（细颗粒物）平均浓度下降4.2%，空气质量优良率提高5.5%，地表水主要断面水质稳定在Ⅲ类标准以上。二是控制排放增量。否决不符合环保要求的项目26个。高新技术企业发展到20家，完成增加值68亿元，增长15.3%，创建优质稻万亩示范片4个、特色种植基地20个，新增种养大户300个、农民专业合作社与家庭农场共计346家、省级农业特色产业园2家、无公害农产品和绿色食品3个，农业机械化水平达82.7%。三是扩大环境容量。关停矿山23万平方米。解体上岸采砂船23艘，平整砂场25个。关闭治理排污口9个。建设污水处理池2.3万个。清运陈年垃圾8.7万吨。大面造林2.2万亩，森林覆盖率达47%。创建全国生态文明村1个、省级美丽乡镇示范镇1个、省级新农村建设重点村3个。

【民生福祉】 一是深化改革事项。财税管理改革，公共财政收入税收占比达82.8%，地方收入税收占比达68.9%。12家行业行业协会商会与行政机关脱钩。二是夯实民生基础。升级30个行政村宽带网络，改造34个行政村农配网。完成薄改校舍工程88栋，新建村级文化广场20个。建设集中建房示范点14个，分配公租房764套。电商产业实现交易额45.5亿元，增长24%。完成“村村响”数字化改造，放映公益电影4524场，送戏下乡85场，送书下乡6.9万本。解决7.7万农村人口饮水安全问题。三是强化兜底保障。新增城镇就业5483人，转移农村劳动力就业5236人，失业人员再就业3378人。城乡居民医疗保险参合率95%以上。为劳动者追讨工资等待遇319.4万元。基本养老服务补贴覆盖率超过70%。

【安全维稳】 一是狠抓信访维稳促和谐。投入3000万元，全面提质提效治安防控体系。特护期间全市无一人进京上访。破获“三违三强”案件150起，刑事拘留41人。2017年，社会治安民调满意度位居全省前列。二是狠抓安全生产促稳定。开展“深化‘查打治’，迎接十九大”安全生产集中整治行动36次，责令停产停业企业92家，关闭取缔企业188家，行政拘留违法行为人8人。省挂牌督办的9处安全隐患已销号，其余23处隐患已整改完毕。全市未发生较大及以上生产安全事故。三是狠抓防汛防火促安康。完成6个万亩备汛十大工程建设，防汛抗灾工作取得决定性胜利。开展森林防火督查10余次，刑拘失火犯罪嫌疑人2名。全市未发生较大及以上森林火灾事故。

【从严治党】 一是队伍建设良性化。完成全市174个村（社区）换届。党务培训市直机关党支部书记400名。集中轮训1012名村（社区）干部。安排200多人次到上海、江苏、浙江专题培训实地学习。选派14名优秀年轻干部到北京、长沙经开区挂职锻炼。引进专业技术人才20人。选派36名党员干部担任贫困村和软弱涣散村第一支部书记。二是基层党建规范化。全市178个村（社区）综合服务平台全部完工。“红星云”注册率与学习排名位居全省前列。全市“两新”组织支部达215个。三是监督管理制度化。开展落实“两个责任”（党委负主体责任、纪委负监督责任）谈心谈话221人次，问责领导干部15名。清理国家公职人员违规参与涉矿等经营性活动，立案审查4人。清理“吃空饷”人员186人，查处4人，追缴资金784万元。查办扶贫领域问题线索15个，立案审查16人。办结52个中央环保督察组交办件，问责43人。问责“雁过拔毛”式腐败问题75人。查处“四风陋习”问题35个，处分48人。重拳整治“为官不为”“为官乱为”行为，免职15人，停职检查3人。

重要会议概况

【2017年全市三级干部大会】 2月16日，召开全市三级干部大会。会议强调，唯有承认落后、承认差距，知耻而后勇，才能后发赶超；唯有奋发图强，全力抓项目，一切以引进、服务项目为中心，才能重

回第一方阵；唯有人人都是投资环境、个个代表汨罗形象，才能重构汨罗良好的对外形象、老乡返乡创业的投资洼地。

【中共汨罗市委十届二次全体（扩大）会议】　2017年12月21日，中共汨罗市委十届二次全体（扩大）会议召开。会议总结2017年工作，全面部署2018年工作，动员全市上下对标新时代，实现新跨越，全力夺取更高品质生态文化活力汨罗建设的大胜利。会议明确2018年工作总的指导思想是：全面贯彻落实十九大精神，高举习近平新时代中国特色社会主义思想伟大旗帜，突出创新引领，加快开放崛起，落实“四个十条”，聚力“三园一区”，加速产业提质、城乡融合、改革创新、民生改善，领跑岳阳，争先湖南，不断夯实党的建设，决战全面建成小康，用实干实绩夺取更高品质生态文化活力汨罗建设的大胜利。

市委办公室

中共汨罗市委办公室负责人（名单）

主　　任	舒文治
常务副主任	何建忠
副　主　任	王智炯　冯　春
督查室主要负责人	李　旺
督查室副主任	钟　卓（8月改任）
政研中心主任	冯　春（6月改任）
纪检组长	李常文（8月改任）
常委秘书	王三乐（12月改任）
改革办专职副主任	李卫国　张　凯
行财室主任	苏　毅
综调室主任	甘　雄
秘书室主任	郑湘平
总值班室主任	方望春
法规室主任	周　春

【政研工作】　2017年，完成全市三级干部大会、市第十次党代会报告等重要文稿的起草。特别是，以《向着更高品质的生态文化活力汨罗坚实迈进》为题，撰写市第十次党代会报告。按照“贴近领导搞调研，服务决策谋大事”的思路，及时捕捉经济社会发展中的热点难点问题，形成一批贴近实际、针对性强的调研课题。总结“飞地”产业园、规范农村村民集中建房的经验，在岳阳市乃至全省起到示范带动作用。其中，推介汨罗镇南托新村规范农民集中建房的调研文章《“一举数得”的效应》被《省委工作情况交流》《湖南日报》等刊物推介。

【督查工作】　围绕全市中心工作、重点工作，集中力量开展督查，有效推动市委战略意图、决策部署的落地生根。2016年，围绕党代会精神的贯彻落实、综治民调、防汛救灾、精准扶贫、全面小康、安全生产等工作开展专项督查20多次，促进工作落实。整合督查力量，提高督查效率，形成齐抓共管的合力，确保各项工作如期落实。注重总结督查经验，开办《汨罗督查交流》，在《岳阳督查交流》2篇。坚持问题导向，经常开展“回头看”和“再督查”，对断档问题、梗阻问题真督严查，有效树立督查权威。

【办文办会工作】　高标准办会，重要公务活动都制定筹备方案，确保环环相扣、有序推进，努力追求零差错、零失误，“精准办会”模式在岳阳市党办系统推广。高质量办文，明确文件起草、审核、印制等各环节责任，严把政治关、法律关、格式关，办文质量不断提升。制发文件250余份，规范性、科学性、实效性明显增强。

【综调信息工作】　扎实做好党委信息归口管理工作，构建信息交流平台，畅通信息传输渠道，完善信息测评手段，确保信息报送及时、真实、准确。紧扣“关注点”，抓住“闪光点”，捕捉“热难点”，基本建成横向到边、纵向到底的信息收集网络，努力实现“第一手情况”“第一道研判”“第一时间报送”。重大紧急信息没有出现漏报、瞒报、迟报和谎报现象。共向省委办公厅和岳阳市委办报送各类信息200多篇，在上级刊物发表4篇。

【值班值守工作】　每周安排一名班子成员带班值班，负责调度相关部门处理群众来信来访。一年来，共接待来访群众283批次，其中群体性上访42批次。严格接待标准，规范接待程序，改进接待方法，把人性化、人情化和人文化融入接待工作，高质量完成一系列重要公务接待任务。机关大院的管理、改造基本满足需求，环境卫生和绿化、亮化、美化标准逐步提升，有效保障市委机关的正常运转。

中共汨罗市纪律检查委员会

市纪委、监察局、预防腐败局负责人（名单）

市委常委 市纪委书记	柳雁翔
市纪委副书记 监察局局长 预防腐败局局长	杨惜春 （12月改任）
市纪委副书记	周学军　胡东明
市纪委常委	张丰华　郑伟民 湛正清　曾祥中 黎　灼
监察局副局长	彭伟宏（非党）
预防腐败局副局长	刘　敏

【两个责任】　以上率下明责。协助市委特别是“四大家”领导班子成员对职责范围内的党风廉政建设和反腐败工作任务进行分解，督促全市各单位细化分解党风廉政建设责任，明确“一岗双责”具体内容，使责任到岗到人到事，形成一级带一级、层层抓落实的工作格局。改进考核督责。出台“两个责任”考核办法，乡镇纪检监察工作经费与年度考核结果挂钩，乡镇纪委书记的年度评先评优由市纪委研究提出考核等次建议后按程序报市委审批，乡镇纪委副书记及纪检干事由市纪委研究确定考核等次。落实工作报告、签字背书、谈心谈话制度，市、镇、村三级层层签订责任书，市委书记、市纪委书记对下一级党组织主要负责人谈心谈话共351人次。抓住关键少数问责。对脱贫攻坚、环保督查、防汛救灾、棚户区改造、公共资源交易、重点项目推进等多项中心工作进行专项督查21次。约谈67个涉公职人员棚户区改造单位“一把手”。坚持“一案双查”，问责72名履责不力的党员领导干部。对监督责任落实不力的纪委书记（纪检组长）严肃问责，处分1人、诫勉谈话1人、提醒谈话5人。

【移风易俗】　高标准推动“刹人情歪风、治婚丧陋习、树文明新风”专项整治行动，全市登记婚事新办678起、丧事简办947起、余事不办889起，与往年同期相比宴请数量减少70%，减少人情开支4200余万元，节约操办费用3600余万元。通过监督检查和群众举报，共发现问题29个，批评教育25人，立案审查4人。坚持引领明导向。坚持“三倡导”（倡导“富强、民主、文明、和谐”；倡导“自由、平等、公正、法治”；倡导“爱国、敬业、诚信、友善”）原则，实行一月一调度、一月一评价、一月一督促。将专项治理纳入“三城同创”（国家园林城市、国家卫生城市、全国县级文明城市）“美丽乡村建设”工作的重要内容，作为综合绩效考核的重要依据，实行以奖代投，奖惩结合。编排现代花鼓戏《移风易俗奔小康》在24个省级贫困村巡演，开展“移风易俗——我支持、我践行”签名活动，获得20余万党员群众支持和参与。组织开展“移风易俗树新风”演讲比赛，举办“盛世姻缘”主题集体婚礼等活动，引导崇德尚简的文明新风。坚持示范抓落实。将专项工作内容纳入“三会一课”“党员活动日”“两学一做”学习教育活动，充分发挥党员干部示范带头作用。层层签订责任状，户户签订承诺书，党员干部带头宣讲政策，带头落实层级报告制度。各村充分发挥老年协会、退伍军人协会、诗联协会等乡贤团体“传、带”作用。坚持自治促成效。将专项行动与家规家训相融合，用家风促民风，助推文明乡风建设。所有村（社区）均制定村（居）规民约，村村成立红白理事会、道德评议会等村民自治组织，形成以“两会”上门劝导、村干部积极协助、乡镇劝导队重点攻坚、乡镇执法队督查执法的四级联动机制，确保红白事劝导的成功率。

【精准扶贫】　坚决贯彻落实党中央脱贫攻坚重大决策部署和中央纪委强化监督执纪问责为脱贫攻坚提供保障要求，对违规违纪的党员干部严肃查处、切实问责，助力脱贫攻坚工作扎实推进。夯实组织保障。取消40名村（社区）“两委”候选人提名资格，查处并通报8起违反村级换届纪律典型案件，督促指导所有村（社区）同步产生村务监督委员会，明确村级纪检员岗位和职责。换届后，及时组织对村（社区）负责人开展“廉政第一课”教育活动，为脱贫攻坚提供坚强的组织保障。加强监督检查。紧扣资金使用、干部作风、制度执行三个重点，开展专项督查11次，发现问题73个，下发通报9期。运用“听、查、谈、访、沉、析”六字工作法，对相关单位开展扶贫领域专项巡察，发现问题线索15个，其中在巡察期间无缝对接5个，立案审查3件。严肃查处曝光。快查严处群众反映强烈的突出问题，对不收敛、不收手的典型问题，加大通报曝光力度，释放强烈信号，形成持续震慑。查处44个扶贫领域违纪典型问题，追缴资金27万余元，处理处分44人，下发通报3期。

【专项工作】 注重方式方法。对准问题症结发力，坚持以啃硬骨头的心态开展各类专项整治，把专项整治纳入党风廉政建设“两个责任”年度考核重要内容，实行一项整治一套班子，一项整治一个方案，一项整治一个成效。坚持系统抓、抓系统，全市一盘棋，确保整治思路一致、发力一致、步调一致，以治标促治本。突出工作重点。针对每项专项整治开展专项督查，开展“雁过拔毛”式腐败问题“回头看”；组织国家公职人员主动报告是否违规参与涉矿、涉砂等六类经营性活动；开展清人、清岗、清编、清资等“四清”行动，严查七类“吃空饷”问题；整治教辅资料征订“散”“滥”“乱”等问题，清理回扣800余万元，追缴资金206.3万元；精准采集录入“互联网+监督”基础数据，顺利对接省级平台。从严执纪问责。发扬钉钉子精神，驰而不息纠“四风”，发现“四风”问题55个，处分50人，下发通报4期；发现“雁过拔毛”式腐败问题172个，处理处分121人，追缴资金910余万元；掌握“涉矿”（涉砂）问题线索11个，立案审查9人，其中采取“两规”措施1人；查处违规插手干预公共资源交易案件7件，处理处分11人；查处“吃空饷”问题2起，纪律处分4人；整改行政执法领域“不作为、缓作为、乱作为”问题76个，处理处分34人，通报批评9人；办结中央环保督查组交办件52个，问责43人，约谈61人；查处防汛抗灾履责不力问题9起，问责12人，立案审查2人。

【宣传教育】 把学习贯彻党的十九大精神作为宣传重点，利用“一微一厅”持续深入宣传十九大精神；组织委局机关班子成员和机关三个党小组分别进行专题讨论；委局班子成员先后到各乡镇、贫困村开展宣讲活动共32场次；在全市纪检监察干部中开展“踏上新征程 承担新任务”征文活动，掀起学习贯彻十九大精神的热潮。开通“行廉汨罗”微信公众号，主动发声，推送更新33期；利用廉政展厅展示本地违纪干部忏悔录，“以身边的事教育身边的人”，全年共有32个单位1900余人次到廉政展厅接受警示教育。开展“我的家风家教故事”“三微”作品（微小说、微评论、微电影）和“基层纪检人手记”征文活动，分类评选并向上级媒体推送优秀作品27篇。构建大格局的综合信息工作局面，实行综合信息月通报制度，“人人都是信息工作者”的工作机制全面形成，向上报送综合信息55篇，被采用10篇。在中央纪委网站、三湘风纪网、巴陵风纪网等媒体推介汨罗工作，全年共发表宣传稿件93篇。综合信息、宣传报道等2项工作均在岳阳市名列前茅。

【执纪审查】 开展农村纪检监察信访举报集中办理专项行动，共集中处理、排查184件基层农村信访件，立案15件，诫勉谈话3人，办结率达100%。落实《监督执纪工作规则》，建立“一会两制度”工作模式（问题线索分析研判处置会、《问题线索统一管理制度》和《问题线索分析研判处置工作制度》），召开问题线索集中研判处置会议5次，处置问题线索535个。建立审前谈话“自我量纪”、处理决定“多方论证”、处分期间“回访教育”三位一体的审理工作机制，提升案件审理质量。在各乡镇建立标准化谈话室，开展常态化督查，确保安全文明执纪审查。共受理群众信访举报302件次，同比增长45%，办结252件。共立案225件，同比增长35%，办结222件，党纪政纪处分273人（其中科级干部24人，司法追究5人）。运用监督执纪“四种形态”处理473人次，其中，第一种形态243人次，占比51.4%。

【队伍建设】 蹄疾步稳推进改革。成立巡察办及2个巡察组，建立巡察工作人才库，采用“交叉巡察”方式开展2轮集中巡察，自行开展2轮专项巡察，其中第一轮集中巡察移交问题线索33件，立案7件，党纪政纪处分7人，目前正在对第一轮被巡察单位整改落实情况“回头看”，收集汇总第二轮集中巡察的问题线索。完成派驻机构改革，划转编制58个，13家派驻纪检组正、副组长、专干全部到岗到位。推进市乡纪检监察一体化建设，基层农村信访办理、执纪审查等工作效率明显提升，全市15个乡镇纪委共立案93件，同比增长70%。认真摸底调研，逐一谈心谈话，严格审核把关，国家推进监察体制改革试点工作正对照“进度表”“按图施工”，选举、任命监委班子。持之以恒加强学习。组织全体机关党员干部先后在平江起义旧址、屈子祠、弼时纪念馆等廉政文化教育基地开展“党员活动日”活动，加强党员干部理想信念教育和党性锻炼。组织开展执纪审查和保密纪律专题教育，开展《监督执纪工作规则》集中学习4次、专题考试2次，邀请岳阳市纪委领导开展2次集中业务培训。严管厚爱优化队伍。落实“三转”要求，建立乡镇纪委书记、副书记分管或从事工作向市纪委备案制度，对乡镇纪检监察干部专职专岗情况进行专项检查，3个“三转”未彻底的乡镇党委书记、纪委书记被约谈。坚持“优进高出”，交流2名班子成员到市直单位重要岗位任职，内部提拔4人，选调2人担任室主任，选调2名乡镇纪委书记到机关（巡察组）任职。加大乡镇纪委书记交流任用力度，乡镇之间交流2人，机关下派2人、从乡镇监察室主任中提拔1人。树立“执纪者先守纪、监督者受监督”的理念，严防“灯下黑”，查处3名涉嫌违纪的纪检干部。

汨罗市人民代表大会及其常务委员会

市十二届人大常委会组成人员（名单）

主　任	闵秀明
副主任	杨　勇　何中良 许向云　易　红（女） 毛炼红
委　员	（以下按姓名笔画排序） 仇年检　仇深根 龙志辉（女） 朱红霞（女） 刘建威　许冬辉 苏文胜　李立中 李立宏　李林桢 杨胜根　杨　斌（女） 吴乐辉　何子勇 余发挥　张霞光 欧阳小寒 罗东芳（女） 周文灿　周吉和 周学军　周　琴（女） 周　霞（女） 徐金娥（女） 徐鹏飞　曹再莲（女） 彪雪辉（女）　彭词新 黎保国

市十二届人大常委会党组（名单）

书　记	闵秀明
副书记	倪运清　何中良 许向云　易　红（女） 毛炼红
成　员	黎保国

市十二届人民代表大会专门委员会主任委员、副主任委员、委员

市十二届人民代表大会法制委员会

主任委员	何子勇
副主任委员	吴乐辉
委　　员	（按姓名笔画排序） 邹建波　周霞（女） 徐鹏飞

市十二届人民代表大会财政经济委员会

主任委员	李林桢
副主任委员	朱红霞（女）
委　　员	（按姓名笔画排序） 吴站中　胡涉屏 彪雪辉（女）

市十二届人大常委会各工作机构、办事机构负责人（名单）

办公室

主　　任	黎保国
副 主 任	张霞光　章庆星

选举任免联络工作委员会

主　　任	欧阳小寒
副 主 任	叶林立

教育科学文化卫生工作委员会

主　　任	李立中
副 主 任	罗东芳

内务司法工作委员会

主　　任	余发挥
副 主 任	刘　惠

农业与农村工作委员会

主　　任	杨胜根
副 主 任	鲁　康

城乡建设环境资源保护工作委员会

主　任　刘建威

【概况】　2017年，市人大常委会依法行使职权，6次召开人大主席会议，作出决议决定21次，收集选民意见1200余字，精准扶贫1065户，积极开展讲党课活动11次，实现本届人大工作良好开局。

【依法行使职权】　常委会坚持抓大事、议大事、决大事、督大事，

依法作出决议决定21项，积极助推经济社会发展。

规范行使决定权。贯彻落实中央《关于健全人大讨论决定重大事项制度、各级政府重大决策出台前向本级人大报告的实施意见》文件精神，对重大事项的提请方式、审议程序、决定主体进行严格界定，确保重大事项决定权行使更加规范。在审议汨罗市2017年政府投融资项目时，常委会严格项目论证，把关融资规模，督促对项目内容多次修改、不断完善。常委会第二次会议通过市政府相关议案，该议案涉及“三园一区”、文教卫生、交通建设、生态治理、棚户区改造等工程60余项，投融资规模75.96亿元，为推进汨罗城乡发展提供重要支撑。常委会先后听取市政府关于工业企业、长沙经开区汨罗产业园招商引资办法及重点企业投资、重要协议签订等一系列重大事项的报告，提出意见建议15条。

深化预决算监督。高度关注2017年度预算编制，两次召开专门会议，详细审查预算草案，围绕优化收入结构、增强可用财力、提升保障水平，提出10余条修改意见，落实到预算方案中。密切关注预算执行，每季度开展一次调研活动，每月听取财政部门报告，重点掌握收入征管、支出保障、资金使用绩效、财政制度改革等情况，要求政府广辟财源、做实收入，增强预算刚性、严控预算追加。切实强化审计监督，要求审计部门将财政资金效能、专项支出、民生保障、“三公”经费等纳入重点审计范畴，并对市级融资平台开展全面审计，督促政府制定投融资平台管理办法，防控债务风险。出台《关于审计查出问题整改工作的监督办法》，要求政府及财政部门对审计指出的问题加力整改、积极纠正。督促出台税收保障办法，实现税收收入量质齐升。密切关注乡镇财政改革，推动政府出台乡镇财政管理体制改革实施方案，进一步保障乡镇运转经费，减轻基层财政压力。

突出议案督办。积极响应市委号召，把《加强城乡环境综合整治的议案》确定为“一号议案”。高度重视议案督办工作，与政府建立沟通协调互动机制，在监督中支持，在支持中参与，在参与中推动。督促开展“主干道、主水域、陈年垃圾”三大集中整治行动，创造发明厌氧垃圾池，创新开展美丽菜园、生态田园、秀美庭院等评比活动，以点带面、以线带片，以城带镇、以镇带村，环境整治工作步入常态化轨道，城乡面貌持续改善，3个村获评省级新农村建设重点村，15个村成为岳阳“百村示范”明星村。常委会第五次会议对议案办理情况给予肯定。

推动依法治市。积极贯彻“全面依法治国”战略，加强司法监督，维护公平正义。服务上级人大立法工作，大范围、多渠道、分层次征求立法意见，提出修改建议50余条，其中多条被采用。先后就《烟花爆竹安全管理条例》《湖南省农村扶贫开发条例》《中华人民共和国禁毒法》实施情况开展执法检查，保障法律实施。修订《规范性文件备案审查办法》，接受、登记、审查市政府规范性文件33件，反馈审查意见13条。听取“七五”法治宣传教育规划工作汇报，督促“谁执法、谁普法”责任落实，全市5964人参加如法网学法考试，较去年增加2倍，考试合格率达92%。支持法院推行审执分离改革工作，亮剑执行难；支持检察院依法办案、独立司法，全面履行法律监督职责。

严格人事任免。坚持党管干部原则和人大依法任免的有机统一，切实把好干部任免的程序关，共任免人大机关和“一府两院”工作人员51人，所有任命人员全部全票、高票通过。在任命市政府组成部门主要负责人时，严格把关供职发言内容，突出民生实事规划；通过电视媒体对供职发言全程录播，向全市人民公开履职承诺，接受群众监督；组织向宪法宣誓，增强被任命人员的法治信仰、使命意识和责任担当。

【监督机制】 常委会在持续开展对政府工作报告实施“五审三督一评议”全程监督的基础上，进一步创新工作方式，完善监督机制。

首次开展专题询问。针对年初全市较为严峻的安全生产形势，及时启动安全生产工作专题询问。该次询问将问题导向贯穿全过程，组成5个组深入全市各行业各乡镇调研，精心确定询问议题。询问会议上，所有安委会组成单位“一把手”参会，3位副市长、16家单位主要负责人应询，常委会组成人员就安全生产方面存在的突出问题进行尖锐提问，直指症结；对应询单位工作进行满意度测评，测评结果当场公布，9家单位中满意和基本满意率在80%以上的只有4家，3家刚刚获得“及格”分数。会后形成审议意见，指出安全隐患45处，要求政府逐个拉条挂账，严格整改。10月，常委会对应委室带领媒体进行跟踪监督和现场采访，市电视台、汨罗时刻连续9期对整改情况密集报道。政府及相关部门积极落实审议意见，一批安全隐患得到及时处置。常委会第五次会议听取整改落实情况汇报，再次对应询单位工作进行满意度测评，满意率明显上升。这次专题询问，“问前”坚持严格检查、深入调研，“问中”加入审议工作报告、评议专项工作的成熟做法，“问后”实行委室对口监督、媒体跟踪问效，运用多种方式，形成监督合力，有力提升询问质效，得到省、岳阳市人大常委会充分肯定，并在省、岳阳人大刊物上予以重点推介。

首次评价乡镇人大工作。多次到各个乡镇走访调研，6次召开人大主席会议，全面掌握乡镇人大工作现状。研究出台《乡镇人大工作年度综合评价方案》，从党委重视、本职工作、代表履职等3个部分24个方面，采用百分制量化评价各镇人大工作。在这一方案的督促激励下，各镇人大配齐工作力量，健全工作阵地，组织代表开展形式多样的履职活动，呈现出生动活泼的全新气象。11个镇举行半年度人代会，通过决议决定56项，有力助推镇域发展。弼时镇引导代表服务“飞地”产业园建设，优化招商环境，造浓“红色小镇”氛围；归义镇发动代表带头厉行“三禁”，支持棚户区改造，服务城市建设；长乐镇动员代表参与古街保护开发，畅通社情民意收集渠道，为群众解决多个难题。年末，主任会议成员带队交叉评价各镇人大工作，评价结果将报送市委，作为市委了解和掌握乡镇人大干部工作作风、能力和绩效的重要依据。

首次建立代表动态档案。出台《代表履职动态跟踪信息管理方案》，对每位代表参加活动、提出建议、实事推动、履职效果等13个方面的履职情况进行登记，按完成情况计分，实现一人一档动态管理。根据动态管理情况，常委会会议决定，徐鹏飞等22名代表作为该年度代表活动积极分子予以表彰，并将他们的先进事迹编印成册。《代表履职动态跟踪信息管理方案》的出台和运用，标志着汨罗市人大代表管理工作步入规范化轨道。

首次安排代表接访选民。依托代表之家，安排代表定期接待、走访选民，听取收集选民意见1200余条，处理、督办、解决群众反映问题近800个，环境治理、用地纠纷等多起难题得到有效解决。其中，屈子祠镇、罗江镇代表定期联系选民机制健全，活动经常，成效明显。市级代表之家接访选民群众150余人次，批转、交办、化解各类信访案件52起，依法处理涉法涉诉信访案件16起，有力引导信访问题回归法治轨道解决。

【民生改善】　常委会以促进民生改善为己任，重点关注民生大事，充分发挥职能作用，切实增进民生福祉。

建言资源布局。组建专门课题组，深入相关部门及城区各家医院调研卫生资源布局情况。广泛征询各方意见，辨证借鉴临近县市医疗资源布局的做法，共召开座谈会5个，座谈走访230多人次，发出问卷100份，统计数据11项。本着实事求是、着眼长远的原则，提出择址新建人民医院、搬迁中医院至人民医院原址并进行改扩建等建议，在市委决策中被采纳。常委会第五次会议听取优化教育卫生资源布局情况汇报，进一步督促政府科学配置资源，加快布局调整。

守护绿水青山。高度关注全市生态环境状况，支持政府加大环境保护和违法惩处工作力度，着力解决突出问题。号召各级代表宣传环保、支持环保，用实际行动守护共同家园。专题听取政府关于中央环保督察组交办问题办理情况的报告，监督政府及环保部门持续发力，加强环境监测，严格环评审批，突出环保执法，确保环境整治成果稳定长效。为保护城市主要饮用水源地兰家洞水库生态环境，主任会议成员带队深入库区村组，走访座谈当地群众65户，召开大小会议20余次，收集归纳群众意见16条，借鉴铁山等地经验，召开环保、林业、水利等13个部门座谈会，对群众诉求逐条提出解决建议，有力推动库区“六禁”，保护市民“水杯子”安全。

助推城市建设。密切关注城市规划、管理、建设工作，赴临近两县考察学习先进经验，围绕城市建设组织讨论，撰写调研报告9篇，提出意见建议20余条，其中新城建设要“站位高、谋划远、设计精、执行严，依水塑城、以水靓城”的建议得到市委充分肯定、政府高度重视。常委会第二次、第五次会议分别听取城市规划实施和城市建设管理工作汇报，指出城市建设要突出生态优先、体现文化底蕴、激发发展活力，做好“提质、提速、提品、提效”四篇文章。2017年以来，汨罗城市建设力度空前，城区变化日新月异，社会各界好评如潮。

【代表履职】 代表是人大工作的力量源泉。常委会突出代表主体地位，用心服务、着力引导代表依法履职、积极作为。

服务代表履职。组织代表参加履职培训，共培训各级代表500余人次。扎实开展“双联”工作，驻汨岳阳市代表每人联系2名汨罗本级代表，主任会议成员分别联系指导3个乡镇人大工作，督促代表联系选民，为群众排忧解难。组织31名市、镇人大代表向选民述职，与选民互动。市十二届人大一次会议期间，代表们提出建议195件，数量创历届新高。市委高度重视建议办理工作，将之纳入“三个汨罗”目标管理考核，加大分值权重；政府多次专题研究，常务副市长亲自主抓，逐件交办，逐件督查；特别是在大会预备会上，首次组织全体代表对建议办理情况集中测评，充分体现政府尊重代表及办好代表建议的决心。

丰富代表活动。大力推进市镇村三级代表平台建设，规范建设镇人大代表之家15个。督促指导各镇人大依托代表之家开展学习培训、座谈交流、建言献策、接访选民等活动，有效发挥平台载体作用。尊重代表主体地位，邀请82人次代表列席常委会会议、93人次参加调研视察，推荐102人次代表担任市作风建设监督员、政风行风评议员、信访听证员，以及参加“一府两院”有关会议、工作和活动。代表们在各类活动中既反映民声民意，促进公平正义，又锻炼履职能力，彰显代表形象。

发挥代表作用。积极响应岳阳市人大常委会倡议，号召全市各级人大代表参与脱贫攻坚、环境保护、治陋习树新风活动，出台《发挥代表作用，推进“六大战略”》实施办法和细则，全力服务全市中心。在代表中开展“一对一”帮扶活动，共帮扶贫困户1065户，结对贫困学生426人，引进资金443.8万元、项目33个，安排就业669人，可实现509户、1587名贫困人口脱贫。在代表中开展带头实施环境保护、带头实行垃圾分类、带头参与综合整治、带头建设秀美屋场“四带头”活动，通过代表参与和推动，环境整治氛围更浓厚、合力更强大、效果更突出。各镇人大分别举行“微笑接访、文明出行、移风易俗”等主题实践活动，弘扬新风，传为美谈。

【锤炼作风】 深入贯彻落实中央、省、市关于加强和改进县乡人大工作和建设的要求，切实加强自身建设，全面提升履职实效。

提高政治站位。强化“四个意识”，坚持将党的领导贯穿人大工作始终，重大问题主动向市委报告，坚决把市委决策部署通过法定程序转化为全市人民共同意志。突出党组和机关党支部建设，筑牢学习阵地，开展“两学一做”，不断把作风建设推向深入。认真开展学习贯彻十九大精神活动，常委会主要领导带头在机关党支部及联点乡镇讲党课，党组班子成员到基层支部、所联乡镇讲党课11次。

提升履职水平。构建逢会必学、请进走出相结合的学习新常态，组织常委会组成人员、机关干部及乡镇人大主席参加省、岳阳市及本级人大举办的培训班，学习重要精神、业务知识和法律法规，提升政治素养和履职能力。出台调查研究制度，制定新闻宣传和理论研讨奖励办法，鼓励宣讲人大故事，钻研人大理论，多篇论文在省、岳阳市获奖，30多篇报道在各级刊物、网站刊载。机关比学赶超氛围浓厚，干部谋事干事热情高涨，团结和谐、积极向上的机关文化已然形成。

锤炼务实作风。坚持在实践中锤炼作风，走出机关，深入一线，参与中心工作，服务全市大局。人大机关驻点帮扶弼时镇玉池村、归义镇双塘社区，机关干部全部结对扶贫。为玉池村引进项目资金110万元，解决实际困难30余个，帮助发展家庭养殖、农产品加工，开辟贫困户稳定的增收渠道；机关帮扶队员为双塘社区贫困户制定落实帮扶措施27条，全体干职工在“七一”党日活动中自发捐资近万元资助贫困户，2017年该社区贫困户可全部脱贫。全力服务“三个汨罗”建设，主任会议成员在脱贫攻坚、农村环境整治、规范村民建房、美丽乡村建设、水资源保护、抗洪抢险等重点工作中，在棚户区改造及文体中心、山塘路跨铁路桥、国道536等重大项目建设中，勇挑重担，冲锋在前，起到了指挥、把关、督促作用，服务中心成效明显。

重要会议简况

【十二届人大常委会第一次会议】

3月7日，市十二届人大常委会举行第一次会议，市人大常委会主任闵秀明，副主任杨勇、何中良、许向云、易红、毛炼红出席会议；市委副书记、市长朱平波，副市长兼公安局局长刘四清，市人民法院院长孔剑，市人民检察院检察长赵承卓等列席会议。

会议通报市人大常委会2017年工作要点，通过市十二届人大常委会代表资格审查委员会成员名单，表决任命市人大常委会办公室主任和内司工委主任以及市人民政府26个组成部门正职、市人民法院相关人员职务。

【十二届人大常委会第二次会议】

5月10日，市十二届人大常委会举行第二次会议。市人大常委会主任闵秀明，副主任杨勇、何中良、许向云、易红、毛炼红出席会议，副市长仇正勇，法检两院、市人大常委会各工作机构、市人民政府办公室及相关单位负责人，部分市人大专门委员会委员，乡镇人大主席列席会议。

会议审议通过2017年市本级财政预算，审议通过《关于提请审议汨罗市2017年政府投资公司投融资项目的议案》《关于提请审议将汨罗市生活垃圾焚烧发电厂特许经营项目政府支付的生活垃圾补贴费列入财政预算的议案》《市人大常委会规范性文件备案审查办法（修订稿）》。会议审议《关于2016年度全市环境状况和环境保护目标完成情况报告》《关于2016年度城乡规划实施情况的报告（书面报告）》。

【十二届人大常委会安全生产工作专题询问会议】 6月23日，市人大常委会在汨罗江大酒店会议中心举行安全生产工作专题询问会议，市人大常委会主任闵秀明，市委常委、常务副市长林治学，市人大常委会副主任杨勇、何中良、易红、毛炼红，副市长刘四清、仇正勇参加会议。

会上，市安监局主要负责人汇报汨罗市安全生产工作有关情况，市人大常委会调研组负责同志汇报市安全生产工作调研情况。市人大常委会组成人员及参会的市人大代表围绕加油站安全、燃气安全、液化气钢瓶安全、建筑施工安全、城市公交安全、校车安全、汨罗消防二站建设、烟花爆竹打非工作、河道采砂安全等方面工作进行询问，相关部门负责同志针对代表和委员提出的问题逐个进行回答。随后，市人大常委会组成人员就相关部门安全生产工作情况和应询情况进行满意度测评。

【十二届人大常委会第三次会议】

6月30日，市人大常委会举行第三次会议。市人大常委会主任闵秀明，副主任杨勇、何中良、许向云、易红、毛炼红出席会议。市委常委、常务副市长林治学，市人民法院院长孔剑，市人民检察院检察长赵承卓列席会议。

会议听取市人民政府关于中央第六环保督察组交办问题办理情况的报告，听取和审议市人民政府关于2016年市财政决算草案的报告及2016年同级财政审计报告，审查批准2016年市财政决算，听取和审议市人民政府关于“七五”法制宣传教育规划的报告，并进行有关人事任免。

【十二届人大常委会第四次会议】

8月22日，市十二届人大常委会举行第四次会议。市人大常委会主任闵秀明，副主任杨勇、何中良、许向云、易红、毛炼红出席会议。市委常委、常务副市长林治学，市委常委、副市长陈双全，市人民法院院长孔剑，市直相关部门单位负责人列席会议。

会议审议通过市人大常委会《关于审计查出问题整改工作的监督办法》，听取和审议2016年同级财政审计报告中指出问题的纠正情况和处理结果的报告，会议听取和审议上半年预算执行情况的报告以及代表建议、批评和意见办理情况的报告，依法任命陈双全同志为市人民政府副市长。

【十二届人大常委会第五次会议】

10月31日，市人大常委会举行第五次会议。市人大常委会主任闵秀明，副主任杨勇、何中良、许向云、易红、毛炼红出席会议。市委常委、副市长陈双全，市委常委、副市长陈若杨，市人民法院院长孔剑，市人民检察院检察长赵承卓列席会议。

会议听取和审议市人民政府关于《加强城乡环境综合整治的议案的决议》执行情况、优化城乡教育资源布局和卫生资源布局工作情况、城市建设和管理工作情况以及全市安全生产工作专题询问的审议意见整改落实情况的报告，并对安全生产专题询问中8家受询单位、10个安全生产方面的问题整改落实情况再次进行满意度测评。会议接受黎中元、楚军、陈学礼、周爱煌、李旺、吴纪卫等6位同志辞去汨罗市十二届人大代表职务，任命陈若杨同志为市人民政府副市长。

【十二届人大常委会第六次会议】

12月12日，市十二届人大常委会举行第六次会议。市人大常委会主任闵秀明，副主任杨勇、何中良、许向云、易红、毛炼红出席会议。市委常委、常务副市长林治学，市人民法院院长孔剑，市人民检察院检察长赵承卓列席会议。

会议通过市人民政府《关于提请审议2017年地方政府新增债券资金安排暨预算调整方案的议案》、关于召开汨罗市第十二届人民代表大会第二次会议的决定，讨论决定市十二届人大二次会议的有关具体事宜，初审拟提交市十二届人大二次会议审议的市人大常委会工作报告和“一府两院”工作报告，初审拟提交市十二届人大二次会议审查的财政、计划报告。会议通过关于表彰代表活动积极分子和优秀议案建议的决定。

【十二届人大常委会第七次会议】

12月28日，市十二届人大常委会举行第七次会议，市人大常委会主任闵秀明，副主任杨勇、何中良、许向云、易红、毛炼红出席会议。市委常委、纪委书记、市监察委员会主任柳雁翔，市人民法院院长孔剑，市人民检察院检察长赵承卓等列席会议。

会议审议通过《汨罗市人大常委会关于预算审查前听取人大代表建议的若干规定》，进行有关人事任命，新当选人员向《宪法》庄严宣誓。

汨罗市人民政府

市人民政府正、副市长、处级干部、党组成员（名单）

市长	朱平波
常务副市长	林治学
副市长	陈若杨（挂职） 陈双全（挂职） 朱 苇 陈岭华 刘四清 仇正勇 吴高明 宋 辉
首席专家市长助理	刘祚祥（挂职）
正处级干部	傅放德
副处级干部	熊建高 蔡云桂 林凤曹 张惠丰 易长庚 黄春根 余斌三 黎树文 吴 侃 谢浩波
党组成员	刘 勇 陈永清 蒋建武

【概况】 2017年，在市委的正确领导下，汨罗市人民政府认真践行“五大发展理念”，深入实施“创新引领、开放崛起”战略，全面落实“四个十条”，持续推进“四大会战”，全力对接大长沙，以“三园一区”为主阵地，努力建设更高品质的生态文化活力汨罗，经济社会发展呈现积极态势。全年完成地区生产总值378.7亿元，同比增长6.3%；财政总收入18.1亿元，增长17.4%；固定资产投资300.8亿元，增长13.5%；社会消费品零售总额94.5亿元，增长9.6%；城、乡居民人均可支配收入29392元、16552元，分别增长8.8%、8.3%。

【产业发展】 始终保持抓产业发展的战略定力，坚持高质量发展理念，着力调结构、转方式，推动产业向规模化、高新化、两型化转型升级。推进工业提质。出台《支持工业企业十条措施》《工业企业招商引资办法》等政策，扶持园区发展、企业壮大，规模以上企业增至212家，实现增加值143亿元，增长5.5%。新增国家高新技术企业8家，完成高新技术产业增加值68亿元，增长15.3%，专利申报279件、授权173件，成功创建省级高新技术产业开发区。聚焦园区建设大会战，循环经济产业园加快二次创业，开工项目18个，创新创业园、经阜新材料等项目有序实施，岳阳（汨罗）公路口岸投入使用，顺利通过国家“城市矿产”示范基地终期验收；长沙经开区汨罗产业园基础设施逐步完善，建成3平方千米启动区框架，优冠集团建成投产，美好置业、吉尔科润、上海乐浦等项目成功落户。促进农业增效。创建优质稻万亩示范片4个、特色种植基地20个，新增种养大户220个、农民专业合作社46个、家庭农场55个、省级农业特色产业园2家，农业机械化水平达到82.7%，成功举办全国首次高档优质稻田间拍卖活动，长乐情公司在新三板挂牌，获评全省粮食生产标兵县（市）。壮大第三产业。推进全国电子商务进农村综合示范县项目建设，电商企业增至1660家，实现交易额45.5亿元，增长24%，其中农产品上行交易额增长195%。农商银行挂牌开业，率先在岳阳实现“一县两行”目标。快递业务量达1066.7万件，上行量增长54%。农村商业银行挂牌开业。全市金融机构存款余额219.3亿元，贷款余额108.2亿元，净增贷款38.8亿元，增长率位居岳阳第一。房地产完成投资5.7亿元，第三产业实现增加值124.3亿元，增长9.6%，三次产业结构比由12.3：58.5：29.2调整为11.5：55.7：32.8。

【文化建设】 以屈原端午龙舟文化为核心，做优载体，擦亮品牌。加快文化产业开发。建成屈子书院一期、饮马塘等景观，建设游客服务中心、生态停车坪等配套，奋战三个月，屈子文化园端午节如期开园，被誉为“挑战不可能”。按照“5万亩生产基地、5万人就业、50亿元产值”目标，迅速启动、快速推进粽子文化产业园建设，征地近1000亩，完成一期工程“三通一平”，建设标准厂房4栋。集中开工金泽国际大酒店、汨罗江湿地风光带二期、新汨罗江国际龙舟竞渡中心、端午文化产业运营中心、诗歌中华国际交流中心、新市古镇风情街6个项目。扩大文化品牌影响。承办“爱我国家·圆梦中华”全国文明村镇文艺展演，举办第13届汨罗江国际龙舟节、屈原文化传承与区域文化创意产业发展高峰论坛、全省首届抬阁故事文化节等活动，省屈原文化研究基地落户汨罗，市龙舟代表队应邀参加俄罗斯圣彼得堡夏季中国文化节，举办韩少功文学创作40周年汨罗乡亲见面会，《甜酒谣》列入国家艺术基金项目，《歌郎》等作品结集出版，《雕龙头》等五幅作品入选平遥国际摄影大赛。优化公共文化服务。扎实推进文化惠民工程，完成“村村响”数字化改造，放映公益电影4524场，送戏下乡85场，送书下乡6.9万本，举办第八届花鼓戏艺术节、“书画进万家”“学习十九大·唱响新汨罗”合唱音乐会等活动，群众文化生活不断丰富。

【城乡建设】 坚定不移走城乡融合发展的路子，以城带乡，城乡一体，着力打造更加宜居的幸福家园。提升城市品质。屈子生态湿地公园建设融入求索精神，建成沿湖四环，完成主要景观，布局健身设施，打造城市品质“客厅”，成为市民锻炼休闲的好去处。高泉新城建设坚持“城市地标、活力新区”定位，完成片区概念规划和控详规划编制，新汽车站一期基本竣工，汨罗国际广场当年签约、当年开工，主体建筑商贸博览中心接近封顶，民泰恒生中心完成地下室开挖。拉通山水路，提质汨罗江大道6千米，改造背街小巷7条。强力推进棚户区改造，完成年度任务指标。划定管控红线，全面禁止城市规划区重点区域个人建房。扎实开展“三城同创”，严格控建拆违，拆除违法建设6.7万平方米，拆除临街门面104个，清理违规广告牌匾5000多平方米，新建小游园4个，新增停车位380个，建设压缩式垃圾站（公厕）11个，开展文明劝导，实施严管重罚，通过省级灭蚊C级达标复查。打造特色集镇。完成长乐故事小镇麻石古街立面改造，故事文化园概念性规划通过专家评审，获评“中国楹联之乡”、湖南省经典文化镇。加快弼时、大荆集镇提质改造，打造高品位的汨罗南北门户。启动神鼎山旅游开发项目，申报湖湘文化禅修谷。建设美丽乡村。规范农村建房，建设集中建房示范点14个。创新“三三法则”，深入开展农村环境综合整治，配备农村保洁员1773名，建设垃圾压缩站14个、垃圾分拣屋195个、三格式垃圾池1.2万个、污水处理池2.3万个，清运陈年垃圾8.7万吨，评选美丽村庄29个、美丽庭院881个，弼时镇被评为全省美丽乡镇示范镇，长乐镇、白水镇被评为省级卫生镇，创建一批森林小镇、绿色村庄和“百村示范”明星村，打造一批垃圾分类合理、污水治理有效、村容干净整洁的秀美村庄。

【项目攻坚】 牢固树立“抓项目就是抓发展、抓发展就要抓项目”的理念，坚持项目为大为重为先，实施项目建设百日攻坚行动，以项目大建设推动经济社会大提速。全力招商争项。积极开展“迎老乡、回故乡、建家乡”和“产业招商月活动”，引进项目72个，合同引资171.43亿元，到位资金57.52亿元，其中，引进国内500强企业4家，投资5亿元以上6个。推进项目建设。举行项目集中开工仪式4次。推进交通建设大会战，国道240汨罗段、红屈线一期实现通车，国道536汨罗段完成土路基，山塘路跨铁路桥进展顺利，汨杨公路拓改进入省“十三五”规划，农村公路建设打通断头路11.1千米、加宽窄路33千米，完成安保工程156千米，改造维修危桥12座。完成城市盲区供水主管网铺设60千米，解决城区2.4万人用水问题。完成24个贫困村农村安全饮水巩固提升工程，保障7.7万农村人口用水安全。除险加固水库58座，整修大堤5.4千米，疏浚沟渠45.7千米。实施18个土地开发项目，新增耕地4566亩。升级33个行政村宽带，提质48个行政村农配网。优化建设环境。优化办事流程，全力服务项目，取消行政性收费7项、降低收费5项、停征收费6项，联审联批建设项目20个，审批时限比法定时限压缩30%以上。强力打击“三违三强”，重拳惩治违法犯罪，项目建设环境明显改善。

【生态环境】　以高标准迎接中央环保督察为契机，强力推进生态立市战略，切实打好生态汨罗攻坚战。高标准迎接环保督查。对中央环保督察组交办的52个交办件、18个突出问题，一件一策，挂图作战，清单管理，倒逼整改，信访件办结率、约谈率、问责率均为100%，解决一大批群众关注的热点难点问题。推进专项整治。强力推进小散乱废塑料行业、黏土砖厂、麻石加工行业和畜禽养殖行业四大整治，对全市塑料加工作坊、麻石加工企业、黏土砖厂、禁养区养殖场，依法关停，引导转型转产。开展洞庭湖突出环境整治月行动。严格巡查执法，全面防控反弹，乱焚烧、乱排放、乱采挖等现象得到有效遏制，全市PM2.5平均浓度下降4.2%，空气质量优良率提高5.5个百分点，地表水主要断面水质保持在Ⅲ类标准以上。加强生态修复。划定生态保护红线，全面推行“河长制”，严格生态环境监管。修复已关停矿山23万平方米。实施“绿化三年行动”，大面造林2.25万亩，绿化通道186千米，森林覆盖率达到47.1%。落实洞庭湖水环境综合治理行动，解体上岸采砂船23艘，平整砂场25个，清除垃圾堆场15个，关闭治理排污口9个，全面拆除汨罗江国家湿地公园内的违章建设。

【改革创新】　注重向改革要动力、向创新要活力，围绕汨罗实际，积极稳妥推进各项改革创新。不断释放创新活力。落实“放管服”改革，新登记注册市场主体5305户，增长37%，其中企业1230户，增长32%。推进财税体制改革，开展“发票有喜”摇奖活动，收入规模和质量进一步提升，公共财政收入税收占比达到82.8%，地方收入税收占比达到68.9%。推进行业协会商会与行政机关脱钩，12家行业协会回归本位。在岳阳率先成立固定资产投资审计中心，创新审计管理方式，审计核减工程造价4156万元。启动供销合作社综合改革，组建市惠农服务公司1家、镇惠农服务中心4家、村综合服务社70家。农村土地确权颁证外业基本完成，进入验收阶段，带动流转土地26.45万亩。持续激发社会活力。各类社会组织发展到359家，其中公益慈善组织9家，多次开展爱心志愿活动，助学、助残、资助大病患者2000多人，救济受灾群众3000多人，爱心之家志愿者协会被评为湖南省最佳志愿服务组织。积极开展“刹人情歪风、治婚丧陋习、树文明新风”专项行动，推行“婚事新办、丧事简办、其他事项不办”，举办汨罗首届集体婚礼，推动殡葬改革，社会风尚为之一新。举办环洞庭湖流域羽毛球邀请赛、广场舞大赛、篮球联赛、足球联赛、游泳比赛和全民健身登山等大型群体活动，爱运动、爱生活成为一种时尚。切实提升制度活力。出台制度性文件52个，以制度促规范、管长远、添活力。完善《汨罗市市级财政支出管理暂行规定》《汨罗市规范项目申报整合资金使用实施办法》等文件，规范资金管理，提高使用效益。健全《汨罗市项目建设工程指挥部管理暂行办法》《汨罗市进一步加强投资项目管理》等制度，严管重点工程，加快项目建设。制定《汨罗市突发事件预警信息发布管理办法》，切实提高应急处突能力。

【民生实事】　坚持以人民为中心，持续为群众办实事、解难题，确保发展成果让群众共享。全力脱贫攻坚。推进产业扶持、基础完善等十大行动，实施省级产业扶贫项目1个、县级产业扶贫项目227个，发放小额贷款5365.5万元，易地搬迁718户2416人，改造补助危房350户，退出贫困村15个，脱贫7682人。发展社会事业。建成村（社区）综合服务平台178个。完成薄改校舍工程88栋，获评全国义务教育发展基本均衡县、国家级农村职业教育与成人教育示范县。改造乡镇卫生院4家，“两癌（乳腺癌、宫颈癌）”免费检查惠及1.6

万名农村适龄妇女，公立医院取消药品加成，实现零利润销售，启动医疗卫生资源布局调整，计生工作成功创建新一轮“国优”。新增城镇就业5469人，转移农村劳动力就业5270人，城镇登记失业率控制在3.91%。企业养老保险在职参保人数全面完成任务。城乡居民医疗保险参保人数55.5万人，参合率稳定在95%以上。维护安全稳定。开展烟花爆竹打非清缴、补短板除隐患、长治久安等三大行动，始终保持安全生产高压态势，屈子祠镇被评为岳阳市安全生产示范镇。应对有历史记录以来最大的雨情汛情，夺得防汛抗灾最终胜利。推进平安创建，清零信访积案，综治民调稳居全省先进行列。

【廉洁建设】 坚持以习近平新时代中国特色社会主义思想为指导，高标准落实党风廉政建设各项规定，把贯彻上级指示、服务人民群众的能力作为提升政府效能的重要抓手，法治汨罗、廉洁政府建设取得明显成效。狠抓学习教育。加强“两学一做”学习教育，深入学习十九大报告精神，坚持开展党员活动日活动，掀起“红星云”学习热潮，开展“汨罗新发展、党员新作为”创先争优活动，举办城镇规划建设与管理、经济管理与区域发展、“罗城英才”等系列培训，提高干部整体素质和工作能力。优化政务服务。修订完善《政府工作规则》，全面推进绩效考核，推动政府工作有计划、按程序、规范化运行。自觉接受市人大、市政协的监督，认真办理人大议案1件、代表建议195件、政协提案98件，办复率、满意率均为100%。办结“12345”公众服务热线、市长热线、市长信箱2000多件，在岳阳市等级考核中排名A类。夯实廉政基础。深入贯彻落实中央“八项规定”精神，对照《中国共产党廉洁自律准则》《中国共产党纪律处分条例》要求，以党章党规党纪规范言行。坚定不移反“四风”，扎实开展行政执法领域整治“不作为、缓作为、乱作为”和鼓励“敢作为”行动，深入开展“雁过拔毛”式腐败、公职人员涉砂涉矿等专项整治，及时通报党风廉政建设责任追究典型案件，经常敲响纪律警钟，廉政建设的根基更加扎实。

重要会议简况

【全市安全生产三大行动暨信访维稳工作会议】 3月3日，召开全市安全生产三大行动暨信访维稳工作会议，传达有关会议讲话精神，就全市安全生产三大行动工作进行动员。市委书记喻文主持会议并作重要讲话，他强调，要以铁的决心、铁的措施、铁的纪律，全力以赴抓好各项工作落实，坚决遏制安全事故的发生，确保全市的安全稳定；要牢固树立底线思维，深入开展矛盾纠纷大排查，依法及时就地解决矛盾纠纷，确保社会大局稳定。市委副书记、市长朱平波就安全生产三大行动工作进行解读。

【全市生态汨罗建设暨脱贫攻坚工作推进会】 3月8日，召开生态汨罗建设暨脱贫攻坚工作推进会。市委书记喻文强调，要进一步明晰思路、突出重点、抓好落实，扶贫攻坚要宣传到位、真心帮扶、精准施策；农村环境卫生整治，要灵活借鉴外地经验，让群众成为环境卫生整治主体，采取“户分类垃圾减量就地消纳”模式，坚持问题导向，充分整合社会资源；规范农村建房要注重规划先行，“穿衣戴帽”统一风格；造林绿化要打造主干道为绿化生态景观大道；安全生产工作要建立长效机制；村级换届工作要稳妥推进。市委副书记、市长朱平波指出，农村工作是做好生态汨罗建设的主战场，要围绕“农民富、农业活、农村美”做好结合文章，学会“弹钢琴”；要讲政治，做好扶贫攻坚；求特色，做好村民集中建房；惠民生，做好土地流转；美环境，推进美丽乡村建设。

【全市项目建设百日攻坚暨控建拆违棚户区改造工作推进会】 7月27日，召开项目建设百日攻坚暨控建拆违棚户区改造工作推进会，回顾总结上半年工作，安排部署下半年工作重点，吹响全市重大项目建设百日攻坚号角，拉开控建拆违棚户区改造工作序幕。市委书记喻文强调，全市上下要进一步解放思想，统一认识，突出实干担当，以“一万年太久，只争朝夕”的紧迫感，攻坚克难，掀起生态文化活力汨罗建设的新高潮。市委副书记、市长朱平波作大会主题报告，并指出，全市将设立项目建设百日攻坚专项奖励，年终以督查考核结果为依据，论功行赏，严格兑现。

【全市农村环境整治暨规范村民建房工作流动现场会】 8月31日，召开农村环境整治暨规范村民建房工作流动现场会，总结前段工作，部署后段工作。市委书记喻文指出，美丽乡村建设必须在农村环境整治、规范建房两项重要工作上下功夫，必须持之以恒、抓出实效；既要善于推荐经验，更要直面问题；既要压实干部责任，更要调动群众积极性；要抓中心工作，更要抓亮点、抓特色、抓党委政府高度关注的事。市委副书记、市长朱平波要求，美丽乡村建设要做好垃圾户分类减量就地消纳、生活污水的处理和综合环境的提升；各相关部门、镇村要提高认识，主动作为，切实承担起公共管理职责；主职干部要沉下去，强力推进两项工作；要严格审批，做好口袋书，将政策宣传到位，面对复杂矛盾，要敢于碰硬钉子，动真格。

市政府办公室

市政府办公室负责人（名单）

党组书记 主任	刘 勇 （元月起，同时兼编办主任至6月）
副主任	朱均祥 周晓军 唐著辉 彭旭光 傅风波 江 淹 郭艳阳 李正海（兼）
党组成员	陈景林 曹泽雄
城镇办主任	胡细国（兼）
法制办主任	蒋建武（兼）
金融办主任	唐著辉（兼）
民宗局局长	韩建中
经研中心主任	吴 勇
督办室副主任	李复兴 许志雄
纪检组长	游 胜（8月起）
常务秘书	朱海霞
应急办主任	黎向雄
文电室主任	湛 虎
外事侨务办主任	周海滨
行政科科长	刘艳清
党建室主任	张艳群
秘书科科长	吴清辉

【概况】 2017年，市人民政府办公室组织汨罗江国际龙舟节、长乐故事会、屈子文化园等重大活动，开展控建拆违、扶贫攻坚、四大会战等20多个项目建设，实现经济产业园增加值143亿元，并持续高效促进各项工作上台阶。

【优质服务】 坚持“零失职、零差错、零容忍”的标准，服务水平有效提高。落实转变政府职能各项要求，精简数量，提高质量，精心办文办会。接收上级文件100多份，制发各类文件320个，组织各类会议100余场，接待上级和外地调研考察等活动30余次，做到准确无误、井井有条。参与汨罗江国际龙舟节、长乐故事会、屈子文化园开园等全市性重大活动组织，确保每次活动的圆满顺利。热心接待群众来信来访，办结处置信访问题220个，批示率、回复率100%。联点弼时镇平华村，派出驻村工作组，24名干部结对帮扶贫困户59户，每月上门走访，及时提供帮助，联点帮扶16户33人脱贫。

【创新科学】 围绕领导谋划的重点、群众关注的热点、工作推进的难点，深入调查，全面剖析，提出建议，为领导重大决策提供智力服务。全年开展园区建设、城市管理、特色小镇等调研活动20次以上，撰写多篇调研文章，成为领导决策、政策制定和《政府工作报告》撰写的重要参考资料。坚持“质、量”并举，强化省市政务信息上报管理，切实加强与各部门、乡镇的沟通和联络，全年上报政务信息100余篇，做到了重大信息不迟报、不漏报、不错报，确保领导第一时间掌握情况。落实规范性文件清理政策，对125份文件提出清理意见，履行规范性文件备案审查制度，全年共审核市政府、政府办规范性文件52件，审查率、备案率均达到100%。推进信用体系建设，防范和处置非法集资行为，组织12个职能部门在全市范围开展涉嫌非法集资广告清理排查活动，发放宣传资料3000多份，接受群众咨询1000多次，清理非法信贷“牛皮癣”3000多块，有力维护全市金融安全。

【重点项目】 实施首问负责、限期办结等制度，以高效执行推动重大决策和重要工作的落实。以市政府工作报告任务分解、2017年重大建设项目目标任务和市政府常务会议、市长办公会议所决定事项为重点，搞好专项督查，先后开展了控建拆违、扶贫攻坚、防汛抗旱、四大会战、四大整治、重点项目百日攻坚、农村安全饮水等20多项专项督查，全年下达督办函、交办函43份，下发督查通报18期，促进任务如期如质完成，全面达到省、岳阳市实事考核指标。牵头督办人大议案1件、代表建议195件、政协提案98件，做到件件有落实，人大代表、政协委员满意率为100%，一批产业升级、城乡提质、环境保护、社会管理方面的突出问题得到有效解决，市人大常委会、市政协常委会对办理工作给予充分肯定。办理12345公众服务热线、市长热线、市长信箱事项近万件，在岳阳市等级考核中排名A类。办结上级和市委、市政府领导批示件205件，做到件件有落实，事事有回音。市政府网站、行政审批事项办理、电子监察、公共资源交易平台建设等多项事关政务服务质量的工作，做到有创新、有成效。

【统筹协调】 对重大工作、中心任务，多方协调，抓好落实。为循环经济产业园建设抓协调。协调出台《汨罗市支持工业企业十条措施》《汨罗市工业企业招商引资办法》等政策，扶持园区发展、企业壮大，规模以上企业增至212家，实现增加值143亿元，增长5.5%；创新创业园基本建成，岳阳（汨罗）公路口岸投入使用，经卓新材料、新基源新材料等项目开工建设，成功创建省级高新技术产业开发区，顺利通过国家“城市矿产”示范基地验收。为长沙经开区汨罗产业园建设抓协调。协助市委、市政府领导多次与长沙经开区对接，牵头或配合相关部门具体解决项目推进过程中各个难题。产业园建成3平方千米启动区框架，优冠集团建成投产，美好置业、吉尔科润、上海乐浦等项目成功落户。为汨罗江端午文化产业整体开发抓协调。协助屈子文化园建成屈子书院一期、饮马塘等景观和游客服务中心、生态停车坪等配套，端午节如期开园。粽子文化产业园完成一期设计方案评审，征地近1000亩，启动道路、给排水等工程。金泽国际大酒店、汨罗江风光带二期等子项目集中开工、整体推进。为重大项目建设抓协调。协助举行重大项目集中开工仪式4次，国道240汨罗段全线竣工通车，国道536汨罗段完成主路面工程，汨罗汽车站建成主体，山塘路跨铁路桥建设进展顺利；屈子生态湿地公园建成环湖四环，完成主要景观，布局健身休闲设施；高泉新城启动投资36亿元的汨罗国际广场建设，基本建成博览中心主体，城市新座标崭露头角。为控建拆违抓协调。协助市长和分管副市长抓好控违工作，查处城市重点监管区违法建设444起，拆除违法建设面积5.6万平方米，新增违法建设发现率、查处率100%。为棚户区改造抓协调。协助市政府领导，同步推进棚户区改造，完成年度任务指标，争取2018年棚改计划4880户。为四大整治抓协调。协助市政府领导，整合部门力量，强力推进四大整治，关停塑料加工企业、黏土砖厂、麻石加工企业和规模养殖企业，顺利通过中央环保督察，整治工作得到上级充分肯定。为处置突发事件抓协调。协助迅速稳妥处理“2·27”非法制造爆炸物案，成功应对有记录以来最大暴雨汛情，夺得防汛抗灾最终胜利，尽力保护群众生命财产安全。协助妥善处置群体上访、医患纠纷、交通事故等涉稳事件，有力维护了发展环境。

【党建工作】 成立党建工作领导小组，按照“一岗双责”要求，把党建工作和办公室工作同安排、同部署、同提升。完善落实党组中心组理论学习制度、“三会一课”制度、“党员活动日”制度等党建工作制度，以制度管人管事，以制度规范工作。梳理形成《市政府办公室工作制度汇编》，对办文办会、文件收发、机要保密、财经管理、公务接待、信访接待、考勤请假、工会工作、绩效考评等17个方面，进行制度化再明确，并严格落实到日常工作。认真召开党组班子专题民主生活会和支部组织生活会，严肃开展批评和自我批评。在修葺一新的市政府大院举行首次升国旗仪式，到廉政教育中心参观展厅、观看警示教育片，平波市长在经研中心党支部讲专题党课。组织集体收看中共十九大开幕式，联合平华村共同参加中共十九大精神专题辅导讲座，深入学习讨论中共十九大精神。开展“汨罗新发展、党员新作为”创先争优活动，“红星云”学习跻身全市前列。严格落实中央“八项规定”、省市“十项规定”，全力防止“四风”问题返潮。扎实开展整治“雁过拔毛”式腐败、公职人员涉砂涉矿和“刹人情歪风、治婚丧陋习、树文明新风”等专项整治，及时通报党风廉政建设责任追究典型案件，廉政根基得到了有力夯实。

政协汨罗市委员会

市政协汨罗市第九届委员会正副主席、处级干部、秘书长（名单）

主　　席	彭千红
副 主 席	徐德元（女） 周育林　何秀伟 彭国光　李才红
正处级干部	霍桂平
副处级干部	朱国宏　李志云 李俊良
秘 书 长	罗明平
党组成员	湛磊雄　黄　欣
办公室主任	周湘益
文史学习文教卫委主任	潘绍东
提案委主任	张珍顺
联络工作委主任	徐铁军
法制群团人资环委主任	徐蔚明
经济科技委员会主任	陈　颖

【概况】 2017年，市政协全力助推生态建设，争取中央3000万元农业面源污染治理项目，促成“湖南省屈原文化研究基地”在屈子文化园挂牌，深入开展“万企帮万村”活动，实施帮扶项目573个，投入1亿多元进行扶贫济困和支持基础实施建设。

【思想建设】 强化理论武装。将组织学习贯彻党的十九大精神作为头等大事抓实抓好，组织召开政协党组会议、主席会议、政协常委会议、政协机关干部大会开展学习、认真讨论，邀请市委党校老师作专题解读，准确把握习近平新时代中国特色社会主义思想，牢固树立“四个意识”，夯实思想基础，确保政协工作始终坚持正确政治方向。市政协领导带头深入机关支部、所联界别、联点镇村、老干部中开展宣讲，举办政协机关“喜迎十九大”送戏下乡、扶贫募捐等宣传活动。

坚持党的领导。增强走中国特色社会主义政治发展道路的自觉性和坚定性，坚决维护市委核心。要求政协机关、政协委员坚决做到“三不”：不该说的坚决不说，不该做的坚决不做，不该跟的坚决不跟。严格遵守政治纪律和政治规矩，自觉把握角色定位，认真履行政治协商、民主监督、参政议政职能，进一步凝聚广大委员和社会各界人士的力量，积极为全市各项工作建言献策、献智出力。

落实市委要求。市委总揽全局、协调各方，把政协工作放在全市工作的重要位置，高度重视、大力支持政协依章履职。喻文书记两次主持召开市委常委会，专题听取市政协党组情况汇报，对政协工作提出新要求。平波市长多次到政协调研工作，参加民主协商会，研究政协提案。市政协认真落实市委政府工作部署，在文化建设、城市建设、生态环境建设、精准扶贫、防汛救灾等方面，竭忠尽智，较好地完成各项工作任务。

【创新工作】 市政协团结各界别委员，认真履行政协职能，不断创新工作思路，为推进各项工作持续贡献政协力量。

民主协商谏诤言。主席会议就《关于城市规划区禁止个人建房的通告（送审稿）》和《汨罗市城市规划区禁建区范围内危房户和住房困难户安置办法（试行）》认真开展协商，对市政府起草的相关文件提出修改意见。柳新华委员就堤垸安全问题深入调研，发现不少隐患和问题，提出加大投入力度、禁止大堤禁脚建房、更新改造老旧机埠等建议，得到市委、市政府的高度重视，堤垸安全得到加强。发挥委员界别作用，深入各乡镇和职能部门单位，就文化产业发展、屈子生态湿地公园建设、团山市场整治等开展界别协商和调研，有力推动汨罗市相关工作开展。由分管副主席牵头，继续跟踪上届金融调研成果的转化，多次组织召开金融工作专题协商会议，促进全市金融生态环境持续改善。

抓实提案惠民生。把提案列为工作的重中之重，组织委员深入基层、把准问题关键，提出高质量的提案，同时大力促推各部门单位落实提案办理、切实解决问题，使提案办理促进工作，惠及民生。

提案质量明显提高。全年共立案提案98件，其中重点提案5件，委员大部分提案切中时弊、回应关切，既契合市委、市政府的中心工作，也得到人民群众的普遍认可。刘献陆等委员提出的《去陋习树新风建设社会主义新农村》，真实反映广大人民群众的心声，与之后岳阳市委、市政府出台的相关规定不谋而合；吴娜莎等委员提出的《加强农村环境整治，推进生态汨罗建设》，为市委、市政府部署的重点工作“美丽乡村建设”贡献智慧。

督办力度不断增强。坚持重

点提案由市级领导领衔督办，所有提案必须由承办单位“一把手”负总责。通过政协网站、政协云等网络媒体开辟提案网上办理渠道，公开提案办理进度。由副主席带领分管专委会工作人员跟踪督办，分线召开提案督办会，邀请市政府分管领导参加，逐案问效、狠抓落实。政协常委会对全年提案办理工作进行专题审议视察，并制定《政协汨罗市委员会提案办理工作考评细则》，考核评议工作进一步规范完善。

办理成效更加显著。在提、办、督三方共同努力下，该年98件立案提案全部办复完毕，落实和基本落实率达到92%，部分提案已转化为市委、市政府的重点工作。吴雪彪等委员提出的《关于在农村建立有线广播村组通的建议》，市委、市政府高度重视，市财政拨出600万专项经费，市广播电视台大力推广实施，已在全市农村安装近1500台广播，办理成效明显；陈先云委员提出的《关于加快推进汨罗市特色小镇建设的建议》、郑湘利委员提出的《关于引进汨罗市寓外商友回乡投资兴业的建议》等等，都已转化为全市中心工作，得到有力推进和落实。

深入调研献良策。充分发挥政协“精英荟萃、智力密集”的优势，紧紧围绕全市重点工作和社会热点、难点问题，组织调研力量，深入调查研究，撰写调研报告，“不求说了算，但求说得准”，为市委、市政府决策提供有益参考。三级联动调研。积极配合省政协开展“优化非公经济发展法治环境”“加快发展我省有色金属固体废弃物循环利用产业”等专题调研，配合岳阳市政协开展“开放崛起在岳阳”、脱贫攻坚、“规范村民建房，建设美丽乡村”等专题调研。周育林副主席积极参加省政协组织的教育扶贫调研活动，在十一届省政协第二十五次常委会上以“教育扶贫不能让一个贫困留守儿童掉队”为主题作大会发言，反响良好。精选课题调研。针对全市教育布局存在的突出问题，由主席团队牵头，成立专题调研领导小组，就优化和整合全市教育资源深入调研，到周边先进县市学习取经，向市政府提交《全市教育布局调整调研报告》。部分委员先后赴浙江西塘、乌镇、贵州镇远、青岩等地，学习考察文化建设、特色小镇建设。政协常委赴浙江横店学习考察影视城建设、新农村建设等，结合汨罗实际撰写考察报告，以《参政议政专刊》的形式报送市委、市政府，为领导决策提供参考。围绕专题调研。积极配合市政府开展再生塑料、麻石生产、畜禽养殖、黏土砖厂等4项环保专项整治行动，组织政协委员开展视察调研，为专项行动建言献策。为推进文化旅游产业发展，政协常委专题调研视察屈子文化园建设，听取端午文化产业整体开发项目情况汇报，为文化产业发展出谋划策。为推进交通大格局尽早形成，政协常委专项视察一级干线公路国道240汨罗段的建设情况，为后续工作推进提出意见建议。

【中心工作】 始终坚持服务大局、助推发展，充分体现政协人的担当、责任和力量，积极参与全市中心工作：

全力以赴助推生态建设。主席团队积极参与屈子生态湿地公园片区建设，反复调研考察，完善建设方案，狠抓工程质量与进度，片区建设取得重大进展。大力推进垃圾焚烧发电固废处置项目建设，较好地完成立项审批、项目落地、招投标等工作。积极参与“三城同创”工作，认真落实“四级联治”责任，工作取得明显进步。很多政协委员积极参与汨罗生态环境建设，在各自的岗位上作贡献。黄吉芳委员在发改局负责项目申报工作，协助相关部门，成功争取中央3000万元农业面源污染治理项目，该项目将涵盖2万人的新塘河流域开展封闭环境治理。

汇聚智慧助推文化繁荣。协助市委起草《关于建设更高品质文化汨罗的实施意见》，为汨罗文化事业和文化产业拟定发展规划。主席团队深度参与屈子文化园、新市古镇、长乐故事小镇建设，在项目的规划、设计、建设、运营、管理等方面倾注大量心血。大力推进粽子文化产业园建设，多次参加外出考察招商，已对接马复胜、寿哈等10余家食品生产企业；协助市委、市政府承办由中央文明办主办的“爱我国家·圆梦中华”端午节系列主题文化活动；参与组织屈子文化园开园活动；参加在云南大学召开的2017年度屈原及楚辞学国际学术研讨会暨中国屈原学会第十七届年会，成功申请汨罗为下一届年会主办地；通过向中国屈原学会申请，确定中国屈原文化研究院落户汨罗；深化与中南大学、湖南理工学院的校地合作，不断扩大研究成果，促力编辑《屈原文化研究丛书》并成功出版发行；促成“湖南省屈原文化研究基地”在屈子文化园正式挂牌。组织政协联络办主任及相关部门单位对古旧民居和代表性建筑进行调查摸底，向市政府提出《关于加强对50年以上老旧民居和代表性建筑进行保护的建议》，得到市政府高度认可。释慧闻委员长年在智峰山上修行布道，依靠个人的影响和努力，为佛果寺重建募捐2000余万元，并在美国与果光大师联合举办书画展览，受到国内外业界的赞扬。傅为委员充分利用其在影视传媒方面的资源、人才优势，积极宣传推介并参与汨罗文化建设。

凝聚力量助推经济发展。充分发挥政协工商实业界委员的精英优势，积极参与市委、市政府倡导的“迎老乡、回故乡、建家乡”活动；深入开展“万企帮万村”活动，参与帮扶企业352家，实施帮扶项目573个，安排贫困户劳动力就业1068人，投入1亿多元开展扶贫济困和支持基础设施建设；组织成立“汨商物流产业联盟”，推动全市物流产业发展；在15个镇成立商会联络办，在基层打造企业家联络平台。杜忠美委员带领152名残疾人创业团队发展电商产业链，仅用7个月时间实现1200万元的销售业绩，成为市电商发展的典范。刘移求委员积极响应市委、市政府招商引资的号召，率领深圳龙岗区园山工商联商会来汨考察“三园一区”建设，实地对接引进项目。姜益平委员始终坚持打响“屈原”品牌，带领湖南屈原酒业有限公司开拓进取，年营业收入突破7000万元，屈原商标被认定为“中国驰名商标”。李咏洁委员致力于发展农业经济、带动农民增收，先后成立绿色食品开发有限公司、餐饮管理有限公司和长乐水稻合作社，从农产品种植、加工到销售形成产业链，对50多名农村妇女开展技能知识培训，提供就业岗位。

锐意进取助推科技创新。部分委员立足行业发展需要，勇于创新，善于创新。朱绪坤委员率先在汨罗开展颅内血肿微创清除术，在治疗心力衰竭、心律失常方面创新多项技术，带动人民医院内科医疗水平明显提高。王安华委员因为多项农业技术突破，入选农业部专家库，被多次委派赴非洲技术援外，两次获农业部嘉奖。秦为忠委员创办的湖南三兴精密工业股份有限公司，专注于全自动智能装备的研发生产，累计获国家专利30多项，产品居世界前列，借助科技创新，公司发展势头强劲，年实现销售额5亿多元，纳税5000多万元。

同心协力助推脱贫攻坚。市政协共联点扶贫村7个，主席团队深入村组农户研究脱贫方案，落实扶贫措施，组织募捐活动，制定并落实《汨罗市政协委员参与“三个一”扶贫行动工作方案》，动员机关干部、全体委员和委员企业积极参与扶贫行动。全市253名政协委员共结对帮扶324户贫困户，资助212名贫困学生上学，帮助264户贫困户通过发展产业增加收入，解决173名贫困对象就业问题，捐款捐物折合人民币1000余万元。黄世林委员捐款100万元资助玉池山村修路，捐助贫困家庭学生10余万元；吕忠民委员在汨罗累计捐资600余万元，资助建校和贫困学生。宋正元委员组织“善行天下”志愿者积极开展公益活动，捐款捐物折合人民币130余万元，儿子结婚举办“慈善婚礼”，善款全部用于扶贫帮困。

【干部建设】 始终将加强自身建设摆在重要位置，创新学习形式，完善工作机制，切实提高干部和委员履职能力，努力提升机关整体服务水平，为政协充分履行职能、服务全市发展奠定坚实基础。

大兴学习之风，建设文化政协。年初制定政协机关学习计划。开辟“政协讲堂”，先后邀请王跃文、曾维纲等文化名家学者讲国学、谈文学、介绍汨罗文史等，为政协机关干部和政协委员加油充电。支持各界别委员和机关干部参加各类学习培训活动，切实提高履职能力。潘绍东委员参加鲁迅文学院第三十二届中青年作家高级研讨班学习，其小说集《歌郎》出版后，受到社会各界广泛好评。

加强制度建设，理顺工作机制。根据市委安排，起草《中共汨罗市委关于进一步加强和改进新时期人民政协工作的意见》，文件出台为政协开展工作提供有力依据和充分保障。认真落实“党员活动日”制度，严肃党内政治生活，严格落实党风廉政建设主体责任，开展谈心谈话，加强廉政教育，机关作风进一步优化。按照省、岳阳市政协的统一部署，大力推进政协云建设，政协委员全部上线，委员履职有新平台。市工商联加强制度创新，推动工作水平不断提高，被评为2017年全国“五好”县级工商联。

开展联络联谊，增进学习交流。不断加强与其他县市区的交流合作，先后赴临湘、湘阴等地考察学习，参加湘鄂赣边境毗邻县（市、区）政协工作研讨会，认真接待淮安、祁阳等20多个全国各地县市政协来汨罗考察交流，扩大汨罗的影响，学到许多有益经验。

加强文史研究，传承优秀文化。

完成《汨罗地方谚语、歇后语、惯用语》编辑评审工作，留存汨罗特色语言文化。大力支持《屈原与岳阳综论》一书编辑出版，集中展现屈原与汨罗研究的阶段性成果。继续完善政协网站、微信公众号的建设，宣传报道政协重要工作和典型事迹，传递政协声音，树立政协形象。

（周湘益）

组织工作

市委组织部负责人（名单）

市委常委组织部部长	李冯波
常务副部长	仇深根
副部长、“两新”组织党工委书记	徐生足
副部长	孙时华
副部长、人社局长	余亚星
副部长、老干局长	吴建伟

【概况】 2017年，全市组织系统成立“两新”组织党支部215个，并对选派的206名驻村队员进行统管，共调查干部13批次322人，其中提拔重用55人，交流任职66人，公开引进高层次人才20人，为建设更高品质的生态文化活力汨罗提供有力组织保证。

【政治学习】 中共十九大精神学习方兴未艾。按照“学懂、弄通、做实”的要求，组织全市党员干部学习贯彻落实党的十九大精神。召开市委常委会、市委理论学习中心组（扩大）会议、组工干部会议，把学习中共十九大精神作为“第一党课”，全市上下掀起学习党的十九大精神热潮。开展“六进”宣讲活动，市委书记喻文带头走进贫困村向基层党员群众宣讲十九大精神，推动中共十九大精神走进基层、贴近群众。利用“红星云”、党建微信公众号，统筹网上网下资源，打通理论普及、精神宣讲“最后一公里”。严肃召开2017年度专题民主生活会和组织生活会，扯袖红脸提意见，立学立行抓整改，推动党的十九大各项决策部署在汨罗落地生根，广大党员干部“四个意识”“四个自信”“两个坚决维护”进一步增强。

【基层建设】 风清气正圆满完成全市174个村（社区）换届，产生新一届村（居）“两委”班子成员1012人，选出好班子，带来好风气，赢得好评价。投资1.3亿元，在半年时间内，高标准全面建成全市178个村（社区）综合服务平台。成立全市“两新”工委，开展“两新”党组织“集中组建月”活动，全市“两新”组织党支部达215个。严格落实党建工作主体责任，市委书记带头示范，参与基层党建工作述职评议和村（社区）支部书记“双述双评”活动，传导党建工作压力。抓党建促脱贫攻坚，加强对206名驻村队员的选派管理。对全市356名党代表进行履职培训，设立规范的党代表工作室，定期与群众联系沟通，督促相关部门单位办理党代表建议16件。严把入口关，面向基层一线发展新党员396名；纯化党员队伍，处置一批不合格党员。组织400名市直机关党支部书记开展党务知识专题培训；对新当选的1012名村（社区）干部进行集中轮训；落实远程培训教育，指导党员群众掌握生产技能；开展“学用红星云、喜迎十九大”活动，督促“红星云”的日常学用，注册率与学习排名处于全省第一方阵。深入推进“两学一做”学习教育活动常态化制度化，基层党组织“党员活动日”蓬勃开展，“三会一课”落实到位；开展“汨罗新发展、党员新作为”主题实践活动，动员全市党员干部在脱贫攻坚、征地拆迁、企业帮扶、除陋习树新风等重点工作中创先争优、建功立业，特别是在抗洪抢险中，各级党组织和广大党员充分发挥战斗堡垒和先锋模范作用，涌现出李大元等一批优秀共产党员。

【干部选用】 严格干部选拔任用。坚决执行《干部选拔任用工作条例》，坚持“好干部”标准，注重在经济战线、基层一线发现干部、锻炼干部、检验干部。全年共调整干部13批次322人，其中提拔重用55人、交流任职66人。从严监督管理干部。完成2017年度干部选拔任用的“一报告两评议”，认真落实领导干部经济责任审计制度。严格规范干部出国（境）证件管理，对324名科级以上干部出国（境）证件进行集中保管。通过优化职数设置、干部调整交流等形式，162人自愿退出领导岗位，有效完成全年“消超”任务。进一步整理规范干部信息档案。加大对“为官不为”“为官乱为”责任人问责力度。全年在扶贫攻坚、安全生产、防汛救灾、环保督查、规范建房、信访维稳、村级换届等重点工作中，问责处理干部30批次108人。创新干部培养方式。全年选派200多名干部参加3期异地培训班，举办3期学习交流务虚会，提升干部素养；与长沙理工大学合作，开办“罗城金融英才研修班”，培养地方紧缺人才。争取招录引进计划，全年共招录公务员（参管人员）30名，公开招聘事业单位工作人员215名；培训 54名优秀青年后备干部；选派14名优秀年轻干部到北京、长沙经开区及上级单位挂职锻炼和跟班学习，年轻干部培养力度进一步加大。

【人才引进】 筹备成立市委组织部人才工作办公室，抽调专门人员充实工作力量，全面摸底全市人才队伍基本情况。提请市委出台《罗城英才“121”计划》，建立健全人才引进、培养、成长、服务机制，为全市人才战略的全面铺开打下基础。公开直接引进“985”“211”工程学校全日制本科以上学历高层次专业技术人才20名，其中硕士研究生8人，中级以上职称7人。全力支持配合人社局、科技局、总工会、文联等部门单位做好汨罗市优秀人才的申报评审工作。鼓励创新创业，支持成立汨罗市电子商务协会、汨罗市青年创业者协会，搭建电商孵化平台，为人才创新创业提供舞台。

【从严治部】 带头深入学习贯彻习近平新时代中国特色社会主义思想和党的十九大精神，认真落实省委、岳阳市委组织部关于加强组织部门自身建设和组工干部队伍建设的意见。严格按照先人一步、严人一分的要求，认真开展“汨罗新发展、党员新作为”专题教育和“两学一做”学习教育活动。抓实部机关党建，做实“党员活动日”，带头建设示范党支部。积极参与抗洪抢险、棚户区改造、村级平台建设、沿江风光带二期工程、企业帮扶、驻村帮扶等大局中心工作，全市组工干部在履职尽责、遵规守纪等方面展示良好的素质和形象。

（孙时华）

宣传思想文化工作

市委宣传部负责人（名单）

市委常委、部长	王敏求
副部长	刘　翔 朱仲文 黄松柏
部务会成员	岑凤希
部务会成员 正科级宣传员	杨玉荣
文明办主任	彭　友
网管中心主任 新闻中心主任	黄敬波
办公室主任	黄东亮

【概况】 2017年，市委宣传部15次组织市委中心组集中学习习近平系列重要讲话和中共十九大精神，重点加强网络舆情管理中心建设和“三城同创”建设，打造出汨罗端午文化名片，并全面铺开了全市154个村级文化中心建设，20个村级文化广场建设。

【思想建设】 把学习贯彻党的十八大、十九大和习近平总书记系列重要讲话精神贯穿工作的始终。学习方法上，坚持集中学习和自主学习相结合、请进来与走出去相结合。先后邀请徐晨光、许卫国、欧阳晓风等多位权威专家、教授来市进行集中宣讲。市级领导、乡镇和部门单位主要负责人亲自授课。全年市委中心组共组织集中学习15次，形成调研报告90多篇。学习形式上，认真开展“点对点微宣讲·面对面解疑惑”“新理念新思想新战略”巡回微宣讲和“学讲话、用讲话”心得交流活动等。将党的十八大以来从中央到汨罗各级重要会议提出的一系列名词释义，汇编成册，供大家学习参考。学习实效上，将学习贯彻党的十九大精神纳入年度考核，随机抽查学习情况，制定整改方案，推介先进典型，确保学习实效。

【主流阵地】 坚持将意识形态工作作为引领导向、塑造形象、推动发展的大事来抓。一是落实“责任制”。将党管意识形态工作纳入党建工作责任制，明确党委（党组）书记为第一责任人，实现“工作量化、责任细化、要求实化、效果强化”的工作目标。二是打好“主动仗”。组织学习习近平总书记系列重要讲话和中共十九大精神，打牢思想政治根基，澄清模糊认识。扎实开展十九大精神“六进”宣讲活动，市委书记、市长带头到联点村讲党课。三是强化“话语权”。加强网络舆情管理中心建设，实行重大舆情限时报告、限时处置制度。全年共下发舆情提示函337个，涉及舆情单位47个。积极应对处置白塘火药爆炸事件、三江抗洪抢险李大元救人牺牲事件、新市废塑企业转型等重大突发舆情。特别是在小散乱废塑料行业、黏土砖厂、麻石加工行业和畜禽养殖行业整治和生态修复行动中主动发声，解疑释惑，让党的声音成为网络空间最强音。

【文明创建】　以“三城同创”为抓手，加快全国县级文明城市创建步伐。一是文明宣传形成新氛围。以培育和践行社会主义核心价值观为主线，不断丰富宣传载体。在城区设立“中国梦”“社会主义核心价值观”“讲文明、树新风”等公益广告宣传牌、电子屏500多处，在15个乡镇设立文化墙100余处，在市级媒体开设专题专栏，规范实施城区交通文明劝导。女企业家黄素萍获评2017年“岳阳市第六届道德模范”“长乐‘好丈夫’常应龙照顾瘫痪妻子，10年寸步不离”等感人故事得到广大市民点赞。辜文萍、胡英姿等8个家庭获评“岳阳市首届文明家庭”。“爱心帮帮”“蓝天救援”“爱行天下”“爱心之家”“巾帼志愿者”“行业妈妈”等社会志愿服务组织及志愿者遍布城乡。其中，“爱心帮帮”荣获“湖南省学雷锋志愿服务百强社团”，“爱心之家”获评湖南省“最佳志愿服务组织”。二是城区面貌实现新改善。以城市棚户区改造为切入点，实施城市净化、美化、亮化、绿化工程，抓好市委机关、政府机关、商粮局等单位拆墙透绿、背街小巷改造和城区小游园建设，加速推进旧城改造和新城拓展，提升城市管理水平。道路交通、公共设施、文化休闲等多项工程建设刷新汨罗速度。三是创建活动打造新亮点。神鼎山镇神鼎山村成功创建第五届全国文明村镇；市审计局、移动公司成功创建省级文明单位；市委党校、市气象局创建岳阳市级文明标兵单位，市交通运输局、市商务粮食局、市工商联创建岳阳市级文明单位，汨罗镇、白水镇创建岳阳市级文明村镇，市公安局白水派出所创建岳阳市级文明窗口单位，归义镇友谊河社区、瞭家山社区创建岳阳市级文明社区（小区）；开展“治陋习、树新风”活动，举办盛世姻缘集体婚礼，得到省委宣传部、省文明办和岳阳市委宣传部、岳阳市文明办高度评价和充分肯定；组织开展“文明评选”、道德模范基层巡讲、“我推荐、我评议身边好人”“推进精准扶贫、倡导文明新风”等各类文明行动200多次。

【文化名片】　汨罗时刻、汨罗电视台、中国汨罗网、汨罗原点等新闻平台紧紧围绕建设“更高品质的生态文化活力汨罗”发展目标，加大正面宣传力度，当好市委喉舌，讲好汨罗故事。一是加强外宣树形象。成功承办“爱我国家 圆梦中华”——我们的节日·端午全国文明村镇文艺展演暨2017年中国汨罗江国际龙舟邀请赛，节目在央视七套和湖南经视播出，得到中宣部、中央文明办和省委宣传部、省文明办充分肯定和高度评价；邀请《思美人》剧组参加，圆满举办屈子文化园开园系列活动；全年在新华社、人民日报、中央电视台、湖南日报、湖南卫视、岳阳日报、岳阳电视台等主流媒体发稿800多条，在湖南日报推出《文脉流长美江南——汨罗市文化艺术蓬勃发展掠影》《不负苍天不负卿——屈子文化园建设走笔》等多篇文化汨罗建设专题稿件，反响良好。三江镇花桥村支部书记李大元被推树为全省重大典型。二是服务中心树导向。围绕市委、市政府重点工作策划主题宣传。新媒体中心推出的《大山牛人的2.7亿投资》《汨罗江畔抗洪战歌》《起底：新市再生塑料行业的前世今生》，广电台推出的《风雨中 我们同行》《汨罗安全生产专题询问》系列报道、《绿水青山就是金山银山》等多个深度报道，及时策应市委决策部署，得到市委、市政府领导的充分肯定。

【文化实力】　一是实施文化惠民工程。打造长乐、新市2个公共文化示范点；推进电视户户通工程；抓好文化艺术中心概念性设计方案编制；推动数字图书馆建设；全面铺开全市154个村级文化中心建设、20个村级文化广场建设；在城乡开展各类广场文化活动、电视歌会、文艺晚会、焰火晚会、大型灯会近80场次；完成公益电影放映4524场，送戏下乡125场。举办全民健身迎新年“健康跑·健步行”活动，市民纷纷刷屏点赞。二是实施文化传承工程。组织举办长乐“元宵”故事会、汨罗江“端午”龙舟竞渡、新市“中秋”烧宝塔三大传统文化节会；推进湘北地区七十二本花鼓戏复排工程；举办汨罗市第八届花鼓戏艺术节。三是实施文艺复兴工程。编制出台《汨罗市文艺繁荣计划》；创作现代大型花鼓戏《甜酒谣》，获国家艺术基金项目重点支持，创作排演花鼓戏表演唱《移风易俗奔小康》、花鼓小戏《解坨》，在岳阳市小戏小品比赛中获金奖，全市巡回演出80多场次，拍摄《我从汨罗来》微电影等；完成30余本动漫戏曲的录制，选送《汨罗娃》《千年古镇新市街》《中华一条船》参加“新人新歌大赛”、岳阳市第三届文化艺术节。四是实施市场繁荣工程。全面开展好文化、广电、新闻出版、旅游四大市场的整合、整治工作，建立健全文化市场管理体系。五是实施产业发展工程。加快推进屈子文化园、粽子文化产业园、新市慢城古镇、长乐故事小镇等文化项目建设等。

（黄东亮）

统战工作

市委统战部负责人（名单）

市委常委统战部长	陈培宏
常务副部长	周建国
副部长	郑伟 周铁军（兼）
市委台办主任	巢葵
经联办主任	龙卫
办公室主任	付国安

【概况】 2017年，市委统战部建立统战、民宗、对台、新阶层四个联席会议制度，积极开展统战大招商，整合物流企业联盟，促进地方经济发展。

【政治建设】 一是抓实统战理论知识宣传教育。继续深化党外代表人士“两学一助”学习教育，开设“统战大讲堂”，邀请省、岳阳市专家教授培训统战系统干部和统战对象180多人。选送30多名统战系统干部和统战对象参加上级有关培训，提升干部队伍素质。编发《统战知识100问》2000册，成为宣传统战、学习统战、指导统战工作的有效便捷工具。二是强化党外代表人士队伍建设。全面开展统一战线代表人士摸底登记工作，登记录入各类代表人士220人，完善党外代表人士信息库。通过谈心交流活动、暑期交流活动，市委常委与党外代表人士联谊交友活动等方式，把党外人士紧紧凝集在党委周围。注重党外代表人士政治安排，主动做好省人大代表、政协委员资源人选的政治把关与综合评价，积极稳妥地做好党外人士的社会兼职和各类社团组织政治安排工作。三是加强机关自身建设。扎实开展“两学一做”常态化教育，严格落实全面从严治党“两个责任”，切实加强党风廉政建设，开展党员主题活动日7次，组织“四种精神”大讨论4场次，党员红星云学习热情高涨，个人积分均在1000分以上。

【基础工作】 一是构建统战大格局。率先在岳阳各县市区制定出台《贯彻落实中央统战工作条例的实施意见》，统战工作“四个纳入”“四个带头”在全市各级党组织中得到全面落实。1+4大统战架构基本搭建，制定出台《系统单位统一归口管理实施办法》，实现“三规范、三统一”。建立统战、民宗、对台、新阶层四个联席会议制度，实现统战工作由市委总揽、统战牵头、部门协同、内部整合的大统一局面。二是扎实开展四同创建活动。引导非公经济人士持续深入打造西长同心乡村建设，新引进蓝莓采摘园、富硒米业有限公司等企业开展村企共建。帮扶和引导浙商老板吴玉西投资5300万元，采取“公司+农户”模式，在罗江镇创建“同心·罗江杨梅生态园示范项目”，同步建设紫薇花观赏基地。西长村省级同心示范项目已经全省公示、杨梅园岳阳市级示范项目均已授牌。三是促进宗教领域和谐稳定。扎实做好迎接中央和省委对宗教工作重大决策部署专项调研检查工作，全面落实岳阳交办16项工作任务。与乡镇党委签订宗教事务管理责任状，在村级明确宗教工作信息员，市、镇、村三级宗教工作网络健全，镇、村两级工作责任制全面落实。持续推进和谐寺观教堂创建和宗教界教风建设活动，组织引导宗教界募集资金近200万元参与扶贫济困、慈善养老等社会公益事业。着力解决宗教界重点难点问题，协调处理涉宗教矛盾纠纷9起，确保民族宗教领域和谐稳定。四是加强港澳台海外统战工作。引进台湾客商落户汨罗培育林木苗300亩，与农户合作养殖水蛭300多亩，带动群众产业致富。诚邀台胞邓淑贞女士重访汨罗，再次为汨罗市公益事业捐资97万元。成功举办南台湾青年学生“湖湘文化之旅”活动，促进两岸青年交流。组织开展重点侨情调查工作，登记各类涉侨对象2200多人。五是加强统战理论研究和宣传信息工作。紧扣市委中心工作开展调研，撰写调研文章4篇，其中《基层宗教工作三级网络和乡村两级责任制建设创新探索》列入省委统战部调研课题计划。强化宣传信息报送，共计上报各类稿件86篇，其中“三湘统战网”采用8篇，宣传信息工作在岳阳各县市区稳居前列。

【中心工作】　一是积极开展统战大招商。扎实开展“访民企、办实事、强信心”走访调研，了解诉求，提振信心，促进非公经济“两个健康”发展。深入开展“迎老乡、回故乡、建家乡”活动，组队赴广东开展招商月，召开广东汨罗商会项目推介会，举办汨商中秋联谊会。整合物流企业联盟，促进地方经济发展。二是凝聚社会力量脱贫攻坚。深入开展“百企联村，千商帮户”活动，组织引导352家企业参与结对帮扶，村级帮扶实现全覆盖，实施帮扶项目573个，累计投入资金2600万元。组织“广东汨罗商会·微善风助学家乡”爱心见面会，86名非公企业老板结对资助贫困学生603人，累计捐款捐物134.87万元。引入“泛海助学行动”，为68名建档立卡贫困大学生争取救助资金34万元。动员43家爱心企业和社会公益慈善组织，累计捐资560万元，资助贫困学生1100人，整合统战力量投资720万元，参与实施基础设施及民生项目67个。三是服务重点项目建设。抽调部机关精干力量参与高泉新城建设，扫清征地拆迁障碍，细致做好周边环境协调，组织力量完成“七通一平”，帮助办理建设相关手续，为项目一期博览中心主体建设12月封顶，提供坚强的服务保障。

（付国安）

民族宗教事务

市民族宗教事务局负责人（名单）

局　长	韩建中
副局长	吴杰怀　吴玖云

【概况】　汨罗市现已登记开放宗教场所54处，其中教道28处，佛教25处，基督教1处。宗教教职人员57名（道教24名，佛教33名），信教群众近5万人，现有两个宗教团体。道教由赵冬阳担任会长，佛教由释登本担任会长。

汨罗宗教工作在市委、市政府、市委统战部的坚强领导下，民宗局带领各宗教团体和宗教教职人员精诚团结，依法开展宗教活动，积极创建和谐寺观教堂，积极促进经济社会发展，各项工作取得显著成效。

【领导重视】　省委统战部副部长龙建湘和省民族宗教委员会副主任邓文华莅临汨罗调研宗教工作，解决资金15万元，研究汨罗道教协会搬迁工作，协调解决相关问题。岳阳市委统战部和岳阳市民宗局领导，先后10多次来汨罗资圣寺、普德大庙、崇善寺、普门寺、玉池寺、大灵寺等宗教活动场所现场调研，指导工作，有力地推动汨罗宗教工作开展。汨罗市委书记喻文、市委办主任舒文治对神鼎山资圣寺和普德大庙进行调研，提出建议。并规划从屈子祠新修一条旅游公路直通普德大庙，市委常委、统战部部长陈培宏亲自关心桃林寺镇灵济寺的恢复。并到岳阳市民宗局联系工作。市委、市政府、市人大、市政协主要领导多次到全市部分寺观调研，协调解决建设相关问题。为推动解决资圣寺土地确权、禅房建设、道路建设，佛果寺、大灵寺建设，前期道教协会搬迁等问题工作卓有成效。

【依法管理】　年初，召开场所负责人会议，部署安排宗教工作目标和活动，宣讲国家宗教工作政策，强化依法管理意识。继续深入开展“创建和谐寺观教堂”活动，按照岳阳市民宗局要求，召开专门会议，部署安排宗教场所及教职人员换发新证工作。佛、道教团体负责人高度重视，精心组织，具体实施。通过大量的工作，对全市宗教场所和教职人员信息进行信息采集，并换发新证，高质量、高标准完成工作任务。按照《宗教事务条例》要求和《岳阳市加强宗教工作规范管理暂行规定》，建立宗教场所举办宗教活动审批制度，设立“三级审批”程序。凡宗教活动都由场所出具申请报告，所在村、镇同意，佛、道教协会把关，再由市民宗局批准，规模大的报岳阳民宗局审批。审批制度的推行，规范宗教活动正常开展，确保玉池寺举办南岳圣帝圣诞、洞庭观龙王寿诞活动、佛果寺大雄宝殿奠基活动、普德大庙在正月初九、年中6月分两次举办祈福庆典等活动的有序进行。

【维稳协调】 民族宗教工作涉及面广，而且非常敏感，妥善处理好宗教工作中的热点、难点问题，确保当地社会的和谐稳定。

对陈春英女士举报普德大庙信访一事，召开办公会议，安排由专人负责信访事件回复，迅速介入。经多方面多次协调，妥善进行处理。

正月，长乐镇举行古镇故事会，省文化厅及相关县市参加，人数达数万人，新疆墨玉县阿布都热合曼·买吐曼为首的维吾尔族人在长乐卖羊肉、烧烤，与当地人员发生矛盾，不服从管理，闻讯后，及时赶到现场，反复劝说做工作，及时平息事态，防止发生涉及维稳损害民族关系的问题。

资圣寺禅房和入寺道路建设问题。由于圣辉大和尚有意在资圣寺罗汉崖新建禅房，加快资圣寺旅游开发，涉及到周围住户拆迁、道路硬化、电力设施、田土征用等问题，统战部、民宗局和登本会长一起努力争取领导重视，相关部门相互配合，形成会议纪要，现场为资圣禅房建设解决相关问题，确保工程顺利开展。一年来，民宗局和宗教团体协调各方，及时调处各类矛盾纠纷20多起，有力地维护宗教场所的正常建设，确保宗教活动的正常开展。

古罗寺土地权属问题，通过民宗局多次协调，当地镇村两级的大力配合，使古罗寺的土地权属问题得到妥善解决。

释育能生前财产问题信访，民宗局和登本会长陪上访代表到湘阴法华寺现场了解情况，并向陈培宏部长汇报，公安局经侦大队查清释育能生前账户情况并通报给上访群众，平息此事。

【宗教建设】 近年来，全市各宗教场所坚持独立自主自办原则，积极争取各方支持，努力开展宗教场所保护和修缮工作。据不完全统计，佛教资圣寺募资200多万元，新建天王殿，引进投资近500万元建成罗汉精舍禅房。引资500万元，搬迁4户，正在修建入寺公路，崇善寺募资300多万元，改建斋堂，扩建安养院办公楼。黄龙山古罗寺耗资350万元，建立高标准大殿。大灵寺耗资1800多万元兴建天王殿、大雄宝殿、居士楼，玉池庙双圣殿、新市白云寺投资200万元新建观音殿及维修，佛果寺投资500万元新建大雄宝殿，普门寺投入200万元对寺院殿堂进行修缮等等。道教普德大庙筹集资金近500万元建造文星苑（文化交流中心）、普德文化园，正式获评国家级AAA景区，目前，又计划投资900万元，建设“三星”家园安养院。武昌观筹集50余万元重修后殿；洞庭观花费40多万元将山门改造等等。

【公益事业】 继续深入开展“五教同心，慈善同行”主题活动，充分发挥宗教界人士和信教群众在促进经济社会发展中的积极作用，鼓励引导宗教界运用各种渠道，广泛开展文化交流、赈灾济困、捐资助学、修桥筑路、助残敬老等活动，服务汨罗经济发展。崇善寺继续发挥安养院慈善养老主体功能，尽心尽力赡养孤寡老人，崇善养老服务社会成功经验，得到各级领导的充分肯定和社会各界的高度赞誉。普德大庙发扬慈爱、济世利人的优良传统，募集善款，计划筹建安养院，打造慈善养老基地，待建成后将成为汨罗宗教界服务社会、开展慈善养老又一处所。资圣寺慰问黄柏敬老院，崇善安养院、汨罗特校级贫困学生，贫困村民等，捐款捐物达5万元。六一儿童节前夕，佛果寺慧闻法师怀着慈悲之心，带着2万元现金，到八景学校看望山区的孩子。全市其他各宗教场所一如既往的主动开展扶贫济困、五保老人慰问、慈善济世等活动，宗教界成为汨罗慈善事业中的一支重要力量。不完全统计，全年宗教寺观用于慈善资金达20多万元。

（吴玖云）

老干部工作

市委老干部局负责人（名单）

组织部副部长 老干部局局长	吴建伟
副局长	任资林 胥 亮
纪检组长	李雄林

【概况】 2017年，老干部工作局全面落实老干部政治待遇，利用涉老协会平台传递正能量，组织老科技工作者下乡指导种植、养殖工作，举办“喜迎十九大”书画笔会，开展精准扶贫工作，并向贫困村投入帮扶资金8万元。

【领导重视】 落实老干部政治待遇。落实老干部政治待遇，做到六个到位：重要文件精神传阅到位、重要会议通知到位、重要活动邀请到位、重要情况通报到位、重大决策征询到位、重要节日走访慰问到位。1月23日，召开工作汇报会，“四大家”主要领导出席，市长朱平波向老干部汇报上年度全市经济社会发展情况及2017年度主要工作部署，市委书记喻文讲话，老干部提出建议。2月底，根据上级安排，邀请老干部代表参加全市三级干部大会。3月14日，汨罗市召开老干部工作领导小组会议，会议听取老干部门的工作汇报，研究解决老干工作中8个具体问题，并形成会议纪要。9月22日，市委、市政府就城市建设、棚户区改造工作，召开老干部专题座谈会，倾听老干部对棚户区改造的意见建议。“重阳节”前夕，组织召开原“四大家”老干部座谈会，市委、市政府主要领导出席会议，会上汇报全市经济社会发展情况，并倾听老领导对全市工作的意见和建议。每年春节、重阳节都组织工作人员对全市离退休干部进行走访慰问。

落实老干部生活待遇。对于老干部的生活待遇，做到落实政策不打半点折扣。离休干部“三个机制”得到切实保障，全市离休干部的基本离休费及生活补贴全部纳入社会统筹，离休干部医疗费用按照规定实报实销，市财政支持力度逐年加大，老干部遗孀配偶生活费按时按标准全部到位。每次调整工资、津贴，离退休老同志优先落实，离休干部的抚恤费率先落实到位。关于落实老干部生活待遇，只要相关政策出台，立即汇报、协调，及时落实到位。全年，到本市及长沙、岳阳看望住院老干部38次；为老干部贺寿9次；协助老干部家属办理丧事8次，让老干部切实感受到组织的温暖与关怀。

真诚为老干部办实事。通过积极争取，市财政每年拨付10万元用于帮扶困难老干部，年终发放。及时办理离退休干部遗孀生活补助费，积极协助办理抚恤金、丧葬费。每个月的老年刊物发行，全局工作人员都积极加入征订、装袋、投递的工作中。对于局管理服务的老干部，多年来，做到平时走访、慰问、投递杂志，为老干部排忧解难等责任到人，坚持做好老干部、老同志的精神关怀。

【平台搭建】 利用涉老协会平台传递正能量。老科协多次组织种植、养殖老科技工作者下乡镇，重点指导和推广白塘镇、长乐镇和罗江镇的富硒水稻种植，罗江镇的富硒鸡养殖，弼时镇玉池山区的富硒灵芝培植，桃林富雄葡萄水果种植，均取得良好的经济效益。老年保健协会组织保健专家举办中老年保健讲座5次，编印《健康资讯》5期，免费发放到市直单位和乡镇，积极宣传老年保健知识。老年大学开办音乐、舞蹈、诗词、书法、电脑学习班，学员350人。为弘扬和传播中华优秀传统文化，在往年已举办《诗经》《楚辞》《汉乐府》讲座的基础上，举办唐诗讲座，主要讲述唐诗概述、盛唐、中唐、晚唐诗人的作品。精彩的讲座吸引全市百多名诗歌爱好者听课，年内学员创作诗歌近千首。9月组织老年大学夕阳红文工团参加岳阳市“喜迎十九大，颂歌献给党”合唱比赛，荣获第六名。市关工委认真开展“一观两史三热爱”教育活动，6月14日，“岳阳市关心下一代党史、国史教育工作座谈会”在汨罗召开，汨罗市关工委李迪媛主任在会上作经验介绍，获得良好反响。按上级要求开展“关爱明天普法先行”青少年普法教育活动，创建全国“普法教育示范区”，8月，汨罗市关工委荣获全国青少年普法工作先进单位。老年书画协会组织会员开展书画进乡村、进社区、进学校、进单位活动，举办以“喜迎十九大”为主题的书画笔会，精选80多幅作品编辑出版老年书画作品集。邀请湘阴县老年书画协会17人到桃林寺镇栗山书院举行书画交流活动，为优秀传统文化进农家作出积极贡献。12月1日，携手老科协、老年保健协会，组织全市各镇老科协、老年保健协会、市直老科协各分会60岁以上会员，举行闭卷试的创建百岁健康市健康生活知识竞赛，通过比赛表彰的形式，带动人们积极参与到“百岁健康市”的创建中。

利用网络平台传递正能量。汨罗市老干部工作网站吸引广大老干部纷纷向网站投稿、发文、发帖、发图片，在网站倡导健康文明的老年生活，推介老干部发挥作用献余热的先进典型，传播优秀中华传统文化。该局老干部网宣员紧紧围绕党的十九大和省、市中心工作，撰文在主流媒体发表。全年在人民网、新华网、红网、凤凰网、中国网、老干部之家、爱晚论坛等主流媒体发文近400篇（首），其中有20多篇列入“热文排行榜”。曾国辉在主流媒体论坛、博客发表文章125篇，其中有《老干部看两会》《老干部心中的两会》《把握新常态，致力新作为》《刘腊干部长的网宣情怀》等文章被网站推荐，点击率达2万以上，《播撒在红色土地上的“中国梦”》在省委宣传部组织的“社会主义有点潮”征文中获奖。网宣员孟庆显在人民网、江山文学网等媒体发表文章81篇。吴震斌在人民网发文23篇，郑劲在红网发文26篇，田建文在人民网发文2篇。特别是党的十九大代表大会召开前后，“五老”网宣员积极发声，发表《喜迎十九大，18位老干部再书夕阳红》《收看十九大盛况，倾听老干部心声》《汨罗老干部用诗词点赞十九大》《党中央南湖之行昭示了什么》《学习贯彻十九大精神，开启关工委工作新征程》等文章，在人民网、红网论坛产生很大影响，得到岳阳市委老干部局领导的肯定。“五老”网宣员曾国辉在10月20日岳阳市委老干部局召开的全市老干部网宣员骨干座谈会上发表经验介绍。11月17日曾国辉应邀在岳阳市关工委召开的“五老”讲师团骨干培训班上作互联网知识和老干部网宣工作辅导报告。老科协运用互联网+讲科普的科技手段，开通“汨罗市老科协养生群”、汨罗市服务“三农”群等手机科普微信群，及时发布养生知识和种植养殖的科普知识，目前，加入群的种养殖户有近500户。通过网络平台，老干部工作成绩显著提升。

利用活动平台传递正能量。根据省委老干部局和岳阳市委老干部局的部署安排，积极行动，结合汨罗实际，制定“关于开展老干部‘点赞新变化，颂歌谢党恩，喜迎十九大’主题活动实施方案”，并以文件形式下发到各乡镇和市直单位离退休干部党支部和各涉老组织。组织开展“‘我点赞，我建言，我奉献’宣传活动”“青少年党史、国史教育活动”“喜迎十九大主题书画、摄影、征文活动”“出点子谋发展建言献策活动”等几大活动。“三八”妇女节前夕，组织10支女性老年门球队举办“三八”节女性老年门球赛。4月和10月举办全市“五一”节和“重阳杯”老年门球赛，每次都有30多支球队近300名老年门球爱好者参赛。上半年，两次组织老年大学夕阳红文工团到乡镇敬老院慰问演出；全市有32个单位离退休干部党支部组织离退休老同志就近参观城市建设、新农村建设现场和红色爱国主义教育基地；组织部分老干部赴长沙、湘潭等地考察城市生态、文化建设和社会综合治理工作，为生态文化活力汨罗建设出谋划策。

【队伍建设】 推进党日活动，提升党性意识。坚持每月用一个工作日开展党日活动。利用党日活动，召开民主生活会，开展支部书记讲党课，参观市烈士陵园，任弼时、杨开慧故居和纪念馆，抗日战争纪念地等红色革命传统教育基地。11月15日，组织开展“全市离退休干部党支部书记培训班”，全市离退休干部党支部书记共80余人参加，集中深入学习贯彻党的十九大精神，用习近平新时代中国特色社会主义思想指导离退休干部党支部建设，助力“三个汨罗”建设。组织所有党员积极参与“红星云”党员学习平台，将提高自身党性和使命感贯穿到工作生活的每时每刻，增强全局党员干部的大局意识、政治意识、看齐意识和党性原则，提升全体党员干部的政治素养和业务水平。

夯实队伍建设，牢固党建基础。制定“党支部建设年”工作方案，优配党支部书记，健全党支部班子，落实党支部工作。对机关党员实行积分制管理制度，围绕党员的政治、执行纪律、品德、发挥作用等方面进行考核积分，年底予以激励或批评。研究制定“三会一课”年度计划，定期召开党员大会支部会议及支部书记讲党课，建立健全组织生活会制度、民主评议党员制度、密切联系离退休老干部制度、支部工作全程记实制度等。11月份，白塘镇离退休干部党支部被岳阳市委老干部局检查验收批准为岳阳市示范性离退休干部党支部。

落实岗位责任，增强服务意识。老干部局的主要职责就是为老干部服务。重新对全体工作人员定岗定责，对于工作人员走访慰问老干部、为老干部征订和投递报刊杂志、联系离退休干部党支部等工作，尽量量化到人，做到业绩考核有依据。考核结果与绩效奖励挂钩，与评先评优挂钩。通过落实岗位责任，增强老干工作者的服务意识和服务水平。

投身扶贫攻坚，提高群众意识。单位扶贫联系村为桃林寺镇永红村，该村下辖59个村民小组，6800多人，是汨罗第三大村。扶贫专项班子由局长挂帅，多次利用夜晚空余时间召开会议探讨研究，并通过制作标语、挂横幅、设立政策宣传栏等将国家最新扶贫政策“送”进每户人家。除派驻村工作队员驻村扶贫外，全局工作人员每年联系2~3户贫困户结对帮扶，每位工作人员每月到村走访贫困户1次以上。对贫困家庭采取教育帮扶、产业帮扶、落实低保等不同方式进行帮扶，力求解决贫困户的实际困难。局长吴建伟同志多次前往残疾人贫困家庭，了解其所需，现金慰问并积极协助联系低保待遇的落实；副局长任资林在了解到一位贫困家庭的孩子在市二中读书，家中无力承担学费，便亲自去学校咨询相关负责人，争取在政策允许的范围内减免学杂费。“七一”建党节，党员向联点村贫困户捐款3000元。6月29日，局长吴建伟带领局班子成员携3000元捐款慰问永红村贫困党员和特困户。截至11月中旬，向贫困村投入帮扶资金共8万元。为推进村级综合服务平台建设，赠送永红村综合服务平台办公硬件设施及乒乓球台等活动设施百余套，共计资金支持5万元，助推基层平台的完善，惠及农村群众。通过下村入户扶贫帮困和村级平台建设工作的开展，加深工作人员与农村困难群众的情感，增强党员干部的群众意识。

【廉政建设】 严格执行党的纪律。严格遵守党的政治纪律、组织纪律和财经纪律，严禁利用职务之便谋取私利。积极开展批评与自我批评，始终把政治纪律和政治规矩挺在前面。坚定理想信念，增强政治定力，不断提高在中国特色社会主义道路上实现中国梦的思想自觉和行动自觉。班子成员参与党风廉政建设的各类学习活动，全面提高觉悟，提高思想道德水平。

带头加强作风建设。按照上级关于党风廉政建设的各项规定要求以及局班子成员党风廉政建设岗位职责的要求，认真抓好老干局的党风廉政建设以及自身的廉洁自律工作，从而树立起勤政廉政的良好单位形象。在工作生活中，坚持廉洁从政，坚决转变四风，坚持按规矩制度办事；不脱离群众，定期深入老干部中调查研究；倡导不奢侈浪费，时刻保持节俭优良品格；不以权谋私，严格要求工作人员及其亲属，不利用职权、职务影响为任何人谋取政治和物质私利。有效筑牢拒腐防变的思想道德防线，增强廉洁从政意识。

落实党风廉政建设责任制。按照《领导干部廉洁从政若干准则》的要求，严格执行廉洁从政和改进作风各项规定，要求领导班子成员、股室负责人廉洁从政。认真落实党风廉政建设责任制，认真履行监督责任。

人力资源和社会保障工作

市人力资源和社会保障局负责人（名单）

党组书记 局长	余亚星
党组副书记 副局长	郑孝南　郑益桂
副局长	刘冬辉　李明月
党组成员	刘叠峰　陆小平 刘　乐　李申文
就业局局长	李申文

【概况】 城镇新增就业人员5469人，占目标任务5225人的105%；失业人员再就业3378人，占目标任务3200的106%；就业困难对象再就业1153人，占目标任务990人的116%；积极联系帮助“零就业”家庭，全面实现动态清零；新增农村劳动力转移就业5270人，占目标任务5210人的101%；完成各类培训3822人，占目标任务3750人的102%。新增创业主体3573户，带动城乡就业5859人；城镇登记失业率控制在3.91%。企业养老保险在职参保人数25606人，征缴基金11200万元，预计年底将全面完成任务的100%。机关事业单位养老保险参保人数19428人，其中在职14251人，退休5177人。在职人数完成上级下达任务的127%。征缴基金1.8亿元，占任务数的100%。城乡居民养老保险登记参保人数405185人，占任务数385372的105.14%；社保征缴基金4126万元，完成任务数2970万元的139%；城镇职工医疗保险参保41768人，征缴基金9994万元。征缴生育基金296万元。城乡居民医疗保险参保人数551093人，参合率稳定在95%以上；年度筹资33065万元。失业保险参保26051人，占目标任务26000人的100%，征缴失业保险金478万元，占目标任务380万元的126%；工伤保险参保人数38293人，征缴基金1432.78万元，完成任务数1000万元的143%。社会

保障卡持卡人数487096人；已组建工会组织企业工资集体协商建制率达100%。

【业务工作】 立足创新驱动，人才工作得到有力提升。一是举办各类招聘会4场，累计提供就业岗位8500多个，初步与用人单位达成就业意向4800余人，免费发放就业宣传资料32000多份，接受政策咨询达10800多人，受到社会和广大群众积极反响。二是积极开展创业培训，通过校企联合的方式培训创业技巧，进一步提高学员创业实践能力。先后举办创业培训班4期，培训学员360人。四海揽才活动持续推进，分别在武汉等地开展3次专业技术人员招聘，共录用20余名专业技术人员。开展蓝思科技股份有限公司大型专场招聘会3场，小型专场招聘会15场，共招聘相关技术人员482名。

立足全面保障，社保经办保持优质高效。机关事业单位养老保险正式启动新系统，2015年前的数据录入完成100%，224多个单位已顺利进入2016年的系统测算。企业社保通过手机上网认证，边远山区集中认证，特殊群体上门认证等服务，99.8%以上的企业离退休人员都及时办理认证。职工医保中心开通微信公众号，实现转诊转院网上申报。不断完善医保报销目录，报销比例相比去年提高10%。城乡居民医保中心规范特慢病门诊建档审核工作程序，重点建立和落实稽审制度、签名制度、财务制度，严格费用审核，共拒付违规费用154.69万元。城乡社保中心在全市设立20个咨询点开展12333全国统一咨询日暨全省城乡居民基本养老保险宣传月活动，发放各类宣传资料30万份，在自主缴费的基础上改进缴费方式，尝试引导参保对象利用手机缴费，已有882次通过手机缴费208400元。通过稽核查出享受养老金待遇死亡1320人。工伤保险中心深入企业开展工伤事故预防培训，举办5堂工伤事故预防与急救处理知识培训课，近1500名企业职工参加。全面推进建筑业参加工伤保险工作，行业同比去年多征缴基金200余万元。

立足创新驱动，人事人才工作有力提升。加快湖南省流动人员人事档案管理一体化服务平台建设，截至目前，对接一体化服务平台工作已完成，开始上线运行和办理业务，网上开具调档函271份，系统录入档案2067份，信息录入进度为岳阳市县区第一。认真开展公务员职务与职级并行审批工作，完成所有单位符合条件人员的审批工作。审批1658名符合公务员职务与职级并行晋升条件的人员。按时完成法检两院员额内法官、检察官、司法辅助人员、行政人员的工资套改工作。深入推进职称分类改革，评审工程系列初级职称15名，中专系列初级职称8名，中小学系列初级职称70名，申报研究生认定中级8人。核准6个事业单位岗位总量319个，其中管理岗位166个，专业技术岗位153个。

立足和谐稳定，劳动关系协调扎实有效。加强劳动关系协调和劳动监察执法。共检查企业单位485户，补签劳动合同964人，督促企业按时支付农民工工资1024万元，社会保险扩面33人。接受举报投诉工资类案件455起，特别是在上半年市政府开展关停黏土砖企业专项行动中，关停黏土砖企业拖欠农民工案件陡增，为劳动者追讨工资等待遇319.4万元，涉及人数733人。5月9日，岳阳市人大常委会副主任陈光荣一行来汨就岳阳市劳动保障监察工作审议意见落实情况进行调研，对汨罗市劳动保障监察工作给予充分肯定。处理各类劳动人事争议案件495起，其中下派至乡镇基层调解中心处理125起，案外调解处理268起，立案处理102起其中裁决结案11起，调解结案80起，撤诉结案1起，不予受理10起。

立足队伍优化，作风效能建设显著提升。年初，在全局开展干部交流，对医保中心主任、医保股股长进行公开竞聘。新成立医保股，将城镇职工医保、城乡居民医保的监管职能进行整合，充实监管人员，建立一支专门负责医疗监管工作的队伍。单立出信访法规股，切实强化法规、规章、政策问题的综合协调工作，保障接待、处理、群众来信、来访及配合协调重大群体性事件工作的有效对接。生育保险与医疗保险后，相关工作推进有序进行，统筹范围进一步扩大，二者资金调配合理稳健，结算、报销较合并前更为方便快捷，同步节省人力成本，工作效率大幅度提高，得到前来办理业务受众的一致好评与认可。组织全局党员前往弼时镇玉池片区开展纪念中国共产党建党96周年系列活动，发展预备党员3名，转正预备党员1名，培养入党积极分子5名。认真开展工作人员涉砂经营活动专项清理，制定专项活动方案，召开全局动员大会，认真开展自查自纠，按要求做好相关工作。幼儿工作顺利通过岳阳市示范性幼儿园督导评估检查。

【扶贫攻坚】　行业扶贫工作。行业扶贫涉及就业培训和医疗救助扶贫两块，均为牵头单位。按照要求，召集相关成员单位召开联系会议，成立工作小组，部署相关工作。截至到目前，就业扶贫共完成贫困家庭“两后生”技能培训82人，占目标任务80人的103%；农村贫困劳动力转移就业1303人，占目标任务1292人的101%。医疗救助扶贫为全市建档立卡贫困人口补缴城乡居民医保28574人，受理988名精准扶贫对象医疗费用申报资料，兑付金额1726万元。进入大病保险第二次补偿费用人次355份，兑付金额182万元。并对年度内已参保的建档立卡贫困对象执行县级（含县级）以上医疗机构的住院费用在城乡居民医保报销的政策范围内补偿比例提高10%，即：县级80%、地市级70%、省级65%、非定点60%；城乡居民医保大病保险起付线降低50%。

对口扶贫工作。高度重视扶贫工作，多次召开扶贫专题会议，明确一名副局长专抓，由工会副主席带领2名工作人员长期驻守大龙村，落实微信签到制度，长期租用一户农户作为指挥部。全村31户贫困户对应安排31名负责干部进行对口帮扶，要求对每户制定三项以上帮扶措施，根据贫困户意愿加以引导，分户施策、分类帮扶。目前，已落实的措施有：为8户易地搬迁户落实地基，为16名未参加城乡居民医保的贫困对象补办医保手续，帮助6户贫困户购买牛、羊、猪、鸡苗若干发展养殖业，帮助1户贫困户落实危房改造资金4000元，帮助6户贫困户落实慈善助学资金9400元，帮助销售贫困户干笋200余斤，野生土蜂蜜近200斤，为每户贫困户购买贫困家庭综合保障险，每位帮扶人员上户次数不低于10次。为解决片区基础设施薄弱、交通落后的问题，多方筹资25余万元进行帮扶，落实“一事一议”项目一个。号召全体党员开展“我为大龙山献爱心”募捐活动，筹集资金35150元，全部用于帮扶贫困家庭发展生产。

机构编制工作

市委机构编制委员会负责人（名单）

编办主任	刘　勇（6月改任） 符　文（7月上任）
编办副主任	刘民强　罗润祥
事业单位登记管理局副局长	仇小明

【概况】　2017年，市编办积极落实市委巡察机构和市纪委派驻机构设置，切实推进大统战格局，向岳阳市争取批复汨罗市13个科级机构，并严格执行年度用编计划，积极开展党建、棚户改造等工作。

【学习十九大会议精神】　积极传达会议精神。十九大召开期间，组织全办党员干部收看开幕式现场直播，认真听取习近平总书记代表十八届中央政治局向大会作的工作报告。组织购买《党的十九大报告辅导读本》《十九大文件汇编》以及新修订的《中国共产党章程》等学习资料，大力宣传十九大会议精神。

深入领会报告精髓。组织干部职工集中学习，原原本本学习十九大报告，并作好学习笔记。结合实际学，带着问题学，通过学习，引导党员干部紧密团结在以习近平同志为核心的党中央周围，坚持以习近平新时代中国特色社会主义思想为指导，牢固树立政治意识、大局意识、核心意识、看齐意识，深刻把握中共十九大精神实质。

落实好宏伟蓝图。按照学懂、弄通、做实的要求，切实把思想和行动统一到中共十九大精神上来，把智慧和力量凝聚到中共十九大提出的各项目标任务上来，切实做好各自本职工作，不断加强机构编制管理，深入推进各项体制机制改革，扎实做好脱贫攻坚、党建等中心工作，为加快更高品质生态文化活力汨罗建设不懈奋斗。

【党建工作】　扎实开展“两学一做”和党员主题日活动。一把手切实承担起抓好党建工作的主体责任，按照党要管党、从严治党要求，不断加强干部队伍建设，从严要求，率先垂范，确保班子团结、队伍纯净。结合“两学一做”学习教育常态化制度化建设，制订详细的学习计划。组织党员干部认真学习《中国共产党章程》《中国共产党廉洁自律准则》等党规党纪，学习习近平总书记系列重要讲话精神。同时，认真落实“党员活动日”制度，每月第一个工作日开展主题党日活动，组织党员集中缴纳党费。积极响应市委和市委组织部号召，坚持不懈抓好红星云平台学习工作，督促党员赶超先进，力争上游。截至12月18日，全办党员100%激活红星云学习平台，党员平均学习积分达到1300分以上。

坚持民主集中制度。对于牵涉到机构编制政策和办公室重大决策的事项，充分发扬民主，不搞一言堂，不独断专行，遇事总是先征询和听取其他班子成员的意见后，再根据实际、作通盘考虑和谨慎实施，从而确保各项工作按部就班、有条不紊进行。对于市委、市政府及编委会议做出的各项决议决定，班子成员坚决拥护和不折不扣贯彻执行，保证将各项工作任务落到实处。

认真落实“三会一课”制度。严肃党内政治生活，定期召开支部委员会、党小组会、支部党员大会，一把手定期与班子成员和干职工谈心谈话。严格党员教育管理，按时上好党课。采取灵活多样的方式，多方位宣传党的最新理论知识，传递正能量。严明党建工作责任，全面提升机关党建整体水平。

【扶贫搬迁】 加强组织领导。根据市委安排，编办负责弼时镇玉池村开展驻村帮扶工作。脱贫攻坚工作启动后，明确由副主任刘民强带队，仇小明同志脱岗驻村专职负责帮扶工作。

深入开展调查研究。班子成员和帮扶队员定期上户走访，听取贫困户和村组干部群众的意见和建议。针对玉池村贫困落后的原因，制定切实可行的脱贫计划及设想，驻村扶贫队员仇小明还认真撰写《弼时镇玉池村明华片脱贫攻坚调研报告》。

分类施策精准帮扶。针对每个贫困户的具体情况，通过就业技能培训、教育助学扶贫，低保兜底、危房改造、产业养殖扶贫，易地扶贫搬迁、医疗救助等方式实现彻底脱贫。在扶贫活动日，组织干部自愿捐款，共募集捐款1200元。为保障帮扶工作顺利推进，全年已累计拨付到位扶贫专项资金12万余元。目前，13户帮扶对象中已有6户完成异地搬迁工作。

【棚户区改造】 认真开展棚户区改造工作。项目启动后，立即成立工作组，由符文主任担任组长，分管副主任牵头，安排专人负责。工作组多次深入拆迁户家中宣传棚户区改造有关政策，了解群众诉求，做好思想工作，争取群众支持棚改工作。目前，编办4户拆迁户中，已有1户签订拆迁补偿协议。

积极支持文明创建工作。积极宣传文明创建工作，扎实开展文明机关建设，切实改进工作作风，优化美化机关环境。深入开展以社会公德、职业道德、家庭美德为主要内容的“三德”教育，把职业道德融入到工作的各个方面。

【“刹人情歪风、治婚丧陋习、树文明新风”专项工作】 加强领导，压实责任。成立市委编办“刹人情歪风、治婚丧陋习、树文明新风”专项工作领导小组，由主任符文任组长，分管副主任为副组长，相关业务股室干部为成员。

宣传发动，营造氛围。召开专题会议，对“刹人情歪风、治婚丧陋习、树文明新风”专项工作进行全面发动和专题部署。充分利用微信平台、倡议书等多种形式对专项工作的意义、内容和要求等进行广泛宣传，营造良好的舆论氛围。

自觉遵守，履行承诺。组织本单位工作人员签订承诺书，带头履行承诺，自觉参与专项工作，自觉管好自己和家人，自觉抵制人情歪风和婚丧陋习。引导党员干部彻底摒弃婚丧喜庆活动中的封建迷信、大操大办、铺张浪费、炫富攀比、薄养厚葬等陈规陋习，大力提倡“婚事新办、丧事简办、余事不办”的操办方式和不收送礼品礼金等健康文明的交往方式。

【落实工作】 对于市委常委会决定的事项，坚决贯彻落实到位。年内落实的常委会纪要有关决定事项主要有：

迅速落实市委巡察机构和市纪委派驻机构设置工作。

（一）市委巡察机构设置。根据岳阳市委编办批复精神，经市编委会议研究决定，设置中共汨罗市委巡察工作领导小组办公室，列入市委工作机构序列，设在市纪委，核定领导职数为主任1名，副主任1名。设置市委巡察组2个，组长2名，副组长2名。核定市委巡察工作领导小组办公室行政编制5名，核定市委巡察组行政编制4名。

（二）市纪委派驻机构设置。经市编委会议研究决定，市直机关设派驻纪检机构13个，设纪检组长13名，副组长16名，纪检专干29名，核定市纪委派驻市直单位纪检组行政编制58名。

（三）所需编制来源。市委巡察机构、市纪委派驻机构所需编制从市直有关单位调剂解决。即市直行政单位编制统一按6%（四舍五入）精简，上收35名行政编制，划转置换食品药品工商质量监督管理局派出机构行政编制26名，划转置换司法局公证处政法专项编制4名；公安、检察、法院等按实际需要划转政法专项编制5名。另因核减部分事业单位纪检监察机构领导职数，相应核减全额拨款及自筹事业编制19名。

（四）认真开展“吃空饷”问题专项治理。岳阳市召开机关事业单位“吃空饷”问题专项治理动员部署会议后，迅速行动，专题向书记市长汇报，并在第33次市委常委会议上专题汇报，启动全市专项治理工作。

广泛动员全面部署。8月16日上午，迅速召开高规格的动员会议，对全市“吃空饷”问题专项治理工作作出全面动员部署。以市委办公室、市政府办公室文件形式印发《全市“吃空饷”问题专项治理工作实施方案》。同时，印发《全市“吃空饷”问题监督执纪问责工作实施方案》和《专项治理公告》，公布举报信箱和举报电话。全市动员会议后，督促各单位认真开展自查自纠，搞好宣传发动，对不在岗人员发放返岗通知书，在规定的时间内上报自查情况统计表，并签订诚信承诺书。

全面深入督查核查。成立5个督查组，从市纪委、组织部、人社局、编办、财政局、审计局、教体局、卫计局等成员单位共抽调20人。从9月4日开始，对全市141家行政事业单位进行全面督查核查，覆盖全市1万4千名财政供养人员。重点督查各单位动员部署情况、自查自纠工作情况、公示内容、对发现问题的纠正和处理情况等。核查抽查在编不在岗人员、借调人员、临聘人员情况，弄清具体事由，明确“吃空饷”人员。督查结束后，再次张榜公布单位人员情况，并公开督查组长及举报电话，确保督查、公示到位。

迅速行动整改落实。督查期间，对25家问题较突出的单位下发整改通知书，责成单位对“吃空饷”问题作出书面报告，详细说明“吃空饷”人员的基本情况、目前去向、“吃空饷”具体金额，将涉及个人“吃空饷”的资金全额追回并上缴至财政专户。向财政部门送达170人次停发工资及津补贴通知书。经过整改，全市已有94名停薪留职人员按规定主动返岗，27名辞职、死亡、到龄退休未办手续的人员按规定办理相关手续，103名借调人员和54名病休人员完善相关审批备案手续。

（五）切实推进大统战格局工作。根据岳阳市委编办《关于推进县市区大统战格局的实施意见》和汨罗市委第十届第33次常委会议纪要精神，调整设置中共汨罗市委统战部内设机构为6个，分别为中共汨罗市委台湾工作办公室（汨罗市人民政府台湾事务办公室）、办公室、政策研究室、党外干部管理办公室（加挂政工办、知工办牌子）、经济联络办公室、新阶层人士管理办公室。依法按章程设立汨罗市归国华侨联合会，列入群众团体序列，归口市委统战部管理，核定全额拨款事业编制2名，其中主席1名，专职副主席1名（副科级）。

（六）成立市公安局反恐怖大队并升格副科级。根据市委第十届第33次常委会议纪要精神，成立市公安局反恐怖大队，并向岳阳编办申报升格为副科级。岳阳市委编办于12月11日下发《关于汨罗市公安局反恐怖大队升格的批复》，同意汨罗市公安局反恐怖大队升格为副科级，拟定领导职数为：大队长1名、教导员1名。

【纪监工作】 严格执行党风廉政建设各项规定，切实加强领导班子和干部队伍建设。坚持一把手亲自抓党风廉政建设工作，从严要求和规范班子成员和干部行为，每次开会都要强调工作纪律、组织纪律、廉政纪律。加强“三公”经费管理，严格执行单位财务、公务接待、采购等各项工作制度，从严执行接待标准，全办党员干部严格执行“八条禁令”。

全力支持纪检监察机构履行监督责任。在市纪委派驻纪检机构改革前，由分管副主任专抓纪检工作，履行监督责任，及时传达学习市委、市政府和市纪委召开的有关党风廉洁建设的重要会议和有关党风廉洁建设精神。纪检派驻组到位后，积极配合支持派驻纪检组工作，按要求完成党风廉政建设、“两个责任”落实、公职人员涉砂涉矿经营等表格资料。一年来，全办干部工作作风优良，服务意识进一步增强，廉洁自律意识进一步强化。

【工作特色】 严格落实机构编制管理政策。编办认真学习中央、省、岳阳市各级机构编制管理政策，对照上级和市委市政府工作要求，严格落实财政供养人员总量只减不增的要求，切实加强部门单位人员管理，严格按核定的编制数配备工作人员。

规范机构设置和管理。向岳阳争取批复汨罗市13个科级机构事项。其中，新设立中共汨罗市委巡察工作领导小组办公室、市委巡察组2个、湖南汨罗工业园长沙飞地园管理中心等4个正科级事业单位，市规划执法大队、市土地复垦整理中心、国有资产管理服务中心、公安局反恐怖大队、神鼎山省级森林公园管理中心等5个机构明确为副科级。批复市委组织部基层办主任、人民医院党委书记、民族宗教事务局专职副局长、归国华侨联合会专职副会长4个科级职数，合计增加科级领导职数18名。重新调整设置市委统战部内设机构；报请岳阳批准，将市中医院更名为中医医院。

严格执行年度用编计划。岳阳编办批准汨罗市2017年度用编控制计划310名，全年实际使用编制310名。其中，面向全省统一招录乡镇、公安、法检两院公务员共41名，接收省委组织部选调生5名，三支一扶政策性安置3名，面向社会公开考录事业单位人员171名（分别为农村中小学教师102名，卫生系统专业技术人员34名，其他市直事业单位人员34名），实施“四海揽才”人才引进计划19名，面向市外遴选教师30名，军转干部及退伍军人安置41名。全年因退休、辞职、外调、死亡等原因累计核销编制372名，实现人员净减62名。

（仇小明）

党校工作

市委党校负责人（名单）

市委常委组织部部长第一校长	李冯波
校长	黄光胜
副校长	周兴建　卢　坚
行政学校副校长	李明月（兼）
行政事务室主任	卢　坚（兼）
监察室主任	易　丰
教务教研室主任	杨春林
办公室主任	黄清华

【概况】　汨罗市委党校、汨罗行政学校统筹举办各级各类培训班12个共19期，培训学员3502人次，大力打造“精品课程”10堂，并与市委史志办合作编辑出版《汨罗党史人物》，2017年，该校获评岳阳市“文明标兵单位”。

【教育培训】　坚持以培训为中心，狠抓主业主课，更加有力地发挥主渠道、主阵地作用，班次开设和培训学员人数都创历史新高。

率先宣讲十九大精神。中共十九大召开后，迅速组织全体干职工学习十九大报告并第一时间开展宣讲，这项工作在岳阳地区来说是速度最快的。为真正提高宣讲实效，邀请省委党校湖南行政学院副校（院）长刘丹、湖南大学岳麓书院国学研究院院长朱汉民等专家教授来校讲课。在下半年举行的法制能力提升班和青年后备干部培训班中，及时开展十九大精神教学专题。积极送十九大精神下乡进村，副校长周兴建和黄清华、杨春林教师等上门讲课40余堂，听课学员达5000余人次。

圆满落实培训计划。按照《汨罗市2017年党员干部教育培训计划》，统筹安排校内各种教学资源，依次举办组工干部培训班、市直机关工委书记学习十八届六中全会精神培训班、入党积极分子培训班、新党员转正培训班、统战干部培训班、乡科级干部培训班、村（社区）“两委班子”培训班、青年后备干部培训班、法治能力提升班、十九大精神宣讲骨干培训班等纳入财政拨款的主体班次12个共19期，培训学员3502人次。培训规模较往年大幅增加，调训的对象范围明显扩大。过去副科级实职干部调训难，请人代课，“学习专业户”现象明显好转。

认真做好对外宣讲。响应市委“两学一做”活动相关要求，认真积极做好送课下乡、送课上门，重点突出十九大精神、“一党章、两准则、三条例”等知识宣讲，取得良好成效。

积极开展社会培训。利用现有培训设施，主动联系和热心接纳农业局、农机局、人社局、农广校、归义镇等单位，全年共举办各类社会培训38场次，培训人员5350余人次。探索设立“罗城大讲堂”，和组织部配合开办为期一年的“罗城金融英才培训班”。

【教学工作】　教学质量是质量立校的核心内容，在过往经验做法的基础上，继续改革创新，努力提高办学质量。

鲜明凸显主课地位。作为“红色学府”，党校教育的主课是理论教育和党性教育。在主体班次进一步增加中国特色社会主义理论和党规党纪党性教育课程的比重，占到总课时的76%。创新性开设具有地域特色的红色课程，如求索精神、龙舟竞渡精神、弼时精神、汨罗党史人物等。投入10多万元，与史志办合作编辑出版《汨罗党史人物》一书，发行5000册，作为本土党性教育教材。

继续强化“新课试讲”。每一个新开专题和内容更新幅度较大的教学专题，都坚持授课前的试讲。校委会带领全体理论教员对每一堂课进行现场听，当场评，集体改，达到要求才能上讲台。全年共组织新课试讲和探索试行集体备课21堂次，有效保证授课质量。

大力打造“精品课程”。教学要出精品，才能有影响力。继续大力打造“精品课”，分两次在全校范围内评选10堂“精品课”，所有精品课都经再次打磨，成为稳定的精品课程。理论教员在锻炼中得到提高，在岳阳市组织“四种精神”教学中，黄清华被选定为“求索精神”的授课老师，是唯一一个县级党校的老师。

持续改进教学组织。加强班主任建设，每个主体班都安排专职班主任，1个月以上长班安排副班主任全程跟班。在教室里新增手机袋，安装屏蔽仪，帮助学员在学习期间放下手机拿起笔，多把心思用在课堂上。乡科级干部培训班和青年后备干部培训班，安排韶山市委党校异地教学，效果良好。

【科研转型】 党校的科研是服务教学、资政建言的有力抓手，坚持“教学、课题、成果”三位一体，着力在科研团队协作、调研成果进课堂、服务地方经济社会发展上做文章。

有效推动理念更新。好的理念是工作创新的有力抓手，在突出党校科研工作特色的基础上，不断学习临近县市和其他地区先进经验，推动理念更新。重视成果转化，把科研重点由单纯在党校行政学校系统理论研讨中取得好成绩，向为市委市政府决策服务、为市域经济和社会发展服务、为学校的教学培训服务转变。

主动开展理论研究。结合学校理论教员专业知识结构和汨罗建设发展重点工作，成功申报《文化产业化中屈原文化的研究》和《主动对接大长沙》2个省级社科课题。同时，完成上年2个省级社科课题的结项工作。响应省委宣传部号召，组织全体理论教员，围绕“社会主义为什么有点潮”“中国的‘朋友圈’为什么这么大”等主体撰写理论文章，共征集优秀作品8篇。积极参加市纪委廉政“三微”作品及“我的家教家风故事”作品征集活动，收集《传统文化中的廉政思想》《严以用权》等作品7份，获二等奖1篇、三等奖1篇。9月份征集筛选调研报告和学术论文11篇，报送上级党校，获市一等奖3篇、二等奖4篇、三等奖3篇，省二等奖1篇、三等奖1篇。

积极发挥平台作用。作为汨罗现有唯一的一本理论刊物，继续认真办好《汨罗论坛》。全年共组织出刊2期，通过开设专栏形式，重点刊载领导干部讲话讲课稿、学员优秀调研论文和党性分析材料、学校理论教员获奖论文等内容，较好地发挥其理论宣传阵地、教学科研成果展示和咨政建言平台作用。

【“文明标兵”创建】 党校是我家，兴旺靠大家。以争创湖南省示范性县级党校和岳阳市“文明标兵”单位为契机，进一步提升干职工精神风貌，努力形成推进党校事业发展的合力。

积极抢抓发展机遇。为认真贯彻全国、全省和岳阳市委党校工作会议精神，校长黄光胜多次向市委书记、市长、常务副市长、组织部部长书面和口头汇报工作，争取市委市政府领导们对党校建设和发展工作的高度重视，市长朱平波、副市长林治学主持召开政府办公会议研究党校建设工作，书记喻文批示由组织部领导牵头组织有关部门领导外出考察学习、主持召开市委党委会研究党校建设发展工作，并亲自到党校进行实地察看，确定党校扩建的大体区域。

扎实推动机关党建。每月第一个工作日为党员活动日，雷打不动坚持开展党员活动。召集全体党员，交党费、上党课、开展学习讨论等活动。于6月底召开支部大会，庆祝“七一”，讨论通过傅玉同志预备党员转正，开展支部书记评议党员，民主评议党员活动。继续认真开展“两学一做”学习教育，扎实推动“汨罗新发展，党员新作为”创先争优活动。全年由校领导和理论教员上专题党课6堂。结合学习市委第十次党代会精神，开展“两新”大讨论、演讲比赛、党性教育基地参观学习等活动3次。坚持党要管党、全面从严治党，认真履行党风廉政建设主体责任，认真开展涉砂涉矿问题、“吃空饷”问题、“刹人情歪风、治婚丧陋习、树文明新风”专项整治工作。

围绕中心服务大局。全力抓好精准扶贫工作。选派骨干力量到罗江镇嵩山村担任第一书记和扶贫专干，安排全体干职工结对帮扶一到两户困难群众，每月一次到村开展工作，并从紧张的办公经费中，挤出资金10万元用于解决困难群众生产生活困难。帮助嵩山村建设村级党员活动中心，开展村级党务工作规范化活动。认真做好防汛工作。防汛期间，班子成员带领干职工在罗江垸责任堤段严防死守。抽派一名副校长参加市重点工程建设，如期完成棚户区改造拆迁工作任务。

文明创建卓有成效。以创建岳阳市“文明标兵”单位为目标，将文明创建工作纳入全年整体工作部署，与党的建设、教学工作等同步交叉进行，成功获评岳阳市“文明标兵单位”。积极发挥工会作用，认真组织志愿服务、义务献血、益智体育户外运动等活动，文明风尚已然形成。计划生育、综治维稳、消防安全等工作也在创建过程中得到深化和加强，综治维稳工作和计划生育工作获市级先进单位。

（黄清华）

信访工作

市信访局负责人（名单）

局　长	李正海
副局长	霍顺理 姚志惠 黄　魁
群众工作部副部长	罗　烨
正科级干部	熊绪凯
办公室主任	胡志平

【概况】 市信访局深入贯彻上级信访工作会议精神，牢牢把握“信访工作责任年”活动契机，不断夯实基层基础，强力推进专项行动，有效化解信访问题，工作取得一定成效。

【贯彻精神】 采取多种形式，传达学习习近平总书记关于信访工作重要指示、第八次全国信访工作会议、十九大安保维稳会议、国务院副秘书长舒晓琴与省委书记杜家毫在省委理论学习中心组（扩大）会议上的讲话精神，原原本本组织学习研读中共十九大报告、《信访工作责任制实施办法》《湖南省信访工作责任制实施细则》等，要求切实提高政治站位，强化责任担当，坚持以人民为中心的工作理念，千方百计解决好群众最关心最直接最现实的利益问题。

【群众工作站+网格化模式】 注重源头预防，推行“群众工作站+网格化”模式，努力把问题解决在初始阶段，把矛盾化解在基层一线。

一是早排查早介入。坚持严细深实标准，对各类风险隐患开展拉网式、排雷式摸排，及时收集社情民意，掌握信访动态，做到发现得早，控制得住，处置得好。对排查过程中发现的问题，纳入台账管理，实行销号制度，严格按照“一个问题、一名领导、一套班子、一个方案、一抓到底”的要求，认真有效化解。如针对涉军群体，全面摸排，提前介入，及时疏导，退役军人8月30日集访岳阳市政府，9月26日集访省信访局，汨罗市均无一人参加。年内组织开展矛盾纠纷排查19次，排查出不稳定问题393个，有效防范7批越级集体进京到省上访事件发生。

二是勤接访勤调处。对群众来访，坚持认真热情接待，依法能当场解决的当场解决，不能解决的认真梳理，做好解释工作，全年信访局接待群众来访1035批2178人次。协助做好市级领导值班接访工作，跟踪督办领导接访批示事项，全年市级领导接待群众来访489批828人次。9月27日，市委书记喻文主动约访仇义光、仇群艳等老上访户，面对面听取诉求，从情、理、法的角度，耐心做好疏导解释工作，并要求相关单位依法依规、公平公正处理，积极帮助解决实际困难。仇义光、仇群艳等相当满意。

三是快反应快处置。着力完善应急机制，加强对突发事件的现场处置，在第一时间第一现场迅速果断化解矛盾，防止矛盾激化升级。切实加强值班备勤，实行专人值班和领导带班，遇到重要情况即时上报、即时通报、即时预警、即时会商、即时处理，搞好上下联动和左右协作，形成强大合力。加强与火车站、汽车站等部门联系，实现信息共享、整体联动。十九大特护期间，先后在岳阳火车站、武汉火车站、河北保定等地，成功劝返拟进京上访的李四毛、黄秋林、仇义光等。

四是抓基层抓基础。突出重点地域、重点群体，主抓薄弱环节、基础工作，规范乡镇群众工作站、村（社区）群众工作室硬件建设，优化工作机制，规范工作台账、信访文书，做到制度实、底子清、情况明。大力推行网格化管理，将民政信访、治安维稳等结合起来，实行精准化管理。

【“三个一”模式】　对领导批示件，对到省集体访、进京非正常上访，采取“三个一”措施，确保重点问题有效化解，重点对象有效稳控。

一是成立一套强有力的专门班子。每一个问题都成立一个专门班子，由联镇管线市级领导“一对一”包案，明确第一责任人、直接责任人和具体工作人员，确保工作力量充实到位。二是制定一个切实可行的解决方案。每一个问题都召开专门会议进行认真研究，制定详细具体、切实可行的解决方案。三是调动一切积极有效的力量。动员亲属朋友、特别是直系亲属参与做稳定化解工作，形成解决问题的强大合力。在积极解决信访人生产生活中实际困难的同时，充分利用与当事人身份相近、感情相通、沟通便利的亲属、周边群众等，做细疏导稳控工作，形成稳定化解工作大家做、共同做、就近做、随时做的局面。同时，全面落实“五看一加X”的措施，将重点人员牢牢稳控吸附在当地。特护期间，全市无一人进京上访，全年化解突出问题182个，其中化解疑难积案27件。

【信访办理】　在狠抓信访行为依法规范的同时，全方位规范信访事项受理办理行为，有效减少重复访、越级访的发生。

一是加强业务培训。1月下旬、4月上旬和8月下旬，针对信访干部人事变动大的实际情况，成功举办3次乡镇分管负责人、信访专干及市直部门信访室主任参加的培训班，就来访来信办理、网上信访办理、接访处访技巧等进行专题培训。特别是邀请省委党校副校长、行政学院副院长刘丹教授讲授《开创依法治国新时代》，岳阳市信访局副局长李霖讲授《信访与维稳》，在信访系统中组织开展“学习党的十九大精神心得体会文章评比”等活动，认真学原文、联实际、谈体会、抓落实，全力推动信访工作法制化建设，推动信访工作创新发展。二是规范工作流程。严把接访办信关，严把依法分类处理信访诉求关，严格按程序分类处理各类信访诉求，严格按程序将法律文书和办理答复送达申请人，确保合理合法诉求依照法律规定和程序就能得到合理合法的处理。同时将信访诉求的受理、办理各环节录入信访信息系统，确保当事人和广大群众及时了解信访诉求处理的依据、时限、程序和结果，提高工作透明度和公众知晓度。三是加强督促整改。对交办的信访事项，采取谁交办谁跟踪的方式，一对一督办指导信访事项办理，督促责任单位及时受理、尽快办结。对受理办理程序不到位、处理意见书不规范的，对信访事项超期受理、超期办理的进行点对点通报，情节严重的提出追责建议。同时积极引导群众对信访部门和责任单位履职情况、信访事项受理办理情况进行满意度评价，对群众不满意的问题认真抓好督促整改，不断提升信访事项办理的群众满意率。年内受理网上投诉958件，办结率达100%，满意率达85%。

【工作责任】　坚决落实信访维稳工作责任，做到“守土有责、守土负责、守土尽责”。

一是突出主体责任。按照“属地管理、分级负责”“谁主管、谁负责”原则，严格落实信访工作主体责任。坚持“一把手抓、抓一把手”，建立党政“一把手”负总责、亲自抓，分管领导具体抓、抓具体，其他领导配合抓、抓配合的信访维稳工作运行机制。二是压实办理责任。坚持“包掌握情况、包解决化解、包思想教育、包息诉息访”，严格落实办理责任。集中力量抓好房地产开发建设、涉法涉诉、涉众型金融、军队退役等重点领域突出信访问题，坚决做到问题不解决不放过、矛盾不调处不放过、信访人不息诉罢访不放过。三是强化责任追究。凡因领导不重视、工作不落实、措施不得力，出现群众到市委、市政府集体上访、闹事、游行、静坐等群体性事件，出现群众到岳阳、赴省集体上访或进京非正常上访，造成不良影响的，对相关责任单位、相关责任人一律启动问责程序，严格追究相关责任。川山坪镇周阳波进京非访，信访局迅速启动责任倒查程序，对川山坪镇进行全市通报批评，对相关责任人严格问责。全年，已通报批评6个单位，约谈6名干部，并对

9名干部进行问责处理。

（胡志平）

史志工作

市委史志办负责人（名单）

主　　任	蒋海龙（11月改任） 王三乐（12月上任）
副 主 任	李建辉　郑志宏
纪检组长	苏　毅（9月改任）
副科级干部	刘国辉　李世英

【概况】 2017年，市委史志办以“存史、资政、育人”为目标，编纂《汨罗党史人物》，出版发行《汨罗市志（1978—2018）》，发行刊物《汨罗春秋》2万余册，完成了《乡镇简志》。

【汨罗党史人物传】 编辑《汨罗党史人物传》。该书收录党史人物39位，全书近20万字，是汨罗市第一本较为详尽介绍汨罗党史人物的书，书中对汨罗现代史上的重大历史事件、革命遗址遗迹和党史人物的光辉业绩都有较为详尽的记述。为编好此书，史志办在文字、内容、编排等方面三校其稿，并通过召开党史联络组评审会等方式，征集意见一百多条，一一落实修改。《汨罗党史人物传》现进厂印刷，成书后将列入中共汨罗市委党校本土教材。

【市志出版】 推进《汨罗市志（1978—2008）》扫尾工作。首轮《汨罗市志》曾获湖南省地方志一等奖，对于二轮《汨罗市志》，史志办紧锁精品良志目标，2017年抓好二轮志的扫尾工作，最后的印刷出版已告完成。

【年鉴编辑】 “拳头”更硬：《汨罗年鉴》抓创新。《汨罗年鉴》一直是汨罗史志办的“拳头产品”，始编于1994年，起步早，质量好。为确保年鉴质量立鉴，再上台阶，在编辑《汨罗年鉴》（2016年卷）时，对年鉴篇目进行进一步调整，使结构更为科学合理。如完善市域概况，将文件辑存和文件索引单独设置等。同时，探索完善年鉴质量控制标准和编辑流程，并与文化公司在彩页制作和年鉴推广上深度合作，力争“拳头产品”更硬。

【汨罗春秋】 “名片”更靓：地情刊物《汨罗春秋》上台阶。《汨罗春秋》是汨罗的地情名片，自2012年创办以来，共收到党史联络组同志、离退休老领导、全国各地知名乡友、市内名家稿件180余篇近80万字，印刷数达到2万余册，其中寄发给知名乡友6000多份，获得良好的社会反响。

【乡镇志】 《玉池山风物志》获志书编纂重视。自2012年起，在市委市政府的支持下，《玉池山风物志》编修这项跨县区的重要历史文化工程，主要依靠社会力量搜集资料、考证史实、精心编纂，全志设计22卷400万字。经过6年的艰苦努力，至2017年年末已完成16卷，占80%，约280万字。此外，《乡镇简志》重新修改定稿。乡镇专志方面，继《沙溪镇志》《大荆镇志》成书后，《桃林寺镇志》形成初稿，名镇志《长乐镇志》正在编修中。

【扶贫攻坚】 联点村扶贫工作稳步推进。根据市精准扶贫工作领导小组的安排部署，史志办在屈子祠镇新茶村驻村扶贫。驻村工作队员会同镇村干部对全村46户建档立卡贫困户进行走访，史志办在编在岗干部5人，每人联系5户贫困家庭结对帮扶。为充实扶贫力量，根据实际情况，引进中华联合保险汨罗分公司一起办点，并引入爱心帮帮进行爱心捐赠，全年共投入扶贫资金近10万元。

【党史联络工作】 一是调整充实党史联络组力量。近年来聘请一批已退休的有实践经验、写作能力强的“四大家”原任实职领导和个别科级干部进入党史联络组，加强联络组领导力量和写作力量。二是发动老同志参与党史资料的编辑和评议，撰写回忆录，发掘史料。如《汨罗变革的记忆——任森回忆录》已印刷成书。三是加强与党校等部门之间的工作联动。2017年6月上旬，办原主任、《汨罗党史人物传》责任编辑周辉奇在市委党校就汨罗党史人物给学员上党课，学员们反响热烈，纷纷表示深受教育。四是发动老同志给为岳阳市委史志办编著的《回首当年》投稿，共投稿10篇，稿件总体占优。

【服务工作】 完成上级和有关部门安排的其他工作。协助仇鳌孙女仇君好与国土局测绘队联系，到古培镇雨坛村仇鳌墓进行测量，为仇鳌墓修复提供数据支持；陪同华容文化人士一行4人参观屈子祠纪念馆、白水镇西长村、任弼时纪念馆，充分展示汨罗市深厚的文化底蕴和人文精神；应市委宣传部要求，史志办特邀马志宇同志完成全国爱国主义教育基地屈子祠篇的编写工作。

（刘国辉）

档 案

市档案局负责人（名单）

局长、党组书记	贺 萍
党组成员	任庆丰
办公室主任	赵寒丰

【概况】 市档案局围绕“上水平、争一流、作贡献”总体要求，紧扣中心、服务大局、创新思路、力争特色，努力服务“三个汨罗”建设，成效显著。该局被评为全省档案宣传工作先进单位，综合工作在岳阳市档案系统位于前列。

【学习十九大精神】 一是高度重视，精心组织。局党组高度重视，认真组织全体党员集中收看党的十九大开幕式，明确要求机关党支部担负起主体责任，将学习贯彻党的十九大精神与“两学一做”学习教育紧密结合，认真组织学习贯彻落实会议精神。办公室为全体党员订购十九大报告读本及相关辅导材料，要求机关党支部采取灵活多样的方式组织学习，紧密结合工作实际开展讨论交流，鼓励党员干部积极撰写学习心得体会。充分利用红星云网络党建工作平台，及时转发十九大相关新闻报道、权威评论，督促干部学习讨论，营造浓厚的学习氛围。二是深入学习，认真领会。通过组织观看视频直播、召开支部学习会、研讨交流等多种方式开展学习，确保十九大会议精神传达到每一名党员。党组书记、机关支部书记进行带头学，带领大家原原本本学习、认认真真领会、扎扎实实贯彻，引导干部全面理解和领会报告中的新定位、新成果、新认识、新目标、新要求、新举措，并结合实际工作，共同探讨如何贯彻落实好。党员干部踊跃发表学习感言，积极撰写心得体会，掀起学习贯彻十九大报告精神的热潮。三是联系实际，学以致用。局党组切实将学习贯彻落实会议精神与履行全面从严治党主体责任结合起来，与深入推进“两学一做”学习教育常态化制度化结合起来，对下一步重点工作做出部署，一是紧紧围绕坚定不移全面从严治党，不断提高党的执政能力和领导水平的战略部署，进一步落实全面从严治党主体责任，提升机关党建工作水平；二是紧紧围绕坚持全面依法治国，坚定不移走中国特色社会主义法治道路的要求，进一步践行依法治档的要求，三是紧紧围绕建设高素质专业化干部队伍的要求，进一步加强档案部门队伍建设。

【队伍建设】 一是进一步加强思想建设。一年来，局党组把党员干部的思想政治建设摆在重要位置，组织全体党员干部积极参加政治理论学习，在党员干部中进一步树立大局意识、服务意识。通过学习，党员干部立场上更坚定，政治上更成熟，思想上更充实，真正做到与市委、市政府政治上同心、目标上同向、工作上同步。在人员少、任务重、压力大的情况下，局班子克服困难，抽调4名人员积极参与脱贫攻坚、棚户区改造、河道砂卵石整治等中心工作，努力服务市委、市政府的中心工作，得到好评。

二是进一步加强作风和能力建设。过硬的工作作风和较强的工作能力，是搞好事业的必要条件。一年来，局党组把党员干部的作风建设和能力建设放在全局工作的重要位置。一是坚持民主集中制，努力培养和提高领导班子的整体能力。全体班子成员能自觉坚持民主集中制原则，主要领导带头开展谈心交心活动，集思广益、切实解决档案事业中的实际困难。其他班子成员互相沟心通气，讲党性，讲大局，讲原则，在政治上相互信任，在工作上相互支持，在感情上相互尊重，在生活上相互关心。二是坚持分工负责，各司其职。努力培养和提高班子成员的个体能力。在坚持集体领导的原则下，主要领导善于放手、放心。让班子成员充分发挥自己的长处，敢于担责，勇于分忧，不断提高班子的领导艺术和工作能力。目前局党组成员基本上都能独当一面，在全局形成较强的凝聚力、感召力和战斗力。

三是进一步开展创先争优活动。较好地落实党支部“三会一课”制度，及时报送党内各种报表和材料，做好党费收缴管理，按时交纳党费。先后开展民主评议党员、民主评议支部班子、民主改选局机关支部班子、民主推荐优秀党员和召开“七一”党员座谈会等活动。特别是通过开展向全国档案系统先进人物、浙江省龙泉市档案局长朱志伟同志学习的活动后，全局干职工精神面貌焕然一新，形成干事创业的良好氛围。

【廉政建设】 一是强化教育。建立纪律教育学习制度，规定党员、干部每月参加纪律教育学习不少于一次，促使党员干部尤其是党政班子成员不断增强宗旨意识和廉政意识。通过召开党政班子廉洁自律专题民主生活会等形式开展批评和自我批评，促使班子成员自省、自警、自律，时刻保持清醒头脑；通过政务、党务公开的形式，使班子成员工作、生活、作风等方面接受社会和群众监督。

二是强化制度。通过建立健全招待、用车等相关制度，杜绝利用公款吃喝玩乐等现象。一年来，班子成员中，没有发现利用职权违反干部使用任免和为个人亲友谋取私利的问题，也没有发现收受有关单位、个人的现金、有价证券等违法乱纪问题。

三是强化监督。实行单位主要负责人和部门负责人及股室负责人谈话制度，发现苗头性问题早打招呼，早敲警钟；大力推行党务、政务、财务公开，提高监督实效。全年召开党组会11次，民主专题生活会2次，局务会12次，每月至少召开一次工作协调会，努力做到日常工作有计划、重过程、抓业绩、讲落实，从而有效地减少工作的随意性和盲目性，有效地预防和杜绝腐败现象的发生。

（赵寒丰）

市委机关事务管理工作

市委机关事务管理中心负责人（名单）

主　　任	郑立辉
副 主 任	欧阳洋　李曙光
主任科员	湛春红
办公室主任	胡顺英

【概况】 机关事务管理中心，紧紧围绕市委中心工作，以提高保障能力和服务水平为目标，坚持科学管理，认真履行工作职责，2017年荣膺全市红旗单位。

【基础建设】 强化内部管理，将中心工作分为三条线，三位班子成员各管一线，为该线工作的第一责任人。在安保方面，与保安公司多次协商，精选30~40岁年富力强的保安，在适当增加工资的基础上增加工作责任和压力，进一步加强大院安全保卫和交通保畅等工作。在卫生保洁方面，逐步建立健全长效工作机制，安排2名专职保洁员负责市委办公楼的卫生保洁工作，并强化日常管理和监督管理。在资金管理方面，依法依规抓好财务管理工作，进一步开源节流，做到帐目日清月结，财务规范管理。在基础设施方面，争取市委办领导重视，对电梯进行改造更新，对消防进行提质改造。

【拆迁工作】 市委、市政府先后启动市委大院南门临街门面拆除改造和友谊河棚户区改造工作，为搞好这两次拆迁工作，组建一支强有力的干部队伍，成立拆迁工作领导小组，全中心除扶贫、办公室和食堂3名工作人员外，其余14名干职工全部抽调，组成3个突击小分队，专门负责拆迁工作。事务管理中心一班人面对压力和挑战，变压力为动力，化被动为主动，牺牲休息时间，积极主动做耐心细致的思想工作，多方寻求突破口，熟悉情况、通透政策，真心解难、用心引导，拆迁工作顺利开展。5月底，全面完成市委南门临街门面搬迁；6月上旬，完成门面拆除工程；11月3日，全面完成市委大院五栋76户棚改拆迁签约。

【机关食堂改造】 机关食堂关乎机关大院全体干职工的正常工作和生活，为搞好机关食堂的经营管理，组织专人加强维修改造的工程质量监督，加快工程建设进度，所有餐具、设施全部安装到位。同时，组织专人到岳阳市、湘阴、平江等机关单位食堂进行考察取经，学习借鉴先进管理经验，并结合自身实际，努力创新管理模式，切实提升服务水平，把机关食堂经营管理好。现食堂开餐运营情况稳中尚好，每日就餐人数早餐达200多人，中餐100多人，得到四大家领导和全体就餐干职工的好评。

【精准扶贫】 根据市委统一安排，事务管理中心在桃林寺镇玉林村开展精准扶贫工作，主要负责玉林村书林片扶贫工作。该片建档立卡贫困户共16户57人，其中2017年预脱贫11户36人，已脱贫5户18，新增4户6人。管理中心成立扶贫工作组，由副主任李曙光同志任组长，张德等同志为成员。深入推进驻村包户结对帮扶，帮扶干职工进驻贫困户开展一对一定点帮扶。去年共有易地搬迁3户9人，危房改造3户10人，产业帮扶12户，低保兜底4户8人。逐户制定扶贫开发的路线图和时间表，确保脱贫致富奔小康的路上不落一户一人，确保精准扶贫、精准脱贫圆满完成。

（胡顺英）

接待工作

市委、市政府接待办负责人（名单）

主　　任　程　阳

【概况】　市接待办严格按照《湖南省党政机关国内公务接待管理办法》和《岳阳市党政机关国内公务接待实施细则》，坚持热情周到、文明节俭、规范有序的工作宗旨，全市共接待80批1000多人次，圆满地完成了任务。

【特色接待】　党的十八大以来和十九大以后，中央高度重视作风建设，针对政务接待工作适时出台一系列举措，规范和简化接待程序，作为汨罗政务接待的归口部门，必须严格奉行务实节俭、高效透明的态度，推动公务接待工作向规范化、良性化方向发展，展现汨罗特色接待，打造龙舟接待品牌。

2017年1—12月，市接待办承接的接待任务80余批次。其中省部级接待2批次30余人，分别是省长许达哲、副省长谢建辉。地厅级和县处级接待60多批次500余人，周边县市来汨考察20批次300余人，承担湖南省抬阁故事会、中央文明办举办的“爱我国家，圆梦中华”大型活动、屈子文化园开园一系列活动和岳阳市流动现场会的组织和接待安排，圆满地完成任务。

【能力建设】　强素质，不断提高全体接待工作人员业务能力。注重把廉政建设理论学习同业务学习有机结合起来，扩大学习范围，增强学习效果。积极参加市委办公室组织的集中学习、集体讨论外，在紧张的工作之余，组织学习《党的十九大工作报告》《党政机关厉行节约反对浪费条例》《八项规定》《六项禁令》《岳阳市党政机关国内公务接待实施细则》《汨罗市党政机关国内公务接待管理办法》，认真做学习笔记，提高理论水平。

把接待工作作为服务经济建设和机关运转的有效手段，树立过紧日子的思想，注重尺度，掌握标准。一是控制总量，严格流程。公务接待必须要有公函，通过领导签字后由接待办统一安排。无公函原则上一律不予接待。特殊情况必须在事前征得接待办同意；二是定点接待，严格标准。为了便于管理，接待办通过比较鉴别确定固定接待点。公务接待时，严格按照相关规定进行接待，不超标准安排接待住房、不提供鱼翅、燕窝等高档菜肴和用野生保护动物制作的菜肴，不提供香烟和高档酒水，不使用私人会所、高消费餐饮场所。真正做到热情而不铺张，高雅而不奢侈，精致而不寒酸；三是定期通报，严格监督。每次公务接待所产生的费用都是根据中央、省、岳阳市和汨罗市接待相关要求和标准，并对每项接待费用认真审核，然后分别报市委办（或政府办）主要负责人审核，最后报主管副市长审定后报财政核付。市委接待办在严格把关的基础上每季度通报一次接待情况，及时提出存在的问题和解决办法。经常与市委办公室沟通，建立程序规范、协调顺畅的工作关系，共同做好接待工作。由于严格执行这些措施，接待水平逐年提高，接待费用有降无升。

努力提升思想和业务，以老带新，逐步实现每个接待人员都能独挡一面。在抓好党的重要思想理论学习的同时，加大对接待业务知识的教育培训力度。在加强接待规章制度和地方社会经济概况学习的同时，积极加大对接待业务知识的学习，订阅各种与接待有关的杂志，主动搜集整理政治、经济、文化、风景名胜、美食等各方面的材料，汇编成册，积极鼓励大家加强各方面知识的学习积累，不能满足于会做接待，要为今后的自身发展打好基础、积聚后劲。

炼就自身本领，注意加强向接待同行学习交流。为借他山之石，积极采取走出去和请进来的办法加快交流学习，学习岳阳市及其他兄弟县市接待单位的宝贵经验。通过学习研讨，对接待工作的认识和工作技能都得到显著提升。

【党建工作】　落实主体责任和“一岗双责”，自觉遵守“八项规定”，认真落实作风建设规定。认真履行党风廉政建设工作职责，自觉遵守党风廉政建设有关规定，在公务接待和其它工作中，严格按程序操作，不搞大吃大喝，不接受影响公务的宴请，不参加公款娱乐，狠抓制度建设，以规保廉。接待办无一起干部职工违纪。

注重民主决策，严格财经开支纪律。办公室重要的决策都以班子成员碰头商量的最后意见为准，不搞“一言堂”。

在优质搞好政务接待工作的同时，严格按国内公务接待管理实施办法控制每次接待的标准、规模。自两办下发《汨罗市党政机关国内公务接待管理办法》以来，办公室一直坚持按办法执行，效果十分明显。

保密工作

市国家保密局负责人（名单）

局　　长	柳汉雄
副 局 长	刘　勇
办公室主任	胡庆胜

【概况】　2017年，保密局全方位开展保密宣传和常规保密检查，围绕全市经济社会发展大局，依法履行保密行政管理职能，开拓进取，攻坚克难，各项工作取得新的进展。

【组织领导】　一是争取领导重视。市委、市政府将保密工作纳入重要议事日程，市委常委会全年两次专题学习上级保密工作相关文件精神，研究解决存在的困难和问题。就保密机构分设、机构编制等问题进行专题研究，原则同意将市国家保密局进行分设，由市委办和市委编办分别按程序上报分设方案，分设方案已获岳阳市批准。根据上级批复文件精神，同意设立中共汨罗市委保密委员会办公室、汨罗市国家保密局，为正科级行政机构，实行“一个机构，两块牌子”，归口市委办公室、市政府办公室管理，以市委办公室管理为主，配备行政编制3名，核定领导职数为一正一副。二是及时调整保密机构。鉴于人事变动，及时调整补充市委保密委员会和各单位保密工作领导小组成员，以切实履行保密职责。三是严格落实保密制度。根据《党政领导干部保密工作责任制规定》要求，明确各部门单位主要负责人为第一责任人，对该机关、单位保密工作负总责；分管保密工作的党政领导对保密工作负具体领导责任；分管业务工作的党政领导在职责范围内对保密工作负直接领导责任，明确保密员为保密工作直接责任人。

【宣教培训】　一是全方位开展保密宣传。结合“七五”普法，在主要街道、社区等场所发放保密宣传资料2000余份、张贴宣传挂图、悬挂横幅标语，深入宣传保密法律法规知识，做好《保密工作》征订工作，积极培育保密文化，提高公民保密意识。积极向《保密工作》《湖南保密》投稿，努力推介汨罗市保密工作的好经验、好做法，全年共投稿8篇文章，3篇被《湖南保密》刊发。二是多形式开展保密教育。将保密教育纳入市委和各级党委中心组学习的重要内容，播放保密教育警示片，宣讲典型泄密案例。将保密教育纳入市委党校教学大纲，邀请保密专家来党校讲授保密知识，强化领导干部保密意识。三是抓关键开展业务培训。对重点涉密单位的领导和工作人员上门进行专题保密讲座，先后为市委政法委、市委组织部、市纪委等部门单位进行保密专题培训，有效增强各单位的保密意识。对全市重点涉密单位保密员开展涉密文电管理工作专题培训，切实提高全市的涉密文电管理工作水平。

【保密管理】　一是完善绩效考核细则。市委、市政府将保密工作纳入全市年度综合绩效考核，保密局根据工作实际制定对全市的保密工作考核细则，在实际操作中严格按各单位的工作实绩进行考核。二是加强技防水平。配备大功率手机信号屏蔽仪为市委常委会、“两会”和全市各类涉密会议等重要会议提供保密服务。要求各重点涉密单位保密室按保密规定配备“三铁一器”（铁门、铁窗、铁柜和红外报警器）和碎纸机等保密设施设备，按规定在市委办、市政府办、市公安局、市国土资源局等保密重点单位涉密电脑安装“三合一”系统，杜绝涉密计算机违规外联现象。三是强化涉密人员管理。坚持对全市涉密人员严格审查、岗前培训、持证上岗，签订《保密承诺书》，做好涉密人员备案工作和离岗人员脱密期管理。四是加强保密要害部门、部位保密管理。邀请岳阳市保密局安全专家使用专业保密侦测装备，对市委、市政府主要领导的办公场所进行安全环境检测，并对相关安全隐患进行整改。五是注重涉密文电跟踪管理。督促全市各涉密单位严格按涉密文电相关保密规定进行管理，落实保密责任，实现涉密文电管理工作保密、及时、准确。六是加强涉密载体销毁管理。将各单位按规定上交的涉密文件资料和退装报废的涉密设施设备等涉密载体送岳阳市定点销毁单位及时销毁。

【监督检查】 一是开展常规保密检查。全年开展保密检查四次，将检查重点放在涉密文电立户单位、全市各重要涉密部门部位，重点查涉密文电、涉密网络、涉密计算机的日常管理，达到以查促教、以查促改、以查促防的效果。二是开展专项保密检查。建立每半年一次定期督查和日常不定期检查的工作机制。6月，要求全市各单位开展保密工作自查自评，对全市的互联网门户网站发布的信息进行全面清查，对政务微博、微信公众号、互联网办公系统、政务邮箱等进行彻底清查。三是开展行业保密检查。对党政机关周边社会文印店的保密检查形成常态化。对社会文印门店、再生物资回收行业站点开展保密宣传教育和专项保密检查，与各经营业主签订《保密承诺书》，切实增强行业从业人员的保密意识。四是加强重要考试保密工作。积极参与高考、学考、公务员公开选拔、事业单位招聘考试等各类考试的保密工作，严格履行保密监督职责，确保公平、公正、公开。

（胡庆胜）

政务服务工作

市政务服务中心负责人（名单）

党组书记 主任	柳振宇
副主任	杨志平 彭向荣
党组成员	杨 辉
党组成员 工会主席	王天宇
党组成员 纪检组长	伏正平
办公室主任	杨伟和

【概况】 2017年，市政务服务中心落实“放管服”改革，建成热线工单办理网络平台，制定村（社区）便民服务大厅建设实施方案，以公正便民、依法行政为根本要求，在政务公开、政务服务方面进行积极探索，为建设更高品质的生态文化活力汨罗作贡献。

【政府信息公开】 一是7月，结合市政府门户网站进行改版升级，组织全市各部门单位的120名信息员开展政务公开和信息公开的培训，进一步提升信息员的业务能力。市编办将部门的行政职权及其法律依据、实施主体、运行流程等信息在网上及时公开，并发布服务指南，列明设定依据、申请条件、申报材料、基本流程、审批时限。全年，90%以上部门单位财政预、决算在网上都及时公开。市本级47个单位（含二级机构）行政许可事项220项在网上公开，同时，公开保留的行政审批许可事项、各部门单位的行政权力清单。二是把政府门户网站作为政务公开的主要平台。为落实国务院办公厅、省政府办公厅关于政府网站抽查测评工作的要求，做好网站栏目信息更新。突击对55家部门单位和15个乡镇的网站栏目空白进行消除，真正做到全网站零空白栏目。网站共更新信29398条。共办理信件218件，做到件件有受理，事事有回音，全年办理依申请公开46件。其中现场申请1件，网上申请45件，答复率为100%，群众满意率为100%。没有出现一起因政务公开而引起的行政诉讼或行政复议。及时公布各类信息9.4万条。三是建立解读机制。凡出台重要政策，牵头起草部门应将文件和解读方案一并报批，相关解读材料应于文件公开后3个工作日内在政府网站和媒体发布。

【“放管服”改革】 一是清理收费项目。根据行政审批制度改革，简政放权，切实减轻企业与群众负担文件精神，中心对规划、房产、民政、工信、住建、建工、文广新旅、国土、园林、价调、水务等11个窗口的行政事业性收费进行清理。共取消行政性收费7项，降低收费5项，停征收费6项。元至10月份共办证55969件，收取相关税费2.8亿元，办结率和正确率均为100%。二是两集中、两到位和审批提速。按照“应进尽进”的原则，现在全市32个单位的331项审批及服务事项集中在中心办理。每个进驻单位在窗口设有带队领导，并授权到位，直接履行行政审批职责。所有进厅项目进行流程再造，精简审批环节，审批时限比法定时限压缩三分之一以上，将即办件比例扩大到85%，承诺件的办结时间平均缩短40%。三是联审联验，全程代办。全年对20个建设项目进行联合审批，联合审批面积为30.4万平方米，其中房地产开发项目4个，21.9万平方米，收取报建规费共计641万余元。对8个建设项目进行联合验收，联合验收面积为7万平方米。明确为弼时飞地工业园提供以下三项服务：即对入园企业工商执照、机构代码、税务登记、统计证、社会养老保险登记证实行“五证合一”全程代办；对建设工程项目实行联合审批；对建设工程项目实行联合验收。

【12345公众服务热线】 为进一步规范工单的办理，中心已建成热线工单办理网络平台。全年市热线办共受理办结工单6909件，办结率100%，按期办结率100 %，同比去年增加1637件，前三季度在岳阳市考核等级排名均为A类。岳阳热线办对全市工单办理情况抽查回访，回访满意率达97%。

【公共资源交易】 与监督机构建立信息反馈机制，完善安装带语音监控摄像头，实时监控进入中心的每项交易实况，使整个交易活动过程在公开、公平和公正中进行。目前，中心共完成公共资源交易项目731个，交易总金额98.77亿元。

【中心工作】 村（社区）综合服务平台建设。全市共有村（社区）178个，新建综合服务平台78个，改扩建100个。项目都在8月底前开工建设，按要求必须在12月底前完工并投入使用。中心制定村（社区）便民服务大厅建设实施方案，初步拟定下沉到村便民服务大厅的政务服务事项清单，编制办事指南、流程再造。配合与湖南58农服公司合作，对接“岳农”服务平台，把资源整合到终端，打造“线上线下结合、前台后台打通、纵向横向联动”的服务新模式。

“互联网+政务服务”。一是事项清单标准化。按照“统一规范、全面准确、合法有效、动态管理、便于应用”的原则，全面梳理行政审批及政务服务事项，编制行政审批及政务服务事项目录清单和实施清单。二是规范办事指南。对行政审批及政务服务事项的名称、事项类型、设定依据、实施机构、法定办结时限、承诺办结时限、收费标准、收费依据、申请材料、办理流程、办理地点、咨询电话、监督电话等要素编制统一的办事指南。并在图书室、中心窗口、各大酒店旅馆等公共场所摆放，便于市民查阅。三是全面实施“互联网+监督”服务平台建设。全市47家市直部门单位及乡镇与省“互联网+监督”平台进行对接，确保政务服务与外网畅通，建立相关帐号、上传相关数据对公众的民生资金、扶贫信息、政务公开、党务公开、事务和财务进行公开监督。

精准扶贫。中心根据市扶贫领导小组安排，在桃林寺镇杨爷庙村开展精准扶贫工作，通过宣传政策、走访座谈、民主评议，对贫困对象从新认定，建档立卡。摸清贫困对象的致贫原因，投入8万余元扶贫资金，采取一对一、因人而异、切实可行的精准帮扶措施，做到真扶贫、扶真贫、真脱贫。

防汛抢险。在防汛抢险任务中，中心负责值守高台1#管涌，班子成员带领中心干部职工始终坚守在防汛一线。为充分发扬党员的先锋模范作用，在防汛一线成立临时党支部，组织党员突击队，砍青、巡堤查险、处置险情，班子成员始终抢在前面，确保防汛抢险工作的胜利完成。

（杨伟和）

民政工作

市民政局负责人（名单）

党组书记 局长	周 卫
党组副书记 副局长	左小林 罗民益 黄建敏
党组成员 副局长	吴炳阳 郑应良 梁 杰
党组成员 纪检组长	梁小玲
党组成员	巢建文
办公室主任	黎常胜

【概况】 2017年，汨罗民政局认真贯彻省市民政工作会议精神，围绕“五化民政”建设要求，忠诚履职，创新发展，切实做到基础工作抓扎实，重点工作求突破，较好完成各项工作任务。

【党建工作】 一是切实加强党建工作。坚持将党建工作和党风廉政建设摆在首位，建立层级督导工作机制。设立专职机关党委书记，成立党建办和监察室，明确专人专管。明确每月1日为“党员活动日”，班子成员、中层骨干带头讲党课，开办党建、廉政课堂，强化干职工的党员意识和廉政意识。7月1日在全系统开展“民政为民，民政爱民，我为党旗添光彩”主题演讲比赛活动成为汨罗市党建活动典范。二是坚持“纠四风、治陋习”。将“纠四风、治陋习”常态化。建立考勤制度，每天由一名班子成员和一名干部对上班考勤和工作作风进行督查。4月21日，对全系统违反“四风”问题进行专项督查并通报；5月开展公务接待及食堂自查自纠专项整治；8月，深入开展“刹人情歪风、治婚丧陋习、树文明新风”专项工作，全局作风切实转变，行风建设进一步增强。三是深入开展“雁过拔毛”专项整治。健全民政专项资金管理制度，实行“专户储存、专账管理、专款专用”。

【民政专项工作】 将社会保障兜底对象认定清理、军队退役人员大走访、养老院服务质量建设专项行动、村（社区）换届选举、民政资金规范管理与监督、“雁过拔毛”专项整治等八项民政重点工作列出清单，明确工作任务、责任单位和时间节点，推进工作落实。一是加强信访安全工作，维护社会稳定。推行接访下访包案处访机制，全年接待信访218人次，办理上级交办件20件、12345热线46件，切实做到件件抓落实，事事有回音。特别是涉军信访坚持政策底线不突破，转变作风抓处访。7月份在全市开展军队退役人员大走访活动，走访率达100%。“八一”节前，市委书记带领全体市级领导对重点优抚对象及部分困难退役人员进行慰问。全年未发生一起集访和越级访事件。同时，严抓安全生产工作，专门设立安全监督股，做到安全生产常抓不懈。先后三次会同市有关部门联合检查局二级机构和养老服务机构安全生产工作，发现问题，及时整改。二是推进救助体系建设，注重保障民生。明确乡镇为救助责任主体，实行临时救助、医疗救助、优抚“解三难”等资金包干至乡镇，救助对象认定精确，救助及时到位。健全救助对象家庭经济状况核对机制，扎实开展社会保障兜底脱贫对象认定清理工作，全市农村低保全面“洗牌”。社会救助实现农村低保与兜底脱贫“两线融合”，全市低保兜底对象1577人。认真抓好留守儿童关爱保护工作，全市12名失学儿童得到助学返校，5名未上户口的留守儿童登记上户。切实做好查灾核灾救灾工作。针对汨罗市“6·24”“6·30”“8·12”洪涝灾害，迅速启动救灾应急机制，灾民得到及时救助，灾区秩序井然有序。共向上争取救灾棉被700床、毛毯300床、折叠床300床，救灾资金650万元，救灾资金全部通过“一卡通”发放到户。三是推动专项事务改革，促进民政事业发展。以全市“刹人情歪风，治婚丧陋习，树文明新风”专项活动为契机，全力推进殡葬改革工作。推动殡葬回归公益，力争年底收回市殡仪馆经营权；投资近亿元新建城市公益性公墓；推进农村公益性公墓建设，2017年完成弼时镇等4个乡镇农村公益性公墓示范点建设，2018年将实现农村公益性公墓全覆盖。投资3亿元，启动弼时镇影珠山经营性公墓建设，现正进行项目申报和规划征地等前期工作。平稳推进村（居）“两委”换届选举工作。面对合村后村级换届任务最重、要求最高、压力最大的情况，全市各级高度重视，从组织、纪检、民政等部门抽调人员成立15个联乡镇督导组，由市级领导任组长，指导督查村级换届工作，有力地确保汨罗市5月底平稳完成各村换届任务。

【民政实绩】 一是认真开展第二次地名普查工作。在2016年6月启动全国第二次地名普查工作后，进一步加强组织领导，安排专项经费，确保地名普查工作于6月中旬顺利完成省、市验收。二是全面推进小康社会建设。城乡低保月补差于第三季度分别提前提标至300元和140元。重点抓好养老服务床位建设。对医院、宗教场所等机构的养老服务床位进行全方位统计，做到应统尽统。并强化资金保障，调拨100万元福彩公益金支持乡镇新建床位，每新建一个床位补助3000元。全市12月底将建成养老服务床位3882张，实现每千名老人拥有床位35张的目标。三是切实加强民政项目建设。筹资2000万元，高规格新建市光荣院，新增养老服务床位200个，现正处于装修阶段，12月底可竣工入住。推动“医养结合”养老事业发展，积极争取养老服务建设项目，启动福利中心三期工程建设。加大农村敬老院建设力度，投资近千万元新建屈子祠镇敬老院，逐年实现每年新建一所敬老院目标。

（黎常胜）

社会团体

工会工作

市总工会负责人（名单）

市人大常委会副文任 工会主席	易　红
党组书记 副主席	彭词新
副主席	彭金平
副主席、工人 文化宫主任	杨奇兵
党组成员	仇育军
经审主任	张　幸
女工主任	王晓兰
办公室主任	周　畅

【概况】　市总工会积极参与屈子生态湿地公园、文体中心、拆迁办等市重点工程建设，成立驻村帮扶工作队，为联点村黄市村发放求助款8万元，贫困助学57人，并创建“工人先锋号”1家等，在深入基层贴近服务职工中增强维权帮扶力度，较好地完成各项工作任务。

【贯彻中共十九大精神】　10月，党的十九大召开以后，把学习宣传贯彻党的十九大精神作为当前和今后一个时期的主要任务来抓。先后组织全会干职工观看十九大开幕式，逐字逐句学报告原文，聆听党的十九大精神专题宣讲，班子成员轮流讲座，开展学习交流讨论，撰写个人心得体会等形式，使党的十九大精神在干职工思想上落地生根，在工会工作中见到实效。

【党建工作】　按照市委的要求，围绕全会工作，加强党的思想政治建设，突出做好抓党建、打基础、强班子，加强党员教育和干部队伍建设，着力解决党员干部党性修养，党风廉政方面存在的问题，进一步完善制度，努力提高党建工作水平。为促进工会党建工作取得长远发展，一是统筹安排，全面部署。把党建工作纳入重要议事日程，狠抓责任落实，确定党建工作要点，做到党建工作与业务工作有机结合，相互促进。二是强化学习，提高素质。制定学习计划，从4月份开始，规定每个月第一个工作日为党员活动日，以两学一做开展四个讨论，学习贯彻党的十九大精神，班子成员讲党课，党员现场缴党费，开展党风廉政教育等活动为内容，坚持“三会一课”制度，党员干部学习效果良好。同时，按照组织部的要求，机关所有党员加入“红星云”微信公众号，要求党员每天学习获得学分。三是加入投入，完善阵地。按照“六有”标准阵地建设到位，设立党务公开栏，支部和党员承诺栏，心得体会栏，完善党建工作台帐。

【扶贫攻坚】　根据市委、市政府精准扶贫工作的要求和总体部署，按照帮扶工作目标评价考核要求，结合扶贫对象的实际情况，成立扶贫帮扶工作队，安排驻村帮扶专干，组织全体结对干部深入罗江镇黄市村，走进建档立卡贫困户家中，对黄市村所有贫困户排查、摸底，掌握贫困户在生产、生活方面的实际困难，详细了解村情民意，理清帮扶思路，了解贫困户困难和需求，认真开展扶贫攻坚行动。党组成员和帮扶队员每月都深入帮扶村进行走访调研，宣传党的扶贫攻坚政策，制定帮扶措施，开展扶贫活动，进一步密切党群、干群关系，确保结对帮扶工作有序推进和结对帮扶活动的有效落实。为黄市村义务植树400颗，支援村部建设3万元，慰问困难户47户，发放救助款8万元，落实小额信贷53户220万元，危房改造6户，异地搬迁4户，雨露计划8户10人，贫困助学57人，开展产业帮扶20户，预脱贫11户48人。

【中心工作】　积极参与重点工程建设，共抽调8名工作人员参与屈子生态湿地公园建设、文体中心建设、工业园联企帮扶、拆迁办、遗留办，沿江风光带棚户区改造等重点工程建设项目和巡查组人员选派。党组多次研究部署，从讲政治的高度，服从市委市政府统一安排，人力、物力，财力上给予优先保证。抽调出去的同志，都是思想信念坚定、工作经验丰富，能想事会干事的骨干精英。单位有两名干部房屋在拆迁范围内，自认领任务以来党组书记彭词新同志多次上门协调沟通，最终在11月底，两名同志签订拆迁合同。此外，综治民调工作，在下半年二类单位排名中位列第一。

【移风易俗】　落实市委、市政府“刹人情歪风、治婚丧陋习、树文明新风”专项工作任务，总工会为主联合妇联、团市委承办汨罗市“盛世姻缘”主题集体婚礼。活动于7月正式启动，通过3个月的筹备，10月4日在全市人民的关注和见证下如约举行，全市自愿报名参加的20对新人步入婚姻殿堂。弘扬移风易俗、婚事新办的社会新风，倡导文明节约、健康向上的生活方式，是落实市委、市政府“树文明新风”要求的具体行动，也是开展“三城同创”，特别是创建全国文明城市的生动实践。

【廉政建设】 推进长效机制建设，健全党风廉政建设责任制。坚决支持派出纪检组履行监督职责。按照要求，认真落实反腐倡廉责任，首先是从党组做起，管住嘴，不乱说乱议，不违规接待；其次是以身作则，要求班子成员做到的党组书记带头做到，要求全体党员做到的，班子成员带头做到。建立健全各项制度，重新修订《考勤制度》《机关党风廉政建设责任制方案》，完善《财务制度》《人事管理制度》，坚持民主生活制度、重大事项报告制度，工会经费审查制度，通过制度约束有效地促进党风廉政建设。

监督落实《党政机关厉行节约反对浪费条例》等相关制度规定。严格“三公”经费管理。按程序审核和公示“三公”经费，确保每年“三公”经费比上年有一定比例下降。“三公”经费2017年比2016年下降3万元。遵循党组议事规则。坚持集体领导、民主集中、个别酝酿、会议决定的决策程序，单位重大事情由党组集体研究决定后执行，坚持一把手末位表态，充分发挥党员的民主监督权利，确保单位“三重一大”事项公开透明，单位未发生一例违纪违规现象。

【工会工作】 把握重心，服务大局，主力军作用明显发挥。以创建“工人先锋号”为载体，通过开展各类劳动竞赛和“职工大练兵、大比武”等活动，为全市广大职工提高技能素质、展示风采搭建广阔舞台，创建岳阳市级“工人先锋号”1家。在全市女职工中开展“芙蓉标兵岗”创建和“芙蓉百岗明星”的活动，积极推动女职工的建功立业活动；组织登山活动、趣味运动会、环保志愿者活动，丰富职工文体活动，激发职工工作热情；组织全市劳模开展“传承红色教育弘扬劳模精神”活动，在汨罗电视台开辟劳模风采栏目对劳模的先进事迹进行宣传报道，充分发挥劳模的示范引领作用。开展“书香岳阳·为您读书”活动，夯实全民阅读活动，展示职工风采传递社会正能量。积极开展“安全生产月”活动、举办“最美安全卫士”演讲比赛等活动，增强职工安全生产意识，促使劳动保护工作扎实推进；组织技工代表参加湖南省“湘字号”传统工艺工匠竞赛和“巴陵工匠”岳阳选拔活动，天井千盏茶叶和屈原酒厂脱颖而出将代表岳阳市赴省参赛，同时联合市教育工会开展全市教职工乒乓球大赛，丰富职工活动，进一步展现劳动者风采。

健全机制，构建和谐，履职能力明显提高。维护职工合法权益，持续推进工资集体协商。举办工资集体协商工作指导员培训班一期，35人/次。确保全市228家企业全部建立工资集体协商制度，覆盖职工6869人。其中：28家企业单独签订工资集体协议，覆盖职工2663人；20个区域性工资集体协商工作，覆盖企业200家，覆盖职工4206人，签订行业性工资集体协商协议一份，实行第二次覆盖企业7家，覆盖职工1396人。签订女职工专项集体合同28家。广泛开展厂务公开民主管理竞赛活动，其中国有集体及其控股企业建制率100%，同时向非公有制企业和事业单位逐步推进，全市规模以上非公企业职代会建设已达到90%以上。强化组织建设，进一步夯实工会基层建设。加强工会组织建设工作，进一步扩大覆盖面，继续推进农民工入会集中行动，2017年新建基层工会101家，发展会员4006人，创建岳阳市级“六好”乡镇工会1家，岳阳级模范职工之家3家，省级模范职工之家1家。目前，基层工会建设职工之家合格率达100%，模范职工之家建制率达95%以上，非公企业工会达到规范化建设要求的占90%以上，建立完善工会组织建设工作台账，做到底子清、情况明、工作实。组织开展工会干部业务知识培训班，乡镇工会主席和部分市直工会干部，参加省总和岳阳市总调训11人（次），进一步提升工会干部的业务和理论水平，强化服务职工群众的能力。着力服务职工，保障职工民生惠及面明显扩大。2017年走访劳模20多人次，发放劳模“三金”12.6万元。截至目前共慰问困难职工368人次，发放慰问金80余万元；继续开展职工互助医疗活动，参加医疗互助人数已达10500人，救助住院职工354人，合计发放互助金额50多万元；“春风送岗”活动与人社局在天恒超市前坪联合市内外62家企业进行现场招聘，提供就业岗位3000余个，有近1000人当场签订就职意向书；“夏送清凉”活动中为环卫处、屈子生态湿地公园建设工地、新汽车站建设工地、工业园企业等高温作业下的一线职工送去价值5万余元的防暑降温礼包；“金秋助学”活动共资助42名贫困学子就学，发放助学金12.6万元；继市人民医院和金正科技，公司建立母婴关爱室后，在农民工集中安置的武夷山村村委办公楼筹建第三家母婴关爱室和心理咨询室，关爱女工健康、维护女工权益有序推进。加强经费管理，不断提升经审财务工作水平。对经审工作提出“一强化、六严格”工作要求，对基层工会财务收支和预算执行情况一年一审。5月完成教体、卫计、文广新、发改、农业、商粮、工商食药监等单位工会的财务审计工作，发出审计意见书7份，提出审计意见和建议21条，接受岳阳市总经审会的年度审计和省总经审会的延伸审计。

（周　畅）

共青团汨罗市委员会

团市委负责人（名单）

书　记	倪　锐
副书记	胡　荣

【概况】　切实履行“凝聚青年、服务大局、当好桥梁、从严治团”四维工作格局要求，共青团汨罗市委团结带领全市团员青年为建设更高品质的生态文化活力汨罗扎实工作，贡献力量。

【思想建设】　加强思想政治引领。抓住清明节、青年节等重要节点，组织全市团员青年、少先队员开展祭扫烈士陵园、参观红色教育基地、重温入团誓词等活动，进一步坚定理想信念教育，弘扬优良传统。深化社会主义核心价值观教育。组织各学校团组织开展“朗诵中华经典、践行社会主义核心价值观”朗诵比赛、“爱我中华”红歌会等主题活动，引导青年、青少年培育和践行社会主义核心价值观，增强社会责任感。大力推动志愿服务行动。向全市广大团员青年发出“学习雷锋精神，展示青年风采”的倡议，全市各级团组织集中开展“学雷锋　送健康”、慰问孤寡老人、清洁打扫街道、发放美丽乡村建设倡议书等志愿服务活动。

【生态建设】　为配合关停区域内小散乱废企业的工作，联合市环保局、教体局在新市中学启动汨罗市2017年生态环保志愿者服务行动，向广大青少年朋友发出做环保的宣传者、践行者、维护者的倡议，组织青年志愿者参加环保知识培训，组织青年志愿者通过发放环保宣传单、挨家挨户走访等方式劝导群众爱护环境。服务“三城同创”工作。为助力汨罗文明城市建设，联合市教体局、三创办开展汨罗市“三城同创”青年志愿者服务行动，组织市一中、二中的200余名团员青年开展为期7天的文明劝导工作。助力移风易俗。为落实“刹人情歪风　治婚丧陋习　树文明新风”工作要求，联合市委宣传部、总工会、妇联承办2017“盛世姻缘”大型主题集体婚礼活动，在全市广大团员青年中弘扬移风易俗、婚事新办的社会新风，倡导文明节约、健康向上的生活方式。

【服务青少年】　以帮扶助成才。真情帮扶弱势青少年群体，为罗江镇、弼时镇的留守儿童、贫困青少年送去全新衣物300余套。积极向上级团组织申报“芙蓉学子”“希望工程一元捐”“希望工程·救灾助学”“步步高　鸿雁之家”等助学项目，共计申报助学金10余万元，使部分贫困学生、留守儿童、山区学子得到实实在在的帮扶。以活动促成长。着眼于贴近青少年，组织全市各级团组织开展“全国科普日”宣传、“18岁成人礼”“青春励志行”远足、中高考减压等活动，促进青少年健康成长。以教育维权益。真情关爱重点青少年群体，春节和“6·26”国际禁毒日期间，分别开展“手拉手远离新型毒品，齐参与共筑防毒长城”主题禁毒宣传和“禁毒之声·唱享健康”健康毅行活动，提高青少年防范毒品和自我保护的能力。5月，联合蓝天救援队在全市中小学开展“应急知识进校园”活动，增强中小学生安全意识。联合市司法局、法院等单位在各学校开展法制教育讲座、开学第一课、旁听庭审等活动，提高青少年学生的法制意识。

【从严治团】　深入推进学习教育活动。深入推进“两学一做”学习教育，组织机关党员干部深入学习党章党规和习近平总书记系列重要讲话，切实转变作风，争做合格党员。通过组织团员自学、组织“怎样做一名合格团员”为主题的团课、组织新发展团员参加入团仪式、组织老团员重温入团誓词以及开展团员志愿服务活动等形式，开展“学习总书记讲话 做合格共青团员”教育实践活动，大力推进从严治团，增强团员的先进性和光荣感。强化团干部教育培训。积极组织各级团干部、少先队辅导员参加省市团工作业务培训，切实提高团干部、少先队工作人员的综合素质和服务青少年的能力。着力培养青年人才。积极做好推优荐才工作。春雷学校周龙获得团省委“湖南青年五四奖章”提名奖；三兴精密等三家单位获得岳阳市“青年文明号”荣誉；聂韬等三名优秀青年获得岳阳市“青年岗位能手”称号；章正男等三名团干部获得“岳阳市优秀共青团干部称号”，刘紫芹等三名青年团员获得“岳阳市优秀共青团员”称号，汨罗市职业中专学校团委获得“岳阳市先进基层团组织”称号。

（胡　荣）

妇女联合会

市妇联负责人（名单）

主　席	周　琴
副主席	唐顺华（8月止） 吴俊霖

【概况】　2017年，市妇联切实加强“党政所急”“妇联所能”“妇女所需”的工作理念，发挥平台优势，创新工作方法，为建设更高品质的生态文化活力汨罗作贡献。

【重点工作】　一是多措并举，积极推进“两癌”民生实事工程。“两癌”免费检查是省委、省政府下达的重点民生实事工程，计划在3—5年时间对汨罗35—64周岁的农村妇女进行宫颈癌和乳腺癌免费检查。项目实施两年以来，在市卫计局的积极配合下，已对全市2.3万农村妇女进行免费筛查，超额完成任务数。经过向省、全国妇联申报，积极向上争取“两癌”建档立卡贫困户救助资金79.6万元，75户贫困“两癌”妇女人均获1万元救助。

二是夯实基础，全面深化基层妇联组织改革。根据省、市基层妇联组织改革工作要求，汨罗市出台《汨罗市乡镇、村（社区）妇联组织改革实施方案》。在市委组织部的指导下，各级党委积极配合，召开基层妇联组织改革动员大会。全市15个乡镇154个村（社区）实行基层妇联组织改革。这次改革市委提出特别要求15个乡镇妇联主席高配，即乡镇妇联主席全部由乡镇党政班子女干部中产生，配备一名专职副主席主持妇联日常工作。同时，挖掘社会优秀女能人进妇联班子任副主席，严格落实副主席“专”“兼”“挂”配备的方式。通过改革，很好地延伸镇村妇联工作触角。

三是合力推进，搭建妇女创业就业平台。推进“大众创业、万众创新”，是新常态下实现经济提质增效的重要途径。各级妇联组织积极跟进。筹备成立汨罗市妇女创新创业协会，将创业成功女性推向省市的创业人才的平台，杜忠美、黄素萍等荣获创业人才。推进妇女小额担保贷款工作。突破女性小额担保贷款瓶颈，与市人社局配合，每年为女性创业者发放小额贷款上千万元，有力地促进女性创业。开展创业就业培训指导。加强与市就业局、市农广校、市科技局、市科协等部门的合作，每年在全市15个乡镇举办家政服务培训和一人一技培训，为广大妇女送去专业技能，颁发相关资格证书。与省会对接，打造家政服务品牌，利用与长沙市妇联家政服务公司多年合作的机会，将剩余妇女劳动力输送出去，从2005—2017年，共输出家政人员1700余人次。

【常规工作】　一是加大宣传，大力推介先进典型。“寻找最美”活动是全国妇联倡导的一项重要活动，是全面深化“五好”文明家庭创建活动重要内容，是平安创建活动的助推剂。汨罗市“寻找最美”活动成绩斐然，川山坪镇玉池乡的黄素萍女士被评为全国“三八”红旗手、全国最美家庭，古培镇的徐金娥家庭被授予全国“最美家庭”，市地税局和市发改局两个窗口被评为“全国巾帼文明岗”。

二是联动履职，切实维护妇女儿童合法权益。一年来接待妇女群众来信来访300余件，其中涉及婚姻家庭权益类的占80%，劳动权益类占5%，人身权益类占6%，财产权益类占9%。对妇女群众的来信来访坚持做到“事事有着落，件件有回音”，信访调处率达100%，无一例因处置不力而越级上访的现象。

三是深入引导，加大关爱工作力度。利用重点节日节点，开展关爱留守妇女儿童工作，引导社会团体创新思维与市妇联联手开展各具特色的关爱活动。从2010年开始通过“警察妈妈”牵手留守儿童活动，在全市大力发动巾帼志愿者开展“行业妈妈牵手留守儿童”活动。目前，“检察官妈妈”“计生妈妈”“税务妈妈”等十大行业妈妈队伍已发展志愿者120余名，开展活动1000余次，关爱留守儿童5000余人次。同时，“爱行天下”“爱心帮帮”等社会志愿者协会。

【中心工作】 一是高度重视，全力以赴做好集体婚礼筹办工作。为落实市委关于“刹人情歪风、治婚丧陋习、树文明新风”专项工作的要求，整治大操大办的陋习，达到移风易俗的目的，在市委宣传部的指导下，与工会、团委联合举办汨罗市首届集体婚礼。通过三个月筹备，婚礼于10月4—5日举行。

二是攻坚克难，全面助推精准扶贫工作。积极争取上级项目扶贫。通过向全国、省妇联争取建档立卡贫困户“两癌”救助工作每年两批申报，共救助75名贫困妇女。联点联户参与扶贫。市妇联对口扶贫罗江镇罗滨村，派出一名干部进驻罗江镇罗滨村专门负责精准扶贫工作，制定2017年扶贫计划，对48户建档立卡贫困户进行全面走访，并出资近5.3万元对村户进行帮扶。发动巾帼志愿者活动帮扶。发动荣获全国巾帼文明岗的市发改局利用“六一”儿童节对接贫困家庭关爱活动。全国最美家庭徐金娥任会长的爱行天下志愿协会启动对86名贫困学生的长期资助活动。8月26日，爱行天下扶贫助学志愿者协会“爱在金秋，助学圆梦＂助学金发放仪式在市二中举行，为全市80名贫困学生共捐资12万余元。该协会积极争取省慈善总会的项目支持，镇村妇联组织的协助，与泰康医院联动，承接全市建档立卡贫困户“白内障”患者的全免费手术项目。岳阳市最美女性彭金贵多次组织市人民医院医生到贫困村进行免费义诊。妇女创新创业协会会长彪雪辉带领会员将爱心钱物送到贫困户手中。身患残疾的电商老板杜忠美，将残疾人贫困户组织起来发展灵芝等农产品产业规模种植帮助脱贫等等。

三是以环境整治和综治民调为抓手，着力打造平安宜居汨罗。为鼓励妇女积极参与城乡环境大整治，市妇联充分的挥基层妇联改革后执委队伍扩大的组织优势，层层宣传发动，采取镇妇联执委负责村片区，村妇联执委联组，镇村妇女代表联户的模式开展“清洁家园我先行”的活动。市妇联向全市广大妇女发出《清洁家园，巾帼在行动》的倡议书，要求各级妇联组织积极行动起来，动员每一名妇女都加入到美化庭院、清洁屋场的活动中来，都为文明建设加一把力。为进一步改进干部作风，打造平安宜居汨罗，按照全市民调工作会议安排，市妇联成立民调工作领导小组，结合“走基层、访妇情、办实事”活动，开展民情大走访和公职人员回原籍“走亲访友”活动，收集意见建议，化解矛盾纠纷。利用“6·26”禁毒日等节日节点，开展禁毒宣传，号召全市广大家庭将毒品拒绝在家门外。倡导各乡镇妇联依托妇女之家组织开展广场舞比赛、欢乐潇湘进社区活动，丰富群众业余生活。利用微信等媒体对在环境整治中表现优秀的妇女、家庭和村庄进行宣传报道，大大提高妇女参与环境整治的积极性和参与度。

四是强化责任，落实党风廉政建设责任。市妇联领导班子立足于推动妇女事业创新发展、立足于培养高素质干部队伍、立足于营造风清气正、充满活力的工作氛围，时刻牢记党风廉政建设和反腐败工作的重要地位，切实把党风廉政建设和反腐败工作摆上日程。精心部署安排。市妇联5次召开专题会议，认真传达学习中央、省市党风廉政建设和反腐倡廉相关精神，进行责任分解和落实。明确工作任务。明确单位一把手为党风廉政建设第一责任人负总责，另一名班子成员实行“一岗双责”，把党风廉政建设工作纳入单位工作统筹安排，把党风廉政建设同奖励、评优挂钩，形成各部门齐抓共管的工作局面。健全相关制度。制定《汨罗市妇女联合会党风廉政建设责任制追究实施办法》《廉政制度》《民主生活会制度》《财务制度》等，通过制度来监督党员干部的行为和实现民主管理。

五是固本强基，切实抓好党建工作。认真履行党建工作责任，支部对党建工作认真部署，建立一把手亲自抓，支部上下联动，党员干部全员参与的支部建设工作机制。基础建设上，设立党员活动中心。建立健全各项制度。高标准组织召开妇联班子民主生活会，查摆问题有广度、剖析问题有深度、开展批评有辣度、整改措施有力度。通过查摆问题，使大家找准个人定位，找准现实差距，明确努力方向。认真组织两次讲党课活动，组织党员干部重点学习党的十八大和十九大精神，习近平总书记系列讲话精神，开展“四种精神”大讨论。特别是加大机关党员对“红星云”的学用力度，目前平均积分达800分。结合基层妇联组织改革工作契机，将农村党员中的积极分子吸纳到村级妇联执委队伍中，充分构架和发挥党群共建的桥梁纽带作用。

一年来，妇联工作虽取得了一定的成绩，但与“三个汨罗”建设的要求有差距，工作理论、工作思路、工作方法有待加强，特别是落实省委关于加强和改进党的群团工作意见的文件精神内容方面，关于组织建设、阵地建设和专项工作经费等方面应更一步加大力度。

（吴俊霖）

科学技术协会

市科协负责人（名单）

主　　席	倪　锐
副　主　席	周湘平（11月止） 陈　辉
纪检组长	翁中阳（8月改任）
工会主席	聂四荣
监察室主任	周美中
办公室主任	刘正美

【概况】　一年来，在市委、市政府的正确领导和上级科协的精心指导下，市科学技术协会紧扣中心，立足本职，充分发挥自身优势，团结带领全市广大科技工作者，探索科普新思路，扎实抓好科普宣传、科普活动、科普示范、科普惠农兴村计划等工作。

【中心工作】　扎实推进扶贫攻坚工作。按照市委、市政府的部署安排，市科协联系扶贫点弼时镇玉池村，成立扶贫工作领导小组和驻村帮扶工作队，3月份进驻该村，与村民同吃同住，严格做到精准摸底、精准建档立卡、精准帮扶措施，共提供帮扶资金50000元，为贫困户解决生产生活经费20000元，并联系农学会、畜牧学会的专家在全市开展科技助力精准扶贫活动，对产业扶贫对象进行培训指导。

坚守防汛抢险工作一线。7月，市科协在湘江河段营田西大堤抗洪抢险，全体干职工轮流值守，排查险情几天几夜，直至坚守到水位退至警戒线以下，并帮助解决防汛救灾资金20000元。

参与棚户区改造拆迁工作。抽调基层工作经验丰富的聂四荣、王招军两位同志，到沿江风光带二期项目指挥部下属的归义社区老街棚户区改造拆迁。自8月初进入归义社区，截至12月15日，科协负责的7栋11户全部签订拆迁协议。

【科普工作】　继续加大《全民科学素质行动计划纲要》实施协调力度。认真履行科学素质办公室职责，制定实施细则和工作方案，加强与各有关部门的沟通与联系，市直25个成员单位和15个乡镇场也相应成立全民科学素质工作领导小组，负责该部门和该乡镇《纲要》实施工作。建立从上到下、层层负责的组织网络，形成全市上下齐抓共管的局面。

加强青少年科技教育，增强创新意识和实践能力。市一中、范家园小学通过湖南省青少年科技活动示范学校验收，并重新授牌。市一中被评为“湖南省青少年科技活动优秀示范学校”，指导市二中开展“省科普示范学校”的申报工作，并通过省科协初步验收。联合市教体局组织开展第12届青少年科技创新大赛，共评选出中小学生创新项目一等奖91个、二等奖101个、三等奖115个。在湖南省第38届科技创新大赛中，全市共获国家二等奖一个，省一等奖2个，省二等奖3个，省三等奖5个。在岳阳市第五届科技创新大赛中获岳阳市一等奖24个、二等奖16个、三等奖23个。

举办中国流动科技馆汨罗站巡展。市科协组织在汨罗市一中举办为期2个月的中国流动科技馆湖南岳阳汨罗站巡展，展出期间安装各类科技创新仪器60余台，宣传展板等50块，联合市教育局组织6.5万人次中小学生参加科技体验活动。

配合做好科技活动周活动。与科技局、教育局、人防办等单位联合在川山坪镇中学举办以“科技强国、创新圆梦”为主题的科技活动周启动仪式，活动当天展出科普展板100多块、发放宣传画册资料2000多份，同时各学会、协会开展16个系列科技培训、科普讲座、科技下乡、义诊等科技主题活动。

实施基层科普行动计划。归义镇友谊河社区、川山坪镇科技示范户黎奇顺利通过中国科协、财政部的评审，分别获“全国基层科普行动计划”先进单位和“全国农村科普带头人”的称号，获得10万和5万元奖补资金。

开展科普日活动。9月20日，以“创新驱动发展，科学破除愚昧”为主题，市科协牵头在罗城学校举行全国科普日活动启动仪式暨巴陵千名小院士开班仪式，岳阳市科技馆馆长欧阳雪云、汨罗市人大常委会副主任易红、各相关成员单位领导出席活动。9月21日，联合老科协组织专家教授在天恒超市前坪为市民免费义诊和医疗咨询，发放湿地公园环境保护、防震减灾、健康生活等方面的宣传资料3000余册，展出展板近50块，约500人次接受义诊。同时组织学会、协会开展送科技进社区、进乡镇、进学校活动。

【学会工作】 组织好“全国科技工作者日”活动。在全国首个“全国科技工作者日”，市科协会在5月下旬至6月中旬开展一系列活动：一是走访看望科技工作者；二是开展有奖知识竞赛活动；三是推选典型，宣传推介科技工作者。四是多措并举，扩大交流。为科技工作者提供交流的平台，努力为科技工作者在科研、学术交流等方面创造更好的环境，不断提高服务科技工作者的质量，更好地为科技工作者服务。

开展巴陵青年英才选拔工作。为推进全市人才工程，落实巴陵青年英才计划，激励广大青年创新创业，打造汨罗新增长极提供人才保障，根据岳阳市委组织部、岳阳科协、岳阳市团市委《关于开展2017年巴陵青年英才选拔工作的通知》，推荐兴天机械有限公司董事长聂俊等优秀青年。

（刘正美）

工商联

市工商联负责人（名单）

市政协副主席 工商联主席	周育林
党组书记	周铁军
副主席	张雄辉
党组成员	陆纪新　刘衍平
秘书长	彭俊焰

【概况】 市工商联围绕中心，服务大局，立足“创塑品质、创建平台、创新工作、创优服务”，干字当头，实字托底，主动作为，成效显著。“万企帮万村”工作得到全国工商联副主席谢经荣的高度肯定，2017年被评为全国“五好”县级工商联。

【队伍建设】 着力学习提升，严格规范管理，努力建设有热度、有活力、有规矩的工商联机关。建立干部课堂，通过班子成员辅导、干职工交流探讨等形式，每周组织一次集中学习，切实提升干职工能力水平。加强党员教育管理，推进“两学一做”常态化。精心组织实施“党日活动”，推行党员设岗定责，开展志愿服务，落实党员积分制管理，增强党员意识和支部活力。科学抓好机关维修改造，着力营造勤、廉、俭、诚的文化氛围；强化责任，分解任务，严明纪律，扎实开展岳阳市级文明单位创建活动，不断提升干职工文明素养。组织干职工集中收看党的十九大开幕会，召开学习贯彻十九大精神专题会，开展深入讨论交流，让干职工在思想上紧跟紧随，行动上创先争优。在精心调研的基础上，形成《关于加强工商联工作的意见建议》上报市委，争取市委、市政府对工商联工作的重视支持。年市财政增加工商联经费预算15万元，并下拨专项经费给工商联进行机关改造和化解历史债务。进一步完善管理制度，优化人员分工，建立并实施值会制度、联系商会制度、绩效考核制度、单项工作奖惩制度，规范干部从政行为，激发干部干事热情，提高机关行政效能。

【会员服务】 坚持将服务会员作为本职和“主业”，创新思路，创建平台，创优方式，竭诚为会员和非公经济发展服务。突出抓好四大平台建设：一是完善乡镇商会平台。督促指导各镇成立商会联络办，加强对域内外非公经济人士的联络引导，推动“万企帮万村”工作的顺利开展。二是创建网络服务平台。投入5万元，聘请专业公司，科学设计版面，明确专人管理，创建主题网站和微信公众号，设立电商平台，搭建一个集政策宣传、项目推介、信息发布和乡情联络为一体的综合平台。三是创立法律维权平台。聘请专业人才成立法律维权服务中心，联络组织寓外乡友中的知名法律人士组建专家顾问团，共为15家会员企业和2家商会组织提供法律服务，获得大家的充分认同和高度赞誉。四是建立后勤服务平台。引进社会化服务，与人民银行合作建立机关食堂，为干职工提供就餐便利，也为接待商会会员和寓外乡友营造温馨环境。扎实开展“访民企、办实事、强信心”活动，由党政班子成员带队，对全体执委企业、行业代表性企业进行全面走访，收集意见建议32条，协调职能部门为企业解决实际问题14个。加强与寓外乡友联络。和市委统战部组成联合考察组赴上海和广东四市（广州、东莞、佛山和珠海）考察，进园区、访商会、看企业、听座谈，落实寓外乡友和域外企业对口扶贫，开展招商引资活动，取得较好成效。

【寓外乡友恳谈会】 始终将工商联工作放在全市经济社会发展大局中，坚持高位谋划，真正用心干事。为推动全市物流产业发展，同时吸引寓外乡友回乡投资兴业，工商联和市贸促会牵头于2017年1月25日在市一中体育馆组织“汨商物流产业联盟”合作暨迎春联谊会。书记、市长亲自出席，市人民政府与汨商物流产业联盟签订战略合作协议。多次与“汨商物流产业联盟”主要负责人对接，推动其尽快在汨罗成立物流集团。12月初，又由党组书记周铁军带队参加“汨商物流联盟”凝客平台在西安的项目签约会。加强与广东汨罗商会的对接联络，推动“微善风助学汨罗”的落地。自去年10月以来，广东汨罗商会已投入资金140多万元，结对资助全市贫困学生603人，商会的善行义举传递爱心，弘扬社会正能量。落实“项目招商月”活动，联合汨罗国际广场组成招商团队，赴广州、深圳、佛山、东莞、成都等地，向寓外乡友宣传市委市政府招商政策，推介优质招商项目。牵头组织汨罗市“迎老乡、回故乡、建家乡”寓外乡友中秋联谊会，邀请60多名著名乡友参观汨罗重点工程项目，召开“汨商联合会”筹备工作恳谈会，开展“畅叙乡情乡谊，共建品质汨罗”茶话活动，最大限度地凝聚乡友智慧和力量，服务全市经济社会发展。年底落实的项目3个。

【工作品牌】 立足工商联实际，创新履职，真抓实干，争创一流，打造工作亮点和品牌。积极开展调查研究。配合上级工商联完成民营企业调研49家（次），准确翔实上报会员基础数据库和“万企帮万村”台账资料，参与优化非公经济发展环境和落实“非公十条”调研，民企调查工作位列岳阳市工商联系统第一。认真抓好计划生育和综治民调。遵循政策，澄清底子，在会员推荐政治安排和荣誉评选时，严把计生审批关，发挥利益导向作用，引导非公经济人士投入资金3万元帮扶8户计划生育家庭。计划生育工作位列岳阳市工商联系统第一。高度重视综治民调和平安创建工作，全方位走访机关干职工和会员，发放宣传资料和公开信400余份，引导大家爱护维护汨罗形象。上半年综治民调工作位列市直单位第二名。主动服务脱贫攻坚。举全联之力支持脱贫攻坚工作，选派得力干部进驻弼时镇清溪村，组织机关干部结对帮扶，认真落实“三走访三签字”制度，发挥联系广泛的优势，开展医疗、就业、教育扶贫，引进爱心企业湖南唐車汽车贸易有限公司捐赠10万元，支持清溪村的光伏发电扶贫项目，动员广东汨罗商会捐资31万元，对口帮扶17户在洪灾中倒房的建档立卡贫困户。清溪村已顺利通过省检验收，成功脱贫摘帽。扎实推进棚改拆迁。选派2名经验丰富、责任心强的同志参加沿江风光带棚改拆迁工作，强化保障，严明纪律，工作队员依法依规开展征拆工作，目前已基本达成拆迁协议1户，其他4户的工作正在抓紧进行。深入推动“万企帮万村”精准扶贫行动。强化责任分工，明确1名机关干部联系1个乡镇，组织召开工作推进会，联合市委统战部、督查室深入各个乡镇开展“万企帮万村”工作调研督查，通过域内企业帮、园区企业扶、商会组织和寓外乡友对口支持等方式，实现全市154个行政村帮扶全覆盖，参与帮扶企业374家，实施帮扶项目604个，安排贫困户劳动力就业1130人，投入近6000万元开展助学、助残、帮扶困难户和支持基础设施建设。

【廉政建设】 联党组全面落实党风廉洁建设主体责任，健全机制，强化引导，严格执纪，确保干部清廉和机关清正。一是加强组织领导，明确工作责任。成立以党组书记周铁军同志为组长的党风廉洁建设工作领导小组，制定廉洁建设目标考核细则，坚持把党风廉洁建设与其它工作同部署、同检查、同考核，联党组与班子成员及各部室签定责任书，分解任务，明确责任。二是注重宣教引导，筑牢思想防线。结合“纠四风，治陋习”和整治“雁过拔毛”式腐败，组织党员干部观看警示教育片，学习纪委文件通报和《中国共产党廉洁自律准则》《中国共产党党内监督条例》，签订相关承诺书。党组书记周铁军、党组成员陆纪新分别以《为政以德》《守规矩，知行止》为题讲授廉政党课，请来汨罗市善行服务中心主任宋正元讲述励志创业、回报社会的真实经历，帮助党员干部提升思想认识，增强行动自觉。三是开展专项整治，形成监管常态。组织纪检监察开展督查，对公务接待、公务租车、干部工作效能情况等进行监督检查，开展公职人员违规涉沙、涉矿、“吃空饷”和“刹人情歪风、治婚丧陋习、树文明新风”专项整治行动，督促党员干部严格遵守作风建设文件精神。机关无一名工作人员违规参与涉沙、涉矿经营和违规操办婚丧事宜。四是强化廉洁自律，砥砺廉政风尚。严格落实民主集中制和“三重一大”制度，自觉执行领导干部有关事项报告制度。党组书记带头实行廉政承诺，率先垂范，树立标杆，班子成员以身作则，廉洁奉公，党员干部勤勉尽责，通力协作，形成团结干事、干净担当的良好风尚。

（彭俊焰）

老年科技工作者协会

市老科协负责人（名单）

名誉会长	任年丰
第一会长	李明主
会　　长	邓　江
副 会 长	仇同成　周辉信 胡岳辉
秘 书 长	胡岳辉（兼）
办公室主任	戴良君

【概况】　2017年，市老科协围绕建设更高品质的生态文化活力汨罗工作中心，积极开展科普传播工作，引进技术推广富硒产品种养项目，充分发挥自身优势，积极开展各项服务，取得一定成效。

【科普传播】　在依托农民学堂、科技110、科普讲师团巡回办班培训等传统科普传播平台讲科普的基础上，进一步尝试运用网络信息传播科普知识，收到较好的效果。据统计，全市共举办各类科普培训班62场次，参加培训人员达2100余人，印发科普资料6500余份。6月8日，组织全市各镇老科协会长、市直分会会长及部分老科协科技示范户共46人，在市老干局四楼大会议室，举办“学会用微信拥抱互联网”培训班。聘请“网络信息”技术人员授课。据了解，通过培训，使原已初步运用微信人员，更加熟练操作规程；另有26人步入网络信息传播科普行列。市老科协林业分会会长邵立超，运用智能手机下载软件，识别花草苗木的名称、性能，开通微信视频指导服务，巡回有关镇、村，组织油茶种植户办班学习8场次。市老科协坚持用网络信息和微信，在其所建立的老科协养生群和“三农”服务群内发布信息，指导服务，深得网民的喜爱、农民的欢迎。9月21日，与市科协联合举办“为市民送科普”的科普日活动。活动内容涉及青少年创新思维培养、食品安全、自然灾害应对、富硒农产品展示、汨罗江湿地公园保护、健康义诊、健康生活指导、中老年自我保健、创建百岁健康市等方面。现场发放资料2100余份，接受科普宣传咨询近600余人，接待义诊120多人。有效促进科学知识的普及。

【示范项目】　在巩固发展市、镇、村三级种养加原有科技示范基地的基础上，为适应市场和人们对美好生活的需求，多次与湖南大学、湖南农大等院校老科协专家联系，引进技术推广富硒产品种养项目。市老科协直接服务的罗江镇凌伟富硒鸡养殖场，每年养殖富硒鸡9000多羽，年产富硒鸡蛋11000多公斤，现已进入网络销售；直接服务的白塘、长乐、白水等镇水稻专业合作社的富硒水稻，全年种植面积达2000多亩，其中白塘富康水稻专业合作社种植的600多亩富硒稻喜获丰收，每亩比其他水稻增产50多公斤。通过权威检测机构检测每公斤大米含硒量为0.986毫克，同时在100亩富硒稻田养龙虾，让虾捕捉害虫，虾粪作肥料，不打农药，不施化肥，实行原生态种植，富硒虾香米现每斤价达13元，每亩捕虾100多公斤，虾收入就达16万多元，大大增加收入。并且帮助他注册“百年梦”商标和食品生产许可证。长乐镇长乐村周迈辉创办的大垅农业合作社，在流转的2700多亩土地范围内大胆尝试，推进城乡一体化建设，对田土山水和人居环境统一治理成效显著，长乐村获评省优秀示范村是长乐镇老科协挂牌服务的一个亮点。9月11日，市人民政府副市长仇正勇召集市科技局、农业局、科协、老科协、罗江镇政府等单位负责人，在罗江镇政府召开现场办公会议，研究特种糯稻、蔬菜等新品试种，并发会议纪要，确定市政府安排科研启动经费10万元，将部分新品种列入屈子文化产业园糯稻种植计划；同意在罗江镇建立特色稻蔬研究实验基地，由罗江镇政府无偿提供实验基地10亩；建立以市老科协牵头，市农业、科技、科协、老科协、罗江镇政府等单位的联席会议工作机制。目前，各项基础工作初步到位，启动经费已分期投入。8月中旬，根据汨罗市丰和生态农庄有限公司申请市老科协服务的请求，实地考察了解到该公司成立于2016年9月，地处弼时镇铜盆村丰家庵组。已流转土地面积达500余亩，总投资达1200余万元；现已初步形成以种植台湾红心火龙果为龙头，附以家禽水产养殖、优质水稻、有机蔬菜等种植，集休闲娱乐于一体的特色农庄。分别于10月26日、11月15日、12月18日邀请两所大学老科协及在职现任的教授专家，市政府副市长、市政府办、市农业、水利、国土、规划、林业、经管、电力、电信等局和弼时镇领导在该公司召开联系会议，两所大学的负责人在会上均表态确定将这一基地列入院教科研项目及院校老科协科技服务示范基地。市政府和与会单位领导表示，优先将这一基地列入2018年科研申报立项范畴，积极争取国家政策的支持。至此，更进一步拓展汨罗老科协科普示范新领域，加强与大专院校科技专家的密切合作联系。

【扶贫工作】 始终把科技扶贫作为老科协工作的一个重要组成部分抓住不放，按照省、岳阳市老科协《2017年至2019年科技扶贫方案》的部署，15个镇老科协重点帮扶26户，均已造册登记。更值得一提的是老科协科技示范户有6户积极参与科技扶贫。其中罗江镇富硒鸡养殖场的凌伟，积极参与“爱心帮帮慈善爱心团体”活动。自2014年起每年向全市24家敬老院各送蛋300个，累计价值达1.4万元。主动参与精准扶贫，对32户养鸡的贫困户，从鸡苗的选购、饲养、防病治病全程指导很受欢迎。大荆镇、白水镇老科协在扶贫工作中，选择既贫困又终身残疾的对象进行帮扶。采取与残疾人就业企业联系争取爱心救助或介绍务工、积极为其申请政府低保等办法，济困扶贫。

【“自我保健”和“创百工作”】

一是送健康。市委组织部每年从党费中拿出一定经费给市老科协征订《中老年自我保健》，给在职的和离退休的副处以上同志送一份健康。该会编撰的《健康资讯》免费赠送会员和网员，现已编印49期赠送9万余册。二是抓健康科普知识的普及。市老科协讲师团在归义、汨罗等镇、村、社区中巡回讲课多场，发布健康知识微信200多条，促进健康知识普及。三是以活动为载体，寓教于乐，丰富中老年人的精神文化生活。目前，全市1680多个健身团队活跃在全市各个角落。经常开展活动，展示中老年人的精神风采。弼时、神鼎山等镇老科协分别举办中老年健身舞大赛，获得社会各界好评。市医卫分会、市老科协特约医院，深入村镇和敬老院开展义诊活动达11场次，通过查病、治病，为大部分村建立60岁以上老人的健康档案。四是创百工作扎实推进。近年来按照市委市政府“关于创建百岁健康市工作方案”的部署，扎实推进全市创百工作。2016年，桃林寺镇东塘村通过省老科协考核验收，被评为“湖南省创建百岁健康省示范单位”。全市原已授牌的63个“百岁健康示范村”，分布在合并后的44个村中。城关镇老科协积极创建百岁健康示范社区，现已有3个社区摸清情况，登记造册，根据相关条件考核，老街社区各项条件均达标，正待授牌。长乐镇合村后，由原来15个村1个居委会合并为8个村2个居委会，除1个村、1个居委会正在创建外，其余均已创建为百岁健康村，有望成为汨罗“第一个百岁健康镇”，为汨罗的创百工作树立标杆。

【组织建设】 镇村及市直单位机构合并以来，市直相关单位、镇村老科协组织将镇村老干党支部、老年专干、关心下一代工作委员会、老年保健协会等涉老组织结合起来，整合资源，实行五块牌子一套人马运作机制。以8月8日市老科协换届选举为契机，对各镇老科协班子成员进行调整，大多设置3~5人的理事会。为认真贯彻落实省委书记杜家毫对省老科协工作的批示及岳阳市委书记胡忠雄的讲话、岳阳市委常委会议纪要精神，汨罗市委常委9月1日就全市老科协工作召开专题会议并以汨常〔2017〕13号下达《老科协工作会议纪要》明确：一是成立以市委副书记任组长、市委常委组织部部长、市政府分管副市长为副组长的高规格老科协领导小组。二是进一步加强老科协组织建设，推进老科协组织全覆盖，三是支持老科协开展科技咨询、科普示范的适当经费。四是大力支持推进百岁健康市创建工作，并纳入“三个汨罗”建设，列入市委、市政府工作议程，成立有财政、民政等11个部门参与的创建办公室。五是加大对老科协工作经费的保障力度。将老科协日常办公、示范基地科技服务活动经费、创建百岁健康市等经费纳入科学技术事业费（三项经费），由市财政列入预算全额保障。六是积极推介老科协工作。由宣传部牵头，在汨罗电视台、中国汨罗网、汨罗时刻等媒体开展宣传老科协典型人和事。从而极大地推进老科协组织建设的新发展，迈入新征程。

（戴良君）

文　联

市文学艺术界联合会负责人（名单）

主　　席	刘　翔（7月改任） 唐顺华（8月上任）
秘 书 长	雷宪和
编辑部主任	周文灿
组联部主任	于　晨
办公室主任	吴流芳

【概况】　市文联认真贯彻落实党的十八大、十九大会议精神以及习近平总书记在文艺工作座谈会和全国十届文代会上重要讲话精神。坚持以人民为中心的工作导向，以创新为动力，以多出精品、多出人才、为中心环节，团结带领广大文艺工作者开展各项文艺活动，切实担负起推进汨罗文化强市建设的光荣使命，为繁荣汨罗市文艺事业作贡献。

【宣传工作】　举办文艺界学习座谈会，专题研讨会、培训班，开设学习宣传专栏，发表学习理论文章，引导全市广大文艺工作者深刻领会十八大、十九大精神以及习近平总书记重要讲话精神核心要义和精神内涵。同时，市文联把学习《讲话》和《意见》精神与推动文艺工作创新发展，破解文联自身突出问题相结合，坚持问题导向、创新学习形式，扎实深入调研，积极主动作为，在组织谋划各类文艺实践中，检验学习效果，赢得市委、市政府、市宣传部对文艺工作的重视与支持；创造有利于文艺繁荣发展的良好环境。通过学习，广大文艺工作者进一步明确当代文艺繁荣发展的指导思想、方针原则和目标任务；进一步强化精品意识和责任担当；进一步坚定做好一个文艺工作者的信心和力量。

【文艺成果】　市文联始终把“出人才、出精品”作为首要任务，坚持“二为”方向，贯彻“双百”方针。坚持 以人民为中心，紧密团结和带领广大文艺工作者，深入基层，贴近群众，创作出一批接地气的优秀文艺作品。市作协主席潘绍东的中篇小说《革命者樊如露》发表于《解放军文艺》2017年第10期，《我们都不是坏人》发表于《北京文学》2017年第4期，31万字的中篇小说集《歌郎》由湖南文艺出版社出版。市剧协老前辈甘征文的大型现代花鼓戏《甜酒谣》获国家艺术基金项目资助。市书协周吉常、彭定斌的书法作品参加湖南省第六届新人新作展入展。为市书协又增加两个省字号会员。市美协于卫军的油画《忙忙碌碌》入选全国第五届江山如画写生中国画展，小学生周凌远的国画在省文化厅举办的第十六届“三湘蒲公英”奖评选活动中获铜奖。市屈学会在云南大学召开的屈原及楚辞学国际学术研讨会暨中国屈原学会第十七届年会上提交《二〈招〉中楚宫廷宴价值初探》《汨罗最先为屈原立祠祭祀的历史考察》《镜像屈原的突破与创新》三篇学术论文，和中外专家学者“对话”屈学思想。市摄协主席黄松柏的《雕龙头》，名誉主席易长庚的《春插比赛》《勇者胜》《皮影戏》《年会》五幅作品在平遥国际摄影大赛中入选，谢旺的作品《最美的微笑》在湖南（岳阳）“一极三宜·江湖名城”全省摄影大赛中获奖，黄松柏的《雕龙头》在“张新发”杯第三届湖南非遗摄影大赛获优秀奖。市骚坛诗联学会取得可喜的成绩，游舟扬在全国“松坡”杯纪念蔡锷100周年诗联大赛中获一等奖，伏滚在湖南（岳阳）“一极三宜”福彩杯中分别获诗词一等奖、楹联二等奖。

【文艺活动】　为更好地繁荣文艺事业，丰富人民群众文化生活，以“文化为群众服务”为宗旨，结合文艺志愿者服务等形式。一年来，市文联带领各文艺家协会先后举办汨罗市“书画进万家”——走进汨罗镇活动。利用春节期间组织送春联下乡——走进汨罗镇南托村活动。组织书法志愿者在华瑞国际大酒店举行第三届为市民群众义务送春联活动。邀请书法名家陈阳静、崔向君、徐驰来汨罗举办书法培训讲座两期。邀请市国学泰斗曾维纲先生主讲，在弘毅国学院开设国学培训班。端午节期间举办中国汨罗·2017届原文化传承与区域文化创意产业发展高峰论坛——屈原题材诗歌书画创作交流会。组织下属15个文艺家协会参加“屈学·端午·汨罗”为主题的屈学论坛，邀请著名作家韩少功、中国屈学会副会长周建忠、中南大学教授杨雨等5位专家学者畅读屈原文化，带动现场观众追思屈原，品味端午。联合市委宣传部举办韩少功创作40周年老乡见面会。组织举行长乐镇“中国楹联之乡”称号授牌仪式以及罗江镇、长乐镇、三江镇创建湖南省“诗词之乡”验收活动，各项活动的开展得到各级领导充分肯定和社会各界的高度评价。

【重点工作】 文联属宣传部直管单位，市文联积极参与宣传部各项中心工作，一是参加粽子文化产业园建设项目，现已征地982.5亩，一期工程基本完成4栋厂房和2条入园公路，环园路的土方量，其他各项工作也得到紧张有序进行。二是参加屈子文化园城市棚户区改造，截至12月12日已签约152栋，已超额完成全市工作任务（150栋）。三是参加宣传部在神鼎山镇丰仓村精准扶贫工作。同宣传部共有7名工作人员实行一对一结对帮扶，协同抓好村级班子建设和村级平台建设，组织志愿服务团队进村开展免费体检和志愿帮扶活动，抓好神鼎山镇的联点工作以及营田大堤等处的防汛工作。四是加强机关和协会建设，通过各类学习和培训，提高协会工作人员的政治素养，业务素质和服务本领。进一步健全协会管理制度，实现科学有序管理；坚持定期走访慰问困难文艺工作者，做文艺工作者的贴心人；坚持转变作风，克服形式主义，不图虚名，不做表面文章，不搞“形象工程”，切实提高工作效率和工作水平，大力弘扬求真务实精神，建设实干型的机关。

（吴流芳）

残疾人联合会

市残联负责人（名单）

党组书记 理事长	卢雄飞
党组副书记 副理事长	丰建明
党组成员 纪检组长	巢岳飞
党组成员	李　威
办公室主任	何艳军

【概况】 市残联切实履行“代表、服务、管理”职能，以残疾人扶贫脱贫工作为主轴、以维护残疾人群体稳定这重点、以加强和改进作风建设为抓手，以实现残疾人同步小康为目标，真抓实干，奋力前行，各项工作有序推进，为完成全年工作任务打下坚实基础。

【学习十九大精神】 十九大召开期间，组织全体党员收看习近平总书记在开幕式上的讲话，深受鼓舞。根据市委统一安排，制定学习方案，党组和支部多次对习总书记的报告进行多次专题学习和讨论，并要求撰写学习心得和体会，利用多种形式开展宣传和学习，建起学习专栏，开展利用手机网络学习“红星云”等活动。结合汨罗残疾人工作实际，以残疾人脱贫工作为重点，谋划工作重点。

【队伍建设】 市残联党组和机关党支部认真组织学习习近平总书记系列重要讲话精神，深入贯彻落实中央大政策方针和省委、岳阳市委、汨罗市委决策部署，认真领会并贯彻落实汨罗市第十次党代会精神，坚持思想建党与制度治党紧密结合，全面推进从严治党。紧紧围绕学习型、创新型、服务型、廉洁型、效能型“五型”机关党组织建设，加强党的思想建设、组织建设、作风建设、反腐倡廉建设、制度建设，为加快党组和机关党支部建设提供坚强的组织保障。一是强化学习教育，理论武装头脑。紧密结合“两学一做”学习教育常态化制度化落实“党员活动日”制度。二是强化组织建设，提升党建水平。积极做好新党员的培养和发展工作，转正预备党员1名。按月足额缴纳党费。三是强化队伍建设，增强宗旨意识。扎实开展结对帮扶工作。坚持每月深入到川山坪镇三姊村调研，入户走访结对帮扶户。四是改进作风，切实加强廉政建设。机关每次全体干职工会议，党组书记卢雄飞都对与会人员进行廉政教育，做到警钟长鸣。

【项目建设】 认真贯彻落实《汨罗市人民政府办公室关于印发〈2017年度汨罗市向上争项争资任务分配表〉的通知》文件及市政府

召开向上争项争资会议精神，主动出击、积极作为，在相关部门配合和支持下，向上争项争资取得令人满意的效果，截至11月底，共向上争取项目10个，争取项目到位资金共计544万元，均已到位，已超额完成市政府下达的年度目标任务445万元，占全年争资任务的122.2%。项目涉及残疾人保障体系和服务体系方方面面，为残疾人事业又好又快发展提供保障。具体做法：一是领导重视，措施得力，形成单位人人向上争项争资的机制和良好氛围。二是细研政策，吃透精神，敏锐捕捉有价值信息，主动出击，占得先机。三是争取领导重视，加强部门配合，形成联动机制。

【易地扶贫搬迁、环保整改】

汨罗市川山坪镇三姊村是市人防办、残联和金碧华府的精准扶贫点，该村地处山区，交通和基础设施相对滞后，共有建档立卡贫困户127户、384人，已脱贫户46户、148人，未脱贫户81户、236人，其中预脱贫户22户、83人。残联联系帮扶三姊村贫困户37户，其中有残疾人32户，了解相关情况后，该党组深感责任重大，任务艰巨。经过多次深入走访，多次专题研究，采取如下措施：一是精选扶贫工作队员，组成扶贫工作队，选派2名队员。二是向镇村主动请缨，承担起三姊村建档立卡所有残疾人贫困户脱贫工作任务；三是全体党组和股室长3次全面走访慰问32户残疾人和5户贫困户，与帮扶对象，加深感情；四是根据工作特点，制定切实可行措施，有针对性开展扶贫工作，已开展残疾人家庭无障碍改造5户，精神病免费服药6人，残疾人扶持创业户1户，残疾人家庭子女助学扶助3户、金秋助学1户、泛海助学1户，阳光增收计划培训残疾人就业1次，免费提供辅助器具23件，投入扶贫资金近10万元。

【棚户区改造、文明创建】 抽调一名负责同志带队的3名干部参加棚改拆迁工作，负责归义镇归义社区房屋拆迁协调工作。棚改工作人员深入拆迁户做工作，宣讲棚改政策，协助处理相关问题，切实核查产权，全面核实房屋及户主资料。经深入村组调查核实，将9户不符合政策的对象从拆迁安置名单中退出来，有两户棚改拆迁户与拆迁指挥部签订拆迁合同。

重视文明创建工作，在做好单位自身文明创建工作的同时，切实履行“代表、管理、服务”的职责。单位开展多种形式的文明创建工作，利用宣传栏、内部微信平台等，开展文明从我做起，维护单位文明形象人人有责活动，机关形象得到进一步改善，工作作风得到进一步改进，信访维稳工作稳中向好。在残疾人中开展自尊、自强、自立意识教育，为残疾人多办好事、实事、善事，使全市残疾人生存和生活状况不断改善。

【廉政建设】 全面贯彻落实“两个责任”，以党风廉政建设责任制为龙头，以制约和监督权力运行为核心，以作风建设为抓手，不断构筑反腐倡廉防范体系，为各项工作顺利开展提供有力保障。充实单位纪检组人员力量，在资金、工作等方面倾斜，全力支持纪检的工作。

制定2017年度党风廉政建设工作计划，明确工作目标、主要措施和相关要求以及主要工作任务。对“两个责任”进行层层细化分解，实行分级负责，层层签定党风廉政建设目标责任书，严格落实“一岗双责”和“一案三查”。确保全年无一违纪违规事件。建立健全各项规章制度，不断完善《廉政风险防控机制》《干职工上班签到制度》以及《干职工上班工作纪律制度》等制度。将党风廉政建设任务列入全年目标任务之中，将落实情况纳入年度绩效考核，使党风廉政建设责任制由“软任务”变成“硬指标”，达到用制度管人管事的目的，提高干部遵纪守规的自觉性。经常开展监督检查工作，一是定期或不定期地对财务执行，出勤考勤，纠“四风”，治陋习、树新风等情况进行检查。重点是严查“三公”经费开支和民生项目资金的落实；二是对重残人员“两项补贴”落实情况进行检查；三是开展对国家公职人员涉砂、涉矿等经营活动的清理工作；四是严格规范残疾证申请办理程序，从严把好办证关。

【阳光计划】 为使省“农村残疾人阳光增收计划”落到实处，确保在残疾人脱贫攻坚战中发挥积极作用，把计划实施当作全年残疾人精准扶贫工作的大事来抓。党组理事会多次召开专题会议进行详细研究，制定工作实施方案。一是精选适合农村残疾人就业创收项目。残疾人由于客观和主观条件制约，存在就业创收面窄、行动不方便、资金缺乏、信息流不畅、产品销售难等困难，为破解这一瓶颈，通过多方考察选择电子元件加工项目，与湖南世翔电子有限公司达成协议，由该公司下属的岳阳市残疾人就业示范基地负责阳光增收培训，公司负责为190名残疾人，其中建档立卡残疾人130名，免费提供加工技术培训、加工设备、加工原材料，回收加工产品，按件计酬，并负责免费上门技术指导，进行跟踪管理。二是选准扶助对象，加强与乡镇残联联系，要求乡镇残联选择扶助对象必须是持第二代残疾证的肢体、听力、言语类残疾人；上报人员中低保户、建档立卡人员必须在70%以上；具有一定文化基础，有较强的就业愿望；遵纪守法，诚实守信。三是采取过硬措施，确保计划顺利实施。成立专门工作班子，明确一名班子成员专抓；市残联与公司、公司与残疾人分别签订合同，具有法律约束力。该项工作被列入乡镇残联年度绩效考核重要内容。据测算，残疾人通过培训后在家加工电子元件，每个月纯收入在1000~2000元之间，困难残疾人零成本、零风险，能实现就业不出门也能脱贫的愿望，做到家庭照顾、就业两不误。

8月岳阳人大组织对汨罗市残疾人扶贫工作调研总结中，对市残联尽职尽责帮扶贫困残疾人就业实现脱贫的做法给予高度肯定。中央电视台七套《致富经》栏目组对汨罗市川山坪镇残疾人周义伟进行为期7天的专题采访和拍摄，节目不久将和观众见面，对激励全市残疾人就业创业和扩大汨罗残疾人事业影响将产生积极作用。

（何艳军）

骚坛诗联学会

骚坛诗联学会负责人（名单）

会长	陈剑湘
副会长	余汨江（兼） 彭建芳（兼） 巢坤龙（兼） 郑劲 周希 吴震斌
秘书长	李林桢（兼）
副会长（兼职）	黄素萍（女） 马兰花（女）

【学会情况】 共有会员590人。其中有省级会员35人，国家级会员11人。下属基层分会7个，小组16个。理事会会长陈剑湘，副会长余汨江（兼），彭建芳（兼），巢坤龙（兼），郑劲，周希勃，吴震斌。秘书长李林桢（兼）。

【学会工作】 一是提升理念，抓好创建，协助乡镇为汨罗的文化事业争创品牌。其中帮助长乐镇申报国家级的“楹联之乡”罗江镇申报省级的“楹联之乡”，均已获批准与授牌。同时长乐中学，王岭中学申报国家级与省级“楹联教育基地”项目，亦获批准与授牌。学会也在2017年初的第三届诗歌春晚上被评为全国“十佳诗社”。二是增厚底蕴，提高能力，为会员多年连续举办传统诗词系例讲座与诗联研讨会，多次举办诗联研讨会。2017年6月，举办以研读《楚辞》为基础的第九届诗联研讨会，共收到研究论文和读书心得15篇。三是扩大眼界，增强灵感，为组织会员外出采风搞好各项服务。2017年，组织会员与诗歌爱好者100多人先后到湖北赤壁、临湘五尖山世界碑林等地进行采风访问。采风后，会员们创作一大批优秀的诗联作品。四是提供平台，鼓励赛事，让会员在实战中摸索提高创作精品。学会共建有微信群6个，会刊6种，网络1个，给会员提供创作平台。此外组织各类诗词联赛事8次。如“野山茶”“大美螺峰”诗词联赛；各分会的各类主题诗词联赛；岳阳市的“吟咏南湖”诗词赛及各类省及全国性赛事等等。通过参赛实战，增加会员的精品意识和诗联学会的精品数量，实现质与量的和谐统一。

（陈剑湘）

书法家协会

汨罗市书法家协会负责人（名单）

主席	吴流芳
驻会副主席	许勇君
副主席	杨卓 鲁育明 张华 黄孟春 周吉常
秘书长	罗润祥

【概况】 2017年，汨罗市书法家协会在市文联的正确领导下，深入贯彻党的十八、十九大会议精神，以大力推进全市书法艺术的繁荣发展为己任，按照一年起好步、两年打基础、三年上水平的目标思路，不断壮大书协会员队伍、转变书法理念、提升学书技能、扩大学习交流并通过培训、展览等活动，

激发广大书法爱好者的学习创作积极性，营造积极健康向上的学书氛围，提升全市书法艺术的影响力。

【队伍建设】 一年来，市书协积极加强与省书协、岳阳市书协等上级组织的汇报联系，得到了省、市书协在工作上的高度重视、关心和支持。同时，加强与兄弟县市书协组织的横向交流，把社会各界喜爱书法的人士团结组织起来，壮大书协力量，目前，各级会员涵盖公务员、企业家、个体经营者、农民、教师、学生、离退休人员等，其中，全年发展会员12名，会员中有5名成为岳阳市级会员，2名成为省级会员。

【活动开展】 新一届书协将“请进来培训，走出去学习”作为转变会员观念、提升会员水平的重要措施。5—8月成功举办多期会员提升培训班。5—6月，邀请市国学泰斗曾维纲老先生主作国学与书法专题讲座。8月，邀请岳阳市书法家徐驰老师作指导，组织参加湖南省第六届新人新作展，周吉常、彭定斌两位同志成功入展并成为湖南省书协会员。9月，邀请全国知名青年书法家书法博士陈阳进来汨讲座。10月，为参加湖南省第二届临摹作品展，书协邀请岳阳市书协副主席司马新义指导授课，通过培训和提高，吴流芳、黄擎两位同志书法作品成功入展，罗润祥、谢燕、周进孝、刘真命4位同志书法作品入选。11月，经过精心谋划，成功举办首届会员书法作品展。这次展览邀请湖南省书法家协会副主席胡梓桂、崔向君，湖南省女书法家协会主席吴萍等书法名家来汨指导。

【群众活动】 市书协坚持文化为群众服务、为基层服务的原则，全年指导、举办5次群众活动。一是指导汨罗镇首届书法比赛作品展。二是指导桃林寺镇粟山书院荀耀林爹举办个人书法展，并授予粟山书院为汨罗市书法家协会创作基地。三是到新市镇、白塘镇等乡镇开展“书法进万家”免费送春联活动。四是为长乐镇申遗 “故事小镇”进行书法创作，共创作书法作品40余幅。五是春节期间与华瑞大酒店共同举办为市民免费送春联活动，共送出春联2000余幅。这些活动的开展，得到全市各级领导的一致认可，得到广大书法爱好者和群众的一致好评，极大地丰富了群众的文化生活。

（罗润祥）

市郭嵩焘学术思想研究会

汨罗市郭嵩焘学术思想研究会负责人（名单）

名誉会长	黄世林　许艳辉
会　　长	周辉奇
副 会 长	胡启良　牛和平 周继波　王　勇
秘 书 长	彭文高
办公室主任	李艳萍

【概况】 郭嵩焘是近代洋务思想家，是中国职业外交家的先驱，郭嵩焘的一生鲜明地反映出时代特征，他早年强调“先通商贾之气，以立循用西方之基”，即发展中国的工商业才是出路。郭嵩焘力主开眼看世界，是超越时代的先行者。

2017年3月30日，郭研会组织全体会员及郭氏后裔50多人在神鼎乡政府的协助下，在镇政府会议室召开2017年会，出席年会的有汨罗市宣传部副部长刘翔，神鼎镇书记许艳辉，镇长许强等，学会会长周辉奇作2016年的工作回顾和2017年的工作安排。全体参会人员前往神鼎镇划江村嵩焘先生墓地进行清明祭扫活动。

10月，学会举办郭嵩焘诞生200周年纪念活动，各理事向全国研究郭嵩焘的学者专家及爱好者征集论文百余篇，邀请活动参会的各级领导及郭氏后裔近50位参加活动。

（李艳萍）

湘北抗战老兵之友汨罗站

湘北抗战老兵之友志愿服务队负责人（名单）

会　长	李宣钊
副会长	黄建新 李艳萍（兼汨罗站负责人）
成　员	许　亮　朱　利 李灿辉　狄志平 吴　江　向　景 徐伟龙　张景程 陈清泉　魏　民

【概况】湘北抗战老兵之友志愿者服务队自2012年发现汨罗第一位幸存抗战老兵以来，行程达5万余千米，至2017年寻访到抗战老兵40多位。5年来，老兵相继去世，还剩

下17位老兵。期间，团队为去世老兵家属送去安慰，为活着的老兵送去关爱和温暖。

【团队活动】 3年来，团队足迹遍布全市：2014年9月18日，举办纪念抗战胜利69周年《未曾忘记》汨罗籍幸存抗战老兵肖像展；2015年，抗战胜利70周年配合民政部门审核老兵身份，为汨罗20多位抗战幸存老兵发放由中央军委颁发的抗战胜利70周年纪念章；2015年，参加由会长李宣钊组织的重返战场活动。

2017年1月，春节慰问汨罗籍幸存抗战老兵：张建华、黎彩霜、许友初、蔡国顶、王金芳、湛中一、李超然、伏宗鑫、司马干泉、胡四宽、李概藩、周义云、周桂凡、朱专成、周凤鸣、许牧民、胡辉和等17位抗战老兵，其中老兵李概藩被列为扶贫对象，帮助其年底脱贫；团队为去世的老兵周桂凡、周凤鸣、朱专成、许牧民送去花圈、挽联和大幅遗像；清明节日组织汨罗抗战老兵周柱凡、狄炳煌赴湘阴烈士陵园祭拜抗战阵亡将领及曹克人烈士活动；8月赴南京参加“8·14”淞沪会战及空战八十周年纪念活动；11月为参加南京保卫战的老兵周义云重返旧战场祭奠阵亡战友及南京大屠杀八十周年公祭活动；12月为老兵周义云庆祝百岁生日；12月筹备策划汨罗古仑乡金河村被毁坏的两位阵亡烈士墓的修建工作；12月，《最后的致敬》汨罗籍幸存抗战老兵口述史一书定稿。

（李艳萍）

爱心帮帮志愿者协会

爱心帮帮志愿者协会（名单）

会　长	伏　雯
副会长	王永林　吴星星 吴胜利　郑勇军 李兰英

【概况】 7年前，患尿毒症的伏雯成功进行换肾手术，在社会各界的帮助下，获得新生的伏雯接过爱心接力棒，于同年5月和曾经帮助过她的爱心人士一起，组建起“爱心帮帮志愿者服务队”。团队的志愿者来自个体户、私营企业主、商会爱心人士、公务员、家庭主妇等各个行业，以“传递爱心，成就梦想，你我同行”为宗旨，致力于开展扶贫帮困、爱心助学、敬老孝老、关爱抗战老兵等社会公益活动，协助政府职能部门志愿服务，向社会倡导“奉献、友爱、互助、进步”的志愿精神。汨罗爱心帮帮志愿者服务队，创建7年来，先后开展各类公益活动300多次，募集和发放善款400多万元，得到社会的一致好评和各级领导的肯定。2017年3月2日，湖南省文明委、省志工委举行第54个学雷锋日暨第5个湖南志愿者日纪念活动，汨罗“爱心帮帮”志愿服务队在全省1.6万个学雷锋志愿服务社团中脱颖而出，荣获“湖南省学雷锋志愿服务百强社团奖”。

（伏　雯）

爱行天下扶贫助学志愿者协会

爱行天下负责人（名单）

名誉会长	廖剑波　罗　乐 周育林　徐铁军 释大智　柳新华 刘艳新　彭门玉 黄素萍　苏　芳 何胜利　彪雪飞 傅常青　刘协伟
总　顾　问	徐铁军
法律顾问	伍　琼
会　　长	徐金娥
常务副会长	余卫勇
副　会　长	胡　波　徐春飞 杨海波　熊　振 李咏洁　李则友 周　彪
秘　书　长	夏新华
副秘书长	聂利群

【概况】 协会于2017年1月19日在汨罗市民政局注册成立，注册资金3万元，法定代表人徐金娥。现有会员及会员单位300多名，志愿者500多名，系湖南省慈善总会理事单位。为加强党对社团组织的领导，经上级党组织批准，协会成立党支部，支部书记徐金娥、副书记胡波、组织委员汤娟。协会采用共同参与型的开放式组织管理模式，经协会会员代表大会选举表决，汨罗市政协常委、联谊委主任徐铁军担任总顾问，徐金娥任会长，余卫勇任常务副会长，胡波、徐春飞、杨海波、熊振、李咏洁、李则友、

周彪任副会长，夏新华任秘书长，伍琼任法律顾问，下设办公室、宣传部、联络部、财务部、扶贫部、助学部、敬老部、助医部、后勤部、安全部、体育部、户外活动部、文化娱乐部等13个运作部门。在市妇联的引领下，协会成立妇联，由会长兼任协会妇联主席，创建协会妇女之家。协会以“奉献、友爱、互助、进步”为宗旨，业务范围涉及助学扶贫、敬老助残、济困恤病、社区服务、环境保护、赛会服务和关爱留守儿童等众多领域。协会倡导最广泛的志愿者精神，吸纳社会各界爱心人士，立足汨罗本土社会需求，热心公益、无私奉献、竭诚服务，携手共建美好家园，为建设更高品质的生态文化活力汨罗做出自己应有的贡献。

【爱心活动】 爱行天下扶贫助学志愿者协会开展扶贫助学、助医恤病、扶危济困、助残敬老、关爱留守儿童，振兴乡村战略、科技扶贫下乡、环境保护等志愿服务活动共计96次，对接爱心人士、爱心商家、爱心企业募集和对接钱物200多万元。其中资助贫困学生186名，发放助学金及物资80多万元；慰问建档立卡贫困户400多户，慰问钱物合计25万多元；帮助孤寡病残及敬老院老人1000多人次，慰问钱物60多万元；慰问困难老党员和优抚对象120名，慰问钱物38000元；为300多名留守儿童捐资捐物10万多元；与市妇联发起“这个冬天不再冷”募集棉衣棉被活动，募集并发放棉衣棉被1000多件价值10万多元；实施乡村振兴战略，对接川山坪镇白马城村党建共建捐助现金2万元。积极参与防汛抗旱救灾活动，送去慰问物资价值3万多元。组织参与大型志愿服务如汨罗国际龙舟节、世纪姻缘大型集体婚礼、大荆樱花季开园、湿地环境保护等，各项公益活动和志愿服务达36000小时。2017年，协会获得“关爱妇女儿童突出贡献奖”；协会会长徐金娥先后荣获“湖南省雷锋式巾帼志愿者”“岳阳最美献血者”“岳阳精准扶贫爱心大使”“岳阳爱心公益组织最美会长”“岳阳关心下一代工作最美爱心人士”“岳阳市最美女性”“汨罗市妇女创新创业导师”“优秀共产党员”等名誉称号；协会副会长胡波荣获“汨罗最美扶贫人物”名誉称号；协会副会长熊振光荣当选岳阳市青年联合会第四届委员会执委。

（聂利群）

爱心之家志愿者协会

爱心之家志愿者协会机构负责人（名单）

会　长	彭敏中
支部书记	李　宁
总 顾 问	彪雪辉
副 会 长	李　军　蒋博辉 廖敏霞　张　伟 陈慧英　徐超红

【概况】 爱心之家志愿者协会组建于2012年，于2015年初在市民政局正式登记注册，现有志愿者400余人，注册会员近300人，在白水镇闵家新村设立分会，团队志愿服务时长合计达6万多个小时。协会一直坚持“以弘扬志愿精神、传播志愿理念、倡导良好社会风气、促进社会和谐发展”为宗旨，大力宣扬“奋斗者为本，以志愿为荣”的核心价值观。

根据协会的年度活动规划，2017年，志愿服务工作的重点在助学、敬老、扶贫帮困、关爱留守儿童，等项目开展志愿服务工作。

【助学项目】 协会制定“助力寒门，圆梦学子”为主题的助学项目，通过活动筹款与联系爱心人士对接资助的方式，全年落实资助小学生42名、初中生34名、高中生26，共计完成助学102名，发放助学款共计15万多元。

【敬老工作】 协会制定主题为“关爱老人，就是关爱多年以后的自己”的敬老项目，协会多次组织志愿者，去到部分乡镇的敬老院开展慰问活动，为老人们送戏曲、送医、送药，真情慰问。不定期对部分乡镇村的五保户孤寡老人进行探视慰问。

【扶贫帮困】 协会积极响应汨罗市委市政府的扶贫工作号召，根据中央政策坚持精准扶贫的工作要求，制定“小农之家——定制帮扶”的扶贫助困项目，对建档立卡贫困家庭进行量身定制帮扶方案，做到帮在实处，帮出实效。协会对接帮扶一个贫困村——桃林镇赤卫村和一个非贫困村——汨罗镇九雁村，不定期对这两个村的贫困户进行定制帮扶试点工作。以“扶贫帮困人人有责”的理念，通过多方式、多途径，募集帮困资金和物资，通过达村到户送慰问和在国家扶贫网上进行需求对接的方式，送去慰问红包及帮困资金计20多万元，分发助困物资价值43万多元，惠及贫困家庭1300多户。

【关爱留守儿童工作】 协会于2016年创立“七日信笺—— 一封信笺一份爱”的主题，关爱留守儿童心理健康类别的公益项目，鼓励留守孩子们多以信件倾诉的形式，向远在他乡的父母进行信件互动，此方式触动留守儿童与父母心灵的交流和沟通，拉近亲情距离。此项目在几个偏远乡镇学校多次开展，2018年计划向全市进行推广。

在2015年获得团省委青年志愿者协会颁发的“优秀会员单位”荣誉后，2017年11月再次获得省文明办评定的“湖南省最佳志愿服务组织”的光荣称号。

（彭敏中）

爱心天使助残服务中心

爱心天使助残服务中心负责人（名单）

理事长	杜忠美
副理事长	肖　汉　黎　奇　易雄伟　陈军期

【概况】 爱心天使是一个残障人士自强自立，互相帮扶的特殊团体。目前，中心注册残疾人成员150名，同步成立岳阳市爱心助残志愿者协会汨罗分会，会员有480余名。电子商务部服务于全省十大残疾人阳光扶贫基地和学校，对接帮扶指导3000多名残疾人。

爱心活动（2017年）

【爱心种养合作社】 部分残友们通过培训和一年的实践摸索，基本掌握种植技术和养蜂技术。爱心种养合作社是湖南省第二家获得种蜂繁育场资质的合作社，为让躺着的残疾人也能有收入，黎奇副主任把古法养蜂技术进行改良和升级。蜂箱和蜂桶已经申请国家专利。在部分蜜源好的成员家中试验成功，增收上万元不等。由中心免费提供蜂箱和蜜蜂，和上门技术服务，省去繁重的劳动环节，残友们可以零打理养蜂。这个项目将在湖南省阳光扶贫基地全面推开。

【湖南省残联人电子商务技术服务先进指导单位】 爱心天使被评为“湖南省残联人电子商务技术服务先进指导单位”，为十大残疾人阳光扶贫基地提供设计、上线、培训和后期技术跟踪指导等系列服务，助力中国食品餐饮博览会线上运营，7个月的时间为十大基地提升2000万的销售额。同时，也为汨罗残疾人提供多期现场培训和线上50期培训。通过培训，成员们销售基地的灵芝、蜂蜜，共同创造1200万元的电商销售业绩。爱心助残创史人徐金娥也因工作突出，先后被选为“湖南省残疾人电子商务创业先锋”“湖南省肢协青工委副主任”“岳阳市肢协副主席”，连续4年被评为“岳阳市爱心助残优秀志愿者”。

【爱心活动】 举办50余次爱心活动，走访慰问贫困残疾人150余人次。举办“世界那么大，我想去看看”“让天使飞翔，圆梦六一”等大型公益活动，湖南卫视和北京卫视详细报道江海波在中心的帮扶下自强不息的感人事迹，开展“百个微心愿”系列活动，激励中心残疾人更加自信自强自立，更加有社会责任感和奉献精神！

（杜忠美）

法　治

政法委及综治

市委政法委负责人（名单）

市委常委 政法委书记	杨　峰
常务副书记	易贵明
副书记 综治办主任	杨　帅
专职委员	李　昕　曹海兵 杨　毅
维稳办主任	李朝阳
综治办	刘克兰
办公室主任	李　勇
监察室主任	贺　林

【概况】　市委政法委紧扣市委、市政府的决策部署，为建设“三个汨罗”、落实“六大战略”，营造安全稳定的社会环境、公平正义的法治环境、优质高效的服务环境。一年来，没有发生影响政治稳定的重大事件，没有发生暴力恐怖袭击事件，没有发生大规模群体性事件、集体进京访和个人进京非正常访，没有发生影响恶劣的刑事犯罪案件和个人极端暴力事件，没有发生群死群伤的重大安全事件，没有发生重大负面舆情事件。

【廉政建设】　一是全面统筹谋划部署。明确市委常委、市委政法委书记为第一责任人，分管领导具体抓，一级抓一级、一级对一级负责的工作机制。研究制定党风廉政建设目标任务和措施要求，职责明确。制定《2017年党风廉政建设工作要点》《关于成立党风廉政建设责任制领导小组和反腐败工作协调小组的通知》，认真落实廉政约谈、签字背书、责任报告、检查考核等制度。定期组织召开会议，听取纪检组工作汇报，分解党风廉政责任。经常开展党风廉政教育，讲授廉政党课10场。在分管部门开展经常性廉政教育、指导和参加民主生活会、听取情况汇报，领导班子成员每人与分管科室负责人开展廉洁谈话每季度1次，共4次。二是强化权利制约监督。对民主决策、人事任免、财务管理等内部事项，编制权力运行内部控制图，完善相关工作制度，明确工作流程，加强监督制约，提升内部管理规范化水平。认真梳理排查财务管理、中层干部任用、为人说情、影响公正办案等风险点，落实有针对性的风险防控措施。落实好书记会议事规则，对涉及委机关重要问题决策、重要干部任免、大额资金使用等监督力度。全面实施“三重一大”事项预告制和备案制，全市开始推进网格化和综治中心建设，包括综治中心、网格化管理平台、综治视联网、公安的公共视频监控网图像等重大项目建设都通过招投标程序，严格按照重大建设项目审批制度进行报告和审批。三是狠抓纪律作风建设。年初与市纪委、市委组织部联合转发《岳阳市党委政法委纪律作风督查巡查工作试行办法》，认真开展党委政法委纪律作风督查巡查工作，对政法各单位的工作人员的挺纪在前、持续整改作风情况等纪律作风进行全面督查巡查，累计督查巡查6次，发现问题31个，全部下达整改通知书，全部整改落实到位。部署开展国家公职人员违规参与涉砂、涉矿等经营性活动专项整治、“雁过拔毛”式腐败问题专项整治、国家公职人员吃空饷问题专项整治等系列工作，进一步加强政法队伍建设。对政法干警违纪问题坚决做到发现一起、查处一起，绝不姑息迁就、不护短，把问题消灭在萌芽状态。全年来共纪律处分6人，诫勉谈话50余人。

【平安创建】　一是紧紧围绕中心，主动服务经济发展。高压态势打击犯罪。部署开展“五打五整治”精准打击专项行动。全年共接警万余起，受理有效警情3375起，其中刑事类报警1100起，治安类报警2275起，交警事故报警2975起；共破获各类刑事案件300余起，刑事拘留400余人；查处行政案件724起，行政处罚1000余人。依法整治“三违三强”。强化指挥调度，加强线索摸排，精研典型案件，1—10月，共破获“三违三强”案件100余起，刑事拘留40余人，行政处罚90余人。全力维护经济秩序。积极配合上级公安机关，重点打击“五行币”“善心汇”等涉众型经济犯罪。全力侦办公安部部督案件，抓获组织领导传销犯罪嫌疑人10人，涉案金额1000余万元，目前已全部移送起诉。同时，破获合同诈骗、非法经营、挪用资金、虚开增值发票、集资诈骗、组织传销等案件9起，抓获涉案犯罪嫌疑人21人，挽回经济损失50余万元。

二是强化科技支撑，社会管控持续创新。在平安系列创建上全参与、全覆盖。全市共计下发平安创建宣传资料10万余份、悬挂横幅标语2000余条，宣传窗300个，大型宣传广告牌100个。并通过召开乡镇“五会”、市直单位“四会”的方式严格评选出20%的平安创建示范户，由市综治办统一授予由市综治委统一制作“平安创建示范家庭门牌”，共计下发门牌4万余块，在全市形成浓厚的平安创建氛围，让平安创建活动家喻户晓。“平安乡镇”“平安单位”“平安校园”“平安医院”“平安景区”等十大平安创建创全面开展。在治安防控体系上大投入、大创新。召开政法工作专题市长办公会，由市财政安排资金近3000万元，全面提质提效治安防控体系。市综治中心在10月中旬建设完成，进入试运行。已有11个乡镇完成综治中心的建设，投入使用。逐步安装治安摄像头、治安卡口、电子围栏；对公安局指挥大厅、看守所、拘留所等单位进行系统升级改造。全面推行网格化管理工作，确定网格员、信息员500余人，已有109个村（社区）进行基础数据采集工作。在重点群体管控上破困局、破难题。推进社区戒毒（康复）工程，加强社区戒毒、社区康复对象223人的管控，确保全市社区戒毒（康复）人员管控率达到80%。全力做好肇事肇祸等严重精神障碍患者服务管理工作，全市重性精神障碍患者2890人，在册管理2858人，管理率达98.8%。在风险隐患整治上出实招、出重拳。开展京广高铁安全隐患专项整治工作，自6月1日至7月21日，针对新市镇团山村9处高铁安全隐患开展为期近2个月的专项整治行动。11月9日，京广高铁沿线汨罗段9处安全隐患整改通过省级验收。加大对京广高铁沿线的隐患排查，对排查出来的涉及新市、罗江、神鼎山、弼时4镇的23处安全隐患继续进行集中专项整治。

三是聚焦重要节点，维护稳定有力有效。全面聚焦重要节点。坚决把党的十九大安保信访维稳工作作为当前的头等大事、首要的政治任务，全力打好“四大保卫战”，深入落实“四大举措”，实现“六个不发生”工作目标。制定下发《汨罗市迎接党的十九大安全稳定工作实施方案》《关于进一步做好十九大特护期间市级领导值班接访、带案下访、“联点双包”工作的通知》《关于认真做好国庆、中秋节期间有关事项的通知》等文件。市委书记喻文等市领导亲自接访、带案下访；党的十九大特护期间，全市无一人进京上访，得到省、岳阳市领导的充分肯定和通报表彰。服务保障重大活动。汨罗市先后开展湖南抬阁故事联盟成立暨首届湖南抬阁故事文化节、“爱我国家、圆梦中华”——我们的节日·端午全国文明村镇文艺展演暨2017年中国汨罗江国际龙舟邀请赛、我们的节日·端午主题文化活动——屈子文化园开园仪式等大型活动，每次调度安排安保力量1300多人，从细微处入手，从最坏处打算，指挥抽调全市最精干、专业、可靠的人员组成安保团队，加强安保力量，为活动圆满成功提供坚强有力的安全保障。高效处置突发事件。“2·27”事件发生后，维稳部门主动直接面对死者家属做好思想疏导，稳定情绪，依法依规宣讲政策，仅2天时间就全部妥善处理到位。“4·21”较大交通事故发生后，按照岳阳市委政法委的指示，全面做好跨省协调工作，经过4天艰苦细致的工作，终于把问题妥善解决。6月12日上午成功处置一起到市委集访行为。经教育无效后，果断对9名行为极端、挑头闹事的对象予以强制带离，由公安机关依法开展教育训诫谈话。同时积极主动发声，做好舆情引导，澄清事实，得到全市人民的支持拥护，使群体性集访事件迅速平息。

四是深化司法改革，努力促进公平正义。试点改革审执分离。为保证“审执分离”工作深入推进和顺利进行，成立由市委书记喻文任组长的汨罗市“审执分离”改革试点工作领导小组，先后召开6次专题会议、拟定两种模式5个不同版本的试点方案，并对方案进行数十次的修改，最终于8月8日对试点方案进行定稿，即：审执分离改革采取归口司法局的模式进行。目前，改革试点方案已经岳阳市深改组研究通过。不断提升司法效能。市法院制定《司法人员职责和权限清单》，对法官和审判辅助人员的职责和权限进行明确和定位。深入贯彻“4+X”警务机制改革战略部署，聚焦重点，大胆创新，助推公安工作转型升级，构建“一部四中心五片区”警务机制。全面完成公证体制改革，公证处从行政体制转轨为事业体制，汨罗市公证处成为市司法局所属的自主开展公证业务、独立承担民事责任。严格规范司法行为。公安局在法制大队挂牌“受立案管理中心”；开展网上执法质量考评，平均合格率为78%；创新办案方式，大力推行巡回办案，法官将法庭开到村组、社区、企业，甚至开到当事人家里，方便群众诉讼。进行巡回开庭30余场次，法制宣传讲座12场次。

【党建工作】 一是组织开展党员活动日。将每个月的第一工作日作为“党员活动日”，组织全体党员干部学习中央、省、岳阳市重要文件，传达贯彻市委、市政府、市委组织部、市纪委文件会议精神，全年共组织开展党员活动日9次，让党员干部熟悉政策精神、文件要求，牢固树立“政治意识、大局意识、看齐意识、核心意识”，时刻警醒党员干部遵纪守法，敬畏法纪，争做合格党员，树立政法形象。结合党员活动日，深入三江镇望峰村开展结对帮扶，每名党员干部深入走访2~3名困难群众，找准致贫原因，明确帮扶措施。二是组织开展政治培训。按照中央、省委政法委的要求，先后3次组织政法各单位全体党员干警收听收看《苦难辉煌》《网络安全危机应对》等专题讲座和《黄小兵先进事迹报告会》；组织政法各家主要负责同志参加岳阳市委政法委组织的政法干部政治轮训。为深入宣传党的十九大精神，在市委党校组织法治能力提升专题培训班，为期四天，邀请省委党校副校长刘丹教授、岳阳市信访局副局长李霖和市级领导讲授党的十九大关于依法治国的重要论述和做好新时势下政法工作的新要求、新任务，政法各单位近100名党员干部参加培训。三是组织开展争先创优活动。出台《中共汨罗市委政法委员会关于评选全市“十佳基层政法单位”“十佳政法干警”的通知》，组织评选出“十佳基层政法单位”“十佳政法干警”，将在明年政法工作会上进行表彰奖励；推荐维稳办、司法局社会矫正股、长乐法庭副庭长贺志平参加岳阳市委政法委组织的“双十佳”评选，目前已通过实地考察。

（李 勇）

公 安

市公安局负责人（名单）

市政府副市长 公安局党委书记 局长	刘四清
党委副书记 政委	刘立波
党委委员 副局长	章晓群 罗 成 易岁安 郑德胜
党委委员	李俊杰
政工室主任	王 云

【概况】 在汨罗市委、市政府和上级公安机关的坚强领导下，市公安局积极投身生态文化活力汨罗建设，深入实施“两加强两提升”“五标准五工程”警务战略，公安工作水平实现新提升，汨罗社会政治大局和治安大局持续平稳。

【“四大保卫战”】 以十九大安保工作为全年维稳工作主轴，全力打响“四大保卫战”，深入落实“四大举措”，有效确保实现“四个不发生”“六个严防”工作目标。加强安保维稳组织领导。成立由副市长、公安局长刘四清负总责的安保维稳工作指挥领导小组，成立9个专门工作组，研究制定“1+7”安保维稳工作方案；对安保维稳工作逐级落实责任，责任到人；对各类不稳定因素定期进行专题研判，实行每天汇总、每周调度、每月总结。先后20余次召开专题调度会，及时化解和稳控各类不稳定案事件，就党的十九大安保维稳各项工作研究推进。全面落实“四大举措”。抓排查。开展“敲门走访”大排查行动，对重点人员群体、场所部位、行业单位、案事件、重要节点活动、队伍与内部管理等6类风险隐患开展拉网式、排雷式摸排，排查重点人员7068人次、重点场所部位210余处、重点行业单位580余家、重点案事41起、队伍和内部管理风险点13个。抓研判。实施“日研判、周会商、月通报”工作机制，对各种不稳定因素及时展开情报会商，开展专业研判19次，编写情报专刊11期，发布深层次情报预警信息21条，实现情报预警，主动攻防。抓管控。加强风控系统录入，开展重点人员“一体化”管控专项行动，强化治安、交通、消防、涉毒、网络、监所等各项管控措施，对各类违法犯罪始终保持严打高压态势，加强社会面巡逻防控，确保全市风险隐患全面管控和整治到位。抓演练。组织开展日常性、专题性、综合性演练10余次。切实强化工作保障。严格督导督查。开展集中督导检查6次，编发督查通报7期，对在督察中发现的问题，及时通报和查纠整改；严格信息报送。向上级公安机关和市委、市政府报送工作动态信息116条，报送工作小结6篇，工作总结4篇，编辑《每日情况通报》15期，在微信公众号及官方微博发布相关信息40余篇；严格讲评考核。开展“四个不发生”创建活动，将考核评比结果纳入单位绩效考核。在做好十九大安保的同时，全年完成重大节点和重大活动重要安保任务15次，做好全市村级合并、城市建设安保稳控工作。

【“五打五整治”专项行动】 结合汨罗实际，部署开展“五打五整治”精准打击专项行动。全年共接警万余起，受理有效警情3375起，其中刑事类报警1100起，治安类报警2275起，交警事故报警2975起；共破获各类刑事案件300 余起，刑事拘留400余人；查处行政案件724起，行政处罚1000余人。严打“三违三强”违法犯罪，查破案件100余起，刑事拘留40余人，行政处罚90余人，特别是成功侦破新市镇新桥村垃圾场强迫交易案、周某某强迫交易案，群众反响良好。坚持对黑恶势力露头就打，成功打掉谢某某宗族恶势力团伙、以蔡某等为首的6个涉恶团伙，移送起诉犯罪嫌疑人60余人。深化打击盗抢骗、电信诈骗等侵财犯罪，开展“三打一整治”专项行动，共破获侵财违法犯罪案件200余起，抓获侵财犯罪嫌疑人100余人。成功破获公安部督办2016年“12·1”打孔盗油系列案件；破获周某某等人冒充电力工作人员系列盗窃案，涉案金额达40余万元；破获杨某某诈骗案，受害群众达100余人，涉案金额1000余万元。持续打击涉毒犯罪，破获毒品刑事案件70余起，刑事拘留涉毒犯罪嫌疑人80余人，行政拘留100余人，强制隔离戒毒80余人，社区戒毒70余人，缴获各类毒品400余克、涉案枪支若干支。重点破获“12·11”公安部督办案件以及付某某、田某某贩毒案等2起岳阳市局督办案件。深入开展打击涉黄涉赌行动，破获涉黄案件7起，刑事拘留若干人，行政处罚25人；破获涉赌案件50余起，刑事拘留70余人，行政处罚142人，重点侦破钟某等人开设赌场案、“6·9”微信红包赌博案、黄某等人开设赌场。强化经济案件侦办，破获合同诈骗、非法经营、挪用资金、虚开增值发票、集资诈骗、组织传销等案件9起，抓获涉案犯罪嫌疑人21人，挽回经济损失50余万元。加大食药环违法犯罪打击力度，查处仇胜双等污染环境案4起，刑事拘留10人，行政处罚2人。

【基础工作】 紧紧围绕安全生产、信息化、网格化、法治化建设等重点基础工作，补短板、破难题、增后劲。强化安全监管。开展整治重点交通违法行为“百日会战”专项行动，现场纠违4821起，查处酒驾毒驾80余起、超员40余起、超速4起、未年检报废3起、疲劳驾驶2起、非客运车辆载客479起、非法占道6317起，刑事拘留40余人，行政拘留97人，收缴无牌无证摩托车2259台。开展消防安全大检查，发现火灾隐患3919处，责令整改1382处，下发责令整改通知书77份，下发行政处罚决定书33份，下发临时查封决定书44份，责令“三停”单位21家，行政拘留7人，罚款71.8万。开展治安安全大检查，对民用爆炸物品、涉枪从业单位、化学危险物品、人员密集场所、校园周边安全、大型活动安全、烟花爆竹等领域进行重点整治，发现安全隐患33处，现场整改10处，限期整改23处。开展易制毒化学品安全大检查，对29家易制毒化学品经营、使用企业进行调查摸底，逐单位登记造册，发现企业存在隐患的，及时下发整改通知书，责令企业限期整改。严格监所管理，始终坚持“安全至上”的工作理念，延续多年来监所安全无事故的传统。巩固巡防基础。在城区，以移动警务平台和城区三个派出所辖区为基础，实行网格化巡防。在乡镇，17个派出所与乡村两级政府、农村义务巡逻力量三位一体开展综治巡逻。加强信息基础。牵头负责全市社会治安视频监控系统的点位与方案设计，新增80个摄像头、30个电子卡口，着力推进视频监控系统深度应用，利用大情报平台、“SIS”、车辆卡口等系统，查询案件263件750余人次。开展“三实”信息集中采集，录入信息3.3万余条。狠抓规范执法。在法制大队挂牌“受立案管理中心”；开展网上执法质量考评，平均合格率为78%；建立健全执法过错责任追究制、执法办案积分考核试行办法、执法考评奖惩制度、受案立案工作规定、法制员管理规定、案件主办侦查员工作制度等规范执法机制。做强社区警务，落实社区民警专职化，社区民警专职从事信息采集、入户走访、安全检查、治安巡逻等基础防范工作。上半年共处理12345公众热线、群众举报投诉等渠道反映的突出治安问题600余件，做到“事事有回音、件件有落实”，办结率和回复率达到100%。

【改革转型】 深入贯彻“4+X”警务机制改革战略部署，聚焦重点，大胆创新，助推公安工作转型升级。构建“一部四中心五片区”警务机制。成立联合指挥部，升级改造110接处警系统，完善相关制度，全面实行指挥中心一级接警、主城区巡警一级处警；下达年度治安摄像头、卡口、电子围栏、WAFI采集点建设任务，深化视频监控应用；固化情报信息“日研判、周会商、月通报”工作机制，强化日常警情即时研判和对各类重点人员的动态研判，推动基础信息与情报研判、情报研判与打击防范有效对接。成立侦查实战中心，实施“一日一议”、周会商工作模式，着力建设和升级改造相关系统，制定完善制度，推动专业警种同步上案、合成侦查破案和信息化应用。全年，该中心破获侵财类案件66起，抓捕犯罪嫌疑人10人。成立治安防控中心，通过健全路面多警联动巡防和武装巡逻防控机制，完善社区警务和矛盾纠纷化解机制，根据辖区社会治安状况，科学精确布警，灵活安排勤务，构筑一张“守点、巡线、管面”相结合的无缝隙巡逻防控网。成立执法管理中心，推行受立案管理“三统一”，联动化解涉法涉诉信访案件，挂牌设立“受立案管理中心”，全面施行办案积分制，持续推进阳光警务系统、警综平台系统建设，坚持开展执法质量考评。成立新闻舆情中心，制定专门工作规范和应急机制，对各类涉警舆情实施24小时监控、研判和处置。年内，共发布宣传稿件218篇，其中，中央级8篇（含央视新闻1篇）。发现并处置涉警舆情共3起，未发生一起因处置不力的涉警舆情，特别是成功应对“2·27”爆炸案、“5·5”交通事故、“5·23”聚众斗殴案等舆情。划分“五片区”，实行突发事件先期处置、刑事案件合成侦查、矛盾纠纷联动化解、治安管控严格有序、交通事故联合处置、社会治安定期研判。推进“微创新微改革”，鼓励全局民警积极参加省厅、岳阳市局组织的“微改革微创新”活动，创新推出的道路交通事故人民调解机制。开展文明窗口创建活动，为群众办理户政业务5万余人次、车管业务5万余人次；继续推行预约办证、阳光办事、微笑服务等机制，共接待群众6万余人次，上门为孤寡老人等特殊群体办理户政业务2000余人次；正在启动实施窗口服务前移模式，将身份证办证业务延伸至各派出所以方便群众办证。

【队建工作】　紧紧围绕省厅“五标准五工程”及队伍建设“十项重点任务”要求，推进队伍正规化建设，打造素质型、担当型、守纪型、效率型、奉献型“五型”公安队伍。在思想政治建设上，深入推进“两学一做”常态化建设，6次集中开展专题学习讨论会；部署开展“四讲”主题教育活动，制定《迎接十九大、深化“四讲”》主题教育方案，召开动员会，开展征文活动，开设“四讲”专栏；深化基层党建工作，选强配齐党支部班子成员，强化“三会一课”制度落实，吸收3名年轻同志为预备党员，2名同志转为正式党员，聘请4名退休老同志为该局思想政治工作顾问，开展授奖、祭奠英烈仪式。落实惠警措施。按照《惠警二十条》的要求，完善慰问抚恤、关爱、权益保障等机制，落实职级与职务并行后的工资普调，为民警办理“三卡”合一。落实“训练日”制度，明确每周五为“训练日”，广泛开展三项基本功和警务实战技能培训，组织开展培训4期，培训民警74人次。在纪律作风建设上，深入推进党风廉政建设、纪律作风建设，先后6次召开党风廉政建设、纪律作风教育整顿专题会，明确开展整治“雁过拔毛”式腐败行动，全面落实省市文件精神，开展“刹人情歪风，治婚丧陋习”专项行动，严格要求民警做到“婚事新办、丧事简办、余事不办”，倡导健康文明的交往方式。多次组织民警观看警示教育片，时刻警示，保持警钟长鸣。严格落实绩效考核、财务管理、执法质量检查、常态化问责倒逼、辅警管理等13项队伍管理长效制度。在问题整改上，继续加大问题查摆力度，先后查摆9项问题，并列出清单全面整改。对4名触犯警纪警规的民警予立案调查，惩前毖后。

（胡　奇）

交警大队

市公安局交通警察大队负责人（名单）

大　队　长	尹飞龙
教　导　员	李　波
副大队长	张　敏　邹盛术 郑伟胜　曾　军 何跃武　戴文灿
办公室主任	罗志华

【概况】　市交警大队全面深入贯彻落实省厅“两加强两提升”“五

标准五工程”警务战略，积极落实建设更高品质的生态文化活力汨罗战略部署，坚持“以制度管人管事管物实现政通，以队伍调优调强调活达到人和，以中心工作推进创造满意”，以预防和减少交通事故为中心，紧紧围绕“降事故、保安全、保畅通”的工作目标，敏锐感知，主动作为，为建设“平安幸福汨罗”打造良好的交通安全环境。

全年全队共接处警6000余起，处理交通事故7000余起，其中致人死亡的交通事故90余起。查处各类交通违法1万余起，行政拘留100余人，刑拘50余人，逮捕10余人。查获酒驾112人。全大队绩效评估工作位列岳阳市县级交警部门前列，创新推出的疑难道路交通事故处置“三三”工作法被省厅和公安部推介。

【专项工作】 开展集中打击交通违法“百日会战”、五打五整治精准打击之“三无”摩托车专项整治、预防重特大道路交通事故专项行动、新学期校车专项整治行动、黄标车治理行动、三城同创城区交通秩序专项整治行动、“三个不发生”创建活动等，严惩交通违法，确保交通安全和畅通。一是突出城区交通秩序整治。采取高峰时守点、平峰时巡逻相结合的措施，加强城区交通秩序管理，对车流量集中的重点地段采取民警包保责任制，重点管控；对严重影响城区交通秩序的乱停乱靠等违法行为实行重点整治。全年，共查纠乱停乱靠交通违法行为11800起，锁定车辆200台次，拖曳违停车辆160台次。二是突出重点交通违法行为的整治。先后开展五类重点车辆交通违法、“酒驾”、校车、涉牌涉证、“三无”摩托车、超限超载治理等集中专项整治行动60多次，查获酒驾112人、校车交通违法15起、客车交通违法6起、货车交通违法2起，查扣“三无”摩托车2259台。三是确保警保卫工作万无一失。做到精心谋划、周密组织、全警发力，尽职尽责。共组织实施警保卫工作60余次，次次确保万无一失。特别是春运、抬阁故事文化节、龙舟节、屈子文化园开园仪式、高考等重要时节交通安保，全队干协警不分昼夜、不畏疲劳、连续作战，确保畅安，得到各级领导和人民群众的高度称赞。大队春运期间、抬阁故事文化节、龙舟节、屈子文化园开园仪式等各类大型道路交通安保经验被省交警总队转发。

【交通安全】 始终把事故处理工作摆在重中之重，多方施策，多管齐下，积极应对和妥善处置各类交通事故，切实维护大局稳定。一是强化交通安全社会化管理。健全“主体在县、管理在乡、延伸到村”的农村交通安全管理模式。全市15个镇均成立乡村两级交通安全领导机构，组建乡镇交通安全管理服务站，“两站两员”建设得到进一步加强。制定《乡镇人民政府道路交通安全工作考核办法》。将农村交通安全管理工作纳入乡镇安全生产和社会治安考核考评的重要内容，与安全生产同部署、同督导、同检查。二是完善交通基础设施。加大科技投入，完善城区交通电子监控系统。维护改造原有电子警察路口9个，将5个公路卡口并入省级缉查布控联网，完善城区主干道交通标线、标牌。将107国道、240国道、308省道和农村部分市乡道交通安全设施的配套完善作为工作重点，新安装交通信号灯5组、电子警察1套、卡口3套，新增减速带764米，警示牌90余块。认真扎实地开展交通安全隐患排查治理。共排查隐患49处，逐一进行治理，如期按质完成省级两处挂牌督办交通安全隐患的治理。三是快速稳妥处理事故。加强快处快赔工作，做到接警快、出警快、处警快、结案快，极大地方便群众，得到广泛好评。一年来，快处快赔中心共接受和处理轻微交通事故1940起。同时发挥市乡村三级交通安全管理组织在事故处理中的配合协调作用，继续推行死亡事故乡镇（单位）主要负责人参加处置机制和交通事故人民调解机制。提升处理效率，提高维稳水平。进一步加大对交通事故伤亡者的救助力度，提升救助的履盖面，有效地解决部分伤亡者的实际困难，较好地化解社会矛盾，共救助62人，救助金额达72.82万元。成立汨罗市交通事故人民调解委员会驻交警大队工作室，化解矛盾纠纷，开辟一条交通事故案件的便民调解新途径，最大限度地保护当事人的合法权益。因交通事故堵路堵门事件大幅减少。大队在前期工作基础上创新推出《疑难道路交通事故处置“三三”工作法》被公安部、省厅、岳阳市局专题推介。

【宣传教育】 一是突出主题宣传。突出以学生和村民交通安全宣传教育为重点，先后开展“落实责任，携手平安”“抵制危险驾驶，我参与我们平安”“平安春运，交警同行”“知安全风险，会紧急避险”“酒驾醉驾、会害全家”“六一”儿童节交通安全主题宣教、中小学生交通安全宣传教育日征文、学雷锋“文明交通志愿服务行动”等一系列宣传教育活动，有效地提升市民交通安全意识。二是强化阵地宣传。充分发挥电视、广播、报刊、网络等各种媒体的优势和作用，通过开办专栏、专题报道、飞字广告等形式开展交通安全宣传工作。同时，通过宣传咨询、印发宣传资料、组织上安全课等形式开展宣传，全年共印发宣传资料2.2万份，悬挂、刷涂、张贴宣传标语536条，开展安全宣传活动42场次。三是创新载体宣传。大队紧扣新型大众传媒开展宣传，开通“汨罗交警新浪微博”平台，建立移动短信群发平台，建起手机微信平台。共发送安全出行短信提示20余万条，发送微博、微信82条。继续发挥“夕阳红”老年交通安全业务宣传队、“帮帮团”志愿者作用，组织他们以喜闻乐见的形式深入学校、企业、社区、单位、农村开展宣传活动，深受市民喜爱。四是加强文明劝导。大队与“三创办”联合组织文明劝导员、交通文明志愿者1000余人次上路组织文明劝导。

【窗口服务】 一是新建机动车驾驶人小型汽车考场。积极努力，争取上级交管部门的重视，在汨罗增设机动车驾驶人小型汽车科目一、科目二、科目三分考场。目前，科目一、科目二、科目三都已开考，极大地方便广大驾驶学员。二是夯实便民服务措施。开展“服务公开承诺”活动，处罚、车管窗口推行7项公开承诺，实行一站式服务、文明服务、导办服务、咨询服务、预约服务、延时服务、限时服务、邮寄服务，全力为人民群众提供优质服务。全年共办理机动车注册登记7219台，其中小型汽车5439台，摩托车1780台。办理变更登记589台，车辆年检7092台。办理驾驶证申领业务816起（补次申领530起，增驾286起），补换驾驶证8812起。处理交通违法109611起，其中本地处罚64190起、异地处罚16630起、自助处理平台12773起。

【党建工作】 坚持把党风廉政建设同全市道路交通安全管理工作同部署、同落实。一是抓廉政教育。结合“两学一做”专题教育和“纠四风、治陋习”及“雁过拔毛”式腐败问题专项整治，集中组织为大队全体班子成员及中层骨干讲党课、开座谈会。强调牢固树立问题导向，切实解决修身律己不严、谋事干事不实的问题。按照市委统一部署和市公安局党委要求，召开大队党总支会议和队务会议30余次，其中部署研究党风廉政建设8次，主讲“两学一做”党课，主持大队党总支民主生活会，指导队属单位领导班子民主生活会，与21名大队中层骨干开展廉政谈心，系统性、有针对性地对单位党员干部进行教育。二是抓制度落实。健全《汨罗市公安局交警大队执勤执法四项规定》和《党风廉政建设责任制实施细则》等廉政制度；坚持经常性检查与重点督查相结合，落实一把手重大事项报告等党内监督制度，做到用制度和纪律挺在前面，把制度和纪律严起来、实起来。进一步严格廉政责任追究办法，层层签订责任状。三是抓规范管理。推行队属各单位、大队领导、中层骨干、队属单位副职以下民警、协警、辅警绩效考核，月考评、年考核，评出优劣，奖罚兑现。在执法规范化建设上，推行案件主办人责任制、交通事故责任认定集体审核制，实行经常性的执法质量考评和警务调查回访。在财务管理上，进一步严格中队日常报账纪律，严格日常审计和监管，三公经费进一步下降，公务接待费用同比下降15%以上。

大队党总支始终按照市委党建工作思路，围绕“支部建设年”主题，着力加强“组织建设、班子建设、队伍建设”三个基础，党员的先锋模范作用得到进一步发挥。一是抓责任落实，找准党建工作的着力点。大队领导和中队负责人实行党建工作“一岗双责”，一级带着一级干，一级做给一级看，形成上下联动，层层抓落实的工作局面。大队长、教导员和其他大队领导与分管单位负责人谈心，队属各单位和支部负责人与党员谈心，形成良好的党建氛围；二是抓谋划研究，定准党建工作的中心点。年初，大队党总支召开党建工作专题会议，将每季度一次党建会议、一次民主生活会议、各支部每月组织一次党建活动作为具体的党建任务抓落实，总支班子成员每月坚持不少于3次到基层调研督导；三是抓班子建设，形成推动工作的合力点。健全各项党建工作制度，方便开展党建活动和对党员进行教育管理。开展“两学一做”“纠‘四风’、治陋习”“刹人情歪风，治婚丧陋习，树文明新风”“雁过拔毛”式腐败问题专项整治，深入开展“创建优秀团队”活动，全队掀起学习十九大精神的热潮。通过主题教育活动，提高民警政治素养。继续开展“中队之星”“协警之星”“服务之星”评选活动，继评选表彰奖励“十佳民警、十佳协警”“岗位能手”之后，开展“优秀民警”“优秀协警”的评选活动。实行全员绩效考核，营造爱岗敬业、奋勇争先的良好氛围。通过开展大走访、整治交通热点问题、优化窗口服务、积极化解涉交矛盾纠纷，选树先进典型，强化正面宣传，进一步改进工作作风，规范执法服务行为，提升群众满意度。

【中心工作】 继续抓好脱贫攻坚工作。大队班子成员和中层骨干与39户贫困户结成“对子”，3月25日，大队购买面粉、大米食油等物品，由大队领导带领工作人员，及时将这些钱物送到长乐镇青狮村一对一帮扶户，对贫困群众进行慰问。按照脱贫攻坚的要求，每月不定期到贫困户家中走访，详细了解实际困难，商议帮扶计划，制定帮扶措施，按规定按要求稳步推进脱贫攻坚工作。同时出资10万元，帮助长乐镇青狮村开展公共设施项目建设。目前，已有3户脱贫。

努力做好棚户区改造、文明创建工作。大队党总支多次召开会议，宣讲市委、市政府棚户区改造的政策和百日攻坚的精神，大队涉及棚户改造的5户家庭均表示全力支持和配合市棚改办的工作，积极带头与棚改办签定定期拆迁协议。大队在全市项目建设百日攻坚行动中全力配合、协作，主动对接，保质保量地完成各项任务。

黄标车治理工作稳步推进。大队多次召开黄标车淘汰工作队务会、部门联席会，与乡镇、运管、环境及市局食环大队开展联合执法9次，发放宣传资料200余套，出动警力80余人次，悬挂横幅20余条，下发补贴15.2万元。共有黄标车698台，共处理黄标车628台，57台黄标车已报省环保厅转为绿标，13台未处理（系法院查封冻结车辆），完成率达到98%。

把三城同创、平安创建贯穿于整体公安交管业务之中，同部署、同检查、同落实，切实抓出实效，三城同创创建和各项交管工作都取得好成绩，但离上级和群众的要求有差距，主要是市、镇、村道路战线长、分布广、警力严重不足，存在着管理不到位的地方；办公经费紧张，科技强警工作尚须加强；内务管理有待进一步加强。全队决心在以后的工作中继续坚持“从严治警、政治建警、科技强警、从优待警”的方针，认真解决工作中和队伍中存在的问题和不足，更加广泛深入地开展好三城同创活动和各项交管业务工作，促进大队各项工作再上新台阶。

（罗志华）

检 察

市人民检察院负责人（名单）

党组书记 检察长	赵承卓
党组副书记 常务副检察长	徐 敏
党组成员 副检察长	陈洪波 王跃辉
副检察长	杨最亮
党组成员	柳小平 杨平波
党组成员 纪检组长	胡飞虎
专职委员	刘 欣 易立红
工会主席	霍平颜
检察长助理 反贪局局长	陈政湘
检察长助理 侦查监督科科长	陈 欣
反贪局局长	龙 寅
政治部主任	刘素如
办公室主任	周悦湘

【概况】 2017年，市检察院认真贯彻党中央关于反腐败斗争的决策部署，大力惩治和预防职务犯罪，力促政务环境风清气正。

数质并行，严肃查办大案要案。贯彻反腐败“无禁区、全覆盖、零容忍”精神，严肃查办职务犯罪，形成“不敢腐、不能腐、不想腐”的持久震慑和深度自觉。2017年，全年共立案查办贪污贿赂、渎职侵权职务犯罪案件15件14人，同比上升36%，居岳阳市第二。其中，大要案10件；处级领导干部1人，科级4人；侦查终结起诉至法院8件9人（含积案），法院审结5件，均作有罪判决，为国家挽回经济损失1000余万元。

内外并重，奋力打造一体格局。坚持立足本地、兼顾一体原则，积极运用“三个一体化”办案机制。着力净化汨罗政务环境，查办的典型案件有：汨罗市政府办原党组成员、副主任欧阳腊春贪污、受贿、开设赌场案，在犯罪嫌疑人口供近乎为零的情况下，加强对间接证据的收集，形成完整的证据链，成功将其起诉至法院；对全市校车安全领域滥用职权以事立案，调查校车公司、质监、校车办等单位负责人20余人次。另根据上级检察机关指定管辖，集中力量查办岳阳市经开区原主任助理、岳阳三荷机场建设指挥部常务副指挥长胡国安挪用公款、受贿案；岳阳县原人大副主任袁文、岳阳县东洞庭湖管委会原党委委员陈辉、岳阳县东洞庭湖采砂管理局原局长姚海洋及企业船主等10人受贿、行贿、滥用职权、非法采矿窝串案，办案质效得到上级领导的充分肯定。

惩防并举，不断织牢预防网络。贯彻落实习总书记“预防职务犯罪出生产力”的重要指示，坚持“标本兼治、惩防并举、注重预防”方针，不断深化职务犯罪预防工作。突出重点预防，注重同步预防，结合办案及时向发案单位发出检察建议，帮助发案单位整章建制，堵塞漏洞；强化大面预防，深入预防职务犯罪联系点开展警示教育7次，提供行贿档案查询224次，形成预防职务犯罪人人参与、个个有责的良好社会风尚，从源头上遏制和减少职务犯罪。

【“三个汨罗”建设】 紧紧围绕市委“六大战略”总体布局，主动融入和服务发展大局，切实发挥检察职能，护航“三个汨罗”建设。

打击刑事犯罪，营造竞争有序的市场环境。充分发挥批捕、起诉职能，严厉打击各类刑事犯罪，重点打击严重刑事犯罪、多发性侵财犯罪、扰乱市场秩序犯罪，为优化发展环境清障护航。一年来，共受理公安机关提请逮捕273件300余人，经审查，批准逮捕179件200余人；受理移送审查起诉349件400余人，经审查，提起公诉290件300余人。结合市委市政府专项工作部署，集中整治“三违三强”，重拳打击发生在工程建设领域中的强迫交易、敲诈勒索、串通投标等破坏经济发展环境的犯罪，突出打击非法经营、组织传销、合同诈骗、地下六合彩、非法吸收公众存款等扰乱市场经济秩序的犯罪，共批准逮捕上述犯罪嫌疑人26人，提起公诉35人。加强对非公有制经济的平等司法保护，既不因执法办案影响经济发展，也不因服务发展牺牲履职底线，坚持既铁腕“除虫”又柔情“护花”，把握办案时机和方式，慎用搜查、扣押、冻结、拘留、逮捕等强制措施，最大限度降低办案活动对企业生产经营的负面影响。

紧盯环境资源，营造青山绿水的生态环境。该院以守护白云蓝天、绿水青山为己任，以“预防、打击、修复”为主要手段，推行“专业化法律监督+恢复性司法实践+社会化综合治理”的生态检察工作模式，在服务生态汨罗建设中展现新作为。积极开展“破坏环境资源犯罪专项立案监督”活动，重拳打击非法占用农用地、非法采矿、滥伐林木等破坏环境资源犯罪，共立案监督4件12人。针对出让土地开发低效、闲置问题，监督支持市国土局、地税局调查闲置低效土地32宗，收回国有出让土地近400亩，征缴土地闲置税费120余万元，追缴土地出让金6520万元，促使有关企业盘活低效闲置土地并重新启动开发建设100余亩。针对非法采矿猖獗之势，监督支持市国土、林业等部门对非法采矿、改变林地用途等行为行政处罚8件，移送公安行政拘留3人，强化两法衔接移送刑事案件2起。结合中央环保专项督查，监督支持相关部门依法履职，大力整治石材加工、畜禽养殖、非法捕捞乱象。配合上级检察机关对环洞庭湖生态资源环境状况专题调研，提出整合资源成立环洞庭湖检察分院、发挥职能促进生态修复等5条建议，被上级高度肯定。

参与社会治理，营造和谐稳定的社会环境。充分发挥检察职能，深化刑事和解、检调对接、释法说理机制，力促社会和谐稳定。贯彻宽严相济刑事政策，对主观恶性不大、双方达成和解、邻里纠纷而引发的刑事案件以及未成年人、老年人犯和初犯、偶犯等轻微犯罪依法从宽处理，对涉嫌犯罪但无逮捕必要的不批准逮捕77人，对犯罪情节轻微、依法不需要判处刑罚或免除刑罚的，充分运用刑事政策依法不诉28人。向法院提出从轻处理量刑建议50人，最大限度化解矛盾，减少社会对立面。加强未检工作，强化对未成年人的司法保护，适用附条件不起诉，对涉嫌盗窃罪的未成年人胡某附条件不起诉，助其改过自新，无痕回归。运用“三个三”工作法，完善接访工作制度，全年共接待来信来访102件130人，依法妥善处理谢某某、何某、王某等多起陈年信访积案。加强对监管场所、社区矫正的监督，向监管场所发出纠正违法通知3份，检察建议14份，消除安全隐患13起，向社区矫正中心发出检察建议64份，矫正对象无一脱管漏管、重新犯罪，有效维护社会稳定。

【法律监督】 准确把握检察机关是全国唯一的法律监督机关的宪法定位，聚焦法律监督主业，拓宽法律监督领域，完善法律监督机制，全力维护社会公平正义。

刑事诉讼监督更加有力。围绕执法不严、司法不公等问题，加强对刑事诉讼活动的监督力度。加强侦查活动的监督，对公安机关应当立案而未立案的，监督公安机关立案7件14人；对不应当立案而立案的，监督公安机关撤案2件2人；追捕漏捕10人，追诉漏罪13人，追诉漏犯11人。对侦查活动发生的违法情形，书面提出纠正意见19次。对侦查活动违规，启动非法证据排除4次。加强刑事审判活动的监督，发出量刑建议179份，人民法院采用率97.9%，对采信证据错误导致量刑畸轻的刑事判决，提请抗诉1案1人。加强刑事执行活动的监督，监督纠正余刑3个月以上留所服刑2件2人，监督判处实刑罪犯未执行刑罚交付执行24人，监督监管场所叫停收取取保候审人员的生活费。成功争创全国一级规范化驻所检察室。

两法衔接监督更加有效。积极推进行政执法与刑事司法有效衔接，实现全覆盖。进一步完善联席会议、提前介入、双向咨询、情况通报机制，加强与行政执法部门的工作联系，共监督支持执法部门向公安机关、司法机关移送污染环境、非法经营、非法储存爆炸物等案件8案16人。对“两法衔接”工作全程监督，从案件线索、启动方向、风险评估等方面强化研判；从证据固定、转换、补强等方面强化督导。

民事行政监督更加有为。贯彻执行修改后民事诉讼法和行政诉讼法要求，加强民事行政检察监督力度，维护社会公共利益。灵活运用检察建议、联合执法、公益诉讼等举措，监督和支持相关行政部门依法履职。共办理督促履职案件32件，同比上升540%，行政公益诉讼立案2件。强化民事诉讼活动监督力度，办理执行监督案件3件，监督人民法院改进查封、扣押、冻结和文书送达等执行不规范问题，办理审判违法行为调查1件，对审判人员严重超审理期限案件督促及时审结1起，有效维护司法公信。

【司法公信】 牢固树立监督者更要接受监督的意识，加强自身监督制约，将权力关进制度的笼子，置于阳光下运行，不断提升司法公信力。

拓宽渠道，自觉接受外部监督。坚持党对检察工作的绝对领导，落实重大事项、重大案件向市委报告制度，将检察工作置于全市经济社会发展大局中去谋划和推进。主动接受人大及其常委会的监督，自觉接受政协民主监督，支持派驻纪检组工作履职。加强与人大代表、政协委员的联系沟通。深化人民监督员制度改革。构建“亲清”型检律关系，充分保障律师执业权利。

着眼规范，不断强化内部管理。强化机关管理，完善机关制度，用制度治权，按制度办事，靠制度管人。强化案件管理，严把案件受理关，共发出不予受案通知书8份，退回整改21次；严控案件流程关，实行随机分案，对上线运行的778件案件动态监管；严守案件质量关，出台案件评查细则，每季度开展案件评查。在岳阳市检察院组织的两次执法状况检查中，汨罗院执法质量均名列前茅。

深化公开，有效提升司法公信。完善检察便民服务平台，高标准建设检察服务大厅，为办事提供便利。深化检务公开机制，开展“检察开放日”“举报宣传周”活动，打造“两微一端”、门户网站、案件信息“三位一体”的全覆盖公开体系。畅通检民联系渠道，聘请检务民情联络员，开通民生服务热线，全面宣讲检察职能、工作成效，打造“阳光检察”，人民满意度持续向好，司法公信力不断攀升。

【队伍建设】 根据习近平总书记关于政法队伍“五个过硬”总体要求，按照政治坚定、业务精良、纪律严明、司法公正、为检清廉的标准，树立汨罗检察新形象。

强化司改，锤炼素能素养。以深化司法体制改革为契机，着力锤炼队伍素能，向正规化、专业化、职业化坚实迈进。紧紧围绕责任制改革，明确“谁办案谁负责”“谁决定谁负责”原则，厘清司法责任，明确权力清单，运行司改版统一业务应用系统，做到权责明晰、权责一致。紧紧围绕以审判为中心的刑事诉讼制度改革，强化证据意识，提高指控艺术，优化新型诉侦、诉审和诉辩综合素能提升。共有8人次获得全省检察机关综合先进个人、岳阳市十佳辩手等各类荣誉称号。

挺纪在前，砥砺作风作为。坚持党要管党、从严治党，始终将纪律和规矩挺在前面，严格执行铁规禁令，牢牢聚焦四风陋习，认真落实党风廉政建设责任制。深入推进“两学一做”学习教育常态化制度化，严明党的政治纪律，规范党内政治生活，引导干警抓好对标，牢固树立“四个意识”，增强自我净化、自我完善、自我革新、自我提高的能力，全年干警无一违法违纪。

完善保障，夯实基层基础。再次成功创建省级文明单位，之后进一步加大投入力度，以争创省级文明标兵单位为抓手，高效优质完成办案场所、服务大厅、青年干警公寓、篮球场等机关建设，办公办案环境有效改善。强化人力资源保障，按照员额制改革关于人员配备的要求，争取市委市政府支持重视，公开招聘30名聘任制书记员，一定程度上缓解案多人少的矛盾。大力实施科技强检战略，促进信息化应用与检察工作的深度融合，推动检察工作实现创新发展。

（周悦湘）

法 院

市人民法院负责人（名单）

党组书记、院长	孔 剑
党组副书记 副院长	杨辉炎（8月止）
市政协副主席 副院长	李才红
党组成员 副院长	杨中书（8月止） 何新京 陶洪明 严自凡
党组成员 政治部主任	傅林海
审委会专职委员	许泽平 冯创初

【概况】 2017年，汨罗法院以党的十八大和十八届三中、四中、五中、六中全会精神为统领，深入学习贯彻党的十九大精神，牢牢把握公正司法、司法为民主题，紧紧围绕“努力让人民群众在每一个司法案件中都感受到公平正义”的目标，围绕市委“建设更高品质的生态文化活力汨罗”发展战略，为维护汨罗社会和谐稳定提供有力的司法保障。实现岳阳中院提出的案件无冤错、队伍无违纪、安保无事故、舆情无炒作的“四无”工作目标，该院认真履行审判职责，积极服务发展大局，稳妥推进司法改革，从严从实管理队伍，审判工作和队伍建设都取得新的成绩。

【政治学习】 坚持政治学习，重点学习党的十八届六中全会精神、习近平总书记“7·26”讲话、党的十九大精神，研究部署贯彻落实措施。坚决维护以习近平同志为核心的党中央权威，进一步增强“四个意识”特别是核心意识、看齐意识，始终在思想上政治上行动上坚决与以习近平同志为核心的党中央保持高度一致，坚持全面从严治党，加强党内监督，充分发挥司法职能，为经济社会发展提供有力司法服务和保障。深刻学习领会习近平总书记在全会上的重要讲话精神，深入学习掌握十九大对党章所作出的重要修改，把学习全会精神纳入“两学一做”学习教育，纳入法官学习培训计划中，坚决落实管党治党责任，做对党忠诚、讲规矩、守纪律的表率。

【执法办案】 全年共受理各类案件5249件，审结4815件，结案率91.6%，居全省基层法院第9名，岳阳法院第1名。有7名法官办案数进入全省法院前200名，司法绩效在全市基层法院名列前茅，民调排名岳阳县市第一名，连续6年居岳阳市政法系统前列。刑一庭庭长陶立安荣获国家关工委、国家司法部和中央综治办联合主办的“青少年普法教育活动先进个人”荣誉称号、长乐法庭副庭长贺志平作为汨罗市政法系统唯一候选人入围“岳阳政法系统十佳政法干警”评选，民三庭庭长杨宗辉被授予岳阳市“三八”红旗手荣誉称号，是汨罗市唯一获此殊荣的妇女代表。

依法开展刑事审判，全力维护社会稳定。依法惩治各类刑事犯罪，审结刑事案件317案400余人，发布刑事布告2期29人，判处10年以上有期徒刑9人，3年以上有期徒刑60余人。依法惩治涉恶、故意伤害、寻衅滋事、抢劫抢夺、绑架、盗窃等严重侵害人民群众生命财产安全犯罪，审判106案100余人，有力维护社会治安稳定。严厉打击“三违三强”犯罪，对汨新社区谢某红、谢某康等八人强迫交易案、敲诈勒索案进行公开宣判，谢某红等分别被判处3年3个月到10个月不等有期徒刑，有力促进市场秩序规范。重拳打击环境污染犯罪，对仇某双等12名被告人非法处置医疗废弃物污染环境案进行依法判决，助推汨罗环境整治工作顺利开展，该案被中央电视台、南方周末等媒体予以正面报道，社会效果良好。依法严惩贪污贿赂等职务犯罪，审结案件7案12人，市公共资源交易中心原主任徐某某被依法判处有期徒刑，推动汨罗市反腐败斗争深入开展。落实人权刑事司法保障，贯彻宽严相济的刑事政策，对犯罪情节轻微、认罪认罚的被告人，秉持教育挽救的目的，依法对8人免于刑事处罚，对120人适用缓刑。正确理解与适用罪刑相适应原则，徐某平等9人故意伤害案经最高人民法院的核准在法定刑以下量刑，这是该院首例在法定刑以下判处刑罚的案件，对充分保护人权，协调一般公正与个别公正具有重要意义。推行刑事和解谅解制度，刑事附带民事案件调解率达92%，消除对立面和不稳定隐患。

妥善处理民商纠纷，积极化解社会矛盾。审理各类民商事案件3182件。坚持服务民生，妥善处理与民生密切相关的矛盾纠纷，审结侵权纠纷、民间借贷等案件743件，畅通交通事故损害赔偿案件审理“绿色通道”，审理案件412件，为1707名当事人挽回经济损失8215万元；维护社会公序良俗和和谐文明的婚姻家庭关系，稳妥处理婚姻家庭纠纷案件575件；保障劳动者合法权益，引导建立和谐劳动关系，审理劳动、劳务纠纷案件528件。坚持促进经济发展，维护市场经济秩序，审理涉企业合同纠纷案件470件，标的约3.46亿元。审慎处理企业破产案件，积极引导困难企业走出困境，取得政策支持，促进融资重整，审理的三件破产案件中，有两件依法裁定通过重整方案，两家企业重新焕发生机，既维护社会稳定，又有效地保护债权人的合法权益，破产企业的职工代表赠送锦旗表示感谢；院领导深入企业调研，走访座谈，找准审判服务企业的切入点，通过清理债权债务、提高企业法律意识等方式进行针对性帮扶。支持重点工程，妥善处理征地拆迁纠纷案件60件，助力城市提质改造和飞地工业园建设。

加强行政审判工作，促进法治政府建设。坚持监督权力、保护权利、实质性化解行动争议的目标导向，稳妥开展行政审判工作。加大对行政相对人权益保护力度，降低行政案件受理门槛，无一行政案件拒之门外。审结行政诉讼案件51件，判决确认违法并撤销行政行为案件17件，对存在程序和实体问题的非诉执行案件32件裁定不予执行，加大对行政机关权力监督，保护相对人的合法权利。支持行政机关依法行政，审查卫计、国土、环保、民政等行政非诉执行案件266件，裁定准予执行234件，有力维护行政机关权威。畅通与行政机关沟通协调渠道，开展法律咨询、案例讨论、法制讲座等活动，加强与行政机关互动，共同提升执法办案水平。2017年6月，中央、省市20多家媒体对汨罗法院行政审判30年予以集中采访，充分肯定行政审判工作取得的成绩。

全力破解执行难题，兑现涉诉合法权益。执结各类案件1137件，为国家集体个人挽回经济损失2.16亿元。深化执行体制改革，加大失信惩戒力度，将1256名失信被执行人列入黑名单，并对其中260人发布公告向全社会公布，限制失信被执行人1256人次乘坐高铁飞机、出国出境、办理信用贷款，打击失信行为，倡导诚实信用的社会风气。依法惩治规避、抗拒执行行为，开展公开强制执行活动37场次，司法拘留76人次，召开公开执行兑现大会两场次，公开兑现62案1043万元。《人民法院报》对公开兑现予以报道。完善执行财产查控机制，不断健全网络查控措施，查控1055案1325人，查控财产8927万元，使被执行财产无处藏匿。实行涉案财产网络竞拍，通过网络司法拍卖使得信息化与法院执行工作深度融合，不仅让拍卖更加便捷和公开透明，而且实现财产变现价值的最大化，最大程度保护当事人合法权益。10月，通过网络司法拍卖，以起拍价的1.7倍价格成功拍卖被执行人的一套住宅，实现司法效果和社会效果的完美统一。

【司法改革】 积极探索审执分离。根据中央政法委和湖南省委的部署，经岳阳市委和岳阳市中级人民法院确定，汨罗法院作为推行审执分离改革试点。在市委领导下，高度统一思想，认真开展调研论证，分析形势，准确把握执行工作规律，结合工作实际，拟定《汨罗市人民法院推行“审执分离”改革试点建议方案》，该方案已经汨罗市委常委会讨论通过，目前已按程序呈报市、省、中央审批。

实行院长办案常态化。落实以审判责任制为核心的法官员额制改革，实现司法资源的优化配置，通过遴选入额的43名法官全部进入办案一线。逐步取消案件审批制，“审理者裁判，裁判者负责”的机制正在形成，减少案外因素对案件裁判影响，审判质量和效率得到有效提升。院领导转变工作作风，回归法官本位，从办公室走向审判法庭，担任审判长办案224件次，院长办案已成为常态。

推行专业法官会议制度。为充分调动和发挥法官审判主体作用，打造审判业务智库，建立以审判业务骨干为成员的民事审判法官会议制度。召开法官会议5次，讨论重大疑难案件13件，研究解决审判执行相关法律问题17个，为统一裁判尺度、防止同案不同判、提高裁判公信力创造新机制，为交流审判经验、提升审判质效提供新平台。

深化“阳光法院”建设。深入推进司法公开，不断完善审判流程、开庭审理、裁判文书、执行信息四大公开平台建设。建成6个数字法庭，启动庭审直播系统，直播庭审20余场次。实行裁判文书网上公开，上网公布裁判文书4860份，公开率达100%，居岳阳法院第一名。推进执行信息公开平台建设，实现执行案件流程公开。加强法院网站、微信平台建设，加强司法新闻宣传，拓宽司法公开渠道，司法宣传新闻工作处于岳阳市法院前列。

【优质服务】 多措并举，创新方式化解纠纷。设立“巡回法庭”、开展“送法进校园”，法官将庭审开到村组、社区、企业，将普法课堂搬进校园，巡回办案、法治讲课50余场次。设立调解工作室，抓住庭前、庭中和庭后3个节点，加大调解工作力度，充分体现调解，结案快、效率高、当事人对立情绪小和执行兑现容易的特点，切实减少当事人诉累，调解结案率达到45%。10月，李某华诉杨某的一起交通事故案件，院长亲自审理，将庭审开到当事人家中，经调解，原告当场兑现65000元赔偿款，该案被《法制周报》《潇湘晨报》等媒体报道，社会反响良好。同时，积极引入人民调解、行政调解机制，将民间纠纷化解在法庭之外。积极探索电子诉讼服务，开展远程立案、远程信访、微信通知送达、视频咨询调解等现代技术手段方便诉讼，调处纠纷。

窗口前移，提供优质诉讼服务。狠抓窗口建设，新建诉讼服务中心，优化诉讼环境，健全配套设施，确立诉讼引导、立案审查、诉前调解、司法救助、查询咨询、判后答疑、信访接待、收费退费八大基本功能，为群众提供高效、便捷的诉讼服务。积极推进立案登记制改革，对符合法律规定的起诉，当场登记立案；当事人提交材料不符合要求的，一次性告知应当补充的材料和日期；在法定期限内不能决定是否立案的，也予以先行立案，当日立案率达98%，“立案难”已成为历史。

司法救助，保障弱势群体权益。出台《汨罗市人民法院关于加强和规范人民法院国家司法救助工作的意见》，对在审判、执行过程中权利受到侵害无法获得有效赔偿的当事人，可以采取一次性辅助救济措施，以解决其生活面临的急迫困难；为452名经济确有困难的当事人减免和缓缴诉讼费103万元，让困难群众打得起官司。加强司法援助工作，在立案大厅设立律师咨询窗口，每天有律师直接指导当事人办理诉讼事务，帮助他人提高诉讼能力和维权能力。为经济确有困难的当事人、刑事被告人指定代理、辩护17人次，切实保护他们的诉讼权利。

俯下身子，做好涉诉涉访工作。继续完善专门接访、院领导轮流接访和承办人、庭长、主管院长、院长四级接访的大信访格局。不断提高实质性化解信访问题的能力水平，注重判后答疑、法律释明工作，接待来访900余人次，一次性成功处访率达90%以上，尽量不让涉诉群众多跑路。实行诉访分离，依法保护当事人申请再审和申诉权利，规范申请再审和申诉复查审查工作，配备专门力量，确保审查质量，受理申请再审、申诉复查案件19件，无一例赴京、赴省上访案件，诉讼信访工作得到省高院的充分肯定和高度赞扬。

【廉政建设】 狠抓思想政治建设。以政治建院为根本，坚持党对法院工作绝对领导，强化“四个意识”，坚定“四个自信”，确保法院工作的正确政治方向。强化基层党组织建设，将开展“两学一做”常态化、制度化作为党建工作的龙头任务，作为推进人民法院工作创新发展的重要契机，领导带头，细化“学”的内容，明确“做”的标准，树立“改”的标尺。推动党内教育从“关键少数”向广大党员拓展、从集中性教育向经常性教育延伸，取得显著成效。以白塘镇移风村秀美乡村联系点为契机，开展植树造林、精准扶贫为主题的党员活动日，进一步强化党员干警的宗旨意识，让困难群众切实感受真心真情的司法温暖。

狠抓廉政作风建设。始终把廉政建设作为法院工作的“生命线”，坚决落实上级关于党风廉政建设和反腐败斗争的工作部署。通过上廉政党课、警示教育、明察暗访、案件质量检查、个案跟踪等形式，压实领导责任和监督责任，全面加强从严治院、从严治警力度，确保队伍讲纪律守规矩。积极开展“清理国家公职人员参与采砂、运砂、浮吊、砂石码头经营活动”“领导干部上交或拒收礼品礼金专项清理”“刹人情歪风、治婚丧陋习、树文明新风”等专项治理活动。把纪律挺在前面，先后对两名被举报的干警进行约谈，对1名干警运用监督执纪“第一种形态”进行提醒谈话，打好预防针。

狠抓学习型法院建设。始终把业务学习培训作为提升办案水平，适应审判工作新形势发展的重要手段。以案件质量为中心，深化司法绩效考核，以案件检查讲评为手段，促进案件质量提升。实施专家型法官培养计划，选派40余人次赴北京大学、法官学院进行专题培训学习。开展论文调研、案例分析活动，提高理论水平，有5篇论文和案例在《湖南审判研究》和《岳阳法官论坛》上发表，有三篇调研论文在湖南省诉讼法学会举行的“永雄优秀诉讼法论文奖”评选中分获三等奖和优秀奖。依托法院官网，积极开展信息宣传报道，累计发稿394篇，其中290篇被中央及省级媒体采用，全方位的展示法院工作。积极探索利用新媒体，制作并推送24期汨法微信，开启法院与人民群众之间沟通交流、深度互动的新通道新窗口。

（傅林海）

司法行政

市司法局负责人（名单）

局　　长	黎中元
副 局 长	彭四龙　黎柳平
工会主席	郑登高
办公室主任	李　勇

【概况】 2017年，市司法局认真履职，稳步推进全局工作，取得较好成绩。

【党建工作】 抓学习，促能力提升。一是组织学习讨论。年初，下发“班子成员学习计划”“党风廉政新建设专题学习计划”及“全体党员学法计划”，坚持每月最后一周星期一召开班子学习会议。开展“两学一做”“四种精神”“汨罗市新发展、党员新作为”、学习十九大报告精神、学习新“党章”等专题大讨论，共计发言42人次、撰写心得体会200余篇、撰写研讨文章22篇。二是认真开展活动。落实“党员活动日”制度，组织全体干职工到廉政教育中心、弼时纪念馆等红色教育基地参观，丰富党建教育形式、扩大学习面、深化教育实效。开展“汨罗新发展、党员新作为”创先争优活动，召开动员大会，签署公开承诺书。

建制度，促工作规范。一是修订完善制度。多次召开党组会议，继续完善“三会一课”、民主生活会、组织生活会、发展党员工作、党风廉政建设、民主评议党员、党内监督、党组议事等党建工作制度，并按制度狠抓落实，推动党建工作逐步走上制度化、规范化的轨道。二是抓好制度落实。召开支委会10次、党员大会6次、民主生活会2次、组织生活会2次，上主题党课5场次，确保党建制度落实处。

常督查，促落实到位。一是组织专题学习。为确保党的十九大精神贯彻落实工作抓紧、抓好、抓实，以十九大报告为主题开展专题讨论，以学习十九大修改的新《党章》为主题上主题党课，由黎中元局长主持讲解，全体党员以及干职工都参与讨论学习。并安排全体党员干部利用工作空隙，对十九大精神进行自觉学习，并撰写心得体会。二是督查学习成果。为确保通过学习贯彻党的十九大精神，党员干部能高质量地完成好本年度工作、科学谋划好明年工作，成立以一把手为组长，党组成员为组员的督察组，对全局学习贯彻党的十九大精神情况进行督查，把督查工作作为推动干职工自觉学习宣传贯彻十九大精神的重要手段，以督查促落实，积极推动党的十九大精神在司法落地生根。目前，督察组对学习情况进行一次全面督查，收到心得体会68份。

【基础工作】 彰法治，普法宣传氛围浓厚。一是打造法治宣传新载体。3月，为发挥微信、网络等新兴媒体的普法优势，创办《法治汨罗》栏目。通过时刻新闻手机APP、微汨罗和平安汨罗微信公众号同步推出，就群众身边发生较多的典型案例进行以案释法，截至到目前，该栏目已累计推出30余期，收到良好的社会效果。二是构造法治宣传新模式。紧紧围绕全市重点工程项目建设深化普法教育，坚持把普法工作与处理热点、难点问题相结合，先后以安全生产为主题，围绕规范村民集中建房和环境保护等问题开展专项法治宣传活动，为汨罗市经济建设营造良好的法律氛围。三是实现普法阵地新拓展。为打通基层普法“最后一公里”，结合“法律进乡村”活动，在汨罗镇龙塘村打造一条普法长廊，专门宣传《中华人民共和国宪法》《中华人民共和国村民委员会组织法》和《湖南省村民委员会选举办法》等法律知识。四是实现国家工作人员学法考法新突破。该年度是汨罗市全面实施无纸化学法用法考试的关键之年，积极发动，认真部署，全市137家单位6000名国家工作人员通过如法网的“国家工作人员学法考法”通道进行学法及考法，进一步提升国家工作人员的法治意识和法律素质。

保稳定，特殊人群管控规范。一是抓好社区矫正中心规范运行。对社区矫正中心进行升级改造，提升社区矫正工作规范化、信息化、科学化水平。截至目前，现在册社区服刑人员300余人，其中缓刑200余人，假释或暂予监外执行40余人。开展社区矫正审前调查148例，办理入矫190余人，办理解矫180余人。没有出现一例脱管、漏管，也没有出现一例因社区矫正工作人员工作失职导致社区服刑人员重新犯罪。二是落实社区矫正购买服务。按照省厅要求，根据实际确定岳阳市春雷社会工作服务中心为社区矫正政府购买服务的承接主体，开展社区矫正非执法类辅助性事务。6月16日，汨罗市作为岳阳市的试点承办“湖南省社区服刑人员行为规范教育活动现场会”。省、岳阳市、汨罗市相关领导出席会议，周边地区县市区司法行政部门负责人到场观摩，其他省、市和兄弟县市区领导的高度认可和赞扬，省司法厅副厅长傅莉娟对汨罗社区矫正工作给予充分肯定。三是加强安置帮教工作。扎实开展“情暖高墙·关爱孩子”联合帮扶活动，看望汨罗镇、长乐镇等乡镇3名特困服刑人员未成年子女。在汨罗市职业中专成立安置帮教基地，对“三无”人员帮助安置就业，使刑释解教人员有必要的生产、生活条件。目前，全市累计在册安置帮教对象1011人，其中重点帮教35人，一般帮教对象976人。刑满释放人员核实率、回执率、衔接率达100%，重点帮教人员接回率100%，刑满释放对象的帮教率达100%。四是推进收治中心建设。特殊人群涉毒人员收治中心一直秉着“收治结合，以治为主，突出行为规范养成，重教育促回归”的工作理念，收治各类涉毒违法犯罪特殊人员。截至目前，累计收治各类人员100余人，目前在监人数10余人。因收治中心条件极其简陋，向市人民政府和上级司法行政部门申请选址新建，经第七次市长办公会讨论同意，该项目已列入省发改委、省司法厅“十三五”政法基础设施建设规划，选址确定后将马上启动建设程序。

促和谐，人民调解稳步推进。一是开展专项调解活动，维护社会稳定。开展“三调联动解纠纷、防控风险促发展”活动，在人民法院、公安派出所、信访局设立调解室，建立“三调联动”流动调解庭。对人民调解工作以奖代补，采取政府购买形式发放5.9万元奖金。截至目前，全市共调处各类矛盾纠纷1773件，调处成功1772宗，涉及金额6682.73万元，其中防止民转刑案件3件，防止群体性上访21件，防止群体性械斗5件，成功调处“2·27”白塘爆炸案、汨罗农商银行与中信大酒店合同纠纷和帝皇国际业主房屋权属纠纷。二是抓调解网络建设，形成大调解格局。区域改革后，按照省厅的统一部署，重新要求各乡镇各村重新建立调委会。对市、乡、村三级861名人民调解员进行统一造册编号、并由乡镇颁发调解员证。同时，在市财政预算争取30万元专项经费，从市法院、市交警大队律师队伍中聘任4名专职工作人员，联合市交警大队在城区中队腾租6间办公室，成立道路交通事故调解委员会。三是抓阵地建设，夯实基层基础。利用乡镇合并，镇政府机关整合办公的契机，重新按照争创省级模范司法所、规范司法所的要求，安排部署司法所阵地建设。全市15个司法所中，川山坪镇司法所被评为省级模范化司法所，古培、屈子祠、弼时、大荆、白水5个司法所全部搬迁新址，重新装修办公场所，共有13个司法所建设水平基本达到省厅规范化司法所的要求，司法所阵地能够满足基层工作需要。

惠民生，法律服务卓有成效。

一是围绕人民群众推进公共法律服务体系建设。年初，依托镇、村（社区）综治中心建设，汨罗市公共法律服务站、点建设全面启动。15个乡镇中，推进建设公共法律服务站11个，建成3个（汨罗镇、罗江镇和白塘镇），80%的公共法律服务工作点完成挂牌。二是围绕弱势群体加大法律援助力度。法律援助中心降低援助门槛，扩大援助范围，开辟绿色通道，切实做到“能援则援”“应援尽援”。共办理各类法律援助案件231件，其中民事法律援助案件181件，刑事法律援助案件50件，较好的维护法律援助当事人的合法权益。三是围绕经济建设提供公证服务。公证处着眼服务全市经济建设，不断拓宽公证领域，提升服务质量，为市重点工程建设、公租房配租、发票摇奖等重大活动和重要事项提供优质公证服务，年内共受理国内公证（含港澳台）794件，涉外公证308件，接待咨询350人次，公证处的影响力和整体实力得到提升。四是围绕中心工作开展法律服务。积极组织律师、公证员和法律服务工作者参与到“三个汨罗”建设、“六大战略”举措和17个重点工程指挥部提供法律服务。在园区企业发展和市政建设工程中，组织律师和法律服务工作者上门宣讲法律、提供咨询，为屈子湿地公园指挥部强拆狄某的房屋案提供法律宣讲和财产公证服务，助推依法拆迁的顺利进行，获得社会一致好评。

抓落实，司法改革稳步推进。一是完成公证体制改革工作。按照司法部和湖南省“两办”文件的精神及省司法厅的具体要求，司法局已在10底前全面完成公证体制改革，汨罗市公证处从行政体制转轨为市司法局所属的自主开展公证业务、独立承担民事责任，依法纳税，实行绩效工资的副科级全额拨款事业单位。二是做好审执分离改革试点前期工作。经岳阳市委司法体制改革领导小组确定，汨罗市人民法院为改革试点法院，正式启动审执分离改革试点工作。8月1日，拟定新设独立的执行工作局并归口司法局模式的方案，审执分离改革试点方案按程序逐级上报。

【廉政教育】 加强组织领导，建立长效机制。一是健全组织机构。局党组按照市委统一部署，认真落实主体责任，明确党组主体责任，成立以一把手为组长，其余班子成员为副组长的司法局党风廉政建设领导小组，认真部署全局党风廉政建设工作，带头履行党风廉政建设责任制的有关规章制度。共召开党风廉政建设专题工作会议4次，听取纪检监察专题汇报4次。二是认真部署推动。下发《汨罗市司法局领导班子成员2017年党风廉政建设责任分解》，与各股室签订党风廉政建设责任书，开展党风廉政建设责任制检查考核制度，把考核成果作为干部业绩评定、选拔任用、奖励惩处的重要依据，确保党风廉政建设和作风建设各项任务有效落实。三是开展专项活动。积极推进“刹人情歪风、治婚丧陋习、树文明新风”专项工作。按照湖南省纪委、岳阳市和汨罗市相关文件精神，制定工作方案，召开专题会议，全体干职工签署并上交承诺书，全局婚丧陋习得以彻底整治，人情歪风得以有效遏制，人情负担得以明显下降，文明新风得以全面养成。开展公职人员违规参与“涉砂”等经营性活动专项整治。召开动员大会，对专项整治工作进行全面动员部署，严格落实上级部署，明确清理的对象、内容和要求，认真开展自查自纠，组织人员填报相关情况。经清查，全局没有违规参与“涉砂”等经营性活动的公职人员。四是积极完善制度。修订完善公务用车、公务接待、财务管理等内部管理制度，明确工作职责，规范审批管理，严格“三公”经费开支，防止违规使用，严格落实八项规定的要求，做到用制度管人，用制度管事，使各项工作都在制度监督和约束下规范运行。

加强学习教育，增强廉洁自律意识。一是举办主题活动。结合“两学一做”“汨罗新发展、党员新作为”“刹人情歪风、治婚丧陋习、树文明新风”和“红星云”等专题教育活动，组织班子成员和干职工开展对《中国共产党纪律处分条例》《中国共产党廉洁自律准则》，中央“八项规定”以及省、市、汨罗有关作风建设的规定等有关知识的学习，不断提高干职工的廉洁自律意识，增强其拒腐防变的能力。二是加强学习提升。结合“党员活动日”等实践教育活动，在全局广泛开展以提高干职工反腐倡廉意识和廉洁自律能力为核心，以建设学习型党组织、廉洁型班子为目标的廉政教育活动，进一步强化廉政学习教育理念，营造风清气正的良好工作氛围。三是开展廉政教育。局党组书记和纪检书记先后为全局党员干部上两堂廉政教育课，引导党员干部牢固树立党章意识，自觉用党章规范自己的一言一行，自觉执行党风廉政建设各项规定，切实做到依法行政、文明执法。

【中心工作】 脱贫攻坚工作。结合领导班子思想政治建设、抓党建促脱贫攻坚等活动，班子成员带领干部职工，深入古培镇岳峰村所有贫困户，走村入户，认真了解家庭住房、收入来源、劳动力情况、贫困原因等情况，认真挖掘致富潜能，为该村建档立卡的贫困户每户指定一名帮扶责任人，帮助贫困户分析贫困原因，引导自主自强。并多方筹措资金，向生活困难的贫困户发放慰问金5万余元。

棚户区改造工作。一是派遣专业人员为棚改工作提供法律服务。积极配合上级安排，派遣基层工作股指导员胡敦为安居投棚户区改造拆迁工作全程提供法律咨询、人民调解等法律服务。二是安排工作人员为拆迁户做动员说服工作。政工人事股指导员汪检华从3月与局机关工作完全脱钩，从事易地扶贫搬迁工作。抽调4名工作人员分别进驻友谊河棚改指挥部和沿江风光带棚改指挥部，发挥司法行政工作人员的优势，积极上门上户宣讲政策和法律法规，消除拆迁户的负面情绪，引导群众依法依规办事。

文明创建工作。一是围绕平安创建争一流服务。组织律师、公证员和法律服务工作者积极参与参与到“三个汨罗”建设，为“六大战略”举措和重点工程指挥部提供法律服务，积极参与重大复杂的信访问题和重大群体上访调处工作。二是围绕平安创建创一流业绩。立足于司法行政本职工作，积极做好2017年各项工作，在法治宣传、人民调解、社区矫正、法律服务等工作中积极创新，得到市政法委和上级司法行政部门的一致好评。三是围绕平安创建树一流形象。为切实加强行政执法队伍建设，提高行政执法人员执法水平和依法行政能力，先后2次组织全局执法人员进行业务知识培训，通过培训执法人员的业务知识和对法律法规的理解与运用水平得到明显提高。为进一步增强基层调解组织实战化水平，充分发挥维护社会稳定“第一道防线”的作用。分批次组织全市市、乡、村三级人民调解员进行业务培训，人民调解员的实用技能得到提高。

（李 勇）

军 事

人民武装

中国人民解放军湖南省汨罗市人民武装部负责人（名单）

部　长	向进良
政　委	刘　为
副部长	华志兵（8月止）

【概况】 在军分区党委和汨罗市委市政府的坚强领导下，按照“围绕改革，突出中心，抓住关键，大力整改，夯实基础”的工作思路，市人民武装部（以下简称“人武部”）坚持改革主线，严守纪律红线，把牢安全底线，积极践行强军目标。

【思想建设】 围绕党的十九大胜利召开，抓看齐追随，全面贯彻落实十九大精神，统一思想，强化理论武装，提高政治站位。人武部领导先后到市委党校理论授课2次，并集中组织民兵学习贯彻十九大精神等一系列活动。紧紧扭住大事之年讲政治，抓班子带队伍，确保党性合心，制度合力，目标同向，党委领导坚强有力，干部队伍心稳劲头足。深入开展军队规模结构和力量编成改革思想政治教育，做好军队改革期间的人员思想稳定工作，为强军改革顺利推进奠定政治基础和组织保证。国防教育工作全面普及，结合南京大屠杀80周年祭及第四个国家公祭日，组织召开全市国教委全会，并组织党政领导、干部职工、青年学生开展系列纪念活动，全民国防观念不断强化。

【战备训练】 始终坚持战斗力这个唯一根本标准，按照“能打仗、支援保障打胜仗”的要求，狠抓战备训练工作的落实。一是抓动员部署掀训练高潮。本级首长机关和干部综合军事素质得到提高，年终考核实现2个百分之百的目标，即100%参考，100%达标。4月，部长向进良代表岳阳参加省军区个人研究作业考核，成绩排在省军区前列。二是大力夯实战备训练基础。修订完善若干个战备方案计划，自筹资金数万元配备防暴反恐、抢险救灾器材。组织全市所有村（社区）民兵营长集训。四季度，组织专武干部参加湖南省军区武装部长集训，组织乡镇（含屈原管理区）专武干部参加岳阳市专武干部集训，均取得较好成绩。其中白塘镇武装部干事戴志虎、神鼎山镇武装部副部长涂风景、汨罗镇武装部干事陈吉武3名同志集训综合考核成绩突出，被评为优秀学员。三是实打实抓好训练的落实。2017年，全市共先后完成民兵预备役多批多专业训练任务，民兵应急连训练若干批若干人次，通过训练较好的完成上级考核、抗洪抢险、备勤安保等任务。在去年抗洪抢险中，市人武部共动用民兵预备役人员若干余人次。6月29日晚上22时，根据市防指和军分区命令，连夜出动民兵，冲锋舟，赴平江伍市镇、浯口镇支援抢险救灾，3天共转移受灾群众80余人；7月份的汛期，民兵应急连和部分乡镇应急排全部出动，在罗江垸、磊石垸一线大堤封堵管涌，巡堤执勤，为全市防汛抢险工作做出巨大的贡献。尤其是住建局民兵尖刀排，在罗江垸和磊石垸封堵管涌中发挥骨干力量作用。

【征兵工作】 人武部本着征集优质兵员为目标，严格落实国防动员部“五率”考评标准，强化组织领导，加强宣传发动，落实问责机制。以强有力的政治宣传，激发广大青年的参军热情。经过严格的体检、政考、定兵等环节，圆满完成新兵征集任务。新兵中的大学生占比超额完成岳阳提出征集任务要求，“五率”考评在岳阳市排名前列。确保征兵工作纪律落实，实现连续5年廉洁征兵零举报。

【民兵整组】 坚持以作战任务为牵引进行编组，按照把民兵队伍编实、编精、编顺、编规范的要求，较好地完成全市民兵整组工作。根据担负的任务和兵员装备潜力实际，全市基干民兵共组建各类应急支援队伍已全部编实，遇有任务能随时拉得动，用得上。通过民兵整组，乡镇基层武装部的阵地建设水平有大幅度的提高。

【参建参治】 党管武装氛围浓厚。坚持把国防后备力量建设与国民经济建设有机结合起来，注重把党管武装作为促进武装工作落实的重要前提和保证，形成党管武装的整体格局和较好的氛围。一是军民共建抓切入。市、镇两级应急分队民兵多次完成参加龙舟节安保、部队演习协调保障、平安创建、抗洪抢险和日遗化武发掘排险等急难险重任务，省级电视台对参加龙舟节安保民兵预备役人员进行报道。神鼎山镇和弼时镇主动作为，保障和慰问拉练过境的省武警总队部队，体现军民鱼水情。二是强化舆情调控意识。主动加强与地方相关部门的协调联络，及时收集掌握网上舆情动态，尤其是涉及军队改革相关情况，及时采取针对性措施，搞好正面引导，防止引发网上恶意炒作。年接待复退军人来信来访80余人次，参与处理涉军案件若干起，省、市几次大的军队退役人员集访都没有汨罗籍参加，积极主动协调、配合地方政府开展矛盾纠纷化解工作，有效劝阻越级上访人员，维护社会稳定。三是扶贫帮困抓发展。人武部作为主扶单位，牵头商务粮食局、扶贫办在白塘镇仁义村开展精准扶贫，部党委始终把扶贫工作作为重中之重强势推进，带着感情帮、克服困难帮、倾尽全力扶，仁义村扶贫任务在2017年底脱贫验收中顺利完成。四是党管武装氛围浓厚。市委书记喻文对全市武装工作非常关心，在经费保障、专武干部队伍建设、武装部自身建设、转业复员军人安置培训、随军家属安置和小孩入学等方面，始终做到特事特办、全力支持。市委先后2次召开军队退役人员座谈会，有效推进双带双促，其中长乐镇镇政府的退役服务中心、白水西长村、同力循环的副经理任毅分别受省市两级的表扬。联合市委宣传部、湖南省国教频道对见义勇为战士戴佳宏、战士成才典型冯波、优秀退伍军人王永林的先进事迹进行宣扬报道，产生非常好的社会反响，省、市、县三级电视台和新媒体都做广泛宣传报道。

消 防

市公安消防大队负责人（名单）

大队长	郑湘宁
教导员	文晓强

【概况】 全市消防工作始终围绕服务经济社会发展“一条主线”，坚持以预防和遏制重特大火灾事故发生、稳控全市消防安全形势为目标，紧扣“十三五”发展机遇，将消防二站建设、消火栓增设、主战消防车添置和消防宣传外包服务纳入政府重点工程项目，凝心聚力、攻坚克难、真抓实干、砥砺前行，有效夯实城市消防基础建设。全年未发生一起较大以上火灾事故，确保全市火灾形势持续平稳。全年，大队共接警出动514起，其中火灾报警358起，抢险救援79起，社会救助77起，出动人员4780人次，出动各类消防车辆956台次，抢救19人，疏散被困人员89人，挽救财产价值1179万元。全市未发生一起较大以上火灾事故。

【消防责任】 一是市政府始终坚持把消防安全工作摆上重要议事日程，纳入经济社会发展总体规划。全年就消防工作以市政府名义发文部署5项、组织召开各类专题会4次，主要领导带队开展消防安全检查10次、进行消防工作调研4次。市长朱平波在第12届市人民政府第4次常务会议上指出：消防工作是社会治理的重要内容，是政府的重要公共事务。各级各部门必须高度重视，提高认识，紧紧围绕“建设更高品质生态文化活力汨罗”总目标，全面贯彻落实消防安全责任，着力夯实消防基础，严厉整治火灾隐患，确保全市火灾形势持续稳定。会议上决议通过要将消防宣传外包、消防二站选址、新增市政消火栓、添置主战消防车及随车器材作为政府的重要工作事项。二是各级各部门监管责任进一步明确，充分利用消防安全委员会这一平台，协调各镇、各部门、各行业落实监管职责，不断加强行业系统内部的消防安全检查和教育培训，积极落实单位主体责任，全面提升单位消防安全“四个能力”，努力做到安全自查、隐患自除、责任自负。

【火灾防控】 紧紧围绕服务社会经济发展这个核心任务，瞄准“防大火、控小火”这个靶心，先后开展高层建筑、电气火灾、群租房和“三合一”场所等14类消防安全综合治理和专项整治，共检查单位2189家，督促整改隐患3677处，处罚87家，临时查封53家，“三停”12家，拘留6人，办理消防产品案卷6起，执法6项指标同比去年增幅均超50%。全面实施重大火灾隐患“一单四制”督办，2家岳阳市挂牌督办的重大火灾隐患单位已整改销案一家。帮扶指导25个社区完成消防安全社区达标创建；全面完成辖区508栋高层建筑摸排并纳入“户籍化”管理系统，推动社会单位148名“消防经理人”、508名“消防楼栋长”上岗履职，分层分级约谈单位107家，先后5次对26家不放心单位（场所）的法人代表和消防安全管理人进行约谈、指导，并签订《消防安全承诺书》，全面完成简易设施及火灾感烟报警器工作任务；扎实推动消防“网格化”管理及重点单位“户籍化”管理、“六加一”措施，织密社会面火灾防控网络。依托网格化平台，共受理市民热线、火灾隐患举报投诉12起，依托“96119”投诉举报共处理火灾隐患61件，回访单位297家，消防执法民意调查成绩继续领跑全市前列。

【宣传教育】 继续扩大政府购买消防宣传“外包”模式的覆盖面，共开展各类培训80余场，培训7000余人；举办2期党政领导干部、乡镇长、村两委负责人消防培训；3期农民工消防培训，组织工业园分局及17家派出所副所长、社区民警、消防辅警开展集中培训2次，23次上门帮扶指导派出所开展日常消防检查；借助“‘5·12’防灾减灾日”“安全生产月”“119消防宣传月”等活动，接受群众现场咨询326次、发放消防各类宣传资料11000余份，张贴消防标识1100余份；帮扶指导单位开展灭火演练19次，整改隐患123处；依托社区“消防宣传大使”、楼栋长等社会力量，深入辖区各市场、居民小市醒目位置张贴《电动车停放、充电场所消防安全须知》300余份；发动辖区消防志愿者10余次进家庭、走上街头发放宣传资料3800余份。借助消防微信公众平台、社会单位微信群、QQ群、“掌上消防”APP，共累计推送各类消防安全常识1160余条，微信粉丝新增12022人。利用社会单位LED电子屏幕，滚动播放消防公益广告200余条。

【综合保障】 一是继续推动消防二站建设。关于消防二站重新选址的建议已经市政府常务会议审议通过，目前市规划部门已下发规划选址意见书并完成红线图、总平面布局图的绘制工作，国土部门已完成土地勘测定界工作和土地预审工作，发改部门已完成工程立项工作；二是继续推动市政消火栓建设。目前工业园区61具消火栓已全部建成，城区35具消火栓已完成工程招投标工作和合同签订，近期即可开工建设；三是继续推动消防装备建设。目前大队已购置一台城市主战消防车和配备随车器材；四是继续推动宣传外包工作。消防宣传外包经费经财政局财政投资评审中心审定，现已经完成招投标程序，冬防期间全部铺开。

【战斗力生成体系】 立足灭火救援需求，推动全员练兵，全年共接警出动688次，出动官兵6691人次，出动车辆1092台次，抢救被困人员106人，疏散人员559人，抢救财产价值8000余万元，同比2016年，接警数下降12%，出警次数下降12%，抢救被困人员数上升24%，疏散人员数上升18%，抢救保护财产价值上升31%。成功扑救和处置“2·27”荷塘街道正江村一人坠井、“3·17”京珠高速湘潭往长沙方向交通事故、“8·30”岳塘国际商贸城跳楼救援等险重任务；抗洪抢险期间，共参与处置抗洪抢险警情61起，出动官兵363人，营救被困人员41人，疏散被困人员200余人。出色完成中马u-22国家队男子足球赛、金阳水果博览会、湘潭中心大融城开业庆典、湖南·湘潭动漫嘉年华暨首届旅游节、岳塘市“庆祝第33个教师节暨第三届‘米兰奖’”颁奖、省委宣讲团党的十九大精神宣讲报告会及政府拆违现场安保等28余起消防执勤保卫任务。

（办公室）

人民防空

市人防办负责人（名单）

主　任	陈　炜
副主任	霍四光　许波勇
工会主席	周志锋
党组成员	王四清　黄光耀

【概况】 汨罗人防办以新时期军事斗争战略方针为指导，按照“长期准备、重点建设、平战结合”的方针，围绕“战时防空，平时服务，应急支援”三大使命任务，认真履行战备职能、积极参与城市建设、主动服务经济发展，扎实推进汨罗人防事业快速健康发展。

【廉政建设】 党组充分发挥党支部的先锋模范作用，严格执行中央“八条禁令”，狠刹“四风”，切实转变机关作风，大力压缩公务消费，有效控制公务车使用，集中物资采购，规范机关建设行为，廉政纪律得到有效执行。

（一）健全制度，党风廉政建设有效开展。按照党风廉政建设和反腐败工作的要求，年初党组召开专题会议，研究和部署党风廉政建设和反腐败工作，并结合工作实际，建立健全公务接待、公车使用、物资采购、公用财产管理等制度。确立用制度管人，用制度管事。一是健全党风廉政建设和防腐败工作责任制，将之纳入年度目标责任制进行考核，实行一票否决。党组成员和股室负责人，向党组签订工作责任状。严格控制公款消费，公务接待一律使用公务消费卡；严格控制车辆使用，落实车辆派遣制度，杜绝私自出车和公车私驾、公车私用的现象；物质采购集中到办公室，统一采购，未出现乱买乱卖乱报销的现象；建立公用财产登记制度，没有出现公用物质挪作私用的情况；落实婚庆丧事报告制度，号召全体干职工认真学习“刹人情歪风、治婚丧陋习、树文明新风”文件精神，有效规范婚丧喜庆事宜操办。二是落实廉政谈话制度。建立一把手同班子成员，班子成员同分管股室负责人、股室负责人同干职工廉政谈话的工作机制。利用各种会议，审批项目、人防执法等机会，现场说法，提醒大家应该注意的问题，做到防患于未然。三是规范党组民主生活会制度。每半年召开一次党组民主生活会，党组成员要就本人廉洁自律、作风建设情况开展批评和自我批评，并深刻剖析自己内心世界。自觉接受党内监督，从思想上筑牢廉洁自律的防线，全办没有一起违纪违法事件发生。

（二）强化管理，作风建设树新风。以创文明机关，做满意公仆为载体，以建设“忠诚，廉洁，高效”的准军事化机关队伍为目标，努力开展多种形势的创建活动。机关干职工严格落实中央“八个禁止”，建立上下班手模签到制度和严格的请休假制度。新建机关食堂和体能训练室，添置体能训练设备，规范机关干职工统一着装，进一步强化机关的战备秩序、办公秩序、训练秩序。一年来，工作上没有拖延办理，错误办理的现象。民情大走访活动中，党组一班人带头深入三姊村走访，虚心倾听困难群众意见，收集群众建议150余条。汛情严重时期，由党组负责人亲自带队，深入罗江镇防汛堤段，参与防讯救灾工作。

（三）夯实组织建设，党建工作创新发展。积极贯彻、落实《汨罗市基层组织工作条例实施细则》，切实加强机关党支部的组织建设。年初制定党建工作计划，并以“党建目标管理责任制”的形式将党建工作量化、细化，制定考核标准、指导、督促各股室进行贯彻落实。结合“七一”建党节支部组织“五个一”活动：上好一堂党课，进行一次“两个条列”学习，组织一次人防知识比武竞赛，开展一次“一名党员一面旗帜”重温誓词活动，安排一次访贫问困活动。6月29日，组织机关全体党员深入美丽乡村建设联点单位三姊村访贫问苦，为困难群众排忧解难，每户发放困难慰问金500元。

（四）“两学一做”持续开展。一是按照中央推进“两学一做”学习教育常态化、制度化要求，建立学习制度，形成学习的良好氛围。规范学习机制，明确学习的重点和内容，并及时整理学习文字、影像资料，做到学有记录、学有成效。二是抓好集中学习，做到“五个一”。即每名党员都要制定一份学习计划，每周组织一次集中学习，每月办领导做一次专题辅导，每季度开办一期学习专栏，每人撰写一篇学习心得。扎扎实实系统学习，原原本本领会精神，补足“精神之钙”，加强“信仰之修”，熔铸“信念之魄”，加足“工作之油”，培养造就一支具有铁一般信仰、铁一般纪律、铁一般担当人防系统党员干部队伍。三是围绕十九大精神，组织开展好主题讨论。深入学习十九大会议精神，围绕习近平新时代特色社会主义思想，开展“贯彻发展新理念、转型升级补短板”大讨论。教育党员干部树立创新意识，责任意识，纪律意识；强化敢于担当、敢于负责、敢为人先工作作风，做示范，做实践，确保全年工作目标任务顺利实现。四是坚持问题导向，狠抓问题整改。深入开展调研和征求意见建议活动，分类分成梳理问题，查找剖析原因，查漏补缺，完善方案，强化措施，持续抓好问题整改落实，以群众是否满意为标尺，强化立规执纪，推动党员教育制度化，常态化，长效化。结合平时考核，强化目标责任考核和日常量化管理，层层传导压力，增进动力，激发活力，促使党员干部以良好的精神状态、改革的勇气胆识，实干的工作作风，投入到人民防空事业大潮中。

【通信体系建设】 一是继续完善警报体系建设。始终把战备建设摆在首位，进一步加强完善现有警报器和控制系统维护管理，与各警报器设点单位签订管理责任状，定期进行保养和维护，并对管理人员进行技术培训，强化管理责任，确保警报系统始终处于良好的战备状态。同时积极筹措资金新增警报器2台，确保城市范围警报音响全覆盖。

二是积极开展防空防灾疏散演习。结合“5·12”防灾减灾日活动及配合全市2017年科技活动周启动仪式，与市科技局、市地震台积极协商演练活动，制定具体的实施方案。于5月24日上午在川山坪中学举办“科技强国、创新圆梦”为主题的汨罗市2017年科技活动周启动仪式。10月27日，由人防办指挥通信股和桃林寺镇拦江中心小学一起举办“关注民防、共创平安生活”的防空防灾疏散演习。全校14个班709名师生积极参与，很好的增强师生们的安全防护意识，提高学生的防灾避险能力。

三是积极参与上级人防部门组织的指挥通信演练。为了增强人防指挥通信队伍的业务能力和跨区域增援协同能力，6月，组织黄光耀、李宇、杨爱军3位同志参加湖南省人防指挥通信系统岳阳片区训练。训练立足现有装备，从实战出发，从6月19—21日，昼夜不间断54小时，完成1000余人的疏散演练、人防工程抢险抢修、水上救援3个人防专业训练科目，完成总指挥车到分指挥车，再到实兵的三级组织指挥训练。9月，岳阳人防办再次组织各县市区指挥通信股到江西九江、萍乡及浏阳地区等地进行人防指挥、通信跨区协同训练，指挥通信股4位同志参加，4天时间行程900多千米，圆满完成多项训练任务，获得岳阳市办带队领导的一致好评。

【人防工程建设】 始终坚持“以建为主，以收促建”的原则，不违规批准免建、少建、缓建防空地下室或者降低防空地下室防护等级。为了改变市人防工程偏少的现状，凡是适宜修建人防地下室的项目则要求必须修建地下人防工程。年度审批的窑州安置区1883平方米的人防地下室建设，将实现汨罗市地下人防工程现代化建设新的突破。同时即将改造的市中医院住院大楼项目，要求必须依法配建地下医疗救护站，目前已进入施工设计审查阶段，2018年汨罗市又将新添一处地下人防防护工程。

对确实不宜修建人防工程的项目，一律按规定足额收缴易地建设费。全年审批的港鑫龙城二期、汨水花园及汨罗国际广场项目，坚持按人防法律法规足额收取人防易地建设费640万元。

为了规范审批和执法行为，该办对所有执法项目进行流程管控，严格要求工程股窗口工作人员在办理报建手续时必须按照审批流程及执法程序收集案卷资料，凡是报建资料不齐或易地建设理由不充分的报建项目一律不得受理上会。同时根据2015年省政府办下发的《湖南省人民防空行政执法案卷管理办法》对每个项目的审批资料及执法资料分门别类进行规范归档，使事后监督做到有据可依，有据可查。

【“五进四化”建设】 宣传是普及的重要途径，人防法律知识的普及执行离不开人防法律法规知识的大力宣传。人防办利用“5·12”应急宣传日及“11·1”防空警报试鸣日，组织工作人员在天恒广场全面宣传人防法律法规及应急防灾知识，设人防法律知识咨询台一个，设法律及防灾减灾知识展板10余块，并组织人防志愿者沿街分发法律知识及防灾减灾知识手册。为了提高青少年的防灾避灾能力，先后与市科技局、教育局联合在川山坪镇中学及桃林寺镇拦江中心小学开展两次以上安全知识讲座及应急防空防灾疏散演习，现场发放防灾防空袭宣传画册和教育读本2200本，全面提升学生的防空防灾意识和防护技能。通过汨罗原点开设网页，汨罗时代周刊开设专栏宣传人防法律法规，有效扩大人防事业知名度和影响力。

为了加强“五进四化”宣传网络建设，狠抓人防志愿者队伍建设和培训，完善、充实、提高人防宣传教育进机关、进学校、进企业、进社区、进媒体的内容和措施，努力实现人防宣传教育的社会化、基地化、规范化、常态化。拟筹划建设友谊河人防宣传长廊，目前已经争取省人防办的项目立项批复，20万前期启动专项资金已进入财政专户，2018年将结合友谊河改造一起进行。

【依法行政】 牢固树立法律至上观念，进一步规范依法审批，严格按照“一法一令一办法”要求把好审批关口，确保无违法违规审批行为发生。

强化法规管理。为了规范人防执法行为，主任陈炜和副主任霍四光通过多种形式向领导汇报，在市长办公会、项目评审会上多次强调人防规费涉法，不得随意减免。同时积极与市规划局、城建局、市政务公开中心多次协调，强调人民防空法律法规的严肃性重要性，争取这些要害部门的支持一起来严格把关执行人防法律法规。在3月上旬举行的招商引资商讨会上依法争取市人民政府的支持，在下发的《汨罗市加快第三产业发展的实施意见》中剔除减免人防易地建设费相关条款。

优化执法环境。借助省人防执法稽查的契机，办主任陈炜多次亲自向市委、市政府、市人大及市人武部汇报人防行政执法稽查的通报内容及过去全市人防执法环境中存在的问题。领导批示后组织三个工作小组对接三个减免单位，专人负责催收。到10月底，罗城财税所项目及检察院办案区项目已经顺利收回错误减免的人防易地建设费。新汽车站项目由于减免的数目较大，市交通局重点工程指挥部接到市长们的批示后积极向分管副市长汇报，并向市城建投积极协调书面承诺于年底内缴付到位。

做实清欠征收工作。为了依法收回以前年度缓交的人防易地建设费，办党组经过研究后将全办工作人员分成3个催收工作组，主任陈炜带领综合股干部负责欠款最多难度最大的格林御景国际项目，副主任霍四光带领工程股负责锦湘家园项目及金属市场项目，党组成员王四清带领法规股负责友谊100项目。对每一个欠缴项目催收工作小组严格按照司法程序完善征收手续，对拒不履行缴纳所欠易地建设费的单位一律移交法院强制征收。截至目前为止4个欠缴易地建设费的单位有三个已全部缴清所欠的人防易地建设费，共收回缓缴资金91万余元。唯一没有催收到位的金辉房地产友谊100项目已进入司法程序，现已由市司法局公证处公证送达催收文书，法律规定的执行期满后将申请人民法院强制征收。

（办公室）

西湖公园一角（2018年）

综合经济管理

发展和改革

市发展和改革局负责人（名单）

党组书记 局长	冯勇刚
党组副书记 副局长	廖秋葆
两型办主任 党组成员 副局长	湛秋果
党组成员 副局长	李继钊　黄吉芳 熊健华　田世雄 梁　勇　胡涉屏
党组成员	胡伟云　彭自明 霍志高
党组成员 优化办主任	湛朝华
两型办副主任 （列席党组会）	黎自强
对长办主任 稽察办主任 （列席党组会）	吴卫明
办公室主任	狄　佳

【概况】 2017年，市发改局以中心工作为抓手，统抓统筹，全局工作，取得很好成效。

【项目建设】 为进一步推进全市的项目建设，出台一系列促进全市项目建设的管理办法，如《汨罗市争项争资奖励办法》《汨罗市政府投资公司融资考核办法》《汨罗市政府投资项目年度计划管理暂行办法》。建设全市项目库，出台《汨罗市项目建设管理暂行办法》，并对项目库的填报组织培训。同时，加强项目的前期规划，出台汨罗市政府投资公司投资项目目录、汨罗市2017年招商引资项目目录等。

项目前期铺排。一是出台政府投融资项目目录，全市6家平台公司共录入项目60个，总投资276.17亿元，年计划融资75.96亿元。二是启动产业招商月活动，全市产业招商月共铺排招商项目82个，总投资335.45亿元。三是举行全市重大集中开工仪式3次，涉及开工项目21个，总投资17.7亿元。

重大项目推进。由湘核新能源有限公司投资1.7亿元的汨罗鹤巢渔光互补光伏发电项目于2016年12月18开工建设，2017年6月18日并网发电；气化湖南工程预计于年底完工；“光伏扶贫”项目目前已完成5个贫困村的建设。汨罗市端午文化产业整体开发项目和经阁铝材汨罗基地建设项目申报省重点项目，有望得到省政府的重点支持；湖南汨罗循环经济产业园区国家“城市矿产”示范基地通过国家发改委、财政部的终期验收清算。

项目资金争取。2017年全年直接争取资金8722.31万元，包括保障性住房配套基础设施项目、四水治理项目、新增粮食产能田间工程、农业血吸虫防治、长江防护林工程、易地扶贫搬迁、汨罗市第一中学足球场，汨罗市罗城学校运动场，汨罗市三江镇初级中学运动场项目等。

【项目监管】 提高行政审批中心窗口的服务能力，简化审批程序、要件，提高审批效能。按照“公开审批程序，减少审批环节，缩短审批时间，零收费行为”的原则，作为项目审批的服务部门，为进一步提升服务基层、服务项目的水平，“瘦身”审批流程，提供优质高效、程序规范、透明公开的服务。2017年1—12月共办理审批项目117项；备案项目72项，涉及总投资310.274亿元；招投标核准项目57项，招标金额为17.4566亿元。项目在湖南省投资项目在线审批监管网办理率达到100%。2017年6月8日，市发改局驻政务中心窗口荣获“全国巾帼文明岗”称号。

建立健全招标投标工作的制度。草拟《汨罗市政府投资工程建设项目招标投标监督管理办法》（征求意见稿），分别于5月、7月两次征求相关部门意见，并在反馈意见的基础上进一步修改完善，形成送审稿经市政府法制办进行合法性审查通过，送呈政府常务会议审定通过。积极参与招标投标工作的监督监管。年累计完成招投标监管项目80余个，金额45亿元以上，其中重点针对园区相关项目的招标代理公司选定和项目建设单位落实的招投标工作进行重点监管。发改局共接受处理招投标投诉5起，对相关当事人进行处理，协调司法机关介入重点招投标项目的报名、开标等环节，狠刹招投标过程中的围标串标等不良行为。

认真搞好两项清理，优化政务服务环境。一是清理整顿中介服务机构。对全市31个行政审批单位涉及的220项行政审批事项进行全面清理，共清理出行政审批中介服务事项29项。全面公开行政审批中介服务事项，实行“阳光审批”。二是积极开展行业协会商会与行政机关脱钩工作。根据相关文件精神，5月以来，发改、民政、财政等相关单位就如何做好第二批脱钩工作进行调查摸底，拟定实施方案，召开脱钩工作会议，全面动员部署脱钩改革工作，全市12家行业协会实现脱钩分离。

【价费监管】 紧紧围绕“关注民生，服务百姓”热点，开展价格管理工作，一是认真贯彻落实药品零差率制度。发文明确公立医疗机构销售药品（含二类疫苗，中药饮片除外），以实际购进价格为基础，实行零差率销售。非公立医疗机构和社会零售药品加价率由医疗机构和药店自主制定，并向社会公示药品价格。二是调整城镇污水处理收费标准。依照“污染付费、公平负担、补偿成本、合理盈利”的原则，综合考虑本地区水污染防治形势和经济社会承受能力等因素制定和调整城镇污水处理收费标准，于2017年4月组织实施。三是理顺天然气销售价格。经价格测算报岳阳市发改委审批后，降低非居民用气销售价格。四是出台完善出租车运价政策。制定《汨罗市巡游出租车运价调整定价方案》，于12月12日组织召开价格听证会。五是规范教育、涉企行政事业性收费。按照相关文件精神，开展教育收费政策宣传、开展涉企行政事业性收费清理工作。六是积极开展教育、医疗收费和药品价格检查。圆满完成执法、监管、公共服务等窗口行业和领域收费专项检查工作。

【中心工作】 扎实推进组织建设，增强组织凝聚力，坚持把基层组织建设作为党建工作重心、工作中心来抓，全面落实各项工作任务，增强党组织的凝聚力。一是加强基层组织建设。二是基本活动常抓不懈。以“党员活动日”为抓手，不断创新党建工作。三是重点安排党建工作经费。为确保基层党组织正常运转，党的工作顺利开展，按照相关要求专项安排基层组织办公经费和活动经费10万元，确保组织工作的正常开展。四是深入“两学一做”学习教育活动。继续组织“两学一做”学习教育，上半年组织集中学习6次，撰写学习笔记50余万字，开展党员评议1次、“汨罗新发展、党员新作为”专题讨论1次。五是切实推进“红星云”的注册使用。按照市委组织部的要求，根据时间节点积极推动党员信息录入和“红星云”的注册学习，截至目前为止，全局在职干职工基本实现全覆盖，学习劲头不断提升。

抗洪救灾取得全面胜利。发改局负责白塘镇汨北村二沟堤段，全长1530米。为确保抗洪救灾取得全面胜利，安排5个小组共35人，每组由一名班子成员带队对二沟堤段全面值守，协助村民开展生产自救，受到市防指通报表扬。

加快对接大长沙工作。一是严格落实市委、市政府深入开展加快对接大长沙工作要求，发布《汨罗市加快对接大长沙工作实施方案》，要求全市各级各部门发展规划、交通等基础设施、产业及园区、社会管理服务等四个方面做好对接，召开党组扩大会，要求全局动员，分成7个小组前往33个相关市直单位进行对接长沙工作的政策宣传，要求各单位迅速行动起来，编制对接大长沙的实施方案，明确专门领导班子参与到对接长沙活动上来。目前全市主要职能部门均编制相关对接规划，明确学习对象等。二是成立“汨罗发改”公众号。“汨罗发改”公众号主要定期对全市宣传长沙及周边市县区近期动态和汨罗市范围内对接长沙重大活动，目前已发布相关信息15期。三是组织省发改委第一期“送培训下基层”活动暨汨罗市委中心组学习活动。三是由对长办组织，由书记和市长带队就汨杨公路拓改、汨长大道建设、城际铁路建设、园区循环化改造、城区医疗机构布局调整、农业面源污染治理等9个需要省发改委支持的项目向省发改委胡伟林主任汇报。

落实脱贫攻坚任务。单位联点弼时镇白鹤洞村，按照《汨罗市精准扶贫三年（2015—2017年）攻坚行动实施方案》总体要求，结合白鹤洞村实际，制定《白鹤洞村2017年精准扶贫工作方案》派驻专业工作人员入驻白鹤洞村，对扶贫户进行建档立卡，完善脱贫计划，严格落实“三走访三签字”工作。历时十个月时间，走访全片区62户贫困户，18名结对帮扶干部按每人联3~4户贫困户做到每月走访一次，询问贫困户生产生活情况，因户制宜帮助贫困户制定脱贫计划，帮助解决实际困难，督促落实各项帮扶措施。同时推进全市光伏扶贫工作，召开光伏扶贫工作动员会，推进会，各乡镇均签订光伏扶贫责任状，扶贫工作得到领导和督查组的认可。

（狄　佳）

国土资源

市国土资源局负责人（名单）

局　　长	李石芳
副　局　长	阳　舟　高　力 周岭松　潘　玲
机关党委书记	邵湘汨
总工程师 党组成员	胡　灿（3月起）
办公室主任	马新良

【概况】　2017年，市国土局坚持“两学一做”教育常态化制度化，切实履行保护资源保障发展职责，聚焦问题精准发力，大力推进改革创新，完善管理机制，有效推进党员队伍建设，提升服务水平，全面推进国土资源事业稳步发展。

【党建工作】　一是着力夯实党建工作基础。落实工作责任制。局党组高度重视党的建设，明确局长是抓党建工作第一责任人，机关党委书记是直接责任人，把机关党建工作列入重要议事日程，纳入市国土资源局年度工作计划，与业务工作同时部署、同时考核。坚持组织生活制度。按照各自的分工，以普通党员的身份分别参加相关支部的组织生活。自觉接受党内监督，深入实际，联系群众，及时掌握党员队伍的思想脉搏，了解他们的所思所想，有针对性地加强思想政治工作。成立专门机构。选举产生新一届局党委会，并在委员会第一次会议上，完成委员会书记、副书记的选举，并研究确定委员分工，完成党委下6个支部的选举。成立党建室，局党组在年初的分工中，具体明确专抓负责人，专门抽调两位责任心强的同志具体负责日常党建工作。规范阵地建设。在年初工作动员大会上，对党建工作有专门的部署安排，要求加大党风廉政建设宣传教育力度，构建教育、监督、制度三位一体的防治体系；全面落实国土资源部十项措施和五条禁令；深化行政效能监察和监督制约机制，抓好行风建设。年内共发展3名入党积极分子参加培训学习，发展2名预备党员，对1名预备党员进行转正。设立专门的固定党员活动室，活动室内有学习资料、有宣传栏，“一旗一词一图四栏八制度”规范上墙。

二是不断加强队伍建设。注重学习教育。在党建工作中，始终把施教于先摆在突出位置，把宣传教育列入全局学习研讨的重点内容，引导党员干部树立正确的权力观、地位观、利益观。一是开展集中培训。3月21日，邀请岳阳市委党校教授、副校长霍益辉专题辅导《关于新形势下党内政治生活的若干准则》《中国共产党党内监督条例》；5月8日，汨罗市国土资源局机关委员会组织全局6个支部委员会新当选书记和委员进行党务知识培训。党组书记、局长李石芳结合自身党建工作经验积累，以《如何当好优秀的党务工作者》为题，就党建基本知识进行讲解和交流。6月27日，李石芳围绕“树立正确人生价值观、争做合格党员”主题，从共产党员要树立正确的幸福观、名利观、金钱观、苦乐观、成才观入手，为广大党员上一堂精彩的党课，并赠言党员要将忠心献给祖国，热心献给事业，孝心献给父母，诚心献给朋友，信心留给自己。开展警示教育。7月18日，组织全体班子成员、中层骨干100余人赴湖南省廉政教育基地长沙监狱开展警示教育，以切实增强国土资源系统党员干部拒腐防变能力，有效预防腐败行为的发生。落实基本制度。为坚持和落实“三会一课”制度，年初以来，机关党委下发《关于开展党支部“三会一课”纪实管理的意见》，并采取三条措施督促落实，一是建立台账，如实登记。建立“三会一课”台账，详细记录党员干部参加“三会一课”的时间、次数、内容等情况。二是严明规定、加强业务指导。党建室主要负责具体指导，各党支部保证“三会一课”正常活动开展。

三是严格督查、促进落实。将党员领导干部参加“三会一课”情况作为加强党员领导干部日常管理的重要内容，纳入年度考核。严格组织生活。一是坚持开好组织生活会和民主生活会，根据安排部署，及时召开民主生活会，征求意见，查找问题，开展批评与自我批评，落实整改措施，努力促进党员干部素质的提高。二是认真开展党员活动日。根据文件规定，每个月的第一个工作日为党员活动日。每个支部都制定党员活动日工作方案。3月党员活动日内容主要围绕单位人员调整，各支部换届工作召开专题会议。4月党员活动日，以到扶贫点开展植树活动为主题开展活动。5月党员活动以局长讲党课为主题开展活动。6月以党员深入地质灾害点防灾巡查为主题开展活动。7

月各联支部领导讲党课。8月开展新《中华人民共和国测绘法》宣传。9月义务献血。10月开展扶贫募捐。11月学习十九精神，12月开展访贫问苦活动等等。三是关心特困党员。在“七一”前夕看望老党员、生活困难党员、优秀党员等，关心党员的生产生活和工作情况，为他们解决生活上的实际困难，切实把党的关怀送到党员的心坎上，使他们感受到党的温暖。并鼓励他们发挥余热，继续做好带头表率作用。

【项目建设】 一是强化执法监察力度，严厉打击违法用地行为。从源头上遏制违法违规现象，国土资源局持续保持高压执法态势。强化监察执法。进一步理顺镇、村和相关职能部门的职责分工和奖惩机制，加大巡查力度；主动整改“违法图斑”，对“违法图斑”地块和其他各类违法加大拆除、复垦力度，共组织联合拆违行动40次，拆除违章建筑面积2万平方米；加强动态巡查和执法监察工作，受理案件56起，制止违法行为50多起，立案26起，作出行政处罚决定12起，向人民法院移送7起。开展专项治理。为有效打击非法盗采高岭土的违法行为，敢于叫真碰硬，克服“利益团伙轮换作案地点、办案人员被恐吓威胁、违法证据难以收集认定”等困难，组建执法应急分队，采取“白天巡逻”“夜间蹲守”等措施，上半年共组织联合行动26次，扣押运输车辆20台，挖机13台、铲车10台，抓获锁定盗采嫌疑人20余名。对涉案面积较大的3处盗采点朱某、周某等10个开采当事人已向公安机关移送。

二是加强民生工程建设，维护群众权益。强化地灾防治。立足于早谋划、早部署，提前做好防治地质灾害各项准备工作和规定动作。在应对“6·30”强降雨时，在省市紧急调度下，迅速启动应急预案，干职工连续3个星期取消正常休假，增派人手坚持24小时双人双岗、领导带班值守，及时发布地灾预警预报；组成4个工作督导组，由局党组成员带队深入各镇督查；组建民兵应急分队32人专门驻守在21个地灾隐患点和重点地段，严防转移群众在市防指指令解除前返家而出现安全问题；聘请相关技术单位常驻汨罗，第一时间赶赴灾情现场，指导应急处险和灾后治理工作；期间省市领导多次莅临汨罗进行督查指导，防地灾工作得至相关领导的高度肯定。主汛期，全市共发生崩塌、滑坡、泥石流等中小型地质灾害103起，倒塌房屋352栋，但未造成人员伤亡，成功避让地质灾害9起，督促转移群众1670人。弼时镇搬迁避让项目34户的前期调查已完成，川山坪镇玉池山村泥石流治理工程顺利开工。坚持阳光拆迁。为加快推进汨罗市重点项目征地拆迁工作，确保快速腾地，在相关部门的大力配合下积极做好征地拆迁工作。完成工业园新区3000亩和国道536征地667亩征地工作。完成拆迁调查摸底520户，拆迁房屋326栋；抽调16人参与汨罗市棚改工作，完成集体土地上房屋拆迁入户调查698户、内业计价310户；初步拟定《汨罗市棚户区小产权房处罚方案》。征拆过程中，依法把住政策关，切实维护被征地农民的合法权益，不厌其烦多次上门宣讲政策，及时网上信息公开，做到阳光拆迁、和谐拆迁。征拆中心被共青团岳阳市委授予“青年文明号”光荣称号。十分重视民生诉求，及时解决、及时回复各类民生信访问题。圆满完成6件议案、2件提案的办理任务，群众满意度100%。

三是大力夯实工作基础。不动产统一登记全面推进。进一步精简办事流程，提高审批效率，认真梳理研究解决统一登记中碰到的业务难题，报市人民政府出台暂行意见，建立健全一系列工作制度。目前发证工作平稳有序推进，共发放不动产权证3000余本。信息化建设步伐加快，以创建全省唯一的“地理信息工作示范县（市）”为契机，加强基础测绘和行业监管，初步清理完测绘地理信息权力清单，完善地理信息安全保密制度初步完善基础测绘更新机制；“数字城市”建设稳步推进，野外数据已实测采集完工，各类DOM、DLG数据全面完成生产；确定采用市县一体化平台模式，机房改造已完成，设备已上线。

【环境保护】 一是提高认识，加强组织领导。局党组多次召开专题会议，学习传达、研究部署精准扶贫工作，重新调整驻村帮扶工作队，推荐一名副局长担任该村第一书记，安排一名责任心强、基层经验丰富的同志常驻该村专职扶贫工作；在办公经费十分紧张的情况下，优先留足扶贫经费开支。

二是深入调研，制定扶贫规划。驻村工作队进驻古仑村迅速开展走访摸底工作，走访500多农户，与121名老干部、老党员进行座谈，实地踏勘全村30个村民小组的山塘、水渠、道路等基础设施情况。通过认真走访，详细了解村情民意，掌握驻村扶贫的第一手资料。在充分征求村支两委负责人和部分党员骨干、群众代表意见的基础上，形成《精准扶贫调研报告》，在此基础上制定《大荆镇古仑村村级脱贫实施方案》《大荆镇古仑村2017年扶贫工作计划》《驻古仑村扶贫工作队帮扶工作规划》，为国资局科学开展扶贫工作理清思路，制定目标，明确方向。

三是精准识别，重新核实贫困对象。针对在调查走访中群众反应强烈的“对象识别不准，该帮扶的未帮，不该帮的帮了”等突出问题，协助镇村干部开始对象重新识别工作，严格按照贫困对象识别标准和程序识别；做到精准识别零差错、纠错整改零遗漏，共清理出4类人员（四类对象为财政供养人员，有小汽车户，有商品房或商铺户，个体工商户或经商办企业户）51户、173人。对少数符合条件真正贫困的对象未纳入，数据信息录入不准确、不完善的及时更新、调整到位，新增12户、46人。

四是因户施策，结对帮扶。全体班子成员，与该村21户困难群众开展“一对一”结对帮扶行动，多次深入帮扶群众家中，了解贫困现状、分析致贫原因，并根据每户的实际情况分户制定较为科学的脱贫，实施方案。共为贫困户解决大病救助17户、资金38000元；产业帮扶5户、资金27000元（养猪5头、养鸡500只、养牛两头）；为4户贫困户向教育部门争取教育帮扶基金；为3户贫困户争取易地扶贫搬迁等项目。对21户贫困户进行物资慰问（每户面条10公斤、植物油1桶）。对已脱贫的7户进行回访，每户解决资金2000元。

五是关注民生，改善贫困村基础设施。帮助村上承包水库增加村集体收入5万元，缓解该村村级建设资金瓶颈；争取土地综合整治项目，整修渠道、清理山塘等，逐步改善古仑村农田水利等基础设施；大力支持村上利用独特的自然景观打造生态观光旅游产业，增强村级造血功能，让群众得实惠，让农民增收入，让社会促和谐，加速扶贫开发工作。

六是服务农村，简政放权。农民建房问题事关民生大计，事关农村和谐稳定。作为农民建房管控工作的主要部门，国资局提前谋划、强化管控、保障民生，在充分调研分析的基础上，出台系列管控文件，有效保障农民建房管理有法可依、有章可据。同时，出台一系列政策支持农民易地扶贫搬迁，为贫困户提供便捷、优质服务。按照“先建后补、以奖代投，公平竞争、择优扶持，突出重点、兼顾一般”的原则，分别对符合地质灾害整体搬迁避让集中建房户进行补助、奖励。通过疏堵并举，有效破解规范村民建房难题。发挥行业优势，开通“绿色通道”，为全市的“光伏扶贫”“异地搬迁”等扶贫工程做好用地保障服务。

七是整治矿山，加强环保问题整改。以中央环保督察为契机，在5月底全面关停全市黏土砖生产企业，积极引导有条件的企业向生产新型墙体材料行业转产。坚持堵疏结合的办法，对玉池等禁采区关停矿山，联合安监、水务、林业等部门督促相关单位对矿区地质环境进行综合治理和生态修复。同时合理规划在适宜开采的区域设立4家麻石矿权公开出让，达到较好的效果。全省国土资源环境承载力评价和监测预警典型县（市）试点工作在汨罗正式启动。目前相关资料基本收集完毕，技术单位正在抓紧编制工作方案。

【棚户区改造】 自汨罗市棚改拆迁“百日攻坚”战役打响以来，全局勇于担当，不断创新工作方法，加班加点开展工作，到12月7日为止，国土小区48户拆迁户全部签订拆迁补偿协议，棚改工作取得阶段性成效。一是提高思想认识。把国土小区棚户区改造当作改善群众居住环境的头等民生工程来抓；当作考验国土干部工作执行力、共产党员忠诚度的政治任务来抓。二是加强组织领导。项目自启动后，面对时间要求紧、拆迁任务大、少数干部不愿离开生活多年家园等拆迁难题，成立棚改工作领导小组。由党组书记、局长李石芳任组长，作为第一负责人；党组副书记、副局长阳舟任副组长，作为具体负责人；实行党组成员、股室长对拆迁户包干负责制，对在规定时间内不能完成任务的拆迁户和相关责任人实行严厉问责。三是强化工作措施。棚改工作领导小组制定出工作路线图，倒排工期，挂图作战，定期召开工作调度会，会商解决拆迁工作中的难题；局长李石芳、副局长阳舟多次深入拆迁户家中促膝谈心，宣讲棚改政策、了解群众诉求、争取相关政策，着力解决刘玉梅、黄爱华部分特困补助和大病补助等11个实际问题；工作组成员更是自9月9日开始拆迁以来，连续利用晚上和节假日休息时间加快完成评估复核、遗漏补登等工作，并主动协助拆迁户办理购房、租房、腾房手续。截至12月7日，国土小区48户拆迁户全部签订拆迁补偿协议（建筑面积达7482平方米），其中36户已顺利完成腾房任务。

【廉政建设】 一是认真履职尽主责。局党组必须“守土有责、守土负责、守土尽责”。牢固树立“抓党风廉政建设是本职，不抓是失职，抓不好是渎职”的责任意识，勇于担当，认真履行“第一责任人”的职责。及时贯彻上级精神。定期召开党组会、局务会、中心组学习会等形式，及时传达、学习中央、省、岳阳、汨罗重要会议精神，定期向市委和市纪委报告党风廉政建设工作。定期组织研究、部署党风廉政建设和反腐倡廉，牵头制定工作计划、目标要求和具体措施，做到重要工作亲自部署、重大问题亲自过问、重点环节亲自协调、重要案件亲自督办，把党风廉政建设和反腐败工作当做工作的重中之重来抓好抓实。逐级明确主体责任。通过制定《汨罗市国土资源局班子成员党风廉政建设责任分解》等文件，将主体责任打桩定位，责任到人；明确党组书记“第一责任人”职责，其他班子成员严格落实“一岗双责”，在抓好分管领域业务工作的同时，还要认真抓好分管领域的党风廉政建设，齐心协力协助书记履行党组的主体责任；党组书记和班子成员、班子成员和分管线上主要负责人逐级签订“责任状”，层层传导压力，层层抓落实。严格落实问责机制。严格实行责任制考核，把党风廉政建设和反腐败工作纳入全局年度目标管理和年终绩效考核中，作为干职工考核的重要内容。考核结果与评好评优、选人用人直接挂钩，同时对落实“两个责任”不力的单位实行“一票否决”，对单位负责人严肃问责。坚持民主决策制度。对重大决策、干部选拔任用、大额资金使用等“三重一大”事项，均由班子成员集体研究，共同决定；对重大合同签订、重要行政处罚，事前先征求法律顾问意见，强化合法性审查，保证决策的民主性、科学性、合法性。

二是尽心尽力助纪检。在市纪委纪检派出组进驻之前，局党组在人事安排上，让纪检组长不分管具体业务工作，专心履行监督、执纪问责职能；将监察信访室中信访工作分离，并配强配足监察队伍；在重大项目建设、土地出让、土整项目、政府采购等工作中，让纪检监察全程监督，消除滋生腐败的土壤；在案件办理上，不干预、不设障，为办案人员撑腰壮胆；在大幅压缩办公经费的情况下，想尽一切办法全额保障纪检经费。在市纪委纪检派出组进驻之后。努力顺应纪检工作改革新常态，主动接受市纪检派出工作组的指导和监督，切实加强队伍建设，改进工作作风，转变政风行风，提升工作效能，树立国土资源部门的良好形象。

【特色工作】 一是创新工作方法，破解耕地“占补指标”瓶颈

面对汨罗耕地“占补指标”严重不足的困境，主动汇报、积极协调，得到市委、市政府的高度重视，市长3次召开耕地占补平衡工作推进调度会，形成由国土部门牵头负责，相关部门和相应镇村全力配合的工作格局。创新工作方法，强化管理，克服“耕地开发周期长、涉及部门多，资料准备复杂”等困难，将工作期限一再压缩，按以往工期的50%以下制定工作计划，倒排时间，按天分解任务，明确每个项目的具体责任人，落实时间节的，挂图作战。工作人员实行“全天候”的工作模式，白天到工地监督施工队保证工程质量和施工进度，晚上加班加点赶做文本资料，自工程开工以来几乎从未休过双休日和节假日，创造连续7个工作日晚上通宵加班的记录；邀请镇政府、村组干部做为项目工程的监管员，协调解决施工过程中的各类矛盾，确保工程顺利进行；及时调度涉及项目验收的所有单位，限时限刻、尽快完善各类资料，提前与省国土资源厅、岳阳市局协调，及时开展项目验收工作。

完成桃林寺镇等耕地开发项目10个，实现补充耕地指标3100亩，另有18个、3000多亩耕地开发项目经过近4个月加班加点的前期工作，完成寻找资源、选址、镇村推荐社会投资主体、签订等工作，基建工程正在如火如荼的开展中。

上述举措既破解汨罗“耕地占补”指标严重短缺的瓶颈、又确保汨罗的耕地、基本农田保有量达到岳阳市政府下达的要求。

二是全力提供用地服务，保障经济发展

市委市政府作出“三个汨罗”“六大工程”“三个园区”建设的重大部署，国土资源部门积极主动服务，认真破解难题：科学调度，完善规划。土地整治规划修编和基本农田划定工作在岳阳市内率先完成，8月，新的“汨罗市基本农田图库”已正式启用；汨罗市级和归义镇土地利用总体规划调整完善方案已获省政府审批，其余14个乡镇规划已获岳阳市政府审批通过；《汨罗市增、减、挂项目实施方案》已编制完成；长沙经济技术开发区汨罗产业园区2平方千米的调规编制方案及基本农田调整方案省厅已验收审查完毕，通过国土资源部审批。千方百计争取用地指标，保重点项目落地。共呈报用地项目26个，面积3266亩，出让土地19宗、面积400多亩、成交价款4.1亿元。

（马新良）

统　计

市统计局负责人（名单）

党组书记	彭建芳（5月止） 胡　义（6月起）
局　　长	任　娜
副 局 长	刘建华　邹科文 韩　明
纪检组长	彭　霞
党组成员	李　军　刘艳红
局长助理	彭中兴
办公室主任	周　黎

【概况】　市统计局紧扣“建设更高品质的生态文化活力汨罗”总基调，夯实基础，强化举措，狠抓党风廉政建设和党建工作，努力助推统计事业向前发展，取得较好成绩。

【思想建设】　该局坚持学习改造，努力提高理论素养。一是加强理论学习，将提高理论素养作为做人、修身的有效途径。通过政治学习，以理论指导实践，有效提高班子成员的政治素养。二是认真学习业务，及时更新知识，拓宽知识面，切实提升班子成员对统计工作的了解，逐步提高履职能力。三是强化学习互助，班子成员虚心向同事们学习请教，从同事们身上获取好经验，汲取新力量。

坚持以德为先，时刻注重自身修养。班子成员工作生活中时刻注重“四德”修养。一是政治品德修养。坚定理想信念和政治立场，树立为群众服务，为基层服务的理念。二是社会公德修养。遵纪守法，遵规守矩，热心社会公益事业，积极参与社会公益活动。三是家庭美德修养。各位班子成员基本做到夫妻之间互帮互助，和睦相处；家庭成员之间尊老爱幼，长幼有序；与同事、朋友及邻居友好相处，通情达理。四是职业道德修养。时刻要求言行一致，实事求是，工作中不墨守成规，不弄虚作假，不搞形式主义。

坚持民主集中制，不断强化责任意识。一是始终站在局班子的角度想问题、作决策，既不越位，也不缺位，有事共谋，有难同当，班子成员之间优势互补、增进理解、分工不分家。二是顾全大局，公道处事，交流思想，以诚待人，局班子内部形成团结和谐、务实工作的良好氛围。

【基础工作】　扎实推进全国第三次农业普查工作。如期如质完成全市151046户农户基本情况表、1341户规模农户基本情况表和400家农业经营单位普查表的PDA录入和上报工作。认真开展查漏补缺，从15个行政村抽调工作能力强的指导员，多次集中培训、集中纠错。通过多方努力，层层把关，及时、高效地完成全国第三次农业普查工作任务。

认真开展联网直报工作。建立部门单位为责任主体，统计局负责业务指导的工作机制。加强与发改、财政、工信、商务粮食、房产、住建、工业园区等部门的横向互动，有效提高统计数据质量。各单位向上报送数据时，同时报送统计局。每季度协助市政府召开部门统计协调会，适时掌握经济运行态势。加强对直报单位的业务培训，督促其及时、准确上报数据和应统尽统。建立健全统计台账，完善统计基础工作。在年初加大业务培训的基础上，开展规模以上工业企业统计台账巡查，对全市和乡镇规模企业统计台账逐一检查，对症下药进行现场指导，有效促进汨罗统计数据质量的提高。

优质高效开展统计服务。紧紧围绕“为宏观决策服务、为经济发展大局服务、为社会公众服务”的工作要求，不断强化统计服务意识，努力拓展服务领域，满足多层次的社会需求。及时发布《2016年汨罗市国民经济和社会发展统计公报》，整理编印《汨罗市2016统计年鉴》《汨罗市2016年国民经济和社会发展统计资料》等资料，充分发挥统计的存史资政功能。

加强统计法制建设。认真学习贯彻《统计法》《统计法实施条例》和《统计违纪违法责任人处分处理建议办法》，把法制宣传贯穿统计的各项日常工作。开展经常性的普法宣传和执法检查，逐步提高统计的影响力，让统计走近公众，让公众了解统计。利用9月20日“中国统计开放日”、12月4日“国家宪法日”、12月8日《统计法》颁布纪念日开展一系列宣传活动，在全市上下努力营造依法治统氛围。

扎实开展民调工作。对民调中心系统进行改造升级。升级后，为确保民调电话数据库真实、全面，民调中心与各单位联系，收集有效电话号码，确保部门、村（社区）电话不重、不漏、不错，大大规范电话数据库。4月对全市15个镇群众满意度进行模拟测试，6月对市直部门及卫计、教体系统二级机构进行群众满意度调查，都取得很好的成效。

积极配合国家统计执法检查切实加强整改。7月底国家统计局执法监督局于对汨罗市进行统计执法检查，分别抽查20家规模工业企业和20家批零贸易企业。积极争取相关领导和相关部门的高度重视，对统计执法需要查阅的资料、需要了解的情况，及时提供、完整提供，确保统计执法检查的顺利进行。执法检查后，严格按照上级的要求，对症下药加强整改，进一步夯实统计工作的基层基础。

不断加强党的建设，健全机关党的基层组织。7月，选举产生新一届机关支部，进一步完善年度工作计划，进一步明确支部工作职责。加强党员队伍建设。健全组织生活制度，通过“三会一课”、党员活动日、“红星云”等措施和载体，扎实开展学党章、学党史、学先烈、学先进、学十九大精神的“五学”活动。6月和12月，党组书记胡义分别以“强化三种意识，发展统计事业”和“学习十九大，紧跟新时代”为主题，在机关支部讲党课。努力促进党建工作与中心工作和急难险重任务相结合，在防汛抢险、精准扶贫、软弱涣散村联点、棚改拆迁、“三城同创”中，充分发挥党员的先锋模范作用，取得积极成效。加强工作部署和督促检查。坚持党的建设与业务工作同部署、同检查、同考核，从教育、思想、组织、作风、制度等方面全面推进党的建设，以党建促业务，以党建强队伍。

【廉洁自律】 严格执行党的纪律。严格遵守党的政治纪律、组织纪律和财经纪律，班子成员没有利用职务之便谋取私利的行为。落实“三会一课”制度，积极开展批评与自我批评，始终把政治纪律和政治规矩挺在前面。坚定理想信念，增强政治定力，不断提高落实党的路线方针政策的思想自觉和行动自觉。认真开好每一次局党组会议，积极开展机关支部组织的学习活动，真正把党建规定篇目看深看透，把党建规定动作做细落实，全面提高思想觉悟，全面提高党性水平。

切实加强作风建设。自觉置身于组织和群众的监督之下、置身于法制的约束之下，规范八小时以外的业余生活，始终自重、自警、自省、自律。严格遵守作风建设的各项规定，管好自己的嘴，不该吃的不吃；管好自己的手，不该拿的不拿；管好自己的腿，不该去的不去。守得住清苦、耐得住寂寞、抗得住诱惑、管得住小节，带头执行廉洁自律的规定，有效筑牢拒腐防变的思想防线，努力增强廉洁从政的意识和能力。

严格落实党风廉政建设责任制。按照《廉洁自律准则》的要求，严格执行廉洁从政和改进作风的各项规定。保持“脑清、身正、言准、行坚”，认真履行党风廉政建设的主体责任和第一责任人的责任。严格落实班子成员“一岗双责”，始终强调和督促落实“管业务必须管廉政，管股室必须管廉政”。党组书记胡义找每位班子成员廉政谈话，督促班子成员、股室负责人依法行政、廉洁从政。全力支持和积极配合纪检派驻全覆盖工作，邀请派驻纪检组长给班子成员作廉政讲话，“三重一大”事项及时向派驻纪检组长报告，班子廉洁自律、廉洁从政的意识不断增强。

（周　黎）

国家统计局汨罗调查队

汨罗调查队负责人（名单）

队　长	谢鹏程
副队长	杨　帆
纪检员	刘　雄

【概况】 汨罗调查队积极认识新常态、把握新常态、适应新常态，夯实工作基础，锐意进取，认真履行岗位职责，团结协作，扎扎实实

做好各项统计调查工作，建设现代化服务型统计，不断增强汨罗调查品牌的影响力，各项工作取得明显进展。

【支部建设】 加强党建工作，创新帮扶模式。集中学习，创新方式讲党课。一是按照“三会一课”制度，以党支部为单位集中学习，紧密联系个人思想工作生活实际，着力在学懂、弄通、做实上下功夫，准确把握党的十九大报告丰富内涵和精神实质，做好统计调查各项工作。二是党课与培训相结合。党支部书记在网点培训会上，将十九大精神和统计调查知识融入一起，强化互动交流，既加强业务培训又增强党课感染力。三是利用“红星云”网络平台，随时随地随身观看红星视频，提高党员干部的党性修养，现支部党员“红星云”积分人均达300分以上，形成良好的学习氛围。

党风廉政抓落实，从严治党树新风。一是明确领导干部的党风廉政建设工作任务和职责要求，形成层层抓落实的责任体系。二是支部定期召开专题组织生活会，严肃认真开展批评和自我批评，针对突出问题和薄弱环节提出整改措施。三是参与“移风易俗”主题演讲活动，倡导干部抵制铺张浪费的歪风邪气，投身移风易俗的专项行动，树立社会文明新风尚。

立足岗位作贡献，扶贫帮困为人先。一是开展“两学一做”学习教育，要求党员增强党的意识，引导广大党员干部做有理想信念、有事业心、使命感的统计调查工作者。二是落实单位驻村结对帮扶任务，领导干部全面走访解帮扶对象，根据贫困户实际情况制定帮扶措施，争取扶贫资金，结对帮扶干部做到定期入户，访民情、解民忧，让贫困户对应享受到危房改造、易地搬迁、医疗救助等扶贫政策。年初单位对帮扶村开展新春慰问，年中为村级服务平台建设出谋划策，年底已实现5户贫困户顺利脱贫。

【制度体系】 一是建立健全工作制度，促进工作有序开展。

建立健全考评制度，提高工作质量；规范调查业务工作流程，提高数据质量。把调查分析、信息责任落实到各股室，任务分解到个人，从制度上对工作纪律、工作标准、工作流程、职责分工等各环节进行明确规定，队主要领导亲自抓，负总责，分管领导初审把关。

二是巩固提高队伍管理，促进人员素质提升。

加强队伍建设。年初调整人员分工，建立干部轮岗交流机制，完善首位激励制。根据工作需要，公招1名公务员、选调1名选调生，调查力量得到充实，现在岗在编干部共7人。干部文化程度本科以上，1人取得研究生学历，1人现研究生在读。国家局在线学习人均40小时以上。并且通过文明城市测评和绩效考核专项调查，积极为新人提供学习、锻炼的机会，基本实现人人都能干专项调查，人人都能独挡一面。同时加强对乡村网点辅助调查员管理，建立健全管理制度，开展经常性的走访慰问活动和思想政治工作，让广大辅助调查员保持良好的工作热情。

加强干部管理。领导班子认清使命，增强抓班子、带队伍的意识，不断提升干部素质，努力打造作风素质过硬的队伍。严明机关工作纪律，完善并严格执行干部考勤、请休假制度，坚决杜绝旷工、擅自离岗等行为。进一步规范人事、档案、接待、车辆等管理流程，杜绝和减少工作中的随意性和不确定性。

狠抓督查问责。进一步规范岗位目标责任制，年初完善考核办法，细化工作职责，量化工作任务，明确完成时限，做到每一项工作有布置、有检查、抓落实、见成效。加强重大决策、重大事项、重点工作等请示报告。

三是加强基础建设，促进数据质量提高。

认真落实国家调查制度，组织完成各项专业常规调查任务，通过完善调查网点、增强样本代表性、规范调查流程、强化数据审核评估等措施，进一步提高报表及时性，提升调查数据准确性。干部下乡、访户、临田人均80天以上。

通力合作，完成三项专业监测调查任务。与当地农业、统计、畜牧、人社、林业部门相关部门的沟通与联系，搞好协调，理顺关系，取得地方单位对粮食大县监测、畜禽监测和农民工监测调查的支持与配合。

粮食大县监测调查，全队共完成15个村45个样方春播、夏播面积调查，120户农户全年种植意向调查及秋冬播意向调查、早、中稻预产及实割实测调查、秋粮预产调查，共填写PDA调查数据7000笔。汨罗调查队是全省率先利用无人机技术，对网点样方作物实现全覆盖航拍的单位，通过无人机技术，全面提升调查工作效率、数据质量和服务水平。

畜禽监测调查工作，在全市共有调查小区16个，共有调查数户242户（含重合散户），调查中心规模户与大型养殖户共44户。制定《汨罗市畜禽监测调查规范化实施细则》，用以明确操作程序的规范化，调查员岗位的责任化，力求畜禽监测数据的真实、可靠和可用。

农民工监测调查、劳动力调查工作，涉及10个村，1200多户，每月入户调查100户。基础工作严格按照制度规范操作，确保调查工作的规范化、程序化、标准化。同时认真做好分析评估工作，年内共撰写12篇月度劳动力调查的就业形势分析、5篇农民工监测调查的分析材料。

夯实基础，做好录入各项常规专业的调查工作。为切实做好各项常规调查工作，全队干职工齐心协力，踏实苦干，确保工作有条有理，层序分明。深入15个乡镇、56个行政村进行抽样调查。通过走访农户、谈心座谈、细心指导等方式，了解调查对象的实际困难，增进感情，获得信任，收集第一手的真实数据。集中力量认真抓好城乡居民收支调查工作、农产品中间消耗、规模以下（以下简称“规下”）服务业、小微跟踪等调查工作，核实有效样本、保存基础台账、建立电子档案每一项工作认真、细致；规下工业、工业生产者价格等调查工作，下点摸底、年度会议、数据上报等流程规范、仔细；采购经理、农产品价格调查等工作，每季度电话回访及时，对数据质量进行全面自查。同时，结合各调查点的实际情况开展走访慰问活动，在人力、财力、物力、感情上加大投入力度，切切实实调动辅助调查员和调查户的工作热情。

强化后盾，保障各类调查工作的平稳运行。在财务方面，一是根据单位具体情况制定会计核算制度实施细则，强化管理、规范开支、完善手续，为做好各项工作提供后勤保障；二是积极筹措、统筹安排全年预算资金，保障各项业务工作的顺利开展及单位日常事务的正常运行；三是严格控制单位资金使用速度和安排各项资金的使用，坚持一支笔审批，坚持重大支出集体讨论制度。在后勤服务方面，一是做好接待工作。办公室按照热情有礼、大方得体、勤俭节约的原则做好接待。二是抓好办公区内的清洁卫生工作。制定干部卫生值日制度，加强检查督促，确保办公区内清洁。三是全面、周到地做好各项会议的安排、策划，确保各类会议圆满成功地召开，全年共安排组织各类会议26场。四是做好各类政府信息公开工作，做到信息传递及时、到位。

深化服务，优化调查信息和分析调研工作。综合统计工作以国家统计局领导讲话和湖南国家调查队系统法制工作会议精神为统领，本着加快发展、跨越赶超的指导思想，强化法治宣传教育，加强执法队伍建设，充分发挥统计法制对统计调查工作的保驾护航作用。以优质的统计调查数据与调查分析报告服务经济社会发展。一是充分利用各专业常规调查报表资料，撰写高质量的分析与信息；二是利用图文软件不定期制作电子宣传图册，依托QQ和微信平台发送，广泛开展网上宣传活动。三是围绕总队每月信息上报要点，开展相关调查研究。截至11月20日，共撰写36篇调研分析报告、28篇政务信息上报总队、岳阳市队及地方政府，被市队和省总队采用各类信息、分析共24篇。

【城乡住房】 城乡住户工作是县级调查队的重要专业，如何积极探讨新方案，执行新标准，把城乡住户调查工作抓到实处。一是多次召开队务会议，认真组织分管领导、业务人员、辅助调查员共同学习城乡住户调查方案制度；二是完善规章制度，扎实做好居民收支调查基础工作，要求居民收支调查相关业务人员严格按照制度规范操作，促进居民收支调查工作的规范化、程序化、标准化；三是强化入户指导力度，分网点负责人员，每月入户指导3~4户，季度内完成对网点10户记账户的培训指导工作；四是确保报表数据真实、及时、准确。严格按照总队要求上报居民收支调查报表和账页数据，坚决杜绝迟报、漏报现象，并且严格做到报表数据审核无逻辑差错。认真做好居民收支调查分析评估工作，共撰写九篇居民收支调查的分析材料。

按照国家统计局住户调查制度要求，完成新一轮样本轮换工作是全年的中心任务之一。

（一）加强组织领导，确保住户轮换工作部署到位

成立汨罗市住户调查样本轮换工作领导小组，由市委常委、常务副市长任组长，政府办、调查队、财政局、人社局、民政局、农业局、

文旅广新局、发改局、房产局、统计局等单位分管领导为成员。明确相关部门和镇、村工作职责，各部门从人、财、物等方面大力提供支持和帮助，争取地方财政样本轮换专项资金35万元，确保工作顺利推进。

（二）科学安排，抓好落实，确保调查工作满足要求

编印住户调查海报，以及《统计法实施条例》宣传漫画、宣传知识等多种科普读物，利用微信公众号、广播村村响、电视媒体、中国统计开放日活动、基层党建活动、走访活动等进行传播，向群众说明住户轮换工作的重要意义；9月召开以市政府名义举行，常务副市长参加的关于开展全市住户调查样本轮换工作动员会，落实1560户住户样本入户摸底调查，完成13名辅助调查员选聘及260户调查户抽选工作，辅助调查员队伍年轻化，人均年龄45岁，低于上届网点近10岁。开展辅助调查员培训及问卷资料审核、录入、上报等工作；10月底到11月初由队长带队，下到13个调查网点，开展分网点常规调查户记帐培训工作；11月1日全市调查户已经试记账；月底将逐一对试记账账本进行再次检查，以保证12月1日正式记账质量。

（三）发挥“特别能吃苦，特别能战斗”的工作精神，确保调查工作如期完成

全队11名干职工及全市住户工作13名辅助调查员，时刻牢记吃苦耐劳的工作态度，保持白加黑、“5+2”的工作作风，由队领导亲自挂帅，按时按点下乡走访，通过座谈会、拉家常、培训会、微信群、电话等方式，积极谋划培训方案，针对每户试记账中存在的具体问题，具体指导，耐心讲解，纠正问题，让记账户对此项工作有全面的了解，调动记账户的积极性。新一轮住户网点运行正常，调查户配合程度较好，样本轮换工作如期顺利完成。

【服务职能】 一是制定工作计划，执行例会制度。每月初定期召开工作例会，总结上月工作完成情况，制定当月工作计划，提出工作中需要沟通协调解决的问题，研究部署当月重点工作，讨论工作方法。例会制度大大提升工作效率，改进工作作风，增强团结协作，形成上下合力专注于调查工作的良好势头。

二是强化精品意识，提供高质量服务产品。鼓励和支持撰写人员强化精品意识，坚持“质量第一”，力求体现服务性、参考性、可读性，及时发现和捕捉各类有价值的信息，深度提炼，找准要点，实现精品效应。2017年，针对经济社会热点、难点问题，撰写出《汨罗：“送温暖”活动面临“三多三少”》《汨罗：体育产业发展向好 做大做强品牌还须多方发力》等5篇优质调研报告。

三是发挥职能作用，做好地方党政工作。进一步加强与汨罗市委、市政府信息网络部门的沟通联系，及时完成数据报送任务，及时反映指标运行情况和政策执行情况，为准确判断汨罗经济形势提供扎实可靠的决策依据，更好地服务社会公众。

高质量完成地方政府各类中心工作。防汛工作期间，全体干职工，包括女同志纷纷上堤通宵值守，严格按照防汛值班制度，坚守在抗洪一线。平安家庭评选活动中，依规依程序，评选出“平安创建示范家庭”；利用公职人员走亲访友活动，在宣传平安创建活动的同时让其了解统计调查的工作。在综治民调考核中位列上管单位前列，上半年排名第一。

（谢鹏程）

审 计

市审计局负责人（名单）

党组书记 局长	胡满林
党组副书记 副局长	黄栋梁
党组成员 副局长	郑晓良　陆让谦
党组成员	徐浪波　周　晓
总审计师	张清湘
总工程师	肖望求
经责审计 办主任	易光华
办公室主任	张　勃

【概况】 汨罗市审计局认真履行法律赋予的监督职责，把市委、市政府关注和群众关心的社会热点、难点问题作为审计工作重点，加大审计和审计调查力度，全年预计完成审计项目70个，查出问题资金金额1.84亿元，其中：违规金额9651万元、管理不规范金额8116万元、归还原渠道资金656万元；核减工程造价4156万元，促进财政增收节支3213万元，向上级党委、政府和

审计机关提交审计专题、综合性报告和信息125篇，有45篇审计报告和审计信息被市委、市政府领导批示或上级审计机关采用。

深化预算执行审计，努力构建财政审计大格局。2017年度财政预算执行审计高度关注预算执行的严肃性，重点把握预算执行的总体效果，注重反映预算执行中出现的突出性、普遍性和倾向性问题，从体制、机制、制度和政策层面发挥审计的“免疫系统”功能。审计充分运用联网审计和计算机辅助审计等先进技术手段，更加关注财政性资金管理、使用绩效、税收征管方面以及城市基础设施配套费专项资金的情况，审计和延伸调查部门单位和企业35个，查出问题11项，违规金额1985万元，审计方法创新和审计结果得到市人大和政府领导的充分肯定，审计促进财税部门规范和加强财政预算和税收管理，确保政府财力的高效配置。

全面完成交办项目，提升服务中心能力。在常规审计任务十分繁重情况下，局党组坚持服从服务全市建设更高品质生态文化活力汨罗这个大局，组织人员全面完成市委市政府领导交办的审计项目：

一是开展七大融资平台审计。为了规范政府投融资平台的投资行为，防范和化解政府债务风险，汨罗市审计局把全市各类投融资平台审计作为2017年开篇之作，对市城建投资公司、交通建设投资公司和安居工程投资公司等7个投融资平台进行全面审计。审计将重点关注政府投融资平台的资产、融资、债务和资金使用等情况，揭露其经营发展、资产运营、债务管理和融资风险等方面的问题，从管理体制、机制和制度层面提出意见和建议，为市委、市政府加强投融资平台管理和制定相关政策措施提供参考依据。

二是开展扶贫资金行业审计。按照省审计厅的统一安排，对全市2016年度扶贫政策措施落实和扶贫资金分配管理使用情况进行审计，此次审计共延伸调查15个镇、121个村、259户农户，审计采用“筛听查”方式，精准实施，确保审计质量和效果。“筛”疑点，运用计算机手段将车辆购置、工商登记、公职人员工资等信息与建档立卡扶贫信息进行比对，看是否有不符合规定条件人员被认定为扶贫对象，确保扶贫对象的“精准”。“听”声音，深入村组走访建档立卡的贫困户，倾听困难群众对精准扶贫工作的呼声与要求，摸清“雨露计划”、危房改造、产业扶贫、易地扶贫搬迁等惠民政策落实和资金到户情况。“查”使用，在掌握中央、省、市扶贫指标下达的基础上，通过审查市扶贫专项资金收支情况，全面跟踪资金的分配、拨付、管理、使用情况，顺着资金拨付流向，掌握资金流动最终去向。

三是开展市直学校债务审计。为防范教育债务风险，弄清学校债务情况及相关经济活动的真实性、合法性、效益性，摸清全市市直学校的债务规模及状况，为市委、市政府决策提供依据。局机关抽调9名业务骨干分成3个审计组，自2017年起对汨罗市教育系统13所市直学校2016年政府性债务进行审计。此次审计要求按照“见人、见账、见物，逐笔、逐项”的原则，对学校债务进行认真审核，每一笔债务都要落实到具体单位、项目，确保审计认定的债务真实、准确和完整。

创新政府投资审计管理方式，提高财政投资效益。进一步整合政府投资审计资源，成立固定资产投资审计中心，规范投资审计行为，严格按照《汨罗市审计局固定资产投资建设项目审计管理办法》执行审计管理，对审计项目登记分类，统一管理和分配，全年共完成保障性安居工程、校舍安全工程等一批政府投资建设项目开展竣工决算审计，核减工程造价4156万元。

强化经济责任审计，促进领导干部依法履责。把经济责任审计工作作为亮点工作来打造，进一步完善经济责任审计联系会议制度，积极配合组织部门开展好经济责任审计，较好地完成18位领导干部的经济责任审计工作，为市委使用和监督干部提供依据。

加强民生及专项资金审计和审计调查，促进惠民政策落实。坚持“民本审计”理念，按照上级审计机关的统一部署和全年审计工作计划，对交通专项资金、教育专项资金、林业专项资金等12项民生资金开展专项审计和审计调查，查处违规金额865万元、管理不规范金额2053万元。

加强审计质量控制，提高审计质量水平。强化“审计质量是审计工作生命”的意识，逐步建立起“以审计质量控制为核心，以审计成果转化为目标，以优秀项目评比为载体，以业务综合考核为抓手”的质量管理模式，全年召开审计办公会议45次，组织审计质量检查1

次，复核审计案卷70个较好地完成审计质量控制任务。

加强联网审计项目建设，不断创新审计工作方法。局党组投入大量人力物力开展联网审计项目建设。一是推进联网审计工作。在全省率先开发完成联网审计实施系统，建立汨罗审计数据中心库，审计人员全部借助数据中心数据开展审计检查和分析；二是推广计算机在审计工作中的运用。全年所有审计项目均采用AO系统进行审计，所有审计公文均运用OA系统进行审批流转。

【队伍建设】 全面加强领导班子建设。高度重视班子凝聚力对审计工作的推动作用，在领导班子内部积极开展思想道德教育、政治理论学习、民主生活会和谈心谈话等活动，提高班子成员政治素养和理论水平。严格按照“集体领导、民主集中、个别酝酿、会议决定”的原则，坚持大事开会碰头、小事互相通报，重大事项由党组会研究决定，做到集思广益，科学决策。在班子内部，要求班子成员像爱护眼睛一样维护班子团结，大事讲原则，小事讲风格，心往一处想，劲往一处使，相互尊重、相互理解、相互帮助，工作上互相支持，从未出现互相推诿现象。

全面提升审计人员整体素质。结合“两学一做”主题教育活动，组织党员干部认真学习十八大、十九大精神和习近平总书记重要讲话精神，提高干部职工的政治素质。牢固树立“以人为本、质量立局”的审计理念，通过多渠道、多形式的学习和培训活动，组织大型学习培训活动2次，选派8名同志到上级参加培训，有3名干部通过审计厅计算机中级考试，2名干部获得审计师资格证书。

【廉政建设】 该局党组始终把党风廉政建设作为审计工作的生命线，不断健全完善“标本兼治、综合治理、惩防并举、注重预防”惩防腐败体系，确保党风廉政责任制的落实。

落实主体责任。一是建立组织。局党组将党风廉政建设工作列入重要议事日程，成立以党组书记为组长，其他班子领导为成员的落实党风廉政建设责任制领导小组，做到主要领导亲自抓，分管领导具体抓，其他班子成员按照各自职责分工抓的领导机制。二是明确责任。年初局党组专题召开会议，研究制定年度党风廉政建设工作计划，局党组书记与股室负责人签订年度党风廉政建设目标管理责任书，将党风廉政建设工作目标任务逐项分解，形成一级抓一级，层层抓落实的工作格局。三是强化考核。局党组将党风廉政建设责任制落实情况列入干部职工年度工作目标综合考核和审计工作优秀项目评选的重要内容。同时把考核结果作为干部职工各类评先、评优和提拔使用的重要依据。

完善各项制度。一是开展单位行政权力事项梳理工作。对审计工作的权力事项进行全面梳理，进一步规范流程，完善制度。通过认真检查梳理，梳理出行政权力事项，明确实施主体、受理条件、受理时间、办理流程、监督措施，有效规范局机关干部的权力运行，将廉政风险降到最低限度。二是建立健全机关各项制度。年初在广泛征求意见的基础上建立健全《公务接待制度》《食堂管理制度》《考勤签到制度》《审计回访制度》等15个关于队伍建设和作风建设方面的制度，形成一套教育有效、管理有序、监督有力的作风建设工作机制。

加强廉政教育。组织以《中国共产党廉政准则》和《中国共产党纪律处分条列》为主要内容的集中学习5次、观看警示教育片2次和转发市纪委通报3期，以此对党员干部和职工进行党风廉政建设教育，使党员干部筑牢思想道德防线，从而树立良好的廉政意识，做到抗得住诱惑，管得住小节。

强化监督检查。成立监督检查小组组织廉政建设和作风建设纪律审查6次，检查审计人员作风建设和廉洁从审情况，对干部职工违反作风建设规定的行为，进行教育和经济处罚；全面完成“治婚丧陋习、树文明新风”等各项任务。

（张　勃）

食品药品工商质量监督管理

市食品药品工商质量监督管理局负责人（名单）

党组书记 局长	郑　伟（1月改任） 周爱煌（1月底上任）
党组副书记 副局长	周应群　李朝晖
党组成员 副局长	黄郁文　曾凌云 余丹辉　骆正勇 杜　凯　吴胜武 左志德

市食安办副主任	朱征兵
党组成员 纪检组长	苏　伟
办公室主任	周友根

【概况】　立足食品药品工商质量监督监管新形势，市食品药品工商质量监督管理局坚持以创新机制为手段，以规范整治为重点，以提升能力为关键，以转变作风为保障，切实履行监管职责，守护好老百姓“舌尖上的安全”和“家门口的安全”。

【监管基础】　一是明确监管职责。3月份，就食品药品安全工作在市政府第3次常务会上作专题汇报，市人民政府于5月2日印发《汨罗市加强乡镇食品药品和特种设备安全监管实施意见》，意见中明确落实“地方政府负总责、部门负监管责任、企业是第一责任人”的食品药品安全监管责任制。二是完善监管网络。按照《汨罗市加强乡镇食品药品和特种设备安全监管实施意见》有关要求，积极推动镇级食药监管、协调机构和市镇村三级监管网络的构建，实现生产、流通、消费各环节一体化监管。三是强化群防共治格局。进一步畅通投诉举报渠道，建立“12331”举报投诉中心，实行“12331”电话投诉、网上投诉、信函投诉、现场投诉的全方位投诉受理机制。年内接处“12331”举报投诉19起，均得到妥善处理。加强舆论监督，在政府门户网站设立曝光台，已公布食品药品典型案件6起。加强代表委员监督，办好人大代表、政协委员提案建议，全年共承办人大代表建议5个，提案建议办理率满意率均为100%。

【监管方式】　一是抓优“放管服”工作。全面深化市场管理体制改革，重点推进商事登记制度改革，建立“宽进严管”管理体系，优化市场服务，降低市场主体准入门槛，激发市场活力。截至目前，全年全市新登记注册市场主体4290户，比上年同期增长41%。其中企业1021户，个体工商户3269户，目前已办全市共办理“食品经营许可证”623户，“药品零售经营许可证”办理4户、变更8户。目前，全市现有食品生产经营主体（含保健食品）5340户，其中食品（含食品添加剂）生产单位64个（获证企业35家，食品加工小作坊29家），食品经营单位（含餐饮服务、保健食品经营）5016家，农贸市场3个。全市药品批发企业3家，连锁药店总部2家，零售药店198家，涉药小诊所463家，医疗器械经营户28家。全市注册登记特种设备1368台（件），在用985台，报停184台，具体为：锅炉56台、中小型压力容器（不含气瓶）322台、电梯441台、起重机械（行吊、机械式停车设备）312台、大型游乐设施1台、厂内机动车辆52辆、压力管道42.9千米，另有各类气瓶20余万只（其中超期未检近10万只），气瓶充装单位21家，无缝气瓶设备检验单位1家。二是树立稽查监管理念。全市系统牢固树立“在监管中办案，以办案促监管”的理念，坚持办大案、办铁案和快办案，构建食品药品“大稽查”格局。实施行刑结合、部门联动，切实加大办案力度，查办一批违法案件。全市系统共查办案件129起，其中湖南厨味村食品有限公司生产经营标注虚假生产日期的食品一案，涉案产品全部予以没收并罚款1733.95万元；白水镇使用松香对猪头脱毛一案，正在进行“行刑衔接”，目前已将案件证据材料移交市检察院进行审理。三是推行监管覆盖和实施风险监测。依托去年“四查”行动成果，建立全市（含食品摊贩、食品加工小作坊）食品药品生产经营单位的基本信息数据库，做到监管全覆盖、痕迹化管理，促进监督执法规范化。对容易发生系统性、区域性风险的重点品种，实行日常监督抽验与靶向抽检相结合，及时分析研判，发布消费预警。截至目前，全市药品不良反应监测374条，医疗器械不良反应监测73条，药物滥用不良反应监测210份；抽检食品1338批次，其中不合格4批次，对所有不合格批次产品均依法进行后处理。

【防控能力】　突出规范整治，防控能力进一步提高。突出对重点时期、重点区域、重点品种的监管，全面提升防控能力。一是全力推进食品安全扫雷行动。为抓好落实，该局突出“扫雷”重点，集中精力，盯紧食品生产加工小作坊、小餐饮、食品摊贩、农贸市场和农村市场等这些重点“雷”区，扎实有效地推进整治行动进程；深入开展“九查九扫”。主要是查资质、查现场、查源头，查两超、查一非；强有力的扫无证、扫窝点、扫假劣、扫安全隐患，均取得良好的效果，有效消除各类安全隐患，保障了全市群众舌尖上的安全。二是开展“两会·春节”“端午·五一”“中考·高考”等重大活动和节日期间食品安全专项检查。在重大活动期间，执法人员进驻活动接待单位，按照重大活动食品安全监督程序，对接待单位开展24小时食品安全全程监督，确保活动的食品安全。三是开展夏季餐饮服务食品安全专项整治工作。以冷荤凉菜制作、小龙虾、烧烤食品、织纹螺、南美螺、海鲜制品、食用油、餐饮用具清洗消毒保洁、食品留样等重点部位环节的监督检查等为重点检查内容，依法严厉查处餐饮服务环节食品违法行为。目前，已出动执法人员20220人次，车辆3500余台次，检查食品生产经营主体5390户，查扣不合格食品13110件。

【学习培训】 一是积极参加上级组织的业务培训。共有54名同志参加省、岳阳市各类业务培训32次，开阔视野，提升执法水平。二是在全市系统组织开展业务培训。管理局于2016年由原工商、质监、食药监三局合一组建而成，业务方面亟待提升。局党组通过认真调研，决定3月起，每周五下午在局机关开展食品药品安全、特种设备安全、商事登记改革等业务知识培训，在省、岳阳市聘请行家里手讲课。共开展培训20期次，参训人员1200余人次，发放各类学习资料20000余份。

【地方品牌创建】 一是积极做好辖区内湖南名牌创建申报和评审工作。走访汨罗工业园区和乡镇企业共20余家，开展名牌申报宣贯工作，向企业介绍名牌工作基本情况及申报名牌产品相关要求，为企业申报名牌产品打好基础；对于重点培育企业，主动上门开展全程服务，帮助企业做好名牌产品申报的各个环节，特别是做好对企业申报材料的审查、指导，尽量使企业申报材料客观、翔实、有说服力。同时，对企业“创牌”过程中提出的各种问题，耐心细致地予以解答。目前，已帮扶指导4家企业完成湖南名牌申报和初审工作。二是推进“长乐甜酒”地理标志产品制度建设。2016年9月，“长乐甜酒”成功获得国家质检总局批准，实施地理标志产品保护。为有效保护“长乐甜酒”地理标志产品，牵头拟定《长乐甜酒地理标志产品保护管理办法》草案，就该草案征求相关单位和企业的意见，并报送至汨罗市人民政府法制办。4月13日，在长乐镇人民政府组织召开《管理办法》草案听证会议，及时就听证意见对草案进行修改，已形成最终送审稿。三是积极推动“汨罗粽子”地理标志产品保护申报工作。6月13日，就“汨罗粽子”向总局正式提交地理标志产品保护申请。汨罗粽子地标申报工作对汨罗粽子质量和声誉的提高、助推汨罗市农产品产业升级、提升产品质量、提高市场竞争力、促进农业增效、农民增收和助推精准脱贫攻坚工作中具有重要意义。参考长乐甜酒申报地标产品的成功经验，制定申报工作计划和实施方案，积极做好对申报工作的政策指导和技术指导，扎实做好汨罗粽子地标申报的相关工作，力争获国家批准。四是推进“质量强市”战略，引导全市优势传统企业建立健全标准化体系。自去年以来深入推进园区企业质量振兴和标准战略，向国家质监局和国家标准化管理委员会申报《工业园区循环经济评价规范》，5月正式被国家标准化管理委员会确定为国家标准。

【党建工作】 根据市委、市政府统一部署要求，局党组制定《2017年党建工作计划》《2017年党组中心组学习计划》《2017年党建工作考评细则》《2017年党员积分管理考核细则》。结合食药工商质监工作实际，认真谋划、狠抓落实，以抓党建统揽食药工商质监工作，积极推进市食药工商质监工作的全面提升。一是强化队伍建设。按照市委、市政府的统一部署，全面贯彻落实开展“两学一做”学习教育，进一步增强班子的凝聚力、战斗力。在党员干部每月定期学习的基础上，依托红星云、干部教育网络学院，加强网络化学习教育，切实增强党员意识和政治敏锐性。二是落实监管责任。抓住班子建设这个核心，局长任组长，分管领导任副组长，各支部书记为成员的领导小组，科学划分班子分工、健全决策机制，抓住“关键少数”，突出示范带动。推进干部队伍建设，引导干部职工争先创优。三是提升机关形象。紧紧围绕机关效能建设，加强思想作风建设，严格落实党风廉政建设责任制。提升服务品质，大力解决食品药品工商质量安全的突出问题，利用“12315”投诉电话，加大打假维权力度，做到“有诉必接、有报必查、有假必打”。

推广企业登记全程电子化服务，充分利用电子化、网络化优势，实现企业登记申请、受理、核准、发照、公示等各个环节均通过网上电子数据交换完成登记，“让信息多跑路，群众少跑腿”提高办事效率。

全面从严治党主体责任，切实把党风廉洁建设工作与业务工作同布置，同检查，同落实，保证监管队伍安全，展现良好形象。一是班子建设有成效。党组始终坚持一手抓业务，一手抓党风廉政建设，落实“一岗双责”，班子成员均做到严格遵守廉洁从政的各项规定，严格执行民主集中制制度，无违规违纪违法的人和事。二是警示教育显成效。已组织开展3次党课教育，做到廉政警示教育年年讲、月月讲，确保党员干部时刻能够保持清醒的头脑。

（周友根）

安全生产

市安全生产监督管理局负责人（名单）

党组书记 局长	符　文（6月改任） 邓永红（6月上任）
副局长	苏厚武　周国良 吴金亮
执法大队大队长	狄立新
办公室主任	李大龙

【概况】　市安监局始终坚持“安全第一，预防为主、综合治理”方针，牢固树立安全生产底线思维和红线意识，全力以赴做好各项工作，全市安全生产形势持续平稳向好。

【安全整治】　严格落实安全责任。市委、市政府研究出台《关于进一步明确安全生产监管职责的通知》《关于开展市级领导带队检查、督查安全生产工作的通知》等文件，厘清职责边界，完善责任体系，“党政同责、一岗双责”“三个必须”规定和部门监管责任、属地管理责任和企业主体责任进一步压实。建立安全生产调度会议制度，由市长、分管副市长定期组织召开，调度解决全市安全生产领域存在的突出问题。深入开展领导干部带队检查安全生产工作，市委书记喻文、市长朱平波带头开展安全生产实地检查，各市级领导均按每月1次以上的要求，督导督查联点部门、分管领域安全生产工作，共开展领导干部带队检查安全生产工作296次，发现问题122个，现场交办96个，已整改落实102个。

深入开展“三大行动”。自3月份开始，在全市范围深入开展安全生产烟花爆竹打非清剿、补短板除隐患促安全、长治久安“三大行动”，并在岳阳市安全生产半年度工作会议上作典型发言。期间，共清理整顿烟花爆竹经营门店1491家，取缔烟花爆竹地下作坊15个，查获非法储存窝点13处、非法运输车辆11台，收缴烟花半成品4150件、成品23543件和爆竹76339件，行政拘留12人，治安拘留6人，烟花爆竹非法生产、经营、运输行为基本杜绝。找准安全生产领域短板，计划新建消防站1个、消防栓96个，采购新型主战消防车1台，目前已完成选址、规划、审批手续，进入招投标阶段；关停无证经营液化气站20家，重新选址、高标建设液化气站5个。制定出台《安全生产违法行为举报奖励办法》，充分发挥群众力量，建立群防群治工作局面，受理举报26起，兑现奖励资金13万元。调整充实安监局领导班子，新增4个事业编制，将乡镇安监工作人员纳入乡镇安监站编制和管理。

扎实推进专项整治。突出重点行业领域安全生产专项整治，共检查生产经营单位4578家，立案调查223起，责令停产停业92家，关闭取缔生产经营单位188家，行政拘留违法行为人8人。扎实开展非煤矿山、烟花爆竹、危险化学品、工贸行业安全生产专项整治行动，共出动执法人员600余人次，下达责令限期整改指令书120份，立案调查8起，处罚金额12.5万元。对全市14家已关闭矿山开展全面排查，对三益、兴浪2家非煤矿山企业安全隐患进行治理。对54家危化生产经营单位进行全面深入检查，查处整改隐患93处，停产停业整顿4家，立案调查5起。对已退出生产的4家烟花爆竹企业场地实行全封闭管理，场地内废弃鞭炮和工业酒精已全部处理，机械设备已全部拆除到位。对全市303家企业工贸行业开展全面执法检查，责令停产停业整顿1家，立案调查4起。

切实加大隐患治理。以安全生产大检查为抓手，严格实行重大事故隐患治理“一单四制”管理，建立全市第一批重大事故隐患27个，已整改落实到位17个，验收销号17个。严格落实市人大常委会安全生产专题询问审议意见交办的45个问题，下发督办令19个，整改落实到位31个，14个隐患和问题正在整改落实之中。省安委会交办的武广高铁汨罗段9处安全隐患已如期按质整改到位，共拆除大小钢架棚11处、房屋8间，建筑面积6090平方米，搬迁门业加工企业3家。查处非法麻石加工企业2家，对三益、兴浪2家非煤矿山企业安全隐患进行治理，关停黏土砖厂61家，取缔一批无证经营、设施不全麻石加工小企业。

着力夯实基层基础。加强安全生产宣传教育，在电视台、红网网站以及市区人员密集场所常年开设专栏专版，常态化宣传安全生产工作。设立户外大型电子显示屏86处，发放宣传资料30余万份，张贴通告18万份，悬挂横幅500余条，出动宣传车辆1000余台次。举办市委中心组安全生产专题学习2次，邀请省安监局领导来汨罗作专题辅导讲座，组织安监人员业务专题培训班3期，水上安全操作人员安全知识培训班1期。深入开展全国第十六个安全生产月活动，组织“汨罗市2017年最美安全卫士”演讲比赛，选拔优秀选手参加岳阳市决赛并荣获奖项；举办山洪地质灾害防御避灾演练、万容公司落实企业主体责任应急演练等全市性大型事故应急演练活动3次。广泛开展“企业安全生产主体责任年”活动，创建安全生产三级标准化企业4家。加强乡镇安监站建设，按照“六有”要求，指导督促各镇完善安监站阵地建设和人员、装备配备，目前各镇共设立专兼职安全监管员122名，执法装备、办公设备基本配备，安监站阵地建设进一步加强。将安全生产工作纳入全市网格化管理系统，各行政村按片区设立安全生产信息员399名。

严查实督奖惩兑现。加大督查督办力度，市安委办联合市委督查室、市政府督办室、市问责办共开展专项督查8次，下发通报3次，召开情况通报会7次，下发督办通知24份、督办令19个。制定出台《汨罗市安全生产目标管理考核办法》，将安全生产工作在全市综合绩效考核中的权重分值由40分提高到100分，并直接考核到村（社区）。实行严格问责和惩处，全年因安全生产工作不力，通报批评2个乡镇，问责党政负责干部16名，撤销村党支部书记2名。

【队伍建设】 在认真履行安委办牵头管总、统筹协调职能的同时，切实做好直管行业领域安全监管工作，不断加强机关内部管理，转变干部作风，打造一支肯干事、能干事、干成事的安监执法队伍。

严格依法治安。扎实开展非煤矿山、烟花爆竹、危险化学品、工贸行业四大直管行业领域安全生产监管执法，共出动执法人员600余人次，下达责令限期整改指令书120份，立案调查8起，处罚金额12.5万元。十九大特护期间，局全体干职工取消双休日，分成4个组深入各镇、各企业开展执法检查，对存在安全隐患和问题的3家加油站、2家工贸企业进行立案调查。督促各企业加强职业病防护措施，共增加职业病危害告知牌40块，员工体检1800多人次，建立健全职卫档案。局党组全体成员按照各自分工，做到分管行业领域安全检查必亲自带队，全程参与，共开展领导干部带队检查安全生产工作120人次，做到有记录、有照片，全面实行痕迹化管理。

提升监管能力。严格依法治安，规范执法程序，全面推行执法软件全过程记录制度，15个乡镇全部实行委托执法。加强安监系统业务能力提升，定期组织开展行政处罚案卷评审，互学互补。注重执法人员业务学习，组织安全监管执法人员及企业安全管理人员400多人次参加省、岳阳市举办的安全生产知识培训。组织局班子成员、各股室负责人赴长沙市芙蓉区、常德市桃源县就安全生产行政执法、示范创建等工作进行考察学习，吸收借鉴外地安全生产先进经验推进自身改革创新。

加强党建工作。以党建工作为抓手，切实强化安监队伍宗旨意识和服务意识。一是加强党员学习教育。深入推进“两学一做”学习教育常态化制度化，制定完善党员集中学习计划，共开展集中学习12次，党组成员讲党课8次；组织全体党员深入贯彻学习党的十九大报告精神，邀请市委党校周兴建同志为全市安监系统干部作《夺取新时代中国特色社会主义伟大胜利的政治宣言和行动纲领》党课辅导，局党组书记、局长邓永红同志围绕“学习贯彻十九大精神，谱写新时代安全发展新篇章”这一主题为全体党员作专题党课辅导。引导全局党员深入领会报告精神实质，把学习报告精神作为“两学一做”的重要内容和当前党建工作的重要任务，深化学习实效。深入开展学习讨论，围绕“四种精神”“争当安全发展忠诚卫士”“两新大讨论”为主要内容，共组织专题学习讨论

4场次。二是党员集中活动常态化开展。全年来共开展党员活动日8次，参加学习人数210人次。结合全国扶贫日，全局党员深入扶贫联点村开展走访慰问贫困户，牢树群众观点，切实增强宗旨意识。9月组织开展向人民的好书记李大元学习活动，学习李大元同志无私奉献，一心为民的崇高精神，使全局每一名党员从思想上得到触动和升华。三是党风廉政常抓不懈。在全局上下深入开展整治行政执法领域国家工作人员“不作为、缓作为、乱作为”和鼓励“敢作为”专项行动、清理国家公职人员违规参与涉矿等经营性活动专项整治、“刹人情歪风、治婚丧陋习、树文明新风”专项整治等工作。7月，组织全局党员到市廉政教育中心开展警示教育活动，并邀请市纪委领导就党风廉政建设专题讲授党课，教育引导全局党员严守政治纪律和政治规矩，营造风清气正、积极向上的安监执法氛围。

【中心工作】 一是全力开展扶贫攻坚。将扶贫攻坚工作作为一项政治任务抓紧抓实，采取发展养猪、养牛的产业帮扶措施和社会捐助、捐资捐款等形式筹措资金5.7万元对联点帮扶的13户对象实行一对一资助，对因病致贫的扶贫帮困对象湛遥，局扶贫工作组通过建立“轻松筹”爱心项目，为扶贫对象募集善款近5万元，得到当地群众的深情感激。二是切实抓好平安创建。成立以局党组书记、局长为组长的安监局平安创建工作领导小组，召开专题会议进行安排部署，在全局上下深入开展综治民调问卷调查学习和“平安家庭”创建活动，通过民主评议，评选出平安家庭6户。广泛开展“大走访”活动，全体干职工按要求深入各自原籍村开展平安创建走访宣传，共走访农户160户。三是全力防汛抗灾。主汛期间，全局上下在坚守防汛抗灾一线，巡堤查险，参与抗灾的同时，周密部署，严格管控危险化学品、非煤矿山、烟花爆竹等高危行业领域汛期安全生产工作，夺取防汛抗灾的最后胜利。四是积极参与重点工程建设。局党组认真研究，精心安排，抽调3名工作经验丰富、年富力强的同志至市重点工程建设指挥部参与棚户区改造项目，为全市重点工程项目建设添砖加瓦，助力推进。五是全力配合烟花爆竹打非治违工作。按照市政府统一安排部署，抽调3名同志到市烟花爆竹打非办工作，其中执法大队大队长到市打非办任副主任，全力以赴开展烟花爆竹打非治违工作。

（李大龙）

农业

农业种植业

市农业局负责人（名单）

党组书记 局长	李银海
党组副书记 副局长	胡定徽
副局长 能源服务中心主任	刘 欣
副局长	刘良辉 何宏杰 傅 君 吴玉成
党组成员	梁 骏 杨笔艳
总农艺师	肖冬根
工会主席	谢映泉
局长助理 办公室主任	曹万齐

【概况】 2017年，市农业局全年粮食播种面积113.75万亩，比去年减少1.5%，总产预计49.2万吨，比去年略增。一是做好三大粮食丰产工程。“超优千号”高产攻关2016年落户汨罗、“种三产四”和“三一”工程。各镇都有100~500亩面积不等的集中连片高产超级杂交稻再生稻高产示范片，镇镇都有百亩高产示范片，村村都有高产户，对于全市在早稻面积减少的情况下确保粮食总产基本稳定起到关键作用。二是发展优质稻基地建设和绿色高产创建。创建“早加晚优”绿色高产高效万亩示范基地4个，面积8.05万亩，千亩示范片20个，百亩示范片500个，全市种植高档优质稻26.3万亩，全部采取“企业+基地+合作社+农户”订单种植，扶持4家省市级龙头加工企业收购加工销售。三是全面开展秋冬种生产工作。全市计划秋冬种总面积32.5亩，其中油菜13万亩，马铃薯2万亩，蔬菜5万亩，绿肥11万亩，其它秋冬作物1.5万亩，目前已下发绿肥种子1万公斤、油菜籽5000公斤。三是成功举办全省高档优质稻田间拍卖暨2017年产业化开发现场推进会议。2017年10月10日，在市成功举办全国首次高档优质稻田间拍卖，三个标的全部卖出，拍卖最高价达到182元每百斤，其余两个标的分别卖出155元和156元每百斤，比市场价分别高出40%、19%和20%，让种植农户获得实实在在的收益，全国20余家媒体竞相报道；在2017年产业化开发现场推进会议上，陈双全副市长代表汨罗作高档优质稻产业开发典型发言；汨罗市在全省粮食生产先进县市考核验收中，在岳阳市排名第一，已被推荐全省粮食生产标兵县评选。

【农业产业】 一是发展特色农业。根据资源禀赋、种养习性，积极培育特色产业，目前全市有特色、有影响的基地有10余个，如汨罗粽子、大荆西瓜、长乐甜酒、火天金银花、桃林红薯、龙舟茶叶、神龙茶叶、磊石蔬菜（大白菜）、江北玉米生产基地、原种场红米生产基地、桃林药材生产基地、沙溪大荆107沿线优质稻生产基地、闵家西长新村、神鼎休闲观光基地等。二是培育新型主体。按照依法自愿有偿原则，以出租、转包、转让等主要形式，积极稳妥推进耕地流转，发展适度规模经营。截至目前，共培育种粮大户2332户、生猪养殖大户360户，发展农业专业合作社790家，其中，水稻种植专业合作社390家、农机专业合作社91家，发展种粮为主的家庭农场189家。三是壮大龙头企业。立足市情，突出特色，通过“农户+基地+龙头”等形式，发展农产品加工企业258家，培育市级以上龙头企业31家，其中省级龙头企业5家，4星级休闲农业庄园3家，5星级休闲农业庄园1家，上半年，全市规模以上的农产品加工企业产值68亿元，占农业生产总值比220%。四是实施品牌战略。大力开展“三品一标”（无公害农产品、绿色食品、有机食品、地理标志农产品）认证，目前，全市已认证无公害农产品2个、绿色食品15个，另3个农产品正在申报绿色食品标志，1个农产品申报国家地理标志，其中“饮之王”“湘康”“盈田”“湘金一”“屈原”“长乐情”“长乐街”“加华”“天子山”“喂你好”等均被评为“湖南省著名商标”，“九喜”“现代美”被评为“中国驰名商标”。五是推进融合发展。加快农业与工业、三产业融合发展，大力发展观光农业、体验农业、乡村旅游及民俗采风等休闲农业业态，神鼎山庄、孔雀山庄、西长新村、闵家新村等一批乡村旅游区（点）来势看好，带动传统种养产业转型升级。目前，全市共建立集垂钓、休闲、旅游观光为一体的农家乐135余家，安排从业人员2300余人，年经营收入在1亿元以上。六是完善服务体系。建立健全市乡两级农技推广服务中心岗位责任制度、人员聘用制度、绩效考评制度、人员培训制度和多元推广制度等五项制度，遴选市乡农业、畜牧技术指导员120人，培育农业科技示范户650户，辐射带动农户，推进农业科技进村入户。

【安全监管】 一是健全管理机制。突出乡镇在农产品质量安全监管上的重要作用，明确乡镇在农产品质量安全管理上的职责、范围，构建市、乡、村、组四级监管体系。二是健全检测监测机制。建立农产品认证检测、上市检测、例行抽检三项常规质量检测制度，对全市农产品生产基地、市场、超市进行抽检，全年共计抽检样品4000余个，其中蔬菜3800余个，水果100余个，合格率99.8%。三是健全技术标准。加快建立全市粮食、蔬菜、茶叶、水果等大宗农产品技术标准，推广标准化生产。

【争资争项】 市农业局已完成各类项目申报30余个，申请省级财政专项2066万元，申请中央财政专项4280万元。目前，2015、2016年新增粮食产能规划田间工程建设项目均已竣工验收；正在实施2016年汨罗市现代农业生产发展项目，建设面积4285亩，总投资171.78万元，计划工期90天，现已完成；积极筹建2017年田间工程项目，该项目总投资1350万元，其中中央财政资金1080万元，共建设高标准农田9000亩，目前，该项目已开始项目选址工作，将进行招标，预计2018年3月底前全部完工，4月完成上级验收。

【农村建设】 以城乡环境整治和规范村民建房为抓手，扎实推进新农村建设。一是规范村民集中建房。按照年初岳阳市委农村工作会议精神，制定《汨罗市2017年引导农村村民规范建房开展村庄整治工作方案》，各镇（除归义镇纳入城区规划）都至少规划1个30户以上的集中点。截至到10月底，全市规划建设30户以上集中建房点17个，共规划建设1049户，在建135户，竣工332户。各镇30户以下的小集中点5个，规划建设32户，集中建房点占地总面积995.68亩；各镇均成立规划委员会，由镇长任主任，明确一名副职专抓；在2017年5月1日前，由住建局设计院结合市域实际，设计30个示范图集，形成电子图库，乡镇审批窗口建好打印终端，免费向村民提供示范图集打印服务，指导选用。

二是整治农村环境。坚持“以镇为主，充分发动群众，相关部门参与，因地制宜，上下联动，综合治理，整市推进”的工作原则，结合在全市开展的各中小学认真组织开展的“小手牵大手”活动，在全市农村形成干部群众齐动员，共同治理，共同绿化，共同享有，加快建设社会主义新农村的社会氛围，使全市农村环境卫生人均参与率达90%以上。全市累计出动人员3000人次，出动机械500台次，清理陈年垃圾10万余吨。

三是有序开展新农村建设。按照“生产发展、生活宽裕、乡风文明、村容整洁、管理民主”的目标，建设好2016年已经申报的白水镇三星村、桃林寺镇江北村和三江镇双桥村3个新农村建设重点村（代表岳阳迎省检）；新打造15个代表岳阳水平的美丽乡村建设“百村示范”明星村；新建磊石鑫港安和古仑益群大型沼气工程；实施好CCER项目。

【产业扶贫】 整合农业部门可以参与扶贫的所有项目进行扶贫，主要内容有：一是农业局计划向汨罗市24个贫困村总计投入不少于30万元，扶持各贫困村的贫困户发展特色农业及特色农产品；在新型职业农民培育方面，计划投入16万元扶持100个以上贫困人口参与种养产业技术培训，培训合格后发放新型职业农民资格证书；在高标准农田建设方面，计划投入100万元以上对部分贫困村进行田间、道路、山塘、渠道等田间水利工程改造；在种植业上探索“公司/合作社/种粮大户+（基地）+贫困农户”模式，共计投入250万元以上壮大新型经营主体，发展种植产业，提高贫困农户收入，其中“龙头企业或合作社+贫困农户”帮扶模式50万元，另外结合适度规模经营项目投入不少于200万元鼓励种粮大户带动贫困户发展种植业。二是畜牧局总计投入13万元发展畜牧水产业。三是林业局总计投入66.47万元发展林业和休闲旅游产业。

（曹万齐）

移民管理

市移民管理局负责人（名单）

党组书记 局长	王 哲
党组成员 副局长	任 鹏 廖常青 卢飞跃（6月改任）
党组成员 工会主席	李孟光

党组成员	黎 勇 何 俊
党组成员 纪检书记	彭浩宇（10月改任）

【概况】 2017年，市移民管理局对全市243个移民项目工程进行验收，并对验收合格的项目，按县级报账制的要求，已将项目资金2486.68万元。各项工作逐步实施，600元内项目资金共计金额1499.52万元，其中直补到人640.68万元，扶持资金858.84万元，项目70个；600元外项目资金共计金额883元，项目82个,涉及公路、渠道、山塘等基础设施建设项目已完成85%。

【精准扶贫】 3月，组织人员对享受后扶直补人口进行年审，核减享受直补人口118人，及时更新移民基础数据；后扶直补资金严格按要求分季度实行财政统一打卡发放到位,到目前为此已发放全年4个季度的直补资金，共计521.0458万元。四是产业开发成效显著。全年计划投入产业开发资金110万元，新建油茶1650亩，改造油茶1250亩、特种水产养殖20亩等，目前完成全年任务的90%，产业开发成效明显。五是计划生育综治工作再创辉煌。在岳阳市局计划生育综合治理工作年度考核中，连续第六年获得第一名的优异成绩。

精准扶贫亮点纷呈。项目建设促发展。为切实做好整村推进工作，投入资金327万元，给予大荆镇桂花村和三江镇八景村硬化公路11千米、硬化渠道4千米、新扩建山塘6口、安装路灯60盏、新修文化广场2处，目前已完成新扩建山塘2口、硬化渠道1.8千米、安装路灯15盏，这些项目的建成大大改善贫困移民村的生产生活条件；精准投入解民难。投入资金150万元，对于有强烈脱贫愿望和具备一定劳动技能的贫困户，采取产业扶持、技能培训等形式集中力量优先扶持，让这一部分贫困户先脱贫致富。对于无劳动能力、因残疾、因疾病致贫的，纳入社会民政救济体系。计划让168人按照“五个一批”“六个精准”的要求摆脱贫困；移民培训重增收。依托市职业中专，采取理论授课和经验介绍相结合的方式将纳入贫困人口的移民家庭至少有一名劳动力接受培训，熟练掌握1门实用技术和就业技能，使他们尽快的摆脱贫困，全面提高移民创业就业能力，促进移民增收，已举办3期280人农业实用技术培训、1期64人的就业技能培训和16人的月嫂培训班，全面完成培训任务；驻村帮扶显成效。按照汨罗市扶贫工作的具体部署，根据年初工作安排，成立驻村帮扶工作组，深入基层摸实情，结合实际定措施，真情帮扶促和谐，全心全意促民生，扶贫各项工作有声有色，开创驻村扶贫工作的新局面。帮助联点的大荆镇金龙新村制订工作规划，投入资金10万元帮助该村完成1.2千米公路硬化，局班子成员和帮扶工作队采取“一对一”帮扶形式重点帮扶贺春和、左兰香等七户贫困户，通过介绍务工、产业扶持等方式让他们尽早摆脱贫困，筹措资金7000元做为脱贫致富启动资金；扶贫日结合党员活动日开展全体工作人员为贫困户募捐活动，共募捐到4200元，全部捐赠给大荆镇金龙新村贫困户。

【接访工作】 大局稳定早防范。一是认真做好信访接待工作。全年，共接待群众来访9批次82人，共收到群众来信6件（次），已全部办结，移民基本满意。二是积极落实十九大特护期工作。市里召开专题会议后，局党组高度重视，迅速召开党组会议和全体干职工会议传达学习相关文件精神，科学制定《十九大期间移民信访维稳工作方案》，成立以党组书记、局长为组长，分管信访维稳工作的党组成员为常务副组长，其他党组成员为副组长，各股室长为成员的工作领导小组。党组书记、局长王哲先后4次下到各三峡移民点进行座谈、面对面交流三峡移民生产生活问题，摸排查不稳定因素,确保移民大局稳定。三是扎实开展维稳工作。近两年来，三峡移民因房屋巷道问题、三峡移民后期扶持等多次到市局咨询政策，甚至有自筹资金赴省、进京上访的举动，市局积极应对，一方面，严格按照属地管理原则，各三峡移民乡镇选派得力的工作人员到点入户做好思想疏导工作，做到小事不出村、大事不出镇。局班子成员每人负责一个点，会同联点股室上门入户了解情况，协助各镇定期排查不稳定因素，确保移民大局稳定；另一方面，积极向岳阳市局和省局汇报情况，了解政策，争取上级移民部门的重视，想方设法解决三峡移民诉求。罗江镇红花村三峡移民点低产田问题反映近十年，从2014年起，移民局着手规划、设计、筹资等工作，该项目得到省局批准后，采取“先建后补、以补促建”村民自建的新模式实施，工程投入资金320万元，共硬化渠道12000米，架设桥梁13座，新建机耕路2500米，目前该项目基本完工，受益区几百亩水田放水顺畅，受益移民达2千人，增产增收年达10万元以上,该项目的成功实施给今后的移民项目建设起到较好的示范作用。同时为进一步助推三峡移民的长盛发展，投资480万元采取征地精准扶持的方式解决三峡移民巷道及生存发展问题，现已完成调研，进入镇村土地征收协调阶段，这项工作的落实彻底解决三峡移民人口增长带来的诸多问题。

【专项治理】 按照“早部署、早行动、早见效”的工作思路，继续开展“雁过拔毛”式腐败专项治理工作。一是牵头推动。成立由党组书记、局长任组长，班子成员及股室负责人为成员的领导小组，充分发挥牵头揽总作用，相继召开3次工作会议，专题部署专项治理工作，在去年出台下发《汨罗市整治“雁过拔毛”式腐败暨移民资金管理使用专项治理实施方案》的基础上，再次明确整治范围，突出整治重点，确定整治方式。二是防控风险。为进一步规范移民资金管理使用，进一步修改制定《汨罗市移民局移民资金风险防控体系流程图》，筑起移民资金安全“防火墙”，确保移民资金安全、高效运行。三是明责自查。在去年的工作基础上动员移民各镇、村、组根据2016年度各类项目资金表册，从资金是否入账、使用是否规范、是否专项专用、人口核减是否到位等方面全面开展自查自纠。四是专题督查。组织财务、项目、后扶、纪检等部门成立两个督查组，分别由局党组成员何俊，党组成员、原纪检组长彭浩宇（现调入市纪委驻政法委纪检组）带队，采取普查和抽查的形式，在相关镇纪委协助下，对2016年到移民镇、村的项目资金、移民扶助金管理使用及人口核减政策落实情况开展专项督查。对川山坪镇桥坪村的移民项目下发整改通知书，责令限期整改，确保移民资金使用安全，管理规范。

【作风建设】 常修为官之德，常怀律己之心，深入夯实从政之基，为官之本，着力打造一支政德境界高的干部队伍。

一年来，领导班子时刻以“君子检身，常若有过”的谦诚态度，把遵守社会公德、职业道德、个人品德、家庭美德贯穿于工作和生活始终。一是自觉加强自身道德修养。班子成员时刻坚持自重、自省、自警、自励，严守规矩，顶住诱惑，分清良莠，谨慎交友，切实管好自己的生活圈、交往圈、娱乐圈，坚持言行一致，表里如一，坚持八小时内外一个样、有人监督和无人监督一个样，绝不降低做官做人的标准。二是工作中坚持“三公”“三心”。移民工作繁而多，矛盾无处不在，领导班子牢固树立“公开、公平、公正”和“党心、民心、良心”德政意识，提高班子的公信度和执行力。

年初，经党组会议研究，对班子成员进行分工，班子成员和股室主要负责人切实履行“一岗双责”，班子成员向党组书记、股室负责人向分管领导签订《党风廉政建设和反腐败工作责任书》，党风廉政建设责任制得到落实。

建章立制，制度执行到位。一是建立一套切实可行的机关管理制度。年初，经过自上而下、自下而上几个回合，制定完善机关管理制度，用制度管人，按制度办事。为防控廉政风险，年初，在开展2016年项目验收时，明确提出禁止在验收过程中收、送礼品、礼金，规定：一经发现，赠送单位当年项目视为不合格，项目资金缓拨一年；收受的个人是该单位干部的，自查实之日起待岗一年，是外单位干部的，将相关情况向所在单位通报；同时按照市委市政府要求积极参与“刹人情歪风、治婚丧陋习、树文明新风”和国家工作人员违规参与涉矿涉砂等专项整治活动，无一起违规情况的发生。二是按流程实施项目。根据相关规定制定移民项目管理流程图，严格按流程图管理镇、村、组实施的项目，保障移民的知情权、参与权和监督权，确保项目的真实性；改变村组直接到移民局争取项目的做法，推行项目镇申报制度，促进移民项目平衡实施。三是严格规范行政经费和项目资金分配。切实落实公务消费刷卡制度，逐步提高公务消费刷卡比例，公务消费中刷卡比重达到总开支的85%以上。严格推行“一把手”“四个不直接分管”“末位表态”“重大事项集体决策”等廉政要求，确保各项经费开支和项目资金分配公平、公正、公开。各项资金使用管理走上健康有序的轨道。

公开公正，阳光管理到位。移民资金是三种列入《中华人民共和国刑法》监管的资金之一，确保资金安全是移民部门的职责，为此必须阳光管理移民事务。一是执行县级报账制。坚持资金跟着项目走，项目跟着计划走，计划跟着规划走的原则，所有资金全部实现国库集中支付，直补资金由财政捆绑打卡发放。项目资金坚持计划管理，专款专用，一个项目，一页台帐，程序拨付。年初，会同监察、审计、财政等部门对2016年243个移民项目进行验收，对验收合格的项目，按县级报账制的要求，将项目资金全额拨付给项目承包人。二是公示移民项目。除在局机关公示600元以内项目外，对省局已审批的600元以内项目、第一批年度计划资金项目、移民计生困难家庭子女考上全日制本科和高职专科的奖励政策和名单在汨罗市人民政府门户网站进行公示，并邀请财政、审计、监察等部门和移民代表全程参与项目立项、选址、验收等环节，各乡镇在项目实施地对项目计划进行公开、公示；积极对接互联网+监督平台，让移民资金使用和管理真正在阳光下运行。三是核减后扶直补人口。核减后扶直补人口118人，进行公示，及时更新移民基础数据，让后扶直补人口管理工作常态化。四是落实惠农补贴资金和专项资金向纪委、审计报告备案制度。移民后扶直补资金和项目资金都按要求及时向纠风办、减负办和审计进行报告备案，接受监督。

【党建工作】 一年来，始终把党的建设作为一把手工程，不断丰富活动载体，严格执行三级联动，形成“一把手”负总责，分管领导具体抓，党政领导齐抓共管，干部职工共同参与的党组书记、党组成员、党员三级同抓同创、以党建促发展的工作格局。

抓学习，练内功。将“两学一做”活动作为常态化工作，采取自学和集中学习相结合的方式，在党员自学的同时，每月组织一次集中学习，每季度组织一次党组集中学习，每次学习半天，每月确定一个主题，实行“一月一课”；以“红星云”平台为载体，抓党员学习，目前红星云学习平均分已达到700分以上，其中苏红雨学分已超过2000分以上，周红军、刘金奇、任晓礼、周星等8位学分已超过1000分以上；11月16日，邀请市委党校周新建副校长作题为《夺取新时代中国特色社会主义伟大胜利的政治宣言和行动纲领》的十九大报告专题辅导，通过集中学习，网络平台学习、党员干部政治素养、业务水平明显提升。

抓作风，树形象。一是强化队伍建设。年初通过全体干职工会就党风廉政建设进行专题学习宣传，使廉政意识入心入脑。年中就各股室工作进行廉政讲评。年末就廉政规定执行情况进行综合考评，实行奖优罚劣。二是大力夯实党建。召开高标准民主生活会，会前充分征求机关干部和乡镇移民专干对班子、班子成员的意见，会上党组成员对照本人生活、工作、学习情况进行批评和自我批评，对查摆的问题进行整改。严格落实一把手讲党课制度。用系列制度的落实提高党员的组织观念、纪律观念和责任感，增强党组织的战斗力，凝聚力。三是着力优化作风。实行上班打卡签到，干部每天在8：00点和2：30（夏季3：00）前分两次在指纹机上签到，同时机关组织不定期督查干部上下班出勤情况、每月对干部出勤情况进行通报，及时纠正工作中的不良习气。四是密切联系群众。建立党员帮扶移民制度，党组成员每人联系一个三峡移民乡镇，机关干部每两人联系一个三峡移民安置点，每个党员联系一户特困移民户，及时了解移民所需、所想。为解决三峡移民的突出问题，党组一班人带领机关干部先后多次全面走访三峡移民，认真倾听他们的呼声，寻求做好三峡移民工作的方法，问计于移民、问需于移民。针对移民的特殊困难，2月，拿出9.3万余元慰问特困移民。10月，又拿出3.56万元对16名考上大学的困难移民计生家庭子女进行奖励。为宣传好党的惠民政策，7月结合“七一”和“一进二访”活动对移民老党员和困难户进行走访慰问，解决移民户的具体困难。

（李孟光）

农村经营管理

市农村经营管理局负责人（名单）

党组书记 局长	黄玉琦
党组成员 副局长	王四清
党组成员 工会主席	吴送军

【概况】 2017年，市农村经营管理局贯彻落实“三农”政策，全年度重大工作任务包括推进土地确权登记颁证，加快土地流转、鼓励大户经营，发展农村新型经营主体200个，棚户区改造项目5户拆迁任

务等。

【党建工作】 加强党的建设是搞好全局工作的政治保障，抓好经管干部队伍建设全局永葆健康活力的前提。一是认真落实“三会一课”，按时召开党员大会、党小组会议、支部会议，每季度由党组书记讲党课；二是按照党要管党、从严治党新要求，扎实开展“两学一做”专题教育活动不放松；三是进一步深化党员干部作风建设，党风廉政建设等，全面提升全局党员干部思想素质、政治素质、业务素质；四是注重培养中层骨干，对表现优秀的干部，采取推出去、用上来的方式进行重点培养，向组织部门推介，在重要岗位使用。一切措施都是为建设一个凝聚力超强的党组班子，一支战斗力过硬的经管干部队伍。

【项目建设】 农村土地承包经营权确权登记颁证。全市确权工作已完成外业各项指标综合工作量97.85%，根据省确权办最新通知要求，要在近期内抓紧落实颁证到户、信息入库、档案到位。尽量做到确权不漏登一户农户，不漏签一份合同，不漏发一本证书，向上级党委、政府交好账。最终确权工作达到的目的是让人民群众满意，经得起历史检验。

发展新型农村经营主体。继续实行宣传促进、项目拉动、服务推动等措施发展新型农村经营主体。到目前为止，经工商注册的农民专业合作社已有768家，家庭农场486家，相比去年分别增加198家和178家，大大超过年初确定的年内发展200个新型农村经营主体的目标，并且已对获得补贴资金的家庭农场发放认定证书（已经发放30家）。

棚户区改造拆迁。按照汨罗江风光带沿线棚户区改造项目任务分配方案,在人员紧张的情况下，仍抽调3名得力干部专职从事拆迁工作，一把手和分管领导时刻关注、亲自参与。目前已按照指挥部要求完成宣传发动和入户调查摸底，拆迁房屋的测绘和评估，对拆迁房屋合法性、安置人口身份、正屋杂屋进行认定，对拆迁房屋套价和补偿进行测算，已基本按照补偿安置方案要求，针对房屋征收补偿协议的签订，多次上户洽谈做工作。

争项争资。局党组把争资争项工作作为一把手工程来抓，认真研究部署，任务到组到人到项目。现已申报省级示范合作社及重点培育项目4家，省级示范家庭农场1家，岳阳市示范家庭农场21家，申报集体经济发展扶持项目6个村。预计这些项目将为汨罗新型农业经营主体发展带来200万元以上的项目资金支持。牵头为三江镇申报2017年一事一议财政奖补集中连村项目1个，奖补资金300万元；3月为白水镇西长村成功申报2017年一事一议财政奖补美丽乡村建设项目1个，奖补资金200万元；11月为白塘镇马厅村申报2018年一事一议财政奖补美丽乡村建设项目一个，通过省财政厅审核后，预计可以争取财政奖补资金200万元。这些项目的实施，为推动汨罗新型农业经营主体健康发展和村级公益事业建设提供助力。

【脱贫攻坚】 扶贫攻坚工作是当前重中之重的中心工作，按“一超过、两不愁、三保障”要求，已有8户联点贫困户成功脱贫。在弼时镇大龙山村为脱贫做以下工作：一是摸清底子，理顺发展步子；二是加强基层党建，配强配优村级班子；三是加强村级基础设施和公共服务建设；四是加强汛期管理，确保联点村人民生命财产安全；五是制定帮扶措施，因户因人施策实行精准扶贫。6月2日大龙山村投资45万元的光伏发电项目正式动工，7月投入使用，并网发电。7月底组织全体干部职工为安乐片村级公路（6千米）义务植树817株，并与兄弟帮扶单位筹集资金120万元，为大龙山村村级公路立项5.7千米，已于8月份正式施工硬化，11月2日，共投入240万元的5.7千米村级公路通车。村级组织活动中心项目主体工程竣工，目前已投入130万元。10月18日，投资100多万元的大龙山村安全饮水工程正式动工。11月8日，村级组织活动中心完工，投入4万元改善村级卫生室条件。

【文明创建】 文明创建工作以提高全体干部职工个人文明素质和整体文明程度为目标，紧紧把握服务发展这个主题，以创建树形象，以创建抓服务，以创建促发展，形成良好的争创氛围。通过认真开展“学雷锋、献爱心、无偿献血”“道德讲堂”“移风易俗、树文明新风演讲比赛”等主题活动，全面提高干部职工综合素质和服务水平。同时，按照市“三城同创”有关规定教育引导干部职工在日常工作和生活中，从自己做起、从家庭做起，从不良行为习惯改起，自觉维护公共环境卫生，模范遵守城乡环境综合治理的各项要求，不乱扔垃圾、不乱停乱放车辆、不随地吐痰，努力培养文明、健康、有序的生活习惯，创优美环境、做文明干职工。本着“服务农业、方便群众、提高效能”的宗旨，大力倡导社会公德、职业道德、家庭美德、个人品德建设，使先进的道德理念入脑入心，外化于行，营造“讲道德，做好人，治陋习、树新风”的浓厚氛围。

【村级服务】 为加快建成村级服务平台，实施“互联网+监督”试点工作，正确处置并村过程中的集体“三资”清理和财务合并，进一步规范建制合并中的“三资”清理工作。市监察局、市经管局、市财政局联合下发《关于进一步加强村级集体财务管理的通知》，为进一步加强农村集体财务管理，确保村级集体资金安全，市财政局和经管局组织对2016年度全市村级财务清理情况进行一次全面回看，共计清理审计村级资金59398万元，查处违纪违规问题件数3件，处理违纪人员3人，并督促对查处的相关问题进行限期整改。

针对群众反映的大荆镇、新市镇、归义镇村级财务问题，及时组织人员进行核查处理。尤其是归义镇窑洲社区，抽调主要力量成立专门的审计小组，用近3个月时间，对社区自2014年到2017年账目进行全面清查审计。

根据市纪委安排，派专人在市政务中心负责审核“互联网+监督”信息平台数据，确保数据公开的真实性、准确性、完整性，避免因数据错误引发群众投诉举报和网络舆情等问题的发生。

【监管工作】 根据省、岳阳市有关文件的要求，继续加强惠农强农资金监管，严格审核涉农收费项目，全面落实惠农补贴备案制，加强村级财务管理，开展专项督查。

重点加强惠农强农补贴项目备案制。经管局下发《关于做好2017年惠农补贴项目备案工作的通知》，6月已有教育、卫计、交通、移民等多家单位备案。9月之前已经完成40多项惠农补贴资金的备案工作。

进一步抓好公示工作。为提高公开的透明度，确保公开的效果，让政策不走样，切实维护农民知情权，努力提高工作透明度。公开政策主要是将《农民负担与补贴监督卡》发放到每家每户，全年已经发放16万份，确保惠农资金发放和项目建设情况透明、公开、公正。

进一步提高惠农补贴项目“一卡通”范围。全市已经有49项惠农补贴纳入“一卡通”发放，准备纳入“一卡通”发放的有5项，明年将有16项补贴将纳入进来。

继续深入开展“雁过拔毛”式腐败问题专项整治工作的督查力度。5月18—22日，由市减负办牵头会同市直相关单位，抽调减负办6人、市直相关单位2人共8人，分成2个检查小组，对各乡镇开展重点督查。结合“雁过拔毛”式腐败专项整治工作对全市2017年来的的惠农补贴发放、涉农收费、“一事一议”财政奖补等重点项目抽查和核查，发现目前落实惠农减负政策中仍存在惠农补贴资金发放不及时、不规范、惠农补贴资金管理程序监管不到位、涉农乱收费行为有反弹等方面的问题。督查组对发现的问题当场通报给所在乡镇，要求各乡镇举一反三深入开展自查自纠和问题整改，对本级不能整改到位的问题，上交至市减负办进行处理。

认真做好2017年涉农乱收费乱摊派专项治理工作。根据省、岳阳市农民维权监管办通知要求，深入开展2017年涉农乱收费乱摊派专项治理工作。经管高度重视、仔细研究，结合实际制定《汨罗市深入开展涉农乱收费乱摊派专项治理工作实施方案》文件，下发到各责任单位。从8月21—31日，成立2个专项工作督查组对15个乡镇和有关部门专项治理工作进行重点检查。督查发现全市村级报刊订阅费超标村124个，总金额12.84万；新型农业经营主体乱收费14起，总金额0.86万元；其他乱收费乱摊派34.36万。对查出的问题分别对各相关单位下达《整改通知书》，限期整改到位。

【廉政建设】 认真落实党风廉政建设责任制党组主体责任、支持配合派驻纪检组履行监督责任，按照上级的要求和市纪委的部署，坚持党要管党，从严治党，严明党的纪律，狠抓市委“九个不准”的落实，狠刹“四风”，切实改进作风，扎实推进惩治和预防腐败体系建设，着力解决群众反映强烈的突出问题。

建立责任体系。局党组多次召开党组会，开展中心组理论学习，结合单位实际制定《市经管局领导班子成员党风廉政建设责任分解》，局党组书记代表党组与党组成员、股室负责人签订《党风廉政建设责任书》，对重点任务和工作责任分解细化、责任到人，形成横向到边、纵向到底、覆盖完整、责任落实的责任体系。

强化作风建设。一是完善制度，着力健全长效机制。在作风建设工作中，先后修订完善机关廉政、考勤、理论学习一整套综合性的《工作制度》，努力达到“治庸提能、治懒提效、治散提神、治软提劲”的目标。二是狠刹大操大办借机剑财之风。领导班子成员对照“九个不准”签订承诺书，到目前为止，没有发现违规违纪现象。三是加强督办，始终保持高压态势。大力支持纪检监察工作，定期开展检查督办，狠抓工作纪律，重点对迟到、早退、旷工，上网聊天、炒股、网上购物、玩游戏等问题进行查处。

重点环节重点监管。针对重点的一事一议财政奖补项目，无论事前、事中、事后，制定一整套规章制度，用制度管事，避免出事。开展农村土地承包经营权确权登记颁证工作，对于技术公司招投标，均拟定方案，严格按方案办事，确保不出现违规违纪问题。加强局财政资金管理，进一步完善和规范单位财务内部控制制度。

（吴送军）

畜牧水产

市畜牧水产局负责人（名单）

局长	周沫
副局长	邓红伏　邹雄鹰 黄福祥　何　亚 许振军
党组成员	王立彬
党组成员 纪检组长	刘国良
办公室主任	吴竹林

【概况】 市畜牧水产局努力践行“创新、协调、绿色、开放、共享”发展理念，局党组一班人团结带领全局干部职工，深入贯彻落实中央、省、市农村工作会议精神，以大力推进养殖业供给侧结构性改革为主线，以绿色发展为导向，以结构调整为重点，以“减量提质生猪产业，壮大家禽产业，大力发展牛羊产业和名特优水产业”为方向，培育发展新动能，协调推进保供给、保安全、保生态各项工作，推动养殖业转型升级，加快建设现代养殖业。同时把加强党的建设和干部队伍建设贯穿全年工作始终，持续推进作风建设和反腐倡廉建设，切实履行党风廉政建设主体责任和监督责任，全面贯彻落实市委常委会议以及政府常务会议有关决定事项，圆满完成全年目标任务，取得显著成效。

【结构调整】 减少生猪养殖总量，严禁新建规模养殖场，推进生猪适度标准化规模养殖，开展畜禽规模场标准化示范创建，引导建设一批农牧结合、种养平衡、环保达标的适度规模标准化示范场（至目前，全市共创建国家级畜禽养殖标准化示范场5家，省级畜禽养殖标准化示范场4家，国家级水产健康养殖示范场4家）；围绕提质增效、减量增收的目标，促进渔业发展由数量型向质量型转变，严控水库、湖泊投饵施肥养鱼，划定水产养殖禁（限）养区，发展名特优水产养殖；宣传引导推进养殖业投保工作，降低养殖户风险，已参保能繁母猪6.5万头，育肥猪41.3229万头。预计2017年存栏生猪88.1万头，出栏生猪190万头、牛4.96万头、羊2.21万只、禽类541万羽，水产品3.3万吨。

【治理工作】 一是提前完成省政府下达的洞庭湖水环境治理“五大行动”之畜禽养殖污染整治和矮围网围整治工作任务。共关停退养3户规模养殖户、栏舍3763平方米、筹集到位补偿资金150万元；二是全面完成向兰水库水源保护区的畜禽养殖场拆迁关停任务，同时对兰家洞周边及其他乡镇饮用水周边退养近30户；三是提请市人民政府出台《汨罗市畜禽养殖禁（限）养区划定实施方案》，督促指导各镇全部完成“三区”科学划定和“三区”具体勘界工作；四是严格按照《汨罗市畜禽养殖行业环境污染综合整治工作方案》的要求，切实履行牵头部门责任，加强对乡镇的督查指导，全面推进禁养区养殖场、群众反映强烈养殖场的关停退养以及限养区、适养区养殖场粪污设施的升级改造工作。至目前已依法拆除禁养区和群众反映强烈规模养殖户185户，拆除面积71000平方米；五是举全局之力有效迎接应对中央环保督察工作，案件问责率、办结率、约谈率达100%。

【病死畜禽无害化】 病死畜禽无害化处理中心建设工作是省政府绩效考核的指标之一，是推进畜禽养殖污染整治、实现资源化利用的重要举措。经多次主动与市政府汇报、相关部门对接，第6次市政府常务会议研究同意在罗江镇罗江村东冲片区16组建设1个病死畜禽无害化处理厂，在长乐、桃林、新市、神鼎山、白水及佳和公司建设6个病死畜禽收集暂存点，初步规划需用地9737平方米（处理厂7337平方米，六个收集暂存点共2400平方米）。已与罗江镇政府、罗江村村支两委及东冲片区的农户签订建设意向书和征地意向书，完成处理厂的土地测绘和项目可研报告撰写、项目环评咨询、项目财评及招投标工作，正在进行土地平整、围墙修建及道路开辟等建设，达到省绩效考核要求启动建设的要求。

【码头建设】 严格落实长江流域为期4个月的禁渔期制度，积极配合开展“洞庭风雷行动”，加大力度打击所辖洞庭湖水域以及汨罗江“矮围网围”“绝户网”“迷魂阵”、电毒炸鱼等非法捕捞行为，加强汨罗江的非法捕捞打击力度，年初挤出资金购置便携式冲锋舟等执法设备，采取24小时巡逻执法，没收、处罚非法捕捞行为50余起，及时关注、回应网络舆情。启动建设渔政码头项目，争取省局投资400万元，目前已完成项目选址，完成规划、国土、水务、环保等部门初审，完成项目专家评审，待《实施方案》省级批复后建设。继续科学开展江豚保护行动，积极开展鱼类人工增殖放流活动，共投放水域各类鱼苗300万尾，切实保护汨罗渔业资源。

【疫病防控】 切实推行重大动物疫病防控工作属地政府负责制，严格落实养殖场主体责任和“政府保密度、部门保质量”的防疫责任机制，对全市乡村防疫人员进行动物防疫、检疫知识培训，开展春、秋两季重大动物集中防疫行动，打好H7N9流感狙击战，及时有效处置白塘镇发生的羊布病疫情。加强督促和检查，全面落实以强制免疫为主的综合防控措施，应免畜禽免疫率、标识率分别达到100%；畜禽产地检疫率达到80%以上；畜禽、水产品抽样监测合格率达到95%、97%以上，养殖环节“瘦肉精”抽样监测合格率达99%以上，努力确保没有发生区域性重大动物疫情。

【安全监管】 认真贯彻食品安全“最严谨的标准、最严格的监管、最严厉的处罚、最严肃的问责”的要求，紧紧围绕“确保不发生重大畜禽水产品质量安全事件”的目标，多措并举，强化监管，取得明显成效。一是督导养殖场（户）、饲料兽药生产经营企业和屠宰场建立养殖、销售和投入品使用等档案，签订责任状或承诺书200余份，规范生产、经营行为；二是加强日常监测和专项监测，组织实施“瘦肉精”、兽用抗菌药、水产品禁用药物和有毒有害物质、生猪屠宰“扫雷”和养殖业农资打假等专项整治行动，共开展执法行动40次，立案查处违法案件5起，责令整改16起；三是严格实行生猪检疫与“瘦肉精”等违禁物检测同步进行，域内均没有检测到“瘦肉精”阳性样品；四是加强畜禽屠宰全方位全天候巡查监管，联合检察、公安、食药监等部门开展专项行动8次，共出动执法人员150人次，严厉打击私屠滥宰、注水或注入其他物质、违法销售和屠宰病死猪的行为，实现不发生重大畜禽水产品事件、不发生重大舆情热点问题的目标。

【脱贫攻坚】 根据市委市政府2017年度精准扶贫工作安排，联点扶贫弼时镇白鹤洞村合泉片区。由局长带队，所有党组成员、局机关股室长共24人对白鹤洞村合泉片68户贫困户开展结对帮扶工作，全面落实结对帮扶及“三走访、三签字”工作。实现扶贫对象帮扶全覆盖。同时争取部门支持，从基础设施、产业发展上给予相应扶持。至目前已落实帮扶资金16万元，用于植树、产业帮扶、村级基础设施建设及环境卫生整治。另外，党员在“10·17”扶贫日期间共捐献爱心款9000元送达村部。

【争项争资】 2017年，市人民政府分配争项争资目标任务1744万元。局积极主动对接，先后10多次赴省、市畜牧水产局专门请示汇报，多次邀请省局、市局主要领导以及分管领导来汨现场调研指导项目建设项目，得到上级的极大关怀与支持，争资争项工作成效明显。截至目前，到位资金1942.48万元，超额完成目标任务。项目资金有效促推养殖业持续健康发展。

【征迁工作】 围绕市委、政府中心工作，认真履职，配强班子支持参与棚户区改造征拆工作，任务逐步落实。抽调精干力量扎根新市、“飞地”工业园，倾力服务园区建设。举全局之力积极开展防汛救灾，及时上报灾情，指导灾后自救，确保养殖业大灾之年无大疫。积极响应市委号召，高度重视，加大投入全力以赴创建省级文明卫生单位，为“三城同创”工作添砖加瓦。积极开展平安创建工作，综治民调水平上台阶，民调成绩进位明显。

【党建工作】 深入学习宣传贯彻党的十九大会议精神。通过组织全体干职工收看习主席报告，召开党组会、干职工会、讨论会专题学习，开辟宣传栏，撰写心得体会等方式，使党的十九大提出的“新时代，新思想，新目标，新征程”新概念入心入脑。通过学习，全体同志为祖国取得的历史性辉煌成就深感自豪，为新时代中国的发展愿景欢欣鼓舞，充满信心和期待。作为基层党员干部，要以实际行动、结合本职工作，满腔热情做好自己、做好工作、带好班子。为实现报告中提出的目标贡献自己应有的力量。常态化开展“两学一做”学习教育和微信“红星云”等平台学习活动。加强领导，抓好责任落实。局党组高度重视，把“两学一做”常态化学习教育和“红星云”平台学习，作为全年党建工作的主要任务，成立领导班子，结合实际，下发实施方案和学习计划，制定奖励措施，层层落实责任，传导压力。各班子成员主动担负从严教育管理党员责任，带头参加学习讨论，讲党课，谈体会，立足岗位作贡献，确保组织到位、措施到位、效果到位。注重实效，抓好培训全覆盖。坚持集中学习和个人自学相结合，确保局党组、机关党委、各党支部和全体党员都能参与学习。开展集中学习，局党组把每月第二个星期五定为党员学习活动日，定期组织党员开展学党章党规、学系列讲话及四个专题教育。同时引导党员通过网站、手机报、电视、微信等开展自学。做到学习人人有机会，水平个个有提高。结合实际，争做合格党员。开展好党建“巴陵先锋先行”工程，引导党员在“红星云”学习、信息宣传、项目建设、抗洪抢险、“三城同创”、综治维稳、机关作风建设等工作中争当先锋模范，以实际行动诠释“奉献”与“责任”，争当合格党员，从而进一步增强党员在群众中的认可度和认同感，切实提升凝聚力。加强领导班子和党员干部队伍建设。坚持党组中心学习制度。经常学习党的路线方针政策和畜牧水产业务知识水平，不断提高班子成员的政治理论水平和业务知识素养。落实好民主集中制度。坚持集体领导和分工协作相结合。班子成员之间形成合作愉快、团结共事、生动有趣的局面。加强干部队伍建设。着力加强干职工的业务学习和能力提升。利用各种机会和平台把业务骨干送农业部、省、市培训学习，不断汲取营养，更新观念和知识。在中层干部建设上，调整股室人员使其知识结构、专业结构得到最大的优化，大大提高中层干部的整体水平和素质。在一般干部调整上，做到促进人员合理流动，实现人力资源的优化配置。不断提升行政能力和服务水平。加强党员队伍建设。2017年，发展正式党员2名、发展预备党员2名，为党的肌体增加新鲜血液。召开组织生活会、民主生活会，开展批评和自我批评，以问题为导向实施整改，促进工作的开展。通过开展建党96周年系列庆祝活动，在局系统评选优秀共产党员，组织党员赴临湘6501工程爱国主义基地宣誓、参观学习，到鸦时白鹤洞走访慰问，组织党员扶贫日献爱心·助扶贫活动，使党员受到教育，素质得到提高。

注重责任落实抓党风廉政建设，纪律和规矩更加严明。局党组班子团结，切实履行党风廉政建设责任，切实把党风廉政建设融入领导班子建设、干部队伍建设之中，不断加大反腐倡廉力度，全面推进惩防体系建设，为推动畜牧水产事业健康发展提供坚实保障。强化组织领导，严格落实廉政建设主体责任，支持纪检监察履行监督责任。成立党风廉政建设和反腐败工作领导小组，健全党组统一领导、各科室齐抓共管、全体干部积极参与的党风廉政建设领导体制和工作机制，党组承诺做坚强后盾，始终支持纪检监察部门开展日常督查和执纪问责。严格履行“一岗双责”要求，制定《纪检监察工作计划》、《党风廉政建设工作任务及责任目标分解》，按照“一把手负总责，谁主管谁负责”的原则，层层签订廉洁自律承诺书和党风廉政建设责任书，将任务细化量化，落实到岗到人，保证廉政建设责任制落到实处。将党风廉政建设纳入干部年度绩效考核，做到与重点业务工作同部署、同落实、同考核。强化宣传教育，筑牢拒腐防变的思想根基。建立党组中心组学习制度、党风廉政教育制度，坚持机关全体人员集体学习制度，安排专门经费重点加强党纪、政纪、法纪学习，年均开展自主培训10余场次。分别赴岳阳监狱、汨罗廉政教育中心、烈士陵园、爱国主义基地接受廉政警示教育，集中观看《作风建设永远在路上》等教育警示片，开展正反面教育20场次，并组织干部认真讨论，剖析案件，总结教训，排除侥幸心理，构建反腐倡廉的思想防线。强化权力监督，加大源头预防的力度。自始至终扎实开展“刹人情歪风、治婚丧陋习、树文明新风”专项行动，把该项工作纳入干职工年度绩效考核范围。这项工作中得到干职工的广泛支持与参与，营造“移风易俗、勤俭节约树新风”的浓厚氛围。按照“申报、备案、核查、公示”四制程序实施项目，确保立项规范化、程序化、科学化，杜绝“人情项目”“关系项目”，加强项目资金使用监管，做到专款专用，会同财政、审计部门定期深入企业、养殖户检查资金使用情况，及时发现整改问题，建立项目绩效评价制度。加强执法队伍建设，规范执法行为，杜绝吃、拿、卡、要等不良行为。强化制度建设，构建拒腐防变的长效机制。在干部任免、项目安排、大额资金使用等重大决策问题上，始终坚持民主集中制原则，严格按决策程序和议事规则进行集体决议。党组一班人认真落实领导干部廉洁自律的各项规定，及时认真报告个人重大事项。严格贯彻执行中央“八项规定”、省委“九项规定”、岳阳市委“九条规定”，把纪律和规矩挺在前面，加强日常督查，严格执纪，让党员干部守住底线，不触红线，促进机关作风建设的根本好转，做到内强素质，外树形象。重点完善作风建设、公务接待、公务用车、“三公”经费管理、出差下乡等相关规定，通过落实各项管理制度，对局班子成员的思想、作风、纪律进行全方位约束，进一步增强班子的凝聚力和战斗力。

（吴竹林）

农机管理

市农机局负责人（名单）

党组书记 局长	吴静波
党组成员 副局长	黄盛名
党组成员 纪检组长	彭　宇（6月改任）
党组成员 工会主席	欧阳新春
党组成员	廖辉祥
办公室主任	马新化

【概况】 2017年度，市农机局全新履职，积极作为，被评为“全省现代农机合作社建设先进单位”“全省农机安全生产目标管理先进单位”“全省农机科教质量工作先进单位”“全省农机‘三减量行动’先进单位，“岳阳市农机安全生产工作先进单位”“汨罗市综治工作先进单位”“汨罗市人口计生工作优秀单位”“汨罗市驻村帮扶工作先进单位”。

【农机补贴】 2017年，农机局进一步压实责任，认真实施新进补贴机具现场演示制度，完善农机报废更新补贴机制，推进补贴信息全面及时公开。共完成农机购置补贴资金1359万元，补贴各类农机具531台（套）。

【安全生产】 联合安监、交警部门开展农机打非治违集中行动和专项整治活动，深入排查、治理农机安全生产隐患，查处拖拉机违章157台次，行政拘留2人。归义镇成功创建省级“平安农机”示范乡镇。举办培训班5期，培训学员400人。报废更新机具248台。启动拖拉机报废及灭失工作。免费农机监理纳入财政预算，正式启动免费农机监理工作。

【合作社建设】 认真组织实施洞庭湖区农机化提升工程，2017年全市共建设现代农机合作社21家、农机合作社示范社4家，全市注册的农机合作社达到97家。农机合作社已成为推动水稻生产全程机械化的领头羊，发挥很好的示范推广作用，2017年3月，承办岳阳市农机合作社理事长暨水稻生产全程机械化技术推广培训班，岳阳地区110名农机合作社理事长参加培训。

【产业发展】 2017年，湖南龙舟农机股份有限公司生产旋耕机4580台、收割机2000台，产品销量达到4700台，销售额2.36亿元。公司成功研制的2FH-8型水稻插秧同步精量施肥机成功投入市场，获省先进适用型机具补贴，汨罗市财政对农户累加补贴50万元（单机10000元/台）。

【扶贫、拆迁】 集聚一切人力、精力、财力，全身心投入精准扶贫和棚户区拆迁工作。安排专人驻扎帮扶村专职扶贫，党组班子成员实行“一对一”结对帮扶，扶贫村三江镇洪源洞村已于去年底通过省级验收退出贫困村序列。历时5个月，全部完成龙舟社区7栋13户拆迁任务。

（马新化）

林 业

市林业局负责人（名单）

党委书记 局长	黄永红
党委副书记 副局长	向桂福
党委委员副局长	郑立泉
党委委员，副局长 兼森林公安局局长	刘咏义
党委委员 纪委书记	胡 晔
党委委员	陈文艺 黄树雄 欧进平
党委委员 工会主席	肖祥文

【概况】 市林业局严格按照“湘林杯”林业建设工作内容和市委市政府工作部署，紧紧围绕坚守“一条红线”、确保“两个提高”、夯实“三项基础”、树立“四大品牌”、发展“五种产业”和“全面工作夺红旗”“单项工作争先进”“项项工作上台阶”的目标任务，上下一心、群策群力、求真务实、开拓创新，取得较好成绩。

【党建工作】 按照市委组织部门的文件要求，该局成立党建工作领导小组，明确党委书记为党建工作第一责任人。建立健全党建工作要点、规章制度、工作职责，党员承诺上墙公开公示。党委书记和分管党委把思想政治工作作为治局立本的头等大事来抓，认真执行“一岗双责”，为创造性地开展党建工作搭建舞台。局党委班子坚持党委中心组学习制度,通过集中学习和自学，提高集体的政治素养和执政能力；坚持民主集中制度,遇到事关全局的重大问题，坚持集体研究，集体决策；坚持党风廉政建设制度，在公务招待、用车，项目建设等方面制订规章制度，严格规范财务审批。在人事任免上，任人唯贤，实行中层干部竞争上岗，双向选择。通过制度的贯彻落实，增强班子成员遵章守纪、清正廉洁和爱岗敬业的自觉性。坚持每周五下午集中学习，深入推进“两学一做”学习教育常态化制度化。局党委成员上党课,业务骨干上业务课。在“两学一做”学习教育中，始终坚持入心入脑、真学真做的宗旨，取得明显的效果，机关作风井然有序、面貌一新。认真开展“周末课堂”“党员活动日”“支部建设年”等党建活动；高标准召开班子民主生活会和支部组织生活会；创造性开展“林业新发展、党员新作为”系列活动。通过活动的开展，干部职工工作积极性不断加强，林业系统各项工作有序推进。在近期“红星云”的学习活动中，局领导带头学，其他党员认真学，形成一股“比、学、赶、超”的良好势头，省、岳阳市、汨罗市委组织部领导均对该局党建工作均给予高度评价。十九大胜利召开后，邀请岳阳市委党校原副校长刘建新教授给全体党员干部认真解读十九大报告，深刻领会其精神实质。

【植树造林】 全年全市共完成大面造林22000亩，造林任务完成率和质量合格率均为100%。从5月、8月组织的造林验收情况看，造林动作快、标准高、组织得力、任务完成好，而且造林呈现三大转变：一是造林主体由过去的散户为主转变为公司加农户、合作社加农户、大户、家庭林场为主，造林主体更加丰富；二是造林树种由过去的松、杉为主转变为松、杉、油茶、珍贵树种、绿化苗木和其他经济类果木并存，造林树种更加丰富；三是清山、整地、挖穴由过去的人工施工转变机械化施工，有效的减少森林火灾的发生，大大提高工作效率。

3月9日，市委书记喻文，市委副书记、市长朱平波率领市级领导和相关部门在林业科技示范园开展义务植树活动，当天栽植优质观光木400多株，拉开全民义务植树活动序幕。全市83个市直部门在全市15个镇49个联点贫困村相继开展义务植树、联村建绿活动，共投入资金350余万元，栽植优质苗木2.65万株。据统计，全市新建义务植树基地49处，完成义务植树120余万株，义务植树尽责率达到100%。

为高标准完成国道240的造林绿化，打造汨罗境内第一条生态景观大道，从现场勘察、苗木甄选、方案设计、栽植管理等工作上积极组织技术人员加班加点，目前绿化方案已经完善，得到上级领导的充分肯定，正在组织实施。

【城乡绿化】 市委市政府领导高度重视城乡绿化工作，成立以市委副书记、市长任组长、市人大主任任政委的城乡绿化三年行动领导小组，市财政每年拿出1000万元，每年在全市范围内评选5个森林小镇、每个补助30万元；评选5个绿色村庄、每个补助10万元；年度验收合格后，大面造林每亩补助200元，绿色通道建设每千米补助5000元。林业、交通、住建等部门各司其职、各负其责，短短3个多月时间就取得很好的成绩，在上半年的岳阳市城乡绿化检查中，获得全市第二名（第一名华容县从2012年开始）。一是完成大众北路、山水路、香粽路、沿江大道南边友谊河至滨江一号、山塘路提质改造，共栽植优质绿化苗木3万多株，新建人民路、大众南路等小型城市游园。二是圆满完成国道107、十古公路、红屈公路的绿化任务,共栽植优良乡土树种3.2万株，共计投入资金410余万元。其他县乡村道绿化达300多千米。三是向岳阳申报长乐、新市、弼时、白水等4个森林小镇，申报汨罗镇武夷山村、瞭家山村，古培镇汨水村、南环村，新市镇福元村，屈子祠镇伏林村等6个近郊绿色村庄建设计划，南托新村已向上申报全国生态文明村。

由城建投出资1500万元，林业局组织施工的汨罗江北岸骑行公园3月开工建设，5月28日，屈子文化园开园前完成初步绿化，8月底一期工程已全面完工，二期工程正在规划建设当中。公园绿化赏心悦目，环境优美，近120盏独具特色的龙舟造型路灯和景观灯，给新建的汨罗江北岸骑行公园增添新的“亮”点。龙舟造型路灯充分结合汨罗的历史文化、城市特色，体现湖湘文化、龙舟文化、端午文化和拼搏向上、奋发进取的时代精神，不但是路人过客的照明工具，更成为城市的一道风景线，体现城市的文化底蕴和内涵。公园建设对落实“生态强省”和“岳阳市城乡三年绿化行动”，建设更高品质“生态文化活力汨罗”带来积极而深远的影响，得到上级领导和社会各界的一致好评。

【森林防火】 切实抓好森林防火工作，在春节、清明节和7、8月持续高温期间，多次组织巡回宣传，积极倡导文明祭祖、严管野外火源。新增森林防火宣传标语876条，防火宣传牌2000个，发放宣传资料2000余份，建立汨罗市森林防火QQ群、微信群并积极做好宣传推广，全市关注“中国森林防火”微信公众号人数达3352人。安排护林员318人，各镇各村组都安排专人巡山护林，及时排查火源隐患；明确由党政一把手负总责的防火责任制，层层落实签订《森林防火责任状》，将森林防火责任落实到村、组、户；强化森林防火能力建设，已投资130余万元，高标准建好汨罗市森林防火专业扑救队营房和森林防火物资储备库，新购一批风力灭火机、油锯、森林消防水泵等防火器材。10月建立岳阳市首个县级森林防火专业指挥中心。新造生物防火林带32千米，补植和抚育48.5千米。9月底，组织开展森林防火知识培训，对应急扑救队员进行森林防火知识培训和扑火机具培训班。防火期内，三江镇、川山坪镇等重点林区在主要路口设立森林防火检查站，杜绝一切火种进入林区。清明节期间，三江镇一大姓400余人祭祖，未燃放一挂烟花鞭炮，得到社会各界的一致好评。依法对违规野外用火和涉嫌失火人员加大打击查处力度，已刑拘失火犯罪嫌疑人2名。通过以上措施的落实，消除各种火灾隐患，从源头上控制野外火源，最大限度地减少森林火灾的发生。

【湿地保护】 5月24—25日，全市集中开展汨罗江河道整治综合执法行动，由林业局牵头，水务、砂石、规划、住建、公安、国土、卫计等职能部门和属地乡镇密切配合、协同作战，经过两天的集中整治，共拆除违章建筑89处，共计7245平米。通过两天的集中整治行动，汨罗江河道及湿地范围面貌焕然一新，有效的解决河道行洪、污染源排放、湿地保护等问题。在整治行动中，相关职能部门和屈子祠、归义、罗江等乡镇领导积极配合、敢于担当，市委通报给予表彰。

按照属地管理原则，将湿地公园环境卫生划块纳入沿线各镇城乡环境卫生综合整治考核范畴，各镇按区域内面积大小配备湿地保洁员共17名，将保洁员薪酬全部纳入财政预算，建立健全稳定长效的卫生管理机制，全面推行动态保洁，彻底整治“脏、杂、乱”的卫生状况，保持汨罗江环境秀美。4月，会同住建局和白塘镇政府成功处理湿地范围内陈年垃圾堆放问题，得到上级领导的充分肯定。通过与市砂石局协商，共享汨罗江沿线现有的视频监控系统，目前共有18个高清视屏探头对湿地保护区进行24小时全面监控，改变以往湿地保护工作“人防为主”为“技防为主”的管理模式，将湿地真正纳入科学化、正规化管理轨道，湿地保护管理效能得到进一步提升。

【资源管理】 根据岳阳市林业局《关于印发岳阳市林业系统法制宣传教育第七个五年规划（2016—2020年）的通知》要求，结合实际制订规划。组织林业行政执法学习培训，对全市106家经营、加工（户）进行检查，对全市20家重点经营、加工（户）木材经营加工场所进行清理整顿，关停兰家洞水库饮用水源地周边无证经营木材场所11家，清理有证木材原木268立方米、半成品286立方米，无证木材原木73立方米、半成品40立方米，对收购无证木材经营、加工（户）依法进行处理。

坚守生态保护红线，继续落实《汨罗市森林禁伐减伐三年行动实施方案》，认真执行森林采伐限额，严格依法审批，严格控制林木的采伐范围及采伐量，尽量减少森林资源消耗。对公益林护林员选聘工作进行整改及规范化管理，并将护林员的选聘与扶贫工作有效的结合在一起。对公益林的采伐严格审查，全面落实禁伐、限伐，不准进行商业性采伐。森林蓄积量比上年增长4.3%，达到296.4万立方米；森林覆盖率比上年增长0.01%，达到47.00%；林业投入和产业总产值分别增长10%和15%。认真贯彻《建设项目使用林地审核审批管理办法》，切实加强林地评估和定额管理，搞好国家征占用林地管理系统网上申报工作。上报省林业厅、岳阳市林业局审核审批各项工程建设项目征占用林地7宗，面积17.2275公顷，缴纳森林植被恢复费271.7万元；临时占用林地3宗，面积8.9890公顷，缴纳森林植被恢复费93.9万元。

【精准扶贫】 认真务实开展好驻村帮扶及行业扶贫工作。局党委班子多次下到联点贫困对象家中，宣传扶贫政策、走访慰问贫困对象、帮助贫困对象制定切实可行的脱贫措施。扶贫工作队员坚持每月住村20个晚上，与贫困户增进感情进一步落实扶贫政策和措施。协助贫困村搞好村支两委换届选举、基础设施建设、扶贫对象精准识别等。在村内重要地段完成植树造林400亩，发展特色林产业1200亩，切实保护好贫困村10万亩省级以上生态公益林。按照“县管、乡建、站聘、村用”原则，把28名生态护林员名额优先聘用建档立卡的贫困人口，使有相应劳动能力且有意愿的部分贫困人口转为护林员、森林防火专业队员等生态保护人员。发展林下经济增效扶贫，林业专业合作组织迅猛发展，各类专业合作社和公司已经达到60多家，从事林下经济的有20多家，发展林下经济5000亩，其中湖南玉桂农业综合开发公司、湖南中联天地科技有限公司、汨罗市阳华油茶种植专业合作社、湘旺油茶种植专业合作社、罗江杨梅园等林业企业中的佼佼者。对贫困村（户）创新创业林业项目，在项目申报、资金安排上给予重点支持。

【基础建设】 年初林业局对各个岗位实行双向选择、竞聘上岗，行政股室分小方便管理，业务股室合大优化服务。局机关制定详细的机关管理制度、绩效考核办法等，实行工作人员去向登记，全方位的对干部职工进行监管督促。有效改善办公条件，共添置电脑设备11台、改造办公场地820多平米，为干职工提供一个舒适的工作环境。受理信访案件和市长热线问题共9起，处理9起，按时办复率达到100%。局属各机构和15个乡镇林业站均开通林业政务网，网络连通率达到100%。

成立纪律监督领导小组，对局属各机构实行不定期督查，在工作纪律、人事管理、财务开支、党建开展等各方面加强监督，进一步落实“刹人情歪风、治婚丧陋习、树文明新风”有关规定；在争资争项上，全年完成争资争项2400多万元，超额完成年度任务，为各项林业工作的开展提供有效保障；林业产业上，林木种苗、家具行业、林下经济、林业碳汇、森林康养及旅游等发展势头良好；棚户区改造工作紧张有序推进，已经成功拆除住房2栋；环境问题整改效果明显，桃林林场生活垃圾已得到全面彻底清理，并建立长效管护机制。

（甘 术）

玉池国有林场

玉池国有林场党政负责干部（名单）

书记、场长	许德琼
副场长	霍 坤 陈智慧 黄自良 杨忠良 赵新建 曾祥胜

【从严治党】 加强班子建设和干部队伍建设。将总支领导班子建设和干部队伍建设摆上更加重要的位置，志在打造一个讲党性、重品行、作表率的坚强班子，充分发挥党的领导核心作用。在局党委的正确领导和指导下，场总支部成立玉池国有林场“两学一做”学习教育领导小组，坚持每月一次的理论学习制度，开展集中学习10次，每次围绕突出一个专题开展学习讨论。每次学习都要做好学习笔记和会议记录，每次讨论都要撰写讨论发言提纲和做好讨论记录。以强化党员队伍管理为重点，夯实党建工作基础。加强党员队伍建设是实施“两学一做”学习教育的重点。为此，不断拓展党建工作的覆盖面，除坚持正常的党课教育、党员大会、党小组活动制度外，结合本单位实际先后细化“两学一做”学习教育实施方案，拓宽载体，丰富活动内容；结合党建日常工作抓好基础建设，健全完善党建工作各项规章制度和岗位责任制，统一规范各种簿、表、卡、册，做到各种记录及时、准确、详实；坚持党内生活经常化、制度化、保证“三会一课”、民主评议党员工作的质量，提高党建工作的水平，按时按比例收缴党费。自去年“两学一做”学习教育活动开展以来，场总支部以“凝心聚力、真抓实干”为引领，发动党员干部深入基层，担当模范带头先锋，团结和带领广大职工苦干实干，抗灾救灾促进工作成效大提升。

【营林生产】 紧紧围绕构建“绿色林业、生态林业、和谐林业、富强林业”这一中心，进一步强化服务意识；紧紧围绕“科技兴场，生态建场”的新思路，狠抓项目建设促发展、产业升级促发展的新理念，突出抓好营林生产工作不放松。真正做到青山常绿，后继有林。全年共完成新造珍稀阔叶林400余亩，成活率90%以上，且生长良好，完成中幼林抚育2000余亩，新修、开辟林道防火线5千米，维修林道25千米。全面完成国家木材战略储备生产基地项目建设。培育珍稀苗木红稠20万株，进一步巩固已建“赤皮青冈”“钩栗”种源繁育基地建设及推广等工作。

【基础建设】 受6月30日凌晨4点至7月1日下午4点特大暴雨影响，场区域内普降大暴雨，降雨集中降雨量大，导致境内山体滑坡，塌方十分严重，是继去年7月4日水灾后的再一次较为严重的自然灾难。灾情发生后，场总支部一班人不等不靠组织，100多名干群不分昼夜积极开展灾后生产自救工作，保证灾害带来的损失降到最低限度。截至目前，已累计投入灾后重建资金200多万元，其中，修复毁坏房屋8间，恢复林区公路30多千米，避洪渠3000余米，恢复居民用电、用水15千米。新砌石坑1400多立方，恢复公路塌方20多处。新挖通和安装涵洞10多处，铺设涵管400多米，恢复农田30余亩。清理林地30余亩，苗木1万多株。协调处理好同周边村组的水冲沙压纠纷问题。确保没有因次灾害出现的人员伤亡事故，确保职工群众灾后正常生产、生活秩序，确保辖区社会大局稳定。

【森林防灾】 健全组织制度，强化护林防火工作的管理领导。抓好护林防火队伍的组织建设是做好林场护林防火工作的重要一环。因此，场首先抓好护林防火队伍的建设，重新组建一支由15名队员组成的护林防火专业队，由一名副场长专职领导监督护林防火工作，并且对护林防火队实行半军事化管理，努力打造一支作风过硬、严守纪律、服从命令的正规化专业队伍。在管理领导护林防火工作方面，要求严格落实相关的责任制度，进一步明确护林防火的各项制度，把各项工作做细，节假日场领导实行轮流值班制，各分场负责人特别是护林防火队伍深入分场，深入林区，进行不间断巡查督查。制定防火应急预案，确保防火工作落到实处。

完善宣传体系，强化护林防火的宣传教育引导。护林防火重在宣传、重在预防，积极组织力量深入分场进行护林防火宣传。努力通过多种形式的宣传引导，规范职工、群众日常行为习惯，形成全民行动，齐抓护林防火的良好局面。上半年，共发放护林防火宣传手册、禁炮令300多份，张贴护林防火通告60多份，钉挂护林防火牌10块，出动宣传车辆10多辆次，深入分场深入每家每户宣传120多人次，使职工、群众的护林防火意识不断提高，营造全民护林防火的浓厚氛围。

完备扑救体系，进一步强化护林防火的应急管理。根据《国家森林火灾应急预案》，逐渐修订完善各级各类护林扑火预案，按照林站、林区绿地的实际情况，全面落实火险预警和分级响应措施，针对性地制定护林防火力量的部署，提高护林防火预案的科学性和可操作性。做好科学指挥护林防火工作，由场领导亲临现场，科学合理指挥调度，通力协作，积极做好护林防火工作。同时，本着应急队伍和预留力量相结合的原则，将护林防火队分为四个小班，以备随时随地能够调遣人员做好护林防火的工作。

在护林防火期内，认真贯彻执行“两个责任追究”“十不准”等相关规定，采取“早、严、细、实”措施，不断开拓创新，坚持依法护林防火、科学护林防火。

【中心工作】 按照市卫计、林业局下达的目标任务，坚持计生工作常抓不懈。在国家对计生生育全面放开二胎政策的大环境下，在计生工作管理上依然保持高压态势，注重政策宣传和引导，必须坚持计划生育基本国策不动摇。全面提高全民意识自觉依法依规生育，确保优生优育。特别是对于外来人员，建立一套清晰的管理台账，对其进行跟踪管理；同时，认真落实计生奖惩制度，扶持制度，严格控制各项指标，切实做好“三查”“三检”，关心妇幼生活和身体状况，关心特困家庭生产、生活，确保社会大局和谐稳定。计生工作已顺利通过市卫计局的检查验收。

【“秀美林场”建设】 进一步深化国有林场改革，围绕将玉池国有林场建设成为“森林资源丰富、森林景观优美、基础设施完善、管理科学规范”的“秀美林场”这一目标，已累计投入资金200万元，将场部机关1.58千米主干道拓宽硬化至5.5米，配套完善道路避洪渠2.5千米，美化、亮化1.58千米，着力加大环境整治力度，打造居民休闲广场二个。以红稠种苗基地为核心，大力调整林种、树种结构，做大做强珍稀苗木种植培育基地，保护好《焠火成钢》拍摄基地，完善相关配套设施，继续抓好神鼎山玉池山核心景区建设，维护好资圣古寺、南岳行宫的正常运营环境。进一步提升国有林场森林资源质量，保持森林生态系统的稳定性，森林景观的完整性，充分利用玉池林场的青山绿水，为打造玉池林场成为集宗教文化，影视文化和户外运动于一体的综合性“秀美林场”奠定坚实基础。

【基础发展】 实施国有贫困林场精准扶贫。为深入贯彻落实湖南省林业厅《关于进一步做好国有贫困林场扶贫工作的通知》精神，确保打赢国有贫困林场脱贫攻坚战和巩固国有林场改革成果，确保国有玉池贫困林场精准扶贫、精准脱贫工作顺利推进，制定汨罗市国有玉池贫困林场精准扶贫（2017—2019年）实施方案。对林场13户贫困户采取产业扶持、异地搬迁、结对帮扶等精准措施，确保国有贫困林场全面脱贫。全面贯彻落实上级林业主管部门和汨罗市委、市政府关于林业扶贫工作的文件精神，将国有贫困林场的脱贫工作作为当前和今后一段时期的重点工作，明确任务分工和工作进度安排，把扶贫工作抓细抓实抓好，确保到2019年国有玉池贫困林场实现全面脱贫。

成立以林场场长负总责、分管副场长负主责和分场干部负责人参与的汨罗市国有玉池贫困林场脱贫工作领导小组，领导小组下设脱贫工作办公室。领导小组负责层层签订脱贫攻坚责任书、逐级落实责任制，采取有效措施，确保如期实现脱贫目标。办公室负责国有贫困林场扶贫项目对接、政策宣传，档案资料的建立、收集与管理，工作协调，信息收集上报等工作。

【廉政建设】 始终把廉政教育摆在重要位置，以“两学一做”教育筑牢思想防线，坚持学习教育，通过学《党章》、学习总书记系列讲话，开展纪律教育月、教育周活动。组织举办廉政教育专题讲座，召开专题民主生活会，观看廉政教育专题片，开展中心组及各分场的专题学习等形式进行学习和教育，常抓不懈，积极履行“一岗双责”，认真贯彻落实上级关于党风廉政建设工作各项部署和要求，做到党风廉政建设与业务工作同部署、同推进、同落实、同考核。做到逢会必讲廉政建设，逢会必提廉洁要求，以案说法等方式时刻警醒班子成员和负责干部，时刻绷紧拒腐防变这根弦，坚持对中央“八项规定”“六项禁令”的执行情况进行督导和检查，督促各班子成员及下属分场负责同志落实责任制和时刻保持廉洁自律，切实提高干部职工廉洁从政，依法行政的自觉性和防范违法犯罪的免疫力，大事集体决策，民主商量。进一步规范工作人员行为，提高工作效益，切实转变工作作风，真正做到有章可循、有章必循、违章必究的管理原则。

（曾祥胜）

白水苗圃

白水苗圃党政负责干部（名单）

书　　记	黎玉桃
主　　任	李建文
副 书 记	傅俊龙
副 主 任	凌献忠　潘军球 荀　浩
办公室主任	潘军球（兼）

【概况】 白水苗圃始建于1954年，面积2083亩，作为一个自负盈亏的事业性单位，既要完成一些行政工作，又具有很强的专业性。2017年，汨罗市白水苗圃在市委市政府的正确领导下，在各级林业主管部门和专家的指导与支持下，加强基层党组织建设，努力发展经济，做好社会性工作，夯实基础，团结一心，努力促进苗圃全面发展。

【基层党建】 开展“两学一做”学习教育活动以来，白水苗圃支部党务工作得到进一步加强。

加强领导。成立白水苗圃党建工作领导小组，支部书记黎玉桃为第一责任人，安排副主任潘军球为党建工作联络员，负责党建工作的上传下达；将全圃的18名党员分成两个党小组，先后开展推进“两学一做”学习教育常态化制度化、党支部建设年、党员活动日、汨罗新发展、党员新作为等活动和工作。

加强学习。每个季度开一次党员大会，每月至少召开一次支委会议，研究贯彻党的路线、方针、政策和局党委的决议、指示，讨论苗圃工作的一些主要问题。每次会议都安排一定的时间上党课，并要求各党小组定期开展学习。根据年初制定的计划，苗圃支部于7月份召开一次专题组织生活会，认真开展批评与自我批评，每个支委委员都准备书面材料，内容包括对支部班子和成员的批评与建议，自我批评与整改措施等。9月，支部开展向李大元、廖俊波两位同志学习讨论活动，同时建立支部微信群，开展“红星云”注册、网上学习活动，支部全体党员都及时完成注册并积极参加学习。党的十九大召开后，支委组织大家积极学习，发放十九大精神学习笔记本，并督促全体党员开展自学。

加强管理。建立专门的党员活动室和党建工作专栏，专栏内容规范，包括“一旗、一图、四栏、八制度”。确定每月的第一个工作日为党员活动日，当天，全体党员都集中到党员活动室缴纳党费，参加组织活动。

【盘活经济】 苗木生产、销售稳中有升。苗木是白水苗圃的支柱产业。要做大做强这个产业，首先是苗木生产。年初，依据对市场的预测，制定出与苗圃实际情况相适应的生产计划，引导职工与集体一起形成集中育苗。全圃全年共培育造林苗木120万株，绿化小苗12万株，绿化大苗3.5万株。另外，加强对集体绿化大苗的抚育管理，全年共投入人工1000余个，追施苗木专用肥20余吨，促进绿化大苗的生长。其次，积极拓展销售渠道，实现苗木的经济价值。由傅俊龙副书记坐镇苗圃，接洽前来购苗木客户；由凌献中副主任带一班人走南闯北联系苗木销售与绿化业务。上半年，承包并完成汨罗江骑行公园的部分绿化，业务金额60余万元，12月份，又承接国道240国道汨罗段三分之一的绿化，目前已开始动工。另外，鼓励职工自己走出联系业务，集体提供必要的支持。三管齐下，苗木销售数量及销售金额大幅增长，全圃（含职工户）全年共销售苗木240万株，销售金额达550万元。

积极向上争项目争资金。向省林业厅种苗站争取项目资金25万元，向其他处室争取20万元；积极向岳阳市政府和汨罗市政府及各相关局争取项目与资金，已到位50万元，已基本确定的近100万元。

【和谐苗圃创建】 进一步改变工作作风。由支部成员带队，分片包干定期走访，特别是在民调期间，走亲访友及职工户走访均需有记录，并要求及时解决、回复职工反映的问题，进一步密切干群关系。加强苗圃的公益建设。窑塘塘基渗漏，塘基主路面较窄，影响蓄水和职工出行。圃支委积极争取农办的支持，将窑塘塘基加宽加固，拓宽硬化路面，衬砌麻石护坡，于7月全面竣工。全圃主道路路灯安装项目开始启动，8月底，圃内亮化工程调试完成；下半年，争取水务局的支持，于12月开始对新塘进行“窑塘模式”的修整；为了加强苗圃的治安工作，从11月开始，陆续在苗圃的四个主要路口和圃机关内安装全天候监控摄像头5个，起到很好的治安防范作用。4个公益项目的实施，得到广大干职工的好评。7月13日召开的苗圃全体户主会上，干群一致肯定近几年来苗圃班子作出的工作成绩。重阳节当天，苗圃全体退休老同志欢聚一堂，共话苗圃过去，畅想苗圃未来。

加强农村环境综合治理。遵照市委市政府关于城乡环境综合治理的相关文件精神，苗圃于年初成立以黎玉桃书记为组长的苗圃环境综合治理工作领导小组，制定出切实可行的实施方案。首先是宣传工作到位，在路灯杆上悬挂固定标语、大会小会上宣讲、入户走访宣传，使农村环境综合治理工作入脑入心。其次，遵循“谁生产谁负责”的原则，要求各职工户在进行苗木生产、销售时，所洒落在水泥路面的残枝落叶、泥土、垃圾等必须清扫干净，房前屋后各户自行负责。第三，鉴于职工朱长林家庭较为贫困，将全圃日常卫生维护承包给他，发放固定工资。一系列措施的实施，苗圃环境焕然一新。

紧绷安全生产的弦。安全生产事关全圃广大干职的生命财产安全和苗圃社会稳定大局。年初成立以黎玉桃书记负总责，李建文主任任组长的安全生产领导小组，在工作中根据苗圃实际情况，突出重点，做到宣传教育入脑入心，日常监管严防死守，隐患排查不留空档，专项治理各个突击，应急处突灵敏高效。特别重视森林防火工作，成立森林防火指挥部，组建应急分队。借2月份白塘爆炸事件后重点整顿之机，进行专项整治，严密排查，积极宣传，使职工清醒地认识到使用烟花鞭炮可能引发森林火灾及对环境的影响，自觉抵制。

努力挖掘苗圃发展潜力。近年来，常规绿化苗圃价格逐渐走低，苗圃苗木出现滞销，广大职工户苗木收入有所下降。针对这种情况，圃支委根据目前苗圃的经济状况和本身的面积优势，多次与一些技术单位和技术、资金雄厚的苗木生产单位联系，争取联合定向育苗，以达到引进、培育、推广新品种，促进苗木销售，发展苗圃经济的目的。目前，已有两家单位有此意向。

（潘军球）

桃林国有林场

桃林国有林场党政负责干部（名单）

场　长	黄水清
副场长	易　剑

【概况】 桃林国有林场在上级林业主管部门的正确领导和支持下，坚持一手抓生产项目，一手抓安全维权，逐步推进基础设施建设工程，健全执行各项工作管理制度，贯彻“贵在行动、力求实效”的管理理念，充分调动全场干职工的积极性和主人翁精神，圆满完成各项工作任务。

【基层党建】 按照上级党委的统一安排部署，在认真做好“学党章党规、学系列讲话，争做合格党员”学习教育活动开展的基础上，林场认真开展“每周一学”学教活动，深入贯彻学习十九大精神，按活动要求及时成立学习活动领导小组，根据林场工作特性科学合理制定实施方案，细化学习要点，坚持晴天搞生产，雨天抓学习，全面开展学习教育。一是采用召开党员大会、宣传栏等方式积极做好宣传，下发“两学一做”学习要点和党章党规学习框架，探讨实际问题，分享学习经验，极大提高党员们的学习热情。二是针对部分退休党员身体不方便等问题，支委班子成员主动上门慰问“送学”，确保“两学一做”学习教育全覆盖。三是组织开展以“四种精神”“四讲四有”合格党员等为主题的专题讨论，深化学习内涵，做到学用结合、知行合一。四是组织党员参观胡耀邦故居、任弼时故居等红色教育基地，学习老一辈无产阶级革命家的优良传统和作风，感受革命历程的曲折艰难和革命胜利的来之不易。五是创新讲党课方式，在支部书记讲党课的基础上，要求每名党员上台演讲发言，激发学习活动人人参与的深厚氛围。

【项目创新】 高标准完成林木良种补贴项目建设工程。年初，科学制定林木良种基地年度作业设计书，严格按作业设计要求，抢抓最佳季节，精心组织实施抚育、施肥、病虫害防治、花粉管理等作业内容，高标准做好常规性工作。管护工作中，不断摸索创新，尽可能采用机械化生产作业，不仅降低劳务成本，生产效率也得到明显提高。8月，综合利用油茶欧贷项目，对油茶采穗圃和油茶示范林进行全垦、施肥、修枝整形、病虫害防治等管护工作。湿地松良种产量达1300公斤，生产油茶穗条218万枝、马尾松良种150公斤，充分满足省内用种需求，进一步巩固国家林木良种基地的标杆地位。

新建湿地松二代种子园建设项目有序开展。根据二代湿地松种子园总体设计要求，4月，采用林场与育苗商合作的方式，完成16000株容器苗嫁接，嫁接成活优质湿地松无性系苗4365株；9月，圆满完成420亩1.5代湿地松种子园更新换代皆伐作业，11月，对林地进行平整、分区，12月底完成造林工作；同时对已建的种质资源收集保存区、子代测定林区进行施肥、抚育、修枝等综合管护措施，现两个区树木长势良好；对120亩种子生产区进行补植，矮化定形等管理工作，为建设高标准种子园，实现果园式管理提供样板，现新建二代湿地松种子园项目主体工作已基本竣工。

在抓好主体项目建设的同时，积极争取引进新型发展项目。3月，在省林业厅领导和林科院专家的指导下，在去年林下药材种植项目基础上，进一步扩大规模，在湿地松1.5种子园林下种植半夏30亩、三叶青40亩，在阔叶树种子园林下种植石菖蒲10亩、黄精10亩，经抚育、施肥等工作，药材长势良好，受到省厅领导的一致好评，明年将继续扩大林药试点基地规模，采取林场加职工等多种方式大力发展林下经济项目。6月，完成国家木材战略储备项目的后期抚育工作；充分利用该场独特资源，培育杂交杉2万余株。多管齐下，有效提升林场综合发展潜能。

【“秀美林场”建设】 为切实贯彻落实林业厅关于建设“秀美林场”的决策部署，实现生态稳定、景观优美、设施完备的国有林场目标。上半年林场坚持以“优化场区环境、打造核心区域、建设秀美林场”思路，按照先作整体规划设计然后逐步实施的理念，积极争引对口项目资金，先后完成场区入场公路白改黑、绿化，亮化工程，农电改造工程，架设路灯，对场部前水塘、进场公路、阔叶树种子园等区域进行改造和美化工程，稳步推进“秀美林场”建设工程。

【综合治理】 始终把综治工作放在重要位置，认真开展综治创建，搞好群防群治，广泛开展建设“平安林场”“和谐林场”的宣传活动。5月以来，多次召开治安工作专题会议，成立专门治安维权小组，7月26日—9月2日，对全场境内垃圾采取分片包干方式，分为5个组，加班加点，组织人员、机械进行全面彻底清理转运，统一转运到新市垃圾场。对重点区域，设置62块固定警示牌，入村入户张贴、发布1000余份宣传公告。与桃林寺镇及周边6个行政村联合召开协调会，形成共识，共同守护林场一方净土，坚决维护林场权益。

（黄水清）

水 务

市水务局负责人（名单）

党委书记 局长	吴纪卫
副局长	何国清 许 勇 何文清
纪委书记	吴建成
党委委员	许军民 周 勇 周志勇
党委委员 总工程师兼 建管股股长	周 敏
办公室主任	曹 阳

【概况】 市水务局认真贯彻落实市各项工作部署安排，勇于担当，主动作为，细化措施，挂图作战、责任到人，紧紧围绕“市委建设更高品质的生态文化活力汨罗总目标”和“加快水利建设步伐，补齐水利基础设施短板、补齐农田水利短板、补齐供水保障短板；突出党的建设引领，加强队伍建设”的工作总思路，早计划、早部署，对年度水务工作任务进行细化分解,挂图作战，推动工作创新务实。

【水生态建设】 严抓防汛抗灾工作。认真落实市防汛调度会议精神，切实增强防灾意识，严抓各项工作措施。在市委、市政府高度重视下，在防指高效精准指挥调度下，全市上下一心，打赢有气象记录以来最强降雨、堤垸逼近历史最高水位的“遭遇战”，城市防洪排渍的“决胜战”，夺取全市防汛工作的历史性胜利。一是抓备汛工程建设。全面完成磊石低排闸管涌处险、长山电排处险、樟木潭管涌处险、汤家坝电排机埠处险、双江滚水坝处险、弼时镇青坑水库北干渠清淤处险、6个万亩堤垸26处涵闸处险、城区5处外排机埠整修、18座小二型水库加固等备汛十大工程建设，经受大汛考验，发挥突出作用。二是抓防汛物资储备。筹集176万元，重点对全市294座中小型水库和6个万亩大垸进行防汛砂石料储备奖补，全市新增防汛砂石料3.41万方，全市防汛砂石储备达历史最高。三是抓防汛工作调度。入汛以来，24小时领导带班值守，及时掌握实时雨、水、工情，开展精准调度，累计下发防汛各类指令58道，启动应急响应5次，分组深入各乡镇督导水库控库运行、机埠启运调度和山洪地质灾害防御工作，成功抵御8次强降雨过程，水库、堤垸安全度汛。四是抓防汛预警应急。牵头制定科学可行的全市防汛应急方案，畅通应急处险流程和组织形式。加强应急演练，普及预警、避灾知识，防汛预警、预报和应急避灾组织有序有效。五是抓险情抢护处置。受持续降雨影响，汛期出现多次险情，特别是“6·30”强降雨期间，汨罗发生各类水利工程大小险情600多处，其中较大险情55处，及时组织水利专家和技术人员，第一时间赶赴现场，第一时间组织进行抢护处置，第一时间确保险情处置得当。六是抓秋冬水利建设。一方面抓水毁应急工程建设。针对汛期暴露出来的问题，及时组织防办工作人员和水利技术人员，进行全面调查摸底，梳理出应急处险项目17个，乡镇水利薄弱环节112处，建立工作台账，明确工作措施，确保明年汛前得到有效整治。另一方面积极推进秋冬水利建设，制定秋冬水利建设方案，为全市秋冬水利建设提供技术指导。

全面推进河长制工作。认真贯彻落实中央、省委工作要求，以全面推行河长制为抓手，助推水生态文明建设。在岳阳地区率先成立河长制工作委员会、出台推行河长制实施意见，在长江委、省、岳阳市4次河长制专项检查均获得好评，7月7日，省河长制工作委员会（工作简报第七期）对汨罗河长制工作经验予以全省推介。一是有序开展工作。按照“六个一”（培训一套工作班子、完善一个数据系统、解决一批重点问题、建立一套责任体系、做好一篇结合文章、制定一个年度工作要点）的工作思路，推进河长制工作落实。明确市乡两级工作责任和责任人，签订工作责任状，成立市河长办和4个市管河流河长办，设立16个镇管河流河长办，构建“党政齐抓、上下共管，责任明确，权属清晰”的责任管理体系。做实“一河一档”“一河一策”基础工作，对3条省、岳阳市管河流，10条汨罗市管河流水库，46条镇管河湖，所有在册水库，进行全方位摸底调查、建档入帐。制定2017年度工作要点，出台推行河长制工作的考核管理办法、联席会议制度、督查制度、信息共享制度；下发各乡镇、各市管河湖重点工作指标。组织专题培训，提高二级河长办工作人员业务水平，明确河长办工作职责和当前任务。二是突出示范引领。市河长办先行先试，以上率下，以点促面，针对汨罗江河道不畅、违章建筑物多、水环境遭受一定破坏、侵占水域岸线等突出问题进行综合治理，突出典型示范，发挥引领作用。对汨罗江全线禁采，废弃采砂设备解体上岸，运砂船、违法捕捞渔船全线禁航；对河道砂石尾堆全面清除，确保“河畅”。关闭汨罗江直排违建排污口2处，治理排污口7处，清理沿河垃圾堆场15处，定期清理河面漂浮物，取缔江面夜宵船和游乐设施，确保“水清”。拆除汨罗江历年遗留下来的种养棚、杂房等违章建筑89处、7245平米，确保“景美”。对汨罗江部分薄弱堤段、管涌易发区进行堤防加固21千米并沿堤沿路进行绿化，确保“堤固”和“岸绿”，为全市全面推进河长制树立样板。三是做好结合文章。结合“三个汨罗”建设，创造汨罗河长制工作特色，打造汨罗发展新亮点。建设全长11千米的汨罗江沿江风光带，打造汨罗城市新名片、居民休闲健身新去处。对屈子文化园所在地、汨罗江岸管涌易发区域进行整险加固、硬化、绿化，打造10千米沿江骑行主题公园。对友谊河城区段4千米河道进行全线清淤、全面清杂、全岸清洁，堤岸加固，沿线补绿，打造城市亮色。四是强化工作督导。围绕“一河一档、一河一策”以及各河各库的年度工作任务进行检查、督查，落实责任。先后开展河长制工作督查4轮，发出工作通报4期、工作简报10期，促进工作平衡发展。全市镇村两级河长制和“一河一办”建立工作已全面完成，树立市管河流河长公示牌125处，镇村河流全部树立河长公示牌。

加快水利建设步伐。全力加快各项重点水利工程建设，为水生态文明建设提供工程保障。一是推进小型水库除险加固。全面完成58座一般小Ⅱ型水库除险加固建设任务；积极争取上级支持，启动13座新增水库除险加固工程。二是加大江河综合整治。完成汨罗江二水厂至梅家桥河段整治，加固堤防3.4千米；完成母子桥河治理，整修河坝5处，清淤河道1千米。启动四水治理项目汨罗江长乐保护圈（现已完成3.55千米）、双楚垸保护圈治理工程，计划完成堤防加固18.95千米。加快中小河流治理，计划完成沙河、白沙河、白水江共15千米河道综合治理。三是加快饮水安全工程建设。实施盲区供水工程建设，完成供水主管网铺设60千米，解决归义镇14个村、社区和汨罗镇李家坪村、新市镇部分区域共5622户2.4万人居民饮水安全问题。通过管网延伸、新建小集中供水设施建设和水质提升改造的方式，在全市10个乡镇24个贫困村中实施农饮安全巩固提升工程建设，计划铺设供水主管道360千米，解决7.7万农村人口饮水安全问题。加快推进“十三五”农村饮水安全巩固提升工程PPP项目工作，争取项目2018年上半年全面启动。四是加快水源地保护工程建设。启动兰家洞水库水库扩容补水工程建设，计划完成向兰隧洞防渗、向家洞水库大坝加固、兰家洞水库上坝公路改道、水生态保护工程等建设。五是推进飞地园区引水工程建设。经充分准备，11月下旬启动一期工程动工建设。六是加快水环境治理工程建设。正在实施白水镇等8个乡镇给排水工程建设，计划铺设排污、截污管道38千米，建净化池12处。七是推进青冲泵站更新改造。完成白塘镇双河坝泵站620千瓦机组更新改造工程。计划完成屈子祠镇、罗江镇5处共1385千瓦泵站更新改造，提高排渍能力。八是推进农田水利建设。实施小农水、高效节水灌溉和奖扶项目，计划治理山塘59口，改造河坝3处，引水堰2处，铺设输水管道29.9千米，建成高效节水灌溉农田2000亩。继续推进沟渠疏浚行动，计划清淤疏浚沟渠199.4千米，其中重点中型沟渠6.5千米。

强化水利争资争项。切实加大水利争资争项工作力度，为水生态文明建设提供资金和项目储备支撑。一是紧盯计划，抓资金落实。加强项目落地跟踪，争取计划早日下达、资金早日到位。在上级水利投资紧缩的情况下，争取上级下达项目计划资金5572万元，其中白水江治理2100万元，四水治理1012万元，水库除险加固650万元，农田水利建设800万元，维修养护117万元，青冲泵站更新改造500万元，沙河治理360万元，沟渠疏浚26万元，山洪灾害防治7万元。争取国家基金项目1.69亿元，其中飞地工业园一期供水项目5500万元，水利基金项目4000万元，汨罗江汨罗段水环境综治治理4000万元，湘江流域汨罗支流水环境治理3400万元。二是紧盯前期，抓项目储备。认真研究国家、省和岳阳水利建设投入方向和投资政策，结合汨罗重点工作需求和实际，抓好河湖联通、中型水库整险、中型灌区配套改造、中型水闸除险加固、罗江治理、洞庭湖区一般堤垸加固、中型泵站更新改造等项目建设前期工作，储备水利项目。

依法开展水事管理。认真贯彻执行水法律法规，以水资源保护为重心，切实加强水事管理，为水生态文明建设提高法制保障。一是加大水法宣传。结合“世界水日”和“中国水周”，加强水法律法规、水资源保护宣传，营造依法治水的良好社会环境，提高公众节约保护水资源意识。二是加大水源地保护。组织向兰水库水源地保护执法中队，开展24小时巡查保护，主办和协办各类违法案件15起，收缴垂钓工具163件，确保向兰水源地水质安全。把全市其他11个水厂水源地纳入监督管理范围。三是整治河道环境。加大湘江和汨罗江湿地保护工作，联合国土、规划、砂石等部门开展联合执法行动2次，组织执法人员50名，依法拆除汨罗江屈子祠镇和罗江镇河段湿地保护区违章建筑89处、拆除湘江汨罗段大堤违章建筑1处，共8000平米。联合砂石等部门，严厉打击砂石盗采违法行为，拘留盗采人员7人。

【“三个汨罗”建设】 结合行业工作特点，以服务“三个汨罗”建设为中心，认真落实市委政府各项工作部署。

积极服务主题文化活动。汨罗举办“我们的节日·端午”主题文化活动。局长吴纪卫和分管副局长何文清带领相关单位30多名干职工，克服降雨带来的困难，连续调度拦河闸工程，开展河道水面垃圾打捞，确保汨罗江城区段河道水位和水面清洁，安排政治上可靠的60名骨干参与活动安保及活动方阵，为主题文化活动的顺利开展做出应有贡献。

积极服务屈子文化园建设。副局长何国清牵头，组织专门队伍，实施屈子文化园水仙湖补水工作，累计向占地46万平方米的水仙湖补水110万立米，有力保障屈子文化园开园活动的圆满进行。

积极服务美丽乡村建设。认真组织水利专家和技术人员到西长村实地调研，与村支两委座谈，围绕白水西长美丽乡村建设，结合自身工作，确定实施西长村自来水供水管网延伸工程，加快西长村公共基础设施建设；实施白水江综合治理建设生态走廊，优化西长村生态环境。目前，西长村自来水供水管道和白水江治理建设已全面铺开。根据白水西长片区现代农业科技示范园建设需要，积极争取上级主管部门支持，将西长纳入农田水利建设奖补项目建设范畴，建设620亩高效节水灌溉农田，现已完成计划任务的50%。

积极投身扶贫攻坚工作。局机关、水政监察大队、市自来公司、兰家洞水库管理所牵头负责，分别对白水西长村35户、川山坪镇新船山村41户、罗江镇托头岭村40户、三江镇太平村10户，共126户贫困户，局领导带领干职工结对帮扶，安排8名工作队员驻村帮扶。针对各村和贫困户实际情况，结合自身行业特点进行帮扶，投入水利项目资金92万元，整修山塘5口，建高标准渠道2000米，建设高效节水灌溉农田620亩；投入资金22万元，支持贫困户开展畜禽养殖等；提高贫困户脱贫能力。

积极抓好水利安全生产。成立安全生产工作领导小组，层层签订安全生产责任状，落实安全生产“一岗双责”，压实责任。认真开展隐患排查治理和水利安全生产大检查，对294座水库、15家自来水厂、7座小型水力发电站建立安全隐患台帐库。建立健全安全生产管理制度体系，促进工作规范化、制度化。积极开展安全生产宣传，在三座中型水库架设大型安全生产警示牌，在“安全生产月”活动中，设立安全专题展板2块，散发水利安全宣传资料1000份，提高群众安全防范意识。

积极开展“三城同创”工作。一是积极创建省级文明卫生单位，加强环境卫生整治，整修办公设施和办公区域，消灭“四害”，绿化、美化、亮化。二是充分发挥工会组织作用，组织干职工开展练习太极拳等活动，丰富干职工生活。以加强老干支部建设为抓手，积极引导退休党员干部为汨罗发展和水利建设献计献策，荣获岳阳示范性老干支部称号。三是结合综治民调维稳工作，安排专人重点上门走访老同志，宣传市委和市政府工作、政法工作和水务工作，疏导情绪，为老同志解决实际困难，共树汨罗形象、水务形象。

【党建工作】 紧紧抓牢党的建设不动摇，以落实巡察整改要求为契机，推进党风廉政建设，切实转变工作作风，加强工作绩效考核，推动水务工作新发展。

强化党的政治建设。严格落实党建工作“一岗双责”要求，层层落实党建责任。将党建工作“实化、量化”，依照“六个一”“三个二”“一建设”的党建工作规划，创新开展工作。结合党员活动日，组织机关党员和各支部书记、委员，先后开展党员递交承诺书、西长村义务植树和警示教育等活动，凝聚队伍，促健康发展。搭建党建QQ、微信交流平台，推进电子党务、信息化建设，引导系统内党建工作的有序、有效开展。加强党组织建设，优化撤并两个党支部，13名党性强、工作突出的同志被推选为支委成员，进一步增强支部战斗力。在支部党员超过20人的机关支部、水政支部和市自来水支部，共设立党小组6个，保障党员组织生活开展。成立党建室，专职负责系统党建工作日常组织管理和督促检查，推进工作。加强思想阵地建设，持续开展“两学一做”学习教育常态化，进一步增强党员干部“四个意识”。

强化党风廉政建设。以制度建设为抓手，严格管理，着力提高干部队伍的执行力、战斗力，转变工作作风，推进党风廉政建设。一是严抓制度管理。根据新形势、新要求、新情况，结合市第一轮巡察整改工作要求，先后制定、完善招投标审批等17个制度、办法，进一步规范、优化工作行为和流程。以严格的制度和纪律约束干部,使干部心有所畏、言有所戒、行有所止，真正实现以制度管人、管事，推进全面从严治党、廉洁从政。二是严格监督检查。全年以来，下大力气强化工作纪律，下发《关于重申和严肃有关作风纪律的通知》，加大日常监督检查力度,组织相关股室，不定期对上班迟到、缺岗、脱岗，上班期间工作作风进行监督检查，对督查中发现的问题发出4次内部通报。加强内部监督审计，局长亲自调度，安排局纪检书记带队，组织监察等相关股室，加强全系统内审，严格“三公经费”管理，严格经费支出，严肃财经纪律。

强化工作绩效考核。一是坚持把创新和完善绩效考核管理作为改进工作作风、提高行政执行力的重要抓手，制定和下发《局2017年综合绩效考核实施方案》，将绩效理念细化、量化、固化到水务工作的各个方面、各个环节，切实强化水务系统队伍的责任意识、服务意识、效率意识，推进水务工作发展。二是实行工作任务“挂图作战”制，为全面推进各项工作，逐一梳理，明确工作任务、每月进度、牵头领导和责任单位，挂图作战，确保工作按时按序推进。对重点工作推进实行一周一通报、一周一调度、一月一总结，形成干事创业良好氛围，推进工作落实。

（曹 阳）

砂石资源管理

市河道砂石综合执法局负责人（名单）

党组书记、局长	湛 益
党组成员、副局长	王 军

【概况】 河道砂石综合执法局坚决贯彻落实各级文件精神，着眼市发展大局并结合局工作实际，以安全、生产工作为中心，注重砂石国有经营为主线，着重党建、扶贫、防汛等重点工作，继续做好河道禁采工作，重拳执法、维稳协调等，稳步推进该局工作向前发展。

【安全工作】 河道采砂安全一直是工作重中之重，安全日常管理，是安全基础建设，严格落实“一岗双责”，切实打牢安全工作基础。一是加强组织领导。成立安全领导小组，由湛益任组长，王军任副组长，王恒专抓，各组室负责同志为成员，明确责任、签订责任状，层层抓落实。每周召开例会和安全小组会议，做好总结。二是完善制度建设。依据各组工作实际相继制定“安全生产十条禁令”“水上安全十有”“安全操作规程”“五不发航规定”“安全排查制度”“签单发航员职责”等，建立健全安全台账，用制度笼子锁住采砂安全。三是加强宣传攻势。通过电视台、网络、汨罗周刊等新闻媒体滚动播放河道采砂管理规定及水上交通安全法律法规，编发《安全工作半月谈》，现在已编发94期，并且在采砂船上、公务船上悬挂横幅，向船主、采砂业主及沿岸群众发放宣传资料近500余份，营造浓厚河道采砂安全生产氛围。四是建立信息共享平台。创建微信湘汨公司群、市河道砂石综合执法局工作群，通过微信群聊，及时掌控各船只生产作业情况，加强信息沟通，强化监管，做到每日生产情况心中有数。五是建立安全生产台账。制定值班表、巡查表，每日记录巡查排查日志、整理安全整改通知，详细归纳，建立一整套完善的安全生产台账。六是多举措全覆盖巡查排查。巡查和排查一般采取水陆并举、车船配合、巡查蹲守相结合模式，并依据各河段实际情况采取不同方式，制定巡查值班表，安排专人专车全天候轮流巡查排查值守，并积极与所属镇政府建立联防机制，确保安全巡查工作到位。七是提前做好方案与预案。制定“安全生产月”“打非治违”“四大行动、百日攻坚”等方案，研究制定船只漂移处置预案，对船只漂移和船上紧急逃生进行多次演练，做到有条不紊、有备无患。八是严格督查督办。首先是各组组长、工程船安全负责人和签单发航员现场督查督办，其次是安全领导小组专项督查督办，再者砂石局领导和湘汨资源开发有限公司董事会和监事会成员随时督查督办，然后组织职能部门、业务部门和邀请市级领导不定期到现场督察督办，确保隐患得到及时整改到位。

【国有经营】 2017年1月25日，汨罗市湘汨资源开发有限公司注册成立，2月12日正式开张运营，目前河道砂石国有经营依法依规、规范有序进行。一是定员定岗。目前湘汨资源开发有限公司有工作人员98名，共分10个管理组，依据组做好人员定位、定岗。二是建章建制。河道砂石开采过程中，严格按照省、岳阳市批复和相关采砂规定，严格实行“采四备二”“朝六晚八”“签单发航”制度、“安全生产制度”“执法巡查制度”“廉洁自律八不准”“台账登记”等制度，规范从严管理。三是日常管理。生产过程中每条工程船上配有签单发航员、验票员，确保源头治超、规范开采，每日落实“五台账”并及时登记，任何环节做到有据可查，多部门联动相互印证，保证实时监管到位。同时充分利用微信管理群对所有流程和环节实施实时监管和信息报送，做到票证、财务数据日清日结。四是生产经营。开业之初公司经过市场调研和多次走访长沙、岳阳、江西、武汉等砂石生产省市，并积极对接砂石终端市场，探索出一条适用本市发展的生产经营模式，严格量方标准，一把尺子量到底，确保公司效益最大化。五是做好做实管理工作。为积极落实中央环保督察整改事项，河道砂石全面禁采，实现全市水域河道砂石禁采工作，联合海事、水务等部门责成湘沅江水域采砂船撤离采砂区域，集中停靠安全水域。继续加大执法力度，严抓现场安全生产管理、严格规范采挖现场秩序，严厉打击禁采区非法采砂，继续联合安监、海事、港航、航道、渔政等相关部门联合行动、重拳整治，确保河道采砂有序进行，实现砂石效益最大化，为市域经济发展作出较大贡献。

【禁采和砂场平整】 2017年，在汨罗江河段船只解体上岸工作基础之上，按照禁采方案精神，召集各相关镇政府和职能部门禁采工作负责同志召开联系会议，全力做好落实砂场平整工作，各镇工作组迅速落实市委、市政府文件精神，迅速工作下沉，市领导针对砂场平整工作召开砂场平整工作推进会，砂石综合执法局全力协调督促各镇和相关部门上户做工作、抓进度、注重时间节点，积极联合水务、湿地、海事下发各类文书，并利用宣传车、标语、电视媒体加大宣传攻势，并与日常巡查相结合，重打击。2017年，共计清理沿河大小吸砂、挖砂机具10余件，砂场平整工作进展顺利，截至目前，沿线25个砂石场，全部实现砂场机械设备、运输带等架构物拆除，砂场平整25个，已经平整的砂场由湿地管理局负责全面修复，确保生态、环保、安全、有序管理。

中央环保督察整改和码头整治情况。河道采砂涉及中央环保督察整改主要有三个方面的问题，一是湘江汨罗段长湖采区在自然保护区范围内采砂问题。二是采砂区域与自然保护区重叠和砂石堆场问题。三是打击非法采砂问题。自收悉督察整改通知以来，迅速成立工作领导小组，制定整改方案，细化分工，明确责任。朱平波市长和林治学常务副市长相继召集河道砂石综合执法局、林业局、环保局、国土资源局对湘江汨罗段长湖采区采砂情况和原沅水汨罗水域打靶湖采区所辖范围区域情况与自然保护区进行全面排查核查工作。经核查，沅水汨罗水域未在自然保护区的面积3.62平方千米。目前全市辖区河道已全面禁止采砂活动，采取水陆、车船、巡查与蹲守相结合模式，坚持24小时巡查，组织联合执法30余次。汨罗江流域解体上岸船只23条，责令撤离汨罗江船只9条。湘江汨罗段、沅水汨罗水域，责令驱离外来采砂工程船只29条，责成19条船只集中停靠于营田码头，17条运输船集中停靠于磊石山码头。

码头整治专项行动涉及整治码头和砂石堆场6个，自整治码头以来，汨罗迅速行动，立即召开河道码头整治工作专题部署会，并迅速成立以市委常委、市常务副市长林治学同志为组长，市政府办副主任傅风波、市河道砂石综合执法局局长湛益同志为副组长，市水务局、交通局（含港航所）、海事处、公安局、白塘镇政府、营田办事处等主要负责人为成员的整治领导小组，并成立以白塘镇政府牵头、当地派出所、港航所、海事、水务等部门为成员的执法整治小组。依据市政府的安排和部署，迅速制定方案，开展整治行动。目前，市域河道码头共计6个，手续齐全获批1个（营田码头），目前5个河道码头已全部关停，码头相关设备设施已拆除，完成平整取缔任务。

加大联合执法力度。自禁采以来，联合公安、水务、湿地、镇政府采取联合执法行动对汨罗江沿线吸砂机具进行拆除解体清理，杜绝非法采砂行为发生。湘沅江，联合海事、水务、公安、港航等职能部门开展联合执法行动，重点整治超量配载、超载运输、无序停靠船只行为。特别是自4月以来，制定“四大行动、百日攻坚”方案，联合海事、水务、公安、港航等部门开展“四大行动、百日攻坚”集中整治行动，效果显著。共计采取联合执法行动30余次，抓获非法采砂嫌疑人6余名，行政拘留1人，捣毁非法采砂、吸砂机具10余台，扣押或拆卸非法采砂挖机近10台次，责成40艘船只集中停靠、查处超载运输船25艘次，卸载超载砂石近万吨，下发整改通知60余份，对工程船违规装载等行为处罚违约金36万元，做到依法依规打击到位，确保河道采砂良好秩序。

确保社会大局稳定。年内，共计接访息访禁采有关上访事件10余起，处理信访和网上舆情2起。湘沅江河道砂石国有经营，经过做好前期摸底工作，召开涉砂经营联系会议近10次，通过、走访、座谈、接访等形式做好沟通协调和公司、工程船主思想工作，成功化解尾堆清理遗留问题、做通芦苇场、航运社区群众思想工作，就采砂工程船只选定，达成金正砂石公司、长江砂石公司、天翔砂石公司、范国辉砂石公司一致意见，促成国有经营良好局面，未发生一起非访闹事的事件。

【党建工作】 一是成立党建工作领导小组，明确责任。年初，局党组召开专题会，研究和部署2017年全局党建工作，制定2017年机关党建工作方案，成立以党组书记湛益任组长，纪检组长刘志力为副组长，局各组线成员和机关支部书记为成员的党建工作领导小组，湛益同志是全局党建工作第一责任人，刘志力同志具体抓，分管领导和支部成员认真做好职责范围内的党建工作，既分工又合作，将责任层层分解落实到各组室，按照党建“一岗双责”的要求，把党建工作与安全生产监督管理工作同时安排，同时部署，同时实施，同时检查，确保党建工作落到实处。，二是坚持和完善党支部的理论学习制度，按照要求和制定的实施方案，重点对党的十八届和十八大六中全会精神及省、市党代会精神进行专题理论学习，定期组织党员开展党员活动、支部组织生活，组织全局党员学习党的方针政策，《廉政准则》等，增强党员党性修养。三是抓好每月廉政教育学习，积极参加砂石局党组组织开展的廉政教育课堂；四是继续深化四风整治、巩固和拓展党的群众路线教育实践活动成果，将整改措施落实到位；五是加强党建基础建设。成立党建室，做好党建工作宣传墙、职责制度牌，党员活动室，完善相关党建制度，整理党员相关信息，归总成册党建资料册等，打牢党建基础建设工作。六是开展多种形式的党员教育活动，通过定期召开机关支部会议，党员活动日开展安全工作大排查，祭祀烈士陵园英烈，佩戴党徽亮身份，及六月的爱护环境、保护母亲河，湿地草原捡拾垃圾，廉政教育中心接受廉政教育等活动，进一步增强党员的党性意识。

【扶贫攻坚】 白塘镇仁义村，由原白塘乡仁义村、大塘村合并而成。地处白塘镇政府东南方汨罗江尾部。该村下辖32个村民小组，共901户，合计人数3334人，共有党员116名，现有耕田面积1663亩、耕地668亩，已有建档立卡贫困户127户364人，其中五保户26人，低保户31户。通过一年的努力，全局干部和全村群众的思想认识有明显提升，已基本从“扶贫”向“脱贫”转变，工作作风也从被动应付转向主动参与，开始自觉思考如何扶贫、怎样切实帮助群众精准脱贫，工作效率显著提高。依据扶贫计划，投入10万元扶贫资金用于购买鸡、猪、牛、羊，给贫困户生产致富启动条件，重拾贫困户致富信心。强化基础建设，硬化村级公路2.1千米，为群众增收脱贫打下坚实基础。

全力以赴做好防汛抢险。7月正式入汛期间，根据防汛紧急会议精神，迅速组建近30名人员的防汛工作组，做好24小时的巡查、蹲守工作。重新添置救生衣20件，新添到执法公务船、趸船和执法车辆上，购置强光手电10个，雨靴30双，雨衣30件，党员袖章30幅等做好后勤保障。汛期前提前下发通知告知各船主做好汛期船只安全工作，做好停靠安全水域、固锚、添配防汛设备设施工作，及时掌握当日汛情，提前制定船只漂移处置预案，并针对船只漂移处置进行演练，确保人民群众生命财产安全，确保桥梁、交通、船只安全。同时，积极协调各砂石公司及采砂船只，严格按照防汛指挥部指令和要求，积极做好防汛砂石应急储备和调度工作，汛期按照防指要求保障防汛砂、砾石共计26658吨。

配合做好市重点工程建设用料保障。由于砂石供应紧张，市重点工程国道240和西湖公园建设项目进程放缓。为积极落实市委、市政府有关会议和文件精神，全力以赴做好协调，切实做好重点工程用料后勤保障。通过协调，做好运输船、码头砂石堆场等运输线保障，在砂石价格猛涨时，及时做好控价减少工程成本，在面临河道停采后，积极协调屈原行政管理区及砂石公司做好货源供应，通过协调共计为国道240工程项目提供近100万吨砂砾石，为西湖公园项目建设优价提供近200万的砂砾石用料，确保市重点工程有序推进。

（湛　益）

扶贫工作

市扶贫开发办公室负责人（名单）

主　　　任	周灿文
副　主　任	杨　谦
易地扶贫搬迁办主任	龙　昶
精准扶贫股股长	于未来
行业扶贫股股长	丰万军
社会扶贫服务中心主任	谢　弘
项目股股长	钟　征
人事财务股股长	肖　蒙
办公室主任	任　效

【概况】　2017年，市扶贫办紧盯最高目标，动员全市力量，全面打响脱贫攻坚大会战，形成专项扶贫、行业扶贫、社会扶贫三位一体战略格局，较好地完成上级下达的各项任务，2017年核实上报贫困村退出15个，脱贫人口7884人。

【“五个到位”】　将脱贫攻坚作为最大的政治任务和一号民生工程，坚决贯彻上级关于脱贫攻坚的各项决策部署，主要从五个方面入手，将工作狠抓到位。

一是责任落实到位。在严控会议的情况下，召开6次全市性大会，统一调度、全力推进脱贫攻坚工作。市委9次召开常委会议、市人民政府6次召开市长办公会议，专题研究扶贫资金投入、会战方案、突出问题整改等重大问题。制定《汨罗市脱贫攻坚大会战方案》《汨罗市脱贫攻坚突出问题集中整改方案》，下发《关于明确落实岳阳市“四大会战”工作责任的通知》《关于明确市级领导脱贫攻坚责任的通知》《关于明确行业帮扶责任单位脱贫攻坚任务的通知》《关于明确乡村两级脱贫攻坚职责的通知》《汨罗市脱贫攻坚“三走访三签字”工作实施方案》，将任务压实到各乡镇、各行业扶贫单位和驻村帮扶单位。

二是队伍配备到位。37名市级领导联系15个乡镇，帮扶20个贫困村，所有联点市级领导结合“三走访三签字”和常态化联点督查工作，多次进驻贫困村调度精准扶贫工作。安排177个市直单位（含二级机构）和160家民营企业，对口帮扶全市154个行政村（含24个贫困村），实现行政村驻村帮扶“双保险”、全覆盖。从部门单位选派1972名干部结对帮扶贫困户6310户，从乡镇选派1456名干部联系贫困户2880户，进村入户与贫困群众认亲交友，一起挖穷根、奔小康。

三是宣传培训到位。通过报纸、电视、网络、广播等各类媒体，广泛宣传上级政策、工作动态等，编印《汨罗脱贫攻坚》简报9期，制作扶贫宣传牌242块，张贴宣传标语2万余条，营造良好氛围，凝聚更多力量。印发《脱贫攻坚工作手册》，镇村两级干部和全体工作队员人手一册，印发《全市脱贫攻坚到户政策口袋书》《脱贫攻坚到户政策告知书》，分发到所有贫困户。开展驻村帮扶工作业务培训4次、乡镇扶贫干部培训6次，每月组织包村干部、全体村干部和驻村帮扶工作队员进行扶贫业务知识培训1次以上。制作扶贫应知应会考试试卷，组织考试，以考促学。通过全方位宣传、针对性培训，让扶贫干部成为行家里手，让扶贫政策深入人心。

四是帮扶措施到位。严格按照“四个切实”“六个精准”“五个一批”要求，科学谋划脱贫措施。认真开展“双承诺、双认定、双确认”工作，帮扶干部与建档立卡贫困户双方承诺，解决好“谁来帮”和“怎么脱”的问题；对照贫困户脱贫“一超过、两不愁、三保障”标准，对已达标的内容进行“双认定”；对帮扶内容、措施和过程，帮扶干部和贫困户进行“双确认”。全面落实“一户一卡一册”，进一步细化“双认定”工作的具体任务和工作时间表，结对帮扶干部每月上户走访1次以上，扎实推进产业、教育、就业、搬迁等脱贫计划。

五是资金投入到位。进一步加大专项扶贫资金投入力度，市本级财政预算扶贫资金投入1250万元，现已下拨1457.3万元。驻村帮扶后盾单位投入资金1776万元、社会扶贫资金2539.4万元。

【“十大行动”】　着眼突出问题和薄弱环节，注重扶贫、扶志和扶智相结合，在针对性更强、作用更直接、效果更可持续上狠下功夫。

一是产业脱贫行动。投入100万元，实施省重点产业扶贫项目1个；实施高山蔬菜、黄桃、药材种植，牛、羊、蜜蜂、土鸡养殖等县级产业扶贫项目227个。投入1008万元，规划建设村级光伏电站24个，现已建成6个。全市15个拟退出贫困村成立产业合作组织20个，带动1700名贫困人口增收脱贫。

二是培训就业脱贫行动。完成两后生培训82人、贫困劳动力素质提升培训305人，实现贫困劳动力转移就业1303人，入户采集12029人农村贫困劳动力信息，及时录入省就业服务公共信息平台，主动跟踪，及时提供服务。

三是金融脱贫行动。建成贫困村金融服务站点24个，给1283户贫困家庭发放贷款5124.5万元，完成全年贷款指导计划数的124.8%，贴息完成224.4万元。

四是兜底保障脱贫行动。重新认定和审核兜底脱贫对象，实现农村低保标准与国家扶贫标准“两线融合”。完善临时救助制度，对农村贫困人口参加居民养老保险给予适当补助。将困难残疾人生活补贴提高到600元/年，重度残疾人护理补贴提高到1200元/年。

五是教育助学脱贫行动。对建档立卡贫困户家庭幼儿入园，每人每年补助1000元。对农村寄宿的义务教育阶段贫困户家庭学生提供生活费补助，其中小学生每人每年1000元，初中生每人每年1250元。贫困户家庭高中阶段学生资助全覆盖、贫困大学生助学贷款全覆盖。年内教育资助11012人次，补助1048.7万元。

六是医疗救助脱贫行动。落实基本医疗、大病保险、医疗救助“三重保障”，贫困户住院报销提高10%，大病保险起付线降低50%，全年医疗救助906人，补贴250.7万元。落实健康扶贫“三个一批”政策，建立一站式结算服务平台，预拨1200万元到市人民医院专用账户。

七是住房安全脱贫行动。拨付项目资金8200万元，易地扶贫搬迁725户、2416人，入住701户，入住率达96.7%。对2016年危房改造贫困户195户进行上户审核，发放补贴资金195万元，2017年争取资金400万元，实施贫困户危房改造506户。

八是基础设施完善脱贫行动。启动24个贫困村饮水安全工程，安装主管4.9万米。投资462万元，完成窄路加宽18.5千米。投资276万元，完成安保工程22.5千米。投资80万元，新修改造村级公路5.8千米。

九是基层组织建设和公共服务完善脱贫行动。结合村（居）“两委”换届，认真考察，严格把关，让每一个建档立卡贫困村都选出一支战斗力强的村级班子。每个贫困村安排运转经费17万元，其中村级组织办公经费不低于3万元每年。

农村电子产业（2018年）

24个贫困村均按岳阳市统一标准建设村级综合服务平台，已全部建成投入使用。

十是社会扶贫行动。鼓励“两代表、一委员”参与扶贫，开展“万企联万村、万商帮万户”活动，组织爱心公益活动，引导各界爱心人士、爱心机构资助1550名留守儿童、困难学生、残疾学生和180名孤寡、五保、空巢、残疾老人，资助现金及物资达800多万元。开展“10·17”扶贫日系列活动，捐赠生活物资价值220万元，义诊贫困户2000多人次，免费治疗1000多人次。积极推广中国社会扶贫网，截至12月10日，全市注册贫困户5292户，注册爱心人士3153人，注册管理员389人，发布贫困需求信息1388条。

【“四个严格”】 把从严要求贯穿脱贫攻坚工作全过程，让真干假干不一样、干多干少不一样，确保工作成效经得起各方检验。

一是严格干部管理。成立市派驻村工作队管理办公室，制定《汨罗市市派驻村帮扶工作队管理办法》《汨罗市派驻村帮扶工作队员问责召回实施办法》，制定《汨罗市派驻村帮扶工作队2017年度考核方案》，进一步加强驻村工作队管理，印发工作通报3期、整改通知122份，召回调整工作队员36人。

二是严格资金监管。严格按照上级规定开展项目实施、验收及资金拨付，所有扶贫专项资金项目均在汨罗市政府门户网站公示，各镇村对到户资金公示到位，贫困户到户补贴资金实行“扶贫明白卡”一卡通发放。强化扶贫资金的检查监督审计，组成联合督查组，对扶贫专项资金管理使用情况开展专项督查，重点查处扶贫项目虚假立项，扶贫资金虚报冒领、挤占挪用等问题。开展“雁过拔毛”式腐败问题专项整治，查处违规项目4个，追回违规使用扶贫资金9.44万元，处分6人。

三是严格问题整改。4月底至6月初，严格按照《湖南省脱贫攻坚突出问题集中整改方案》要求，重点围绕对象识别不准、脱贫质量不高、帮扶工作不实、资金项目监管不严、内生动力不足、工作落实不力六个方面的问题，即知即改，彻查彻改。9月至10月上旬，针对8月初省暗访组反馈问题，在全市开展为期一个月的“拉网式”自查整改。9月12日—29日，对所有乡镇进行全面督查，并分乡镇召开督查情况反馈问题整改调度会，市委问责办、市纪委全程介入，当场通报督查发现的问题，列出问题清单，要求乡镇和驻村帮扶后盾单位、驻村队员针对问题限期整改，对工作不力、作风漂浮的单位和个人，予以严厉追责。

四是严格督查考核。制定《汨罗市脱贫攻坚督查巡查工作实施办法》《汨罗市脱贫攻坚常态化联点督查工作实施方案》，建立常态化督查机制、巡查机制、考核机制，强化跟踪问效。对上级重要决策部署、脱贫攻坚基础工作落实情况和行业部门扶贫政策落实情况进行全面考核，实行“月调度、季讲评、年终算总账”。组织开展专项督查4次，通报各类问题11个，下发督办函6次，发现的问题均已限期整改到位。

（任　效）

城建·环保·交通

住房和城乡建设局

市住房和城乡建设局负责人（名单）

书记、局长	陈学礼
副书记、副局长	朱建辉
副局长	周月平
城市管理综合执法局副局长、住建局党委委员	曾放农
副局长、环境卫生管理处主任	吴权中
党委委员	朱　勇　彭素辉 陈湘政　徐　煌
党委委员、城乡建设管理中心主任	朱军旗
办公室主任	杨　琛

【概况】 2017年，完成山水路续建工程、方家坪巷、沿江大道、高寿桥巷、狄坪路、八托路、归义小学门前路段和三小路等学校路段的提质改造工程。力争年内完成稻香街、罗城路西段等道路的提质改造工程和启动通江路、鲁师坝路新建工程。

【城区建设】 排涝、污水管网工程以及水体治理情况：一是完成大众路、建设中路、建设西路、城西路和小汨新路共五条城市主干道下水道、排涝主渠的清淤工作。二是团山污水管网工程已完成A线工程和泵房建设，S201污水箱涵工程和城西污水尾水排放工程正在抓紧实施，年底可如期完工。三是完善高泉新城排水系统和污水厂二期工程的方案设计，将迅速进入土建程序。四是人民东路窑州社区、大路社区廉政教育中心旁黑臭水体治理、百丈村中干渠清淤整治、城北村沿江大道北侧主排水渠疏浚、大众北路排水箱涵扩建、南江社区2组城市排涝工程、揽月楼居民区排涝改造等黑臭水体和城市排涝工程相继实施，年底竣工。

城市绿化全面启动。完成城富线（红旗水库边）、湘汨线（入城路段）、沿江大道、沿江风光带、罗城路、S308、团山小游园等城乡连接线及城市节点部位的绿化补植工作。完成大众路小游园、改造市委南门、政府大院等公共场所的绿化提质改造；制定罗成桥公园与友谊河风光带提质改造工程设计方案。

市政配套设施建设。启动地下管线普查、海绵城市规划、城市桥梁检测维修加固等各项市政工程，年内将相继完成任务。完成原国土局西侧货车停车场建设并已投入使用。城区新建停车位360个。

【城市管理】 围绕创建国家“文明、卫生、园林”城市为目标，针对城市管理实际，局党委成员和二级机构负责人不仅实行一月一评比，一季度一讲评制度，随时进行工作进展督查，形成全局共同关注城市管理的氛围，带动城市管理形式的好转。各个职能单位按照各自职责，认真抓好日常管理工作。

加强市容整治力度。自3月下发《汨罗市城市管理十条禁令》以后，城管大队巩固推进最严城管城区整治行动。一是大力治乱、严管出店经营、占道经营等城市乱象。依法拆除违章棚亭和占道设施共计600余个，依法取缔存在安全隐患的游乐设施和流动摊点共计3864次，劝导7600余次，依法整治广告招牌面积达1.2万平方米。二是严格禁炮措施，倡导文明操办红白喜事。倡导文明操办红白喜事，严格禁炮措施。推行“六步骤”办案制度。城区禁炮区域共计巡查办事对象6000余人次，巡查到有燃放烟花鞭炮意向的办事对象共计1307起，成功劝阻1198起，全年花炮控置率达98%以上。鞭炮控制率达到90%以上，但仍有109起办事对象不听劝阻（其中突发情况60起）顶风违规燃放烟花鞭炮，通过行政处罚共36起，行政拘留2人，新闻媒体曝光共计36起。三是系统整治噪音污染，切实解决噪音扰民问题。针对噪音扰民具体办法及措施。积极组织环保、公安、工商、文化、建工办等相关职能部门联动，开展行之有效的集中联合监控整治。加强日常噪声巡查力度和现场监管，提高违法成本，最大限度降低社会生活噪音和市民身心健康危害性。

加大环卫经费投入。以“三城同创”为目标，到目前为止共投入460余万元，添置25台作业车辆，全面新建改造罗城路—汨新路沿线9处压缩式垃圾站（公厕）和城区7处垃圾站（公厕），年内将相继竣工并投入使用。投资4亿元的垃圾焚烧发电厂完成招标。

强化路灯亮化管理。全面开展城区路灯设施检修和调试，及时做好亮化设施维护，全年共维修路灯587盏次，控制箱35个次。完成沿江风光带130基路灯拆除；沿江风光带南侧65基景观灯和2基中杆灯、山水路4基中杆灯及56基路灯、傲花塘路11基路灯、高寿桥巷14基路灯、三小路12基路灯的安装；完成大众小游园、市委南门停车场的路灯和景观灯建设。投入资金7.88万元购置路灯线路故障测试仪一套，能够对路灯线路故障进行精确定位。针对不同路段的车流、人流状况和公园、休闲带的功用，制定半夜亮灯模式，每月可节省2万余元。

规范建筑市场秩序。一是规范建筑工程施工许可证审批手续，审批流程进一步完善，责任进一步明确，为止，办理施工许可证37份，下达《催办通知书》15份，《停工通知书》7份，《立案调查》6份。二是强化质量监督，确保工程质量与安全，积极开展建设工程“打非治违”行动，共组织全市范围建设工程质量安全检查10次，通过排查共发现质量安全隐患78个，下达质量安全隐患整改及停工通知书35份。三是依法依规全面开展招投标工作，到目前为止，共计招标项目36项，其中工程公开招标项目34项，工程邀请招标2项。

【机关党建】 2017年，全局认真贯彻落实市委、市政府指标精神，始终坚持以党建促城建、以党建强队伍，保障住房和建设事业的科学发展，始终保持党的群众路线实践教育活动力度不减，突出抓好“两学一做”主题教育学习活动，认真学习“四种精神”专题讨论活动，交流心得体会，带动全局党员意识得到加强，党性观念得到提高，工作热情增加，为人民服务的思想增强。通过基层党支部换届选举，调整支部班子成员，优化基层班子力量，使局属各党支部机构更加完善。

（杨 琛）

城市建设资金管理中心

市城市建设资金管理中心负责人（名单）

党组书记	仇锦光
中心主任、总经理 市财政局副局长	彭庆雄
中心副主任 副总经理	许德敢
城建投副总 经理（兼）	阳　舟
城建投副总 经理（兼）	梁风雷
中心副主任	谈　剑
中心党组成员	任晋德
总工程师	曾令若
中心党组成员 工会主席	龚正伟
办公室主任	曹　意

【概况】 2017年，市城市建设资金管理中心扎实工作，为“三个汨罗”建设作出了一定贡献。

【项目建设】 一是项目工程建设。启动长沙经开区汨罗产业园的基础设施建设工程项目，与市水务局做好该园区的引水工程，项目投资2亿元，现已启动建设。

高铁新城建设项目，项目投资约3.5亿，前期规划工作已完成。

完成汨罗江大道友谊河口至法院路段绿化、人行道铺装、路灯安装（南侧拓宽16米），投资约1000万元。

维修改造汨罗江国际龙舟节赛场设施工程投资约80万。

参与海绵城市规划编制，完成高泉新城、归义滨江街区、城南商圈概念规划，目前已完成高泉新城的去杂、去淤及下水道箱涵的建设，为高泉新城顺利开工打好了坚实的基础。

启动城区几大进口人行道绿化亮化建设工程，投资约600万。

屈子生态湿地公园建设及北托路、沿湖路等道路工程，投资2亿，现已完成主体工程80%。

拉通鲁师坝路工程，建设投资约1000万，已招投标工作，目前已准备开工建设。

山塘路跨铁路桥建设工程项目已全面开工，桩基础工程已完工，山水路已全面拉通。

积极配合启动垃圾焚烧发电项目；新建4个小游园停车场，目前完成2个；渣土场建设工程正在选址，改造压缩式垃圾站10个，公厕6个工程投资约7000万元，已启动建设。

配合水务局加快农村集中供水管网延伸建设，消除城区周边村镇自来水管网盲区，建设投资约0.6亿，已完成工程85%。另消防栓新安装75台，旧换新25台，已完成总工程的80%，投资约120万元。

骑行公园投资1500万元，工程已基本完成。

武广安置房二期工程顺利进行，7栋安置房主体工程已完工，投资约3500万元，同时已启动合兴7组拆迁工作，房屋评估已完成，解决多年的遗留问题。

通江路招投标工作已完成，目前已准备开工建设，投资3200万元。

二是融资。由于中央六部委50号文件和财政部87号等文件的相继出台，在信贷收紧、监管加强，融资压力增大的情况下，不断拓展融资渠道，创新融资方式，加强与银信部门的对接，较好的完成全年融资任务。

截至12月18日，通过银行贷款渠道融资签订合同金额192250万元，其中到位资金153650万元，尚有38600万元在年底均可到位，同时为应对国家信贷政策调整，公司建立融资项目库，加快项目整合及申报进度，结合银行信贷政策，有针对性的启动项目融资，确保完成全年0.18亿元融资任务。

【脱贫攻坚】 首先是精准扶贫。切实加强组织领导。成立新一轮农村精准扶贫工作领导小组，彭庆雄任组长，党组成员为成员，并确定龚正伟负责驻弼时镇清溪村精准扶贫的日常工作，派出冯雷为工作队长、何韬为队员的工作队驻村开展工作。

强化基层组织建设。深入开展创先争优活动，为扶贫村的发展提供坚实的组织保障。一是指导村党支部定期组织村、支两委班子和全体党员、干部学习党的路线、方针、政策和法律法规，努力提高村、支两委的政策水平和法律意识；二是认真开展创先争优活动，指导驻点村党员结合村里发展，搞好驻点村村支两委换届选举工作，充分发挥贫困村党员干部在率先发展、带头致富、带领致富先锋模范作用；三是切实加强村支两委班子建设和党员队伍建设；四是建立管理规范、功能综合和党员活动室和村活动场所；五是建立健全“三会一课”制度、“四议两公开”制度、村务公开制度等各项规章制度。

认真识别贫困对象。根据省扶贫办的要求，对弼时镇清溪村进行一次贫困对象全面调查摸底，并按照贫困户识别的标准，成功识别出四类对象8户，贫困人口30人，现已上报市扶贫开发办审核并删除。通过贫困对象的识别，为精准实施扶贫打下坚实的基础。

统筹协调扶贫资金。全力协调扶贫相关资金，确保资金及时调度到位。同时管好用好扶贫资金，严格财政纪律，严格按照“项目跟着规划走，资金跟着项目走，监管跟着资金走”的要求，及时将扶贫资金拨付到位，严禁对扶贫资金挤占、挪用。现已到位资金34万余元，其中现已用于产业帮扶5万余元，医疗帮扶3万多元，教育帮扶1.5万余元，兜底帮扶1万元，危房改造3万元，异地搬迁垫付10万元，一般困难户和五保户资金帮扶1万元，村级基础建设已投入14万余元。

完善基础设施建设。一是投入资金7万元，新修硬化从清溪村株树组和东芭蕉组1.25千米村道；二是投资70万元新建一个村级服务平台；三是争取“一事一议”财政奖补项目资金10万元用于村内基础设施建设。

其次是措施落实。医疗帮扶。株树组贫困户游建平，常年因冠心病、肺气肿多种疾病积压，导致家中失去主要劳动力，工作队长期帮扶医疗费用，于八月底病重，由工作队负责送入汨罗市人民医院内一科就诊，已垫付住院治疗费用3000元，依病情后期继续住院治疗；戴家组贫困户吴炳祥，因双侧股骨头缺血性坏死，失去主要劳动能力，因病致贫，工作队主动联系湖南省第二人民医院手术，先期帮扶2万元并争取小额信贷3万元，医疗报销2万多元，公司在社会扶贫网上发起募捐，为其术后恢复治疗筹集费用。

教育帮扶。东芭蕉组贫困户吴征兵，儿子吴宇就读于李家塅中学，吴宇在校的生活费、学杂费用，共计6000元，女儿吴澳也于8月底收到岳阳卫校的录取通知，为不让兄妹因家庭贫困而失学先后解决生活费、学杂费等9000元；为古塘组贫困户吴团山女儿吴霞解决学杂费3000元。

产业帮扶。坑上组贫困户刘桃林、株树组贫困户游建平有发展养殖业的意向，中心出资1万元购黑山羊种羊6只，分别为两家修建羊圈，并请专业技术人员进行技术指导，现开始产仔，明年有望增收万元。

兜底帮扶。清溪村建档立卡贫困户中的兜底保障户有两户。分别是新屋组吴柳意1人，曹公塘组彭美华2人，均为智障，无劳动能力，中心党组对两户进行兜底保障。分别解决兜底资金4000元和4500元。

安居帮扶。清溪村建档立卡贫困户在2017年度脱贫计划内，异地搬迁5户，危房改造7户。其中异地搬迁户分别为彭果勋、彭斌生、吴维新、周俊凡、彭建。危房改造户分别为夏学文、吴要强、刘飞文、吴广辉、舒正平、彭意良、刘文辉。现在所有危房改造和异地搬迁工作都已完成并入住。方冲组周俊凡的异地搬迁和胡家组舒正平的危房改造，由于户主及家庭成员无劳动能力，此项工程施工由工作队全权负责。

【村级综合服务平台建设】 根据市委文件精神，协助组织部完成全市村级综合服务平台建设的现状调查，确址及新建与改造的认定，完善设计方案，编制施工预算、聘请工程监理并进行技术交底，至11月底，已支付平台建设工程款7476万元，全市178个平台已全部完成，其中新建平台96个，改造平台82个，年底投入使用。

【廉政建设】 在全中心范围内认真开展学习党章、学习中央领导人关于干部作风建设的重要讲话、学习习总书记在中纪委七次全会上的报告。支部把“两学一做”活动纳入党支部全年的一项重要学习内容，传达中央和省、岳阳市委、汨罗市委委关于学习党章的要求，在整个学习过程中，除全体党员参加外，并组织入党积极分子参加学习。在整个活动中，广大党员不仅能做到自己积极发挥先锋模范作用，而且带动身边的职工群众。班子成员切实做到带头勤奋工作，带头安心本职，带头抓好学习，带头改进作风。

首先，强化责任意识，落实党风廉政建设责任制。

一是年初召开党风廉政建设责任制工作会议，对党风廉政建设及反腐败工作进行安排部署，研究制定《汨罗市城市建设资金管理中心党风廉政建设责任分解的通知》，明确党风廉政 建设工作和反腐倡廉工作的整体目标和任务。二是成立中心党风廉政建设领导小组。将领导职责和工作任务分解落实到党组班子成员和各股室，由党组书记和主任对全局党风廉政建设和反腐败工作共同负总则，同为第一责任人，共同负责该中心党风廉政建设管理、教育和监督，其他班子成员对所分管股室的党风廉政建设负直接责任。明确责任对象、责任要求、责任内容，共签订党风廉政建设责任书 30 份。做到把党风廉政建设、反腐败工作与局机关各项工作一起部署，一起 检查，一起落实，一起考核。

其次，开展廉政教育，筑牢防腐思想道德防线。

党风廉政教育是反腐倡廉的基础性工作，按照市纪委工作要求，组织党员干部认真学习《中国共产党领导干部廉洁从政若干准则》，教育和引领党员干部进一步强化大局意识、宗旨意识、法纪意 识、廉政意识、监督意识、树立勤政廉政的新形象。二是进行警示教育。组织全体党员干部认真观看《永远在路上》的反腐警示教育片，组织全体党员和入党积极分子到市廉政教育中心接受教育，每个党员干部做到自重、自省、自警、自励。

再次，注重制度建设，加强源头治理工作。

落实民主议事制度。贯彻执行“三重一大”议事规则，严格规范领导行为。加强重大决策、重要人事安排、重大项目安排和大额度资金使用的监督力度。不断规范领导干部工作行为，使领导干部带头执行有关规定，严格履行决策程序，自觉规范领导的决策行为。

落实个人重大事项报告制度。规定党组班子成员婚丧嫁娶、子女升学等均由本人事先按程序申请，党组会限定范围和标准，大事办完后按程序进行回告。

最后，强化廉政意识，进一步规范领导干部从政行为。

创建廉洁型领导班子。班子成员保持着高度的警醒，带头遵守有关清正廉洁规章制度，带头接受党和人民群众的监督，增加工作透明。党政“一把手”认真执行不直接分管人事，不直接分管财务，不直接分管项目的规定。

禁止领导干部违反规定插手干预工程项目建设。中心把禁止领导干部违反规定插手干预工程项目建设专项检查作为每年度党风廉政建设和反腐工作的重点内容来抓，完善和规范工程项目运作的规章制度，建立起上级监督下级的层级监督制度。

（曹　意）

规　划

市规划局负责人（名单）

局　　长	李建平
副　局　长	欧阳华　周永红
原规划办副主任 归义镇党委委员	彭向平
原规划办副主任 园区分局副局长	黄立新
原规划办副主任	虞立军　吴析理

【概况】 规划编制方面。在城市总体规划的框架下按照“科学前瞻、特色鲜明、无缝对接”的工作

要求，结合项目建设，扎实推进规划编制。城市规划上，完成汨罗市城市总体规划实施情况评估工作；完成城区医疗、消防以及新型墙体材料布局专项规划编制工作；完成城南商圈、高泉活力新城和武广高铁新城的城市设计等片区规划；完成风光带及沿江大道提质改造、新市古镇仿古街、西入口、湄江路东延线、棚户区改造、屈子生态湿地公园、国际广场、金泽酒店、诗歌小镇、龙舟竞渡中心、文化艺术中心、老年活动中心等85宗项目修建性详细规划审查。镇村规划上，完成市域集镇布局规划的编制；完成神鼎山镇、三江镇镇域村镇布局规划、镇区规划、集镇规划的编制，其中神鼎山镇的三个规划成果通过规划委员专题会议审议；启动长乐镇、川山坪镇、白水镇等新一轮乡镇区划调整后的规划编制工作；完成弼时镇湄江村村庄规划和长乐镇长新村、新市镇新书村传统村落保护规划编制工作；完成长乐故事小镇概念性规划、长乐故事文化园修详规划编制。

规划审批方面。贯彻执行市委、市政府关于城市规划区禁止个人建房的决定，协调相关乡镇落实禁建区划定工作，全面停办禁建区个人建房审批手续。以批前公示、批后公布为常态，所有项目批准均在时刻新闻、微信公众号及项目现场公示、公开。全年共办理建设用地规划许可证77份，建设工程规划许可证156份。完成全市178个村级服务平台踏勘选址和规划服务工作，妥善处理疑难遗留建房户问题26起。

规划服务方面。集中技术力量做好市委、市政府17个重点项目指挥部的规划技术服务工作，将对应指挥部的技术服务责任明确到人。完成城区棚户区改造范围划定及相关图纸；完成国道240治超站、养护中心用地规划审批服务；完成三兴机械、旭光环保、兆富铜业、给力达电子、汨水循环、拓曼电子、万容、晨威等产业项目规划服务工作。及时受理处理各类信访纠纷75起，处理“12345”热线督办单140起，市领导督办件12起，回复网络舆情11起，及时将各类矛盾纠纷处理在萌芽状态。

【控建拆违】 是年度的控建拆违工作是历年以来强拆次数最多、面积最大、影响最广的一年，紧扣“新增违建零增长、存量违建负增长”目标，始终保持打击违法建设的高压态势。一是突出即查即拆。对新增违法建设，一律“零容忍”，实行即查即拆。截至目前，实施现场即查即拆59起100余次，拆除面积8295平方米。二是强化联合拆违。对情况复杂的较大型违法建设，由控违办协调、属地政府牵头、相关部门参与，开展大型联合拆违行动，坚决杜绝拆小不拆大、拆软不拆硬、拆明不拆暗现象。7月21日，出动300多名力量，对京广高铁团山段9处违法建筑全部拆除。8月18日，依法拆除大路铺社区超层扩面的8层楼房，拆除违法建筑面积2226.6平米，有力震慑违法行为。三是实施片区清零。利用棚户区改造、市重点工程建设及城市提质改造等契机，对片区存量违法建设一次性整体拆除。组织200余名执法人员彻底拆除汨罗原物资局片区5处乱搭乱建违法建筑，组织100余名执法人员连续七天将S308线沿线、老街片区、火车站片区所有违建棚屋全部拆除。

城市重点监管区域全年共查处违法建设496起，累计出动执法人员8000余人次。现场即查即拆59起，拆除面积8295平方米；强制整改到位18起；组织大型联合拆违行动49次，拆除新增违法建设53起，拆除面积21898.7平方米；拆除存量违法建设366处，拆除面积36849平方米；上述3项合计拆除违法建设面积67043平方米。

【中心工作】 项目建设百日攻坚工作。根据市委市政府开展项目建设百日攻坚工作的统一部署，抽调精干力量，明确专人专职做好项目建设百日攻坚的规划技术服务工作，完成项目建设规划85宗，确保不因规划工作原因延误工程进度。

脱贫攻坚及易地扶贫工作。根据市委安排，进驻弼时镇湄江村开展美丽乡村和精准扶贫帮扶工作，成立以局长为组长的驻村帮扶工作组，工作组成员迅速进入角色，先后80余次深入湄江村进行走访调研，详细了解情况，制定脱贫方案，完善建档立卡。年内编制完成湄江村村庄规划，易地扶贫搬迁1户，危房改造2户，教育助学5户，社会兜底4户，贴息贷款6户，另外2户易地扶贫搬迁正在申报中。湄江村美丽乡村建设通过岳阳市级验收。棚户区改造：完成城区棚户区改造范围划定及相关图纸，协助做好基本情况统计，并对职责范围内棚户区改造拆迁任务进行重点突击、扎实推进。

环保问题整改及农村环境综合整治。按照职责范围，结合黏土砖厂、养殖场退出和规范农村村民建房工作，为环保问题整改和农村环境整治做好规划服务和技术指导。

殡葬改革工作。协助指导桃林寺镇、三江镇、长乐镇、弼时镇编制完成公益性公墓规划，组织专家及相关部门领导对规划成果进行专题审查。

“刹人情歪风”专项工作。严格执行汨罗市“刹人情歪风、治婚丧陋习、树文明新风”专项工作中有关规定，成立专项工作领导小组，组织全体干职工签订公开承诺书，建立登记台账，及时掌握第一手资料，严格执行报告备案制度，年内报告6例、备案1例婚丧宴席办理，坚决贯彻执行市委专项工作部署。

【党建工作】 开展主题教育活动，提高政治站位。一是全面深入学习贯彻党的十九大精神，组织干职工学习习近平总书记在十九大上的报告，深刻领会十九大精神的思想精髓和核心要义，把规划干部队伍思想统一到十九大精神的旗帜下，切实增强贯彻落实十九大精神的自觉性坚定性。二是扎实推进“两学一做”学习教育活动制度化、常态化，全面提高党员队伍意识和思想水平。

履行领导责任，抓好党建工作。一是坚持在政治原则、政治立场、政治观点和执行党的路线方针政策上与党中央保持高度一致，认真执行市委市政府的各项工作部署，做到令行禁止，政令畅通。二是加强支部建设，进一步充实党支部工作力量，坚持落实“党员活动日”和“三会一课”制度，全年组织开展党员活动9次，召开支部党员大会4次、支部委员会12次、专题党课4次，充分发挥支部的战斗堡垒和先锋模范作用，把全局各项工作抓具体、抓深入、抓扎实。

提升行政履职能力，打造服务机关。一是根据规划五年行动计划，开启服务型机关建设。树立管理就是服务理念，转变机关工作作风，完善规章制度，从局长做起，全体工作人员在办公室门上公开手机号码，便于办事对象及时联系，要求所有接待的事项在职责范围内的必须在规定期限尽快解决，不在职责范围内的耐心做好解释和相关衔接工作，提升群众服务满意度。二是举办形式多样的学习活动，组织干职工开展业务知识学习98人次，努力提高规划队伍行政履职能力。三是加强内部管理。严格内部考核和管理制度，组织签订责任状、承诺书、开展督查巡查等方式加强干职工队伍管理，及时掌握动向，强化底线意识，将问题苗头控制在萌芽状态，着力建设清正队伍。

认真落实党风廉政建设责任制，以改进工作作风，密切联系群众为重点，进一步强化党员干部廉洁自律和廉洁从政意识。一是严格执行中央和省、市委关于党风廉政建设主体责任的规定，认真落实“第一责任人”职责和班子成员“一岗双责”制度，做到“重要工作亲自部署、重大问题亲自过问、重点环节亲自协调、重要案件亲自督办”。二是扎实开展党风廉政建设教育活动，组织开展党组中心组学习和廉政建设警示教育，认真落实党风廉政建设工作要求。三是及时报告“三重一大”工作事项，重视来信来访和案件查办，全力支持纪检监察开展工作。四是按照权力和责任清单规范权力运行，切实履行职责，加强廉政风险防控，开展机关文化建设，建设清正队伍，打造和谐机关。根据作风建设相关规定和纪律要求，全年共查处迟到等违反工作纪律规定违规人员20人次，发查处通报10个，约谈干职工17人次，强化干职工队伍的底线意识和纪律的刚性约束机制。

（吴坤求）

环境保护

市环境保护局负责人（名单）

党组书记 局长	柳才平
党组副书记 副局长	周昌思 邓永红（5月改任）
副局长	任　鸽　邓寻念 甘正平　唐卫国 徐　晖
党组成员	张忠胜　黄旭日
总工程师	周　波
办公室主任	周　勃

【概况】 市环境保护局持续推进环境整治，完成黏土砖、塑料、麻石三个行业整治，启动畜禽养殖、门类加工行业整治，办理移送公安机关案件30余起，行政拘留10余人，办理行政处罚案件200余件，移送法院强制执行6件，查封、扣押机械设备涉重、涉危物品1064处63项。区域环境质量持续好转，

全年空气优良率达89%，地表水质稳定保持Ⅲ类水质标准，顺利通过中央环保督察，先后获得“湖南省依法办事示范窗口单位”，省公安厅、环保厅“联合打击环境污染犯罪先进集体”，省环保厅“执法大练兵先进集体”荣誉称号。

【“国考关”】 全年共收到中央环保督察组信访交办件52件，8月份中央环保督察组和湖南省委、省政府交换督察意见时又交办10个问题，省政府交办重点事项4个，岳阳市委、市政府督办中发现交办问题4个，合计共70个问题。针对中央、省、市三级交办的问题，环保局以最大的政治忠诚，以最坚毅的工作态度，克服困难，排除阻力，以100%的办结率、100%的问责率、100%的约谈率办结中央环保督察交办52个信访件，其中天兆景园、佳润农牧两个万头猪场的投诉处理，书记、市长到现场亲自指导、调度，办理结果得到中央环保督察组、岳阳市委书记胡忠雄的肯定和表扬。在白水江污染、李家河污染投诉中，以挑战不可能的精神完成投诉处理，以最佳效果迎接中央环保督察。在环保压力大、基础薄弱、谁都认为有问题、谁都不看好的情况下，以背水一战的决心，持续推进环保整治，最后顺利通过中央环保督察的“国考关”。中央、省、市交办的70个问题中，全部办结66件，另4件正在按“一个问题，一个市级领导，一套班子，一个方案，一抓到底”的方式推进，紧扣时间节点完成任务。

【督察动员】 针对合法企业存在环保管理的漏洞，召开全市合法企业迎接中央环保督察动员大会及铜、铝行业污染管理工作会，发放合法企业环保“十有”、迎检注意事项通知2000多份，限期整改、停产整改文书200多份；层层签订责任状，组织拟检查，帮助完成环评验收、应急预案、排污许可等手续。监测部门突击监测企业140多家，完成监测数据10255个，为企业整改提供指导和强有力的数据支撑。督促相关部门加快环保基础设施建设，保证污水处理厂高质量运行；加快重金属废渣填埋场和固废填埋场建设速度，如期完成验收并投入使用；督促生活垃圾填埋场进行防渗加固，提高垃圾场污水收集和处理率。通过加快环保基础设施建设，增强区域环境管理和处置能力，防范环境突发事件的发生。

【中央项目】 组织编制《汨罗江流域水污染防治实施方案（2017—2019年）》，经省环保厅、岳阳市人民政府审定同意，现已进入水污染防治中央项目储备库。规划近3年在汨罗市实施20个水环境综合治理项目，可申请中央水污染防治专项资金21240万元。争取到屈子祠镇土法炼铅历史遗留废渣综合治理、湖南基荣木业有限公司挥发性有机物治理两个项目专项资金580万元，已全部到位并已开始进行治理。强力推进农村环境综合整治、再生资源大市场废铅酸蓄电池拆解行业污染综合整治工程，已全面竣工；组织开展全市土壤污染源、污染地块调查，兰家洞水库饮用水水源地保护工程、团山基本农田土壤污染治理与修复工程等工作。

【国家级区域环境】 年投入800多万元在屈子祠镇建设国家级区域环境空气自动站，在汨罗江平江县与汨罗市交界处建设水质自动监测站，启动市域范围内由21个自动监测设施组成的监管平台建设工作，对PM10、PM2.5、环境噪声进行24小时不间断监控。国家级区域环境空气自动站有利于分析区域内、区域间大气污染物的浓度水平和传输规律，研判区域大气污染发生发展趋势，为区域重污染天气预报预警提供支持。水质自动监测站有利于及时了解汨罗市水源的水质情况，推动跨区域污染联防联控，对保障汨罗人民饮用水水源安全起到重要作用。由21个自动监测设施组成的监管平台，将工业企业污染设施运行、农业面源污染、乡镇主要污染源、城市街道粉尘噪音都纳入该平台管理范围，构建环保管理的大数据系统，推动基层智慧环保的发展，为基层环保执法、管理提供最直接的依据。

【环保宣传】 联合宣传部、团委、妇联、教育局、法制办等部门，开展“给家长的一封信”“环境综合整治巾帼在行动倡议书”、环保志愿者“万人签名”、塑料行业整治升级电视座谈会、环保法律法规下基层等活动。投入50万元，在15个乡镇设立大型环境保护广告牌，租用流动宣传车下乡进村，利用城区大型广告电子屏和公交站台的广告栏，开展环境保护政策宣传，提升群众环保意识，助推环保整治。

（周　勃）

房地产

市房地产管理局负责人（名单）

党组书记 局长	易　立
党组成员 副局长	曾厚贤
党组成员 纪检组长	仇让和
党组成员 工会主席	徐三平
党组成员	刘　锦　黄光霞 湛中满
办公室主任	朱新毅

【概况】 2017年是建设“生态文化活力汨罗”的开局之年，房地产管理局根据年初确定的十大工作目标任务，紧扣全市工作大局，认真履职履责，开拓进取，真抓实干，奋力推进“三个汨罗”建设，房地产管理各项工作得到较好落实。

【住房保障】 完善工作机制。成立高规格棚改工作领导小组和棚户区改造项目指挥部，从全市抽调100多名骨干力量专门从事棚户区改造工作。市长办公会讨论通过汨罗市2018—2020年棚改3年计划和汨罗市9大片区棚户区改造实施方案。结合汨罗实际，分别制定集体土地上房屋拆迁和国有土地上房屋征收安置办法，有条不紊地实施2017年、2018年棚户区改造项目。

扎实推进项目。2017年，省政府下达汨罗市的城市棚户区改造任务全面完成，进行棚户区改造项目5个，改造户数1605户；保障性住房租赁补贴计划发放1356户，金额145.5万元，目前已完成初审工作，12月将由市财政通过“一卡通”渠道发放到户。在扎实推进项目的同时，房产局积极争取到中央、省补助全市保障性安居工程建设资金3980.3万元，并严格遵循资金拨付审批程序，坚持国库集中支付，做到专户储存、专款专用，专帐管理，确保资金安全高效运转。

加快入住分配。一方面加快公租房小区附属工程的建设进度，另一方面，对基本具备入住条件的小区实施分配，全年已顺利完成山水路、大众北路及新市和谐家园共764套公租房及历年来84户轮候对象的实物配租，实物配租对象在最低收入家庭应保尽保的基础上扩大到城镇中低收入家庭及新就业的无房国家公职人员。

【市场调控】 市场基本平稳。2017年全市在建在售楼盘19个，建筑面积90.83万平方米，实现房地产投资6.54亿元。截至11月30日，全市销售商品住房1547套，销售面积18.95万平方米，销售均价3869元／平方米，销售金额7.33亿元，较2016年同比分别增长7%、6%、12%、19%，随着棚户区改造力度的进一步加大及高泉新城等一批城市建设的项目的陆续开工，预计全年商品住房销售1800套以上，房地产投资突破8亿元。

库存风险可控。截至11月底，商品住房库存1032套，其中中心城区727套，乡镇305套，按1—11月平均月销量计算，去库存周期从2016年的18个月下降到7个月，但在新开工项目大幅较少、棚户区改造建设力度加大的情况下，房地产基本上已不存在库存风险，去库存工作成效明显。

监管明显加强。市场监管进一步加强。重点关注房地产市场出现的新情况、新问题和房地产市场走势。特别是对于部分销售情况一般、开发企业实力薄弱的项目要重点关注，重点帮扶，全年没有发生一起资金链断裂老板跑人出现楼盘烂尾情况。同时引导开发企业合理定价，比如上半年开盘的港鑫龙城二期，在得知开发商确定的开盘房价后，立马约见开发企业负责人，引导开发企业合理让利，最终开盘价格在预定价格的基础上下浮了150元／平方米；市场秩序进一步规范。全年在全市进行两次房地产开发预（销）项目进行执法检查，对房地产开发项目的违法违规行为进行重点查处。重点查处城市生活家项目将未完成竣工验收房屋交付使用的违规行为，及时下达整改通知书，切实保障业主权益。

【物业管理】 一是物业服务企业管理机制有所创新。国务院下文取消物业服务企业二级及以下资质认定，针对这一情况，立马调整思路，确定“优胜劣汰，市场决定，行业自律”的原则，不再直接干预物业管理企业行为，通过物业服务企业的管理水平、服务水平、业主满意度决定自身的生存，让物业服务企业彻底市场化、社会化。

二是物业优秀示范项目创建有所斩获。鼓励、支持物业企业开展争优创先，不断加大物业精细化管理和规范服务力度。市高塘物业管理有限公司获得岳阳市房地产业协会先进单位荣誉。

三是物业维修资金管理有所加强。目前已累计归集物业维修资金7533万元，归集800万元，同时香樟御景、新天地、凯华等住宅小区经程序报批使用维修资金近100万元，对小区门禁系统、电梯等共用实施设备进行维护维修，切实保障业主权益。

【党建、安全、扶贫】 党建及党风廉政建设。局党组始终将党建及党风廉政建设与经济工作同部署、同落实、同检查。一是党建工作有声有色。严格根据年初制定的党建工作计划，切实组织开展党建活动，结合植树节、“六一”儿童节、“七一”建党节等节日，利用党员活动日开展植树造林、捐资助学、理论学习、爱国主义教育等活动，在川山坪镇清泉村种植油茶树2000余株，资助清泉小学书包120个，书本刊物200余本，邀请专家对全局党员进行十九大精神集中辅导学习。二是党风廉洁制全面落实。局党组制定下发《党风廉政建设及反腐败工作要点》，对全年党风廉政建设工作进行部署，同时制定《市房产局党风廉政建设责任分解》，对全体局领导的党风廉政责任范围、责任内容予以细化明晰，确保将责任明确到单位、落实到个人。全局党风廉政建设和预防腐败工作态势良好，局党组班子及下属单位没有发生一起违纪违规案件。三是作风建设持续强化。严格执行中央省市有关作风建设的规定，进一步健全作风建设长效机制，严格财务制度，狠抓工作作风，严明工作纪律，开展机关作风建设抽查12次，印发通报四期，对于6名工作纪律松弛的工作人员进行通报批评及相应经济处罚，全年没有发生一起因违反作风建设规定被上级主管部门处分或通报的事件发生。

信访和平安创建工作。全年以来接访40余人次，处理“12345”公众热线及各级交办督办件280余件，承办人大建议、政协委员意见提案各一件，办结率100%，未发生非正常上访事件。切实开展平安创建工作，根据市委市政府要求扎实开展“走亲访友”“平安创建”等工作，全局干职工累计走访退休退线干职工、房地产开发及物业服务企业负责人、商品住宅小区业主、联点乡镇群众600余户，通过全方位、多角度、多层次的走访活动，让平安创建工作入心入脑，家喻户晓，在全局评选表彰“平安家庭”20户，将平安创建工作落到实处。

安全生产工作。将安全生产工作当做重中之重来抓，严格落实“一单四制”工作要求，一是对全市老楼危楼开展一次地毯式排查，针对各类安全隐患制定相应整改措施，将房屋居住安全工作落到实处；二是对全市住宅小区进行消防安全隐患排查，要求各物业服务企业定期开展消防安全知识宣传，进行消防疏散演习，切实提高业主的消防安全自救知识，防患于未然；三是对存在消防隐患的屈原桥市场、保障性住房小区等场所进行电力设施、消防通道、监控设备的安装和整改工作。

精准扶贫工作。对口扶贫川山坪镇清泉村，抽调熟悉农村工作、懂农村经济发展、奉献精神强的干部成立工作队，专职精准扶贫工作。根据对口联系村的具体情况，与村支两委共谋发展路，共商致富良策，在发展规划、产业政策引导，项目扶持、资金支持等方面帮助清泉村发展经济。认真走访每一户贫困家庭，把每户的详细情况登记在册，建档立卡，为他们量身定制脱贫方案。

（朱新毅）

住房公积金管理

岳阳市住房公积金管理中心汨罗市管理部负责人（名单）

主　　任	陈铁钢（5月改任） 周超国（5月上任）
副 主 任	吴　胜

【概况】 突破资金瓶颈，加大住房公积贷款力度，房地产市场健康发展。汨罗市管理部全面落实住房公积金惠民政策，发挥资金最大效益。推进非公有制企业建制，将进城务工农民纳入制度体系，扩大住房公积金制度覆盖面。让更多人享受公积金惠民政策。

【党建工作】 开展专题活动，深化教育培训，打造高素质干部队伍。

一是开展专题活动固信念。继续开展“解放思想、抢抓机遇、奋发作为、协同发展”大讨论活动，帮助员工破除思想藩离，全身心投入公积金创新发展。全面开展“两学一做”活动，认真学习党章党规和习总书记讲话，坚定理想信念，强化党员意识，做合格党员。

二是加强理论教育提素质。举办学习培训，组织干部职工，参观任弼时纪念馆。通过学习和实地参观，提高理论水平，感受时代发展变化，接受爱国主义教育。

三是加强作风建设筑防线。认真开展纪律作风整顿活动，重点整顿思想懒惰不谋事、作风疲沓耽误事、能力不足不成事、上推下卸不担事、一己之私搅和事、吃拿卡要乱办事等6个方面问题。通过自学、讲党课等形式，重点学习《中国共产党廉洁自律准则》《中国共产党纪律处分条例》和《中国共产党问责条例》，进一步增强员工的纪律意识、责任意识和担当意识。

【脱贫攻坚】 从政治的高度抓好精准扶贫。汨罗市住房公积金脱贫攻坚责任村为川山镇芭蕉村村（非贫困村），贫困人口48户139人，贫困人口数量较大，基础设施配备较差，经济基础薄弱。单位作为该村牵头的扶贫单位，始终把扶贫工作作为重点工作来抓。

一是领导高度重视。成立扶贫攻坚工作领导小组，由主任周超国同志任组长，副主任吴胜负责专抓，其他中层股级干部都有固定的帮扶任务。主任周超国亲自主持会议研究制定帮扶方案，亲自安排党员干部与贫困户实行结对帮扶，及时解决帮扶困难和问题。

二是帮扶用心用情。驻村队员真抓实干，在帮扶工作中事着责任，带着感情，沉下身子，吃住在村，深刻认识到基层工作需要更多的耐心和责任心，更认识到一名驻村扶贫工作队员肩上的担子和责任。以更加积极乐观的态度，扎实的作风，认真做好驻村扶贫工作，履行一个共产党员、一个驻村扶贫工作队员的职责。同时注重与帮扶村的干部群众打成一片，得到村“两委”和广大贫困户的一致好评。

三是帮扶成效显著。目前13户42人已脱贫，精准识别、异地搬迁等帮扶工作都在稳步推进，领导班子成员、中层骨干各自结对帮扶5户贫困户，采取户户进，重点访的方式，实地观察的方式，详细了解联系户家庭成员情况、生产经营情况、经济收入情况、种植和养殖情况、房屋和基础设施建设情况，对目前存在的困难和问题进行面对面的访谈，对生产和生活方面的主要打算和诉求进行详细的交流，帮助他们解决实际困难，村民满意度很高。

【文明创建】 坚持以“真心、真情、真诚”服务职工，不断深化“一门制办理、一站式服务、一次性提取、一条龙操作、一口清告知、一揽子指导”的“六个一”，坚持全部服务“零收费、零复印”，让职工群众深切感受到党和政府的温暖。服务效能有效提高。树立优质管理标准住房公积金在执行服务标准的过程中，广泛吸取职工群众意见建议，不断改进服务标准。以文明创建为抓手，在创建中倡导学习共进的内部氛围，建立“公积金惠民”特色鲜明的单位文化，塑造思想道德风尚优良的职工队伍。持续开展道德讲堂住房公积金道德讲堂始终以提升住房公积金从业人员工作能力和文明素质为核心，引导职工自觉成为道德的传播者和践行者。汨罗市住房公积金将借鉴各行各业创建工作的宝贵经验，积极树立团结友爱、爱岗敬业的团队精神，树立诚信服务、贴心为百姓的社会形象，努力开创文明创建工作新局面，为地方经济的发展贡献公积金人的一份力量。

【业务指标】 公积金制度覆盖持续扩大。一是通过与工商、社保、质监等部门实现信息互通，全面掌握全市应建未建住房公积金制度单位及职工情况，及时跟进催建催缴。二是加大政策宣传力度，让单位和职工了解建立住房公积金制度是单位的法定义务和职工的合法权益，进一步增强职工的自我维权意识。三是将扩面重点逐步向民营以及中小型企业拓展，不断扩充制度覆盖领域。四是强化执法工作，通过查处群众反映强烈的不缴少缴住房公积金违法案件，提高行政执法的社会影响力，实现应缴尽缴。2017年，全市新增缴存单位22个，新增缴存职工465人，至2017年末，全市累计有365个单位建立了住房公积金制度，住房公积金制度覆盖职工人数达到1.86万人。

公积金归集规模稳步增长。一是充分发挥报刊、网络、广播、电视等媒介宣传作用，大力宣传住房公积金政策，调动单位和职工缴存住房公积金的积极性，扩大住房公积金的社会影响力。二是借助住房公积金电子监察系统，及时了解欠缴单位预警信息，加大对欠缴单位催收力度。三是将归集计划完成率、住房公积金缴交率等指标纳入考核，通过考核激励机制，督促和引导各管理处深入单位依法做好公积金催缴工作。四是严格落实“控高保低”政策，切实维护低收入职工群体的合法权益。2017年，全面收缴住房公积金1.76亿元，完成年度目标任务的100%；全年提取9030万元，实现收缴余额8.06亿元，为职工提供稳定可靠的住房资金积累。

公积金贷款业务有序发展。一是积极做好住房公积金贷款工作，规范业务流程。二是完成住房公积金贷款政策调整工作。三是不断加大公积金个贷发放力度。开展在途贷款业务清理工作，缩短贷款业务办理周期。简化业务流程，提高工作效率。2017年，向468个职工家庭发放贷款1.5亿元，累计向2008个职工家庭发放公积金贷款5.4亿元，实现贷款余额4.7亿元；有效提高职工购房支付能力。

主要工作亮点如下。

一是突出重点，全市共选取16家未建制规模以上企业，作为执法推进的重点，集中催建催缴。到年底，有16家重点企业完成建制。

二是深入调研。到企业走访，摸清当前企业的缴存现状，为在城镇稳定就业的农民工缴存和使用住房公积金敞开大门。

三是执法推进，完善制度先行。印发公积金行政执法评议考核制度、行政执法公示制度、重大行政执法决定法制审核办法，为公正文明执法提供制度保障。强化日常入企宣传和执法巡查，全年共巡查未建制单位32家，下达催建催缴通知书10份，有力地推动非公有制企业建制。全年全市新增建制企业16家，增加企业缴存职工465人。

（郑　鑫）

交通运输

市交通运输局负责人（名单）

党委书记 局长	李德君
党委副书记 副局长	罗立群
党委委员 副局长	朱红兵　何超良 张　奎（7月起）
交通建设资金管理中心总经理	周　琰
党委委员 工会主席	谭　漾
党委委员 总工程师	吴冬华
交通建设资金管理中心副总经理、党支部书记	吴国兴
原党委委员 原副局长	陈宏辉　吴　勇
原党委委员 原纪检书记	符岳军
原党委委员 原武装部长	王文凡
原工会副主席	柳一安
总经济师 质监站站长	甘慧武
办公室主任	何　颖

【概况】　2017年，市交通运输局强力推进交通建设大会战，改扩建国道240、国道536汨罗段变更红屈线一期等工程，全年完成农村窄路加宽33公里，改造维修中小危桥12座，投入620万元，完成玉池片区公路修复和安保工程等。。

【交通建设大会战】　项目建设强力推进。汨罗市交通建设大会战共完成投资11.7亿元，圆满完成岳阳市交通建设大会战指挥部下达的投资任务，圆满完成市重点项目百日攻坚目标任务，其中干线公路建设完成投资10.1亿元，农村公路建设完成投资1亿元，汽车站建设完成投资0.6亿元。大会战各项工作多次赢得岳阳市主要领导的一致好评，其工作经验多次被岳阳市交通建设大会战指挥部专刊推介。

国道240汨罗段改扩建工程。作为市境内第一条一级干线公路，汨罗段全长34.1千米，投资10.1亿元，上年7月启动征拆，10月进场施工，2017年9月20日实现全线主线通车，仅用10个月时间，创造“汨罗速度”，打造“汨罗风景线”，挑战不可能。国道240汨罗段的顺利建成，不仅拉通汨罗市对接大长沙的第一条高标准城际快速干道，而且日夜成为展示地域形象的生态景观大道、安全通畅的幸福大道、便民致富的光明大道。

国道536汨罗段改线工程。2月17日开工，目前，土地征收、房屋拆迁和杆线迁移工作已基本完成，全长12.7千米的土路基已经拉通，预计春节前将完成路面主体工程。

站场建设工程。汨罗汽车新站去年5月启动建设，9月底实现站房主体封顶，年底完成主体工程。此外，农村客运招呼站40个和渡口码头标准化建设6处已全部完成建设。

红屈线一期变更工程。端午前，投入0.4亿元高标准完成汨罗江大桥往西2.4千米路段的变更建设，打造汨罗市第一条集观光旅游、骑行休闲于一体的生态样板路。

农村公路建设工程。全年完成窄路加宽33千米、断头路建设11.1

千米、安保工程156千米，改造维修中小危桥12座。同时，投入620万元，完成玉池片区3条主要农村公路水毁修复及安保工程；针对全市24个省级贫困村，制定《基础设施完善脱贫攻坚实施方案》，明确具体任务和实施步骤，积极筹措资金3000余万元，目前正在抓紧落实中。

其他建设工程。罗城西路三期11月启动建设，目前已完成箱涵建设200余米、清淤2万立方米、回填片石1.6万立方米，完成投资近0.2亿元，春节前将拉通全线土路基并完成路面级配碎石铺垫。国道107弼时段大中修工程目前已完成总工程量的80%，现正加速推进。

项目前期加速办理。计划内项目前期。国道107改线提质（汨长大道）工程已配合岳阳市完成工可编制。汨杨公路拓改工程经多方努力已纳入省交通运输“十三五”中期调整规划，通过工可评审，完成行业意见、规划选址等前期工作，12月28日，举行开工动员仪式，年内先期启动白水苗圃路段建设。三磊公路、天伍公路已通过工可评审，完成地质灾害评估和压覆矿查询，正在办理相关专项批复。李家塅至六塘公路（湘慧线）已通过工可评审，正在抓紧办理其他相关前期工作。

计划外项目争取。积极争取将张傲线、高台码头等项目纳入省“十三五”中期调整规划。X161粽子文化产业园路段全长5.5千米，按双向四车道路标准建设，现已完成设计评审、红线放样等相关工作，已经招标正式启动建设。

【行业管理】 交通运输行业管理事关经济发展，事关民生需求。交通局坚持问题导向，突出“三抓”。

狠抓客运管理。一是积极化解出租车转型期矛盾。按时清退出租车2016年12月31日后经营权有偿使用费591万元，责成中创公司减免部分管理费用和保险费用，减轻经营业主的压力，维护行业稳定。二是积极稳妥推进公交运营体制改革。采取“三步走”的办法，启动全市公交车运营体制改革，由交建投投资，于2018年1月底前收回现运营的13条线路83台公交车经营权，购置纯电动公交车，优化调整线路，延长运营时间。目前，原有公交车回购、纯电动公交采购、充电桩建设等各项工作正在紧张有序的开展。三是适时推行长途客运实名制乘车。按照上级有关文件精神，于9月21日起，对长途客运班线实施实名制购票乘车。

严抓行业整治。一是非法营运打击有力。专门设立城市客运管理中队和京广高铁汨罗东站客运管理中队，重点打击城区范围内非法营运车辆，查处摩的660台、黑的25台，报送拘留15人；货运“治违”共查处各类案件1002起，处罚金170余万元。二是超载超限治理有成。全年共查处超限超载车辆380余台次，强制卸载货物1180余吨，处罚金约45万元，把牢源头管控，省、市两级4次对城区治超工作进行督查皆获一致好评。三是驾培维修管控有效。查处违章教学案件60余起，处理学员投诉30余次，开展文明进驾校“五个一”活动，不断推进驾培行业健康发展；严格规范车辆维修企业质量管控和环保工艺，严查非法改拼装货运车辆行为，不断提升维修行业服务质量。

常抓安全监管。切实履行安全生产“一岗双责、党政同责”，持续开展安全生产大检查、安全隐患清零及“一单四制”行动，全年查处安全隐患车辆52台次、船舶46艘次，督促整改到位率100%。深入开展安全生产“大部署、大宣传、大整治、大督查、大提升”五大行动，重点开展水上安全整治，对200余艘干舷不足的船舶强制卸载货物6000余吨，行政处罚船舶98艘、船员35名，确保全年全市交通运输行业安全生产的平安稳定。

【党建工作】 党的建设不断加强。一是始终注重学习教育。深入推进“两学一做”学习教育常态化、制度化，深入学习贯彻党的十九大精神，组织多次集中学习十九大报告原文，要求每个干部务必做到“五个一”：购买一套学习资料、撰写好一篇以上体会文章、参加集中培训学习一次以上、“红星云”手机平台学习积分一千分以上、完成一万字以上的学习笔记。二是不断加强组织建设。发展4名预备党员，如期转正6名预备党员，培训9名入党积极份子。三是积极推进脱贫攻坚。派驻班子成员兼任弼时镇影珠山村第一支部书记，所有班子成员均结对帮扶2~5户贫困户，年内顺利实现31户78人脱贫，联点帮扶工作得到岳阳市脱贫攻坚工作督查组的高度评价。

组织生活不断规范。认真落实“三会一课”制度，认真开展“党员活动日活动”多形式、多途径、多举措丰富党内组织生活。利用国道240汨罗段主线建成通车的契机，开展全系统“弘扬国道240精神，打好交通大会战”党员活动日主题活动，号召全系统党员继续发扬忘我拼搏、冲锋担当、挑战不可能的精神，全力以赴打好交通建设大会战。采取激励措施，积极推动“红星云”手机平台学习，在全市平台激活率、学习率评比中位居前列。

干部队伍不断优化。制订并印发《关于进一步加强局属各单位领导班子建设和管理的通知》，从严规范选拔使用干部，完善和落实领导干部问责制。通过选人、激励、惩处等机制，注重考核结果的运用，激励党员干部成长，引导党员干部在修身、干事、律已上作好表率，努力打造一支奋发有为、德才兼备的干部队伍。重点结合交通建设大会战业绩，全系统共提拔重用干部15名，为交通运输建设和管理注入强大动力。

主动适应作风建设新常态，紧盯“四风”新形式、新动向，认真落实党风廉政建设主体责任，全力支持配合纪检监察机构履行监督责任，驰而不息正风肃纪。

压实廉洁教育。新年上班第一天即正月初七，就组织全体班子成员和部分股室负责人到市廉政教育中心参观廉政展厅，观看廉政警示教育片，听取廉政党课；11月26日，再次将局机关全体干职工和局属各单位班子成员组织到市廉政教育中心，开展党风廉政警示教育活动，强化不敢腐的震慑，增强不想腐的自觉，让党员干部知敬畏、存戒惧、守底线，习惯在受监督和约束的环境中工作生活。

强化责任落实。一是工作部署到位。对党风廉政建设和反腐败工作年初有部署，年尾有总结，做到常研究、常过问、常落实，逢会必讲、违规必究。二是责任压实到位。按照“一岗双责”的要求，在明确党委党风廉政建设主体责任的同时，明确局属各单位主要负责人责任和任务，将责任细化分解到人、到岗，形成“一级抓一级、层层抓落实”的工作格局。按市委统一部署，完成市纪委派驻该局纪检组的入驻，将纪检工作专职到监督执纪问责上来。三是党内监督到位。坚持党员干部个人重大事项报告制度，严格落实廉政谈话、诫勉谈话等制度；强势推动“刹人情歪风、治婚丧陋习、树文明新风”专项工作，查处违反相关规定的二级机构班子成员1名。

严格执纪问责。以问题为导向，每个月定期或不定期进行1次作风建设督查，推进“纠四风、治陋习”常态化，对违纪违规问题紧盯不放，坚决纠正各种“不作为、缓作为、乱作为”等问题，年内查办违纪违法案件6起，查处涉案人员10名，均给予相应的党纪政纪处分。

【其他工作】 落实常委会议精神不折不扣。全年市委常委会议议项涉及到该局工作事项共9项，都已全面落实。其中，市委第十届第31次常委会议决定的由交通局牵头的优化交通建设环境和加力高台码头建设事项，多次召开优化国道240、国道536施工环境，严厉打击“三违三强”调度会议，收到很好的实效；高台码头建设已积极争取省厅及市局的高度重视，同意调规进入“十三五”规划，并在修编《岳阳港总体规划》时将其纳入，现已列入交通建设PPP重点项目，拟适时启动建设。

参与城区棚户改造不推不拖。交通局被列入棚改征拆对象的公职人员共14人，目前已签订征拆协议7人；负责做拆迁工作的棚改户10栋18户，目前已签订协议1户，其余的正在多措并举做工作。

开展文明单位创建不松不懈。深入开展文明创建工作，组织全体干职工召开文明创建工作培训会议和动员会议，做好岳阳市文明单位验收前的各项工作。结合部门职责，积极参与并落实好“三城同创”相关工作。

（何　颖）

公　路

汨罗市公路建设和养护中心负责人（名单）

党委书记 主任	游　清
党委委员 副主任	谢日东　何协军 黄　伟
党委委员 纪检书记	任康宇
党委委员 主任工程师	何胜泉
党委委员 工会主席	湛文波

【概况】 2017年，市公路建设和养护中心团结一致，以“精准扶贫”为抓手，投入扶贫资金30万元，以“三个汨罗”建设为目标，

全力推进本职工作，荣获省局“文明建设先进单位”“平安公路”创建活动先进单位等多项荣誉。

【队伍建设】 一是双向互动效果显著。先后组织局机关党员到各项目部开展党建活动进工地，机关党员干部深入一线，和工地施工人员就如何抓好工程质量、进度、协调工作与安全工作、预防腐败等方面进行面对面互动和问答，抽调机关工作人员到工地亲身体验繁忙艰苦的一线生活，同时，也把机关工作人员严谨的工作作风、热情的态度和良好的风貌带到工地，实践证明，效果明显，工地内务管理焕然一新，资料报表准确及时，服务热情周到。

二是各项活动反响良好。以公路文化为载体，精心安排、积极组织开展党员活动日活动、趣味运动会、工间操、老年门球赛等健康向上、丰富多彩的活动，把公路局建设成为传播先进文化的阵地，推进文明健康发展。

三是全方位展示单位形象。自拍汨罗市公路局发展巡礼微视频，让外界和职工更好的了解公路局的发展情况，更好的展现公路人的风采和发展成果。积极引导正能量，大力宣传公路局的好人好事，让职工增强更多幸福感、荣誉感。

坚持科学用人，加强干部队伍建设。实行能者上，能者多劳，劳者多得的管理制度，激发广大干职工拼搏向上的工作积极性。为愿意做事能做好事的同志提供工作平台，充分发挥其个人的主观能动性，吴玲霞同志由一名普通办事员直接晋升为财务股长。同时加大党的后备力量的储备，壮大充实党的队伍。全年发展新党员2名，2名预备党员转正，选送2名入党积极分子参加培训。认真开展评先评优活动，表彰一个基层党组织，评选1名优秀党务工作者、2名党员示范岗和5名模范共产党员。这些同志在各个工作岗位勤勤恳恳，任劳任怨，得到干职工一致认可。

【脱贫攻坚】 从政治的高度抓好精准扶贫。单位脱贫攻坚责任村为川山镇玉麓、玉明村，2个村贫困人口20户56人，贫困人口数量较大，基础设施配备较差，经济基础薄弱。作为该村牵头的扶贫单位，始终把扶贫工作作为全局的重点工作来抓。

一是领导高度重视。成立扶贫攻坚工作领导小组，由局长游清任组长，工会主席湛文波负责专抓，其他副职都有固定的帮扶任务，并派出一位政治思想好、工作能力强、工作作风实的同志协助帮扶工作，常驻玉池山村，工作与单位脱钩，保证队员安心驻村，专心工作。局长游清亲自带队进村入户走访调研，亲自主持会议研究制定帮扶方案，亲自安排党员干部与贫困户实行结对帮扶，带头落实“三走访、三签字”工作要求，及时解决帮扶困难和问题，为驻村队员开展工作创造有利条件。

二是帮扶资金到位。全局共计投入扶贫资金近30万元，其中春耕帮扶3万元，生态扶贫3.2万元，村部基础建设和村级服务中心建设10万元，产业帮扶1.6万元，基础设施及公路水毁修复4.6万元，扶贫助学4.5万元，其他3万余元。8月1日，争取市级领导现场办公，一次性帮扶玉池山村解决资金85万元。

三是帮扶用心用情。驻村队员真抓实干，在帮扶工作中事着责任，带着感情，沉下身子，吃住在村，得到村“两委”和广大贫困户的一致好评。以健康的心态，积极的姿态做到“热心、诚心、真心、耐心、细心”。注重与帮扶村的干部群众打成一片，要通过热络互动与他们建立融洽关系深厚感情，利于开展工作。4月13日，干职工一行23人来到对口扶贫村玉池山村开展植树造林活动。3万元购进良种苗木，共栽种150余株。6月底汨罗遭逢特大暴雨侵袭，进出玉池山村的唯一通道被山体滑坡流泥阻断，副局长黄伟接到消息立即带领几名路政员前去抢险。几名路政员踩着深达半米的泥浆奋力将陷入泥浆中的车辆推出，而后与当地乡政府协商调集挖机一台清通道路。转移村民坚守唯一的生命通道，投入抢修。

四是帮扶成效显著。目前24户130人已脱贫，精准识别、异地搬迁、小额信贷等帮扶工作都在稳步推进，通往玉池山村的公路及村部建设也全面启动，帮扶企业——玉池村村级劳务输出的一元茶叶公司发展平稳，效益明显。8月的督查中，汨罗公路局精准扶贫在全市15个乡镇48个村中以总分92分高居榜首，获得全市第一，副市长刘四清对公路局的扶贫工作多次提出表扬，湛文波同志被政府嘉奖，一年来共计投入扶贫资金20余万元帮助他们发展种养业，做好企业帮扶，为他们寻找销售渠道，人均可增收1500元。

【文明创建】 文明创建工作以加强社会主义核心价值体系建设为根本，紧紧围绕“提高队伍素质、规范服务行为、创造一流业绩、树立部门形象”的工作思路，努力把文明创建工作融入到全局各项具体工作中去，坚持物质文明和精神文明建设两手抓，全局文明程度进一步提升，为推动公路经济社会稳步发展奠定良好基础。荣获省局“文明建设先进单位”“十佳养护站”“十佳技术能手”“十佳通讯员”、省公路局“平安公路”创建活动先进单位；“岳阳市文明单位”，岳阳市公路局“好班子”“目标考核先进单位”、湖南省“平安公路”；省技能操作赛获团体第一；白水中心站通过湖南省交通系统“模范职工小家”验收；扶贫工作获汨罗市第一等多项荣誉称号。

【廉政建设】 忠诚履行党风廉政建设主体责任。明确党员干部“加强政治纪律和政治规矩教育”的要求，从严落实“两个责任”体系，印发“三重一大”实施办法，坚持集体领导，凡属重大事项决策、重要干部任免、重大项目安排和大额度资金使用等问题，坚持党委会集体研究决定，不搞一言堂，实行一把手“末位表态”的制度。

一是党委成员廉洁自律，继续抓好廉政教育，监督“纠‘四风’、治陋习、树新风”“雁过拔毛”专项整治，坚持一切工程、大额办公用品采购实行招投标工作，纪委全程参与，决不搞形式和走过场。不得插手干预工程建设中施工队伍安排、机械设备租赁和材料采购等项目。实施好党务、政务公开，增强工作的透明度。群众关心的热点问题一律及时向干职工公开讲解，财务开支情况每季度都在局务会上公开，接受群众监督。通过不断加强作风和行风建设，筑牢反腐倡廉的思想防线，取得实实在在的效果，全局风清气正，没有出现任何违规违纪的行为。

二是用制度促作风建设出成效。认真遵守党的各项规章制度的基础上，又制定一系列的制度，实行办公用品公开采购招投标；大中修、危桥改造采用竞争性谈判进行采购；实行财务定时公开；进行人事改革公开决策；实行报账费用“四级把关”、财务每季公开，将学习纳入考评制度等。所有的制度领导都带头执行、党员带头遵守。严格按制度办事，避免因人情世故抹不开面子。在治理大操大办的陋习活动中，局纪检特此制定详细的奖罚规定，将来再遇到相似事件，按规定处理就行，制度面前干职工也就不敢有丝毫的怠慢，养成遵章守纪的好习惯。

三是通过学习实现政策的渗透。每周二是例行学习时间，及时传达各项方针政策，增强政治敏锐性，及时通报各种违规违纪案例，时时敲响作风建设的警钟，使大家在作风建设方面做到入脑入心，不越雷池。机关党员分别到各项目部开展以“支部建在项目上、党旗插在工地上、教育寓于建设中”为核心的“四联三促”党建活动进工地活动，在施工现场召开小型座谈会，就如何抓好工程质量、进度、协调工作与安全工作、预防腐败等方面进行面对面互动和问答。同时，通过“省自身、学模范、诵经典”等形式，请全国优秀志愿者、“中国好人”，岳阳市首届助人为乐道德模范王永林为干部职工宣讲。

四是落实“两个责任”，把党风廉政建设引向深入。通过集中学习《中国共产党廉洁自律准则》《中国共产党纪律处分条例》，观看警示教育片等，加强党性党风党纪教育，引导党员增强纪律自觉，严守纪律要求。强化重点岗位纪律监督，对工程建设、路政执法从教育制度、监督等环节加强责任落实，严明作风纪律，在“三公”经费管理、“纠‘四风’治陋习”各项工作中，做到不踩红线，不出现任何违规违纪问题，打造一支清正廉洁的党员队伍。为进一步转变行业作风，召开党风廉政警示教育会，号召大家坚定理想信念，树立正确的人生观、世界观，争做时代先锋。

五是办实事、重实效增强干职工凝聚力。注重从关心职工生活、为职工排忧解难，把思想教育和解决实际问题结合起来，真正为职工群众办实事、办好事。局党委坚持：“说点实在的，做点有用的”，不说大话空话套话，平时的言行都力求符合政策、符合实际。一年来局党委把提升职工幸福指数当成工作的终极目标。在经济发展的同时，将很大一部分收益用于提高干职工的福利待遇上，不断提升公路人地位。一线养路工误餐补助由10元提升到15元；劳保用品确保及时发放到位；职工工资福利发放不打折扣；大力发展第三产业，在各公路站大力支持种养业，苗圃基地喂10余头猪，种几亩菜，食堂的蔬菜基本可以供应，职工吃到放心菜。红花公路中心站建设启动，预计年底投入运行，极大地改善红花站的居住和工作条件。白水站的杂房主体工程全部完工，有更衣室、工具房，也有猪舍和鸡舍。着力解决干职工的切身利益。职业年金、2017年养老保险全额交清，共计70余万元。组织全局干职工体检。对抚恤金和丧葬费的遗留问题做全面清理，全年慰问干职工32人次，发放慰问金51000元。加快小家建设步伐。苗圃种养殖基地已初具规模，4亩菜地基本实现灌溉自动化，建成一个花园式菜园。养10余头猪和不少鸡。白水站新征4亩土地作为料场已投入使用，另行修建一条进出料场的道路，使生活区与生产区区分开。白水站杂房全部投入使用，新设更衣室、工具房、猪舍和鸡舍。池塘有鱼、室内有猪和鸡，蔬菜基本自给，使干职工吃到放心菜。京古塘中心养护站建设如火如荼，土方工程全面完工，站员宿舍附属工程主体、多功能的会议室及学习室基础全部完工，年底投入使用，极大地改善该站的居住和工作条件。

（湛文波）

邮 政

市邮政分公司负责人（名单）

经　　理	闵和国
副 经 理	朱祖宋　张　浩
办公室主任	彭　亮

【概况】　汨罗市邮政分公司以“建设幸福的汨罗邮政”和全年经营工作发展战略为总体要求，实施“一体两翼”经营发展战略，主动适应新常态，加快转型和经营创新，提高核心能力，强化科学管理，提升服务水平，全力推动汨罗邮政持续快速发展，各项经营和管控指标全红，截至10月累计完成经营预算5462.8万元，进度84.98%，同比增幅25.5%。

【工作亮点】　“一体”工作强势推进农村电商纵深发展。为落实邮政“一体两翼”发展战略，分公司加快邮政综合服务网点建设步伐，同时整合创业城资源，大力发展电商小包和批销业务。现已建成邮政综合服务点共385个（其中邮乐购实体店建设完成170个），乡镇覆盖率100%，行政村覆盖率100%，基本实现1个村即建有一个邮政综合服务点，较好的完成全年建点的计划；综合服务点中叠加邮掌柜系统的有277个；叠加助农取款机叠加84台；湘讯通宣传栏已安装170个；邮政免费为综合服务网点安装设备（软件）277台，代收电费等各类居民生活费累计2.8个亿；解决农村就业人员36人，发放代办费103万元；组织专业讲师进行邮掌柜操作集中培训1场，参加培训人数达90人；进村培训电商知识5场，累计参加培训人数达200人。依托创业城商家资源，发展电商小包业务，累计产生包裹超过6000个；组织合作商家与综平站点老板，进行邮掌柜批销商品订货会2场。

金融。全年金融大走访活动期间走访客户33252户，采集优质客户信息22956条，全年开展渠道+金融活动229场，网点庆典活动52场，小型沙龙活动312场，该年储蓄净增排名第二。在跨赛战役中，分公司长乐支局、劳动南路营业所荣获省公司“百佳”网点。

2017年，汨罗分公司严抓金融基础管理工作，各项小指标发展指标突出。手机银行新增激活数9月底达11168户，领跑全区；云顶系统客户维护率达85%，超市公司要求5个点；短信业务发展每季度以1万的增量稳步前进；四季度保险业务提前一个半月完成任务，特别是中邮长期期缴展业提前53天超额完成；掌柜贷、优惠购等等指标发展全区前列。

寄递。快递包裹深挖市场。分公司成立24支营销团队开展“亮剑行动”，走访客户196户，业务取得突破性发展，全年共签订16家快包交邮协议客户，收寄快包127万余件，交寄量全区第二，得到上级领导的高度赞扬。

【活动开展】　通过开展“强执行、保指标、降投诉”服务转型创建活动以及“明责任、优流程、强管控、提质量”服务整治等活动有效提升企业服务水平；同时分公司积极整合速递资源，内挖潜力，实现“转分投”三合一，采取激励机制，加强投递车辆、手持PDA等工具配备，加强时限管控极大增强了投递能力，在“双11”旺季运邮期间，实现“进得来、运得出、投得快、不积压”工作要求，投递服务质量进一步提高，得到社会各界的高度好评。

开展全年竞赛、季度竞赛和单项业务竞赛相结合的系列营销活动，实行专业联点、业务融合、线上和线下结合，逐步增强企业市场营销能力。

创建机关营销团队，每周召开1次周例会开展培训的方式，不断加强营销体系建设逐步提高员工营销能力。

密切联系汨罗市委、市政府，加大电商创业园的招商引资，逐步完善电商创业园管理体制，增强邮政的主导地位。

（彭　亮）

电　信

中国电信汨罗分公司负责人（名单）

经　理	易贵文
副经理	罗序进　杨绍辉

【概况】　中国电信汨罗分公司有长期员工82人，劳务派遣员工74人，设综合管理部、销售服务部、网络部三个部室，下辖22个农村支局。

【生产经营】　全体员工紧紧围绕“决战格局、提升份额”做文章，以精确管理为基础，以移动业务为核心，大力发展光速宽带及转型业务，兼顾存量保有，进行超前思考和部署，积极主动应对竞争，在全业务经营道路上积极拼搏，取得较好的经营效果，圆满地完成各项生产经营任务，进入全省SBU战略单元。分公司全年累计完成业务收入9587.5万元，全年累计发展移动用户66342户，累计净增移动出账用户29480户。在宽带业务发展方面，全年累计发展宽带15078户，累计净增移动出账用户10034户，完成5个集镇自有门店改造提升；与齐欣、蓝月亮、冯鑫等3家异网TOP商达成实质性合作，新建强商连锁10个门店。渠道能力方面，单点销售能力由2016年的19.9提升到40.3，提升102.51%；2017年，发展光网宽带16002户，其中129档9966户，占比达到62%以上。

【运维建设】　一是通过加快“营维分离”步伐，深化维护体制改革。对所有代维人员实行竞聘上岗，不合格的坚决予以淘汰。实行装维小CEO制度，全区分为8个区，CEO实行竞聘上岗，极大的提高装维积极性。制定详细的管理办法，明确维护界面，全面实行计件工资，提升维护人员的工资待遇。二是建立高效的新型网络运行保障体系。建设开通800M基站农村119个，城区17个；二期武广高铁1.8G无线基站建设56个；光网建设立项文本27个，新建端口5260个；扶贫专项计划中设立文本6个已经解决玉池、川山、高坊、智峰等地的通讯需求；新建环网光缆11条，更换新设备30套。三是加强资源管理，提高资源利用率，对开通的FTTH项目和OBD扩容按照市公司要求的规范进行资源录入。对现有的由OLT下挂的专线用户的ONU进行资源补录。对原有资源与现规范不符合的部分进行修正；及时将交换缩容的资源删除；对FTTH用户的资源或数据配置进行检查和修改。同时建立健全各专业台帐，实现网络资源的优化配置。四是强化主动服务意识，逐步创建一套以客户感知为导向的考核评估体系。建立健全维护考核机制，提升企业执行力；五是加强机线设备整治，优化网络结构；加快宽带网络整治进度，确保用户满意度。

【综合管理】　2017年，分公司不断进行管理创新，夯实各项基础管理工作，加强精确管理，企业管理水平跨上一个新的台阶。业绩导向，数据说话，从严抓绩效管理。执行末位淘汰，通过优化精简14个人。加强能耗费的管理，建立详细的水电费台帐。对所有用电设备功耗进行登记造册，定期进行能耗分析，发现异常及时清理核实；加快DSLAM设备的退网工作，对一些闲置设备及时进行下网关电。加强服务管理，通过加强营业服务和装维服务规范培训工作，对每次培训内容进行针对性的考评，通过培训提升整体服务质量。

移动通信

中国移动通信集团湖南有限公司岳阳市汨罗市分公司负责人（名单）

经　理	范　静
副经理	杨　洲
经理助理	黄　付
综合部主任	张巍巍
市场部主任	张　琦
网络部主任	杨　波

【概况】　移动分公司成立于1999年7月，位于汨罗市城西南路，主

要负责移动通信网、宽带网和数字信息化网络的规划、建设与生产经营管理工作。现有机构设置综合部、市场部、网络部，市场部下设5个营业部、2个中心，在职员工92人。近年来，公司先后获得"全国模范职工之家""湖南省文明单位""湖南省消费维权先进单位""省一级档案室""岳阳市工人先锋号"等荣誉称号。

【经营业绩】 2017年，汨罗分公司主营业务收入累计23166万元，其中数字化服务收入2971万元，全年累计运营收入同比增幅6.41%；期末通话客户数为32.05万户，期末通话份额为61.06%；累计4G客户数为22.44万户，年净增5.66万户；全网统一套餐渗透率达到77.31%；累计净增宽带1.26万户；专线净增625条。

【能力建设】 新建4G基站67个，累计693个（含50个室分，86个武广高铁）；完成5个4.2期疑难站点建设任务，1个107国道弱覆盖补点建设任务；2017年验收推送166个小区，27752个端口，覆盖用户60772户，行政村通宽率70.2%，自然村通宽率33.6%。

【党建工作】 以支部标准化建设为主线，以推进"两学一做"专题教育常态化制度化为手段，全面贯彻落实党的十九大会议精神。深入落实党建工作责任制，加强"六好党支部"建设，严格落实"三会一课"制度、"党员活动日制度"。

【企业文化】 以企业文化建设为抓手，做好精神文明建设，不断加强员工凝聚力和向心力。在制度建设上下功夫，抓好内部管理，在人力资源、财务管理、安全生产等各个环节按要求落实到位。开展"转型发展当先锋，共筑幸福移动梦"主题活动，参与"撸起袖子干，推动新跨越"奋斗文化大讨论。举办四期道德讲堂。开展"师徒结对"活动，以老带新，发扬光荣的工作和思想传统。开展工会主席"送清凉、走听转"活动，慰问奋战在一线的营销队伍及员工。开展"优秀女职工""五好家庭"评选工作。2017年3月，获得2016届湖南省文明单位荣誉称号，且被评为2017年度汨罗市档案工作先进单位。

龙舟赛（2018年）

工业·商业·贸易

汨罗循环经济产业园区

湖南汨罗循环经济产业园区管委会负责人（名单）

园区党工委书记兼管委会主任	任伯钧（6月改任）
副市长、园区党工委书记兼管委会副主任（主持全面工作）	宋　辉（7月起）
园区党工委委员管委会副主任	夏　宇 冯勇刚
园区管委会纪工委书记	杨惜春
园区党工委委员办公室主任	李海波

【概况】　2017年，汨罗循环经济产业园扎实开展园区大会战、经济发展、招商引资、项目建设等各方面工作，在岳阳各县市区园区的综合排名稳居前列。

【企业帮扶】　尽管国际国内经济形势影响，压力较大，园区为确保企业稳定生产，进一步加大企业帮扶力度，有效引导企业生产。全年完成工业总产值450亿元，同比增长13%，完成税收9.35亿元，同比增长50%。正常生产的企业达到90家，开工率达到73%。其他行业企业均运行良好，产值和税收较去年同期均有上升。

【项目招商】　牢牢把握招商主攻方向，积极主动与符合园区产业方向的项目进行对接，做好招商文章。一方面把握产业链招商这一核心，做大做强再生材料制造业，成功引进经阁集团20.5万吨高档铝型材项目，总投资达15.5亿元，成为建园以来最大投资项目；另一方面出台一系列招商政策，先后出台《汨罗市招商引资暂行办法》《汨罗市园区二次创业优惠政策》《汨罗市工业企业主板上市扶持政策》《汨罗市支持工业企业十条措施》等政策，极大吸引大批先进制造及小微企业入驻园区。截至目前，共落地项目21个，项目总投资约50亿元，其中产业转型项目6个，产业升级项目9个，5亿元以上项目5个，亿元以上项目9个，这些项目顺利建成投产后，可实现产值100亿元左右。

【厂房建设】　一是抓好再生材料园的建设。全年已完成3400亩的征地，182栋房屋拆迁工作，创新大道已完成土路基工程。立德铝业与万容固废处理项目做为上半年未开项目，万容固废已完成设备安装，立德铝业正加紧现代厂房安装，各项工作正在推进；给力达光电已安装4条生产线运行。二是抓好塑料行业划行规市。4月份对600多家“小乱散废”塑料加工作坊全面关停，为引导塑料行业科学、有序、可持续发展，塑料交易、分拣、破碎基地选料等功能版块规划设计或一个专业化的设计，目前该园已启动开工建设。三是抓好标准厂房建设。围绕市委、市政府对园区下达的标准厂房建设指标，园区严格按照时间节点，稳步扎实推进标准厂房建设。截至目前已经累计新建标准厂房31.4万平方米，其中竣工标准厂房面积15.2万平方米，已使用标准厂房面积11.7万平方米。

【高新技术企业创建】　围绕“创新引领、开放崛起”战略，园区大力鼓励企业开拓创新。以园区申报省级高新技术园区为契机，大力支持高新技术企业创建，新增高新技术企业4家，达到18家；支持三兴精密加快智能化设备改造升级，扶持中天农机自动化无人旋耕机及精准施肥机产线建设，大大提高产品市场竞争力；加快园区博士后科研站建设，将人才专项经费列入预算，为企业科研定向对接中南大学、湖南大学博士后人才库；加大科技创新培训，上半年开展专项培训2次，加大专利技术申请力度，年内共申请专利63件；支持三兴精密、中天科技主板上市，围绕企业上市，帮助企业明晰资产，规范管理，并专门出台企业上市扶持政策。

【园区服务】　园区“二次创业”必须解除包袱、轻装上阵。围绕“放管服”体制改革，以问题为导向，在园区设立行政审批服务中心，集中职能部门在园区办公，实行“一个窗口”接办件，“一个公章”管审批，“一个标尺”管全程，提高办事效率，简化行政审批程序；实行“围墙法则”，选派干部帮扶，协助解决企业围墙外的一切困难。园区在去年基础上，共梳理企业遗留问题21个，采取“一企一策”的方式逐个消化，目前已解决问题18个。通过梳理企业诉求，明确责任领导和解决时间，取得企业理解，重新赢回公信，为下步的以商招商打下坚实基础。

【党建工作】　园区按照“两个覆

盖”的要求，全面抓好党组织全覆盖和党的工作全覆盖工作。深入开展支部建设年活动，新组建非公企业党支部19个，总数达到44个，确保非公企业党组织全覆盖；切实加强阵地建设，按照“三区一校七室”的要求，规划设计园区新的党建活动场地；严格实行网格化管理，园区班子成员和各局室党员负责干部全部担任企业支部党建指导员，督促指导各支部严格落实《每月党员活动日制度》《三会一课》有关要求，并引导开展“红星云”学习活动。同时，为全面提升党员素质，加强干部队伍建设，先后选派三批企业党支部书记到湖南大学、岳阳市委党校和汨罗市委党校参加党的理论知识学习，围绕学习十九大精神和园区经济社会发展，邀请平波市长和党建理论专家来园区讲党课。

（陈敬林）

长沙经开区汨罗产业园

长沙经开区汨罗产业园普乐公司负责人（名单）

董事长	欧建雄
副董事长	谢浩波
监事会主席	张　辉
董事兼常务副总经理	厉伍生
董事兼财务副总经理	仇锦光
董事	周灿辉
副总经理	阳　舟

【概况】　2017年是长沙经开区汨罗产业园按照“大开发、大建设、大招商”的工作思路，合力同心、攻坚克难、千方百计破解困局，较好地完成各项目标任务，工程投资1.075亿元，投产项目7个，签约在建项目4个，总投资9.3亿元。

【一期水、电、路网建设】

坚持高起点规划、高标准建设、高品质配套，全面推进一期3平方千米启动区水、电、路、网建设。一是一期道路建设如期竣工。全面推进道路工程建设，全年完成启动区一期道路7条（大里塘路、汉山路、新塘路、王家园路、坪上路中段、三角塘路和立新路）和安置区道路3条（栗塘湾路、欧家路、影珠路）道路建设任务，总计8.2千米，完成投资约1.8亿元。结合道路建设施工，加快场地平整，年底已完成1000亩土方场地平整，完成土方量约100万方。二是配套工程建设稳步推进。“两厂”工程建设方面，自来水厂、污水处理厂已完成厂址征拆及可研、环评、立项等前期工作，项目委托上海济邦咨询公司完成PPP实施方案、财政承受能力评价、物有所值评价等基础资料，完成PPP项目识别，并开始进行PPP项目招标。为解决近期环保问题，园区主动对接省市环保部门，科学决策污水处理厂建设方案，在取得省市环保部门同意的前提下，近期采取一体化污水处理装置作为过渡，拟建设日处理能力200吨、50吨的智能一体化装置各一台套，目前已完成财评和采购审批程序，12月底全面建成投产。110千伏变电站工程方面，园区规划两座110千伏变电站，近期建设汉山路变电站，投资约0.4亿元，由省电力总公司负责投资、设计、施工，前期工作已完成。燃气、弱电等工程方面，普乐公司已与社会资本组建燃气、弱电项目合作公司，与路网建设同步推进，总投资0.8亿元。引水工程建设方面，近期规划从白鹤洞等水库引水1.5万吨/天，解决3平方千米启动区水源问题，该项目总投资0.56亿元，目前已挂网招标。三是工业地产项目迎难推进。工业地产项目是园区重要的综合服务配套项目。项目开建以来，上半年完成一期D地块（优冠项目）共6栋钢结构厂房、1栋办公楼、1栋多层厂房及附属工程的建设，建筑面积32000平方米。完成一期B地块场内道路和6栋单层厂房（包括部分室外水、电、消防）完成建筑面积约24608平米，工程投资1.075亿元。因受长沙经开区体制改革影响，项目停工近10个月。为争取项目早日复工，园区积极与省建五公司、经开集团协商，在经开区领导的支持下项目近期复工，并采取倒排工期施工措施，全力加快一期工程建设，预计年内完成招商中心、公寓楼主体工程，投资5000万元。四是安置区工程建设强力推进。安置区一期规划占地210亩，规划建筑面积16万平方米，总投资2.8亿元。由于受建筑材料价格上涨因素影响，前段安置区建设进展较慢，园区积极化解矛盾，加快项目推进，目前规划31栋安置房已完工8栋，在建21栋，年底将全部完成主体工程。

【建设　招商】　按照“边建设、

边招商”的思路，发挥长沙经开区平台优势，组织最强力量推介园区、招引项目；坚持把“投速、投量、投效”作为衡量项目优劣的第一标准，切实提高招商实效。一是招商引资优惠政策正式出台。在借鉴长沙、岳阳、汨罗等地招商优惠政策的基础上，制定《长沙经开区汨罗产业园招商引资暂行办法》，目前市人民政府常务会议已审议通过，该办法的正式实施，为园区招商项目洽谈提供依据，解决长期以来项目引进议而不决的难题。二是一批招商项目正式落地。目前园区共有项目11个，总投资9.3亿元，分别有投产项目7个（含原弼时工业园6个），签约在建项目4个（优冠二期项目除外）。其中，优冠项目是园区引进的第一个重大招商项目，填补湖南省体育设备制造领域的空白，5月已顺利投产，市场前景十分可观。优冠二期项目用地100亩，总投资约2亿元，年产值3亿元，年纳税1000万元以上，预计2018年5月可启动项目建设。东相全自动包装机械项目拥有包装机械行业相关专利，技术先进，目前该项目生产设备已进场，11月底前厂房全部交付进行生产。智能科技运动车项目总投资约1.3亿元，ALC新型建材生产项目总投资0.9亿元，均已启动建设前期工作，11月底前顺利动工。垒土绿色工程产业化项目有望入园，总投资1亿元，该项目具有核心知识产权，正在加强洽谈，细化项目实施方案。三是加强项目储备与跟踪洽谈。在主攻项目签约落地的同时，加强项目储备与洽谈，目前掬水帘窗帘生产项目、湖南精斯诚人防设备生产项目、湖南光联光电光缆生产项目、吉尔润科润滑油生产项目、丽诺纸杯生产和销售项目等一批优质项目正在洽谈推进，12月签约3~4个项目。

【发展模式】 汨罗产业园作为全省首个飞地工业园，全省全面深化改革的试点单位，一直不断探索开发建设模式，理顺管理体制机制，健全现代企业制度，完善公司法人治理结构，进一步推动园区由政府主导发展模式向市场主导的发展模式转变。一是签订合作协议补充协议。遵循市场经济规律，理清后段工作思路，根据目前园区开发建设的实际情况，双方股东对长沙经开区汨罗产业园部分合作协议部分条款进行修改，签署合作协议补充协议，明确双方近期全力推进3平方千米启动区的开发建设思路。二是建立现代企业管理制度。不断加强建章立制工作，出台普乐公司管理制度、财务、工程、招商等管理制度，明确董事会、监事会等的职能职责，使决策系统、监督系统和管理系统各司其职、各负其责、协调运转、有效制衡。三是探索投资融资模式。推行PPP合作模式，引入社会资本参与园区建设，园区道路工程、工业地产项目采取PPP模式引入社会资本7.74亿元；发挥特许经营权的优势，园区燃气、弱电项目利用特许经营权入股的形式吸引社会资本0.8亿元；高效对接银信部门，开展多途径融资贷款，采取长沙经开集团担保，汨罗市财政承诺的方式取得获得授信融资11.95亿元，融资到位资金9.4亿元，其中2017年已融资到位2.6亿元，基本保障了园区开发建设资金需求。

工业和信息

市工业和信息化局负责人（名单）

党委书记 局长	楚　军
党委委员、副局长	彭　辉
党委委员 纪委书记	兰永红
党委委员 联合工会主席	徐西平
党委委员	刘　波
办公室主任	张大来

【概况】 2017年，市工业和信息化局各项工作面临新形势、新任务，建园区、兴产业、抓招商、上项目，保民生、助扶贫，坚定不移落实市委市政府各项决策，举全局之力，集全员之智，全年完成投资项147个，工业投资108.4亿元，工业技改投资88.6亿元。

【主要工作】 一是稳增长。发挥工业经济运行调控的主体职能，以稳增长为宏观调控目标，一方面是以政策为支撑，在市委市政府的安排部署下先后参与制定4个政策性文件，以此来优化企业发展环境，夯实企业发展后劲；另一方面是以问题为导向，先后四次赴岳阳市经信委参加季度工业经济形势分析会，了解当前经济格局，深入剖析汨罗市工业发展中存在的问题和短板，因事制宜，确保汨罗工业经济良性长足发展。

二是上项目。继续以项目建设为抓手，加大工作力度，推动生产性项目的实施，以此助推产业转型升级，给力达电子已有两条生产线试运行，产销两旺；振纲铝材年产8万吨铝型材二期建设项目已竣工投产；经阁铝业集团15.6亿元铝型材项目已开工建设。2017年，全年完成投资项目147个，其中工业投资5000万元以上项目25个；完成工业投资108.4亿元，工业技改投资88.6亿元。

三是重服务。针对新形式下园区企业经营效益下滑、抗风险能力不强、缺乏核心竞争力等困境，帮扶工作围绕优化服务环境、强化要素保障展开，积极为企业办实事、解难题，通过一系列措施的推进切实为企业排忧解难。着重解决三兴精密超红线用地、晨威高科用工紧张、拓曼节能的不动产证办理等问题，帮助湖南龙舟农机和三兴精密完成上市前期工作。截至目前，共“挂号”10个，“销号”8个。

四是抓体改。按照市委市政府的指示精神，局党委的统一安排，在冶金机械厂召开全体总支职工代表大会，结合棚改政策，全面测算50户有产权证的职工住房，实施货币化安置，对没有产权的38户实施公租房安置，对厂房设备进行公开拍卖。面对严峻繁重的工作任务，全体干职工充分发挥“众人拾柴火焰高”的工作热情，局党委班子、各股室负责同志每人联点对口2户进行入户走访工作，耐心的为搬迁户宣讲政策，做思想工作，常利用休息时间和节假日进行突击攻坚。截至目前，冶金机械厂有产权户已全部签约，无产权户已签约34户。

五是促墙改。墙改办按照中央环保督察要求和相关文件精神，成立专门的工作班子，明确工作目标，按照宣传发动、自行关停、强制关停、拆除设施、生态恢复、验收总结的工作步骤，合理统筹，科学施策，对黏土砖企业强制切断电源，张贴执法封条，确保永久性停产。截至目前，市域范围内61家砖厂已全部拆除，持续做好关停砖厂后的后续监管工作，确保此项工作圆满完成。

六是严执法。5月16日，局下属的电力和信息执法大队揭牌成立，从5月运营开始，电力信息执法大队通过不断探索和完善，各项工作均迈入正轨，取得可喜的局面。电力和信息执法大队共处理破坏电力设施等违法行为23起，打击挂钩用电窃电行为200余起，协助调解电力事故4起，对全市范围内的15家违法麻石生产企业实施断电，对武广高铁沿线的违章建设用电户进行及时处理。作为一个全新的行政执法单位，电力和信息执法大队的成立为汨罗市的电力行政执法工作开创新局面，民用及工业用电秩序得到显著改善，全市电力设施运行秩序井然，被省经信委评为电力依法行政工作优秀单位。

七是保民生。年初，根据市委市政府及扶贫领导小组的部署，工业和信息化局、商业总公司、烟草局三家单位联系川山坪镇达摩岭村，驻村开展精准扶贫工作。一年来，局党委对此高度重视，班子成员主动担担子，每人至少对口帮扶2户以上，每月至少入户走访一次，每季度至少集中慰问一次，通过政策宣讲、输送物资、产业扶持等方式帮助贫困户解决实际困难，本着“授人以鱼不如授人以渔”的主体思路，鼓励组织贫困户参与到蜜蜂、竹鼠养殖合作社中，拓宽其增收渠道，力争在根本上让精准扶贫户彻底从“贫”字中跳脱出来。为达摩岭村新建信号塔一个，光纤铺设实现到村入户；完成两条村级公路的拓宽硬化；完成易地扶贫搬迁25户；共负责对口帮扶116户，25户已实现脱贫，在年末的省扶贫抽查中顺利过关。

【队伍建设】一是注重党性锻炼。把思想建设作为班子建设的根本，坚持党委书记、班子成员带头学、带头讲，采取党组中心组、读党史学党章、撰写心得体会等学习形式，组织开展集中理论学习10余次，认真学习党的十八大和十九大习近平总书记系列重要讲话精神、社会主义核心价值体系等。局领导班子将坚持遵守党的政治纪律、政治规矩融入到日常工作和生活中，认真贯彻落实党的路线方针政策，有令必行、有禁必止，在思想上、政治上、行动上与党中央保持高度一致，做到政治信仰不含糊、政治立场不动摇、政治方向不偏移。

二是抓实“两学一做”。将“两学一做”学习教育作为党建工作的龙头任务，每月初定期开展“党员主题活动日”活动，党委书记、班子成员带头为局系统干部职工讲党课、分析当前政策形势、集中组织党员再宣誓等活动，争做“四讲四有”表率；带头深入企业开展调研，积极开展批评与自我批评、督促整改落实。

三是坚持集体领导。进一步完善局党委议事工作规则，全年召开党委会议30余次，形成集体决议30

多项，严格按照集体领导、民主集中、个别酝酿、会议决定的原则，凡“三重一大”等事项坚持纳入集体决策范畴，交由集体讨论研究，严格按程序和规定办事。坚持集体领导、个人分工负责的原则，实行班子成员分工合理和配合协作，做到互相支持、相互监督，班子成员坚持不利于团结的话不说，不利于团结的事不做，做到心中一盘棋，共为一个家。

【廉政建设】 一是学习文件再认识。及时转发省、市纪委和系统内各级下发的关于加强节假日期间纪律作风建设的有关通知文件，组织党员干部集中学习，增强政治敏锐性，强化思想认识。

二是群发短信常提醒。节前节中利用短信平台，向全体干部职工发送有关“八项规定”“三严三实”和反“四风”方面纪律制度规定、节日期间防范须知、违规被查处的典型案例等信息，提醒干部职工讲规矩守纪律，主动抵制不良风气和腐败侵袭，强化行为自觉。

三是座谈交流敲警钟。党委班子成员深入二级机构开展集体座谈，与单位负责人和重点岗位干部个别谈心，告诫大家守土有责，远离诱惑，恪守廉政底线，强化自律意识。

（张大来）

电 力

市供电公司负责人（名单）

总经理	周辉
书记兼工会主席	黄安民
副总经理	吴闯 杨进
综合管理部主任	黎敏

【概况】 2017年，市共电公司完成售电量85041万kWh，同比增长7.04%；综合线损率10.19%，同比下降3.33%；到户均价713.57元/千千瓦时，电费回收率100%，同业对标综合排名全省第61位。2017年被评为汨罗市综合绩效考核红旗单位、脱贫攻坚工作先进单位、综治工作先进单位、省公司营销工作先进集体、经济法律工作先进集体、岳阳公司先进集体、安全生产先进单位、物资管理先进单位、财务工作先进单位、并被评为岳阳市2017年防汛救灾先进党支部、农电党总支被评为汨罗市先进党总支。

【安全生产】 深入开展“本质安全实践”活动，以“一落实、二推进、三强化”为重点，深入开展安全生产问题清单专项梳理，层层夯实安全工作责任，实现连续第8个“安全年”目标。全面执行设备隐患排查治理及消缺闭环管理，获省公司标准示范现场2个、市公司标准示范现场9个。联合工信、安监、电力执法大队对15个乡镇开展安全用电宣传，开展公用线路设备隐患排查，安装安全警示标志200余块。完成瞭白铜线全线砍青扫障，完成高坊变10千伏线路投运、35千伏瞭楚桃线进线间隔安装及35千伏白水变、长乐变扩建工程。开展重过载台区整改，重过载问题已基本解决。清理配网挂接关系，整治配网线损，开展美式箱变隐患排查，排查城区33台美变，对19台安装安全围挡。切实做好迎峰度夏、防冻融冰、防汛抗旱、防山火工作，圆满完成十九大、龙舟节等重大供电保障任务。

【电网建设】 积极争取110千伏弼时变项目落地，完成110千伏江北变电站可研和初步选址，完成35千伏白水变、长乐变的改造增容。推进农网改造升级，完成电网升级改造村48个，新建改造10千伏线路89千米，新建改造配变220台/28955千伏安，新建改造低压线路445千米，完成集抄改造工程6400万元、农配网工程投资7400万元。完成48个贫困村的电网改造，光伏扶贫项目累计并网239户，容量0.36万千瓦。物资仓储管理逐步规范，被省公司评为星级县仓库，代表省公司仓储点接受国网公司“物资供应基础管理年”检查获得高度评价。

【提质工程】 反窃查违成效显著，全年补收电费344万元。开展电价普查1201户，挽回直接经济损失6.4万元，整治台区线损同比少损电量968万千瓦时。实时管控业扩报装，快速响应客户诉求，开辟业扩受理绿色通道，线上受理率达100%。实现集抄全覆盖。台区合格率、采集上线率、费控上线率、线上缴费率等指标在省公司处于先进水平。主动依法维权挽回直接经济损失82万元，物资去库存累计完成42万元。人才当量密度从0.857提升至0.871，上升1.4%。全面提升后勤管理水平，开展“两供一业”分离，启动老院子和友谊河院子的棚户区改造。集体企业完成利润30万元。

【营销服务】 深化营销现代化应用，狠抓量价费损，指标创新历史。持续推进费控，费控上线率达到100%，台区电费按月结零。积极推广电e宝、掌上电力APP、支付宝、微信支付等线上快捷电费缴纳方式，极大方便用户缴纳电费。严格人为责任投诉考核，处罚28人次，处罚金额13900元，客户投诉量和工单量明显下降，服务形势稳定可控。以弼时供电所为试点开展"全能型"供电所建设，完成供电所班组、岗位设置和人员配置等优化调整工作。全面推行低压营配融合的"台区经理制"、营业厅综合柜员制和台区经理移动业务终端日常业务应用，加大台区经理和网格化服务力度，建立台区客户微信群，充分发挥网点服务职能，畅通客户诉求渠道，打通服务"最后一公里"。积极创建星级供电所，新市、川山评为三星级供电所，弼时、大荆、江北评为二星级供电所，实现全部供电所上星级。

【"公司制"改制】 顺利完成"公司制"改制。健全党建机构设置，完成"党总支"改"党委"工作，选举产生纪律检查委员会，成立党建工作部，加强党在公司的核心领导地位。顺利完成工会换届工作，选举产生新一届职工代表委员会。强力推进历史遗留问题处置，问题清单梳理"四上"上报问题23个，立行立改15个，上报质量获国网公司充分肯定。完成供电所优化调整，成立长乐、白塘供电所。

【党建工作】 深入宣传贯彻党的十九大精神，党委成员、支部书记宣讲党课19次。实施党建"旗帜领航·三年登高"计划，各支部完成换届工作，实现"一所一支部"的目标。严格落实巡察整改"四个必须"的要求，对省公司巡察问题逐一整改。扎实开展党建工作全面体检。"电骆驼"共产党员服务队在抗洪救灾、扶贫帮困、抗冰保网、用电宣传及重要时期、重大活动保电工作中发挥先锋模范作用，确保电网的安全稳定运行，保电事迹在人民网、新华社等新闻媒体广泛宣传，树立良好的社会形象。组建扶贫工作队，联点川山村，精准脱贫62户、202人，圆满完成扶贫攻坚任务。党风廉政建设责任进一步落实，没有发生违反中央八项规定的和上级查处的违规违纪行为。

商务粮食

市商务粮食局负责人（名单）

党组书记 局长	吴朝霞（5月改任） 彭建芳（6月起）
党组成员 副局长	彭浩文　卢卫东 张彦龙　朱再文
党组成员 纪检组长	姜尚平
党组成员 工会主席	何金辉
办公室主任	毛登峰

【概况】 2017年，市商务粮食局完成社会消费品零售总额94.5亿元，同比增长9.6%；内联引资70.14亿元，增长40%；利用外资3750万美元，增长30%；完成外贸进出口总额1000万美元，增长28.5%；完成外派劳务600人，增长17.6%；对外劳务合作营业额3035万美元，增长19%，全市商务及开放型经济稳步发展，主要目标任务完成情况较好。

【主要工作】 民生实事工程。落实岳阳市重点民生实事工程一项，实施新市镇农贸市场标准化改造，全面完成投入运营。

政府主要工作任务。深入开展集贸市场专项整治，进一步改善市场环境，规范市场秩序；结合"三城同创"启动新建和改造农贸市场工程。

省级专项行动。联合公安、环保、工商等单位开展再生资料回收行业安全环保专项整治行动，对汨罗再生资源市场进行清理整顿，利用再生资源网上备案平台推进再生资源企业重新备案登记。专项整治工作获岳阳市通报表扬。

两项重点改革。一是落实汨罗市2017年度全面深化改革事项任务。推进汨罗市电子商务创新发展机制，以改革创新为动力，着力解决电子商务发展的深层次矛盾和最大问题，深化普及电子商务应用。结合全国电子商务进农村综合示范县建设，通过完善公共服务平台，建设乡村服务体系，优化物流配送体系，强化电商人才培训，特别是推动地方扶持政策出台等做法，全力推动电子商务创新发展。6月20日，市政府正式出台《汨罗市推进电子商务创新发展实施意见》，正全力推进政策落实。目前汨罗共有电商企业（含网商）1600多家，电商相关从业人员1万余人。2017年，电商交易额达45.5亿元，增幅

24%，其中农产品上行交易额2360万元，增幅195%；快递包裹量上行达256.59万件，下行810.07万件，同比分别增长97%和11%。二是推进加油站审批建设改革。通过努力，3月，市政府出台《关于进一步规范加油站审批建设的通知》，为加强成品油市场管理，依法规范加油站审批建设流程，有效化解历史遗留问题，促进行业健康发展，激活市场财源，打下坚实制度基础。年内将推出2个加油站项目按新规实施土地招拍挂，在规范市场发展的同时，激活市场新财源。

电商扶贫攻坚。实施电商助残扶贫项目，完成全市建档立卡的24个贫困村电商服务网点全覆盖，针对贫困户开展免费电商培训320人次，帮扶贫困户开设网店38个。特别是结合有关贫困村特点重点开展产业项目扶贫，为八景村部分贫困户全免费提供养蜂项目，在大龙山村建立中药材种植和培育基地，大面积种植灵芝和玉竹，邀请养蜂、种植及电商专家现场举办多场技术培训班，通过电商平台进行相关产品专业推广，带动贫困村村相关产业发展，实现脱贫致富目标。利用相关项目重点对接帮扶40多户贫困户，实现户均增收12000元。

粮食安全保障。一是认真落实粮食安全省长责任制。9月4日，市政府出台《汨罗市落实粮食安全省长责任制考核办法》。这对落实粮食安全主体责任，巩固粮食生产能力，加强粮食收储管理，维护市场稳定，促进粮食产业提质增效，确保粮食质量安全，促进部门联动保障地方粮食安全等具有里程碑意义。二是对县级储备粮进行全面清查，并下达整改通知书；顺利通过上级粮食安全及库存大检查；三是新增县级储备粮1500吨，推动地方储备粮存储“一县一企”和国企存储改革；四是规范处置8777吨2014年镉超标最低收购价粮；五是全面完成最低价粮食收购工作，积极维护粮食市场秩序，确保粮食市场稳定安全。

（毛登峰）

商　业

市商业总公司及主要下属机构负责人（名单）

总　　经　　理	卢飞跃
副总经理、工会主席	吴　果
市食品公司经理	唐明皓
市百纺公司经理	任　兵
市副食品公司经理	姜义亮
市饮食服务公司经理	黄建波
蔬菜公司经理	程　钊

【概况】　2017年，市商业总公司完成商品销售4.8亿元，同比增长12%；完成协税目标任务620万元，同比增长9.8%；引进商业网点投资400万元，完成职工“三金”缴付710万元，商业企业“三个文明”建设再跃新台阶。

【队伍建设】　商业总公司认真学习贯彻党的十九大精神，深入推进“两学一做”学习教育常态化、制度化，以“做合格党员、建合格支部”为主要抓手，组织商业两级管理骨干学习新党章、习近平总书记系列重要讲话精神，结合“党员活动日”活动的有效开展，提高干职工理论素养。党建工作进一步加强，将全系统内7个党支部纳入全市数字信息平台，完善366名党员基本信息，开展党员违纪违法情况排查。扎实落实“三会一课”制度，总经理带头上《强化意识，提升商业发展保障能力》等党课，对在红星云平台学习排在前列的党员进行奖励，“七一”前夕评选表彰5名优秀共产党员，进一步彰显党员先锋模范作用，弘扬主旋律。严格落实党风廉政建设主体责任，制定主体责任清单，组织全系统70多名党员、管理骨干到市纪委廉政教育中心开展廉政警示教育活动，分级开展廉政约谈，商业廉政建设呈现新气象。

【企业管理】　企业经营管理上，扎实稳定经营场地的承包管理。二级机构食品公司建设路对外租赁门店由9.8万提高到11.8万，百纺公司友华片区的二楼租金由原来的4.84万提高到8.5万，全年全系统经营场地新一轮承包共实现标的综合增长8.2%，累计新增效益41万元。企业经营监管上，严格监督执行《商业企业主要费用开支标准》，统一口径和程序规范商业基本工资、岗位工资、招待费、企业维修费、福利待遇包干等可控性费用的开支标准和报批程序，并通过总公司的财务检查和内部审计严格监督执行，全年全系统可控费用同比下降9.6%，累计节约10.8万元。

【职工待遇】　一是从总公司机关到各公司均及时足额兑现上岗干职工基本工资的稳定增长。二是商业职工社保人均调增270元，商业缴付基数平均提高11%，而且坚持做到及时足额缴付。三是近1700名商业职工实现全员城镇职工医保，同时，又组织全体在职职工加入全市职工医疗互助活动，商业职工医疗保障体系进一步完善。四是商业各公司均加大对大龄下岗职工的帮扶力度，全年投入资金70万元全覆盖帮扶“40·50”大龄下岗职工解决生活困难，继续坚持“雪中送炭”，全年全系统共计筹措调度资金近80多万元，有效救济重病、残疾、特困职工和企业军转干部78人，帮扶困难职工118人，慰问下岗职工、复退军人和退休职工1238人，商业系统困难职工的精准扶贫成效凸显。四是坚持将特殊群体的解困济危作为商业职工的重点民生。总公司机关筹资1.15万元，助学商业系统22名困难学子，商业的助学行动得到市委的充分肯定，并被汨罗电视台新闻报道。

【精准扶贫】 商业总公司党委高度重视川山坪镇达摩岭村的扶贫工作，派出一名干部长期驻村，及时了解掌握情况，帮助精准定位扶贫。根据该村贫困户实际，确立由机关15名干部与该村43户贫困户进行结对帮扶，建立健全帮扶工作机制。商业总公司严格落实“三走访三签字”工作要求，平均每月到扶贫点达摩岭村走访一次。组织机关全体党员爱心募捐1.65万元，对达摩岭村梓洞片区31户建档未脱贫户进行慰问；携手天恒量贩对所有贫困户、五保户捐送8000多元的粮油物资；同时支持10万元扶贫资金帮助该村贫困户脱真贫、真脱贫。

【棚改工作】 2017年的棚改工作是市委市政府的重点民生工程，也是汨罗城区规划的重头戏，涉及到商业总公司机关和下属四家公司。其中，二级机构食品公司桥东门市部4个临街经营门店，共计370.1平方米土地面积纳入友谊河棚户区改造项目，另有公职人员身份的6户私人房产也纳入全市棚改拆迁范围。接到市委市政府的工作指令后，商业总公司高度重视，由总经理亲自挂帅，专门成立商业棚户区改造项目工作领导小组，并且从全系统抽调精干力量认真做好拆迁安置工作。特别是食品公司全体工作人员放弃休息时间，加班加点，群策群力，全面深入门店和职工家中，认真细致做好政策宣传解释工作，攻坚克难全力做好承包职工稳控和门店经营户搬迁，商业总公司公产棚改任务和涉公人员拆迁工作如期如质圆满完成。

【平安创建】 在平安商业创建活动中，全年全系统一手抓安全生产，一手抓信访维稳。安全生产上，认真构建“全员参与，层层把关”的商业安全责任网络，毫不放松企业安全生产宣传教育，全年全系统共组织举办从业人员安全生产培训班两期32人次；深抓细管企业安全隐患大排查，全年开展交叉地毯式安全问题大排查6次，召开月度安全例会11次，及时发现安全隐患16起，下发安全隐患整改通知书12份；安全隐患整改上，全年共克服困难投入经费20多万元，认真高效整改安全隐患16处，全年无一例安全生产事故发生。

在确保企业大局稳定上，全年全系统认真落实属地属人责任制和系统内信息共享、工作互帮机制，落实稳定工作抓小抓早、萌芽处理、果断处理的下手功夫，看好自己的门，管好自己的人，矛盾不上交、问题不出门。针对下岗职工多、问题多、矛盾多的实际情况，总公司坚持开门接访和骨干下访，全年共接待并有效处理涉军待遇诉求、门店经营承包纠纷、改制企业历史遗留问题、住房补贴、救助帮扶、棚改拆迁等方面的各类群体性强烈上访诉求46批226人次，有力地维护好商业企业和谐稳定局面。

【重点工作】 全年全系统在计划生育管理上切实加大政策宣传力度和管理队伍建设力度，扎实抓好下岗育龄妇女和流动人口两大重点对象的计生管理，人口计生工作各项责任指标圆满完成，获得计生工作主管部门的高度肯定。全年在省级文明城市验收、“除四害”C级达标省检、三城同创检查、岳阳美丽县城检查等各项核心环节的迎检工作上，商业总公司面对“一市场、两超市、多家五小门店”的必检压力，全力维护全市大局，彰显商业作为，全系统累计投入迎检经费30多万元，1100多个工日，加班加点，获得好评。联系罗江镇防汛工作和川山坪达摩岭村扶贫工作，投入防汛经费8万元，并从机关和企业抽调80多名党员骨干奔赴大堤值班点和扶贫村水库堤坝一线，全系统共110人次参加防汛值班，确保村镇两级安全度汛。

（吴　果）

供 销

市供销合作联社负责人(名单)

党委书记 理事会主任	钟良初
监事会主任	张克昌
理事会副主任	邹 云 刘海祥
纪委书记	胡忠权
党委委员	袁 敏
办公室主任	鄢克明

【概况】 根据中共中央、国务院《关于深化供销合作社综合改革决定》和省委、省政府、岳阳市委、市政府《关于深化供销合作社综合改革实施意见》文件精神，特别是结合学习党的十九大报告，市供销合作联社开展创建湖南省深化供销合作社综合改革示范市工作，扎实抓好党建工作，加强干部职工队伍作风建设，把严格落实党风廉政建设作为全社工作重点来抓，作为做好各项工作的基础来抓。

【党建工作】 切实履行基层党建工作责任。年初成立汨罗市供销合作联社党建工作领导小组，明确党委书记为党建工作第一责任人，分管党建工作的班子成员为间接责任人，设立党建工作办公室，安排2名专职党务人员，2名联点扶贫工作人员，重新调整机关支部委员会及下设离退休支部，专题研究部署基层党建工作10次，推动落实基层党建工作重点任务，强调解决重点难点问题，深入基层社和专业公司调查研究。全年班子成员带头讲党课和参加双重组织生活，班子成员到下属单位上党课29次，从严落实好党管干部、党管人才的原则，调整党支部书记2名，培养入党积极分子15人，发展新党员3名，积极督促班子成员和其他负责人履行“一岗双责”，切实抓好分管领域内工作。在扶贫工作上，首先安排在弼时镇大垅村，短短3个多月时间，对村上特困户全部进行上户慰问，帮助村上植树180棵。4月被调整到屈子祠镇微山村后，又积极帮助村上进行电力改造，扶贫帮困，慰问金和爱心款已达近10万元，得到扶贫村镇的一致好评。

积极推进“两学一做”学习教育常态化、制度化。坚持在党员干部中开展形式多样，灵活多变的学习教育活动，深入开展“两学一做”学习教育，持续跟进抓好党章党规学习，认真学习贯彻党的十九大精神，用习近平新时代中国特色社会主义思想武装头脑，要求每个党支部制定学习计划，严格学习考勤制度；要求每个党员全年学习笔记字数不少于5000字，不少于2篇学习心得；要求班子成员全年学习笔记字数不少于10000字，不少于1篇调研报告，不少于3篇学习心得。特别是组织全体党员认真学习十九大报告和中共中央、国务院、省委、省政府、岳阳市委、市政府“关于深化供销合作社综合改革的决定、实施意见、方案”，围绕汨罗“四种精神”开展学习讨论，推介先进典型吴拓方，组织系统党员参加教育培训，特别是组织党员进入“红星云”平台学习在全市排名靠前，有力地推动学、做、改相结合，充分发挥党组织战斗堡垒作用和党员先锋模范作用。大力推行“五项教育”“五项反思”和深入开展治理“慵懒散”等突出问题，坚决制止“四风”问题反弹，取得良好成效。

重点任务基本完成。深化供销合作社综合改革，这是政治任务，又是惠农工程，市委、市政府高度重视，成立以市委书记为组长的创建工作领导小组，出台创建示范市《工作方案》和《督察考核办法》，供销社从三个方面加以贯彻落实。一是电商平台建设加速加力。根据电子商务蓬勃发展的态势，组建汨罗市鑫瑞惠民供销公司，下设运营中心，5个镇级综合服务体，15个村级服务站，现已全部联网上线，投入运营。二是“两组织一平台”建设初具规模。市级成立瑞丰惠农公司，乡镇选择罗江镇科龙水稻专业社、神鼎山镇强农水稻种植专业社、白水镇耕农富硒农业科技有限公司和屈子祠镇范家园供销社4个条件成熟的乡镇建立惠农服务中心。三是资产改造成果丰硕，坚持改造提升价值这一原则，结合“村、社共建”“党建、社建”相结合，先后改造社有资产17处，特别是对新城、越江、弼时三个基层社，进行资产升级改造，基本上实现固定资产成倍增长和收入翻倍，初步改变供销社破烂不堪、日晒雨淋的局面。

规章制度落实到位。该年度是“党支部建设年”，联社认真抓好党支部的“三会一课”制度，针对全系统拥有12个支部，455名党员的实际情况，研究确定党建工作计划和目标任务，制定《党建工作》要点，供销新发展、党员新作为活动方案研究确定党建工作计划和目标任务，制定活动方案，结合供销社实际推行党员量化积分管理，在各支部，开展民主评议党员，进一步规范党费收缴工作，积极进行党组织按期换届工作。同时，更进一步加强党员教育管理，管好用好远程教育，90%的党员进入“红星云”平台，学习阅读党的有关知识，引领党员干部，在中心任务中发挥先锋模范作用。防汛期间，成立防汛临时党支部，党员佩戴党徽，领班负责干部佩戴袖章，严防死守、尽职尽责受到各级好评。

【廉政建设】 一是抓组织领导。社党委在年初就召开党风廉政建设专题会议，明确专人落实。成立以一把手为组长的党风廉政建设和反腐败工作领导小组，制定《2017年党风廉政建设实施细则》。3月份，社党风廉政建设和反腐败工作领导小组召集下属各单位，召开全系统党风廉政建设暨作风建设会议，签订党风廉政建设目标责任书。进一步完善《2017年作风建设方案》，编制2017年党风廉政责任分工表，明确廉政建设和作风建设建设责任主体和责任内容，贯彻落实党委主体责任和纪委监督责任。全年专题研究部署党风廉政建设和反腐败工作5次，讲授廉政党课12次，督查党风廉政建设和检查财务工作4次，支持纪监督查问责，约谈2人，通报批评1人。

二是抓作风建设。认真学习上级作风建设有关文件精神和内容，结合自身实际，重新制定《供销社系统干部转变作风的规定》等相关制度和规定。7月，为防止升学宴高峰来临，召开专题会议重新组织干部职工认真学习汨办发《关于汨罗市禁止国家公职人员大操大办婚丧喜庆事宜的若干规定》，要求每个干部职工都进行书面承诺。大力开展树新风、治陋习活动，全社没有一名干部职工违反规定大操大办婚丧喜庆及升学晏事宜。9月，组织全系统经商人员和离退休人员进行走访座谈，参观弼时、新市、白水三个新网工程超市，认真收集意见建议，回复处理经销户和干部职工反映的问题，得到普遍好评。

三是抓廉政管理。认真落实岳阳市委“三个办法”“四项制度”以及“三重一大”事项集体决策等规定，把廉政管理作为一项长期，持久的工作来抓。社党委一班人，对人事安排、重大工程建设实行集体研究决定，从不搞封官许愿、从不搞暗箱操作。先后调整区社和公司班子2次，涉及7人次，从未违规提拔1人。同时，组织分社主任以上负责干部每年开展一次自查自清工作，对系统水电、住房管理、财务管理、基建维修，招商引资等项目重新制定出制度，以此增强干部勤政廉政的透明度。

（郗克明）

物　资

市物资行业管理办负责人（名单）

党委书记 行办主任	姜尚平
财务股股长	李庆辉
人事股股长兼 燃料公司经理	彭　祥
物业办主任	孔和钦
民爆器材公司经理	李明武
机电服务公司经理	付继尧
金属回收公司经理	付　超
办公室主任	张　纯

【概况】 市物资行业管理办紧紧围绕全市政治和经济发展的新发展和新作为，切实完成市委市政府下达的各项中心工作，内保稳定，外树形象，确保一方平安。

【队伍建设】 物资总公司党委下属5个党支部，包括机关支部、老年支部、民爆支部、机电支部、回收支部，72名党员。总公司党委始终坚持以党建工作为导向和抓手，紧密结合“汨罗新发展、党员新作为”活动、“两学一做”教育活动常态化制度化、“党支部建设年”以及“巴陵先锋先行”等活动，内化于心，外化于行，知行合一，打造和锤炼一支过得硬干部队伍，促进各项工作的开展。

理清思路定准位。总公司党委从紧扣市委下达的指令和中心任务、紧扣物资工作实际出发，找准党建与各项工作的结合点，研究确定党建思路。一是建设学习型、服务型、创新型党组织，用新思路新办法实行党员干部服务职工群众常态化。二是提升党员干部的素质能力，实行学习教育制度化。党委书记带头讲党课，主持四堂专题讨论会，半年各召开一次党委民主生活会，积极地开展批评与自我批评，强化学习教育，理顺工作思路，为物资各项工作的完成和和谐稳定坚定强硬的基础。三是顺应社会管理新常态，探索流动党员的管理。党委管理下属支部，下属支部管理所属党员，党委直面所有党员，形成网状管理模式化。

履行职责走在前。党委班子注重调查研究，着重解决实际问题，班子成员每周下一次基层支部，每月一次到联系点直接面对基层党员，把党建的要求落到实处。

强化措施重保障。完善党委分工负责、党建工作例会制、中心组学习制度，先后召开2次党委会扩大，4次机关党员和支部书记座谈会，专题研究党建工作。成立专门班子，抽出专门人员，强调责任意识，筹措专项资金，做到5个支部的党建工作有人管事、有钱办事、有章理事。

健全基层支部强管理。对老年支部进行换届选举。对燃料公司、金属公司两个买断企业，与分管社区协调，协助社区建设党小组，并选好党小组长，使买断和买断企业退休职工党员有人管，有组织生活过。确保企业破产与改制，支部不瘫痪，组织不涣散，党员下岗、离岗但不离组织，党员流动，组织工作跟进而不落下。上半年总公司在已有机关支部和燃料公司老年支部两个活动室的基础上，增建一个党员活动室，解决党员多而活动场地少的问题。

从严管理抓队伍。总公司党委按照党风廉政建设的要求，制定切实可行多项机关制度，从制度上严要求高标准抓好党员干部管理，用纪律和制度的笼子管理干部、约束干部，不越底线，不过红线，强化党员干部的作风建设、纪律建设、廉政建设，做到敬法畏纪，遵规守矩，促进干部正确履职、秉公用权。

【脱贫攻坚、易地扶贫】 在精准扶贫上，不打折扣，不讲价钱，不推责任，全力以赴完成任务。总公司把脱贫攻坚作为当前主要中心工作来抓，做到脱贫攻坚工作帮扶到位，让贫困户脱真贫，真脱贫。

识贫精准。三新村全村共有790户，人口2909人，26个村民小组，89名党员，2017年初系统未脱贫32户110人。总公司帮扶工作队5月接受脱贫攻坚任务，进驻三新村后，工作队员全天候不分白天黑夜，不分工作日与休息日，积极走访和调查，积极宣传党的扶贫政策，按照贫困户标准，进行贫困户精准识别。通过辛勤地工作，现纳入系统扶贫户20户64人，评选的20户贫困户公示期内没有一个村民提意见，精准识贫的经验在桃林寺镇得到推广。

扶贫扎实。总公司全体干职工每人结对帮扶2户，共结对帮扶20户，全体干职工每月一次下村走访各自结对户，和扶贫工作人员一起为结对户想办法、找对策，把产业帮扶、教育帮扶、健康帮扶、异地搬迁落到实处。目前已经落实低保的低保户12户26人，A级4户9人，B级3户6人，C级5户21人。教育助学7户10人，医疗救助13户18人，残疾保障7户9人。通关公司扶贫工作人员的积极争取、联系、沟通有关部门，在原来异地搬迁2户的基础上，另增加和落实2户异地搬迁，同时为2户建档立卡贫困户每户解决5万的产业帮扶贷款，一户养牛，一户养猪。2017年6户27人完成脱贫任务，其中2户异地搬迁户。公司的扶贫工作在全市第二阶段的督查中获得脱贫攻坚工作第一名。

资金落地。总公司党委针对物资的实际困难，全力筹措资金，上半年已落实3万元的扶贫资金到户到人，年前到位全部扶贫资金。

【“刹人情歪风、治婚丧陋习、树文明新风”专项工作】 总公司党委根据汨罗市《“刹人情歪风、治婚丧陋习、树文明新风”专项工作方案》要求，发动宣传攻势，加强综合整治，确保责任范围内年底实现“十无”的工作目标。

宣传到位。迅速成立专项领导小组，召开全体干部职工动员大会，科学制定实施方案，与股室负责人和三个下属公司经理签订责任状，利用宣传栏、宣传标语和微信群进行广泛的宣传。

整治到位。总公司党委始终坚持把“三倡导、四严禁”落实到位，细致入微的工作使物资的树文明新风深入人心，真正做到“婚事新办、丧事简办，余事不办”，下半年以来，物资下岗职工有1户孩子结婚，2户家里老人去世，6个老人70、80周岁，9个小孩出生，没有一户违规操作和办事，形成良好风气。

【廉政建设】 认真执行中央八项规定、省委九项规定、岳阳市委九条规定和市委“十不准”，深化落实总公司党委的主体责任，全力配合纪检监察监督责任，严格遵守政治纪律政治规矩，坚决“纠四风、治陋习”，进一步地转变物资系统广大党员干部的党风、政风和作风，取得明显成效。

（一）高标准建立党风廉政责任制和反腐倡廉长效机制。总公司党委根据市纪委十届二次全体会议的精神，切实落实党风廉政建设责任制，对党委的主体责任、党风廉政建设主要内容和责任分解展开精心安排，切实把组织建设、思想建设、作风建设贯穿于各项工作之中，要求广大党员干部既在“大节”上清清白白，也在“小处”上干干净净，为抓好党风廉政建设提供有力的政治、纪律保证、组织保障和机制保障。

加强组织领导抓落实。总公司党委坚持把党风廉政建设和反腐败工作纳入重要议事日程，与其他重要工作一起谋划、一起部署、一起推动、一起考核。2月22日，总公司召开党风廉政建设和反腐败专题会议，会上学习市委书记喻文的讲话精神，按照党风廉政建设责任制的规定，成立以党委书记姜尚平同志为首的党风廉政建设责任制工作领导小组，落实党委的主体责任和纪委监督责任，制定《物资总公司2017年党风廉政建设和反腐败工作要点及责任分解》，将党风廉政责任进行全面分解、细化、落实，明确分管领导、责任单位和完成时限，确保工作落实到人、不留死角。严格落实“一岗双责”，与3个下属公司签订党风廉政建设责任书，明确各单位主要领导是党风廉政建设和反腐工作的第一责任人，做到谁主管，谁负责，一级抓一级，层层抓落实网格化的廉政工作新格局。

加强理论学习正风气。总公司党委多次在班子会、中心组学习会和中层干部会议上，组织党员干部认真学习习总书记关于党风廉政建设和防腐败斗争的系列讲话、中纪委七次会议精神和汨罗市委有关精神，重温《中国共产党章程》《中国共产党廉洁自律准则》《中国共产党纪律处分条例》。总公司始终把思想武装贯彻到各项工作之中，强化广大党员干部的责任意识、忧患意识、法纪意识和底线意识，促进党员干部内化于心，外化于行，自觉反腐倡廉、拒腐防变，形成风清气正的良好局面。

建立长效机制强管理。总公司党委结合物资的实际，补充修订和制定各项制度10项，有上班考勤制度、公务用车制度、公务接待制度、帮扶制度和信访接待制度等，用制度的笼子行政、管人、办事，来规范党员干部的工作作风。

（二）硬措施落实党风廉政建设。总公司党委切实担负起物资系统反腐倡廉的领导责任和监督责任，以开展“两学一做”继续教育活动为契机，加强党风廉政建设，坚决维护党的纯洁性。严格执行作风建设相关规定，坚决纠正“四风”，治理陋习，勇于担当，敢于亮剑，有力地推动物资系统党风廉政建设和反腐败工作。

在严守党的政治纪律上过得硬。严格遵守党的纪律。总公司党委坚持讲政治，讲党性，讲大局，讲责任，坚守“四个意识”，严守政治纪律和党的组织原则，做到有令必行，有禁必止，勇于担当。坚决服从市委的决策和工作部署，不讲价钱，不摆困难，特别是在维稳上、三条底线工作、中心任务，不打折扣，落实好，完成好，确保政令畅通。认真落实党内监督各项制度。认真执行单位主要领导不直接分管财务、人事、项目的“四个不直接分管”制度规定、一把手末位表态制度，认真落实“三重一大”事项集体决策制度。严格执行民主生活会、述职述廉、诫勉谈话等制度。坚持民主集中制原则。由于目前总公司党委班子不全，为更好地确保重大事项的决策民主、科学，总公司党委认真落实“三重一大”事项集体决策制度，充分发挥如机关支部、老年支部等组织的作用，广泛征求他们的意见建议，实行重大事项司务会决策制度，充分发挥广大干部职工的集体智慧、积极性、能动性，以凝心聚力的合力维护物资的一方稳定。

在“纠‘四风’、治陋习”上动真格。做到“五个带头”。一是带头遵守上班纪律。在考勤上党委班子不搞特殊化，正点上班，有事履行请假，做好来访接待和处置工作，上班纪律、为民服务的意识得到根本性的改变。二是带头整治公款吃喝。取消所有的定点签单消费，公务接待一律由办公室统一安排。特别是从一把手做起，不去外面签一个字的单，不安排一个与公务无关的接待。三是带头遵守不打牌、不闲谈、不串岗、不饮酒的规定，机关纪律大为改观，过去上自由班、闲聊、做与工作无关的事等不良作风得到有效整治。四是党委班子成员带头遵守不准在下属公司报销费用、享受福利、接受宴请、收受红包礼金的规定。五是带头树文明新风。坚持厉行节约。取消机关一次性纸杯、纸巾的使用；取消机关来客用烟接待；取消节假日、老年节、春节聚餐，建立“两项制度”。为密切联系职工群众，总公司党委建立两项制度，着力解决联系群众不够深入的问题。一是实行帮扶联系制度，党委班子成员每人联系5名下岗职工，股室负责人每人联系2名下岗职工，班子成员走访10户老干部、10户特困户、10户涉军涉访人员。实行每旬一电话，每月一走访，职工群众出现重大问题，党委班子特事特办重点解决。二是设立信访接待室，建立信访制度，实行信访接待规范化、制度化、常态化。加强三项管理。一是加强民主决策管理。二是加强下属企业的财务监管。半年度进行一次财务检查，每年进行一次内部财务审计。三是加强国有资产的管理与增效。对全系统的门店、仓库场地进行全面清理，杜绝暗箱操作，防止了国有资产及收入流失。

全年物资无一人违规涉矿，无一起违反文明新风的事情，无一件违规违纪事件发生。

【特色工作】 物资总公司是改制特困单位，情况复杂，矛盾突出，经济艰难，历史遗留问题多，为了保障物资的稳定，总公司党委坚持民生为先，稳定为重，倡导“汨罗新发展、党员新作为”，积极担当和作为，彰显抓铁有痕，踏石有印的工作作风。带领干部职工围绕民生工作作文章，倾力为职工群众办好事、办实事、解难题，凝心聚力，确保物资系统的和谐稳定。

解决“脏乱差”和“停车乱”的环境问题。物资大院四通八达，市场门店、超市、宾馆人来人往车流不断，卫生差、停车乱，职工群众意见较大，总公司党委对此进行专项整治。一是与宾馆、市场经营户签订环境卫生整治责任协议书，杜绝经营户乱摆摊点、乱丢垃圾、占道经营、牛皮癣等问题。二是安排专资和专人对家属区车辆停放进行规范，对社会车辆进行疏导。物资大院的环境卫生和停车得到改观，提升职工群众的满意度。

解决安全隐患问题。一是落实“一岗双责，党政同责”。二是成立物资总公司安全生产领导小组，加强安全生产目标管理，与各下属公司签订《安全责任状》，下属公司与物资大市场52家门店经营户签订《消防安全责任书》。三是抓好安全宣传教育，发放200份《汨罗市物资总公司关于加强消防安全的通知》入户进店，创刊专门安全教育宣传栏。四是警钟常鸣。党委一把手每月不通知、不陪同、不定期地检查310炸药仓库。五是建立长效机制。建立经营户消防制度、310仓储管理制度、仓储消防制度、消防设施更换制度和安全检查制度等5部，每月进行一次定期和不定期进行安全检查，有安全隐患问题的进行专人跟踪体制，督促经营户全面整改。

解决下岗职工的困难和救助问题。物资改制企业有部分职工因技能、高龄、大病等原因造成生活非常困难。总公司联动民政、相关社区等部门，尽力为困难职工解决低保和低保续保问题、特困职工救助问题等。下属3个公司（机电、民爆、回收）和2个买断公司（金属、燃料）共解决低保户续保24户。在2月，总公司共筹集5万资金，困难户、大病困难职工进行救助，6月，对7户特困党员进行慰问，9月重阳节，党委书记亲自带队，一家一户地看望和慰问所有全系统离退休干职工，认真地听取老同志的想法和意见，更一步地促进物资的稳定和各项工作。

增加下岗职工生活费，解决职工社保、医保问题。总公司一方面抓国有资产增值，一方面抓勤俭节约，为下岗职工增加生活费，由多年前的1200加到1500元，改变社会经济年年增长而职工下岗生活费不增长的状况。下半年，努力筹措资金，基本完成下岗职工的社保、医保和生活费问题，缴纳100多万元，稳定下岗职工队伍，确保物资系统的一方平安。

（张　纯）

石　油

中国石化湖南汨罗市支公司负责人（名单）

经　　理	杨岳兵
书　　记	李翔鸿
经理助理	李　华　陆　军
办公室主任	冯　宇

【概况】 中国石化湖南汨罗市支公司结合各片区实际情况，认真贯彻省、市公司的工作思路，创造性地开展工作，使各片区在经营管理、安全管理、基础管理得到进一步加强。

零售情况：2017年1-12月份该公司完成零售53352吨，其中汽油完成21611吨，柴油完成31740吨，完成年度计划任务40150吨的

132%；同比2016年1—11月38362吨增加39%，汽油同比2016年20，609吨增加4.8%，柴油同比2016年17752吨增加78%，

IC卡业务：1—11月发卡7773张，充值5880万元，IC卡沉淀资金实际完成1067.5万，超目标任务1035万的1.03%

中石油、中海油及社会加油站在省、市公司的大力支持下，先后经历多轮次的价格调整，拓市增量迎来新的挑战，但是公司始终以不断提高市场控制力为检验经营工作的标准，将其作为评价单站站长履职能力的重要指标，有效促进各项工作的常态化，取得一定的业绩。针对如此严峻的市场环境，司区根据省、市公司要求，开展“一站一策”“非油促销”“点对点”“奋战100天”等措施，密切关注中石油、中海油、社会加油站油价信息，如油价差异较大，能及时反映给市公司，通过市公司采取措施分别对中石油、社会加油站进行价格优势打击，公司国道站柴油分别降价1~1.2元/升；通过是对车流量较大的加油站更换大功率油泵及流量大的油枪，确保客户不流失；及各站长对周边企业，工地进行走访，根据客户用油量的排名，客户从高到低确定由站长定期跟踪，给予客户一定的优惠政策；其次广泛开展“多卖一吨油”活动、“优质服务月”活动，大力开发新客户，锁定优质客户，扩大持卡客户群，引导推广加油卡网厅业务，增加加油卡沉淀资金，锁定零售销量，实现扩销增量；在省市公司的大力支持下，公司采取措有力，柴油量一直保持上升走势，特别是国道新市站由以前的一天20吨上升到60吨，湘桂站由过去的10几吨达到50吨左右，湘丰站由5~6吨，达到20吨左右。

【基础管理】 在狠抓经营工作的同时，丝毫不敢放松加油站的基础管理工作，始终坚持日常巡查、督导，通过严抓细管，促使各项基础管理工作进一步规范，为经营工作保驾护航。

督查工作成绩显著。一是创新督查思路，实现大转变：一是从督查到督导理念的转变，公司变“督查”为“督导”，明确督导的四项职责：即宣传与贯彻公司管理理念、指导与帮辅加油站问题整改，通过职责定位强化引导和指导的理念；二是创新督导方式，突显管理实效。分管经理、财务代表、非油管理员、数质量监督员每月固定由经理（副经理）轮流带不同岗位人员对加油站实施每月不少于2次专业巡查；以加油站检查考评标准为依据，突出安全数质量、财务资金及加油卡营销服务三项控制点；对督查发现的问题，实行分类整改。增强各站点和员工之间的交流互动，提升加油站的管理活力及水平。由于基础管理扎实有创新，在省公司数质量，安全等综合检查中，取得较好成绩。

安全管理到位。把推行精细化管理作为基本功来抓，提升责任心和执行力。为保证全年安全无事故，切实加强安全管理。一是组织领导落实。各站都成立以站长为首的安全小组，公司每月召开一次安全工作会议，每周召开班子成员会议和周工作会议，各站每星期均对员工进行安全教育，学习通报安全事故，学习消防安全知识。二是隐患整改落实。在检查中发现的安全隐患，一律实行定人、定时、定标准整改，督促落实。三是加强资金管理。为了保证营业款及时回笼，上交，特别注重搞好银行的协调关系，对收款人员经常征求意见，由于他们的积极配合，保证大额营业款不在加油站过夜，保障资金安全，杜绝违章事件。

损耗控制形势较好。针对年初损耗高居不下的难题，公司高度重视、认真分析，从源头进行调研，通过加强培训、召开会议等形式提升操作水平，以铅封管理、流程管理为重点，加强细节控制；通过采取一系列的举措，损耗管理在市公司考核排名中一直处于中上等水平，全年综合损耗率5‰的目标得以实现。

【网点建设】 加大推进网络建设工作，打造销售黄金终端，在力求征得上级公司的支持下，积极与当地政府沟通，大众北路北端与沿江大道南侧交叉处（汨罗城区与S201、国道107联通）的滨江加油站及推倒重建的屈汨加油站已动工建设。

【非油业务】 全面落实市公司非油考核方案和非油管理措施；将月度任务进行分解到站、到人，同时每日、每周进行销售通报，及时督促；加大重点商品燃油宝的促销，从每月考核来看燃油宝的销售很不理想，各站均没有完成月度销售任务扣罚力度相当大（未完成月人均10瓶基数每瓶扣8元），解决办法

一是加大宣传力度、二是外销、三是拆散零销；为确保月度任务的完成，公司已注册湘丰、湘桂、桃林的烟草证，首先保证烟草的完成，然后是非烟类商品的销售，重点是发挥片区107国道各加油站尾气处理液销售较好的优势加大促销力度，另外中秋、国庆两节等活动，提前做好要货、铺货和销售。每月对各站的非烟类商品销售再进行排名考核，前2名分别奖励500元、300元，后2名的处罚300元、200元。

（冯　宇）

烟草专卖

市烟草专卖局（分公司）负责人（名单）

党组书记、局长经理	兰杨杰
副局长	邵新宇
纪检组长	刘　伟（6月改任）
副经理	罗付友

【概况】 2017年，市烟草专卖局实现含税销售收入9.136亿元，同比增长3.53%。实现税收1.34亿元，同比减少1.69%；毛利2.12亿元，同比增长4.26%。整体经济运行状况保持良好的态势。

【基础建设】 紧盯目标，稳定卷烟销量。细化销量任务到每一天，确保销量进度紧跟全市大盘不掉队。树立全员营销意识，坚持党组成员联点挂片，听取零售户意见，宣传行业政策；专销协联动，强化市场价格监管，全面推进明码实价。

科学培育，提升销售结构。突出抓好先锋烟行等核心类客户的营销指导，推动客户拆条上柜，发挥现代终端的产品展示、品牌培育功能，促进省外卷烟销量增加，提升销售结构。

资源整合，加强规范销售。积极开展营销管理自查工作20余次，有效结合订单总量、订货异常、资金结算等预警信息，全面排查同一IP、同一ID、一卡多结等不规范行为。同时，营销联合专卖共同推进自律互助小组建设，帮助零售客户详细解读《协会章程》《自律公约》，深化自律互助小组“维护市场健康有序的环境，稳定市场价格，监督制止违法违纪商业行为”的基本使命，引导客户明码标价、明码实价、规范经营，发挥自律互助小组的实际功能。

贴心服务，倡导客我共赢。8月，卷烟配送实现全面外包，乐捷刷卡率全面提升，达到98.98%，位居全市第一。严格遵循“服务不打折扣，配送更加规范”的原则，加强对邮政物流工作的监督管理，按照精到服务的要求，打通与零售客户的“最后一公里”，确保该辖区配送以及跨区配送工作的安全顺利运转。

【市场督察】 截至11月30日，共查处涉烟案件182起，其中假烟案件92起（含无证运输案件 73起），非法渠道进货案件90起，案值五万元以上的案件5起；查获各类违法卷烟294.14万支，其中真品卷烟215.74万支、非法生产的卷烟68.56万支，走私烟9.84万支；共处罚没款13.04万元。

合纵连横，打假破网齐抓共管。注重发挥协作优势，在纵向上，依靠市、县稽查力量，重大案件及时向市局汇报，征求意见，联合打击。在横向上，与公、检、法等职能部门建立良好的长期协作治理机制，在办案经费管理越来越严格情况下，各职能部门协作办案的热情不减，召开案情分析协调联席会4次，开展“春雷7号”“洞庭惊雷”系列联合专项行动，效果显著。联合市局查获的“6·28”非法经营案件，正在申报国标案；9月3日，查获的“9·3”非法经营案件，累计涉案金额达40余万元，已成功申报省标案；11月23日，查获的“11·23”假烟案，当场查获假烟13万余支，经后期调查取证，该案案值累计高达100万余元，有望申报国标案。

重拳出击，严肃整治真烟非流。坚守规范经营底线，将其纳入到部门月度绩效考核中，局领导、机关各股室联点考核，以考核促落实；强化“四员联动”加大对重点户的监督，每周一次库存登记，摸清卷烟流向，准确掌握市场动态；坚持“取缔、降级、处理、打击、调整”治理措施，管住重点地区、重点线路、重点大户，牢牢掌握打击和管理的主动权。截至11月30日，注销108户，歇业60户；在大户治理方面，对25名重点监控户存在的问题进行严肃处理，目前已劝退10户、暂停供货6户、限量供应9户。另外，对一年内两次以上违法的5户经营者进行劝退处理。目前，汨罗真烟非流排名全市第4。

进退有度，许可证宽进严管。

逐步将证件工作重心转移到许可证后续监管上，建立动态化的证件管理机制、“诚信”机制、“红黑榜”制度，开展证件清理，淘汰劣质客户，新增优质客户。大力增加便利店、超市、商场、烟酒店四种优质业态客户，进一步从源头上优化网络质量。截至11月30日，汨罗及屈原管理区共有持证卷烟零售户3120户，其中新办证件167户，延续1149户，停业9户，注销116户，歇业67户。

【制度规范】 财务管理严格审批。截至11月底，发生公务接待费400元，预算执行率为8.1%，同比下降95%。接待审批单、消费清单均经局领导审批，严格执行公务接待管理规定；共开支差旅费6.25万元，预算执行率为62.5%，同比下降24%；开支会议费0.45万元，同比下降81%。

二次考核科学合理。进一步加大二次考核力度，注重一线倾斜，着重从工作职责、关键绩效、行为评价三方面对员工进行考核，以考核促业绩，以考核督行为，凝聚昂扬向上、奋力争先的合力。

督查机制日益完善。每月对各股室的重点工作进行督查；开展对“三重一大”及行政执法、物流配送管理等重点领域风险防控落实情况，真正做到以制度管人、管事、管权。

安全维稳严谨细致。严格落实安全生产主体责任和监管责任，完善突发公共事件应急预案，加强日常安全检查，强化隐患排查治理，落实节假日值班制度。开展消防知识学习培训2次、开展消防疏散演练1次、消防实战演习1次。

中转站建设稳步推进。物流中转站作为岳阳烟草的一个重点工程，多次与市委、市政府沟通联络，在最大程度上为项目建设扫清阻碍。目前，中转站项目已完成网上审图环节。

【队伍建设】 强化思想政治，狠抓作风建设。年内分别组织全体党员到湖南党史纪念馆、雷锋纪念馆、汨罗市廉政教育基地进行参观学习，深刻感受党要管党、从严治党、铁腕防腐的坚定决心。同时，组织党员干部再次温习《中国共产党章程》，做好《习近平总书记系列重要讲话》的学习笔记，开展党员干部自主学习《习近平谈治国理政》，人平自学笔记的字数达到一万字以上。局党组书记以《坚持中国共产党领导 努力干好本职工作》为题、汨罗市纪委副书记以《常怀三心 勤廉为民》为题，分别为全体党员干部上两堂生动的党课，把思想统一到党建工作的目标和部署上来，进一步明确工作方向。10月，组织全体员工收看十九大开幕式，认真聆听并深度学习习近平总书记所作的十九大报告；邀请中共岳阳市委党校陈传伟教授以《迈进新时代 开创新局面》为题对十九大精神进行深度解读。

推动精准扶贫，树立良好形象。严格落实精准扶贫结对帮扶工作，安排一名党员上户驻村帮扶，长期驻守达摩岭村。5月，组织全体党员现场募集8500元，捐给达摩岭村特困党员。11月初，党组书记带领班子成员和扶贫专干，走访慰问5户重病患者，送上每张价值1000元的金叶医疗卡；对7户异地搬迁且人均收入达到3200元全部实现脱贫的特贫困户进行脱贫验收；为支持村部建设，捐赠会议桌椅48套，折合人民币约5万元。全年对罗江、桃林、川山等多个乡镇进行扶贫帮困和抗洪抢险捐赠，累计达38万元。展现责任烟草的良好形象，为打好扶贫攻坚战，实现全面小康做出表率。

参与防洪抗讯，践行社会责任。6月下旬，岳阳地区江河暴涨，党员干部带头落实上级指示和命令，做到迅速、坚决、到位，严格服从防汛指挥部的统一调度，按时到岗、办好交接、做好记录，按照“24小时3班”轮换积极主动完成巡堤查险任务。期间，防汛人员参加抗洪救灾54人次，坚持以防为主、专群结合、科学防汛的原则，全力以赴投入防汛救灾攻坚战，填补3处管涌，及时消除安全隐患。

（邵新宇）

盐业

市盐业公司负责人（名单）

经　理	闵　慧
副经理	司马卫华　廖立志
经理助理	湛艳军

【概况】 2017年，市盐业公司在盐改过渡期形势复杂，市场管理混乱，员工思绪忐忑等重重困难下，公司大力调整人才结构，合理布局终端配送，强力抢占市场份额，有效的扭转不利局面，努力创造“一个突破”“两个进展”的良好业绩。

“一个突破”是指经济增效的突破，持续保持领先优势。“两个进展”一是指结构调整取得重大进展，公司的人才结构、产品结构、布局结构、市场管理结构都取得突破性进展；二是指创新思维取得重大进展，创新思维主要包括体制创新，营销策略创新、终端配送创新、网络建设创新。

【改革前沿】 2017年的开局正逢盐改降库存，缩费用等大政策，导致市场盐产品需求严重不足，销量销价同时下跌，终网客户对盐改也心存侥幸，公司处在市场管理难，渠道建设难，政策宣讲难的阶段，压力、困难前所未有。公司认真判断形势，理清改革对市场造成的影响以及如何捍卫自己的领土，打响艰苦的市场保卫战。

协调配合部门做好食盐安全宣传工作。按照集团和市公司的对食盐安全宣传工作部署，扎实开展一系列的宣传工作，充分利用“3·15”“5·15”宣传日契机，积极邀请工商联合食品药品工商质量监督管理局、消委等在大型商超、社区开展以食盐安全为主题的现场宣传活动，并邀请电视台、广播节目进行宣传报道，通过电视传媒和广播村村响，引导社会公众关注食盐安全。公司还将皮卡车包装成“雪天”宣传车进乡入村进行政策宣传，以及对假劣食盐的正确识别。同时印发张贴公司温馨提示和配送电话2000余份。

倾注力量全面整治盐业市场。公司在人少事多的情况下，盐政执法大队人员兼各片区经理、营销员，明确责任细分各自的管理区域，并建立对各自责任区交差监督举报有奖政策，分散检查市场，集中处理办案，既增强盐政执法专业水平，又普及执法知识培训。

【结构调整】 市场根据产品结构在调整企业的效率。公司紧紧围绕“敢创新、调结构、增效率”工作思路，注重每个工作细节，协同应对盐改对市场造成的影响。

创新思维大胆拓展工作，一是年初班子商议，要勇于创新思维，从人力资源创新着手，把有限的人力资源投放到无限工作岗位，安排三个女同志兼公司内务所有岗位工作。财务、综合、调运、非盐仓库、开票、收款，屈原直达调运等七个工作岗位，财务是专职一人，其他2位女职工兼顾6个岗位工作，明确分工后迅速开展业务培训。前期从熟悉岗位到后期熟练掌握各岗位技能，无数个日日夜夜都在加班加点。公司在人力资源创新上真是一个大胆的创举。围绕把企业“做精做强”不断创造新的工作亮点，推进公司从规范化运作转向灵活性操作，将改革后的人力资源优化整合后，原划分的4个片区整合成两大市场（原包盐市场、小包盐市场），进行专人分化管理。小包盐市场管理致力于渠道建设，重要区域渠道的建设原则是把盐业终端网络真正做到城乡万店全覆盖。原包盐市场管理致力于统筹兼顾的原则，按照科学发展地精神，将饲料添加剂用户、工业盐用户、食品加工用盐集中分类建立微信客户群，制定微信办公和售后服务，把个体利益和企业利益兼顾，通盘筹划，全面推进原包盐市场的有序发展，打造一个合作双赢的命运共同体。

【政策宣传】 针对盐改期间公司多次召开职工大会，宣传政策，增强信心，提振士气，从“新、严、实”着手改进工作方法：一是创新观念，开拓经营思路，片区营销针对不同时期制定不同的销售政策，灵活掌握市场动态。二是严于工作态度，公司严肃劳动考勤纪律，杜绝工作散漫，增强危机感，增加责任心，大力宣传工作中的正能量，激发你追我赶的工作氛围。三是脚踏实地树立实干作风，对终网客户的访销、陈列、维护等工作必须勤劳务实，杜绝虚假、消极对待客户的工作态度。

（闵　慧）

对外贸易

市外贸总公司负责人（名单）

总 经 理	熊超林
副总经理	刘丛笑
财会股长	张建辉
内保股长	吴厚祥（6月改任）

【概况】 市外贸总公司党总支认真学习贯彻党的十八大、十九大精神和习近平新时代中国特色社会主义思想，按照市委市政府的工作部署，紧紧围绕全市政治和经济发展的新发展和新作为，切实完成市委市政府下达的各项中心工作，确保外贸的稳定和发展，确保外贸的一方平安。

【学习十九大精神】 外贸总公司

党总支要求广大党员、干部和职工要把学习宣传贯彻党的十九大精神作为当前和今后一个时期的首要政治任务，要把党的十九大精神落实到外贸体制改革发展各方面，体现到全年各项工作圆满收官和来年工作超前谋划之中。

积极行动、掀起学习热潮。总公司党总支采取多种形式进行学习、宣传、贯彻，掀起学习热潮。一是组织全体党员认真收看十九大开幕式，收听习总书记做的工作报告；二是两学一做常态化制度化。公司党总支组织四个专题的学习讨论，支部书记讲专题党课。三是利用微信平台宣传党的十九大会议精神。建立党员微信群，在群中发送十九大精神相关知识、中央省市相关文件、会议精神；四是要求全体党员注册红星云，每个党员每天都要学习红星云，机关党员每人每天必须学习文章、收看视频、阅听40篇。

加强组织，把握正确导向。要求全体党员认真学习十九大精神，不能走过场，要做到学懂贯通。在学习广度、深度上下功夫。十九大闭幕后，组织全体党员集中学习报告及新《党章》，购买十九大学习辅导丛书42套，发放到每个党员手中，要求做好自学，撰写好心得体会。

【队伍建设】 外贸总公司党总支下属2个党支部，即机关支部和老干支部。总公司党总支始终坚持以党建工作为导向和抓手，紧密结合“汨罗新发展、党员新作为”活动、两学一做教育活动常态化制度化、党支部建设年以及巴陵先锋先行等活动，内化于心，外化于行，知行合一，打造一支过得硬的干部队伍，促进各项工作开展。

加强理论武装和意识形态工作。公司党总支把学习习近平总书记系列重要讲话、十八届历次会议精神和党的十九大会议精神作为公司一个重要政治任务，深刻把握系列重要讲话的精神实质，准确领会治国理政的新理念、新思想，在实际工作和生活中边学边做，增强行动的自觉性。学深悟透党的路线、方针、政策，深入学习贯彻党的十九大会议精神。紧密联系实际，持续深入推进“两学一做”常态化制度化。自开展“两学一做”常态化制度化学习教育以来，公司牢牢抓住学、做、改三个重点，加强领导，制定方案，明确目标任务，要求各党支部吃透中央、省委和市委精神，在“学”和“做”上狠下功夫，学习习近平总书记系列讲话和党章党规，要认认真真学，实实在在学，学深悟透，入脑入心入思想，深刻把握习总书记讲话的精神实质和内涵。扎实开展信息宣传工作。采取多项措施，加强党建宣传，主要有利用机关党建QQ群、微信群等新载体，定期发布党建宣传资料，及时将党建工作动态宣传出去，组织全体党员注册“红星云”，积极上网学习，公司“红星云”学习得到市委组织部的两次通报表扬。抓细抓长抓深，全面推进，争先创优。大力开展“三城同创”“巴陵先锋”活动，在公司开展“争创先进党支部”“争当优秀共产党员”的争先创优活动。“七一”召开全公司党员表彰大会，开展党员公开承诺活动。

严格管理，持续加强队伍作风建设。领导挂帅，以上率下。各级领导班子成员以普通党员身份带头学，带头做，带头参加活动，以上率下，以身作则，率先垂范，自我加压，自加动力，抓住重点、要点，把党建和“两学一做”工作实实在在开展。

完善制度措施，让党建工作在规范中运行。制定下发《外贸总公司党建工作计划》《外贸总公司党建督查工作方案》《外贸总公司“两学一做”常态化制度化学习教育活动实施方案》等制度、计划安排、工作要点。各党支部制定党员活动日制度及学习活动计划，党支部建设年工作方案，用规范完整的制度和承诺把党的建设抓起来，用严实的工作作风保障全年党建工作的顺利开展。

围绕专题，精准落实。紧紧围绕“七个专项整治”开展工作，完成对“流动党员”“失联党员”“口袋党员”排查、“党费清缴”和党组织到期不换届工作。党员信息采集工作顺利开展，取得较好的效果。

积极参与，精心组织，庆祝建党，弘扬先进。认真组织全体党员参加庆祝96周年系列活动，组织收看习总书记在中国共产党十九大的报告，以及收看《榜样》、先进事迹报告会等活动。召开“七一”表彰会，对10名优秀共产党员进行表彰。

加强领导班子和干部队伍建设。严守党管干部原则，坚决贯彻德才兼备的干部标准，树立正确的选人用人导向，选贤任能，知人善任，将优秀人才及时选调到机关工作，把最优秀的干部选拔进领导班子，2017年，共选调2名优秀共产党员充实机关力量。

基层党组织和党员队伍建设。强基固本，加强基层建设。公司按照上级部署，重点放在加强党的基层组织和党员队伍建设和提高基层党组织的执政能力上，从思想、组织、作风和制度建设等方面入手，通过深入开展“两学一做”常态化制度化教育活动，使基层党组织不断提高创造力、凝聚力、战斗力、始终发挥战斗堡垒作用；使广大党员不断提高自身素质、始终发挥先锋模范作用，以党的基层组织和党员队伍建设的实际成果，推动党员干部整体能力的提高。加强和改进党员队伍教育管理。坚持“三会一课”制度，保障每个党员按时参加党的组织生活。开好民主生活会、组织生活会和民主评议党员，使广大党员干部自觉接受组织教育、管理和监督。召开党员大会，熊超林同志为全体党员上党课。各支部书记、班子成员都分别在各自支部为全体党员上党课。每次党课各级领导班子成员都做到精心准备，认真备课，仔细讲课。全年共上党课6次。各支部按规定召开党员大会、支部会、小组会，机关支部组织学习12次。公司党员认真参加上级组织的各类培训学习。

【结对帮扶】 扶贫工作认真负责。总公司全体机关干职工每人结对帮扶1~2户，共结对帮扶9户。全体干职工每月1~2到新市元福村，走访各自结对户，和驻村扶贫工作人员一起为结对户想办法、找对策，把产业扶贫、教育扶贫、健康扶贫、异地搬迁等扶贫政策落到实处。2017年已有2户6人完成脱贫，其中1户完成异地搬迁脱贫。副总经理刘丛笑常驻元福村，扎实开展脱贫帮扶工作，并作为扶贫队员先进典型在全市扶贫大会上做典型发言。

总公司党总支克服实际困难，全力筹措资金，2017年含贫困户产业帮扶、救助，已到位资金3万元。给扶贫点送去扶贫款2万元，扶贫物资价值1万余元。支持元福村村部空调两台。先后向元福村村36户贫困户赠送食用油、鸡苗、慰问金。使得村里众多困难户得到有效救助，让他们感受到党和国家的关怀和温暖。年前对所联贫困户开展一次春节慰问，对元福村再帮扶。

【“刹人情歪风、治婚丧陋习、树文明新风”专项工作】 总公司党总支根据汨罗市《刹人情歪风、治婚丧陋习、树文明新风专项工作方案》要求，发动宣传攻势，加强综合整治，领导干部带头建立长效机制，确保责任范围内年底实现十无的工作目标。

宣传到位。组织专题学习。6月上旬召开机关干部大会，认真组织学习《湖南省关于党和国家工作人员操办婚丧喜庆事宜的暂行规定》《湖南省“纠四风、治陋习”专项整治工作方案》《岳阳市殡葬管理规定》《岳阳市“刹人情歪风、治婚丧陋习、树文明新风”专项整治行动实施方案》以及市委市政府《关于“刹人情歪风、治婚丧陋习、树文明新风”的专项整治实施方案》和市纪委有关文件精神，确保机关干部熟知各项规定和要求。公司成立专项领导小组，与全体党员签订责任状和承诺书，利用宣传栏、宣传标语和微信群进行广泛的宣传。积极开展警示教育，营造舆论氛围，倡导新风正气。

整治到位。公司党总支结合工作实际，制定可行的“刹人情歪风、治婚丧陋习、树文明新风”专项整治工作实施方案，突出整治重点内容，明确整治时间节点，细化工作措施，强化责任分工，确保专项整治工作顺利开展。党总支按照党风廉政建设主体责任，负责此项专项整治工作，统一领导、明确任务职责、直接主抓、推动落实。纪检组按照监督职责，强化监督执纪问责，有针对性的开展监督检查；对违纪问题，发现一起，查处一起，切实做到违纪必究、执纪必严。

领导带头。班子成员带头作出承诺，以身作则、做好表率，带头抵制婚丧陋习、人情歪风和封建迷信活动，以上率下、发挥好示范作用，树立良好的干部形象。承诺书在公开栏进行公示，接受群众监督。

建立长效机制。在开展专项整治工作的同时，立足根本，注重源头，每月召开机关干部大会，广泛听取机关干部的意见建议，查找工作中的不足，有针对性的修改完善方案，建立健全专项整治长效机制。

细致入微的工作使外贸的树文明新风深入人心，真正做到“婚事新办、丧事简办、余事不办”，外贸没有一户违规操作，形成良好的风气。

【纪检监察】 外贸总公司党总支

认真执行中央八项规定、湖南省委九项规定、岳阳市委九条规定和市委“十不准”、深化落实总公司党总支的主体责任，全力配合纪检监察监督责任，严格遵守政治纪律政治规矩，坚决“纠‘四风’、治陋习”，进一步改变外贸系统广大党员干部的党风、政风和作风，取得明显成效。

聚焦中心任务，突出主业主责，严明党的纪律，狠抓“两个责任”。总公司党总支要求全体党员干部严明政治纪律和政治规矩，严格执行六大纪律，强化监督制约，努力营造守纪律讲规矩的氛围，增强纪律性。突出营造风清气正、干事创业的新环境，树立清正廉洁、勇于担当的新形象的活动目标，紧扣“强化自律、注重他律、一岗双责”的活动重点，抓住“边学习、边讨论、边落实”的三个关键环节，落实好整治“四风”、依法行政、从严治党的要求，教育全体党员干部严格执行廉洁纪律，守住底线，远离红线，绝不碰高压线，真正做到堂堂正正做人、干干净净干事、清清白白从政。

认真落实党内监督各项制度，加强和改进对领导干部特别是主要领导干部行使权力的制约和监督，反对特权思想和官僚作风。积极推进岗位廉政风险防控体系和权力依法规范公开运行体系建设，突出对领导班子、领导干部、“三重一大”事项决策、门店租赁、队伍管理等重点领域、重点岗位和关键环节监督，优化再造工作流程，全面梳理岗位和工作环节的廉政风险，制定防控措施，实施在线预警监控，进一步加强对权力行使过程的监督和岗位廉政风险的技术防控。讨论并制定《外贸总公司党风廉政建设实施方案》《机关作风建设方案》《廉政风险防控工作实施方案》，大大提高责任意识，同时加强对执行情况的监督检查，让法规制度刚性运行，提高制度的执行力。

全面加强领导班子和领导干部队伍建设，深入推进全面从严治党和党风廉政建设“两个责任”落实，制定《关于进一步落实党风廉政建设“两个责任”实施方案》制度，全体机关工作人员与公司党总支签订《党风廉政建设责任状》。认真落实党内监督各项制度。认真执行单位主要领导不直接分管财务、人事、项目的四个不直接分管制度规定、一把手末位表态制度，认真落实三重一大事项集体决策制度，严格执行民主生活会制度，坚持民主集中制原则。充分发挥机关支部、老干支部的作用，广泛征求他们的意见建议，实行重大事项事物会决策制度，充分发挥广大干部职工的集体智慧、积极性、能动性，以凝心聚力的合力维护外贸的一方稳定。公司党总支严格执行干部任前谈话、诫勉谈话、谈心谈话制度、干部年度述职述廉制度，加强对执行情况的监督检查，提高制度的执行力。及时了解、全面掌握干部真实情况，对干部存在的苗头性问题早发现、早介入、早提醒、早纠正。全年，任前谈话2人、谈心谈话6人。通过责任追究，形成党组统一领导、党政齐抓共管、部门各负其责的领导体制和工作机制。

外贸无一人违规涉矿，无一起违反文明新风的事情，无一件违规违纪事件发生。

【特色工作】 外贸总公司是特困单位，经济艰难，为了保障外贸的稳定，总公司党总支坚持民生为先，稳定为重。倡导“汨罗新发展、党员新作为”，积极担当和作为，倾力为职工群众办好事、办实事、解难题，从而确保外贸系统的和谐稳定。

关注民生。狠抓门店出租管理，向市场要效益。对建设路门店公开、公平、公正进行招租，新增门面租金11万元，增加公司收入，缓解公司运转困难的问题。公司克服自身资金紧张的困难，开源节流，让利于职工，其余的门店，继续出租给下岗职工，让他们赚取一定的差价，以解决他们生活困难的问题。全年共实现门面租金收入115万元，缴纳税金8万余元。总公司公司克服重重困难，以较高标准缴纳职工社保金，为没有参加职工医保的职工购买城镇居民医保，组织全体干职工进行体检，为所有下岗职工发放基本生活费，为单亲家庭子女上学、重病患者提供救济，为职工的困难进行力所能及的救助。全年此类开支将近70万元。维修漏雨屋面，门店漏水改造，改善职工居住环境。外贸大楼楼面屋顶渗漏严重，因产权分散（四五楼为18户住户，且绝大部分为已置换身份的职工），意见难以统一。总公司经多方协调，住户及总公司按比例合理分摊费用，予以维修改造，解决一个老大难问题。针对门店渗漏，予以大修，并对机关宿舍区、外贸鸡场环境进行小规模的改造。

安全生产。建立健全综治维

稳工作机构和制度。抓好安全宣传教育，创刊专门安全教育宣传栏。对单位门店和各宿舍区每月例行安全检查，发现问题立即解决，不留隐患。定期为各楼栋、租赁户检查已配备的灭火器，对过期的产品重新灌装。安装10个监控摄像头，搞好与相邻单位的电子监控设施无缝对接，保证安全生产事故的零发生，确保外贸一方水土的平安稳定。干职工心态较为稳定。公司领导经常带队组织民情大走访，听取职工意见，尽心尽力为职工家属排忧解难。公司联动民政、相关社区等部门，尽力为困难职工解决低保问题、特困职工救助问题、住房补助问题等。公司逢年过节都对离退休干职工进行看望和慰问，认真听取老同志的想法和意见，更进一步地促进外贸的稳定，综治民调评分有显著提高。平安创建工作落实到位，群众知晓率、参与率百分之百。全年无一例职工、家属上访事件发生，网格化信息采集工作按时完成。

（熊超林）

贸易促进

市贸易促进会负责人（名单）

党组书记	张　辉
会长	曾　灿（3月起）
党组成员、副会长	吴定芬
投资促进局副局长	罗冬云
法律事务部部长	罗　强
国际展览部部长	黎课详
国际联络部部长	黄　稳
工会主席 办公室主任	胡　波

【概况】　市贸易促进会深入贯彻落实市第十次党代会精神，以“建设更高品质的生态文化活力汨罗”为目标，改革创新、锐意进取，全力抓好招商引资工作；优化平台、健全机制，借力做好贸易促进工作；牢记宗旨、创先争优，着力加强队伍作风建设；强化工作举措、加大工作力度，坚持“贸促”“投促”两手抓，较好的完成了全年的工作任务。

【招商引资】　围绕“谁招、用什么招、招什么、怎么招、招后怎么办”的思路，紧扣特色资源、产业链条、重大项目千方百计招商选商，汇聚各方资源，整合各方力量，采取主要领导率团招商、敲门招商、以商招商、产业链招商等办法，以“三园一区”为主阵地，狠抓精准招商与项目建设，1—11月，引进项目78个，合同引资183.13亿元，实际到位资金58.16亿元，全面完成全年招商引资任务。

一是聚合力量，狠抓项目引进。制定全市招商工作方案，出台考核办法，召开专题会议，进行专项部署、调度和讲评。市级主要领导带头赴外招商，拜访重点企业及商会，洽谈一批重点项目，推动一批重大项目落户。借助寓外乡友、商会协会引资引智，成功引进一批符合汨罗市产业发展的好项目、大项目。

产业招商月活动期间，书记、市长亲自带队、四大家领导和分管招商引资市级领导主动率团，围绕特色资源、产业链条、重大项目赴江浙沪、京津冀、长三角、珠三角等地开展以商招商、招商选商活动，拜访央企、国企、国内外500强及商会组织65家，洽谈项目70个，签订框架协议19个，签约落地23个，其中，引进国内500强企业4家。项目涉及再生材料、电子电气、新材料、城市建设、粽子文化园建设等多个行业。引进国内500强中国华电集团与“飞地”园区签订合作协议，投资9.6亿元，在长沙经开区汨罗产业园建设高品质的“冷热电”能源供应系统项目。引进国内500强湘核新能源有限公司投资1.7亿元建设汨罗镇鹤巢湖20兆瓦渔光互补光伏发电项目，每年可为地方增加税收400万元。另与杭州申联环保科技多次对接，签订意向协议，投资10亿元建设固废处置项目，金发科技投资2亿元，建设新基原新材料项目，民营企业500强友谊阿波罗商业集团投资36亿元，建设高泉新城项目。

二是多措并举，助推项目建设。全力开展“四大会战”“百日攻坚”行动，实行集中签约、集中开工，按照“一个项目、一套班子、一张时间表、一个考核办法”，扎实推进项目建设。举办项目集中开工仪式4次，推进28个重大项目建设，投资49.94亿元的端午文化产业整体开发项目一次性启动金泽国际大酒店、风光带二期、新国际龙舟竞渡中心、端午文化产业运营中心、“诗歌中华”国际交流中心、新市古镇风情街等6个单体建设。长沙经开区汨罗产业园集中签约的ALC新型建材生产项目、湖南尚佳垒土产业化项目、智能科技运动车项目、优冠体育产业园项目、东相全自动包装机械5个项目发展前景看好，总投资达5.4亿元，涉及先进装备制造、新材料等领域，预计企业达产后，税收将达4300万元。全年园区累计新建标准厂房22.5万平方米，其中10.7万平方米已竣工，共入驻企业11个，使用面积8.3万平方米。开展项目建设百日攻坚行动，推动签约项目早开工、早投产、早见效。

三是创优环境，完善政策招商。优化政策与环境要素，努力增强对招商项目的吸引力。制定出台《汨罗市支持工业企业十条措施》《加快汨罗循环经济产业园区“二次创业”转型升级的实施意见》《汨罗市第三产业发展的实施意见》《招商引资引荐人奖励办法》《汨罗市项目库建设管理暂行办法》《汨罗粽子文化产业园项目建设实施方案》《汨罗市工业企业招商引资暂行办法》《粽子文化园支持政策》等一系列文件。依法让利，放水养鱼。加快循环经济产业园、长沙经开区汨罗产业园、屈子文化园、西长生态农业观光园等平台建设，提高承载能力。在循环经济产业园中，重点建设占地200亩的创新创业园，改造标准厂房1.8万平方米，新建厂房2万平方米，支持小微企业、大学生创业以及高新技术研发，文昊合金材料、金炬电子科技等4个项目即签即进即生产。落实“三单管理”“围墙法则”，重大招商项目，专人对接，全程跟踪，开展全程“保姆式服务”，做到“招一个、上一个、帮一个”，努力构建亲商、安商、扶商的优良发展环境，切实推动项目落地。

四是聚焦重点，围绕特色招商。建立招商项目库，包装产业项目66个，投资额度300亿元，力争由全覆盖式招商向精准招商转变。围绕再生制造等支柱产业，补链延链招商，集中签约项目13个，争取经阁集团选择汨罗，投资15.5亿元，分期建成年产20.5万吨高档建筑工业铝型材和150万平方米鲁班节能门窗幕墙项目，全面提升铝行业品质。突出汨罗粽子特色，建设粽子产业园，征地1000亩，组团赴江浙等地招商推介，与嘉兴湖南商会、寿哈食品签订战略合作协议和加工项目开发建设意向性协议。结合脱贫攻坚等任务，依托白塘镇水域广阔优势，引进中国电建集团中南勘测设计研究院有限公司投资6.08亿元，建设渔光互补光伏发电项目；利用玉池、智峰毛竹资源丰富，引进世界绿森林竹炭纤维加工项目、榄菊日化集团竹炭化项目，探索产业扶贫的有效路子。

五是创新方式，优化平台招商。利用新媒体、微信、APP互联网等新兴平台，主动推送汨罗招商动态，发布重大招商项目。落实“走出去”战略，举行招商推介会、集中签约会20场次，发放《汨罗市投资指南》《重大招商项目书》等资料8000余份，接洽客商500多人次。开展邀商招商，邀请上海嘉定区20个经济发展城、浙江嘉兴商会、福建发展集团、山东威高集团、中国乡协会·天域集团等实力客商20批300多人次，深入汨罗实地考察洽谈。

【贸易促进】 充分利用省市贸促会为企业走向国际市场提供的广阔平台，引导企业“走出去”，让贸促会成为企业“娘家人、贴心人”。精心组织金正科技、龙舟农机、三兴精密、雪源空调、拓曼建材、屈原酒业、长乐情甜酒、中联铝业、国湘食品、火天金银花、厨味村、优冠实业、千盏茶业等二十几家企业分别参加省市贸促、投促、商务系统组织的港洽周、东盟三国农机博览会、东北亚长春博览会、北京科博会、宁夏中阿博览会、第八届“湘博会”、贵州酒业博览会、深圳高交会、湘商大会、郴州五金博览会，为企业打开国内外市场，拓展业务提供平台。帮扶中天农机、中联铝业、金正科技、雪源空调、湘工五金等企业扩大海外市场，雪源空调成功走出国门，在迪拜注册公司，德国锂电池生产企业借助贸促平台多次来汨罗考察、对接，有望将先进生产技术带入汨罗。高朗酒业、湘工五金等企业产品出口多个国家，每年出口交易量都在1000万元以上。积极“攀高结贵”，聘请海外乡友为驻澳大利亚、新加坡、法国、西班牙、美国等国的特约招商代表，与省内外商协会、商务机构建立合作关系。结合项目性质与类别，有针对性地通过与省内外有关贸促机构、商协会的联系，寻找项目对口投资商及主题洽谈会，组织项目洽谈，实施有效对接。牵头协助成立广东、佛山、东莞等汨罗商会，着手成立“中华汨商联合会”，并与国内外20多家异地商会、贸促会、国际商会建立合作关系，签定合作协议。通过网络等方式发布汨罗产业发展

日落 2018年 摄

方向、项目建设名录、招商引资优惠政策和工业园区优惠政策，为项目引进来打好基础。

【队伍建设】 一是突出创先争优，坚持强化贸促队伍建设。为打造贸促服务品牌提供思想、组织、制度保证。机构改革后，市委调整充实贸促会主要领导，加强班子建设。公开选派14名懂经济的青年干部到北京、国家级长沙经济技术开发区、省贸促会、省商务厅投资促进事务局等地挂职锻炼，跟班学习，为贸易促进、招商引资储备专业人才，队伍建设得到进一步加强。

二是坚持民主集中制原则。坚持重要事项决策前通过集体讨论，不搞“一言堂”，完善《机关管理制度》《贸促会干职工绩效考核办法》等制度，注重职责与制度的学习、应用和落实，为进一步加强干部队伍自身建设和优化办事程序提供思想和制度保证。

三是切实加强机关建设。扎实开展“两学一做”的专题教育，组织全体党员干部与省贸促会、投促局赴任弼时纪念馆等红色教育基地联合开展党员活动日活动，赴扶贫村开展“一对一”结对帮扶。特别是党的十九大召开后，机关干职工就报告开展学原文、读原文等一系列活动，要求每一位干职工做到读原文10遍，笔记达4万字，使学习落到实处。深入开展企业调研、信息联络服务等工作，较好地体现为政府服务、为企业服务的优良工作作风。与会员企业单位建立紧密联系，着力推进汨罗外资引进力度和外向型经济走出去发展。

（胡　波）

财税·金融·保险

财　税

财　政

市财政局负责人（名单）

党组书记 局　　长	夏伟阳
党组副书记 副　局　长	钟永红
副　局　长	朱明星　周金霖 陈惠林　彭庆雄
党组成员	朱明星　周金霖 陈惠林　彭庆雄 翁若飞
办公室主任	张作辉

【概况】 2017年，市财政局公共财政预算执行情况：

截至11月底，全市共完成一般公共预算收入16.4亿元，占预算的101.5%，同比上年增长11%。按分税制口径，全市完成地方一般公共预算收入8.93亿元，占预算的96.3%，减少4.5%；完成上划中央收入5.93亿元，占预算的107.8%，增长41.5%；完成上划省级收入1.53亿元，占预算的110.7%，增长24.7%。按级次，市本部完成6.10亿元，占预算的93.1%，减少15.9%；园区完成8.76亿元，占预算的104.9%，增长58.7%；乡镇完成1.55亿元，占预算的122%，减少22.9%。按征收部门，国税完成10.93亿元，占预算的107.2%，增长34.4%；地税完成3.55亿元，占预算的93.5%，增长20%；财政完成1.92亿元，占预算的88.7%，减少47.8%。

2017年，全市一般公共预算收入预计完成18.14亿元，同比增长17.8%，税收占一般公共预算收入比重预计82.8%，较上年提高8个百分点。按征收部门分，国税预计完成11.92亿元，地税预计完成3.83亿元，财政预计完成2.36亿元。地方一般公共预算收入预计完成10亿元，上级补助收入预计21亿元；债务转贷收入2.42亿元，调入预算稳定调节基金0.3亿元，调入资金5.12亿元，上年结转0.87亿元，收入预计来源总量为39.70亿元。

截至11月底，全市财政一般预算支出完成27.04亿元，占预算的94.5%，比上年增长7.5%。主要预算支出项目的完成情况是：一般公共服务5.19亿元，国防0.02亿元，公共安全1.40亿元，教育4.47亿元，科学技术0.06亿元，文化体育与传媒0.33亿元，社会保障和就业5.45亿元，医疗卫生4.02亿元，节能环保0.45亿元，城乡社区事务1.03亿元，农林水事务1.89亿元，交通运输0.84亿元，资源勘探电力信息等事务0.15亿元，商业服务业等事务0.04亿元，金融监管等事务支出0.02亿元，国土资源气象等事务0.33亿元，住房保障支出0.39亿元。重点保障全市财政供养人员工资补贴按时足额发放、部门单位正常运转经费需求、市委市政府明确的重点项目实施及上级重大民生实事项目推进。

全市一般公共预算支出预计完成38.57亿元；上解上级支出0.28亿元；结转下年支出0.86亿元，当年财政收支基本平衡。

政府性基金预算执行情况：

2017年全市政府性基金收入预计完成9.5亿元，同比增长138%，上级补助0.48亿元，上年结转收入0.87亿元，可安排使用的收入预计总计10.85亿元；全市政府性基金支出预计完成3.89亿元，调出资金到一般公共预算6.1亿元，收支相抵滚存结转0.86元，结转下年支出。

社会保险基金预算执行情况：2017年，社会保险基金收入预计完成8.83亿元，全年支出预计完成7.63亿元，当年结余1.20亿元。

国有资本经营预算执行情况：2017年，国有资本经营预算收入预计完成0.11亿元，调出0.11亿元到一般公共预算，当年收支平衡。

【执行特点】 2017年，财政部门认真贯彻市委、市政府关于财政经济工作的指示精神，执行市第十二届人大常务委员会第二次会议批准的财政预算方案，以“收入做实、财力做强、支出做精、体制做活、管理做细”为工作目标，努力增收节支，狠抓财税管理，确保预算的顺利执行。

收入做实。一是非税收入按实入库。从年初预算编制及年中预算执行抓起，做到按实下达非税收入指导性计划，按实组织各项非税收入，切实做到非税收入不虚增、无水分，预计全年非税收入占一般公共预算收入比重为17.2%，较上年下降8个百分点。二是乡镇税收按实缴纳。以调整乡镇财政管理体制为契机，明确依据乡镇辖内实有税源组织收入，严禁划税、引税及擅自制定税费优惠政策。截至11月底，乡镇完成国税13819万元，地税1380万元，数据上虽然较上年同期减少4603万元，但是如果剔除上年虚增约8000万元及实施地方返还优惠政策等因素，仍有较大幅度增长。三是税收收入应退尽退。截至11月底，残疾人就业增值税退税1530万元，软件增值税退税423万元，资源综合利用增值税退税29828万元，不仅做到了当年退税无欠账，还消化上年未退税收1004万元。截至11月底，全市实现一般公共预算收入164030万元，增长11%，在岳阳六县市中收入规模和质量均排名第一。一般公共预算收入税比达84.2%，比上年同期提高9个百分点。

财力做强。一是积极争取上级补助。通过做实财政收入，借助财税体制，用活财税政策，2017年新增地方政府债券资金2.42亿元，争取财力性转移支付增量和解困资金12511万元。二是大力挖掘增收潜力。在充分调研论证的基础上，调整原有砂石开采模式，组建国有砂石公司，创新工作思路，加强财政监管，实现砂石收入大幅增加。三是堵塞税收流失漏洞。通过政府主导、税务主查、部门配合，加强残疾人就业税收优惠政策管理，全年预计减少退税近3000万元；通过“发票有喜”摇奖活动及成立个体税收征收组，激活城区及园区零散税收征收。

支出做精。坚守民生底线，全面提升群众幸福感。坚持共享发展理念，着力补齐民生短板，使人民群众在共建共享发展中有更多获得感。截至11月底，全市各类民生支出17.5亿元，增长3%，占一般公共预算支出的64.8%。一是大力推进脱贫攻坚工程。加大财政扶贫资金投入和整合力度，坚持精准扶贫、精准脱贫，重点实施好产业扶贫、易地搬迁扶贫、教育扶贫、社会保障兜底扶贫、健康扶贫、金融扶贫等工作。截至11月底，共拨付扶贫资金2824万元，其中教育扶贫250万元，健康扶贫200万元，易地搬迁扶贫500万元，社会保障兜底扶贫392万元，产业扶贫117万元，金融扶贫590万元。二是优先保障教育支出。安排资金4290万元，实施全市义务教育薄弱学校改造，改善学校办学条件。投入资金610万元，支持幼儿园建设，扩大学前教育普及范围。落实资金4305万元，巩固完善义务教育经费保障机制改革成果，实施基础教育标准化工程，推动义务教育均衡发展。拨付资金1137万元，支持中等职业学校基础能力建设及免学费补助，提升学校办学质量。拨付各类助学金767万元，资助辖内幼儿园、小学、初中、高中、职高家庭经济困难学生正常完成学业。三是进一步强化社保兜底工作。拨付资金4761万元，城乡最低生活保障标准人均每月分别达到420元、252元，实现农村低保标准与扶贫标准“两线合一”。拨付资金1.23亿元，保证城乡居民基本养老保险基础养老金标准提高到每人每月85元及时兑现。拨付资金18700万元，顺利启动汨罗市机关事业单位养老保险制度改革。加大对企业职工养老保险的财政补助力度，企业退休人员养老金实现“十二连增”。拨付资金2191万元，落实职业技能培训、创业培训、孵化基地建设和小额担保贷款等就业政策。四是积极发展医药卫生事业。拨付资金1.56亿元，全面落实国家基本药物以奖代补、公立医院改革和基本公共卫生服务等补助资金，进一步健全基本医疗保障体系和城乡卫生服务体系。安排资金2.47亿元，城乡居民基本医疗保险年人均补助标准由420元提高到450元。五是完善村级组织运转经费保障机制。安排资金0.32亿元，大幅提高合并村及社区运转经费保障标准，提高在职村干部基本报酬，统筹提高离任村主干生活困难补助，改善村级组织办公条件。六是全力保障民生实事项目。安排资金2.28亿元，重点兑现职级职务并行、公车改革、绩效奖励、财政供养人员津贴补贴（绩效工资）提标等惠民政策。新增资金3155万元，用于行政事业单位社会保障缴费全额安排及公用经费提标。安排资金2958万元，用于环境卫生整治、农村规范建房、防汛救灾及麻石塑料砖厂烟花爆竹治理等市委市政府明确的民生实事项目。

体制做活。一是搞活园区经济。及时调整和出台循环经济产业园财税优惠政策，截至11月底，循环经济产业园实现税收8.8亿元，同比增长58.7 %。二是调整乡镇财政体制。推动新一轮乡镇财政管理体制改革，提高乡镇财政保障水平，实现乡镇公共服务相对稳定，严格管控乡镇政府债务。参照市直部门标准，建立基本保障机制，教师干部工资上收；建立税收激励机制，支持乡镇财源建设；规范乡镇财税管理，杜绝挖税引税，乡镇税收收入全面恢复真实面目。三是理顺征管机制。依托罗城财税所，国地财三家深度融合，实行“互派人员、协同合作”的办税模式，实现真正意义上的“财税合署办公”。推进非税票据电子化。电子化机打票据使用覆盖率达85%以上。同时，落实全口径预算管理、透明预算制度、乡镇国库集中支付等各项改革。

管理做细。一是从建制上下功夫。制定政府投融资平台管理、市级财政支出管理、工业园区绩效考核、税收保障、征管经费补助、加快预算支出进度盘活财政存量资金等一系列办法，并已全面出台实施。二是从监管上下功夫。全面落实财政预决算公开制度，全面推进“互联网+监督”，全面加强行政事业单位财务内控管理工作，认真组织扶贫资金及清理“吃空饷”专项检查。同时，积极探索建立“管采分离”的政府采购管理体制和“管评分离”的财政投资评审管理体制，降低财政风险。三是从绩效上下功夫。围绕实施透明预算、规范预算编制、优化支出结构、盘活存量资金、加强债务管理、控制供养人员、加强国库库款管理、严肃财经纪律等工作重点，从完善制度、加强领导、分工落实、绩效考核等关键环节入手，规范财政管理，狠抓工作落实，切实提高理财水平和财政运行绩效，在2017年度全省财政管理绩效综合评价中，汨罗市被评为A级，排名全省县（市）区第23位，奖励资金400万元。

（张作辉）

国　税

市国税局负责人（名单）

局党组书记 局　　长	袁会加
局党组成员 副 局 长	罗　慎　高松柏 吴若飞　宋明辉
局党组成员 纪检组长	刘文平

【概况】 2017年，国家税务局积极参与“园区建设大会战”“三个汨罗”建设，园区税收收入突破8亿，全面落实了六大战略目标。

【队伍建设】 加强党的建设，全面推进从严治党。一是完善党建工作责任制。完善党建工作各项制度，制定2017年党建工作规划，细化《党建工作责任清单》，明确党组、机关党委和各支部工作职责，并严格按照工作责任清单推动开展党建工作。下发《关于构建汨罗国税系统全面从严治党新格局的实施意见》《关于建立“下抓两级抓深一层”工作机制推进全面从严治党向基层延伸的指导意见》等制度性文件，从制度层面为推动“党要管党，全面从严治党”提供组织保障。二是规范党组织和党员学习教育。严格按照组织程序开展党组中心组学习，明确学习目的，丰富学习内容、完善学习形式，全年共组织党组中心组学习六次，把集中学习、专题讨论、理论指导相结合，对照标准找差距，充分发挥党组核心作用和领导干部示范作用。完善党员学习制度，制定《汨罗市国税局党员学习教育制度》，并严格按照制度要求开展好“三会一课”活动，继续推进“两学一做”学习教育常态化制度化。三是扎实推进支部标准化建设。配强支部班子，将原机关2个支部调整为5个支部，充实基层党组织人员配置，局党组成员直接参与对基层党支部党建工作督导。大力开展机关支部联基层活动，通过机关与基层资源共享、优势互补，进一步提高机关与基层党组织的凝聚力、创造力和战斗力，打造机关服务基层、党员服务群众的新平台。坚持目标管理，各支部制定年度标准化建设工作目标并进行细化分解，详细确定党支部“五个标准化”应完成的内容、时间、责任人和取得的效果并以台帐的形式进行销号。做好结合文章，把党支部标准化建设目标与实际工作目标相结合，将组织税收收入、开展风险应对、精神文明创建等方面内容与标准化建设相互渗透，用标准化建设推动全局工作的全面发展。四是进一步规范党员干部行为。压实党风廉政建设主体责任，逐级签订《党风廉政建设主体责任目标责任书》，将党风廉政责任压实到每一名党员干部。加强考核考评，严格按照组织程序做好党员民主评议和“双述双评”工作，强化日常考勤管理和机关作风督查力度，新增四个指标项共30分分值以加大对党建工作的绩效力度，做到奖优罚劣。严格责任追究，认真遵照《党内监督条例》和《纪律处分条列》重点针对政治纪律、政治规矩不强和主体责任落实不力的党组织和党员干部进行监督问责。

加强队伍建设，驰而不息整顿作风。一是抓实领导班子建设。始终绷紧作风建设之弦，抓住“关键少数”贯彻全面从严治党要求，使党组班子和中层班子牢固树立“不抓党风廉政建设就是严重失职”的责任意识，切实履行主体责任，充分发挥率先垂范作用，始终将党风廉政建设贯穿税收实际工作中，做到“两手抓、两手硬”。二是抓严工作作风督查。严格执行上下班考勤、请销假、领导值班等制度，巩固机关作风整顿工作成果，坚持每月对税风税纪进行不定期督查通报。强化会风会纪，尤其对视频会议等上级相关会议的纪律进行整顿，效果良好。三是抓常廉政警示教育。组织中层副职以上干部到汨罗市廉政教育参观学习，听取汨罗市纪委副书记的廉政教育专题讲座，邀请岳阳市局监察室主要负责人上廉政知识讲座，开展“以案说纪”“以案说法”警示教育活动，让秉公执法、清正廉洁成为广大干部的行为习惯。四是抓好问题整改落实。积极实践监督执纪“四种形态”，开展清理国家公职人员违规参与“涉矿”等经营性活动等四项专项整治。结合市局去年巡查反馈问题和该年度省市局督查整改工作要求，深入自查自纠，建立整改台账，逐项抓好整改落实。五是抓细内部规范管理。撤消分局在机关的办公室，在长乐、李家税务分局建立办税服务厅，负责处理日常涉税业务；强化内控机制建设，成立维修改造基建领导小组，完成基建维修立项，出台政府采购管理办法、财务管理办法、接待管理办法等标准化管理办法，切实规范权力运行。

【项目招商】 项目建设“百日攻坚”及项目招商月工作国税局主要参与“四大会战——园区建设大会战”“‘三个汨罗’建设”“落实六大战略目标”三项任务，均按照时间进度及要求完成。

园区税收收入。2017年园区税收收入有望突破8亿元大关，达到8.07亿元，相比2017年的5.53亿元增收2.54亿元，增长46%，远超15%的增长目标。

“三个汨罗”建设。在抓好税收业务工作的同时，全力做好2017年防汛救灾工作，安排值班值守，提供后勤保障，拨付资金共计十五万余元支持受灾地区的灾后重建工作。大力倡导社会主义核心价值观，弘扬“四种”精神，积极探索文明建设新思路，加强国税文化建设培，努力培植爱岗、奉献、务实、求为的国税核心价值体系。

落实六大战略目标。一是稳步推进税收专业化管理。加强税收分级分类管理和税源专业化管理，成立建安房地产税收一体化征收组，根据市委政府工作要求调整征管范围，对城区个体工商户、建安房地产行业、资源综合利用企业按照新的模式实施征管。梳理税收政策特别是税收优惠政策，建立工业园区办事办税绿色通道，为飞地工业园入园企业提供满意的纳税咨询、办税服务和政策解读，确保各项税收优惠政策落地。

二是积极开展“三城同创”工作。投入近伍万元开展园林绿化、环境美化和卫生防疫及整治工作，积极配合相关部门做好门前卫生清扫、安全文明劝导和社会治安综合治理工作，代表汨罗市迎接全国卫生文明城市验收检查并合格通过。

三是扎实开展精准扶贫。按照市委市政府要求制定扶贫帮困工作方案，局领导和扶贫干部实行联村包户责任制，对照“一对一策”帮扶方案真帮实干,共计走访慰问贫困家庭312户次，驻村联点帮扶总计达450个工作日，累计为联点帮扶对象筹集资金近20万元用于基础设施建设和贫困人口脱贫项目投入，帮助扶贫点解决农电整改、危房改造等多个项目，展现国税干部应有的责任与担当。

四是进一步优化经济发展环境。2017年，按照湖南省优化经济发展环境工作要点的要求，以全省国税系统“纳税服务提质年”活动为载体，继续贯彻落实总局“便民办税春风行动”各项具体措施，通过开展问题大剖析、需求大走访、业务大练兵、示范大创建等活动继续优化纳税服务，通过抓管理以推进依法治税、抓纪律以改进机关作风、抓教育以提升履职能力，有效促进机关作风改进和公平效率规范的税收秩序建立，展现税收服务民生、服务大局、服务汨罗经济社会发展的良好形象。

五是深入开展平安汨罗建设。积极推进“平安汨罗”建设，配合人教部门做好工勤人员、复转退军人等重点人群的思想疏导，组织召开平安汨罗建设工作动员、辅导会，积极组织应对全省综治民调工作，自觉维护汨罗形象。完善信访工作机制，将信访工作纳入年度绩效管理考核，局领导必须亲自签署办理意见，亲自过问处理进度，确保责任落到实处，问题处理及时。截至年底，共办理来信来访19件，其中“12345”政府热线督办单18件，市长信箱转办单1件，均已圆满办结，全年未发生一起重大群体性事件和重大上访事件。严密把控信访舆情，全力做好全国“两会”

和十九大期间信访维稳工作，深入摸底排查，掌握不稳定因素，并积极解决干部职工合理诉求，确保特殊时期无安全稳定事故发生，确保一方平安和大局稳定。

六是继续深化各项改革。认真落实“放管服”改革，进一步规范办事程序，简化办事流程，提高办事效率。全面落实税收执法责任制，积极推行公职律师制度，制订“谁执法谁普法”责任制实施办法，大力开展普法学法和税收执法督察。继续深化国税地税征管体制改革，全面落实“一人一窗办税”模式，确保税费同步征收。持续加强“营改增”后续管理，深入开展政策宣传与辅导，对服务业、建安房地产行业等“四大行业”纳税人逐户上门进行“一对一”辅导，确保纳税人能熟练掌握政策并准确进行申报，同时，对全面推开“营改增”一年以来政策执行情况进行“回头看”，查找问题与不足，确保各项政策要求落到实处。

七是始终坚持党要管党、全面从严治党。抓班子压实责任，抓党建夯实基础，抓纪律改进作风，抓住“关键少数”切实履行主体责任，层层传到压力。坚持问题导向，扎实开展整顿违规公款购买消费高端白酒问题、“不作为、缓作为、乱作为”等专项整治，对发现的倾向性、苗头性问题进行及时提醒和诫勉谈话，并由局党组书记把关阅签，有效营造廉洁高效、风清气正的良好氛围。坚持绩效引领，充分发挥绩效“指挥棒”作用，完善绩效5.0版考评规则和指标体系，结合岗位职责将各单位承接的组织绩效指标全部细化分解定责到个人，做到人人有指标、个个有责任。加强与汨罗市政府年度绩效考核的工作对接，2017年，新增“服务地方经济发展”专项考核任务，设置考核分值30分，其中作为“一票否决”的重点考核指标3项，有效地激活全局干部职工服务汨罗经济社会发展的热情。

【廉政建设】 精心组织，认真谋划求实效。

一是明确任务目标。制定《中共汨罗市国家税务局党组2017年党风廉政建设年度工作计划》，明确2017年党风廉政建设工作四大任务：抓住“关键少数”，严格落实主体责任；实践“四种形态”，严格执纪监督；加大查处力度，纠正群众身边的不正之风和腐败问题；创新教育手段，提升干部职工的廉政意识。大力营造风清气正的从政氛围，激发干部干事创业的激情，为汨罗市国税事业的健康发展提供坚强政治保障。

二是层层分解责任。党组班子和各基层班子、党组书记和党组成员、党组成员和中层负责人层层签订党风廉政建设责任书，将党风廉政建设主体责任进行分解，明确到岗到人，同时制定任务单、时间表，通过一层一层传导压力，将党风廉政建设工作不断引向深入。

三是构建科学责任体系。局党组书记作为第一责任人，既是指挥官，又是践行者。班子其他成员，负责督导分管范围党风廉政建设和反腐败工作，定期听取分管单位党风廉政建设工作汇报，并书面向局党组报告主体责任落实情况。科室负责人自觉找准定位，在其位，谋其政，认真落实责任目标任务。纪检监察部门，认真履行监督职责，强化监督执纪问责，切实把监督责任落到实处。

教育为本，多措并举敲警钟。

一是扎实开展廉政教育。以支部为单位开展“两个准则三个条例”为主题的纪检日活动，组织班子成员、各科室负责干部到市廉政教育中心开展警示教育活动，分批次组织党员干部到韶山开展党性教育，组织青年干部到平江起义纪念馆参观学习等，通过多次廉政教育活动，让每位国税干部真正做到“常修为政之德，常思贪欲之害，常怀律己之心”。二是夯实廉政理论基础。组织全局干部进行两次廉政知识全员考试，旨在检验干部学习成效的同时，调动干部学习的积极性和主动性，认真领会党章、党规、党纪的内涵和要求，筑牢拒腐防变思想防线，做到知行合一。三是以案释纪常敲警钟。组织编印《汨罗市廉政警示教育读本》，聘请湖南行政学院专家开展税收法律知识讲座，用活生生的案例、血淋淋的教训，警醒干部恪守廉洁、坚守底线，不触红线。

强化监督，风险防范落实处。

一是转变监督方式。认真贯彻落实中纪委关于执纪监督“四种形态”的要求，实现管党治党从只盯少数人向关注大多数人转变，抓早抓小。结合发票摇奖，与纳税服务科成员进行廉政谈话，防范办税服务人员违规参与发票摇奖的风险；针对“安残”企业中残疾人吃空饷的问题分别与税政科、各税源管理单位支部成员进行提醒谈话，打好“预防针”。从“小事”抓起，做到制度笼子越扎越紧，从严治党越来越严。二是强化两权监督。纪检监察部门按照“三转”的要求严格履行监督职能，抓住各项重点尤其是“关键少数”开展监督，参与减免退税和重大案件审理12项次，参与机关办公楼维修、人事任免调整、评先评优等重大行政事项监督7项次，严格按照办公用房标准对局领导办公室和各科室公办室进行整顿，确保面积达标。积极开展执法监察，对辖区内27户加油站进行执法监察，提出执法监察建议14条；联合税政科开展税收优惠备案专项执法监察，涉及相关税收政策19项，针对存在的问题对各税源管理单位提出执法监察建议共计20条，要求各单位限期整改并回复。同时配合岳阳市局开展税控装置和发票使用管理、代开发票管理开展执法监察两项次，有效促进日常征管。三是开展专项整治。针对扶贫政策落实情况、扶贫资金管理使用情况、扶贫项目实施管理情况进行专项检查，使扶贫项目建设和扶贫资金使用得到有效落实。按照市两办文件要求制定“刹人情歪风、治婚丧陋习、树文明新风”专项工作方案，发出“倡议书”，签署“承诺书”，倡导文明和谐的人际关系。积极开展国家公职人员违规参与涉矿等经营性活动专项整治工作，细致开展涉矿及违规经营活动全面排查，涉及135名在职干部职工和近500名家属，敦促每一位干部职工填报《国家公职人员参与涉矿等经营性活动个人情况报告表》，签署“承诺书”，由一把手亲自把关阅签，保证专项整治的可靠性和真实性。四是完善内控机制。在以往内控机制建设的基础上，结合《全国税务系统内部控制基本制度（试行）》和《税收法治工作风险内部控制制度（试行）》等8个内部控制专项制度，结合全局实际，完善《汨罗市国家税务局规范权力运行与内部控制机制》，认真排查梳理在实际工作中的风险事项和风险点235个，并有针对性地开展事前防范、事中控制、事后监督和纠正，形成有效的动态管理工作机制。重新修订《汨罗市国家税务局政务公开及责任追究办法》《政府采购管理办法》《财务管理办法》《接待管理办法》等标准化管理措施，切实规范行政权力运行。

地　税

市地税局负责人（名单）

党组书记、局长	李　适
副　局　长	何贵求　戴文高 舒虎平
纪检组长	李科兵
办公室主任	彭　波

【概况】 2017年，市地税局认真落实“一稳两强三提升”工作思路，真抓实干，砥砺奋进，创造新业绩、开创新局面，连续5年被评为汨罗市综合绩效考核红旗单位。

【征管转型】 面对主体税种变化，全局上下保持定力、勇于担当，通过欠税清缴、风险管理、国地合作、综合治税、税务稽查等组合拳，强化税收征管、大力挖潜增收，全年共组织各项收入38821.6万元，同比增收4903.28万元（剔除“营改增”因素），增幅14.5%，入库进度均衡，在确保收入稳健增长的同时，收入质效得到显著提升。

一是风险管理成效明显。全年累计完成8批次风险应对任务1244户次，查补税款1240万元，风险应对处理率100%，通过比对增加单位纳税人507户,全局单位纳税人突破2600户。评估稽查有效加强。完成专业评估78户，入库税款846.8万元，日常评估实现纳税信用等级C、D两级全覆盖，入库税款1657.8万元；稽查局查补入库3571万元，稽查收入贡献率达到9.1%。近3年来，地税局每年的稽查收入都在3000万以上，共计查补入库1.05亿元，取得历史性的成绩，在岳阳6个县局中屈指可数。国地合作不断深化。双方在信息共享、联合稽查、大厅共建、个体户联控联管等方面合作不段延伸，加大同步征收力度，全年国税代征地税1175.8万元，同比增加558万，增幅90%。综合治税实现突破。创新方式方法，委托砂石公司对挖砂船主代扣代缴地方各税近600万元，对水面个体户征管实现零的突破；全面推进建安房地产行业税费协控联管，入库建安行业税收1.3亿元。

二是深耕细作强基础，税政管理见到新成效。所得税管理更加规范。企业所得税汇算清缴工作有序推进，汇缴补税265.5万元；受理年收入12万以上个税申报276人，较去年增加19人；强力推进行政事业单位个税全员全额明细申报，将全市367个行政事业单位合并压缩为132个代扣代缴单位，去年底实现申报全覆盖。全年入库个税0.37亿元，增长23.7%。财行税管理更加精细。认真开展土地增值税清算，实施项目管理，抓大不放小，共计入库土地增值税10.13亿元；抓实房土两税清查，重点对有税务登记但无缴税记录的情况进行核实，入库房产税1405万元，增长62.1%，土地使用税入库0.27亿元，增长164.9%，房土两税增幅在岳阳市各县市区局中均排名第一位。规费管理更加扎实。主动加强部门配合，清理规费数据，积极落实残保金新政，加大依法依规征收力度，全年共入库各项费金993.5万元，同比增收120万元，增幅13.6%。

三是抓实做优“放管服”，纳税服务开创新局面。不断优化服务质量。大力加强税收政策宣传，持续深化“便民办税春风行动”，组织开展“六个百分百”服务行动，继续落实“六个一”便民举措，全面推进“一窗一人”办税模式，开创“汨罗地税”微辅导平台，为纳税服务插上“互联网+”的翅膀。全面落实优惠政策。精准落实国务院新的六项减税政策，确保惠企政策落地落实。全市349户小微企业享受企业所得税减免政策，为2户企业落实房土两税困难减免57.5万元，为城区206户拆迁户落实拆迁税收抵免优惠，减免契税141.75万元，极大的配合棚改工作。扎实开展信用评级。认真执行守信联合激励和失信联合惩戒各项具体措施，与国税、财政把住退税、税收奖扶的关口，对C、D级按照无欠税、无涉案行为的复评标准，复评10户，追缴欠税207.8万元。

四是齐心协力施法治，依法治税取得新进展。法治教育常态化。结合“法治地税”建设，不断提高地税干部依法行政能力和法治素养。全年共举行中心组学法6次，开讲法治党课2堂，大力开展网络学法活动，精心组织全员普法考试和新进人员执法资格考试，合格率均达100%。法治宣传多样化。通过抓好传统主阵地，拓宽网络外围阵地，认真开展税法宣传，在省局和岳阳市局微信公众号上发表6条专题政策辅导，得到广泛的关注和点赞；结合环保税开征，在汨罗电视台、在汨罗原点等本地媒体平台上持续宣传环保税政策，有效推动环保税法的顺利实施。税收执法规范化。顺利完成国家税务总局执法督察和省财政专员专项检查工作，没有出现大问题；税务稽查认真落实“双随机”和“一案双查”工作制度，加强行政处罚公示，达到以查促管、以查促廉，确保规范执法、严格执法。

【党建工作】 深学深懂抓教育。推进“两学一做”学教活动常态化、制度化，严格落实“三会一课”制度，深入学习贯彻党的十九大精神，通过组织收看开幕式盛况、开展支部讨论、举行宣讲会等举措，引导全局党员干部“学懂、弄通、做实”。凝心聚力抓载体。用活党建“五个载体”，促进党建工作生动化。开展“1+1党员活动日”“身边美·随手拍”等活动，落实党员组织生活，弘扬爱税爱家能量；创新推出“汨罗地税党员e家”微信公众号，积极关注“红星云”学习平台，开辟党员活动新空间，建设党员共有的精神家园；成立地税党员志愿服务队，相继开展纳税辅导进园区、植树造林、爱心献血、抗洪抢险、访贫问苦等系列志愿行动，捐款捐物6万余元。精准扶贫工作得到岳阳市局高度肯定。落地落实抓规范。注重依靠制度这一标杆抓好党建工作，不断完善党建工作制度，顺利完成党支部换届和机关党委委员补选工作，进一步夯实党建工作基础；认真落实支部“五化”建设要求，加大经费投入，完善党建阵地，党组成员和支部书记全年累计宣讲党课26次。办税服务中心党支部被评为汨罗市2017年度先进基层党支部。

同时，该局抓绩效管理增添后劲。先后3次修改完善绩效管理办法，在个人绩效管理上创新“定岗定责定系数”的考核模式，充分拉开差距，着力实现奖得眼红，罚得心痛，全年干部绩效奖金拉开近1万元的差距。抓岗位培训激活能力。立足“岗位大练兵、业务大比武”活动，全年举办各类培训班25期，参加培训500余人次，外派干部脱产参加各类培训50余人次，有效提升干部队伍工作能力。在岳阳市局各类评先评优和业务竞赛中，刘任同志被市局评为十佳“优秀税务工作者”和纳税评估先进个人，易浩同志参加市局文秘竞赛获得第二名，晏公平同志参加市局“喜迎十九大，爱税爱国家”演讲比赛，获得“最具活力奖”。抓文化引领增强底蕴。牢牢把握省级文明单位这一荣誉，高质量完成机关办公大楼装修工程，因地制宜建成机关“五小”活动室，在全局营造温馨和谐、积极向上的良好氛围。积极构建汨罗市地税文化理念，精心打造“四竞兴税”文化品牌，绘就出“心竞楚韵、税臻人和”的靓丽画卷，以文化引领助推“三个地税”美好愿景实现。抓作风纪律规范行为。细化量化“两个责任”，常态化开展作风纪律督查，严格监督执纪问责，保持正风肃纪的高压态势。组织开展违规参与涉砂、涉矿、涉彩等问题清理行动，全局95名干部人人都签订“承诺书”，营造风清气正的良好环境。局党组全年同中层负责人和一般干部廉政谈话120余人次，组织作风纪律督察22次，下发通报6期，问责处理19人次，主动辞职1人。抓人文关怀凝聚人心。认真落实养老保险改革、工资和津补贴提标、职务与职级并行、车改补贴发放等利好政策，保障干部的政策权益。统筹推进工青妇团和老干工作，定期组织健康体检，经常性开展文体活动，落实大病救助和特困帮扶，帮助干部解决实际困难，传递组织温暖，凝聚队伍合力。抓内务管理保障有力。进一步精简和规范办文办会，工作效率不断提升；严格预算执行，坚持依法依规、有保有压，严格落实中央八项规定，三公经费支出逐年下降；继续深化平安创建，车辆管理、公务接待、院落建设、综合治理等工作安排有序，井井有条，并且严格执行各项管理制度，提高运行效率。2017年，被评为汨罗市综合治理先进单位。

（彭　波）

金　融

市政府金融办负责人（名单）

主　　任	唐著辉
企业上市股股长	傅铁安
保险股股长	陈　卓
银行股股长	周义群
办公室主任	姜正虎

【概况】　2017年，市政府金融办认真落实全国金融工作会议精神，在金融服务实体、优化金融环境、对接资本市场、防范金融风险等方面取得明显的成效，全市共投放信贷资金107.48亿元，实现保费收入6.8亿元。

【非法集资】　加大“处非”宣传力度。利用多种形式广泛宣传。加大防范和处置非法集资教育宣传力度，增强居民的风险意识和辨别能力。2017年派发《防范和打击非法集资工作宣传单》《防范和打击非法集资工作宣传手册》等宣传资料1600余份，发放宣传小册400余份，发送打非短信1000余条，接收400余名群众的咨询。同时设立打非举报电话，对举报属实者予以奖励。

开展对互联网金融风险的专项整治。针对花样繁多的互联网+金融的陷阱，市打非办在微汨罗头条发布《警惕！“麦点商城”、“云联惠”等部分“消费返现”模式或涉嫌违法犯罪！》《远离传销守护幸福》风险提示，共收到市民打来咨询电话500余个。依法解释，让群众远离诱惑，切实维护群众利益。

加强日常监管，加大风险排查。对民间投资公司，加强日常监管，每年由金融办牵头，组织工商、经侦、税务、人民银行等单位对全市民间投资管理公司进行一次检查，对在检查中发现问题的公司进行通报，并责令限期整改到位。每月金融办组织例行检查，并和银信机构建立信息共享机制，防止出现用银行贷款从事民间高利贷的违法行为发生。同时，加大风险排查力度，对房地产业、电子商务平台等风险高发生行业进行排查，对涉嫌非法集资广告进行清理排查。

【信贷投资】　领导重视。市委书记、市长分别召开经融创新工作座谈会防控金融风险工作会，要求全市金融机构创新信贷品种，加大信贷投放，支持和服务实体经济，守住不发生区域性金融风险的底线。市金融机构共投放信贷资金107.48亿元，比2016年初净增38.10亿元，增幅排全省第一。

政策支持。制定《汨罗市金融机构支持地方经济发展，推动全面小康考核奖励暂行办法》，提高信贷支持实体经济考核的权重，出台《汨罗市鼓励企业主板上市若干政策规定》和《汨罗市支持工业企业十条措施》，鼓励银信机构支持实体，鼓励企业对接资本市场。落实奖补专项资金400余万元。

开展严厉打击恶意逃废银信债务整治专项行动。开展金融生态环境专项整治活动，帮助银信机构打击逃废银信债务的恶意行为。针对金融案件执行共纳入失信被执行人员65人，司法拘留23人，临控28人。

【企业融资】　企业加大对接资本市场力度，目前省重点上市后备企业达到7家。先后有中国农机、长江化肥在境外上市，汨特科技、飘峰电器在天交所挂牌，长乐情情食品科技股份有限公司、盈田米业在新三板挂牌。湖南中天农舟农机和三兴精密分别筹备在中小板、创业板上市。

【地方法人机构】 市农村信用合作联社改制农村商业银行于2015年5月正式启动，2017年1月24日正式挂牌开业。国开村镇银行已向中银富登完成股权转让手续。实现“一县两行”全覆盖。

【保险工作】 新引进长安财产保险公司，现共有各类保险公司23家，从业人员1000多人，截至2017年12月底，实现保费收入6.8亿元，各类理赔支出2.2亿元。全市保险业为近20万人次，4.8万辆机动车，700家企业提供保险保障。2017年，快处快赔中心处理车辆纠纷理赔案件1560件。

（姜正虎）

中国人民银行汨罗市支行

中国人民银行汨罗市支行负责人（名单）

行　　长	黄　敏
副 行 长	顾灿星　兰灿辉
纪检组长	李云龙（6月改任）
副主任科员	罗立新　戴振军

【概况】 中国人民银行汨罗市支行认真贯彻落实全国金融工作会议和上级行工作会议精神，围绕“强履职、夯基础、促规范、讲和谐”，推动各项工作全面有序发展。2017年，辖内各银行机构也不断加大信贷投放力度，促进金融服务，截至9月末，全市金融机构贷款余额105亿元，较年初增长35.8亿元，增速为51.7%，贷款增量和增速均位列岳阳六县市第一位。在不断强化金融服务的同时，各银行机构更加注重资产质量和风险管控。全市各项贷款不良率控制在1%以内，金融市场发展总体上平稳有序，无重大风险和责任事故。

【基层基础】 一是加强窗口指导，引导信贷投放，支持地方经济发展和全面小康建设。制定出台年度货币信贷工作指导意见，通过召开季度金融系统行长联席会，传导稳健货币政策，研判经济金融形势，协调解决经济金融发展面临的困难及问题。年初，向市委、市政府递交《采取得力措施提升信贷增长刻不容缓》调研报告，并提出改善金融环境，推动地方经济建设等方面对策建议，获得市委、市政府主要领导的高度重视，市长朱平波对调研报告作批示，并在汨罗市2017年第2次市长办公会第1项议题研究全市金融工作，切实解决金融工作问题。3月22日，汨罗市召开金融工作创新座谈会，市委书记喻文与全市金融机构主要负责人面对面交流，听取意见建议。按照市委市政府要求，支行牵头制定《汨罗市金融支持地方经济发展、推进全面小康考核奖励暂行办法》，加强对全市金融机构的考核奖励，并结合汨罗实际，对岳阳市金融工作十条进行细化分解，切实提升全市金融工作质量和市场管理水平。2017年全市各项贷款增量和增速均居岳阳辖内6县市第一位，为地方经济建设发挥积极推动作用，获得市委市政府主要领导高度评价。

二是深化金融精准扶贫，推动普惠金融发展。积极开展金融精准扶贫工作，切实解决辖内贫困农户小额信贷支持力度和农村基础金融服务不足等问题。目前已完成汨罗市、屈原行政管理区共28个金融扶贫服务站建设，做到应建尽建。扎实推进“金融精准扶贫宣传推进月”活动，印发《扶贫小额信贷项目政策指南》8000份，提升公众对金融扶贫政策的知晓面。8月，召开汨罗市小额信贷工作推进会，市扶贫办、市金融办、市农商行主要负责人，15个乡镇扶贫专抓、专干以及各农商行支行行长及金融扶贫服务站站长参会，有效推动后段金融精准扶贫工作的不断深入。2017年，汨罗市扶贫小额贷款任务共计0.64亿元（汨罗5363万元，屈原管理区为1016万元），截至10月末，新放金融扶贫贷款0.58亿元，完成年度新增贷款任务的90.42%，累计发放扶贫贷款2563户，金额1.07亿元。汨罗市金融精准扶贫工作分别在岳阳网、汨罗市政府政务网、汨罗时刻新闻等新闻等媒体进行广泛宣传报道，进一步营造全市金融精准扶贫工作氛围。

三是扎实开展“三站融合”，优化农村基础金融服务。加强全市“三站融合”推进工作，召开电商、商务局、金融机构、邮政局、扶贫办联合会议4次，下乡督促共建工作达10余次。目前汨罗辖区内共建电商156家，助农取款服务点44家，金融扶贫服务站24家，实现三站融合共3家。

四是加强金融管理，维护金融稳定。建立健全金融质量评估体系，认真开展金融统计数据质量评估、“三农”信贷政策导向效果评估、地方法人金融机构经营稳健性、合规性评估、不良贷款真实性评估，认真做好市农信社改制成农商行以及汨罗国开村镇银行股权过渡期的监测管理工作，防范区域性金融风险。组织对2017年全省县域法人金融机构信贷“新增存款一定比例用于当地贷款”考核，对考核未达标的汨罗国开村镇银行、汨罗农村商业银行实行“不得享受实施为期一年的‘下调存款准备率一个百分点’优惠奖励”的处罚措施。在汨罗白水镇进行探索农村信用体系建设试点，共采集农户信息3070户，已评级主户数1960户，已授信户数1730户，累计发放贷款3556万元。配合中支对汨罗农商行开展综合执法检查，实行行政处罚金额14.5万元。组织对辖内金融机构开展人民币收付业务、人民币个人银行结算账户备案工作、金融信用信息基础数据库接入机构征信合规管理、集中支付代理银行业务等专项检查，下达整改通知单28项，切实规范业务开展，防范业务风险。做好金融突发事件应对和处置，全年共处置银行卡异地集中开设事件1起，协助市公安部门破获假币诈骗案1起，切实维护辖区金融稳定。

【服务、管理】 一是抓实业务操作，防范差错事故。加强国库拨付资金管理，对未经核准账户拨付严格实行“一对一”管理，规范国库集中支付资金通道。建立国库集中支付大额资金拨付审批制度，对大额资金支付进行预审，规范集中支付代理银行行为。严格“五好”钱捆要求，严把16家开户单位缴存现金质量关。落实人民币二维码上线工作要求，实施联网取现业务上线运行，确保辖内现金供应计划科学、合理。做好征信查询工作及机构信用代码证的办理和换发，截至10月末，共办理企业信用报告查询290次，办理个人信用报告查询6971次，办理和补、换发机构信用代码证815次。深化中小企业诚信平台建设，通过湖南商易征信公司征信平台，搜集录入园区42户小微企业合同信息、信用档案、关联信息、申贷资料等信息，推动信用园区建设。做好退库工作，召开退库工作联系会，明确退库工作注意事项，应提供的相关资料。4月19日，长沙中支徐涌副行长一行来支行开展“问答支行”活动，听取汨罗市支行负责人及支行会计国库发行股人员提出改进和加强基层支行会计财务工作的意见建议，对支行会计财务工作转型的科学化、规范化、标准化提出要求。

二是优化基础业务，注重为民服务。深入推进小面额人民币“畅通工程”，在辖内16个乡镇30家银行网点设立小面额人民币兑换点，为金融机构投放小面额人民币1.2亿元，有效满足市场对小面额人民币的需求，提升群众满意度。加强金融消费者权益保护，受理12345市长热线等金融消费者投诉20余起，办结率和满意率均达100%。妥善处理一起总行转办投诉事件——“郭晖投诉中国银行汨罗市支行不作为、乱作为”，应对处置工作获得上级行肯定。严格按照上级要求，对汨罗市第十二届人大代表推荐人选的个人征信记录进行查询审查，做好市人大代表、政协委员候选人联合审查工作，扩大对个人征信管理工作的社会影响度。加强对证式国债发行宣传，辖内各金融机构全年共发行凭证式国债32万元，电子储蓄国债68.7万元。

三是加强规范管理，确保业务稳定。加强科技信息和机房管理，定期对计算机账户安全、系统运行、网络通讯、软硬件配置等进行安全检查，及时进行系统升级、网络排障和软硬件更新。安装计算机一体化终端系统，加强对计算机的病毒防控和远程监控。更新升级UPS电源，严格按照有关规定做好UPS电源负载范围内的有限配置。加强守卫值班室标准化管理，积极参加全省守卫值班室标准化建设评比工作。9月12日，长沙中支保卫处对支行“电视监控及门禁系统更新改造项目”进行现场验收。做好市农信社改制成农商行后各项业务系统用户信息更新工作，加强与上级行沟通协调，及时对金融统计管理系统、账户管理系统、ACS会计核算系统、发行基金管理系统等进行维护。认真组织开展会计综合业务系统中财务、预算、集中采购三个模块二级一阶段上线工作，确保AIIS二期财务及预算模块新旧两套系统业务的顺利上线运行。

【巡察监督】 一是完善制度修订，加大执行力度。紧紧围绕上级要求和业务发展变化情况，及时修订和完善相关规章制度和岗位职责，确保全面、完整的覆盖到各个业务部门和业务环节。2017年，共修订各项制度40余项，基本构建符合业务重点、纪律要求和工作需要的制度体系。加强制度落实，做到以制度管人、管物、管财，确保不出现任何违法违纪行为和重大责任事故。加强柜面监督、事中监督和事后监督，每月定期开展章、证、AC检查，确保各项业务规范开展。结合实际对原有岗位设置进行调整，会计国库发行等重要业务岗位由正式在编人员担任，更好的防控业务风险。

二是抓好整改落实，提升规范水平。针对上级行在巡察、审计、专项检查以及支行自查工作中发现的问题，特别是财经纪律、党建工作、重要业务和基本建设等方面发现的问题，认真组织开展整改，落实整改责任到岗到人，建立整改落实清单和长效工作机制，对整改不到位的严肃责任追究，确保问题不反弹、不返潮。向上级行报送《关于巡察工作的整改报告》《关于营业办公用房修缮项目内审发现问题整改报告》《关于科技综合管理内审发现问题的整改报告》等10余件，扎实推动整改落实到位。例如党建工作方面，加强“三会一课”、中心组学习的有效性管理，落实相关制度要求。固定资产管理方面，加强资产登记管理，对已竣工的办公楼维修改造项目及电视监控系统改造项目进行固定资产入账处理，对已无法正常工作、符合报废年限要求的两套电视监控系统进行固定资产报废处理。同时加强对违规人员追责问责。全年来共处理违规行为1起，扣罚奖励性工资3000元。

三是加强纪律监督，防范廉政风险。切实履行党组书记第一责任人责任，坚持对“三重一大”事项的监督，对有令不行、有禁不止、顶风违纪的行为从严、从快惩处，坚决遏制和杜绝“四风”和“不严不实”问题。制定印发《2017年度党风廉政建设实施意见》。落实党风廉政建设责任制，分层组织签订党风廉政建设责任书、案件防范责任书和个人行为承诺书。加强对领导干部特别是班子成员的监督和管理，强化对“权、钱、人”等重要环节的监督，按季公开单位公务接待、公务用车等情况，规范领导干部廉洁自律行为。积极开展“三谈两述”活动，将班子成员廉政情况在支行内网进行公示，接受党组织和群众监督。严格费用管理，建立完善费用列支监管机制，严格执行各项费用支出审批程序和要求，坚决杜绝奢侈浪费和违规违纪现象。

【队伍建设】 一是开展实践教育，提升党性修养。认真组织“两学一做”学习教育，聚焦和加强党风廉政建设和作风整治工作。扎实开展《中国共产党廉洁自律准则》《中国共产党纪律处分条例》的学习宣传，提高党员干部党性修养。按照“加强党的建设，严守党的纪律，从严管党治党”主题，认真组织召开专汨罗市支行党支部专题民主生活会，支行党组班子成员全程参会指导，达到“团结—批评—团结”目的。组织全行干职工赴怀化芷江开展“缅怀革命先烈，弘扬革命精神”革命传统教育活动，组织党员干部赴八景烈士陵园开展“学习贯彻党的十九大精神，立足岗位做合格党员”教育实践活动，加深党员干部对革命先烈恪尽职守、无私奉献的思想认识。

二是倡导志愿服务，发扬奉献精神。按照市防汛指挥部要求，抽调人员参加防控抗洪工作，安排防汛抢险巡查值守队员，按照12小时轮换制，24小时不间断坚守在三江镇八景村兰家洞水库责任堤段，没有一人擅自离岗脱岗，用实际行动谱写奉献之歌。认真组织开展扶贫工作，根据市委市政府安排，支行对口扶贫三江镇八景村12户贫困户（该村为省级贫困村），支行党组指定1名扶贫专干，制定扶贫实施方案，明确5名“一对一”扶贫干部.截至目前，已支持扶贫资金10万元，八景村扶贫贷款到8月底新增80多万元，完成扶贫贷款任务的200%，得到当地贫困户广泛好评。

三是组织文娱活动，激发干部活力。积极组织开展“武汉分行“最美家乡”征文、学习“十九大”知识竞答、全省“基层会计人谈转型”征文、“国库文化”调研、中支“迎国庆”气排球比赛等各类文娱活动，支行两篇征文被武汉分行团委微信公众号中南三人行刊发，气排球比赛荣获中支三等奖。组织参加武汉分行党校科级领导干部培训、湖南省人民银行系统2017年节能减排培训班、科级领导干部暨党建业务知识培训班，进一步提升干部职工的素质修养和工作能力。按照“八有”要求重点推进党员活动室的规范化建设工作，为干部职工建设一个功能齐全、内容丰富的活动场所，切实发挥党员活动室的阵地平台作用，切实保障和增强党员干部的政治生活的水平和质量。

四是加强民主管理，密切联系群众。坚持民主集中议事决策制度以及党务、政务、行务“三公开”等制度，对支行“三重一大”等先行征求职工意见，再经党组会集体研究决定。同时严格按照各项规定，对支行重点工作、干部任免、大额资金使用、财务收支、财产处置、工资福利、党费收缴等内容，通过行务会、全体干部职工大会等多种形式实行公开，获得干职工一致好评。加大对退休干部的关心关爱，营造不忘初心、和谐团结的支行氛围。1月25日，受岳阳市中心支行党委组织部委托，汨罗市支行党组书记、行长黄敏看望慰问支行困难老党员戴志明，并代表人总行党委组织部将2万元慰问信及慰问金送到困难老党员手中。7月6日，受中支曹平辉行长委托，李利华副行长一行3人到汨罗市支行考察支行受灾情况，看望慰问支行黄碧云、戴志明等2位老党员干部，并送上慰问金。10月26日，汨罗市支行组织退休老干部开展重阳节庆祝活动。

（李　景）

中国工商银行股份有限公司汨罗支行

中国工商银行股份有限公司汨罗支行负责人（名单）

行　　长	邹　敏
副 行 长	刘　健　陈浪波 唐学科
办公室主任	许长春

【概况】　2017年，中国工商银行股份有限公司汨罗支行各项存款较年初增长3.77亿元，其中对公存款较年初增长2.79亿元，储蓄存款较年初增长9800万元，两项存款增量在同业排名中位居第一。贷款余额在省高速公路贷款减少1.8亿元的状况下，仍比年初增加3400万元。5月中旬，向汨罗经发建项目成功营销和投入2.7亿元贷款；全年实现利息收入4300万元。

【工作措施】　首先，抓好组织存款工作。

支行在组织存款上树立“同业第一、系统进位”的经营理念，先后利用召开行长办公会、行务会和职工大会等形式，要求各部门各网点始终把存款作为发展的第一要务来抓，使全行员工在同业存款竞争中不输士气、不失信心、不丧斗志。业务措施方面实行目标层层分解，层层落实，通过“定任务，定措施，定时间，定考核，定奖惩”，使全行人人有目标，人人有压力，人人有动力。

完善制度办法。为确保储蓄存款增长，一是制定“储蓄存款考核奖惩办法”，坚持按季度对两个网点下达任务指标，其完成任务的多少，直接与员工的绩效工资收入挂钩。通过激励措施，引导员工由被动到主动，由“要我做”变为“我要做”。二是制定“员工业余揽储揽户竞赛方案”，坚持积极发挥全员的智慧，开展业余揽储、揽户竞赛活动，在行内形成抢抓存款的氛围。三是争来汨罗工业园拆迁户补偿资金代发项目，有力地推动储蓄存款增长。

抢占存款市场。支行在对公存款营销上，一是明确挂点副行长牵头、抽派二线人员参与，分别在两个网点成立营销小组，做到跑社区、下乡镇和深入到目标单位、集贸市场等做好营销工作，确保客户的闲散资金能最大幅度存进来。二是抓好优质客户资源，做好系统户维护，积极做好财政、社保、医保等系统户的存款维护工作，确保市场占比与增存两不误。

抓好个金业务拓展。在抓好个金业务发展上，以拓市场、重营销、抢存款、重挖掘为举措，由个金产品营销团队牵头，确定营销对象、营销策略和重点产品，把走出去营销作为拓市场的主要措施，在达到稳住老客户的基础上，拓展新客户，走活个金业务发展这盘棋。做到三个不放松：一是代发工资不放松；二是产品营销不放松；三是客户维护不放松。

其次，抓好信贷业务发展。

在贷款投放上，成功向“湖南汨罗循环经济产业园区污水处理厂配套管网工程”发放项目贷款2.7亿元，在当地同业中拔得头筹。该项目位于汨罗循环经济产业园区，项目新建污水管总长度82073米,其中污水主干管22407米,污水次水管59666米，新建调节池、预处理间、超反渗透间及加药间，在湄江河大道与省道308交汇处附近建设污水提升泵站1座，占地面积320平方米,设计规模2500m3/d,用于收集和输送汨罗循环经济产业园区工业污水并完成给排水、供电、道路、消防、环保、绿化等配套设施建设。得到市政府的专项奖励。

在贷款收息上，采取严格的奖罚措施和责任到人机制，每发放一笔贷款，都必须落实专人实施贷后跟踪管理，提高贷后管理质量，落实管户责任人，建立责任追究制度。以确保存量贷款利息清收到位，确保新增贷款利息颗粒归仓。全年实现利息收入4300万元。

在贷款管理上，一方面加大对优质小微企业的贷款维护，对有偿还能力的小微企业继续予以融资，热心支持他们的再发展，防止被他行挖走。一方面坚持对过来有贷小微企业进行实地调查、同行摸底、走访政府管理部门和行业协会等，全面了解他们的各种信息，包括经营者素质、企业经营状况、抵押担保核实、企业发展前景等等，一旦发现小微企业法人有高息融资、民间借贷行为的，坚持在收回其原有贷款的基础上，主动退去，不再与这些小微企业发生信贷关息，以避免信贷资产损失。

在压降不良上制定奖惩办法，纳入目标考核，确定主抓行长和清收员，实行专人专管专办，采取现金清收、法院强制清收和转化风险等措施。全年公司不良贷款余额为369万元，不良贷款率为0.061%。

再次，抓好优质服务工作。

一是利用网点晨会、班后会这一平台，教育临柜员工充分认识做好优质服务是建设现代银行的发展需要，提高服务质量是抢占市场份额的关键。要求员工创新服务手段，提高服务质量，为客户提供人情化、贴心化、细心化服务，帮客户理财，使客户的收益达到最大化，达到巩固老客户、发展新客户、带动潜在客户的效果。

二是强调满足客户需求是临柜人员的工作职责，是适应开拓市场的需要，而改进和优化服务是提升核心竞争力的重要环节；要求员工以“客户满意、业务发展”为目标，搞好三声服务，树立热忱服务的良好窗口形象，做到来有迎声，问有答声，走有送声并逐步推广“七步工作法”，做到让每个顾客都高兴而来满意而归。

三是支行工会坚持以创新的思维抓优质服务，一方面积极组织员工开展优质服务竞赛活动，一方面要求员工牢固树立客户至上、服务创造价值的经营理念，真正使了解客户，为客户着想，让客户满意的服务宗旨体现在日常工作中。

四是突出加大对优质客户的管理与营销力度，积极适应客户需求推销新产品，让客户得实惠，提高客户对工行的满意度和忠诚度。

最后，抓好安全管理和内控案防工作。

一是在建立健全各项制度上下功夫，修订岗位责任制，建立业务考核办法、日常行为处罚办法、各种奖罚制度和员工绩效工资二次分配考核办法等。在此基础上，严格按照上级行有关安全工作的管理规定和指示精神，支行制定安全保卫工作计划和安全保卫工作考核方案、重大节假日安全保卫工作方案及各类预案，加强安全管理，完善一系列行为守则、安全制度、内部管理制度，以确保业务发展上依法合规经营。通过把安全防范溶入日常管理，防微杜渐，创造安全无事故。

二是支行制定内控案防工作计划，坚持每月召开内控案件防范分析会，明确会议主题，揭示内部管理漏洞，研究针对性防控措施，努力提升会议质量，避免走过场现象发生。全年共召开“三会”12次，做到每次会议都有会议纪要，每个季度都有案件风险排查报告。支行制定员工异常行为排查计划，加强员工思想行为动态管理，多渠道了解员工8小时外的动态，根据“分级负责，责任到人”的原则，支行班子成员每月分别对网点负责人、机关各部室负责人进行家访，网点负责人、机关各部室负责人每月对部门员工进行家访，做到及时掌握员工八小时之外在哪里、在干什么、员工在想什么、员工有什么困难，加深管理者与员工的感情，发现问题能及时化解，确保员工队伍的思想稳定。同时，全面完成上级行规定的排查任务，如6月份对基层机构负责人进行一次排查，上报排查报告等。支行组织员工学习新版《员工违规行为处理规定》，抓好合规从业教育，组织员工认真学习监管部门和上级行案件通报、风险提示，促进广大干部员工进一步增强风险意识和合规经营意识，全年没有发生一起大小案件和员工违法违规风险事件，实现安全年目标。

三是抓好党风廉政建设和党的群众路线教育活动。成立党风廉政建设领导小组和内控合规“强化执行年”领导小组，行长邹敏以《学党规党章、学系列讲话，做合格党员》为题，给全体党员上一堂党课。同时，支行加大党风、行风的专项治理力度，注重强化监督机制，在行内狠刹弄虚作假和利用职权搞吃、拿、卡、要、报的不正之风，树立勤俭办行的良好风气，促进支行党风廉政建设和行风建设。

（许长青）

中国农业银行股份有限公司汨罗支行

中国农业银行股份有限公司汨罗支行负责人（名单）

党委书记 行长	周连科
党委委员 副行长	蒋国祥　陈泉伟 吴赤辉
办公室主任	曾雪峰

【概况】　中国农业银行股份有限公司汨罗支行年末各项贷款余额4.44亿元，比年初净增1.28亿元，同比多增5987万元，四大行存量、增量市场份额分别为16.65%、33.17%，分别居第三位和第一位。

【负债业务】　年末各项存款余额18.84万元，比年初净增3.18万元，连续两年净增超3亿元，四大行存量、增量份额分别为29.90%、42.38%，均居第二位。其中个人存款余额15.03亿元，比年初净增2.73亿元，同比多增7189万元，四大行存量、增量份额分别为32.05%、42.93%，均居第一位。

【资产业务】　一是引进第三方，扩大资产客户群体。加强和农信担保公司、新华联合保险公司的合作，积极支持无财产抵押、有信贷需求的新型农业经营主体发展。二是整合资源提升服务能力。对全市助农取款点进行整合优化，对助农点机具予以升级，对助农取款点按规定动作进行巡查，确保助农取款点的综合服务水平得到全面提升，三是代理业务发展有突破。成功营销汨罗城乡居民医保资金代缴和发放业务，在努力做好白塘镇涉农直补代理业务的同时，积极争取桃林、屈子祠等乡镇涉农直补代理业务的扩面工作。四是项目营销持续推进。成功投放住建投棚户区改造项目贷款5000万元，交建投国道536公路拓宽项目贷款100万元（现已收回）。积极营销城市综合体开发、工业园厂房建设和参入端午文化产业整体开发等项目营销。

【风控能力】　坚持营销与管理并重，提升风险管控能力。开展重点领域信用风险治理，坚持信贷客户回访制度，注重风险防控。积极做好不良资产清收、核销工作，制定不良资产清收管理办法，确定清收责任名单，强化责任清收，全年累计清收不良资产177.83万元。对不良资产进行全面清理，对相关责任人进行责任认定和责任追究，全年共核销不资产288.32万元。不良贷款余额146万元，比年初减少243万元，不良率仅0.32%，比年初下降0.77%。

【党建工作】　深入开展“两学一做”专题教育活动，贯彻落实“两学一做”制度化、常态化，组织学习党的十九大工作报告。严格执行“三会一课”制度，进一步规范党内政治生活和党员组织生活，充分发挥党支部的战斗堡垒作用和党员的先锋模范作用，积极倡导全行党员亮身份、做表率、立标杆，用实际工作回答合格共产党员标准。

（曾雪峰）

中国建设银行股份有限公司汨罗支行

中国建设银行股份有限公司汨罗支行负责人（名单）

行长	黄鸣凯
副行长	陈　远　李　琢
会计主管	林　海
办公室主任	杨映红

【概况】　2017年，中国建设银行股份有限公司汨罗支行实现各项收入1.51亿元，实现利润0.69亿元，人均创利210万元。一般性存款余额21.25亿元，较年初2.84亿元，其中，个人存款1.26亿元，新增2.32亿元。个人存款时点、日均计划完成率分别为47%，36%；在当地四大国有商业银行中排名第一。支行贷款余额突破10亿元大关，贷款余额12.83亿元，较年初净增7.01亿元，贷款新增排名县域第一。实现中间业务收入616.70万元，全年间业务收入总额排名全行第三。在岳阳市分行综合指标考核中，排名第二名。

【工作情况】　增强资金实力、壮大存款规模。面对汨罗市金融市场的资源环境，支行领导班子结合单位的实际情况，多次召开调研分析会，牢固树立“存款立行”的经营理念，围绕“争市场、夺份额”的营销主题，谋划全年存款工作。一方面力创旺季“开门红”，为全年增存工作打下坚实基础。

结合建行几年来存款工作的经验，立足于计划早安排、任务早落实的工作思路，重点抓好“两节”旺季营销，开展“万马奔腾何所惧、一马当先勇向前”营销活动，实现个人存款“开门红”。另一方面直面困难，制定措施，扭转支行对公存款增长乏力的不利局面。

春节前后，由于市城关等几大市政工程完工结算，给建行公司性存款增长造成很大被动，也严重影响支行一季度绩效考核，面对时段性不利局面，全行并没气馁，在支行班子的坚强领导下，及时调整应对措施，决心持续作战，力争在年底前打一场翻身仗：加大对公抓户增存力度，并将抓户增存任务分配到网点，并由网点明确专人落实，同时明确各网点主任加强与当地招商局和工商注册局的联系，及时掌握信息，将招商引资项目与新注册企业的帐户争取到建行开户，解决支行公司存款高度集中，同时，公司业务重视客户结构的调整，既做好非财政系存款客户的增长，又要对财政存款帐户进行结构调整。再者加大考核力度，确保全年存款工作持续稳定增长。

结合各营业网点的综合情况，认真、详细地对存款指标进行量化考核，科学实际地制定存款分配方案和奖惩办法，采取多劳多得，不劳不得的绩效考核制度，极大地调动员工的工作积极性。一是通过强化大堂经理和客户经理职能，确保VIP客户得到有效维护，确保个人存款增长当地应有份额。全年来，支行为确保VIP客户得到真正有效的维护，利用OCRM系统，由主管行长负责，对现有客户资源进行全面分配，督促客户经理尽心做好维护，稳定和挖潜现有VIP客户，最大限度地集中VIP客户银行存款，促进个人存款稳步增长。个人客户经理通过经常性上门与客户进行沟通，成为大多数客户的贴心人，为增加客户的忠诚度的和有效进行产品推介打下坚实的基础，一年来通过他们的努力，一是VIP客户维护取得实质性成效，全行新增VIP客户达2500户；二是自助设备、个人网上银行业务得到实质性拓展，交易额、人机替代率得到全面提高；三是有效地分流柜面业务，分担柜员临柜压力，为柜员腾出时间进行产品营销。

调整客户结构，开展“战略”产品营销。加强金融IC卡、POS、信用卡等战略性产品的营销工作，调整客户结构。加强对财政预算事业单位的服务，强化中小客户开立账户的建设，积极培育中小客户群体，改善存款结构。该年度是建行代理财政国库集中支付的第三年，在认真做好柜面服务的同时，加快业务处理流程，财政业务全部实现“PST”处理，通过凭证批量扫描、后台集中记帐处理，业务处理时间大幅度缩短；为稳定老客户、发展新客户、争夺重点客户、挖掘潜在客户，支行领导带头深入企业单位、个体工商户，本着“西瓜、芝麻”一起抓的原则，通过彼此沟通、了解、座谈等形式拉近与客户间的距离，最终收到成效。

战略产品效果得到初步显现。至12月底，建行办理信用卡客户净增2900户，在市行总量第一，信用卡活动率达到70%；支行的分期业务历史性突破1亿元，首次进入市行前三，实现由数量扩张向质量效益的转变。

加大信贷营销力度、努力提高信贷资产质量，促进经营效益稳步增长。2017年，支行将贷款作为“兴行、争绩效”的重要抓手，贷款总量首次突破10亿元大关，为汨罗市全年贷款投放最多的行，目前支行贷款总量在县域排名第一，份额占比达21%。一是以双赢为目标，继续扶持中小企业发展。2017年，与政府合作“PPP”融资平台，贷款达余额7.05亿元，解决市城建设、屈子文化圈、安居投等周转资金；二是加大个人贷款营销力度。新增其他贷款近3亿元，支持人民医院、一中、二中等多家单位。三是全力以赴，回收不良贷款。四是加强信贷风险防控管理，通过定期、不定期的走访摸排，现场了解企业生产情况，查看企业用水、用电等数据，全面系统地了解情况，新发贷款无欠息等影响信贷资金安全的状况发生。

强化服务意识、丰富服务内涵。2017年支行完善《汨罗支行优质文明服务工作细则》，成立优质文明服务工作领导小组。通过省行神秘人检查，查找服务漏洞并进行有效整改；为客户提供更舒适的营业环境。同时制定一些有效的激励机制通过服务标兵，优质文明服务窗口评选有效地提高员工们的服务热情。在日常工作中，注重对员工服务意识培养，在员工中开展“七+七”服务流程，不断优化服务窗口，倡导员工说好每一句话、指导员工办好每一笔业务、督导员工服务好每一个客户，用心赢得客户的心。

加强思想作风工作，促进员工队伍思想素质进一步提高。一年来，建行党支部在市行党委的领导下，全面开展“党建促业务发展活动”，党建工作的开展能够从自身实际出发，以科学发展为依据，高度重视员工队伍建设。首先从员工思想教育入手，先后开展爱岗敬业、遵纪守法、文明服务为主要内容的职业道德教育；党员的领导干部的廉洁自律教育等，通过观看反腐倡廉、弘扬正气的电教片，自觉抵制腐败。其次是打造和谐绿色企业文化，开办职工食堂，解决网点员工就餐问题；开办“职工小家”，配置健身器材，开展丰富多彩的文艺活动，激励员工的工作热情；深入宣传反假币知识、储蓄业务知识等，营造良好的舆论氛围。加强员工业务培训，不断提高员工业务素质。通过不断的学习、测试，全支行员工的精神面貌和工作作风发生很大的变化，形成“赶、帮、比、学、超”的新风气，自觉执行各种规章制度，违规违纪现象明显减少，从根本上解决思想上的模糊认识，工作上的消极态度。极大增强员工的主人翁责任感、危机感和使命感。

完善内控制度建设、确保安全营运。2017年，支行各层级紧紧围绕上级行“双基”管理年工作要求，始终注重管理工作的开展，结合该单位的实际情况制定相应的规章制度，完善签到考勤制度、班子值班、员工轮岗休假制度等，强化监督检查力度。全年调整中层管理人员5人，让年轻员工走上管理岗位，员工轮岗26人；加强各部门主动积分频次，加强业务操作风险管理，确保业务安全营运；加强安全保卫工作的组织力度和检查力度，明确安保专管员制度，一年中对营业网点及重要岗位检查60余次，进行防火、防暴、防抢演练12次。员工思想动态稳定，牢固树立“安全也是效益的思想”全面开展安全教育活动。实现支行自成立来38年无案件、无事故、无重大差错。

此外，努力完成当地县委、政府交办的各项工作。

扶贫、计生、综治等相关工作等工作，已通过市委、政府组织的年底验收。

（杨映红）

中国银行汨罗支行

中国银行汨罗支行负责人（名单）

行　长	刘志坚
副行长	施都有　易　汨
纪检专员	陈学中

【概况】 2017年，中国银行汨罗支行实现税后利润1260万元，比去年同期增加490万元。实现业务净收入2033万元，比年同期增加156万元。新增企业网银交易客户数188户，完成全年任务的101.6%。新增对公账户结算卡19户，完成全年任务的190%。新增党费专户3户，完成全年任务的150%。代理保险731万元，完成全年任务的97.97%。中银信用卡发卡588张，完成年度任务的26.97%。新增手机银行交易客户6935户，完成年度任务的115.58%。新增对私有效客户1930户，完成年度任务的101.56%。新增代发薪客户7471户，完成年度任务的63.85%。贵金属销售31.88万元，完成全年任务的24.52%。人民币各项存款余额为90109万元，比年初下降9822万元，其中公司存款余额为13440万元，比年初下降14155万元，人民币储蓄存款余额为76669万元，比年初净增4333万元，完成时点任务的45.61%，各项外币存款余额为232万美元，比年初净增4万美元。人民币各项贷款余额为32347万元，比年初增加11018万元，其中公司贷款17000万元，较年初增加10409万元，零售贷款余额为15347万元，比年初增加609万元。签发银行承兑汇票2980万元。不良贷款余额为60万元，比年初减少278万元，不良率为0.185%。各项不良贷款中，公司不良贷款余额为0，零售类不良贷款余额为60万元，不良率为0.39%。

【工会组织】 每月召开至少一次全行职工大会，强调全行员工树立绩效文化观念，掀起人人争绩效、人人做贡献、人人争先进的热潮；在制度上，支行将进一步细化激励方案，明确每阶段各个部门的中心工作任务，并为其配置相关的营销费用，制定《汨罗支行2017年度绩效考核办法》，鼓励全行员工通过各种途径积极挖掘潜力客户；产品上，支行将大力推出各种中短期理财产品，创新原有的揽储方式，为客户提供多元化的选择，努力实现客户收益最大化；方式上，对客户进行分层管理，将客户分至正副行长、客户经理、帐户经理、柜员，进行分层、名单式服务和挖潜。现在支行绩效文化意识已深入人心，全行员工统一思想，掀起人人做贡献，人人争绩效的热潮。

历年注重工会组织建设，2017年加大对工会基层设施的投入，为全行员工开展各项娱乐活动提供必要的场所和设施。工会充分发挥自身优势，积极倡导“健康生活、快乐工作”的理念，按照员工的意愿，依靠员工适时开展形式多样的工会活动，如：组织员工到井冈山参观学习、组织退休老同志座谈、组织登山活动。通过系列活动的开展，丰富员工文化生活，增加全行凝聚力。继续开展送温暖活动，慰问困难员工及其家属，向全行每位员工在生日时送上鲜花和蛋糕。在员工或其家属生病住院期间进行探视，代表组织对员工的关心爱护，从而激励员工树立“爱行如家”的思想意识，为支行的改革发展多做贡献。

【文明建设】 “三个达标”中服务达标是基础，所以要实现“三个达标”，健全网点功能，发挥网点潜能，增强网点的服务能力，提高网点的竞争力，优质文明服务尤为重要。支行坚持把优质服务贯穿于业务活动的始终，强调客户关系的管理向移动公司学习，营销技巧向保险公司学习，柜台服务向星级酒店学习。为了从思想上和行动上树立“客户至上、用心服务”的服务理念，进一步增强全行员工的敬业精神和服务意识，规范员工的服务行为，改变以前存在的“门难进，脸难看，事难办，营业网点外部形象不亮，服务环境“脏、乱、差”的局面，切实提高支行文明优质服务水平，树立中行的品牌形象，促进各项业务健康有序地发展，支行研究制定《汨罗支行优质文明服务考核奖惩办法》，该办法从劳动纪律、员工着装、行为举止、营业环境、客户投诉等方面都进行规范和要求。同时要求支行内控副行长带队，综管部门配合，按照《考核办法》及《岳阳分行2017年优质文明服务检查评分标准》每星期对每个网点、每个部门至少进行一次专项检查，每月将检查情况在全行进行通报，并且奖罚兑现。为营造良好的外部形象，支行在费用极度紧张的情况下，将每个网点的灯具进行更新、修整，现两个网点已焕然一新。通过对服务工作的常抓不懈，全年支行两个网点在分行优质文明服务检查中综合排名均名列前茅，两个网点的核心存款均稳步增长。现在支行全体员工已牢固树立“以银企关系巩固客户，以优质服务开拓市场”的营销理念。

【财务管理】 健全案防体系，确保全行各项业务健康、稳定、有序的发展在财务管理方面，支行成立以行长为首的财经领导小组，明确规定压缩一切不必要的开支，制定汨罗支行差旅费报销标准，超过标准部分的差旅费单位不负责报销，超过3000元的开支，一律由财经领导小组集体研究审批。在内控防案方面，支行狠抓以下几项工作：一是在历年形成的各项制度基础上，完善和制定《汨罗支行各项业务检查考核细则》，该细则考核检查的内容包括帐务处理、内控管理、文明优质服务、安全保卫、劳动纪律，涵盖各部门业务操作处理的各个方面。细则采取100分制，每项考核指标均设有量化分值，便于操作，具有较强的业务指导作用。二是加强对各部门的经常性检查监督，支行年初成立以内控副行长为组长，网点内控副职、网点业务骨干为成员的内控检查小组，检查小组年初将支行历年来上级行及外审部门检查发现问题列成清单，每月对各网点逐一进行检查，对每次检查发现的问题当场记录，并对当事人下发整改通知，对各项业务检查的情况每月进行通报，并限期进行整改。三是加强员工业务学习与培训，制定《汨罗支行2017年度培训计划》，下达“汨罗支行2017年业务学习有关规”,每星期由内控副行长、支行综合管理部门利用晚上休息时间，组织员工进行一次业务方面的学习，学习内容主要有《中国银行股份有限公司员工违规行为处理办法》《中国银行股份有限公司管理问责办法》《员工守则》、“双十禁”、《基层网点风险管控措施50条》，新的文件邮件及业务方面的一些新规定、新的操作流程，特别是核心银行业务有关知识，同时还对事后监督中心每月发出的通报组织学习与讲评。通过业务方面的学习支行差错率已明显降低，员工的业务素质已大大提高。四是加强岗位的轮换，对在原岗位时间较长的员工都进行岗位轮岗，最长未轮换的岗位也不超过两年。五是加强员工思想行为及重要业务环节的风险排查，排查内容主要是看有无买码，买基金、炒股、经商亏损情况，工作时间不正常，精神萎靡不振的情况以及其他行为失范的情况，对重点岗位、重点人员对其家庭成员建立定期联系了解情况的制度，及时发现其异常行为，把问题解决在萌芽状态。六是制定各种应急预案，支行综合管理部门将“防火、防盗、防抢、防诈骗等应急预案”重新印发到各部门、各网点，要求每位员工必须熟练掌握预案内容，支行随时进行抽查。为进一步杜绝头寸运送过程中的安全事故，与保安公司全体人员开展联谊活动，共同探讨头寸运送过程的安全隐患，以防患于未然。通过以上工作，支行全年尚未发生一起重大业务违规差错及安全防范责任事故。

【考核机制】 一季度支行制定《汨罗支行2017年个人金融业务“百日营销”劳动竞赛方案》《汨罗支行2017年个人金融业务个人劳动竞赛方案》，将人民币储蓄存款、外币储蓄存款、表内理财、个贷投放、个贷中间业务收入、中高端客户新增、贷记卡、代发薪、手机银行、个人网银、贵金属销售、信用卡分期、中银商户通等主要业务任务指标都进行层层分解到网点、到个人，设立完成任务奖、PK获胜奖和市分行综合达标奖，对完成好的单位网点负责人奖励5000元业务营销费用，对未完成任务者罚扣绩效工资最高3600元，同时与年终绩效评A挂钩。一季度开展“汨罗支行2017年公司金融业务春季营销推动活动”；二季度开展“汨罗支行2017年半年度储蓄存款冲刺活动”；四季度开展“2017年汨罗支行信用卡‘百日冲刺’竞赛活动”。通过考核办法的制定和执行，极大的调动员工的积极性，支行两个网点在产品营销方面在辖内均保持领先。

【“六举措”工作】 早动手，勤总结。在市分行公布开门红劳动竞赛活动方案前，支行从“早”着手，召开动员大会，核基数——早吃“定心丸”，搞储备——打好“提前量”，定办法——考核“有份量”。明确任务目标，确定重点营销对象，抓住元旦、春节的揽存良机，早行动、快行动，利用节日走访、春节送福等方式营销存款。每天将每个网点、每个员工的各项任务完成情况在全行公布，鼓励先进，鞭策后进，激发全行员工的工作热情。并且全年把“开门红”变成“四季红”“年年红”，为支行持续健康发展奠定更加坚实的基础。

强化服务先行理念，坚持“大堂制胜”和“走出去营销”策略。客户经理自主和配合网点主任“走出去”营销，激活存量睡眠账户，扩大和巩固关系网，重点攻关大客户立足创新，提升服务。

实施“公司先行、公私联动发展”策略。以“大中型客户、新模式贷款、个投、楼盘按揭、供应链融资”等为主要抓手，建立由支行领导、网点负责人、客户经理、柜员等构成的分层式、联动式营销服务体系，将客户分层拓展和维护职责落实到人。

加大财政性存款资金营销力度：做好国土网上招拍挂业务运作，全力营销财政局土地出让金账户，继续加大县政府主要领导营销攻关力度，全力争取扩大支行财政社保存款份额；通过行领导的多方努力，在竞争非常激烈的情况下和汨罗建设银行争取到非税代理资格。继续与发改、招商、工业园等源头职能部门合作，营销新引进的招商项目。

加强对工商局注册分局的营销跟进，从源头上把握新注册企业的信息。支行安排专人与工商局对接，在第一时间掌握客户注册信息，并对客户进行营销，争取更多新的注册企业落户。

利用新产品、做好代发联动营销。支行重点抓好财政代发业务沉淀资金，为储蓄存款快速增长提供动力，支行紧密依托“代”字业务，春节前成功为市直单位人员代发工资津补贴等共计2400余万元，对支行储蓄存款拉动作用非常明显。支行依托港鑫龙城、富城国际、城市生活家、锦绣华府等楼盘按揭项目，做好产品联动，积极拓展个人客户群体；通过摸底公司信贷客户，重点营销中天科技、汨罗市人民医院、联创铝业等企业职工中银环球通信用卡代发业务。利用支行银医通、物管通、步步高、ETC等产品优势进行营销推广，带动存款的增长。经过努力汨罗市人民医院银医通已正式开通投入使用。年内新增公司活期存款800万元左右，新增500户左右的代发薪和借记卡、个人网银、手机银行等产品。为明年个金业务发展打下坚实的基础。

【授信、营销】 为促使资产质量和经营效益的稳步上升，支行在信贷方面狠抓以下四项工作：一是对信贷存量客户及时进行信用评级和授信。通过积极努力，目前对汨罗市人民医院、湖南正虹科技发展股份有限公司、湖南龙舟农机股份有限公司、汨罗市联创铝业有限公司等单位进行信用评级和授信。二是认真进行优质贷款的营销，为具有一定经济实力的中小企业：汨罗市联创铝业有限公司申报1000万元授信，已放贷款1000万元，白云商贸白云超市有限公司申报800万元授信，已放款800万元。三是加大储备项目上报批复进度。抓好锦绣华府、和谐家园、港鑫龙城、富城国际、城市生活家等楼盘项目的开发商建设资金与按揭贷款资金体内循环与留存工作。四是积极开展贷款催收与核销，2017年，收回中小企业不良贷款256万元，零售不良贷款22万元，现全行共计不良贷款仅60万元。

（刘志坚）

农业发展银行汨罗市支行

农业发展银行汨罗市支行负责人（名单）

行　长	孟　宏
副行长	黄　旅　刘　涛

【概况】 2017年，农业发展银行汨罗市支行贷款余额23.39亿元，比年初净增11.64亿元，增幅达99.03%；存款及日均存款稳步增长，年末存款余额10.99亿元，比年初净增7.82亿元，增幅达246.86%；存款日均余额8.73亿元，比年初净增5.92亿元，增幅达210.85%；利润超预想，实现利润0.34亿元，同比增加0.21亿元，增幅达171.04%。

【党建工作】 市支行党支部坚持四个突出，推进党建工作新发展。

突出学习教育，坚定信念，课微而意重，支行党支部坚持每月开展党支部中心组理论学习，结合“两学一做”学习教育和作风纪律整顿，确定每周四下午为学习日，学习形式多样化。认真落实“三会一课”制度，坚持每季度召开一次支部党员大会，每月召开一次支委会、党小组会，班子成员带头讲党课。

突出业务发展，创优业绩。踏石留印抓党建，抓铁有痕促发展。支行党支部坚持党建与业务工作两手抓、两手硬，全行干部职工在汨罗支行这个大家庭里挥洒汗水，努力耕耘，业务发展实现质的飞跃。

突出队伍建设，凝心聚力。支部上下一心加强队伍建设。办好党员活动室，使广大党员学习有场地、交流有园地；抓好主题教育及业务培训，增强综合素质；以党建带团建，以团建促党建，组织开展“跃青春、悦奉献、越担当”青年文化月活动，挖掘队伍潜能；加强入党积极分子日常管理，引导青年员工成为讲政治、讲道德、讲奉献的骨干力量。

突出环境改善，人文关怀。支行新建职工之家、党员活动室、图书阅览室、健身房、气排球场和羽毛球场，购买各类业务和政治书籍，更加充实员工的业余生活；院子进行整体环境改造，为员工生活打造良好氛围，提振士气，使全行员工都有家的感觉，体验到积极工作、健康生活的乐趣。

【扶贫帮困】 积极响应汨罗市委、市政府关于脱贫攻坚工作的部署要求，开展“关注贫困、传递爱心”主题帮扶活动，多次慰问和走访扶贫点白水镇毛岭村，采取一对一帮扶，共结对贫困户23户，全行员工捐款4860元，帮扶资金6万元。

加强领导，派专人驻村帮扶。“精准扶贫，全面小康”是当前我党的一项重要任务，农发行作为国家政策性银行，义不容辞的承担这项政治责任，在思想和行动上和党中央的政策部署保持一致。成立扶贫工作领导小组，明确专人驻村帮扶，随时掌握贫困户的情况，为贫困户排忧解难，全力服务脱贫攻坚。

筹集物资，为贫困户做实事。将党建工作与精准扶贫有效结合起来，以高度的社会责任感和历史使命感真正为贫困户出点子、谋思路、做实事，包括筹集资金、个人捐款、送米送油、为残疾村民送去爱心轮椅、帮助村民进行健康体检、妥善解决部分劳动力就业问题及在扶贫网发布贫困户物资需求。

（孟　宏）

湖南汨罗农村商业银行

湖南汨罗农村商业银行负责人（名单）

董事长	甘冠军
行　长	何卫军
监事长	湛茂良
副行长	黎君辉　余　乐

【概况】 2017年，市农村商业银行各项存款47.96个亿，余额同比增加11.02个亿；比年初净增8.16个亿，增长20.49%，占省、市联社全年任务的153.94%、67.99%。日均存款净增7.93个亿。各项贷款19.96

个亿，余额同比增加5.36个亿，比年初净增4.51个亿，增长22.61%，完成省、市任务的112.84%、90.27%。总收入2.34个亿，同比增加0.8个亿，增长52%，完成市办任务的93.62%。实现经营利润0.92亿，不良贷款余额1.78亿元，比年初增加1.24亿元，不良率9%；电子银行替代率64.92%，比年初提高20.51%，同比提高25.92%，完成省、市任务的99.27%；手机银行新增开户1.22万户，同比多1.46万户，完成省、市任务的222.25%、68.67%；动户率68.67%，比年初提高8.49%。

【结构调整】 把补强发展短板作为重要抓手。向对公存款发力，着力提高市场份额。改革前，汨罗农信社对公存款仅占总额的8.36%。为此，调整思路，把争取政府部门单位开户、项目资金等作为突破方向，积极加强同市“四大家”的汇报协调，争取市领导对农商行工作的政策倾斜和大力支持，拉进国库集中支付账户、非税收入账户等；积极争夺域内新进企业。组织支行开展存款竞赛、“开门红”营销，面向临街商户、企业开展“访、问、优”等活动；开展“庆祝全省农信社存款突破8000亿”等多个主题宣传活动。至10月末，对公存款余额10.8个亿，余额同比增加7.74个亿；比年初净增5.44个亿，同比多增3.55个亿；余额占总额的22.52%，同比提高14.16个百分点。储蓄存款余额37.16个亿，余额同比增加3.57个亿，比年初净增2.77个亿。存款占市场份额同比提高0.4%。

向产品创新发力，着力扩大贷款覆盖面。改革前，信贷对象主要是农户，信贷产品单一。为走出信贷营销困境，做到：一是开展客户资源调查。分期组织开展以走访农户、社区（街道）商户和企业为重点对象的“访、问、优”活动，加强信贷资源调查，分类建立台账；挑选24个村开展评级授信试点，户户上门调查，公示授信结果，把对贫困农户、一般农户、规模经营农户的服务工作做深做实。二是改进服务机制。制定《贷款利率定价管理办法》《农户（商户）贷款授信办法》等制度，推行按客户存款、利息等贡献度核定利率水平。三是创新信贷产品。推出“流水贷”“物流贷”“金领贷”“龙虾贷”“粽子贷”“订单贷”等信贷产品，按不同行业、性质给予分类和分户授信；特别是公职人员便民卡贷款，得到市委常委、常务副市长林治学的重视和支持，以政府文件印发全市各镇、各部门单位，受到公职人员的好评。至10月末，10万元以上的便民卡客户累计2509户，其中推出743张，授信1.63个亿，用信1.11个亿。如公职人员“金领贷”438户、授信8320万元，目前已用信4822万元；门业市场便民卡17张，授信900万元，用信760万元；“物流贷”180张，授信4355万元，用信3483万元；“流水贷”108户、授信2725万元，用信2043万元；“龙虾贷”190万元、“粽子贷”115万元。便民卡贷款余额5.19个亿，同比增加2.69个亿；四是大力支持小微企业。过去受权限限制，一些优质企业扶持起来后、因满足不了贷款额度成为其他行的客户。农商行，一是抓“两园”，即新市工业园、长沙经开区工业园（弼时镇），建立园区企业信息档案31户，前段已向26户发放贷款36笔、余额1.87个亿；二是根据企业资金“短频急”的需求特点，推出“小微企业流动资金循环贷款”，提高贷款发放效率。三是按照“宁让利率、不让市场”的原则，由农商行承担企业办理抵押评估应缴的相关费用，降低企业贷款负担；建立企业贷款授信办法，小微企业贷款平均月利率在9‰左右；四是创新方式支持。如某企业用土地在相关银行抵押借款1900万元，未抵押的核心资产为三条年产能12.3万吨的铜杆生产线，6月份向农商行申请贷款1500万元。这笔贷款放不放、怎么放，当时有两种意见：一是认为投资者是外地人，又没有不动产抵押，不保险、放不得；二是认为企业生产经营情况较好，可以接受机械设备抵押进行贷款，但按照规定抵押率只能发放1340万元。为了稳妥防范风险，安排总行贷审会成员、营业部小微企业服务中心组成联合调查组，深入企业，走访车间，同公司各部门员工、车间工人开展广泛调查，最后以“信用+抵押”方式放贷1500万元。从7月份以来，该公司已分期还款390万元。达到企业、银行双赢的局面。全年贷款累放13.85个亿，同比增加1.17个亿；其中企业贷款累放1.57个亿。

向资金创收发力，实现经营利润同比翻番。改革前，贷款利息收入一直占到总收入比重的80%以上，收入结构不优这个弱项成为提高经营效益的发展瓶颈。为此，多次组织到外地学习取经，稳妥开办存放同业、债券投资、买入返售、同业存单等业务。至10月末，累计运用资金244个亿，实现资金营运收入0.93个亿，同比增加0.62个亿，占总收入的40%，资金运用收益率4.86%，同比增长3.04%；并加大自助银行、ATM机、POS机等推广，增加卡业务收入。抓好主营业务收入。通过加大信贷投放，增加新放贷款利息；强力抓好责任贷款利息管理，通过开展委托、诉讼等方式加强不良贷款利息回笼。10月末，利息收入1.33个亿，同比增加0.19个亿；实现经营利润0.92个亿，同比增加0.67个亿；账面利润0.43个亿，同比增加0.38个亿。

把推进转型经营作为关键载体。推动新业务和转型业务发展。一是手机银行等项目纳入季度竞赛、年度综合考评；二是抓住汨罗举办端午龙舟节、汽车展销会，屈原管理区举办美食节等人流、钱流机遇，多次开展电子银行主题营销和宣传活动；三是全面推广银联扫码支付，发展商户724户；四是主导发放屈原管理区社保IC卡2.45万张。成立三个工作组，深入该区各农场居委会现场发放、现场激活，现场指导使用。五是加大自助银行布放，由原来主要面向城区变为向农村集镇发展，完成人民路、建设路、长乐、智峰自助银行建设，高泉路、古仑、李家塅正在建设当中，后期将在高坊、新市、桃林寺、新塘、火天等区布放。10月末，手机银行累计5.19万户，网上银行累计1.35万户，布放ATM机共12台、CRS机共24台、发卡机共2台、POS机共752台。

推进绩效考核确立新导向。为解决过来在按劳分配方面机制缺位的问题，学习先进经验，多次组织不同岗位人员召开讨论会，反复修订完善绩效考核方案，投资130万元开发绩效考核系统，并履行招投标程序。整体思路是：员工按岗位考核，按业务量定价计酬，办一笔业务拿一份收入。目前系统的整体框架基本定型，完成考核的模块、项目和计价等细节设计，预计在明年一季度试运行。同时，制定综合业务考评方案，出台季度单项工作考评和综合考核排名相结合的竞赛、奖励办法。

加强网点建设树立新形象。一是积极协调各方，坚持原则，坚守底线，在8月收回大楼所有租赁资产，全面清除大楼的墙体广告及违章建筑物，彻底解决持续多年、饱受社会关注的综合大楼租赁纠纷问题；二是完成人民路、建设路支行的装修改造升级，新建网点的环境和形象等各方面，赢得党政领导、客户和市民的广泛称赞，得到岳阳市银行业协会“星级网点”考评组的肯定；三是打造白水、长乐支行两个“五小建设”样板；四是按省联社统一标识，所辖支行（分理处）的门头改造全部到位；五是争取市委常委、常务副市长召集召开农商行网点建设协调会，给予多项支持政策，为后期网点建设扫清诸多障碍。目前已经完成新塘、桃林寺、火天、李家锻、神鼎山等支行的图纸设计、规划申报等事项。

把健全风控案防作为重要基石。着力抓好不良贷款压缩。一是持续开展“压不良，控风险”竞赛活动。三季度，积极落实上级部署，扎实推进“压不良，控风险”百日攻坚竞赛活动，完成省联社激励目标89.9%，完成考核任务的101%。近段以来，又组织召开推进会，对照年底目标，重新分解任务，做到班子不散、责任不动、方案不变、措施不减。二是分配班子成员和部门经理包收支行前20大户任务，每周配合支行至少开展一次上户清收；如对营业部黄某500万元抵押贷款，在前期通过法院执行拍卖流拍的情况下，又争取法院采取进一步措施，对抵押物下达《执行裁定书》，农商行依规依程序对抵押物以裁定价格进行处置，消化该户贷款400万元。三是狠抓内部责任不良贷款清收，每周微信通报压降进度及客户经理责任贷款排名情况，多次召集相关责任人进行集体约谈；积极深入支行分析责任贷款成因，帮助查找清收办法；四是制定不良贷款清收处置方案，明确奖惩措施，按季度兑现。三季度，有2个支行获奖4万元，但也有57名责任人罚款3.2万元。五是突出抓好反弹不良贷款处置。把防控不良贷款反弹作为一项重点关注、重点任务，每月初通过系统进行清理，及时对客户经理下达《风险提示单》；联点部门会同客户经理逐笔核实后，针对风险缺口较大的重点支行、反弹较多的重点责任人一周一次督办。六是挑选13个支行开展“委外”清收，共计移交表外不良贷款6600笔、金额2.8个亿；目前已收回991笔、727万元；七是借法院的威力开展依法清收，累计起诉119户，通过法院公布欠贷失信人员60名，收回贷款22笔、127万元。到10月末，收回表外不良贷款

1330万，收回核销贷款418万。

新一代业务系统成功上线。认真落实省联社统一部署，精心布置，全员培训、全员参与，压实责任；做到有方案、有预案、有演练、有督导；严格落实操作指令等规定动作，突出抓好现金、凭证清理，积极防控系统故障、舆情等事项，确保上线成功。积极适应税务票制改革要求，抓好费用管理，坚持“三签一审”制度，大力规范财务流程；加强会计队伍建设，每月召开会计例会。

视频监控系统正式营运。坚持高标准、高规格，投资近120万元，在15楼设立视频监控中心，硬件和软件设备健全，画面更清晰流畅，整体格局上档次，为加强基层监督搭建平台。投资近500万元，对各支行的消防安全设施设备、IP对讲、报警联网、门禁、押运员身份认证等系统全面清理整改。积极应诉468个原代办员诉讼案件，特别是对原代办员越级上访事件，争取政府主导，做到快速响应、快速处置。突出做好国庆、十九大、新一代系统上线等重大特护期间安全维稳工作；举办安全消防专题培训班，推行机关员工到视频监控中心轮流值班，重新修订完善一系列安全保卫工作制度，不定期开展安全检查、视频监控抽查等，确保安全无事故。

着力抓好稽核检查监督。认真落实银监布置的15项检查排查内容，积极配合市办开展全面稽核；开展信贷、财务、内控、人事、计算机等9个专项稽核，对4个网点开展整体移位稽核，开展经济责任审计51人次，积极抓好九种人排查和涉矿经营排查；切实抓好大额贷款、大宗采购，以及网点装修、视频监控中心和网点门头改造等重大事项监督。对违规放贷行为，党纪政纪处分4人，移送公安经侦立案1人。加强网络监督，及时排处各支行网络系统故障；加强全行电脑、自助设备等管理，严格防范终端风险；多次开展消费者权益等宣传活动。

【党建工作】 持续开展两学一做。成立领导机构，制定《“两学一做”学习教育常态化制度化实施方案》；召开动员会、推进会等；统一配发《“两学一做”学习记录本》；建立党委班子成员联支部分工安排；多次深入基层与老同志、农户开展座谈；多次召开党委中心组学习（扩大）会，组织学习十九大报告等政治文件。

加强组织队伍建设。一是开展支部换届选举活动，制定专题方案，深入各支部召开党员会议选举支委委员，支部书记队伍平均年龄35周岁；制定并印发《支部主题党日制度》《党支部“三会一课”制度》等。二是全年举办支部书记、新一代业务系统、信贷风险防控、消防等专题培训班44期次。三是抓好中层干部和后备人才建设，降职2人，异地调整5人，提拔副职10人；加强人员的合理配置，交流网点会计、客户经理岗位人员14人；特别是根据机关和城区支行用人需要，举办公开考试活动，坚持“唯才是举”的原则，并对偏远支行员工、委派会计员给予加分，破除“关系论”等用人观念。

推动内部企业文化。开展“行歌”征集、讨论活动，确立“行歌”的基本框架；组建篮球队参加岳阳办事处“福农杯”篮球赛，获得季军；组队参加岳阳办事处“合规知识竞赛”获团体第一名；摄制形象宣传片；召开重阳节茶话会等，积极上门走访系统特困党员、群众，累计发放慰问金6.95万元。

（何卫军）

中银富登村镇银行汨罗市支行

中银富登村镇银行汨罗市支行负责人（名单）

行　长	赵　华
监事长	张琼珠
副行长	孙　杰　刘琼华 易　波

【概况】 2017年，中银富登村镇银行汨罗市支行资产总额12.30亿元，其中各项贷款余额1.25亿元；负债总额10.30亿元，其中各项存款10.24亿元；期末所有者权益2亿元，其中前11个月净利润2222.3万元；不良贷款为0；贷款拨备率3.6%。历年来，在服务汨罗地区经济和社会发展的同时，累计向汨罗市国税和地税部门缴纳税费4726.71万元，为当地金融系统第一纳税大户。并始终保持着“结算零事故、服务零投诉、资产零不良”的优良业绩。

【民政合作】 关注政府热点，密切银政合作。为服务供给侧结构性改革，助力幸福汨罗建设，一是加强与基础设施项目、招商引资项目对接，推进新型城镇化和新型工业化建设。支持白水镇自来水项目，改善居民饮用水源和农田灌溉设施。二是积极响应国家“大众创业、万众创新”的号召，助力“互联网+”。支持农村电商发展，为农产品流通提供专业化的金融服务。三是探索银、政、企合作新模式。目前，为适应国家退税政策调整和地方政府换届等形势变化，正在分析研究国家和地方新的发展战略及其有关政策，研究创新银、政、企合作，服务政府中心工作和实体经济发展的新模式，确保实现各项业务平稳转型升级和持续健康发展。

审时度势，稳步支持三农和小微企业生产。一是在贯彻执行国家政策、坚持“支农、支小”的基础上，适度控制信贷规模，逐步优化贷款结构。截至11月30日，年度累计发放贷款93笔，8055万元；累计办理贴现15笔，980.48万元。年度累计回收贷款256笔，26360.82万元（其中2320万元为部分还款）；累计贴现到期托收33笔，1451.15万元。自开业以来，截至11月底，累计发放涉农贷款20.07亿元，其中：支持小微企业775户，贷款金额19.76亿元；支持农户609户，贷款金额3.04亿元。二是立足基础农业，优化承贷主体，全面支持各乡镇春耕生产。主要支持屈原管理区明昊生态农业、昕祺生物科技等农业技术推广服务和农副产品加工制造企业，支持黄新建等水稻种植农户。三是继续与汨罗市就业局合作，连续5年妥善承办再就业贷款。前11个月，发放“就业贷”25笔，贷款金额230万元。自开业以来，已累计发放“就业贷”1500余万元，累计支持200余户下岗职工、返乡农民、无业妇女等社会弱势群体的创业与就业。同时，通过“诚信优惠利率”“存贷挂钩让利”“借新还旧支持”“续贷快速通道”等制度创新，对诚信经营并按期还本付息的企业，给予贷款利率最高下浮40%的经济奖励，既有效地支持实体经济发展，又大幅提高信贷资产质量。

发挥优势，确保存款稳定，拓展中间业务。作为全国唯一取得公积金业务代理资格的村镇银行，为拓展储蓄存款业务奠定坚实的基础。一是密切市委市政府及其有关部门的联系，大力吸收财政性存款；二是稳步发展中间业务，增强银行服务功能；三是破除平均主义观念，将业务发展与员工绩效紧密挂钩。全年，全面签订《经营目标责任状》，组织开展“奋斗60天，再创新辉煌”“确保双稳定，迎接新征程”等形式多样的存款营销活动。争取到新市镇新桥村委托代发征地拆迁款等负债和结算业务，评选出3名“揽存能手”。四是认真履行代理行的职责，不断提高服务客户的能力。截至11月30日，承办分行在汨罗、平江、湘阴等地区11个贷款项目的资金代理业务，累积付款一亿余元。

【风险管控】 全面夯实基础管理。开展13项内部检查和风险排查工作，其中：信贷检查4次，共计检查信贷档案132份，发现4类185个问题；对全部159笔存量委托贷款档案进行全面检查，提出24条整改意见。截至11月上旬，所有问题已整改到位。

进一步加强流程管理，将业务部门信贷资料的完整性、规范性以及业务操作的合规性、时效性纳入考评管理，与部门绩效挂钩。同时，对信贷管理部门的贷款审查工作效率同样采取限时管理，要求在1个工作日内办结。

加强到期和逾期贷款的监控和催收工作。受国家宏观经济持续下行的影响，当地大部分中小企业的经营状况长期低迷，贷款质量也呈现下降的趋势。适时将村镇银行的融资、融智优势与汨罗政府的组织、协调优势有机地结合起来，由行领导带队，通过提前制定方案、按月下达任务、明确催收重点、即时考核评价等多措并举，加强到期和逾期贷款的管控。同时，利用非现场监管等手段，多次召开银、政、企联席会议，识别、防范和化解近10笔贷款约2000万元的风险。

加强信贷业务全流程监管。采取业务与风控部门交叉与联动调查相结合等方式，对三农和小微企业贷款等重点领域加强风险管控。密切跟踪地方政府对财政新规的反应，有效防范地方政府单方面撤销担保和承诺，化解债权悬空的风险。坚持实施“贷后监管墙报制度”，对信贷资产质量迁徙等6个方面的情况考评打分，适时更新，有力地促进客户经理落实责任、强化管理。

主要风险点均得到有效的控制。在频繁的内外部检查中，均经受住严格的考验。其中：配合银监局开展“两加强、两遏制”“三违反、三套利、四不当”等检查6次，配合国家开发银行分行现场检查4次，未发现任何重大问题，未受到任何形式的监管处罚。

【内部管理】 村镇银行继续坚持“稳中求进”的工作总基调，不断完善规章制度，全面规范内部管理，确保资产质量稳定，确保各项业务稳定。

按照“总量控制、均衡实施、适时调节、弹性管理”的要求，加强资金运营和头寸限额等管理，并制定《资金业务操作指引》和《资金运营管理办法》等规章制度。

进一步规范绩效管理，充分发挥绩效管理对风险防控和稳健经营的促进作用。对违反规章制度和操作流程的员工，均进行严肃的问责和经济处罚。

完善分级督办制度，强化执行能力管理，进一步提高全行的工作效率。共召开各类工作会议50次，布置工作84项，实际完成78项，完成率92.8%。

加强会计核算，规范费用管理。进一步规范费用报销程序，努力打造“阳光财务”。参照国家开发银行的《宣传品开支管理办法》《业务招待费管理办法》《会议费管理办法》，完善该行的相关制度，并对直接经手费用和采购物品的员工提出禁止性要求。

内部控制和安全保卫工作常抓不懈。

制定并实施《2017年营业网点运营管理与检查方案》，进一步加强头寸交接、库存现金、重空凭证及印鉴等管理。为保障股权转让工作的顺利实施，全面强化运营管理与安全保卫工作，确保各项业务安全、稳健运行。自开业以来，该行始终保持着“结算零事故、服务零投诉、资产零不良”的优良业绩。

【党建工作】 坚守“党建带行建”的指导思想，坚持“两学一做”学习教育的制度化、常态化，坚定不移地全面从严治党，确保员工队伍稳定、资产质量稳定和各项业务稳定，推进全面依法治行和企业文化建设。

抓队伍建设。一是制定党风廉政建设责任制度，加强案防案控工作。年初，行长与主管副行长、部门主管层层签订《党风廉政建设责任书》《安全保卫责任状》《年度经营目标责任状》。二是加强监督检查，使廉政建设常态化。成立纪检小组，对每个部门配备纪检监察联络员，暗中监察该部门纪律行为。对人、财、物等敏感事项，坚持集体研究，共同决策。财务、绩效分配每季度公开，一些重大问题、敏感问题随时公开，接受群众监督。对新提拔干部、新入行员工开展廉政谈话制度，起到预防诫勉作用；三是结合当前的反腐倡廉有利形式，定期组织全行员工学习廉政方面文件及案例。行领导和员工直接拒收客户礼金2.4万元，拒收客户礼品折合人民币3万元；向纪检小组上缴未能退回的礼金30000元，上缴未能退回的礼品折合人民币9800元，未发生吃、拿、卡、要等问题，未发生客户投诉、举报事件。

定期开展党建活动，增进干部与员工间的交流与信任。相继组织全行员工参观芷江抗日受降纪念馆、进行插花培训、召开读书分享会、硬笔书法培训等活动，并持续开展员工行为排查和廉政教育提醒，解决员工普遍关心的一些热点、难点问题，增进干部与员工间的交流与信任，巩固“风正、气顺、心齐、劲足、绩优”的和谐局面。

加强业务培训，提高操作技能，推进文化建设。根据部门工作性质和员工岗位要求，通过周例会、部门例会，多次开展分级培训，内容涉及经济、金融、法律、消防、廉政教育等相关知识。业务部门加强柜员点钞、汉字录入、数字小键盘等操作技能的培训与考核。并对外开展“反对非法集资”“征信活动日”等宣传活动。

积极组织参与“献爱心”活动。针对汨罗二中部分品学兼优的贫困女生，全体员工累计捐款12.1万元，帮助13名寒门学子度过难关，完成高中学业。6月，为6名贫困女生圆梦大学。

（赵 华）

华融湘江银行汨罗市支行

华融湘江银行汨罗市支行负责人（名单）

行长	柳金龙
副行长	周新和
行长助理	程 诚
信贷部主任	韩昭昭
综合部主任	刘 娟
营业部主任	甘 甜

【概况】 2017年，华融湘江银行汨罗市支行各项存款达到10.76亿元，完成全年日均任务的146%；各项贷款余额10.8亿元，较年初增

加3.8亿元，增幅55%。在公司业务方面：对公存款时点余额8.5亿元，完成时点任务的62%，完成日均任务的171%；新增有效户31户，完成全年计划的78%；累计销售非保本理财2亿元，帮助分行完成全年计划。在小微业务方面：小微拓户全年完成全年计划的100%。在零售业务方面：管理资产净增5893万元，完成全年计划的49%；新增信用卡1138张，完成全年计划的64%；新增VIP客户215户，完成全年计划的75%；新增手机银行客户2001户，完成全年计划的167%；新增网银客户1752户，完成全年计划的159%；新增代发人数654人，完成全年计划的60%；代发金额1.8亿元，完成全年计划的181%。

【风险管控】 在风险化解方面：支行通过现金催收、保证人代偿、借新还旧、第三方授信、重组授信方案等多种措施全力化解风险贷款，累计现金清收各类风险隐患贷款本息2421.9万元、累计化解风险隐患贷款2840万元，并对个别“僵尸企业”采取法律催收手段，有力的确保支行整体授信质量不下降。在服务提升方面：支行着力营造“大服务”格局，建立健全支行文明优质服务规章制度，做到“白纸黑字”在先，指导支行员工严格按照总分行要求提高服务能力，先后调整柜员6人次，大大充实一线柜台，在该年度的星级网点创建中，支行也积极参加申报市级三星级网点创建，在联合检查组对支行的检查中得分较高，预计成功创建的可能性非常大。在安全保卫工作方面：严格按照银行业安全规范标准，积极开展安全评估自查、自评和消防演练，落实隐患整改，提高“三防”能力，做到未发一案、未倒一人，确保全年未发生一起重大责任事故。

（柳全龙）

邮政储蓄银行汨罗市支行

邮政储蓄银行汨罗市支行负责人（名单）

行长、总经理	刘威伟
副　行　长	易建平　何　进

【概况】 2017年，邮储银行汨罗市支行立足以支持地方经济建设为发展主线，坚持以服务“三农”和扶持“中小微企业”为发展理念，以“抓改革、推普惠、控风险”为重点，真抓实干，奋力进取，各项业务取得一些成绩。截至2017年10月31日，经营性贷款团队贷款结余18702万/1223笔，累计年放款8720万/541笔，6县市排第三，其中农户和家庭农场贷款（结存1659万/143笔）年放款1703万/89笔。

【三农金融事业部】 2017年8月29日，成立三农金融事业部汨罗市营业部，邀请政府和监管机构领导到场召开成立大会。营业部配备信贷客户经理共12人，其中小企业客户经理2人，经营性贷款客户经理8人（其中2人为新调整人员），消费贷商贷客户经理2人。作为中国领先的大型零售银行，邮储银行始终高度重视“三农”金融服务，把支持农业经济发展摆在突出位置，把农村金融改革创新摆在突出位置，把助力农民创收增收摆在突出位置，是“三农”金融服务的重要提供者。支行小贷团队负责人及团队成员携同三农金融部分别走访白水中储粮食储备库、三星农机专业合作社、原种场丰恒农机专业合作社以及年年红米业，通过中储粮走访主要了解其目前收粮的一个流程，与其达成合作协议，开立公司账户并收集到白水、古培、营田、范家园、桃林等地的收粮大户以及经销商名单，累计放款11户共308万；商户保证贷款客户通过择优选择并进行优化条款及制度，转化为小额循环贷款及小额抵押贷款，对其增加循环支用的功能，大大减化客户的办理手续及流程，同时减少信贷客户经理的业务量，提高工作效率并维系优质老客户；农户贷款通过优化后逐步由家庭农场（专业大户）贷款进行转换，同样起到事半功倍的效果。

倾力扶持创业、妇女、再就业弱势人群。开展6期创新创业人员培训，总人数达320人，对有意向贷款同时符合再就业贷款条件的客户进行逐一走访，并落实相关政策到人，为来年再就业储备客户；针对屈原再就业市场，通过长期与就业局沟通合作，形成每月最少开班2~3次，每次30人的频次进行培训，通过培训对相关创新创业人员进行筛选，同时再次上门实地走访挑选优质客户进行贷前调查。汨罗及屈原再就业贷款2017年共计放款2492万元，278笔，取得不错的成绩。

积极对接汨罗市循环经济产业

园开展小企业贷款产品创新，共计发放贷款8笔，金额6000万元。

【“惠农扶贫”】 三农金融部从各条线抽调人员组成团队携带已制社保卡与激活机具到各乡镇政府部门以及乡镇学校等单位进行社保卡的发放，累计发放单位33个，抽调服务团队25次，发放社保卡4000余张。

全力配合财政与扶贫办等部门办好符合政策要求的“扶贫”“惠农”明白卡与对应的“扶贫”“惠农”明白折的发放，共计开立账户7000余户。年累计发放惠农各项补贴资金30余项，1.51亿元。

截至10月31日，汨罗支行储蓄存款余额为69859万元，较年初净增5297万元，支行累计信用卡新增发卡1100张，较去年多新增发卡250张；理财有效销量13396万元，较去年多销售3857万；保险销量203万元，较去年少销售48万；新增POS18台、ETC147台。该年新增社保IC卡4400余张，主要发放的单位为乡镇及企事业单位，并通过发卡快、激活率高赢得人社部门对未制卡单位的首选推荐金融机构。

【党建活动】 建立健全各项制度。一是坚持和完善党组中心组的理论学习制度。按照《关于2017年度市分行党建工作方案的通知》进行专题理论学习。二是进一步完善支部政治理论、业务知识学习和廉政学习制度，定期开展支部组织生活，组织全行党员学习党的方针政策，重点是党的十八届六中全会精神及市分行委党代会精神。三是结合“两学一做”学习，抓好开展“党风廉政宣传教育月”活动教育学习，每季度支部书记贺亚兵同志组织全行党员上党课，召开民主生活会，每位党员向党支部进行一次思想汇报，并在支行三楼走廊制作“两学一做”学习专栏。四是深入开展党的群众路线教育实践活动专题学习，系统学习。学习有计划、有记录、有总结、有心得体会。五是组织全行党员学习党规党纪知识，并参加网络学院的考试，全行15名党员参考，全部合格。

积极开展多种形式的党员教育活动，始终保持党员先进性教育成果。7月份，支行党员参观韶山毛主席故居革命传统教育基地，向毛主席铜像献花蓝，重温入党誓词，并在革命传统教育基地和传统教育基地和全体党员一起过政治生日。8月，开展党员与帮扶村贫困户一帮一等活动相结合，进一步增强党员的党性意识，保持党的先进性不褪色。11月，切实抓好党的十九大会议精神的宣贯和邮储银行成立10周年为主题的文化宣传活动，汨罗支行党支部积极响应市分行号召，向市分行递交“今昔十年”的活动照片，汨罗支行党员吴勇同志代表汨罗支行参加市分行党委组织的演讲比赛及微党课的评比活动。

（刘威伟）

中国光大银行汨罗市支行

中国光大银行汨罗市支行负责人（名单）

行　　长	张地生
副 行 长	杨盛弘
办 公 室	李　涵

【概况】 2017年，中国光大银行汨罗支行各项存款余额为21.4亿元，较上年新增11.4亿元，储蓄存款余额1.2亿元，较年初新增0.5亿元，贷款不良率为0，本息回收率100%。

【业务运行】 在政企合作方面，该行紧跟政府经济发展规划，积极支持重点项目，追求地方经济与银行共同发展，良性循环，已授信支持安居投棚改项目1.5亿元，城建投项目已投放4.55亿元，交建投国道240项目已投放5亿元，汨罗人民医院流动资金贷款已投放1000万元；正在授信的汨罗中医院流动资金贷款2000万元，汨罗市第一中学流动资金贷款2000万元，普乐公司流动资金贷款2500万，目前在贷款余额和存贷比等指标方面都处于汨罗金融机构前列，综合实力在光大系统县域支行内排名前列。

【依法治行】 首先，主动出击，奋力组织存款，夯实存款基础。一是围绕城市“棚户区”城镇化改造建设吸储。2017年，汨罗招商引资强力推进城镇化建设，支行密切联系各大片区临时指挥部单位，积极争取，吸收与城建相关的企事业单位的存款。一方面，通过开展银政企座谈会、贷款产品咨询、融资规划等一系列的综合服务工作提升支行在当地政府中的影响力。另一方面，主动走访汨罗行政事业等单位，争取新增10多家单位开立账户。二是依靠核心客户，突出重点营销、有的放矢。一年来，因汨罗市建设项目多处开工等原因，造成财政资金异常紧张。支行指定专职客户经理与财政局进行对接服务，随时捕捉存款信息来源，大规模开展财政性资金吸存工作，重点吸收指定用途的财政账户存款和财政特殊资金存款，比如社保基金、建设资金、非税收入、土地出让金等。2017年成功落地一笔贸易融资业务。三是全面动员，积极开展个人储蓄营销。一方面以资产业务带动负债业务的方式，积极与贷款客户建立工资代发业务关系，同时也积极争取为其他企事业单位代发工资，目前与10余家优质企业、市一中等16家单位建立业务合作关系，新增工资户1500余户。另一方面通过社区营销、走村串户等扩大知名度。支行组织“巩固老客户、发展新客户，金融服务进社区”“下村组、走农户、抓两节、引存款”等营销活动，先后深入城郊、城西、罗城等社区，有的放矢开展营销，介绍支行扫码支付、信用卡、理财产品特色，如此实现银行与客户的双赢。

其次，突出重点，稳步拓展贷款，积极支持再生资源工业园区经济发展。为助推汨罗循环经济发展，增强区域经济竞争力，更好的带动周边居民致富，支行开发风险补偿基金模式化经营产品，成功对接湖南中塑新能源有限公司年产300万吨重大产业建设项目，一来缓解企业因缺乏有效抵押物的融资瓶颈，二来实现营销成本和营销效率的降本增效，开启银、政、企三赢的新局面。

再次，建章立制，加强内控管理，有效防范各类风险。一是党建先行，着力优化内部管理机制。一方面，对人、财、物等敏感事项，坚持集体研究，共同决策；另一方面，加强案防案控工作。层层签订廉政建设责任书和案防案控管理目标责任书，实现目标化管理，制度化要求。全年无案件无事故，无客户投诉现象发生。二是注重宣传培训，使形象塑造品牌化。一方面加强对外宣传，打造品牌形象。建立门户网站、微信平台；另一方面在汨罗市人流量较大街道、乡镇开展反洗钱、反假币、非法集资、金融服务等宣传活动；其次加强队伍建设，提供智力支撑。借鉴其他银行经验，引入各级岗位竞争机制，加强年度目标责任综合考评，形成正向激励。同时，切实做好员工教育培训工作，组织全行员工开展篮球、排球比赛等活动，员工精神文明建设不断提升。

（李　涵）

保　险

中国人寿汨罗支公司

中国人寿汨罗支公司负责人（名单）

经　理　黄新伟

【概况】　中国人寿汨罗支公司年累计实现保费收入1.19亿元，其中新单保费0.58亿元，交纳税金99万元。

【优化服务】　汨罗支公司通过各项培训加强主动服务意识，树立以客户为中心的服务理念。坚持规范化服务程序的前提下，为客户提供有针对性的超值服务。做到多站在客户的角度想问题，提供一站式服务，一次性办妥。对于特殊情况而未能提供完整资料的理赔案件，客户服务中心安排专人到本地医院和外地医院调取资料，全年调取资料、复印病历200多份，努力争取案件及时、准确、快捷到账。

【社会责任】　汨罗支公司自觉地将经营管理融入市委、市政府建设，为构建民生社会保障体系服务。在保险业务稳健、健康、持续发展的同时，积极履行社会责任，以覆盖承保低保费、高保障的学生平安保险、妇女防癌保险、残疾人意外保险、农村小额保险、老年人意外保险来改善民生。中国人寿汨罗支公司支持扶贫工作，通过种植、养殖业、和物资投入等方式帮助脱贫10户25人。

【风险化解】　汨罗支公司落实反洗钱、拒绝销售误导、杜绝非法集资等风险防控要求。以成人的反复教育模式进行宣导和培训，增强全员依法合规意识，提升自觉抵制风险的能力。

（黄新伟）

教育·科技

教育体育

市教育体育局负责人（名单）

党委书记、局长	周德保（5月改任） 吴朝霞（6月上任）
党委副书记、副局长	高　猛 钟小平
党委委员、副局长	任其文
党委委员、副局长 市一中副校长	冯丁伟
党委委员 市纪委驻教体局纪检组长	唐　峻（9月起）

【概况】　2017年，汨罗市有中小学校188所，其中义务教育阶段174所（初中37所，小学137所），普通高中6所，职业高中3所，特殊教育学校1所，成教中心1所，民办学校3所；全市在校中小学生65878人，在编教职工4523人，离退休教师2655人；幼儿园108所，在园幼儿17057人，专任幼师634人。

【布局调整】　启动市一中、市体育中心建设，扩容市二中，整合职业教育，引进民办学校1所，建设九年制义务教育学校1所，改造薄弱学校32所，建设合格学校8所、公办幼儿园3所。

【项目建设】　规划统筹各类建设资金3590万元，改造薄弱学校70所，改造校舍88栋。

【技术装备】　争取财政预算资金200万元，为200人以上完全小学装备小学科学探究室及配套仪器；为部分中小学专任教师配备计算机，增补中小学班班通35个。截至2017年底，全市176所学校已基本实现宽带网络接入。

【消赤减债】　争取市委市政府支持，通过银行贷款的方式，置换公办中小学校债务5.01亿元，彻底为汨罗教育事业发展减负松绑。

【教师交流】　补充教师137人；公开招录公费定向师范生73名；安排58名教师参与支教交流，安排12名教师进行跨地域支教工作。

【社会支持】　湖南常德“微善风”爱心组织和湖南汨罗广东商会，捐助资金87.65万元，共资助学生603名。东莞展能爱心团队捐赠400万元援建大荆镇渡头希望小学。岳阳玉鑫地产伍玉龙先生捐赠200万元为白水小学新建一栋教学楼。

【国培计划】　认真落实“国培计划”“省培计划”和市本级培训，培训教师5000余人。“国培计划”项目县绩效评估在首批项目县中排名第一，获得教育部专家的高度肯定。

【教师奖励】　争取财政资金近70万元，对教育质量先进单位和优秀个人进行重奖；教育基金会开展“爱烛行动”“育才行动”等公益活动，共奖励教师100余人，发放奖金40余万元。

【义务教育】　全市适龄儿童、少年的入学率均达100%，小学生巩固率多年稳定在100%，初中生巩固率达99.9%，九年义务教育直升率在岳阳六县市中一直名列前茅。汨罗被评为“全国义务教育发展基本均衡县（市、区）”。

【普职教育】　全市高中3004名学生参加高考，特优生成绩优异，600分以上人数40人，领先于周边县市，其中2人被清华大学录取。职业教育对口升学再创佳绩，2017年共386名学生参加对口高考，一、二本上线177人，本科上线人数和录取率连续29年稳居岳阳市第一。

【民办教育】　召开规范社会办学行为专项整治工作会议，规范民办教育办学秩序。开展普惠性民办幼儿园创建工作，共有49所民办幼儿园被评为普惠性民办幼儿园，奖补资金46万元。

【学生特长】　组织开展艺术节、体运会、创新节等赛事，为学生发展特长展示风采提供平台。在“全国青少年信息学奥林匹克联赛”中，汨罗市共获得一等奖1个、二等奖5个、三等奖9个。

【学校体育】　大力推广校园足球运动，4所学校被批准为国家级青少年校园足球特色学校。108名体育特长生通过中招特长考试升入普高就读；高考体育专业考生77人上专业线。

【群众体育】　开展各类群众体

育活动近20次。组织开展“鸿天杯”2017年汨罗市篮球俱乐部联赛、“优冠杯”第二届环洞庭湖流域羽毛球赛、2018年汨罗市迎新年全民健身“环屈子生态湿地公园”健康跑活动，大大推进汨罗市体育社会化进程。

【竞技体育】 高坊籍选手周倩、归义籍选手何雨婷、三江籍选手钟沛丰在国家级赛事中频频获奖。11月24日，“优冠杯”第二届环洞庭湖流域羽毛球赛在汨罗市二中体育馆开幕。该次比赛吸引来自长沙、岳阳、益阳、常德和湖北荆州的两省五地区的16支代表队、近200余名体育健儿参加角逐。

【学生资助】 全年共发放各类资助资金876.58万元。为556名大学生发放贷款451.87万元。对义务教育阶段非寄宿的建档立卡学生进行生活费补助，资助学生2321人，资助金额达250.3万元。

【平安创建】 各学校开展防溺水、禁毒、防自然灾害、防火、防交通事故、铁路安全、考试安全等教育活动。聘请专业人员对城区学校和有寄宿生的部分农村初级中学开展消防知识教育和演练活动共40场次。排除学校安全隐患。共发现各类问题和隐患206个，下发安全整改通知书53份。全年共召开4次校车管理专题会议，研究部署校车管理工作。

汨罗一中

市一中负责人（名单）

教体局副局长、副校长	冯丁伟（主持工作）
书记	李健
副校长	周辉林 李光明（10月起）
办公室主任	刘志民

【概况】 2017年，市一中高考，一本上线318人，二本以上共计728人，600分以上40人，有2人被清华大学录取。教育教学质量荣获岳阳市农村省级示范性普通高中第一名，在湖南省教育督导评估中名列先进。

2017年，学校被评为“湖南省科技创新活动优秀示范校”“湖南省中小学知识产权教育试点学校”“岳阳市中小学校‘三园’建设示范学校”“岳阳市德育工作先进单位”、汨罗市2017年度教育学会优秀单位、汨罗市2017年度学校教育工作目标管理优秀单位。

【教育硕果】 优秀师资奠基优质教育。在岳阳市2017年“金鹗杯”课堂教学竞赛中，李伟、刘文波老师分别荣获历史科、通用技术科第一名。

在汨罗市普高教师课堂教学竞赛中刘修明、向亚元、黄猜、雷金志、黄明月等老师分别荣获语文科、数学科、英语科、化学科、地理科一等奖。

优秀学生创造优异成绩。

数学奥赛：刘紫芹、龙迅、伏炯、吴栋等同学荣获湖南省三等奖。

物理奥赛：戴泾涛、宋鹏等同学荣获湖南省二等奖；尹文成、黎彬、徐晓杰、巢豪锐等同学荣获湖南省三等奖。

化学奥赛：戴泾涛、徐晓杰、鲁子君等同学荣获湖南省二等奖；龙迅、吴栋、高琦玥、郑思悦等同学荣获省三等奖。

生物奥赛：戴泾涛、伏炯、尹文成、刘紫芹等同学荣获省三等奖。

体育竞赛：学校女子足球代表队在2017年湖南省中学生运动会足球比赛中获得第六名。

学校女子足球代表队在2017年湖南省中学生女子足球锦标赛上获得第六名。

科技创新比赛：郑晓舸、廖天卓等同学荣获第十三届宋庆龄少年儿童发明奖二等奖；胡琛、李俊康等同学荣获湖南省青少年机器人奥林匹克竞赛一等奖；常颖、李梓婕等同学荣获湖南省青少年机器人奥林匹克竞赛二等奖。

音乐竞赛：聂小薇同学获湖南省三独比赛独唱组一等奖。甘婷同学获湖南省三独比赛独唱组一等奖。

（刘志民）

汨罗二中

市二中负责人（名单）

副校长（主持工作）	李俊良（9月止） 张小广（9月起）
党委书记	吴侃（9月止） 欧阳三华（9月起）

副　校　长	李本球（9月止） 徐春飞（9月起） 李光明（9月止） 彭常青（9月起） 黄文德（9月起）
工会主席	何孟阳（9月止） 黄炎辉（9月起）
监察室主任	宋巨雄
总务处主任	常仲宜（9月起） 黄炎辉（9月止）
教务处主任	周卫东（9月止） 黎禹鸿（9月起）
办公室主任	任熹磊（9月止） 周卫东（9月起）

【概况】　2017年，市二中高一联考全市第二，高二学考合格率97.8%，高三高考学校一本上线97人，二本上线358人，何汝嘉、戴崎被中国民航大学录取。在教育质量评价中，高一、高二年级被评为先进年级，14个教研组进入先进行列。

【党建扶贫】　2017年，学校全面贯彻落实党的十八届六中全会和十九大精神，落实全面从严治党要求，以提升基层党组织执行能力、保持共产党员先进性和纯洁性为主要任务，通过开展“汨罗新发展，党员新作为”创先争优活动，全面加强党组织的思想建设、组织建设、作风建设、反腐建设和制度建设，更好地激发基层党组织的先锋模范作用；认真落实中央、省和岳阳市党建工作会议部署和汨罗市委党建工作要求；坚持党的教育方针，紧紧围绕教育教学中心工作，结合学校实际工作情况，扎实推进党建工作开展。一是党建工作扎实开展。2017年学校党委十分重视党建工作，针对学校上半年教学特殊情况，一边抓好高考相关工作，一边认真落实党建工作；学校多次召开党建工作专题会议，认真制定相关方案制定，如关于开展“汨罗新发展，党员新作为”实施方案等；扎实开展各项活动，4月16日,学校党委办组织全体党员去市廉政教育基地参观学习，参观西长村、闵家新村新农村建设。师生“三微作品”评选、“缅怀先烈、重温誓词”、十九大报告学习，红星云学习活动等活动，坚持做好“两会一课”常规活动，牢牢把握上级党建工作动态，毫不放松党建工作要求；全年学校党建工作要求全体党员认真学习，务实求真，努力工作，以新的姿态、新的成绩迎接党的十九大召开。二是精准扶贫落得实处。3月10日，与扶贫联系点白水群玉村联手开展植树活动。学校向群玉村捐赠树苗1000多棵。在校纪委书记徐春飞的带领下，10多名党员干部前往2017年精准扶贫联系点白水镇群玉村参加义务植树活动。5月，学校开展“学校新发展、党员新作为”创先争优活动，对困难学生进行对口帮扶，重点帮扶白水群玉村在读学生316班卢思同学。5月25日，党委成员、处室党员去白水扶贫点慰问贫困群众。党委成员带上端午节日物资（粽子、凉席），看望慰问贫困群众。处室党员在白水扶贫点召开会议，重温入党誓词，学习党规党章，进行捐款活动，组织党员看望慰问特困群众。下半年点对点开展扶贫工作，落实扶贫措施，接受考核验收。扶贫工作做到三到位：人员安排到位，学校抽调得力行政干部专职负责；时间落实到位，根据上级精神要求，扶贫驻点干部每月20天常驻扶贫点，不折不扣，落实到位；经费落实到位，无论是扶贫经费、捐款经费都如实落实到扶贫点。全年采用产业扶贫、医疗救助、困难慰问等措施，共计投入扶贫资金近10万元。

【队伍建设】　在教师队伍管理上，结合自身特点注重刚柔结合。“三八”妇女节、“五四”青年节、“六一”儿童节学校工会都组织系列活动，注重对各层面教师群体给予组织上的关心。上半年，开展教师羽毛球比赛、春季登山比赛、祝福高三篮球赛等体育活动，娱乐身心，加强锻炼的同时也提高队伍的凝聚力。6月份组织全体在职教职工去长沙进行身体检查，排除老师们的后顾之忧，引导老师们注重身心健康。下学期，开展“二中建设大家谈”活动，收集老师们关于学校发展的建言献策。在凸显人文关怀的同时，对教职工提出更高更严的要求。加强师德师风建设，出台《师德标兵评选方案》，开展师德标兵评选，并且明确规定在所有各类评选中，师德不合格者实行一票否决。出台《处室目标管理方案》，更加注重过程管理，更加明确人员分工，更加强调绩效上的奖优罚劣。这一方案的通过和执行，必将使学校行政管理更加科学高效。

9月，为了保障学校持续稳定发展，市委对校领导班子进行全面调整。目前学校班子成员5人，校长为特级教师、高级教师、岳阳市首批首席名师；5人中高级教师3人；硕士学历2人、本科学历3人；平均年龄46岁，学校班子具有专业化、年轻化的特点。新班子上任后，调整学校干部队伍，作风务实，锐意进取，工作获得全体教职工的认同。

【教学管理】　为了保证教学质量长盛不衰、持续发展，教学常规管理进一步规范，要求进一步严格。集体备课制度成效显著。对教师备课提出更加明确的要求和规范，要求老师严格执行一课一案：每节课必须有独立的教案，教案必须有规定的步骤，引导老师构建课堂模式，要求所有教师超周备课。电子教案提前一周上传，有专人负责统计，定期进行讲评。纸质教案由教务处组织行政干部进行定期检查，备课质量与课时津贴挂钩；课堂巡查制度执行到位。由教务处牵头，学校党委领导、教务处正副主任、各年级干部对课堂进行每天定期巡查，对学生课堂精神面貌，教师教学行为进行登记，定期开展讲评；学生问卷调查结果落实运用。每期举行两次学生问卷调查，调查项目根据教学实际进行调整，设置更加科学务实。检查结果不但与个人目标管理挂钩，也与奖励性绩效工资挂钩；教学工作讲评会定期召开。该学期，在每月召开的的全体教职工大会上，每次都安排对教学工作讲评。工作讲评有对前段教学工作成绩进行总结表彰，对现存的问题进行深入分析，对后段教学工作调整安排，该学期教学工作开展更加扎实有序；教育质量保持稳定。2017年上学期，围绕“三考”，牢固树立质量意识，始终在如何提高教育质量这一问题上下功夫，以抓实常规，抓实课堂为核心，千方百计提质量。学校要求各年级、备课组、教师个人合理安排教学进度，落实培优辅后工作，科学筹划迎考复习。在高考、学考期间，认真做好考点考务工作，科学安排本校送考、监考工作，确保两考平安顺利进行。

【教育科研】　开展系列教学建模活动。学校教学教研氛围更加浓厚，学校每周都开展教学建模活动，高三一轮复习、二轮复习建模活动；高二学考复习建模活动；高一新课、试卷讲评建模活动；秋季校内教学竞赛在各个关键节点有序进行。建模活动有学校领导参与，同教研组教师参加，邀请兄弟学校老师观摩，听课后集中讲评，定期总结；开展论文评选、课题申报活动。在学校教研室的精心组织下，教育教学论文评选工作顺利完成。本次评审共收到论文163篇，经网上查重、4人专家评审组的严格评审，最终共确定56篇论文获奖，其中一等奖13篇，二等奖19篇，三等奖24篇。上半年，学校教科室组织湖南省“‘十三五’规划2017年课题”、岳阳市2017年教育科研课题申报工作，组织完成4个完成四个地级课题的结题论证工作。下半年新立项岳阳市课题7个。为贯彻落实省市教育部门关于“一师一优课、一课一名师”的文件要求，组织教师全员开展“一师一优课”创建活动。通过人人创课、校内亮课和观评课等活动，遴选出具有创新特色，推广价值的12堂校级优秀课例，推荐参加市级赛课；开展走出去、引进来的培训活动。年初聘请上海著名特级教师马九克老师对全体教师进行信息技术助推教育教学的专题讲座；聘请励志演讲专家张飞老师给全体班主任进行培训。6月，选派20名干部教师前往浙江清源中学、柯桥中学、新都中学学习新课改、新考改经验，为湖南省新一轮高考改革做好准备。

【德育工作】　年初，学校就对德育管理从宏观层面做出周密安排，全期各项德育活动开展更加紧促有序，中心突出。德育管理注重学生日常行为规范养成。德育管理更加注重细节，注重学生良好习惯的养成。着装整套校服，注重文明礼仪，爱护环境卫生等这些成为德育处常抓不懈的重要工作。由政教处推出每周校园一语，选用经典励志名言警句，组织全体学生班会课集中学习；德育活动开展联系学生的实际需求。上半年，邀请全国著名高考励志演讲专家——张飞老师，升学在线讲师——长沙理工大学杨晨教授来学校开展励志教育讲座，在关键节点为二中学子指点迷津、加油鼓劲。5月13日，隆重举行2017届高三毕业典礼暨成人礼仪式。活动主题为“青春、梦想、感恩、责任”，旨在凝心聚力助高考，师生合力促成长。活动分为三个部分进行，德育活动开展更加系列化、常态化。全期各种德育活动有序开展、形成系列，高考百日誓师大会、学雷锋活动总结暨“十佳百优”表彰大会、研学旅行活动、诚信考试动员大会、重阳节登山比赛等德育活动已成为德育传统活动。政教处联合语文组开展一系列的比赛，如现场作文比赛、钢笔字比赛等。

【督导评估】 11月2日至4日，湖南省示范性高中2017年现场督导评估第二督导组组对学校进行实地督导评估。由全国中小学教育督导评估专家、省督学，省教科院原党委书记田刚任组长的督导评估组9名专家，从2日下午开始，通过听取学校自查情况汇报；查阅档案、资料；走访师生；随机听课；考核学生实验操作技能；实地察看办学条件；核查经费投入情况；听取社会意见，从多方面对学校进行全面现场督导评估。并于4日晚，督导组就教学工作评估意见反馈意见。7日上午，在汨罗江三楼会议室，召开评估意见反馈会，省督导组宣读评估报告，肯定学校在办学中主要成绩与经验：坚持推进素质教育，优化学校管理，强化教育科研，致力于打造高效课堂，推进课程改革，具有引领示范作用。田刚组长在总结中指出，汨罗二中教职工兢兢业业，学校教育环境良好，管理水平较高，班子务实团结，教学质量保持较高水平。

【办学特色】 在阳光班办学方面，“劲牌阳光班”已成功办班两年，3月，学校与怀化新晃一中进行阳光班办学交流活动，下半年学校开办第三届阳光班，并于9月举行开班仪式和授牌仪式。在足球特色办学方面，校足球队竞技水平不断提高，学校校园足球氛围越来越浓厚。上半年，迎接并通过湖南省校园足球考评。在科技创新教学中，继续保持领先优势，在第38届湖南省青少年科技创新大赛中，338班徐辰远、戴涵琦，345班于思宇同学报送的作品《基于余热再利用收集装置的设计与制作》荣获一等奖，杨立新老师荣获“湖南省优秀科技辅导员”称号。迎接广东潮州市潮安区教育局领导专家一行参观访问，接待岳阳中学、雷锋中学、汨罗三中等兄弟学校的访问交流。特别是9月，在第十三届全运会国际式摔跤女子自由式75公斤级比赛中，学生周倩夺冠，创造汨罗竞技体育历史，夺得岳阳在全运会历史上的第一枚金牌。这是该校坚持素质教育，重视学生全面发展的重要体现。教师获奖方面，李本求副校长在岳阳市巴陵人才工程表彰大会上，被评为岳阳名师。在汨罗市年度体育工作先进单位和个人表彰大会上，学校被评为体育工作先进单位，李本球副校长、刘拥军老师被评为体育工作先进个人。汨罗市第二十八届普通高中教师教学竞赛，黎禹鸿、王亚平、朱灿、彭映、汤志宏荣获一等奖。学生获奖方面，在岳阳市中学生篮球赛决赛中，校男队再夺岳阳市冠军。在汨罗市第41届中小学生篮球赛中，荣获普高组第一名，创造汨罗市六年五冠，岳阳市六年两冠的优异成绩。两名选手代表岳阳市队，参加在株洲市体育中心举行的2017年湖南省青少年田径锦标赛，取得优异的成绩：王梅冬（360班）获乙组男子1500米第六名、5000米第四名，黄静（371班）获乙组女子100米栏第五名、400米栏第七名。在学科竞赛中，熊玉东在2017年汨罗市高中英语口语大赛中荣获一等奖；徐辰远等6人荣获二等奖，于思宇等4人荣获三等奖；王小蕊等3人荣获优胜奖。在全国数学联赛中，学校高三学生田章、黎江蓝荣获湖南省赛区全国二等奖。在第31届中国化学奥林匹克竞赛中，黎江蓝荣获湖南省赛区全国二等奖，吴高峰、黄梓懿获三等奖。在全国生物联赛中，胡亮荣获湖南省赛区全国三等奖。在10月30日举行的汨罗市第十二届青少年科技创新大赛上，高一李汇泽，高二李颖姿、袁梦月、吴昊勇夺两个一等奖；另有8位学生获得二等奖、三等奖；学校荣获优秀组织奖。在汨罗市第三十二届中小学生艺术节文艺汇演中，学校选送的合唱节目—《半个月亮爬上来、青春舞曲》荣获普高组一等奖。

（周卫东）

汨罗三中

市三中负责人（名单）

校长	王国平
副校长	龚海军　狄绵佐
副书记兼纪监员	许汉文
工会主席	任育明
总务处主任	熊兴建
德育处主任	张　伟
教导处主任	曹　滔
特色教研室主任	杨益萍
办公室主任	杨胜武

【概况】 2017年，市三中高考本科上线90人，周政、陈敏等获评市级优秀或先进教师，推进学校德育、

教学、平安校园创建等工作扎实。

【党建工作】 为确保党建工作扎实开展取得实效，学校精心设计四大活动：一是以建党96周年为契机，广泛开展革命传统教育和“重温入党誓词”等活动。二是以宣讲十九大精神为契机，组织党员干部学习习总书记重要讲话精神，全体党员认真做笔记，撰写心得体会。三是认真开展党员评议活动，充分展现党员风采。四是以改进工作作风为目标，积极开展“立足岗位做贡献，争当优秀共产党员”的活动。全体党员干部积极履行党员义务，充分发挥先锋模范作用，在推动学校发展、服务师生、凝心聚力、促进和谐等方面均起到积极作用。广大党员同志的率先垂范激发全体师生追求一流的工作和学习热情。全校师生团结奋进，学校风清气正，工作效率有极大的提高。

【德育工作】 坚决落实《中小学教师职业道德规范》，不体罚或变相体罚学生。教导处组织评选汨罗三中最美女教师，甘欢、万香梅、魏灿、熊康等教师脱颖而出。加强干部作风建设。行政干部深入教学一线，坚持随堂听课，坚持上好示范课，坚持下组参与教学研究，认真倾听广大师生的心声，广泛征求各方面的意见，民主决策、科学决策。加强班主任队伍建设。班主任力量决定一个学校可持续发展的方向和潜力，学校在经费落实、优秀教师评选、职称评定等方面优先考虑班主任。鼓励年轻教师、女教师当班主任，努力向“人人要当班主任、人人能当班主任”的目标迈进。

在学校德育工作中，旗帜鲜明地弘扬“核心价值”，坚定不移地培育和践行社会主义核心价值观。

开展主题活动。活动是学校德育的生命线。德育处加强以各类主题活动、学生社团活动、文艺体育活动和庆典纪念活动为主要内容的校园活动文化建设。如以防控流感为契机，深入开展环境卫生整治活动，培养学生文明健康的生活方式等。

抓好班级建设。班级建设在学校德育中起至关重要的作用，学校经常性地开展班主任工作经验交流会，大力提高班主任的思想理论素质和业务水平。政教处每月从卫生、学生行为、出入校门、配合部门工作、活动五个方面对班级进行考核评比，及时公布评比情况。学校根据班级目标管理排名等级下发班主任津贴。

【教学工作】 强化质量意识。教育质量是学校生存之本。没有教学质量就没有地位，没有教学质量就没有尊严。既要学生“考得好”，更要培养学生心智健康、具有高度的社会责任感、强烈的创新精神和实践能力，这就是学校追求的高质量。全体教职工时刻把教学质量放在心上，自觉担当起提升学校质量的重任，努力做好本职工作。

抓实常规管理。常规工作是平凡的工作，坚持把常规工作做好，做出特色，就是不平凡。教导处坚持教学常规工作月检查制度，常规检查有记录、有点评、有指导、有通报。

加强教学研讨。重点抓实集体备课和教研组教学研讨活动，整体提高备课组、教研组教学质量。10月，利用普高教学竞赛的契机，全面开展全员教学竞赛活动，提高教育教学水平。继续推行骨干教师示范课、青年教师观摩课、新教师汇报课等教研活动。各教研组、备课组大力加强教学研讨，采取形式多样的教研活动，既走出去，又请进来。

教育质量稳中求进。2016—2017学年汨罗三中教学质量再次进入汨罗市普高先进行列，高二年级第二名，高三年级第三名。历史、美术、体育三个教研组进入先进。先进备课组有：高一的历史2生物3；高二化学1地理1美术1语文2物理2政治2信息2历史3生物3；高三历史1体育2。周政、陈敏、余伟平、李志文、聂雄二、李庆华、潘爱良、狄绵佐、吴兵权、涂柯欣、张金秀、刘菁卿、蒋迪、陶志勇、周文亚、雷勇、甘欢、张秋华等人绩效双优，年度目标管理评价进入先进行列，评为优秀或先进教师。

学校积极组织学生参加“三独”比赛、艺术节、田径运动会、乒乓球比赛、篮球赛、科技创新大赛、航模比赛、电脑制作及各项征文活动，硕果累累。雷勇、郑德平、黄电波被评为优秀裁判员。

【平安校园】 加强安全教育。把安全教育纳入学校教学计划，利用晨会、班会等时间有针对性地开展防溺水、道路交通、防火防电、集体活动等方面的安全知识教育，增强学生的安全意识和防范能力。

落实安全责任。签订各岗位

安全工作责任状。实行安全事故责任追究制。对因疏于管理酿成安全事故的，从严追究相关责任人的责任。学校已形成“时时讲安全，人人管安全，安全工作齐抓共管”的工作局面。

加大排查力度。定期组织人员对教学楼、综合楼、学生宿舍等进行全面排查，做好校园安全事故排查日志，加强校园周边治安环境整治力度，不留盲点，不留死角，切实保证师生的安全。

重视特质学生。学校高度重视特质学生和留守学生的心理健康教育，全面开展“走进千家万户，关爱万千心灵”的家访活动，融洽教师与家长、学校与家长的关系，达到教育与社会，学校与家庭，教师与学生的相互理解，相互支持。

【书香校园】 “六大平台”传播正能量。“六大平台”是指微信公众号、校园网、广播站、校刊《星雨文学》、宣传窗、黑板报。办公室及时推送学校新闻，宣传学校办学特色。校园广播节目形式多样，内容新颖。校刊《星雨文学》为爱好写作的学生提供展示才华的平台，深受学生喜爱。定期对宣传窗进行更换，政教处每月安排一个主题对各班的黑板报进行评比。成立以校长为组长的读书领导小组，制定读书活动计划，积极倡导全员阅读，建立师生读书交流平台。开设阅读课、文化经典课，广泛开展中华优秀传统文化的宣传普及活动。添置图书，充实班级读书角，积极打造书香班级。

【清洁校园】 大力宣传卫生防疫知识，倡导健康、文明、科学的生活方式，不断增强广大师生的卫生意识，自觉参与整治校园环境卫生的活动。从强化行为习惯入手，综合运用多种教育手段，引导学生养成良好的文明礼仪习惯、生活习惯、卫生习惯和劳动习惯。开展文明寝室评比活动，对检查不合格的寝室通报批评、限期整改。定期对寝室、教室及办公楼等场所进行消毒。开展卫生大扫除活动。每次大扫除都要求班主任亲自到场指导，及时公布检查情况，评比结果纳入班级目标管理评价。绝大部分学生养成良好的卫生习惯，学校环境卫生有很大的改观。

【工会后勤工作】 工会及时反映群众关心的热点问题，增强民主管理的氛围；组织开展钓鱼比赛、篮球赛、郊游等活动，丰富教职工的业余生活；组织开展五好女职工、五好文明家庭、平安家庭的评选活动。学校委托工会主席主抓扶贫工作，桃林寺镇火天片区西塘村是学校联点扶贫对象。对于校内的贫困学生，学校也尽力做好帮扶工作，绝不让一个学生因贫辍学。高二学生朱宗平，出生时母亲去世，暑假父亲因故去世，了解情况后，学校减免她的学杂费，每月补贴部分生活费。

总务后勤部门在多次调研后，引进社会资本对食堂进行托管经营。自9月开学运营以来，食堂就餐率大大提高，师生满意率也大幅提升。学校积极争取上级的政策支持和资金投入，多方联系知名校友、社会贤达，争取资金来进一步改善校园环境。

办公室认真做好上传下达的工作，及时更新学校微信公众号，大力宣传推介学校办学成绩。团委加强对学生会的管理与引导；协助政教处抓好环境卫生工作。

（杨胜武）

汨罗四中

市四中负责人（名单）

书记、校长	黄文德（9月止） 陈　岳（9月起）
副书记、副校长	陈　岳（9月止）
副　校　长	彭永红
纪监员、副书记	杨乐平
工会主席	吴献辉
德育处主任	陈雄辉
教务处主任	易赛军
总务处主任	杨立军
特色室主任	彭泽根
办公室主任	邹　跃

【概况】 2017年，汨罗四中274人参加高考，二本录取85人谋利，本科录取105人。

【管理工作】 以创建工作为抓手，完善学校管理体系。以创平安校园、清洁校园和书香校园工作为抓手，从管理者和管理体系两方面入手，发挥管理实际功效。一是提升管理者水平。学校的管理人员主要由行政队伍、德育队伍和教学队伍三支管理队伍组成，通过例会、校本培训等的方式，积极为各层面的管理人员提供培训进修的途径，打造理论和业务学习的平台，不断提高他们的管理水平和决策能力。二是逐步完善学校管理组织体系和各种方案制度。根据规范化学校的要求，对校园管理体系进行查漏补缺，进一步完善教学奖励方案、绩效工资分配方案和学校各项制度等等。不断规范学校的管理，认真落实管理工作的细节，充分发挥层级管理的作用，确保学校各项政策措施落实到位。

以安全工作为基础，实现安全工作的制度化。一是加强环境卫生安全管理。加强对学校食堂、宿舍和教学区的卫生管理，定期做好校园的灭蚊虫工作，积极做好卫生安全知识的宣传，开展相关的专题板报，定期进行清洁消毒，确保师生的身体健康。二是加强安全意识培训。不断完善校园安全突发事件应急预案，开展师生安全教育主题活动。学校无小事，处处有安全。利用主题班会、板报、橱窗、国旗下讲话等多种形式对学生进行安全教育，向学生宣传防水、防电、防震、防交通事故等"四防"方面自救常识，提高学生的安全防范意识和自我保护意识。三是加强学校门卫管理，严格实行外来人员登记制度，加强学生纪律、日常行为管理，加强值班工作，由校长亲自挂帅，全体行政参与，高考前夕安排教师分块负责，轮流值班，在课间，在教学区、操场、校门口等巡视，指导学生文明活动，消除安全隐患。节假日安排专人值班，确保学校财产不受损失。经过共同努力，学校真正实现安全零事故，确保校园这一净土的安全，确保一方平安。

【德育工作】 德育队伍纵深发展。政教处坚持组织每周一次的德育专题讲座，班主任进行工作经验交流，不断增强德育工作的主动性、针对性和实效性，为学生的终身发展和高尚人格的培养奠定坚实的基础，发挥班主任在德育工作中的作用；通过对学生干部的培训，发挥班、团干部的模范带头作用，协助学校加强学校的常规管理，健全值日管理工作，激发并提高学生自我管理的积极性和自我决策、自我处理的能力，树立学生主体参与式的教育意识。

德育活动主题鲜明。政教处定期组织包括德育班级评比、交通安全教育活动、心理健康教育活动、文明礼仪教育系列活动、感恩活动等形式多样的德育活动，通过主题班会、演讲比赛等新颖活动提高同学们的积极性和参与度，以主题化、常规化的德育活动加强对学生的教育引导，对于提高学生的自身修养，营造良好的文明校园氛围。

德育措施有效得力。学生文明习惯养成教育是优化学风、班风、校风的切入口，学校坚持通过常规性、主题性、系列性的行为规范教育和活动，做到反复抓，抓反复，严要求，勤落实，帮助学生形成文明习惯，营造文明有礼的校园氛围。

【教学工作】 教学工作以重实际，抓实事，求实效为基本原则，加强教学常规管理，以课改促进课堂质量的提高，实现教学教育质量的大幅度提升。在汨罗市2016——2017学年度普通高中教学质量评价中，学校整体评价第一名，高一、高三年级评价第一名，语文、数学、英语、物理、化学、生物、政治、历史、地理、体育、音乐、美术、通用技术13个学科组进入先进行列。

巩固教学管理，日常教学秩序井然。一年来，继续完善和落实常规检查工作，对教师的教学计划、备课、上课、教案、听课、作业批改、辅导、考试等各个环节提出明确的要求和检查方法，真正落到实处。每期组织进行四次教学日常工作检查，采取不定期进行的方式，把专项检查与综合检查相结合，专项检查中重点是备课、听课，做到检查有结果，注重实效性。注意课堂教学环节的规范性，以提高45分钟效益为目标，加强教学案一体化，备课做到"心中有本，目中有人，胸中有法"。备课标、教材、资料、学生、教法和练习，备课组内互相协作，资源共享，共同进步。加强考试工作的管理。在学校及各年级组织的历次考试中，加强巡视和管理力度，加强考风考纪教育，加强考后分析和落实调整措施的力度，提高组织管理的水平，加大考试对教师的评价实效性。

深化教研工作，师资水平不断提高。注重教师团队的专业发展，一流学校需要一流的师资，教师队伍持续发展要以现代教育理论为指导，更新教育观念，坚持分类、分步优化、分层发展、整体推进的原则，全方位、高层次地提高教师素质。加强师德师风建设。倡导教师"崇教厚德、为人师表"。发挥行政领导的模范作用；要求教师做到的，首先要求行政要做到。继续夯实教师教学基本功。各教研组活动注重教学活动的效益，摒弃重形式而轻内容的教研，优化课堂教学的环节，提高教学效益，特别对备课、听课、辅导、作业及试卷的批改加强检查与监督。进一步完善教研组课改展示课的要求和标准，人人认真评课、研讨，通过此项活动，提高教师的课堂教学效果，提高教师教学能力。注重资源共享，交流合作，共同提高。

实施集体备课，重在研究导学案。各教研组认真制订学期教学研究计划，明确研究重点任务，积极开展教学研究活动，切磋教法学法，上好常态课、研讨课，积极开展评课交流，不断总结提高。引导教师自觉学习教育刊物教改经验，指导课堂教学，关心新教师成长，形成良好的学习氛围，增强争先创优意识。继续加强教研组对备课组的管理和监督作用。稳步有效地推进课堂教学改革。课堂教学改革按照市局的指导思想，积极稳妥推进符合学校实际的“六环节”课堂模式和落实晚自习的“三环节”，借鉴名校经验，继续尝试，勇敢探索，努力改变课堂教学中的无效或低效现象。

狠抓备考工作，三考成绩再创新高。三考成绩是衡量学校办学水平的重要尺度，更是学校的灵魂，学校的生命所在。为确保三考备考工作卓有成效，夺取三考好的成绩。年初就开展大量的备考工作。制订三考备考方案，备考工作做到有计划，有步骤，有条不紊，循序渐进。修订、完善奖励性绩效工资发放方案等激励机制，鼓舞士气和斗志，调动师生积极性。加强备考工作的研究，学校、各年级定期召开备考工作教师会议、学生会议、家长会议，力争三考备考工作得到上级领导、广大师生、家长、社会各方力量的大力支持和配合。严格执行模拟考试和质量分析会工作制度，规范考试模式，把握阅卷尺度，深入剖析学生对知识的掌握情况，查漏补缺，做到正确指导学生做好复习，确保复习效果。培优辅后取得实效，高一联考全市前500名6人，前1000名45人，前1500名92人，优秀率、合格率、人均分达标率均居全市之首，大大领先其他同类学校。

【后勤服务】 规范收费行为，严格执行教育收费标准。加强食堂管理，尽力做好服务工作。食堂是师生生活的一个重要组成部分，加强卫生工作，加大监督力度，发现问题，立即整改，得到大多数就餐师生的肯定。

注意校园及内部环境建设。定期对校园进行巡查，排查安全隐患，为学生提供安全舒适的生活、学习环境。抓好学校的资产管理工作，完善各种校产校舍的管理及安全制度。加强水电使用的管理。水电维修人员经常检查全校水电设备情况，及时维修，保证安全，防止浪费。

【工会工作】 用活动促生机，用民主促氛围，用人文促幸福。开展多项活动丰富教职工业余生活，组织教职员工参加市广场舞,钓鱼比赛等。落实全员福利待遇，学校在传统节日对教职员工进行慰问，并对教职工家长和退休教职工进行年底慰问。召开教代会，并通过教代会完善优化学校各项方案。工会工作贴近师生，关心师生，服务师生，促进学校工作的团结、和谐、发展。

以制度建设规范行为。学校工会通过教职工代表大会积极参与，加强民主管理，坚持依法立校，规范教学管理行为，规范教师教学教育行为。

以慰问凝聚人心。学校在传统节日进行慰问，对教职工家长和退休教职工进行年底慰问；对贫困教师和贫困学生，学校组织捐资进行慰问。

以活动增加活力。重视传统节日庆祝。如三八妇女节、五四青年节等进行慰问、联欢；

积极创新文娱体育活动。如教职工运动会、教职工广场舞大赛、登山活动、钓鱼比赛等；发放书籍增加教师的精神食粮。

（邹　跃）

汨罗五中

市五中负责人（名单）

书记、校长	李胜武
常务副校长	陈伟波
副校长	黄沐云
工会主席	许　煦
支部副书记	曾巨龙
教导处主任	丁如良
政教处主任	胡长义
总务处主任	唐立忠
科教处主任	李学农
办公室主任	杨　铸

【概况】 2017年，市五中高考二本上线15人，高二学业水平考试合格率达83.05%，2018届高三专业联考成绩喜人。

【党建工作】 加强学校领导班子建设。党支部认真开展“两学一做”专题教育，班子成员对照《中国共产党章程》查找问题，开展批评和自我批评。领导班子坚持每周一次的学习制度。学习先进的教育理论和经验，提高政治、业务素质，增强爱岗敬业的自觉性。

加强党员教育和支部建设。党支部紧紧围绕“抓学校党建，促内涵发展”，在全体党员中开展“学党章党规、学系列讲话，做合格党员”学习教育，牢固树立党员意识，强化宗旨意识，增强政治意识、大局意识、核心意识、看齐意识。开展庆“七一”建党日活动，重温入党誓词；开展民主评议党员和民主生活会，对照党章，查找不足，明确今后努力方向。推动“红星云”的党员学习活动。党支部负责的教育精准扶贫工作落到实处。

积极做好工会工作，充分发挥工会的民主参与、民主管理、民主监督作用。召开教职工代表大会；开展多种形式的文化、体育、娱乐比赛活动，组织全体教职工进行户外活动；关心教师健康，组织全体教职工赴长沙医院体检，完成教职工医疗补充保险的投保工作；完成食堂改革调研和教职工住房分配工作和节假日对教师及家属的慰问等一系列工作。

【目标管理】 年初就部署全年的学校工作，确定中心工作和奋斗目标。暑假教职工学习班上向全体教职工发出提振精神、提升质量，切实推动教育事业全面发展的总动员。

加强学习，落实管理，纯正师风。每月的教职工月会，认真组织对教师进修业务学习。将教师的业务学习、教学教研、白天坐班和升旗等情况纳入每月和年终目标管理，校园里张贴的“教师每日三思”提示牌，就是努力构建高尚师德师风的真实写照。市教体局督导室在对学校督查中，认为办学行为规范、管理科学、目标管理评价合理。

【队伍建设】 组织教师参加各级各类教研活动和培训，学习先进的教学理念和教学方法，不断提高教师的教学业务能力。开展“教学水平展示月”和“全民教学竞赛”教学活动；9月，开展“青蓝工程”活动，实行师徒结对，共同促进。10月，邀请市基础教育办指导，成功开展“同课异构”的教学竞赛活动。11月，精心准备，积极参加市级教学竞赛。同时，不断完善教师的业务档案，完成职称评定和教师资格注册工作。组织参加教育学会论文评选活动，发动广大教师参加各级各类培训，继续深入开展课题研究工作，广大教师教育教学业务能力明显提高。

【“三园”建设】 把教书育人，管理育人，服务育人，有机地结合起来。着力打造“平安校园”“清洁校园”“书香校园”。实现自然环境、人文环境与教育教学管理的协调发展。

抓构建，打造德育工作格局，打造“平安校园”。树立全程全方位大德育观。通过评比考核评估制度，构建学校德育处—年级组—班主任（科任）—学生会—班委会的逐级管理体系，层层落实，在竞争环境中实行动态管理。全面实施学生综合素质评价，各班坚持实施学生日常行为跟踪记录。依据学生思想品德评价方案，做到日评、周评、月评，且评价客观、全面。政教处开展的文明寝室、优秀班级评比活动有效推动日常管理工作。认真落实班主任常规工作，加强与当地政府、派出所联系，建立学校、家长、政府共管网络。加强家校联系，建立家校微信群，成立家长委员会，召开学生家长会议。召开学生会进行防溺水、防踩踏、防交通事故、防意外伤害、防火灾教育。签订学生防安全、防溺水协议，平安校园建设制度化。定期召开班主任工作研讨会、学生管理人员会议；校园安全值日工作进一步加强，定期进行安全排查。安全排查工作做到常规化，解决问题及时化，及时落实安全排查中出现的问题。严把食堂、商店食品安全关，组织全体师生进行健康知识讲座。不断细化和强化假期学生往返的安全工作。这一系列举措保证校园安全常态化，学校全年无一重大安全事故发生。打造“平安校园”，学校走在汨罗市教育前列，确保汨罗教育园地的一方平安。

策引领，重视德育宣传工作。举办以社会主义核心价值观教育、传统教育、安全教育、卫生与保健为主题的德育宣传栏。政教处经常利用早操、升旗等学生会议，不断强调安全教育意识。加强法制教育和健康教育。开展法制宣传教育周活动，开办专栏宣传法制知识；进行法制教育专题讲座；定期办好卫生与保健板报，宣传普及健康知识等。通过各种举措，推动三园建设各项工作有条不紊地开展。

强管理，努力锻造“清洁校园”。政教处经常利用早操、升旗等学生会议，加强学生日常行为规范管理。将清洁校园工作纳入班级目标管理，坚持每天一小扫、每周一大扫，每次有检查、有评比。开展文明寝室评比，美化教室等活动，效果显著。9—10月，发动全校师生“除四害、重三防”，落实完成“三城同创”活动和岳阳市安全文明校园督查的相关工作。

开展活动，推动书香校园建设。大力推行教室文化建设，积极打造书香教室。建立学校、班级和教研组微信交流群，实现教学资源共享。充分利用校园书店，打造广播室、宣传栏等宣传平台。强化德育为首的教育功能，开展每月德育主题活动，开展寓德于教的各种文体活动，如球类运动、每班每日歌唱十分钟等活动。认真组织举行学生田径运动会，学生篮球赛、拔河比赛、趣味运动会。

依法治校成绩显著。组织全体师生进行法制教育讲座，组织全体教师完成普法考试。通过司法程序成功解决教职工工伤和学生意外伤害事故，运用法律武器捍卫学校和教师权益。

【教学管理】 落实教学常规、督促教学活动做到切实高效。定期召开教研组长会，按时进行教学常规工作检查，做到教学常规每月一查，一查一通报，下学期教导处每月精心编撰、发行《教学工作简报》，不断改进教学工作，加强对教育教学工作的过程指导与管理，各年级组不断加强课堂和自习课的巡查。

按时进行教师课堂教学水平调查，及时反馈学生建议，以促进课堂教学的不断改进。完成教学质量评价和奖励工作，召开教学质量评价讲评专题会议，及时指导和激励教师的教学工作。

营造浓厚学习氛围，让每一位学生走向成功。利用开学典礼、月考、期中考试总结大会，高考、学考誓师大会动员鼓励学生自觉学习，奋力拼搏；召开科任教师会议，分析学情、总结经验、探讨方法。加强对高二学考和高三高考复习工作的宏观指导与监控，做好、各科复习进度与复习内容的调控工作。

认真训练，积极组织学生参加各级各类比赛。参加汨罗市第41届中小学生篮球赛获普高组第三名。参加市学生田径运动会获高中组第四名，参加市艺术节比赛获二等奖。参加市“三独”比赛获三等奖一名，参加岳阳市航模比赛获地级奖16人。

【办学条件】 进一步改造学生公寓热水供给设备和空能管道；对教学楼、学生公寓、食堂多栋建筑层面进行防渗漏工程改造与维修；学校通过多次努力，向上级争取维修项目资金30余万元，暑假通过政府采购方式对高三教学楼进行维修改造；以企业托管形式全面改造食堂，改善服务，提高质量，社会反响良好；完成学校债务化债的相关准备工作。认真细致地做好会计、出纳、学生资助和三考考务工作。

（杨　涛）

市楚雄中学

市楚雄中学负责人（名单）

校长	胡胜军
支部书记	黎美祥
副校长	周　宇　湛密昌 周权政
工会主席	刘建斌
办公室主任	黄勇华

【概况】 2017年，市楚雄中学修建高标准田径场、实验室；建设多媒体教室、微机室、班班通教室，开通教育系统网络；食堂维修改造工程上半年竣工，下学期正式投入使用，办公楼进行了搬迁；对男女生寝室进行维改，更换老化的线路、水管和门窗；热水供应系统投入使用；建设数字智慧校园、校园“一卡通”；投入90多万规划建设校园文化，“励志园”“健体园”硬件设施建设已经竣工。基础设施建设的完善，使得普高办学的硬件条件不断提高。

【“三园”建设】 “平安校园”创建工作。学校成立“平安校园”建设领导小组，校长任组长，建立健全安全工作责任制，制定突发事件处置预案，做到“三防”（人防、物防、技防）到位，确保零事故和校园、食堂、食品及“三考”工作的安全。

一是健全治安防控体系。结合“安全教育日”，学校将安全法制教育纳入学校教学计划，组织学生开展应急疏散演练活动，提高学生安全防范意识和自我救护能力。学校实行监控系统校园全覆盖，按要求配备正规保安；“一键式”报警装置、保安器材配备齐全。

二是推进心理健康教育。学校充分发挥心理咨询、辅导、跟踪、干预等机制作用，定期对学生思想及身心健康状况摸底，建立心理障碍师生档案，并建立心理咨询室。

三是开展校园欺凌治理。学期初，德育处制定并完善校园欺凌的预防和处置制度措施及预案，明确相关岗位教职工预防和处理校园欺凌的职责。学校集中对学生开展以校园欺凌治理为主题的品德、心里健康专题教育，并邀请法治副校长到校进行法制知识传授及讲座。

“清洁校园”创建工作。

一学期来，学校以校园净化、绿化、美化为抓手，增强师生卫生健康意识，提升师生文明素养，促进师生身心健康，有效培养学生感受美和创造美的能力。

一是校园净化。按照学校卫生管理制度，抓好校园卫生日常管理，做到室内室外整洁，卫生无死角。根据《国家学生体质健康标准》和《学校卫生工作条例》的要求，确保食品安全各项指标达标。办公室和德育处在全校联合开展清洁文明班级、清洁文明宿舍、清洁文明校园评比活动，规范和培育师生文明卫生行为。

二是校园绿化。楚雄中学2010年被授牌为“省级园林式单位”，该校积极配合汨罗市三创办和园林处联合组复查行动，并顺利通过验收。学校利用植树节、地球日及世界环境日等纪念日，加强绿色校园建设宣传，引导师生增强爱绿护绿意识，共创绿色环保校园。

三是校园美化。学校整体规划发展布局，做到整齐划一，规范有序，及时对破损设施设备、路面墙壁进行修缮，配合相关职能部门切实抓好校园周边环境的治理，把学校倾心打造成成长乐园、温馨家园、亮丽花园。

“书香校园”创建工作。

学校按照岳阳市教体局文件“要做到有图书资料进教室，有活动载体进校园，有心得体会进心灵，有文明礼貌见诸于行动”的要求，积极开展工作，为提高教育教学质量提供精神动力和智力支持。

2017年上半年，学校对校园文化建设进行规划布置，新建设学校文化长廊，教室、走廊重新更换名言警句、励志等宣传牌，教室配置书柜，配备相应数量的图书，成立班级小图书馆，引导学生多读书，读好书，让校园每一面墙、每一个走廊、每一间教室的每一个角落飘溢书香。

【安全工作】 稳定压倒一切，要全力维护稳定，保持良好的校园治安秩序。年初，学校成立安全工作领导小组，校长任组长。一年来，该校及时了解和掌握校内情报信息，及时发现和解决不安全问题，消除不安全的隐患，层层落实重点和要害部位安全措施，确保要害部位的安全。组建安全排查领导小组，定期检查，发现隐患及时排查，要做到发现及时、落实及时。积极开展法制教育和崇尚科学的宣传教育，各班以法制安全教育为主题出一期板报，做好基础预防工作。采取多种形式对教职工和学生进行遵纪守法崇尚科学为主要内容的教育活动。邀请公安、交通、司法部门的专业人员为学生做一次法制报告，预防和控制学生的违法犯罪。学校与家长、学生签订《安全协议书》，与全体教职员工签订《安全责任状》。坚持学校领导带班的值周制度，健全门卫、巡逻、会客制度，严格值班纪律，对发现的重大案情、重要信息按双线报告制度，以利于上级机关及时掌握信息，妥善处理。学校领导班子会、教师会、校会、班会，有关人员逢会必讲安全，且做好文字记录。

【队伍建设】 行政班子建设，立足于忠于职守、服务师生的根本宗旨，谈党性，讲奉献，优化干群联系，提升工作质量，受到师生的充分肯定。教师队伍建设方面，针对高中部工作的展开，实行教师坐班制，狠抓教学常规工作，大兴教研教改之风，努力改正补习教育的唯升学率思想。一年来，组织各教研组老师外出学习交流十多次；圆满完成2017年“国培”送培到县汨罗市生物课教师培训任务。各项活动的积极展开，给学校带来活力，多次受到上级主管部门肯定。

市职业中专

市职业中专负责人（名单）

党委书记	吴宏基
校　　长	黄　哲
党委委员	熊中轶（10月改任） 彭　雄　易　瑜 黄吉林　任　川 瞿　韬　龙卫星 吴尚文

【概况】 2017年，市职业中专全年对口高考上线人数达176人，对口就业率达90%；卓越校建设分解成共260个任务点，全年共完成任务点110个，形成168个经验性成果。

【党建工作】 坚持以抓党建工作为核心全面推进学校治理能力建设。一是加强思想政治建设。组织班子成员认真收看十九大报告，集中学习领会十九大精神；每个党委成员和行政干部认真撰写心得体会，组织深入的讨论和研究；聘请岳阳市委讲师团黄湖滨教授做十九大精神专题讲座，增强党员干部和教师的民族振兴的使命感和责任感；召开学校第一次党代会，以十九大精神为指引，确定学校未来五年的工作思路、工作目标和具体措施。二是加强班子队伍建设。争取市委市政府的重视，学校党委书记和校长都配备到位，正式任命6位副科级干部，班子坚持集体领导和分工负责相结合，班子成员注重沟通，思想统一，形成团结一心干事业，齐心协力谋发展的良好局面。三是加强基层组织建设。立足学校工作实际，明确党建分工，形成党委书记负总责，领导班子其他成员分工抓的党建工作格局。四是加强干部作风建设。鼓励班子成员带头到管理难度大的班级兼课，带头参加各级教学竞赛和技能比武；积极推进“党员先锋岗”、党员干部义务劳动等活动。活动开展充分发挥党员先锋模范作用和基层党组织战斗堡垒作用。

【学校建设】 2017年是学校创省卓越校推进之年,紧紧依靠全体教职工，严格按照卓越校要求，全面推进学校各项工作，创建职教品牌，学校事业再上新台阶。

卓越校建设稳步推进。项目办通过专题会议、工作例会、半年抽查、年度检查等措施，加强对项目建设过程中的质量监控，指导项目建设工作，各项目小组在项目办的协调指导下，按预期目标和验收要求逐步推进项目建设。

为更高水平的完成卓越校建设，项目办组织人员开展相关项目的申报立项和建设工作，有国家教育部现代学徒制试点项目通过省级遴选，有湖南省教育信息化创新运用“十百千万工程”示范学校通过岳阳市遴选，有智慧校园建设项目完成实施方案和可行性研究报告。

德育典型示范引领。2017年，在全校范围内大力开展体育之星、技能之星、雷锋之星、感动校园（班级）人物、职业教育宣传周等评选活动，全面挖掘各种优秀人物、优秀集体，有500多人次在省、地、市、校各级受到表彰，并充分利用宣传栏、文化牌匾、广播、电视、电子屏以及网络等媒介，大力宣传他们的优秀事迹，在师生中弘扬正能量，营造积极向上的校园文化氛围。

活动育人效果明显。结合校园环境整治大力开展学雷锋活动、寝室文化活动，结合社会实践扎实开展访贫问苦、慰问孤寡老人等活动，结合爱国主义教育组织学生干部赴任弼时、屈子文化园、橘子洲头等德育基地参观学习，结合文明风采大赛积极开展“阳光课堂”、“德育主题班会”、青江艺术节等活动，全年推出“关爱生命”等10堂主题班会观摩课，“互联青春，我心飞翔”等10台主题文艺晚会。2017年，学校被评为湖南省示范性青年之家、岳阳市先进基层团组织，顶岗实习的学生在企业的满意度达85%以上。

教育教学硕果累累。学校与湖南省委接待处等20余家大中型企业合作，在学校开办订单班，与郴州职院等高职院校合作，开办中高职衔接班，与政府职能部门合作，开展各类社会培训，学校教育质量大面积提高。学校就业率达100%，对口就业率达90%；对口高考上线人数达176人，本科上线率达58%，再一次获得岳阳市第一名；专业技能资格证书1046个，获汨罗市创新大赛第一名、汨罗市教学质量评价第一名、汨罗市田径运动会和篮球比赛第一名。成功举办岳阳市中等职业学校学生技能竞赛，学生表现优秀，获得11个一等奖、11个二等奖、22个三等奖，以绝对优势获得团体总分第一名；积极组织专利申报，马睿的《单脚可调梯子》等6个学生发明成功申报专利，在青少年科技创新大赛中，胡志高老师指导龚席的《二氧化碳植物除尘》获岳阳市二等奖、省二等奖。在省技能大赛中，杨云、彭雨轩获职业英语技能组二等奖，付晓妍获服装工艺立体造型组三等奖。

教师水平明显提升。全面实施青蓝工程、“双百”工程，积极开展各类竞赛和教师业务培训。教学线的同志认真组织全员教学竞赛、演讲赛、新教师信息化教学、微课、三笔字竞赛全年校本培训达235人次。全体新教师教学常规培训达106人次，专家讲座辅导达237人次。有23人参加国培、34人参加省培、69人参加下企业培训。

毛容老师获得省说课大赛一等奖；周丹在省信息化教学获一等奖；毛容、余燕在首届全省教育教学信息化作品征集活动中所提交的课件获一等奖；在岳阳市金鹗杯教学竞赛中，彭艳、蒋苗老师获得一等奖，周丹等三人获得二等奖；“基于工匠精神的校园文化建设研究”等5个省教改研究课题立项，“基于中国制造2025中职双创人才培养模式的研究”1个省规划课题立项，“农村中职学校汽车电子专业前厂后校一体化项目实训教学的探究”2个省教育科学研究工作者协会课题立项，周淑平老师的“地方特色旅游资源的校本课程开发研究”省教改课题顺利结题，湖南省教育科学研究基地通过评估验收。黄伟林等老师撰写的65篇论文在国家、省级刊物发表和获奖。

精神文明建设成绩斐然。切实解决好影响教职工、学生切身利益的问题。积极开展春节、教师节等节日慰问活动，坚持看望生病住院的教职工和帮助经济困难户。积极开展“文明家庭”“平安家庭”“文明班级”等评选活动。积极做好学生资助工作，形成以“奖、勤、助、补”为主要方式的资助体系。

坚持民主办学，依法治校，全心全意依靠教职工办学，建立健全有效的沟通反馈机制，形成民主管理、民主监督的良好氛围。大力开展师德师风建设，切实转变教风、学风、工作作风。

坚持以社会主义核心价值观引领校园文化建设，举办各种讲座、征文比赛、辩论赛，歌咏比赛、文化艺术节等形式多样、内容丰富、主题鲜明的校园文化活动、社会实践活动和志愿者服务活动。

加强校园综合治理，加强法制教育，创建平安和谐校园，确保学校安全稳定。学校建立起校园稳定综合管理体系，落实责任，管理到位。制定学校应急预案，第一时间应对、解决突发事件。加强消防安全教育，实施全校性消防安全演练，提升学生的消防安全意识。进一步加强学生的法制教育，利用思想政治课这一平台，聘请法院领导作为学校的法制副校长，定期给学生做法律知识讲座，增强学生的法制意识。实现师生零投诉，无犯罪行为，没有发生任何群体性事件和重大安全责任事故。学校综治民调排名逐年上升。

社会服务有声有色。争取汨罗市委组织部远教站点操作员指标200人，市农业局农药经销员指标300人。成功申报新型职业农民培训基地、岳阳市大中型水库移民就业技能定点培训单位、岳阳市职工培训基地。举办创业培训、“两后生”培训、企业职工培训、移民实用技术培训等培训班12期，培训人员600余名，扶持160多名青年成功创业，培训学员全部推荐安排就业，就业月工资在2800元以上，受到岳阳市人社局领导多次表扬。

扶贫工作扎实有效。川山坪镇桥坪村是学校精准扶贫点。党政联席会成员和人大代表每个人包一户，每个月定期走访贫困户家至少2次，解决他们遇到的实际困难，为他们争取经费支持，提供技术和劳力帮助，帮他们兑现雨露计划、异地搬迁等党的各项政策。行政黄吉林、彭望红和专业教师黄巨华、曾文胜长期蹲点桥坪松江洞，因地制宜，组织该组24户贫困户成立种养合作社，学校食堂定期收购他们的农副产品，已为合作社销售1000多羽禽类、生猪84头、蔬菜8000多斤，每个农户平均增收2000元，至2017年年底已有141户438人，未脱贫128户326人，31户通过异地搬迁住上新房，扶贫效果明显，学校扶贫经验，《岳阳日报》已报道。

办学条件持续改善。全年预计投资450多万元全面完成各类维修改造和添置。其中教学楼大规模升级改造投资350多万元、各类用房和大礼堂全面维修整饬投资40多万元、各类仪器设备添置维修投资60多万元，各类维修充分利用现实基础，真正做到物尽其用，经济实用。

引进社会投资60多万元完成校园一卡通工程，实现校园网的增容，提升学校信息化教学手段的运用水平。

启动新校区建设报批程序。对新校区和新校门进行高标准的规划设计，预计投资1500万元、建筑面积达9000平米的新实训大楼已正在紧张的建设之中，新校区建设征地拆迁等工作已向市政府做专题汇报，由主管副市长仇正勇召开工作协调会议，目前进展顺利。

【廉政建设】 学习活动经常开展。多次召开党风廉政建设工作会议，及时传达学习上级党风廉政建设工作会议精神和相关要求，并结合自身实际提出贯彻落实意见。

积极开展廉洁文化进校园活动。9月，在全校开展“刹人情歪风、治婚丧陋习、树文明新风”专项整治活动，组织开展演讲赛、签订承诺书，文明办事、勤俭办事已形成常态。10月，在学校全面掀起“治庸、治懒、治散、治贪”的四治行动。针对“四风”方面存在的问题和不足迅速对照检查，加强作风纪律整顿，对苗头性问题，严格实行诫勉谈话预警。扎实有效地开好民主生活会，深刻剖析存在问题，严肃认真地进行批评与自我批评。

制度建设不断完善。一是强化财经审批和预决算制度。学校财务开支严格实行收支两条线制度，学校的各项重大开支，学校班子成员讨论，必须经教代会讨论通过，然后经学校领导集体签字后，方可执行。年初做好经费预算方案，年末进行财务审计，并把结果予以公示。二是对学校财务制度中的公务用车、接待标准、财务审批、责任追究等方面不合时宜的部分进行进一步完善、充实和提高，学校无小钱柜、无乱发津补贴等现象，全年节约招待费用3万元。

责任落实得到加强。逐层逐级签订《党风廉政建设责任书》，把党风廉政建设责任制纳入干部日常考评和年度目标绩效考核，实行分线包干和“一票否决”，形成“人人有责任、层层有压力”的良好局面。

监督管理公开透明。学校财务、收费、聘任、晋级以及人事调整，都在相应的范围内公开公示，切实维护职工的知情权和监督权；党委办和工会定期征求教工代表的意见、建议，并将整改落实情况及时反馈，保证监督有效；实施民主评议学校领导班子、中层干部制度；学校大笔财务开支，一是向上级领导汇报请示，二是坚持党委会议集体研究。

（任　川）

成人教育中心

市成人教育中心负责人（名单）

主　任	任其文
书　记	黎玉林
副主任	湛飞跃 高怡兴
副主任兼教务处主任	任天昊
副主任兼德育处主任	熊　伟
工会主席	熊世龙
办公室主任	蓝天航

【概况】　2017年，市成人教育中心在籍学生1218人，其中，在读国家开放大学476人、北京师范大学远程教育362人、湖南理工成人函授教育380人。

【队伍建设】　认真践行市局关于加强教师队伍建设的相关精神，全面强化队伍建设。一是形成长效机制。成立以校长牵头、全体行政共同参与的队伍建设领导小组，并制定出台与目标管理考核、绩效评比挂钩的教师评价方案，严格奖优罚劣，进一步完善以制度管人、以制度管事的队伍建设评价考核格局。二是丰富工作载体。依托教职工例会，引导教职工畅谈职业理想、从业体会，建立内部交流自分享平台；深入开展教师读书活动，引导教师深入开展政治理论、业务知识学习，半年来，全校教职工人均完成政治、业务学习笔记5万余字，搭建教师“自我成长”平台；结合家长会等活动，面向社会作出公开承诺，公布师德师风问题举报电话，形成主动接受监督机制。三是完善自查自纠制度。制定出台从发现查纠、到整改落实的一整套规章制度，如出勤“日查月清”制度，教学常规月查月评，班主任目标管理月查月评，使得工作纪律松散、不履行或不正确履行职责等问题得到有效整治，成为推动学校发展的强大动力。

【师训工作】　协助抓好全市教师培训工作，是学校本职工作。一年来，围绕高标准、高质量开展好师训工作，在市局师训股的指导下，全校形成“校长亲自抓、主管副校长具体抓，继续教育办公室专职抓、相关处室协同抓”的工作格局，累计培训近4767人（次）。另外，配合完成全市教师学分登记审核工作。同时，学校先后成功申报《信息技术条件下教师培训模式的研究》和《县级教师培训机构创建培训者团队对策研究》等省级资助课题，坚持“在培训中创新探索、在培训中总结提升”的指导方针，不断引进、借鉴省内外优秀培训经验，多渠道、深层次、全方位提高自身培训组织能力。

【职业教育】　一是狠抓常规教学。一方面，根据学校教学条件合理设置课程，制定授课计划，精心编排课表。另一方面，为了监督和管理教师上课，教务处安排专人负责上课检查，做好记录，发现问题及时整改。教案检查常态化，每学期检查教案、作业等4次，及时讲评和有效整改。二是狠抓特色养成。结合“活泼校园”建设活动，扎实开展兴趣小组等培养学生特长的活动，有效提升在校幼师专业学生的综合素质。其中，在全市中学生“独舞、独奏、独唱”竞赛、全市科技创新节科技创新大赛、中小学艺术节书画竞赛等学生竞赛活动中，学校参赛学生均取得优异成绩。同时，参加“岳阳市中职学生技能大赛”的学生也均获得优异的成绩。三是教研工作落到实处。进行业务学习7次、专题讲座3次。在举行全员教学竞赛的基础上，推荐涂理斯、熊周容、陈智等教师参加全市教学竞赛，选派8名教师参加国家级骨干教师培训和省级集中培训项目。组织教师结合教学实践撰写论文课题，获奖论文、作品30多篇。四是不断强化学生管理。一方面，坚持每月召开一次班主任工作会议，及时总结经验，发现问题，树立典型，以老带新；规定每学期开学第一周为强化教育周，末两周为平安周，要求班主任与学生同步，强化岗位监督；加强过程管理，实行班级日考核、周考核、月考核和学期考核，并及时将考核结果公布；加强对班主任的培训，努力把教书育人、服务育人、管理育人、环境育人落到实处。另一方面，政教处、团委和班主任通力协作，通过学生干部的竞争上岗和培训，增强学生当主人，当管理主体、教育主体和发展主体的意识，为学生全面和谐发展、自我管理教育创造良好的环境。除常规性的评比活动外，开展学习雷锋活动、爱心帮帮团活动、广播操比赛、拔河比赛、趣味体育比赛、爱国电影教育、文化艺术节、技能大赛、三独比赛等各级各类活动，通过活动来促进和提高学生的专业技能水平。由于教学管理科学到位，上半年学校幼师专业163名毕业生全部顺利就业，连续8年实现就业率100%的目标。

【学历教育】　一是学籍管理更加细致。在学员信息更正、学籍异动管理、毕业审核管理、学位审核管理、毕业照片链接等环节实行四级审核签字手续，即班主任、学籍管理员、主任、主管校长分别在基础材料签字，最后纸质材料存档。由于每个环节做得细致到位，半年来做到学籍管理零失误，此项工作也受到岳阳市电大学籍科的高度评价。同时进一步完善学员个性化学籍档案管理形式，做到电子档案光盘化，纸质档案规范化。二是考务管理组织严密。由于学生源多，报考工作量大，班主任和技术老师日夜加班工作，核对报考数据，确保每次报考准确无误。在每学期考试前期，认真研究考试方案，落实细节，使得考试都能顺利进行。三是教学管理逐渐规范。首先班主任、辅导教师、教务管理人员、专业老师分工明确、各负其责。其次，制定集中面授、形考作业、网上学习等工作方案并严格实施。有3名农民大学生被评为岳阳电大优秀农民大学生，有王方辉、卢俊章入选湖南省优秀农民大学生。四是加强课程实践环节和毕业实践环节的监管力度。班主任老师通过电话、QQ群等形式及时辅导和解答学员的网上作业，督促并指导学员按要求参加网上的学习和考试，使学员都能顺利完成下发的课题。对学员上交的论文实行班主任、主管教师、论文指导老师三级审核制度，使学员毕业答辩通过率达98%以上，优秀、优良率达80%以上。组织学员参加岳阳电大系统演讲比赛获纪念奖；12月，组织农民大学生在弼时开展社会实践活动，参与精准扶贫活动实践，效果显著。

【学校管理】　办公室和总务处坚持以人为本的服务理念，不断提高服务水平。一是加强美化校园工作。按照《城乡环境综合治理评价细则》要求，严抓学校环境卫生，清理花池杂草，维护草坪、精剪树枝20余次；经过全校师生努力，校园环境得到很大改善，校园实现“亮化、绿化、美化、净化、文明化”。二是加强基础设施的提质改造工作。维护食堂、教学楼、多媒体教室、科教楼等损耗，特别是利用暑假休息期间，将原公共厕所拆除并在原址重建，既美化校园又方便广大师生。同时对原阶梯教室进行全面提质装修，为教育教学和教师培训工作提供更理想的工作平台。三是加强安全意识的宣传教育。狠抓安全制度落实，每两个月办一次安全宣传专栏。四是加强食堂管理。对食堂人员进行调配，努力提高饭菜质量、服务质量，认真加强卫生防疫工作，确保食品卫生、食品安全。

（蓝天航）

科学技术

市科技局负责人（名单）

党组书记	周雄伟
局长	周亚玲
党组成员 副局长	彭旭汉　汪望三
党组成员	李金华　徐　健
工会主席	周宇宏

【概况】 2017年，市科技局共完成平桂制塑的地方科技发展专项、同力循环省级科技孵化器项目、省地震局农村居民安居示范工程建设、凌峰环保科技的人才团队计划科技专项等9个科技项目，累计资金146万元，完成比例达年度任务的112%。

【省级高新技术产业园】 2017年，汨罗市委、市政府、科技局按照市委、市政府的要求和部署，把创建省级高新技术产业园区作汨罗科技工作的首要目标，多次聘请省知名专家和专业机构进行专业指导，市政府主要领导亲自担任主答辩人，汨罗市循环工业园区顺利获批省级高新技术产业园。

【高新技术企业】 科技局2017年新认定高新技术8家，高新技术企业总数达21家，超额完成岳阳市高新技术企业总量达16家的年度目标任务。

【科技创新】 全年共申报省、岳阳市科研计划、技术创新引导、众创空间建设、省级科技孵化器、科技特派员等各类项目15个，扶持优势企业3个，建设和培育专业合作社3个，帮扶科技特派员创业示范基地2个，园区同力循环有限公司通过省级科技孵化器验收，投资达300万元的科创服务中心正在建设中。

【科教工作】 2017年5月24日，在川山坪镇中学举办以“科技强国、创新圆梦”为主题的科技活动周启动仪式，全市共有26个市直部门成员单位分别就卫生健康、环保、防震减灾、安全自救、农业技术、知识产权保护、节能减排等知识为主题单独或联合开展科技宣传教育活动达十多场次，汨罗市电视台和汨罗时刻进行实时跟踪采访报道。

知识产权保护开展有序。一是认真开展专利行政执法，科技局行政执法小组对200余件有专利标识的商品进行备案登记，查处25件涉嫌假冒专利案和调处4件专利纠纷案；二是加大同上级知识产权部门、机关单位和企业协调力度，加强专利申报工作，2017年，完成申请专利321件，授权203件，其中发明专利完成申请量42件，授权22件；三是大力开展青少年小发明、小创造活动，2017年，汨罗市一中荣获省知识产权示范学校称号。

科技特派员工作扎实推进。汨罗科技特派员工作多年连续获得省级先进单位荣誉，2017年，根据岳阳市委人才领导小组的指示精神，共选派23名精通各行科技知识业务并有实践经验的科技特派员下到15个乡镇，举办各类实用技术培训讲座9期，分发技术资料1万多份，参训农民3000人次，产生直接经济效益近千万元。

科技信息服务平台作用明显。科技局依托“循环经济”和“城市矿产”两张特色品牌，先后创建并完善“汨罗市农村科技服务创新平台”“城市矿产产业服务平台”两个科技信息服务平台，2017年通过两个平台及时发布各类最新科技信息近千条，为汨罗农业农村和企业经济发展开辟一条技术服务通道。

防震减灾工作成绩显著。一是认真开展各种防震减灾大型宣传活动，全年共开展各类大型演练活动3次；二是新认定一所省级防震减灾科普示范学校，弼时镇群合村学校利用新建校舍的硬件优势，按创建标准加强校园内环境和宣传阵地建设，该学校成为当年湖南省新认定岳阳市两个防震减灾科普示范教育学校之一；三是有效开展省级地震民居安居工程建设，汨罗镇武夷村作为省级安居工程建设标准样板村，高起点规划，已进入省级安居样板工程建设。

（周亚玲）

气　象

市气象局负责人（名单）

党组书记 局长	辜文萍
党组成员 副局长	胡灿明
党组成员 副局长、纪检员	陈旺泉（兼）

【概况】 市气象局紧紧围绕年初《政府工作报告》重点工作，以服

务汨罗经济社会发展为核心，努力提升气象服务质量，各项气象服务成效显著。

【气象服务】 防汛气象服务卓有成效。通过纸质专题、云MASS短信及网络等通讯工具及时提供决策服务材料。特别是通过汨罗防汛、乡镇国土所、汨罗地质环境工作、汨罗安监、汨罗政务、汨罗市党委信息等QQ群和微信群提供即时服务，互动频繁，服务精准。

“5月31日—6月1日强降水过程”“6·30大暴雨过程”等，辜文萍局长加入平波市长组建的微信群，实时全程播报雨情和预报，为市委市政府提供精确的决策依据，气象服务工作得到各级党政领导的高度肯定。

公众服务优质高效。努力提供多样性的公共气象服务产品，不断满足用户精细化和个性化需要。每天制作天气预报节目在汨罗电视台3次播出，接受新闻媒体采访10次，完成春运春节、抬阁文化节、两会、清明节、劳动节、端午主题文化活动、屈子文化园开园系列活动等一系列专题气象保障服务。制作发布《重大气象服务专报》13期、《专题气象信息》27期、《一周天气预报》30期，《端午主题文化活动专题预报》7期，《屈子文化园开园活动专题气象服务》5期《屈子文化园建设工程专题气象服务》精细化产品60期，提供气象保障电话服务30余次，以及与森林公安局联合发布森林防火预警2期。

延续成果，继续深入推进“两个体系”建设。进一步加强部门间合作，与农业局、水务局、林业局、国土局的部门联动非常紧密频繁有效，建立联合开展重大气象灾害灾情调查、收集制度。完成古培、白塘、弼时、三江、汨罗镇等乡镇的农事调查和气象防灾减灾宣传。鼎诚合作社继续作为气象服务社会化试点推动当地的气象服务广度和深度。免费完成三江镇双桥村一组罗电姿等五户的农村防雷示范工程。开展全年第一期气象信息员（协理员）培训工作，并针对乡镇分管领导和协理员组织气象灾害防御专题培训。与湖南龙马微城网络科技传媒有限公司签订战略合作协议，由该公司旗下简邑传媒分布在汨罗全市的180套显示屏提供突发事件预警信息发布渠道及开展为农气象服务。进一步精细化气象为农服务产品，目前共发布各类产品150期、短信服务10.795万条，与农业合作发布产品36期，与国土合作发布地质灾害预警产品1期。汨罗市标准化现代农业气象示范县和弼时镇标准化气象灾害防御镇申报通过湖南省气象局审批，报国家气象局审批。

【社会管理】 坚持“党政同责、一岗双责”的要求切实抓好气象社会管理工作。强化防雷、氢气球管理部门监管责任，在汨罗市安委会的大力支持下，制定并下发《汨罗市人民政府安全生产委员会办公室关于做好全市防雷防静电安全工作的通知》。积极参与政府组织的全市成品油市场安全生产专项整治行动，联合执法检查过程中分别17家单位就防雷安全工作落实不到位的情况下达整改通知。顺利完成“端午文化节”和“屈子文化园开园”汨罗政府两次大型活动的气象服务和现场漂空气球审批监管工作，活动安全顺利开展。积极落实企业防雷安全生产主体责任。为提高防雷减灾的社会效益，联合岳阳市防雷中心，积极组织汨罗港华燃气有限公司全体生产职工90多人开展防雷技术知识培训，获得港华燃气公司赠送的感谢锦旗。

【现代化建设】 突发事件预警信息发布体系建设。2017年年初两会，市人大代表许德琼提交《关于将汨罗市突发事件预警信息发布系统纳入市政府2017年重点项目的建议》，4月5日的市长办公会上通过突发事件预警信息发布系统建设工作，汨罗市人民政府办公室制定并下发《汨罗市突发事件预警信息发布管理办法》。目前突发事件预警信息发布平台建设已全面竣工。

观测站综合改善项目开展顺利。依托中央投资项目对气象观测站进行综合改善。前期通过赴浙江省苍南县气象局、德清县气象局及长沙县气象局、平江县气象局等兄弟单位就气象现代化工作开展调研，学习和借鉴其在气象现代化方面积累的经验。经过半年施工，该项目全面改善气象观测站站内包括排水工程、文化宣传、绿化环境、消防、生活用水用电等方面环境，站内面貌焕然一新。

人工影响天气。积极做好人工影响天气作业人员的培训和作业器械的年检、维护、更新代换工作，做到“养兵千日用兵一时”，时刻为增雨救灾和重大活动保障等工作做好全面应急准备。开展为期六天的人工增雨抗旱作业，共计安全顺利作业10次，消耗火箭弹18枚，动用作业车辆2台（含平江县气象局支援1台），4名气象测报预报员（兼后勤保障）24小时双岗轮流监测雷达、卫星云图，对西长村红衫木等名贵苗木抗旱救援起了重要作用。

【综治民调】 制定《汨罗市气象局2017年度民调工作方案》和《汨罗市气象局2017年度平安创建工作方案》，层层落实责任，管好自己、办好自己的事，自觉承担起维护全局稳定的政治责任。积极开展“创建平安家庭”评选活动和公职人员回原籍走访活动。召开干部职工大会和家属会，并通过上门入户的方式，发放宣传资料，在群众中广泛宣传民调工作并告诉干部职工（含退休）的答题技巧。在院内定期更换综治民调工作宣传窗内容、悬挂宣传横幅、增加监控等，在全局营造良好的舆论氛围。

【党建工作】 加强党支部建设。认真落实全面从严治党，履行抓基层党建工作责任，加强党风廉洁建设，贯彻落实“两学一做”学习教育常态化制度化。积极组织党课、观看警示教育片、开展演讲比赛和座谈讨论，开展党员活动日等方式使党建活动主题深入人心。顺利完成岳阳市气象系统党建工作经验交流学习会。把党建工作列入年度工作要点，与气象工作紧密结合，组织全体党员使用学习“红星云”，确定每周五下午为全体党员集中学习日。持续开展“传帮带”活动，采取老党员、业务骨干与新党员、新进毕业生“一对一”结对的形式，通过“师徒”传帮带，实现新老党员、新进职工之间相互促进，共同成长。组织全局干部职工收看党的十九大会议开幕式和闭幕式，召开全体党员通过集体学习和自学方式学习十九大报告精神，通过支部书记讲党课、电子显示屏宣传、悬挂横幅、发放书籍等方式大力宣传十九大精神。

从严落实管党治党责任.一是认真履行党风廉政建设第一责任人责任。单位主要领导始终注重管好班子、带好队伍，坚持重要工作亲自部署、重大问题亲自过问、重点环节亲自协调。定期组织召开专题会议，分析研究党风廉政建设各项工作。签订《2017年党风廉政建设责任书》，认真落实《2017年岳阳市气象部门党风廉政建设和反腐败工作要点》内容，将领导干部在党风廉政建设和反腐败工作方面应的责任细化量化，形成主要领导亲自抓，班子成员齐抓共管、各司其责、干部职工积极参与的党风廉政建设工作格局。二是严格落实“一岗双责”。局领导班子成员严格按照“一岗双责”要求和“谁主管、谁负责”原则，自觉做到党风廉政建设与分管业务工作同部署、同落实、同检查、同考核。自觉执行《廉政准则》及各项纪律规定，管好配偶、子女和身边工作人员，主动报告个人廉洁自律情况，自觉接受干部职工监督。开展公职人员非法采矿清理，做到零持有、零报告。

推动文明创建再上新台阶。始终坚持“抓文明创建、促业务发展”的工作思路，积极创建岳阳市文明标兵单位。强化思想、道德、文化建设，将文明创建与岗位争先创优紧密结合起来，提升气象行业文明创建程度。组织参加羽毛球比赛、党内法规知识竞赛、读书心得分享、道德讲堂活动以及常态化开展慰问困难群众志愿者活动，活跃群众文化生活。加强退休干部服务和管理工作，在退休干部中开展为党的事业和气象事业增添正能量的活动。

【精准扶贫】 从人力、物力、财力尽心尽力完成帮扶工作任务。选派分管副局长为扶贫队长，并将组织关系转入扶贫点高华村，长期驻扎该村开展工作，将扶贫工作纳入单位重要议事日程，召开专题会议研究部署年度攻坚脱贫工作，安排一对一帮扶建档立卡贫困11户任务。多次组织干部职工到精准扶贫帮扶点高华村进行三走访七签字活动，对贫困户家庭和生活情况进行详细的了解、帮扶和慰问，制定具体的帮扶措施和脱贫计划。2017年有建档立卡预脱贫10户。其中2户贫困居民纳入油茶蜂蜜合作社，2户纳入易地搬迁，6户通过教育残疾扶贫政策、家禽养殖实现脱贫。

文化旅游·广播电视

任弼时纪念馆

任弼时纪念馆负责人（名单）

市委副秘书长 纪念馆党组书记	胡 玮
纪念馆党组成员 副 馆 长	符国凡 夏剑光

【概况】 任弼时纪念馆全年免费讲解4800批次，接待社会各界游客近70万人次，重点组织接待湖南省委副书记、省长许达哲以及省政协、省政法委、省文物局、岳阳市各级部门单位800多批次。2017年全年工作实现日常工作“零差错”，游客服务“零投诉”，文物安全“零事故”，获得“湖南省文物工作先进单位”“岳阳市党员干部骆驼精神教育基地”称号。

【专题调研】 2017年3月17日，时任岳阳市委书记、市人大常委会主任胡忠雄专程来任弼时纪念馆调研，充分肯定纪念馆近年所做的工作，要求纪念馆聚焦主责主业，挖掘红色资源，传承骆驼精神，发挥政治功能。

【学术研究】 全年8篇学术论文在各类学术研讨会采用或在期刊上发表；配合市委党校打造精品党课《人民的骆驼——任弼时》；独立编撰岳阳历史丛书——《人民的骆驼》（暂名），预计2018年公开发行。

【宣传活动】 结合“两学一做”学习教育要求，举办《弘扬骆驼精神 争做合格党员》专题展览，为岳阳市委学习中心组年度第三次集中学习提供现场服务，配合省、市直等300多家部门单位开展现场学习。筹划《骆驼精神励后人》教育短片。组织开展“国际博物馆日”和“文化遗产日”宣传推广活动，联合云南丽江纪念馆举办“红二六军团长征过丽江”和“丽江白沙壁画”临时展览。参加湖南省委宣传部主办的十大“魅力场馆”和“金牌讲解员”的参赛参评活动。在全市“千名书记讲党课”决赛活动中，纪念馆副馆长符国凡获得一等奖；在市委办系统“我为四大会战献计出力”演讲比赛中，宣教部副主任彭栗取得第一名好成绩。

【馆区建设】 协助市委党校推进二校区建设，完成红色旅游三期项目、可移动文物保护、白蚁防治、青少年活动场所、党性教育活动室提质改造等7个项目申报。

【文物保护和安防】 征集雕花衣柜、蚊帐、书桌、竹书柜等37件民俗文物。新增3间文物库房，添置文物藏品专柜及书画卷轴柜。对馆藏文物进行全面清理和部分修复，对库房实施除湿防潮措施。组织人员参加全国博物馆安全管理等各类业务培训班，做好馆区消防设施的维护。

（田 攀）

屈子文化园

屈子文化园管理中心负责人（名单）

书 记	周 征
主 任	张 勇
副主任	杨晓锋

【概况】 屈子文化园管理中心启动中国汨罗粽子文化产业园等8个项目，建成屈子书院一期主体等6个单体，累计投资5亿余元。运营成效初显。完善公共服务功能，端午、国庆开园迎来5.5万余名游客，社会反响较好，文化生态旅游品牌彰显魅力。

【党建工作】 党组书记主持召开党的十九大会议精神专题学习会议，邀请党校专家解读报告，党员干部读懂、吃透。通过报告上墙，设定践行计划，用好督查、考核手段，引导党员干部精神上心、行动接地。组织专题会议、集中学习5次，制作展板10块，上传13篇心得，入户宣讲75人次，创设浓厚的学习氛围。

2017年9月4日，中共湖南汨罗屈子文化园管理中心支部委员会获批成立，现有共产党员8名，党组成员为2人。自成立以来，党员干部扎根一线，谨守党章，未出现一起信访、举报事件，带头实干的形象深入人心。规定动作一个不漏。开足“三会一课”，落实“两学一做”，树典型、抓反面，努力增强党员干部政治素养。谋事干事一丝不苟。常进群众门，热情回应群众关切，热心办好民生实事，重塑敢担当、有韧性的干部队伍形象。创新意识一以贯之。贯彻学习、实践并举，以绩效作为能力试金石；借力舆论监督、导向机制，以群众满意度作为评价标尺。危险艰难的防汛工作当中，党组书记周征同志敢于担当，查险、抢险10余起，把灾害损失降低到最低限度，获评岳阳市防汛救灾先进优秀共产党员。

【项目建设】 规划动作前置。组织专家会诊，共评审田园综合体等30余个设计方案，通过10个。

一是严把规划设计评审关。始终坚持高标准、严要求，科学规划建设诗歌中华小镇片区、端午文化体验区、端午文化民俗区三大区域，近期已对汨罗江端午文化产业整体开发建设项目总体规划、诗歌中华小镇策划运营、汨江泊岸田园综合体、粽子文化产业园一期、屈子书院布展、汨罗江国家湿地公园、文化艺术中心、沿江风光带二期、新国际龙舟竞渡中心、金泽国际大酒店、新市古镇等重要节点进行多次方案评审，各级领导专家提出多条宝贵的意见和建议，其中，田园综合体、粽子文化产业园一期、金泽国际大酒店等设计方案已通过规委会评审，顺利进入施工阶段。

二是啃动征地拆迁硬骨头。汨罗市屈子文化园城市棚户区改造项目指挥部根据计划，2017年元旦前征拆房屋150栋，范围涉及新义村金钩片、农科片，截至12月1日，共投入3亿余元，已签约152户，完成率达101.3%，新征土地1524亩，基本满足后期建设需求。

三是打赢工程建设攻坚战。指挥员、施工员、协调员等风雨无阻、日夜奋战地坚守工地，平均日用工量500余人次，机械台班200余组。目前，入园口民宿商业街区项目已完成1、2栋房屋改建工程；入园口候车亭及公交车站已完工；楚堤防渗加固方案已通过水利专家论证，正进入施工阶段；环园路已完成沿线全部绿化种植，护坡已基本完成；游客码头、屈圣广场已完成混凝土承台搭建，正在进行地面铺装；饮马塘已完成驳岸边坡、溪涧整形、千层石安置等工程，正进行绿化种植及游路路基平整；屈子书院和书院前广场已基本完工，正进行最后扫尾工作；田园综合体已完成征地拆迁、规划设计、户型征集意见等前期工作，已启动道路建设；粽子文化产业园一期已全面动工，年前将完成3栋厂房主体建设工作。与此同时，诗歌中华国际交流中心、新国际龙舟竞渡中心、项目运营中心、金泽国际大酒店、沿江风光带二期、新市古镇滨江仿古街等工程建设有序推进，未出现停工现象。

【扶贫工作】 屈子祠镇新义村现有建档立卡贫困户75户，未脱贫38户，年预脱贫14户。作为该村精准扶贫后盾单位，通过跑部门、找公司，联系爱心团队，挖掘内部资源优势，精准帮扶效果明显。4个月来，上户走访420余次，产业帮扶140余次，教育帮扶22人，大病救助10人，就业帮扶14人，拨付专项资金155440余元。目前，26户年均收入在4000元以上，摘掉贫困帽。

【棚改项目】 根据屈子文化园城市棚户区改造项目计划，2017年元旦前征拆150栋，2018年春节前征拆30栋，2018年征拆220栋；两年内，建好一个包含近900套棚改房源（包括棚改房、小高层和公租房）的田园综合体。截至目前，已征地1255.44亩，签约152户，完成田园综合体的征地、规划设计等前期工作，形成群众排队签约的喜人态势。一是以目标倒逼进度。截至12月13日，共投入3亿余元，已签约152户、完成率达101.3%，新征土地1255.44亩，基本满足后期建设需求；编制并评审通过田园综合体规划设计方案，完成征地拆迁、地形勘测、地质钻探，并定于12月中旬动工。二是以担当回应民声。坚持阳光征拆。征地拆房依法依规，群众既得利益大，政策温暖民心；收录民声真心真意，聘请高能分类设计，户型尊重民意。坚持以德服人。以诚待人，回应群众问题诚恳，测绘、造价不耍心机，补偿款发放及时到位，群众都当干部是贴心人。

【招商引资】 园区以项目为载体，结合上级政策和自身发展实际，突出争项、融资、招商3个重点，全年平台公司实现融资7.2亿元（含棚改项目贷款4.6亿元）；上报项目25个，其中屈子文化园棚改项目、新市和长乐镇的传统村落保护项目、长乐故事小镇项目得以落实，争取项目资金近3000万元，争取政策性贷款4.6亿元；加大招商力度，引进金城集团和中铁十八局投资端午文化产业开发，总投资49.49亿元。以粽子产业园为平台，与湖南马复胜、五芳斋集团等5家知名粽子企业达成入园意向。

站在时代前沿，汨罗屈原文化品牌打造、文化旅游产业开发前景美好，但任重道远。必将以踏石有印、抓铁有痕的精神和信念，站好文化问诊、建设把关这道岗，为建设更高品质的生态文化活力汨罗而奋斗不止。

（张　勇）

文化旅游广播新闻出版

市文旅广新局负责人（名单）

局长、党组书记 龙舟办主任	欧阳三华（11月改任） 涂　猛（12月起）
党组成员 副局长	朱佑宝　章先进 戴超文
党组成员 纪检组长	唐　峻（8月止）
党组成员 工会主席	陈志鹏
副局长	胡细华
龙舟办副主任	韩新卫　黄莉明
办公室主任	李明根

【概况】　2017年，市文旅广新局全年共计完成公益电影放映4554场，完成率100%；在全市388个村（原数据）农家书屋进行图书配送和更换，共计69840册；结合“送戏曲进万家”活动，采取国有院团为主，民间团体辅助模式，确定花鼓戏剧团、文化馆、阳艺演艺公司作为送戏下乡实施单位，组织开展送戏下乡活动，全年共计完成送戏下乡105场，完成率达131%。

【党建工作】　坚持党的建设摆在首位。深化拓展“两学一做”，扎实开展“汨罗新发展、党员新作为”学习教育活动和示范创建等主题活动，以党建促作风转变，促事业发展。一是深入拓展“两学一做”，实现学习教育常态化制度化。通过制定实施方案、编制学习计划，坚持“每月一课”，坚持党组带头讲党课，系统学习习近平总书记系列讲话精神，有序开展“四种精神”的交流学习，组织开展做“四有”党员专题讨论，逐步将党建教育学习形成机制、成为模式。特别是十九大召开后，党组在组织集中学习后，力邀市委党校老师进驻各单位进行十九大精神宣讲，让党员干部接受一次思想理论的洗礼，既提升理论水平，又增强文化自信。二是全面实施“三抓三提升”，促进基层党建发展。坚持问题导向，结合“汨罗新发展、党员新作为”创先争优活动，组织开展讨论交流会、党员志愿服务，进行“七一”走访送关怀、送戏下乡助扶贫等活动，进一步增加党员与群众接触的机会，锻炼党员实践的能力。

【公共文化】　准确把握省厅四大体系、市局的“1234+9”工程要求，大力推进四大文化工程建设，努力打造覆盖全面、功能完善的三级公共文化服务网络。

文化惠民工程。将公共文化服务的标准化、均等化建设作为头等大事，全力推进。一是全面夯实文化阵地。将文化艺术中心建设列入市委政府重点工程，成立项目指挥部，编制概念性设计方案，争取政府支持，无偿划拨176亩国有土地用于项目建设。推动数字图书馆建设，开展“手机图书馆”推广活动，圆满完成第六次全国图书馆评估定级网络申报及迎检工作。结合行业扶贫、精准扶贫，由组织部牵头，遵循“七个一”标准，由设计院出具图纸方案，统一预算与财评，由建设项目村自主选择新建、改建模式，全面铺开全市178个村级（社区）文化服务中心、20个村级文化广场建设。二是广泛开展文化服务。组织引导开展组织“欢乐潇湘、幸福岳阳、给力汨罗”大型群众文化汇演活动，举办“新起点·新梦想”2017汨罗春节联欢晚会、“舞动健康生活·建设文化汨罗”广场舞、“流动课堂”走进乡村、2017年我们的节日·端午主题文化活动、“中华文化四海行-走进湖南岳阳”等系列活动，较大地丰富汨罗的精神文化生活。统筹推进“文化三下乡”活动，努力将民生实事工作落到实处。借助汨罗市花鼓戏艺术节这一平台，采取花鼓戏剧团为主、民间剧团为辅形式，于9月下旬，举办第八届花鼓戏艺术节，轮番展演系列传统花鼓戏剧目，受到广大市民的喜爱。

文化传承工程。落实好《关于实施中华优秀传统文化传承发展工程的意见》，努力促进本土优秀传统文化创造性转化和创新性发展。一是非物质文化遗产（以下简称“非遗”）传承工程。在非遗保护上，全力打造好故事会、龙舟竞渡等三大传统文化节会。正月，在长乐组织举办全省首届抬阁故事文化节，与郴州宜章夜故事、涟源珠梅抬故事、益阳桃江马迹塘扎故事、永州黄阳司扎故事成立抬阁故事联盟，这在全国跨区域同类型非遗项目中属于首创。5月13日，配合中央文明办、省委宣传部、省文明办，融合创新举办“爱我国家圆梦中华”——我们的节日·端午全国文明村镇文艺展演暨第十三届汨罗江国际龙舟节，让“故事小镇”“汨罗江龙舟节”成为汨罗优秀传统文化的响亮名片。组织开展“长乐抬阁故事会”丛书编撰工作，在长乐、海螺山、青狮开展3堂非遗现场授课，让传统文化、民间习俗融入社会、融入生活。二是戏曲保护与利用工程：继续推进湘北地区72本花鼓戏复排工程。已完成8台传统剧目的挖掘、整理及复排。其中，4台复排剧目在第八届花鼓戏艺术节进行首演，反响良好。

文艺复兴工程。坚持以人民为中心的创作导向，下大力气抓作品、抓创作，重振汨罗文化艺术辉煌。一是抓创作。编制出台《汨罗市文艺繁荣计划》，夯实甘家班，鼓励生产创作，增添全市文艺原创力量。创作廉政花鼓戏小戏《解坨》、设立《汨江风》诗歌板块，拍摄《我从汨罗来》微电影等，进一步拓展文化领域艺术门类。二是抓扶持。将项目、资金向基层倾斜，扶持发展本土文化，着重打造好歌曲《我的偶像是屈原》，将《甜酒谣》申报列入2017国家艺术基金，携手北京九天星动漫公司，完成30余本动漫戏曲的灌制，选送《汨罗娃》《千年古镇新市街》《中华一条船》参加“新人新歌大赛”、岳阳市第三届文化艺术节，进一步繁荣域内文艺事业。

市场繁荣工程。在充分发挥“扫黄打非”工作领导小组办公室职能基础上，建立起协调、联系、监管和督查机制，加大合力，全面开展好文化、广电、新闻出版、旅游四大市场的整合、整治工作，建立健全文化市场管理体系。文化市场方面：开展“内强素质、外树形象”活动，努力提升执法队伍素质；狠抓执法办案，集中开展校园周边环境整治，检查网吧22家次、电子游戏室25家次、音像出租店15家次；积极开展扫黄打非行动，处罚12家违规经营队伍，收缴盗版图书800册、盗版光盘600本、色情光盘160本、码书码报800册（张）；规范演艺市场，配合工商、消防、公安进行行政执法，加强KTV曲库和演艺场所表演节目的监管，严厉打击低俗、非法演出活动。广播电视方面：配合市局，开展“剑网行动”，对市电视台城网工商、农网工商、村镇小片网、AIRTVBOX进行检查、督查，与播出单位签订责任状，确保十九大安全播出；继续做好直播卫星户户通后续工作，设立热线电话，建立乡镇后勤维修服务站，确保7500户接收终端能正常收看节目。新闻出版方面：建立健全《内部资料》审读机制，严把一次性《内资》审批关，完成阳光书店、创智书城、万卷书城及出版物发行单位年检工作，与全市印刷企业签订责任状，开展集中整治活动。落实承印五项制度，强化对印刷企业的检查监督。积极推进软件正版化，倡导起买正版、用正版的社会风尚。旅游市场方面：对全市三星级以上乡村旅游区（点）进行复核工作，保留8家，取缔5家。大力推进《中华人民共和国旅游法》和《中华人民共和国安全生产法》进景区（点）、进旅行社、进星级旅游饭店、进星级乡村旅游区（点），进一步规范旅游企业经营行为。

【全域旅游】 发挥资源优势，加快文旅融合，把文化旅游产业作为推进“文化强市、旅游热市”的强力引擎，全面推进全市全域旅游建设。

加大扶持力度。加快白水镇、弼时镇、屈子祠镇、神鼎山镇、新市镇“湖湘风情文化旅游小镇”建设，出台《关于长乐故事小镇建设会议纪要》，集中力量和资金，加快建设长乐古镇建设，努力将其打造成中南地区最具文化品味的故事小镇。继续巩固白水闵家新村、西长花海项目，推动罗江杨梅园正式对外开放，让一批绿色、休闲新型旅游项目做大规模、产生效益。

优化发展环境。启动屈子祠周边环境整治和碑林修整工作，进一步优化核心景区环境；修建环湖公路，建成游客中心，对京珠复线连接线进行拓宽、绿化，促推园区对外开放；为提升汨罗对外旅游形象，根据市委、政府主要领导意见，启动全市旅游标识标牌设置工作，在全市主干道12个入口及主要景点，共设立旅游形象宣传牌6块、主要景点形象牌10块、景区景点指路牌28块，搭建起汨罗市完善的“两横一纵多点”的旅游交通标识标牌系统。目前，一期工程已经完成，二期工程正在规划设计当中。

加快项目建设。紧跟政策，吃透政策，积极策划项目、包装项目，争取项目，引领产业建设。将屈原纪念馆、长乐故事小镇建设列入省文化产业发展专项，引进E宅自驾车露营基地落户汨罗，成立SPV公司，由金诚集团筹集注入资金6亿元，启动文化艺术中心、汨罗市金泽商务大酒店、诗歌中华国际交流中心、沿江风光带二期、风光带东延线、龙舟竞渡中心6个子项目，整体推进端午文化产业示范带建设。屈子文化园：完成东入园口路面拓展和绿化、濯缨桥、游客服务中心建设，对环湖路生态景观进行提质改造，完成边坡护理、景观绿化、裁弯改直等。为快速推进项目建设，会同屈子祠政府，新签协议8户，新拆房屋14栋，新征土地60余亩，完成土地调规1800余亩，迁坟20余座，并已规划好墓葬区。5月30日，屈子文化园核心项目屈子书院揭牌，标志着书院一期工程完成，正式对外开放。按照“5万亩生产基地、5万人就业、50亿产值”发展目标，规划建设粽子产业园、粽子文化博物馆暨端午习俗体验馆、冷链物流中心、粽子生产基地、粽子产业配套种植基地“一园一馆一中心两基地”，争取用3年时间打响“汨罗粽子”品牌。目前，项目选址在屈子祠镇新义村金钩片区，一期工程“三通一平”建设基本完成，正在进行厂房基础建设。

长乐故事小镇：成立长乐故事小镇建设指挥部，确定一街、一岸、一园、一基地建设思路，采取多元化投入促推建设，深度挖掘故事文化，实现故事文化和故事产业地深度融合。5月，古街路面已完成管网入地和硬化，麻石古街进行修整，智源体育休闲基地已经开门营业，沿江岸风光带正在规划整治当中。

【民生实事】 2017年，涉及民生实事共三项：公益电影4524场、送戏下乡80场、送书下乡69840册。为将工作落到实处，成立民生实事工程推进办公室，细化方案、强化举措，确保这项惠民、利民工程落到实处。

【反腐廉政】 履行好党组党风廉政建设主体责任，落实好纪检监察监管责任，以制度防腐、源头防腐为核心，积极推进内控机制建设，用坚定的党性来锻造出一支守纪律、有底线、讲责任、敢担当的文化中坚力量，为文化旅游跨越发展保驾护航。

一是抓责任，促落实，健全反腐倡廉责任体系。建立惩防体系并举领导小组，制定《分工方案》和《年度工作安排》，将任务分解落实到各部门、各单位，举全局之力共推惩治和预防腐败体系建设。把惩防体系工作和党风廉政建设责任落实相结合，与干部队伍建设相结合，将考核结果作为衡量领导班子、领导干部工作能力和工作实绩的重要依据，并纳入年度工作绩效考核，做到目标管理，党建工作、反腐倡廉同部署、同落实、同考核。

二是抓制度，立机制，源头预防和治理腐败工作稳步推进。严格落实领导干部“一岗双责”。实施上级对下级、下级对上级的双向述廉制度，党组班子向全体干部职工述职述廉，各单位负责人向分管部门领导述职述廉，自身廉不廉洁，述廉真不真实，由大家来鉴定，使上对下、下对上的双向监督得到加强。加强制度建设，建立长效机制。通过完善各项监督管理制度和行政执法工作制度，使惩防体系制度建设的目标具体、明确、全面。开展廉政风险防范管理工作。针对文化旅游相关行政执法职能，制定行政执法健全防控机制，对在行使行政审批权、行政执法权的岗位人员中容易发生问题、存在廉政风险的薄弱环节，进行廉政风险评估，有的放矢地制定廉洁自律和防控管理措施，将预防腐败的责任落实到每一个岗位，推进党风廉政建设关口前移。

【特色亮点】 创新举办全省首届抬阁故事文化节。2月9日——11日（农历正月十三至十五），在长乐镇举行全省首届抬阁故事文化节，率先在全省成立抬阁故事联盟。节会期间，联合《华夏地理》杂志社、北京时尚科比亚广告有限公司举办“发现原生中国——《华夏地理》汨罗长乐摄影节”，吸引来自全国各地摄影师和摄影爱好者踊跃参赛。经过多轮评选，共评选出一等奖2个、二等奖4个、三等奖6个。

组织龙舟队赴俄进行对外文化交流。2017年7月29日，组织龙舟队参加第四届“圣彼得堡夏季中国文化节暨涅瓦龙舟赛”，该局组织的队伍作为岳阳市唯一参赛队伍，获得较好成绩。此次活动，为推动中俄文化交流、体育竞技、民俗展示、文化旅游推介等构建起新的平台。

融合举办第十三届汨罗江国际龙舟节。5月13日，配合中央文明办、省委宣传部、省文明办，创新举办“爱我国家、圆梦中华”——我们的节日·端午全国文明村镇文艺展演暨第十三届汨罗江国际龙舟节，让“汨罗江龙舟节”成为汨罗市优秀传统文化的响亮名片。

协助举办屈子文化园开园活动。5月29日，配合屈子文化园开园，在华瑞大酒店举行屈原文化传承与区域文化创意产业发展高峰论坛，来自全国各地的屈学专家学者汇聚一堂，共同追思屈原、研究屈原文化的传承与发展。5月30日，举行隆重的屈子文化园开园仪式。在开园仪式上，《思美人》总制片人带领主创团队到汨祭拜屈子，和汨罗人一起过端午，为屈原文化注入时尚、青春、昂扬的色彩。

强力打造精品艺术工程。实施艺术孵化计划，成立艺术创作团队，创作花鼓戏《解坨》、花鼓戏表演唱《移风易俗奔小康》，设立《汨江风》诗歌板块，拍摄《我从汨罗来》微电影等，进一步增添我市文艺原创力量。其中，小戏《解坨》选送参加岳阳市第二届原创花鼓小戏、小品大赛决赛，荣获一等奖；表演唱《移风易俗奔小康》在“欢乐潇湘幸福岳阳”比赛中荣获金奖，并被选送至岳阳市《刹人情歪风》专场晚会。

组织举办第八届花鼓戏艺术节。9月下旬，汨罗市花鼓戏剧团联合湘阴楠竹山花鼓戏剧团、屈原花鼓戏剧团、新湘A花鼓戏剧团，组织举办第八届汨罗市花鼓戏艺术节，将《红龙仙子》《巧姻缘》《花郎奇遇》《杨宗英认祖》《买母为奴》《金殿认母》《泣报三元》8台优秀传统剧目在市电影院上演，得到当地及临近县市区群众的热捧。艺术节期间，观众累计达到15000余人次。

启动三大文化产业项目建设。由市委、政府牵头，召开专题会，大力推进粽子文化产业园、长乐古镇、神鼎山田园综合体建设。

粽子文化产业园：以“5万亩生产基地、5万人就业、50亿产值”为目标，规划建设粽子产业园、粽子文化博物馆暨端午习俗体验馆、冷链物流中心、粽子生产基地、粽子产业配套种植基地“一园一馆一中心两基地”，争取用3年时间打响“汨罗粽子”品牌。已完成项目一期“三通一平”工作。累计投资5000万元。

长乐古镇：出台《关于长乐故事小镇建设会议纪要》，成立建设指挥部，确定一街、一岸、一园、一基地建设思路，采取多元化投入促推建设，深度挖掘故事文化，实现故事文化和故事产业地深度融合。2017年8月10日，正式启动长乐古镇特色文化旅游基础工程二期建设项目，2017年累计完成投资5000万元。

神鼎山影视田园综合体项目：引进浙江金诚集团，启动神鼎山影视田园综合体项目建设，明确将神鼎山镇建设为中部地区集旅游、养生、休闲度假与文化体验为一体的禅意旅居地、佛教文化景区和休闲养生度假新区。2017年完成投资5200万元。

创新开展“书香汨罗·全民阅读”系列活动。为倡导多读书、读好书的文明风尚，推动全民阅读活动开展，图书馆创新“亲子共读道德大讲堂”“文化论坛”。邀请本土知名文化人士和文化志愿者每周六在图书馆开展讲座。亲子共读道德大讲堂主要面对中小学生和学前小朋友，授课内容为三字经，弟子规，老子、论语等。

完成双江口桥抢救性维修。2017年3月17日晚10点，由于连降暴雨，汨罗发生省级文物保护单位双江口桥南面雁翅及第一桥孔坍塌事件。为确保文物安全，遵照制定的《双江口桥修缮工程设计方案》，组织力量对双江口桥进行为期两个多月的抢险加固施工。施工中，严格遵循“修旧如旧”的原则，对主桥桥基已裸露于河床的木桩全部实施高标号混凝土灌浆，以免木桩腐朽造成桥梁本体坍塌，对已经坍塌的东面雁翅全面进行修复，桥墩、桥面剔补归安、勾缝。

搭建旅游交通标识标牌系统。为提升汨罗对外文化旅游形象，全面启动全市旅游标识标牌设置工作，在全市主干道12个入口及主要景点，共设立旅游形象宣传牌6块、主要景点形象牌10块、景区景点指路牌28块，初步搭建起“两横一纵多点”的旅游交通标识标牌系统。一期工程已经完成，二期工程正在规划建设当中。

（李明根）

新华书店

市新华书店负责人（名单）

经　理	任　彬
副经理	彭　博　　任　兵

【概况】 市新华书店紧紧围绕汨罗市委确定的工作部署，充分发挥基层党组织的战斗堡垒作用和党员的先锋模范作用，努力做好机关党员干部思想政治建设、基层组织建

设、作风建设、文化建设和支部自身建设，推进市直单位党建工作再上新台阶。

【队伍建设】 加强对支部党员和干职工工作作风建设和修身务实的重要性和必然性的宣传教育。提倡每位党员同志带头学习先进思想，使之成为其他干职工的榜样。

进一步深入开展创先争优活动。把创先争优活动与单位建设紧密结合起来，认真搞好支部带头作用，提倡年轻员工做好模范榜样，让书店形成良好企业文化风气。

支部成员在党支部的带领下结合“两学一做”学习教育常态化制度化开展落实“党员活动日”制度。认真学习毛泽东思想，邓小平理论、“三个代表”重要思想、习近平总书记重要讲话，《中国共产党章程》《党内监督条例》以及党的文件与有关会议精神,党支部成员采用集中学习、交流、讨论为主的学习方式，以党小组为主，组织党员和入党积极分子进行理论学习，认真学习党章和全国人大、政协两会精神，进一步了解掌握党的基本知识和形势政策。

积极组织发展对象考察和培训。配合市委组织部，严格落实党支部工作制度，规范发展党员考察程序，认真做好党员的发展和转正工作，确保发展党员的质量，在发展工作中，尤其重视做好培养考察工作，并做好发展工作符合程序，手续完备，材料规范，质量保证。同时要进一步加强对预备党员的教育考察，及时认真做好预备党员的转正工作。

【精准扶贫】 每月月初定期召开支部党员大会。传达学习和讨论有关事宜。这些要作为支部的一项日常教育管理来实施。积极参加党的活动，认真完成党所分配和交给的任务，增强党的组织观念。

为使真正困难群众家庭得到实实在在的援助。支部成员多次深入挂钩村贫困家庭，与贫困户交心谈心，走到田间地头开展调查研究，对致贫原因、存在问题进行分析，研究解决方案，制定脱贫工作计划。重点了解贫困户的生活状况，共同讨论对他们采取的帮扶措施。积极扶持贫困户发展家禽养殖业，分别于贫困户签订一对一帮扶协议，并无偿向他们提供价值500元的鸡、鸭苗及饲料，帮助其发展家禽养殖业，提高居民生活水平，期间分别对帮扶对象进行慰问，为他们送去500元的慰问金及价值300元的米、面、油等生活用品。引进罗汉果养殖项目，给参加项目的户头进行学习培训和签订种植合同书，做到就业帮扶，帮助贫困户精准脱贫。

充分发挥党员干部的先锋模范和引领作用，身教重于言教。党员和干部在学习生活，工作遵守纪律等各方面要成为其他成员的榜样。尤其在工作作风建设，修身务实，遵纪守法等方面发挥示范和引领作用，党员和干部的先锋模范作用和引领作用，带领好广大干职工遵纪守法，积极工作。

广播电视

市广播电视台负责人（名单）

党组书记 台　　长	涂　猛（10月改任） 许艳辉（10月起）
党组成员 副 台 长	任继红　兰　明 郑伟皇
党组成员	吴　晖　余向阳

【概况】 2017年，市广播电视台加大技术改造力度，整改中心机房，投入200万元升级摄影录播设备，积极参与“精准扶贫”工作，全局上下、合力攻坚，各项工作圆满完成。

【宣传工作】 一是主题报道在系列策划中拓展深度。高质量地完成市三级干部大会录播工作，推出书记、市长重要讲话精神解读，开辟《春天的脚步》专栏，系列报道全市各单位贯彻落实情况；开办《建设新汨罗喜迎十九大》专栏，发布喜迎十九大系列报道26期，营造浓厚的舆论氛围。圆满完成首届湖南长乐抬阁文化节、第十三届国际龙舟节、集体婚礼以及广场舞大赛等重大活动的直播、转播工作，较好地推介汨罗地方传统文化和民俗民风。二是电台发声在贴近民生中饱含温度。《湘北之声》开办栏目21个，其中自办栏目19个、新增栏目2个、直播栏目3个，保持每天播出18小时。配合中心工作，创立人大代表、政协委员风采展播、两会直播间、十九大精神解读等临时节目，收听群日益扩大。三是发稿在精益求精中提升高度。《汨罗原点》全年发稿2210条，《汨罗新闻》发稿1820条，《家在汨罗》发稿680条，60%的稿件实现第一时间发稿。全年累计向上级台发稿140条，其中，岳阳台发稿100条、省级台上稿26条、中央台发稿14条，中央台发稿数量连续第三年蝉联岳阳地区第一名。稿件在岳阳荣获1个特别奖、3个一等奖、2个二等奖、4个三等奖，创优工作继续保持在岳阳第一方阵。

【基础建设】 一是城乡网络稳步推进。市农网公司进一步加大技术改造力度，关停QPSK信源，升级80W信源，增强信源覆盖能力；整改中心机房配电系统，更换岳峰尖UPS电池，保障电力的正常供应；架通高坊职中光纤，积极应对4G干扰，稳定大集团用户。城网公司加大对城区网络改造，光纤入户率达到70%；配合市政工程，完成城区多处光缆入地、入网工作；实行网格化管理，积极“拼市场、保用户、促发展”，有效遏制用户流失，提高公司效益。二是技术装备得到强化。投入200余万元，新购一台全媒体直播车，新装一套演播大厅电子屏；采购办公电脑十余台，升级、添置其他摄影录播设备，基本实现广播电视节目从采编、制播、发射、传输到储存的全业务流程的数字化应用。三是新媒体发展态势喜人。成立APP运营推广部、活动策划部，加强以原点为主的新媒体平台和内容建设，加快客户端和微信公号的推广和下载。全年策划开展大小活动30余次：精心组织原创广场舞大赛，点击收看量突破50万次；重点推出“发票有喜”摇奖活动，促进市民协税护税的意识的增强，为全市财税增收做出积极贡献；加强信息通联，为全市60余个单位完成在汨罗原点上的子平台搭建，促进政务公开。汨罗原点现拥有用户量4万余户，点击量突破800万，知名度正不断扩大，影响力正不断攀升。

【民生工作】 一是高质量完成“村村响”数字化改造。响应建设更高品质的文化汨罗号召，争取投入资金300万元，高标准、高质量地推进13个镇146个行政村（社区）的农村广播“村村响”数字化改造工程，重新构建市镇村三级平台集中管理、联播联控、兼具防汛抗灾功能的“村村响”广播体系，为服务“三农”、丰富群众精神文化生活建强平台。二是多举措开展精准扶贫工作。积极利用行业资源，大力开展送服务下乡活动，组织专业技术队伍下到三江、玉池等地，免费为贫困山区民众维修电视。深入联点的省级扶贫村——神鼎山镇丰仓村，结对帮扶贫困户24户77人，筹措帮扶资金22.6万元，物资1.3万元，预脱贫6户19人成功脱贫，丰仓村也顺利退出贫困村序列。

【队伍建设】 一是全面推进“两学一做”学习教育常态化制度化。把学习教育与党组中心组学习、党员组织生活会、党日活动日融合在一起，灵活采用集中学习、微信群、QQ群等多种形式，确保学习取得实效。二是层层动员，掀起“红星云”学用热潮。全台125名党员中激活注册120名，激活率和平均积分均排名全市前列。三是坚持学习实践相结合，发挥党员先锋模范作用。市城网公司开展“回归工人本色、开展岗位练兵”活动，老党员手把手传授新党员技术技能，促进青年同志的快速成长。彭中华捐献造血干细胞，挽救一名患白血病的9岁小女孩的生命，用行动诠释一名共产党员的先锋本色。在汨罗遭遇暴雨灾害侵袭期间，全台党员自觉放弃放假，加班加点，积极投身于防汛报道和救灾工作中，圆满、出色地完成各项防汛报道任务，确保全市广播电视播出安全。

（涂　猛）

卫生·计划生育

卫生和计划生育

市卫生和计划生育局负责人（名单）

局长、党组书记	何发阳
党组副书记 常务副局长	熊世芬
副局长	游西云　汤铁尧 傅朝晖　何　伟 周呈文　戴新建
纪检组长	游　胜（6月改任）
党组成员	李文勇　张　虹 周毅坚　何　方
办公室主任	任佳成

【概况】　2017年，市卫生和计划生育局紧紧围绕市委、市政府中心工作，以建设更高品质生态文化活力汨罗为目标，全力推动“十三五”卫生规划实施，努力营造汨罗优质服务的医疗环境，卫生计生事业再上新台阶。

【党建工作】　基层党建工作。第一，重视到位。坚持党组书记抓党建第一责任人职责，党组全年专题研究党建工作6次以上，成立党建工作领导班子，建全党建监督指导机制、党组成员联支部党建工作机制，确保每个支部有一名党组成员、一名机关党委成员联系指导支部党建工作。2017年，所有党组成员均到所联支部至少讲一次党课，参加支部组织生活会，履行业务工作和党建工作一起抓职责。第二，活动到位。建立长效机制，扎实推进“两学一做” 学习教育常态化、制度化。按照市委组织部“两学一做”学习教育常态化、制度化方案要求，卫计系统各支部坚持全覆盖、常态化原则，重创新、求实效，以“两学一做”为基本内容，以“三会一课”为基本制度，以党支部为基本单位，积极推动“两学一做”学习教育融入日常、抓在经常；坚持党建引领作用，扎实开展党建促脱贫攻坚精准扶贫工作，卫计局机关、卫计系统各二级机构向联点扶贫村派驻第一书记和驻村帮扶队员，班子领导结对帮扶贫困户；“四种精神”学习讨论、发展党员、“党员活动日”“汨罗新发展、党员新作为”活动，十九大精神学习各项活动均有序开展。第三，效果到位。一年来卫计系统以往存在的重业务轻党建、重形式轻实效的基层党建短板工作得到扭转。党员增强政治意识、大局意识、核心意识、看齐意识。支部的战斗堡垒作用得到发挥，广大党员学思践悟、知行合一、“创先争优“的先锋模范作用得以显现。

领导班子和干部队伍建设。第一，严格政治纪律。全面贯彻党的十九大精神，深入学习贯彻习近平总书记系列讲话精神和治国理政新理念新思想新战略，认真落实省市党代会精神，增强政治意识、大局意识、核心意识、看齐意识。狠抓党员干部思想政治建设，以抓好党的十九大精神学习贯彻为主线，把学习贯彻党的路线方针政策作为一项重要政治任务来抓。第二，严格组织生活。1月13日，以学习贯彻党的十八届六中全会精神为主题，局领导班子召开专题民主生活会，围绕“两学一做”学习教育要求，紧密结合政治合格、执行纪律合格、品德合格、发挥作用合格四个标准，对照《中国共产党廉洁自律准则》《中国共产党纪律处分条例》，联系班子和个人实际，进行党性分析，深入查摆问题，严肃认真开展批评和自我批评，建立班子问题台帐和领导干部个人问题清单。坚持问题导向，按照分类施策、逐个销号的要求，切实抓好整改，提高班子和自身发现问题、解决问题的能力。第三，严格民主集中制。制定党组议事程序和议事规则，党组书记带头坚持民主集中制，重大决策、重要人事任免、重大项目安排、大额资金使用等“三重一大”事项坚持由党组集体讨论和决定。坚持集体领导和个人分工负责相结合的工作制度，全面加强班子团结，求大同、存小异，统一思想、统一行动，形成领导班子的整体合力。

【廉政建设】　制度建设。认真贯彻落实中央“八项规定”、省委“九项规定”、市委“九条禁令”，制定《汨罗市卫计局2017年党风廉政建设工作实施方案》，规范卫计局内部各项规章制度、完善医疗卫生单位“医药采购招投标”“基础设施建设招投标”、行政执法裁量权等制度，明确市直医疗卫生单位、乡镇卫生院绩效考核指导意见，推行医疗卫生计生机构医务公开、院务公开、行政执法权力公开、基本服务项目价格公示制度，完成卫生计生行政执法权力清单清理及卫生计生公共服务事项疏理工作。

组织领导。局党组高度重视党风廉政建设工作，把党风廉政建设工作纳入卫生计生系统领导班子、领导干部目标管理。自觉接受党内同级监督，支持市委派驻卫计局纪检组的监督。建立卫生计生系统党风廉政建设工作领导小组，明确主要领导对班子其他成员和分管范围的党风廉政建设工作负总责，班子其他成员对分管的党风廉政建设负直接责任。细化分解工作任务，由市卫生计生局与各医疗卫生计生单位、卫生计生局主要领导与班子成员、分管领导与各分管股室负责人层层签订落实责任。

制度落实。按照市委部署，配合组织开展“涉砂”“涉矿”经营专项行动、“刹人情歪风、治婚丧陋习、树文明新风”专项行动、清理国家公职人员“吃空饷”专项行动。组织开展医药购销和医用耗材领域专项清理行动，对医生开单提成违规行为及时进行处理，规范内部制度管理。严格控制“三公经费”支出，坚持一支笔签字，规范卫生计生经费支出，先后接受纪检、财政、审计等部门的专项检查和市委巡察检查，无违规现象；严格落实公车改革政策，坚持事先报备，2017年无一起公车私用或违规用车现象；规范公务接待工作，会议培训、公务接待用餐坚持在机关食堂。严格执行执纪问责，对违规违纪人员进行及时处理，对在医药购销活动中违纪违规的4名医务人员作出停职处理，对纪检交办案件、局纪检组查办案件均按程序依纪依规进行处理，清理在编不在岗人员47 人，吃空饷人员3 人，及时上报市治理吃空饷领导小组，追回吃空饷金额34360元，上缴财政专户。

【医疗服务】 根据《市委常委会第34次会议纪要》《第四次市长办公会议纪要》精神，城区医疗卫生服务体系建设指挥部10月18日正式挂牌。市人民医院、市疾控中心建设已完成规划概念设计。市中医院建设已完成规划概念设计，拆除原血吸虫病防治办及城关派出所地面建筑，完成地勘报告及建筑设计施工图。由财政局签头已完成对市人民医院、市中医院、市第二人民医院、市精神病医院、市妇幼保健院、市疾控中心资产评估工作。所有医院融资工作已明确答牵头负责人与安居及银行对接工作。

【创先争优】 宣传教育。利用“5·29”“世界人口日”“艾滋病宣传活动日”等活动日开展政策法规、优生优育知识宣传咨询、药具发放等活动。利用汨罗电台、汨罗电视台、汨罗新媒体中心等大力宣传计生基本国策。

基层基础。先后4次由卫计局对全市15个乡镇进行督查，先后组织乡镇专干、统计员在长沙市、岳阳市进行业务培训学习；先后对各镇出生人口进行调查，清理错报、漏报出生人口68人。

流动人口。自5月起开展“百日行”行动加强流动人口数据清理，发通报2期，到8月中旬全市省内流动人口匹配率达到94.01%。反馈信息51674条，信息反馈率100%，无1条逾期未反馈。抓公卫服务，流入人口公共卫生服务建档率90%以上。

依法行政。完成156份执法文书的制作，全市共上缴社会抚养费230.4万元，全年移交法院申请强制执行个案107个，依法拘留2人，冻结银行账户存款7人20多万元。

好实事工程。全年2次共对7538名孕妇进行集中筛查，参与筛查率达91%，高危检出率为41%，产科救治危重孕产妇106人，转诊危重孕妇119人，开启绿色通道成功救治危重孕产妇8人；全年完成“两癌”筛查妇女16514人，完成率为108%；全年免费筛查5779人，完成年度任务107%；优检13444人，查出异常1470人。

利益导向。全市已累计申报确认农村奖励扶助对象6266人（奖扶对象5755人，特别扶助对象511人，退出奖扶对象190人，特别扶助退出对象19人），全年发放资金1082.436万元。全市累计申报确定城镇奖扶对象6719人，0~14周岁纯（农）独生子女家庭4223户，共计76.014万元12月前打卡发放。

协会建设。确定抓国家示范创建目标。已创建国家级示范村（居）10个、省级示范村（居）18个、岳阳市级示范村（居）43个，全年再申报示范镇3个、示范村（居）45个。

【中心工作】 一是做好脱贫攻坚工作和健康扶贫工作。卫计局作为原玉池双狮村精准扶贫后盾单位，按照三年扶贫工作计划，在2016年脱贫38户的基础上，2017年，共有43户140人成功脱贫。2017年，卫计局投入23万元帮助贫困村，其中6万元用于贫困户慰问，17万元用于村级平台建设、村级道路拓宽、山洪冲跨沟渠修复。落实健康扶贫工作政策机制，制定《（2017—2020）汨罗市健康扶贫工程实施方案》《汨罗市健康扶贫工程“三个一批”行动计划实施方案》《汨罗市农村贫困住院患者县域内先诊疗后付费工作实施方案》相关文件。全面落实实施“三提高、两补贴、一减免、一兜底”综合保障措施。全力推进一站式结算平台建设11月8日汨罗健康扶贫工作一站式结算平台窗口，在定点医院人民医院正式开通，并制定《汨罗市健康扶贫一站式结算操作流程细则》。

二是开展环保问题专项整治工作。针对省环保督察组督查交办突出环境问题中，汨罗市医疗废物集中处置工作存在的问题，卫计局党组多次召开专题会议，成立专门工作班子，由党组成员带队深入各医疗机构指导督促整改。目前，医疗废物集中处置问题整改工作已完成，汨罗市医疗机构医疗废物已全部交由岳阳市方向固废有安全处置有限公司集中处置，已提交书面报告验收消号。

三是落实棚户区改造工作情况。卫计局涉及棚改拆迁对象17户，为迅速落实此项工作，局党组召开专题会议，由局长负总责，一名党组成员及办公室主任具体落实，联系指挥部派工作人员与拆迁对象面对面进行政策解答和交流。目前工作顺利，与拆迁对象相关的该系统工作人员承诺全力配合做好棚改拆迁工作。

四是抓好文明创建和爱国卫生工作。按照市委市政府“争创国家卫生城市”的目标，为推进“三城同创”工作，局党组安排一名副局长及一名工作人员常驻市“三创办”。爱卫办扎实开展爱国卫生工作，积极参与各种卫生主题日宣传活动，印发近6万份宣传单。制定全市病媒生物防制方案，开展严格督查，确保汨罗市顺利通过蚊虫防控水平C级达标复查。根据市政府办《关于开展省级卫生镇村、省级文明卫生单位创建活动的通知》精神，爱卫办联合市“三创办”制定卫生创建方案，召开动员大会，组织督查和整改落实工作。

（任佳成）

人民医院

市人民医院负责人（名单）

院长兼党委书记	朱德军
党委副书记 常务副院长	荀坤林
副院长	李红辉 李文彬
纪检书记	郑骋怀
工会主席	徐云珍

【概况】 2017年，市人民医院完成门诊量22，0456次（急诊2，5691人次，门诊19,4765人次），收治住院病人40431人次，完成各类手术5544例。放射科完成拍片59185人次，CT检查42628人次，MIR检查6308人次，B超检查11万人次，心脑电图检查20221人次，消化内镜室完成内镜检查10068人次，检验科全年检验服务费达4400多万元，均比同期增长。全院全年实现总收入共计2.89亿，较去年增加2531.61万元，增长率为9.95%；其中医疗收入1.95亿元，占总收入67.49%，药品收入9197.03万元，占总收入31.78%，门诊收入9825.24万元，和去年同口径比增加1008.52万元，增长率为11.44%，住院收入1.89亿元，和去年同口径比增加1843.58万元，增长率为10.81%，全年卫生耗材共支出5153万元。

【党建工作】 按照上级党委要求，该院深入开展“两学一做”学习教育实践活动，积极组织全体党员认真学习党章党规和习近平新时代中国特色社会主义思想，全院党员政治理论水平和政治素养不断增强，较好地发挥党员的带头作用和先锋模范作用，为全院和谐健康发展提供坚强的政治思想保障。紧紧围绕创建全市党建工作先进单位这一目标，进一步加强党组织建设，努力抓好制度的落实，加大党员队伍建设，全年培训入党积极分子5名,发展预备党员4名，医院的党员年龄结构更加年轻化，为党组织注入新鲜血液,党员队伍活力明显增强。通过活动提升党员党性修养，积极开展“党员活动日”活动，以支部为单位，组织党员积极开展卫生健康宣教、医疗义诊、无偿献血、精准扶贫、捐款慰问等活动。

【医德医风】 该院组织全院干部职工认真学习中央“八项规定”和卫计委“九不准”，层层签订责任状，严禁各种开单提成、回扣等不正之风。狠抓制度建设，科学制订处方点评、大处方管理办法、药占比等制度，三公经费明显下降，从制度上有效控制医药行业不正之风。联合院监察室重点整治医药购销、药品回扣、大处方、医疗服务、医务人员庸懒散等不正之风。采取早教育、早提醒的方式，做到关口前移，防微杜渐，对科室主任、护士长、重点部门、重点科室进行提醒谈话，及时教育，防患于未然，全院通报批评14人、停职检查3人。同时在新闻媒体报刊杂志上加大对医院先进典型人物和新开展的诊疗技术、业务创新、新进人物事迹等方面的宣传。结合“三好一满意”“医疗行业不正之风整治”开展专题学习，组织形式多样的职业道德教育，积极培育医护人员良好的职业道德。推行一系列便民措施，门诊配备优化自助机的功能，实现自助挂号、自助缴费、自助打印检查结果，有效的解决排队时间长的情况，树立医院良好的形象。

【医疗管理】 加强病历质量管理。对临床科室进行每月强化监督管理，不断加强病理书写的重要性，在疑难危重病例讨论、输血病例及病历书写的及时性上作重点督查,病历质量进一步提高。腔镜微创技术的开展应用做为提升医院综合服务能力的切入点和突破点，外一科自主新开展腹腔镜直肠癌根治术、腹腔镜脾切除术、腹腔镜疝修补术、乳腺旋切术，外二科开展双通道经皮肾镜碎石术，内四科积极开展纤维支气管镜检查和治疗技术、无创呼吸机治疗技术。各科室积极开展新技术新项目，放射科开展产后大出血介入治疗，检验科开展甲状腺球蛋白抗体、甲状腺过氧化物酶抗体检测，康复科开展脑瘫儿童康复治疗，外二科开展巨大肾肿瘤根治术、内三科开展面瘫电脑康复治疗，新生儿科听性脑干反应检测，急诊科ST抬高心肌梗塞静脉溶栓治疗，五官科鼻内镜下鼻腔泪囊吻合术，麻醉科开展喉罩复合静吸全麻等；加大临床路径的推行。现已推行的临床路径，涉及全院12个科室共16个病种。实行单病种限价，加强合理用药管理，管控高价药、高值耗材使用等方面入手，严格控制医药费用不合理增长，其中单病种限价作为医院控费工作的重要举措，是在保证医疗质量的前提下，通过优化诊疗疗程，减少住院天数，规范诊疗行为，使治疗过程透明化，检查用药透明化，收费服务透明化，最终达到降价的目的；不断改善硬件质量。现代化的医院必须要有现代化的医疗设备,应用现代化的医疗设备才能有效提高检查诊断水平,才能开展新业务。医院在财力紧张的情况下,共购进医疗设备0.14亿元。这些先进设备的投入使用,使医院诊疗项目进一步拓展,诊疗水平进一步提升；加强护理服务质量。严格执行“三查七对”等护理工作规章制度,全面开展优质护理服务工程,“品管圈”在持续改进护理质量管理工作中取得很好的应用效果。表彰“岳阳市优秀管理者1名”“岳阳市优秀专科护士1名”“岳阳市优秀责任护士3名”“汨罗市优秀护士5名”“汨罗市人民医院优秀护士30名”。以旗帜的作用和榜样的力量加大推进护理服务工作的深入开展。

【人才培养】 该院加大人才引进力度，2017年，通过网络媒体、“四海揽才”等形式引进人员共55人，其中硕士生1名，本科生21名。加强各级医师的在职培训，强化基本功训练。制定《三级考核及管理办法》使三级考核常态化、规范化。每月举办各种医疗学术讲座及培训，积极创造机会，采取请进来，派出去、多途径、多方式进行继续医学教育及技能操作培训。年内共选派12名护士参加省级专科护士培训，并选拔护理骨干及管理人员参加各种形式的培训班。成功举办各类学术交流活动，邀请浙江东阳市人民医院吕忠院长来院展开“向东阳医院学习，加快汨罗卫生事业发展”专题会，全国著名的职业素质专家宋振杰带来“顶天立地做中层”主题讲座。这些活动的开展对医院职工精神文化、思想文化建设起到推波助澜的作用。

【结对帮扶】 积极响应市委、市政府号召，参与精准扶贫工作。医院的扶贫对象是弼时镇大龙山村，全村有贫困户34户，医院已全面建立对口帮扶关系，驻村队员每月不少于20天驻村。与贫困群众密切联系，得到当地政府和群众的好评。此外，医院勇于承担社会责任，贫困户来院住院，除新农合政策报销外，自付部分由医院再按50%的比例给予报销，以解决他们的实际困难。坚持开展义诊和巡回医疗，义诊病人5000余人，发送宣传资料近3万份，接受咨询6000于次，部分免费或全免费用高达100多万元。大力支援基层医疗机构，对乡镇卫生院开展医疗技术支援，免费接受进修生，并捐赠设备、卫生材料价值达50余万元。

（朱德军）

中 医 院

市中医院负责人（名单）

总支书记、院长	郑湘波
常务副院长	戴朝晖
副院长	李明放
总支委员 副院长	李　晋　周建国
总支委员 工会主席	李岳辉
总支委员	甘世文　李兴旺

【概况】　2017年，市中医院共接诊病人104317人次，其中门、急诊人数96365人次，较2016年同期增长13504人次，增率16.3%；入院人数7952人次，较2016年增长295人次，增率3.9%，出院病人7940人次，较2016年增长304人次，增率3.9%；病人平均住院日7.6天，床位周转次数37次，床位使用率81.4%。体检中心健康体检人次19588人次。全年总收入6196.2万元，其中：业务收入 5768.8万元（包括药品收入 2021.8万元，医疗收入3747万元）。城乡居民医保门诊人次1053人次，报销总金额43.5万元，补偿率22%；城乡居民医保住院病人4799人次，报销1517.9万元，补偿率62.4%；职工医保住院病人551人次，报销266.1万元，补偿率72.4%；铁路职工医保住院病人156人次，报销70.8万元，补偿率79.9%。

【廉政建设】　认真学习习近平总书记在十九大全国代表大会上的讲话，积极贯彻从严治党的要求，抓好政治建设、作风建设、纪律建设，进一步解决党员队伍在思想、组织、作风、纪律等方面存在的问题，将“两学一做”学习教育常态化制度化，进一步加强医院党风廉政和医德医风建设。

倡导廉洁行医，杜绝医疗服务中收受红包、回扣、开单提成、乱收费等不正之风，严格执行国家药品价格政策和物价局医疗服务收费标准，狠抓医疗服务质量，努力减少医疗收费和医疗服务投诉。

对全院干职工建立医德医风档案，使医德医风建设更加规范化。

配合市卫计局纪检组对“三公”经费使用情况和职工工资福利发放情况进行详细检查，并对查出的问题进行及时整改，使医院“三公”经费的管理更加规范化，财务工作也更加科学化。

同时，医院深入开展“刹人情歪风、治婚丧陋习、树文明新风”活动。召开全院干职工大会，对上述文件精神进行传达和学习，制定相关方案措施，签订“树文明新风”责任书，倡导“婚事新办、丧事简办、余事不办”的新风尚。

召开全院党员大会，传达党风廉政建设会议及文件精神，对规范医疗服务行为起到较好的警示教育作用。

【医疗质量】　医疗质量是医院生存与发展的根本，不断提高医疗质量是促进医院发展的动力。医务部根据医政管理的要求，健全医疗质量控制体系，着重从核心制度落实、病案质量管理与科室建设三个方面不断深入，督促各临床科室进一步加强医疗质量控制工作的落实，加强对各科室核心制度执行情况的督导检查，对基础医疗质量和环节医疗质量进行严格把关，严格执行医院各项规章制度、工作制度，切实把“以病人为中心”作为保障医疗安全工作的出发点和落脚点，努力使各项工作落到实处。定期、不定期进行质量检查并及时进行反馈、整改，努力提高医疗质量。不断规范病历管理，提高病历书写质量，杜绝因病历书写失误而产生的医疗隐患。年度共监督环节病历1556份，终末病历965份，其中甲级病历达96.5%，乙级病历3.5%，无丙级病历。处罚违反各项规章制度人员86人，处罚金额9850元，奖励83人，奖励金额9182元，较上年相比，医疗质量水平有较大提高。

提高护理质量，增强服务能力。护理部为强化护士长的管理意识，深入科室指导护士长工作，要求各科护士长做好周工作重点、月工作计划与月工作总结。坚持日常督查与月检查、单项检查与全面检查相结合，随时掌握病区护理动态，发现隐患及时处理，对存在的问题令其限期整改。每月组织全院护理质量与安全工作的讲评，对一些设计不合理的流程重新修订，使护理工作得到持续改进。制定各种紧急情况的应急预案，并在检查中进行抽查考核，使得每位护理人员熟练掌握并运用。落实护士长夜查房制度，每周一次，进一步加强环节质量控制，年度共召开护士长例会12次，护理专题会议4次，结合临床情况开展护理个体查房及教学查房4次，全面提升护士专业技能及整体水平。

加强对医院感染控制的管理工作，定期召开全院感染委员会会议，结合各科室实际情况研究解决医院感染管理工作中出现的问题，提出意见和整改措施，院感工作得到持续改进。加强对院感知识的培训，全院人人重视院内感染。加强对手术室、产房、供应室、儿科、内镜室等医院感染管理重点科室的监测力度，对重点科室的医护人员进行加强培训，将院感隐患消灭在萌芽状态。积极配合传染病管理科，在肺结核、手足口病、甲型H1N1流感流行期间，进一步加强对分诊台、儿科门诊、内科门诊、发热门诊等重点场所的管理工作，认真贯彻落实相关院感控制要求，加大医院感染防控力度，规范工作程序，严格落实院感防控和个人防控措施，加强对医院医疗废弃物的管理及监督力度，防止院内交叉感染。全年出现多种耐药病例4例，发生院内感染4例，及时完成院感横断面调查并进行网络直报，漏报率为0。

根据《中华人民共和国传染病防治法》的相关规定，成立传染防治领导小组，完善各类传染病防治预案，健全传染病防治制度，全院传染病预防控制走向规范化。分批对全院职工进行传染病的防治知识培训，尤其针对结核病、H7N9型禽流感、手足口病、艾滋病、食源性疾病等重点传染病的诊断、症状以及及时上报的重要性、如何填报传染病卡进行培训后均进行测试，成绩合格。提高职工对各类传染病的正确认识，增强日常工作中的应急处理能力。认真做好传染病疫报告及管理工作，全年共上报传染病135例，食源性疾病10例。加强疫情网络设备的管理，完善工作制度，疫情网络直报率达到100%，基本做到专室专人专机专用，为及时上传疫情信息发挥积极作用。

加强临床药学管理委员会工作，开展临床抗菌药物使用专项整治工作，不断降低抗菌药物使用强度。继续加大对处方和归档病历的抽查和统计工作，全年共对1200余份门、急诊处方、360余份病历进行专项点评并撰写分析报告，及时纠正医生不合理用药现象，确保临床用药安全。继续加强对抗菌药物的管理，共收集药品不良反应93例并上报国家药品不良反应监测系统。

【“学习型医院”建设】 根据临床需要做好人才引进工作，人事科积极参加上级部门组织的各类公开招聘会，分别与中南大学湘雅医院、湖南中医药大学相继签订人才培养合同，缓解人才紧缺的问题。2017年度共招聘医师6人，护士6名。医务部共派出14人分别到中南大学湘雅医院和湖南省中医药大学附属医院等上级医院进修学习，派出各类短期学习班、研讨会共20余人次，共接收乡镇卫生院进修人员6人。护理部共选派护士赴上级医院培训、学习12人次，外出进修5人次。

积极推进“学习型医院”建设，不断提高医护人员的理论及技术水平。2017年度，医务科组织医技人员参加远程教学50余课时，自4月开始，进行历时2个月的急救技能培训及考核，合格率100%，多次聘请三甲医院的专家来院进行业务讲座及技术指导。护理部该年度参加湘雅医院远程教学8次，授课9次。组织三基理论考试10次，基本技能考核4次，参与率100%，初考合格率96%；为充分发挥中医药适宜技术在防治常见病、多发病中的优势和作用，9月，护理部组织第一届“汨罗市中医适宜特色技术”操作培训班，在全市进行中医药适宜技术推广，全市各兄弟单位有70多人参加培训班学习，全面提高市域卫生技术人员中医药专业技术运用率，切实提升基层中医药服务能力，更好地发挥中医药在全市卫生服务中作用，让广大城乡居民能享受到“简、便、验、廉、安全有效”的中医药服务。

【绩效改革】 完善医院绩效考核分配体系，充分调动职工的工作积极性和创造性，增强区域内竞争优势，助推医院快速可持续发展，开展绩效改革工作，成立医院经管领导小组，加强医院经济工作管理，建立健全财务相关机制，做好预算管理、收支管理、全成本核算工作，通过帐目管理，分级负责做好绩效数据的采集、定期分析成本费用、成本升降原因，制定医院整体战略目标，持续促进医院经济效益提高，新绩效方案于2018年正式实施。

合管科严格执行各项医保政策，加强对医保资金的管理，特别是对城乡居民医保资金的管理力度，规范医保资金的合理使用，全心全意服务医保病人，不断优化服务流程，开通跨省异地报销，解决异地就医人员报销周期长、垫资负担重、往返奔波等难题。

12月配合社区，为医院职工及家属购买2018年度城乡居民医保约400人次。

药剂方面继续落实医改政策，除中药饮片以外，绝大部分按国家政策采取零利润销售。2017年，共购进西成药中草药1920万元，共销售药品金额2000万元，其中中草药200万元，并克服困难，开通多种购药渠道，积极做好临床药品的保障工作。

设备后勤工作是保障临床工作正常开展的重要支撑，设备科、后勤科始终坚持“围绕临床转”的工作要求，加强设备后勤管理。继续做好全院医用设备维修工作，确保医用设备正常运转。严格按照有关规定进行设备后勤物资采购工作，选择质量好、价格低的供货商进行合作。坚决落实好医用设备公开招投标采购政策，对于5000元以上的设备联合主管领导及相关科室进行询价集中采购，全年共采购各类基础设备10台，共计674.4万元。完成儿科小儿推拿中心、内二科增加病房及新建外二科等工作。更换临床科室部分空调和电视机，改善住院环境；更换污水处理设备，10月验收合格投入使用。积极响应市委、市政府“拆墙还路”的号召，对南院卫东巷围墙及汨新路门面进行拆除，涉及面积近2000平方米（部分工程2018年实施）。按照“三城同创”“创建美丽县城”工作要求，对医院的环境卫生、绿化美化、车辆管理进行整改，确保中心工作顺利完成。

认真做好综合治理工作，对重点科室和重点部位进行重点防范，对重点设备和重点设施进行重点检查，维护好医院治安秩序，努力做好安全生产工作。六月、七月举行消防安全演练及消防安全知识培训，提高全院职工的消防安全意识。

档案方面共整理录入上架病历7262份，为院内外医保、农合、保险及各科医生借阅复印病历资料782份（次），整理出生医学证明60份，在服务中确保及时、安全、准确、满意。

认真搞好工青妇团工作，为增强职工的凝聚力，丰富职工的业余活动，在党总支、工会、团委的组织下，开展丰富多彩的活动：3.8国际妇女节登山赛及拔河比赛、庆“五四”青年节乒乓球、羽毛球比赛，这些活动的举行不仅丰富职工的业余活动，使干职工的凝聚力得到空前的高涨，医院的知名度得到进一步的提高。

红十字会工作以“人道、博爱、奉献”为宗旨，采取多种活动形式，开展救死扶伤、扶危济贫、无偿献血等体现人道主义精神的活动。2017年度，全院共有65人参加无偿献血活动，医院献血量达到2万多毫升。

事业发展部坚持下乡到村到组，范围遍及整个汨罗地区。与医务、护理等部门积极配合，开展义诊活动16次，为近1300余名群众进行免费医疗保健服务。积极与民政救助、公安系统配合，处理无名氏就医约30人次。在为群众服务的同时，对医院整体形象、中医药服务方面进行宣传推介良好效果。

根据习近平总书记强调的“扶贫开发贵在精准、重在精准、成败之举在于精准”。按照市委、市政府关于扶贫工作安排，积极参与对三江镇八景村三联片的脱贫攻坚工作，扎实开展结对帮扶。院委、院总支成员采取“一对一”帮扶措施，对所负责区域内的贫困户实行定人、定责、定时帮扶。对八景村开展健康扶贫义诊活动和对贫困户进行免费的大病救助工作，根据当地特点，进行产业帮扶，成立养蜂合作社，因户制宜确定帮扶措施。截至年底，院所负责的贫困户已脱贫9户。

积极响应湖南省卫计委、省民政厅、省人社厅、省扶贫办联合发文的关于《湖南省农村贫困户住院患者县域内先诊疗后付费工作实施方案的通知》文件要求，对来院治疗的贫困户先进行救治且不缴纳住院押金，出院时只需支付城乡居民基本医疗保险结算后的个人承担部分，切实减轻贫困户垫资压力和经济负担。根据《汨罗市健康扶贫工程实施方案》要求，医院与长乐中心卫生院签订《健康扶贫结对帮扶工作协议书》，按工作方案要求对该院进行全面帮扶。

【迁建项目】 根据汨罗市人民政府2017年第四次《市长办公会议纪要》及《中共汨罗市委常委会议纪要》文件精神，汨罗市中医医院搬迁至现人民医院，扩征城关派出所、原看守所、现法院宿舍用地。医院整体搬迁建设项目立项批准以来，积极推进项目建设，5月，成立汨罗市中医院住院大楼项目建设指挥部，6月，完成住院综合楼设计的招投标工作，7月，对原血吸虫病防治办、城关派出所、人民医院510楼等建筑物进行拆除，完成三通一平，10月，完成项目用地的地质勘探及设计单位图纸审核和施工图的审查工作，在省住房建设厅完成住院综合楼建设项目的注册及审核工作，已进行主体工程的预概算。

建设项目指挥部成立以来，多次召开会议，并赴外地考察、交流、学习，与中标设计单位多次沟通，对新建住院综合楼的外观、结构、布局等进行优化设计，力争让住院综合楼布局、结构合理，成为一流的现代化中医医院。

（戴朝晖）

血吸虫病防治

市血吸虫病防治领导小组办公室负责人（名单）

党组书记、主任	黎　昱
副　主　任	曹　钢
党　组　成　员	翁庆军　何光辉　湛跃进
办公室主任	何红波

【概况】　2017年，市血吸虫病防治办共完成垸内查螺5392.4万平方米，占年计划的169%；垸外查螺3311万平方米,占年计划的102%，完成人群血检查病17365人次、粪检查病795人次；人群化疗20637人次。

【业务工作】　血吸虫病防治工作是血吸虫病防治的根基，为确保业务工作永葆“红旗不倒”，严格履行“办公室”职能，与市委、市政府领导一起协调血吸虫病防治相关部门的项目实施，带领班子一班人组织参加各项工作。4月，血吸虫病防治宣传月活动中，及时在电视台、汨罗报、汨罗周刊上等宣传媒体上采取飞字广告、血吸虫病防治知识早知道等形式进行宣传，并温馨提示市民：“汨罗江外洲有血吸虫，请不要到这些地段打藜蒿、游玩等”。出动流动宣传车10台次，深入磊石乡、白塘乡、屈子祠镇、汨罗镇、红花乡5个乡、镇的64个村、渔船民集散地、中小学校进行血吸虫病防治知识宣传，共发放血吸虫病防治知识宣传单25000余份。投资30余万元在疫区重要地段设立大型永久性固定宣传牌5块、渔船民码头建无害化厕所4个，通过电视、报刊、流动车的宣传使全市受血吸虫病防治知识教育人数达10万余人次，使人、畜血吸虫病感染率逐年下降，实现连续7年没有发生一例急性血吸虫病，救治晚期血吸虫病人141人，慢性血吸虫病人约2200人。防汛期间，在疫区防汛工棚发放血吸虫病宣传资料200余份，发放防护膏500余支，有效的保障防汛人员不感染血吸虫病。

【争资争项】　血吸虫病防治是纯公益性事业单位，下辖二级机构四个，全系统近200余人中，有69名退休职工，硬性支出资金缺口大，责任重大，争资争项显得尤为需要和迫切。招商引资工作中，挖掘血吸虫病防治人脉资源，利用人际关系、人脉网络，创造优势条件抓招商，在分管市领导的大力支持下，除《部省联合洞庭湖区血吸虫病综合防治项目》《洞庭湖区防治血吸虫病综合示范区建设项目》外，争取到省环保厅联点，特别是在原本没有任何希望的情况下，通过努力，又争取到中烟集团的血吸虫病防治环改项目资金200万元。在抓争资争项的同时，严格控制公务接待标准，规范公车使用等各项开支，与去年同期相比开支下降25%。

【队伍建设】　血吸虫病防治系统工作辛苦，生活清苦，矛盾错综复杂。因此血吸虫病防治稳定是抓好工作的一件大事，时时谨慎，刻刻小心。为了未雨绸缪，该办建立“接访、下访、约访、专访、回访”的“五访”工作机制，按照矛盾“不上交，不回避，不放任，不遗余力解决”的“四不”作法，及时发现苗头，解决问题。一是做好邪教法轮功监控工作，作好退休人员的思想政治工作，坚决杜绝医患纠纷，一如既往的保持系统内的和谐稳定。二是做好计生工作，保持计生工作“四无一好”的良好局面。三是着力抓好干部队伍建设。按照年初大会上提出的四更”要求（班子建设标准要更高，队伍管理要更严，创业氛围要更浓，执行力度要更大），开展“三讲”（讲责任、讲感情、讲规矩）活动，抓好“三治”（思想上治乱，纪律上治散，工作上治懒），大力弘扬“三风”（艰苦奋斗、务实为民、团结协作作风），着力解决干部“三力”（敏锐力、团结力、执行力）问题。党员干部思想经历洗礼，精神发生嬗变，干事创业激情迸发，形成智慧在谋事中凝聚，形象在干事中树立，合力在成事中形成的良好局面。

（何红波）

乡　镇

归义镇

归义镇党政负责干部（名单）

党委书记	黄 平
镇长	毛 利
党委副书记	杨 浩
人大主席	黄飞虎
政协联络办主任	陈 勇
纪委书记	刘 先 周 拓
组织委员	黄 浩
党委委员	李造林 彭向平
副镇长	赵厚起　曹 锐 周权利
人大副主席	谢 娟
主任科员	黄忠山　谢勇波 何 军
纪委副书记	何亚平　狄美祥
财政所长	何文忠
办公室主任	许林年

【概况】 归义镇位于汨罗市城区，是汨罗市政治、经济、文化中心。全镇共有社区20个，市民小组293个，总人口143173人。

【党建工作】 聚焦主业主责抓落实。坚持把党建工作和中心工作同谋划部署，同督促检查，先后22次召开党委会，研究安排党建等工作；分解细化年度党建工作目标任务，健全责任体系，逐级签订责任书；落实党员活动日制度，督促各支部组织开展党员活动日活动，党委班子带头学习廖俊波、李大元等先进事迹和“四种精神”。扎实开展“两学一做”学习教育，带头联社区、抓党建，带头讲党课、谈体会，带头以普通党员身份到支部同学习、做研讨，班子成员开展专题研讨6次、讲党课28场次；坚持多下基层，走访、调研、督查社区党建、服务平台、换届选举等相关工作100余次。

突出基层基础抓重点。以社区换届为契机，着力夯实基层基础，打造坚强战斗堡垒。一是选优配强班子。对人选严格把关，取消不符合条件候选人23人，新配党组织书记15人，其中50岁以下13名；严肃换届纪律，严处违纪行为，处理违纪党员6名。同时，公开招录19名社区工作人员，充实基层工作力量。二是加强学习培训。举办社区干部培训班6期，邀请省委党校、长沙、岳阳的专家、教授来归义授课；先后6次组织到长沙、湘阴多地考察取经，学习社区管理、平台建设、环境整治等方面的先进经验。三是建设服务平台。投入6000万，高标准新建12个、改扩建8个社区综合服务平台，提升基层组织阵地的档次、功能和人气。四是做好后勤保障。将各社区年运转经费提高到22万元，落实社区招聘干部工资，规范社保待遇，解决后顾之忧。五是突出考核激励。完善工作绩效考核制度，考核结果与社区运转经费以及班子和党总支书记评优评先挂钩，激励社区干部干事创业。

服务“三个汨罗”抓结合。牢固树立“党建+”理念，以新思路、新机制、新手段推动党建工作与中心工作、日常工作有机融合。一是“党建+脱贫攻坚”。突出党组织脱贫攻坚第一责任，明确党员干部脱贫攻坚首要职责，由党政负责干部帮扶贫困户，一对一制定帮扶措施，落实抓党建促脱贫责任。二是“党建+征地拆迁”。充分发挥社区党支部在征地拆迁中的战斗堡垒作用，强化党员干部责任担当，征地拆迁党员干部带头宣传、带头入户、带头签字。三是“党建+环境整治”。把党旗“插”在环境整治一线，坚持党员干部带头，推行党员承诺制，划分党员责任区，为群众做好示范、树立榜样。四是“党建+城市管理”。建立党员共管机制，城区各支部成城市管理小分队，党员带头参与社区建设、文明劝导和城市管理志愿服务活动。

贯彻“严实”标准抓队伍。严格贯彻“三严三实”标准，打造过硬的党员队伍。一是党员队伍严管理。通过问责处理工作开展不力党员干部11人次，其中党建工作问责3人，民主评议评出3名不合格党员，纪律处分5名党员，取消1名预备党员资格，延长1名预备党员预备期。二是发展党员严把关。对发展对象全面摸底、细致考察、严格考验，按照差额、考试、测评、票决、考察等程序新发展党员27名，转正党员32名。三是新建支部严要求。在总支下设支部92个，新成立“两新”党组织14个，做到班子健全、制度上墙、活动正常开展，示范辐射带动作用效果明显。四是软弱涣散严整顿。对软弱涣散党支部双塘社区开展集中整治，争取市人大机关派出得力干将担任第一书记，实施专项帮扶，帮助制定整改措施，建立销号管理台账，目前已经全部整改完毕。

【精准扶贫】 识别精准。对全镇建档立卡贫困户152户、462人逐一上门核实信息，删除有商品房、有私家车、个体工商户等不符合条件的对象110户317人，做到不错评、不错退。责任精准。对现有的建档立卡贫困户41户施行党政负责干部一对一帮扶，明确责任，让扶贫对象遇事有人来帮、难事有人可找、问题得到解决。施策精准。一户一策，对症下药，到目前为止已为32户发放小额信贷产业扶持资金139万元；已为4户贫困户实施危房改造；为4户贫困户实施“雨露计划”；另外通过易地搬迁、大病救助、就业指导等方式为所有贫困户解决实际困难。退出精准。贫困人口退出严格按照“一超过、两不愁、三保障”标准执行，按照社区民主评议、乡镇入户核实、农户确认、乡镇公示、市抽查复核、市批准公告的流程进行验收，做到应脱尽脱，坚决做到不错脱，2017年预计脱贫17户70人。

【项目建设、棚户区改造】 年内，市委、市政府开启汨罗新一轮强势发展，大批重大项目纷纷落地，各项重点工程全面铺开，归义作为汨罗政治、经济、文化中心，作为生态文化活力汨罗建设主要承载地，在面对前所未有的重大挑战的同时，更面临千载难逢的重要发展机遇。镇党委迎难而上，顺势而为，以服务中心、优化环境、征地拆迁、控建拆违为突破口，积极主动，勤勉作为。控建拆违保持高压。组织、参与实施1809线拆违、汨罗江湿地公园拆违等大型控建拆违行动23次，小型拆违行动60余次，拆除违法建设260处，拆除面积17000多平方米；开展即查即拆行动，镇域范围内无一例新增违法建设；大力宣传政策、曝光违建行为，城区禁建私房的政策观念深入人心，建房秩序进一步规范。征地拆迁强势推进。把最精干的力量安排到征拆岗位，保证数量，确保质量，选优配强征拆队伍；把征拆干部分成五个小组，任务分配到组、责任到人，规定时限，压实责任；每周至少召开两次征拆干部会，总结交流，分析研究，安排部署。全年共征收房屋800多栋，迁坟2000余座，征收土地1363亩。重大项目靠前服务。全镇共有市属重大项目19个，无论是棚户区改造、国道240拓改、山塘路跨铁路桥建设，还是屈子生态湿地公园建设、高泉新城开发，每个项目，镇党委都安排专人蹲点驻守，提供全天候、全方位服务。目前，国道240已建成通车，山塘路跨铁路桥完成所有征拆任务，屈子生态湿地公园建设进入扫尾阶段，其他市属重点项目均已顺利开工。

【环境卫生】 2017年，归义镇抽调22名干部分社区负责，154名保洁员责任到人，落实保障制度，严格督查考核，宣传先进典型，整

表6　归义镇2017年各村（社区）基本情况统计表

村（社区）	组（个）	户	总人口（人）
高塘社区	7	4208	13320
归义社区	8	1618	6580
山塘社区	11	2569	8560
高泉社区	7	2610	8964
老街社区	10	2512	7575
友谊河社区	9	3105	9637
广场社区	10	3245	10365
上马村	28	1020	3950
百丈村	16	584	2525
双托村	25	416	2060
城北村	10	322	1780
汨新社区	14	2250	8916
龙舟社区	12	2824	9470
南江社区	7	2412	6835
罗城社区	24	2450	15600
荣家坪社区	18	2834	7268
车站社区	23	3418	10225
双塘社区	20	609	2301
大路铺	15	1780	4350
窑洲社区	19	651	2892
合计	293	41437	143173

改突出问题，切实兑现奖惩，充分调动积极性；大力清运陈年垃圾，整治脏乱差现象；打造秀美屋场1个、美丽社区1个、城市特色小巷1个，以点带面，逐步改造，辐射全镇；对全镇106家猪场全部下达禁养通知，限期处理、关停；对上马废塑企业长期进行不间断督查，联合环保部门强制关停。截至11月份，归义镇环境卫生排名全市第一。

归义镇共有20个社区，2017年9月，归义镇全面启动社区服务平台建设，新建12个、改扩建8个，由书记、镇长分片负责，每人督查10个社区，督促进度，对按时完成阶段目标的由镇财政按时拨付资金；明确时间节点，对在规定时间内完成的社区给予5万元补助奖励。改造的8个社区现已全部竣工并投入使用，归义镇已于10月30日在上马社区召开改扩建服务平台建设竣工现场会。新建的12个中，百丈口社区、广场社区、石桥坝社区等已竣工投入使用，其余龙舟社区、车站社区等均已完成主体工程施工，进展都十分顺利，预计均可在12月30日前完成室内初步装修并投入使用，镇党委政府已于11月25日在百丈口社区召开新建服务平台建设竣工现场会。

结合“三城同创”，掀起“治陋习、树新风”高潮，通过宣传栏、微信平台、文艺活动、倡议书等多种形式进行宣传，营造良好的舆论氛围；各社区分别成立红白理事会，负责建立并落实群众操办婚丧喜庆事宜的信息管理、责任落实、上门监督、全程跟踪、守约奖励、违约处罚等工作制度，现该项工作已进入常态化，特别是深夜放炮等婚丧陋习得到有效控制，各社区居民都有比较好的意识，主动不大操大办、不铺张浪费、不占道搭棚；少部分超标现象都在镇、社区干部的工作下主动拆除拱棚，减少桌席，情况良好；镇、社区干部模范带头，副书记等干部带头执行丧事简办，办公室主任带头参加市集

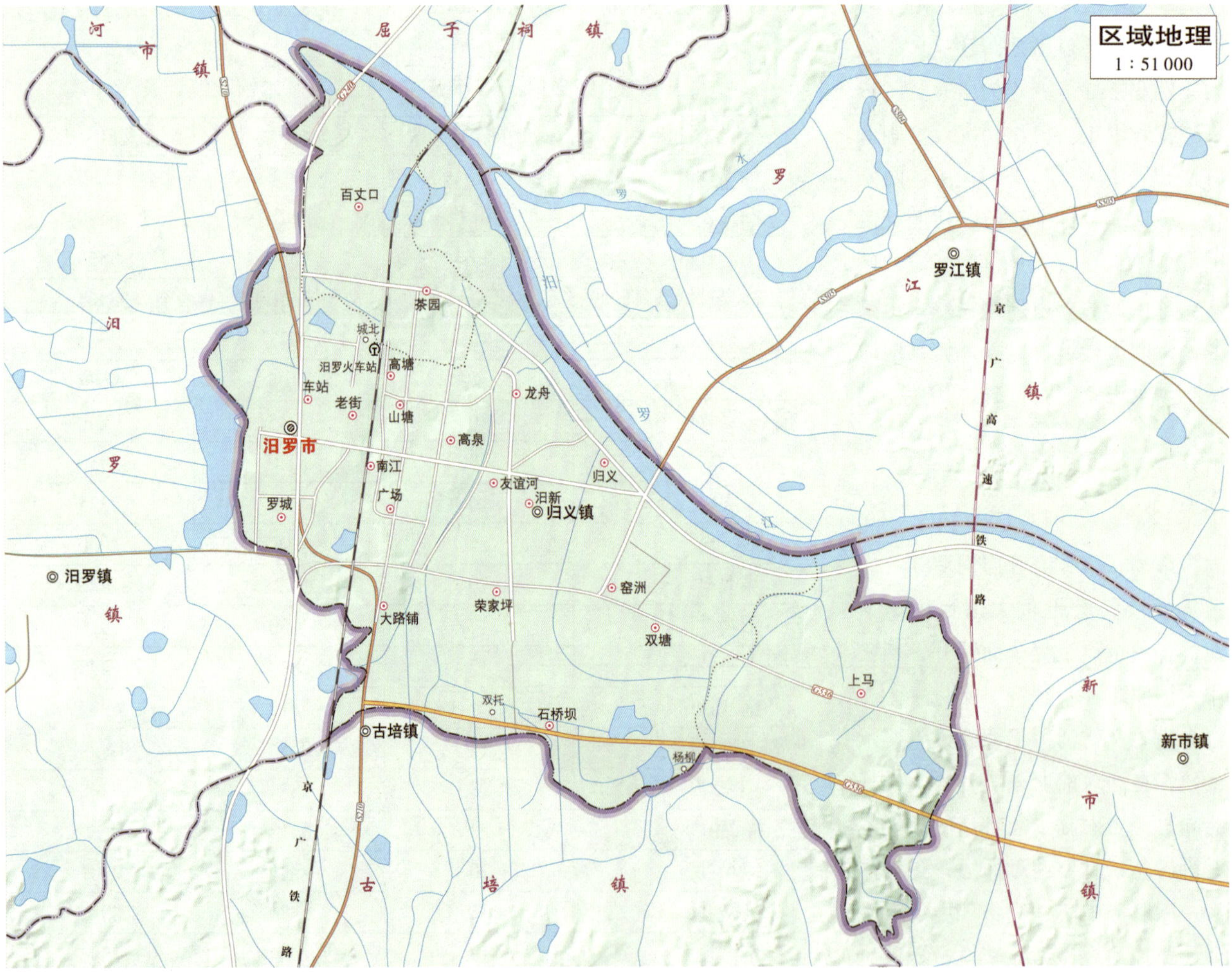

图11 归义镇示意图

体婚礼，红包礼金、桌席标准等严格按照文件执行。

【廉政建设】 严抓主责落实。进一步增强党委履行主体责任的政治自觉，坚持大题大作，大事大为，在重点工程建设、控建拆违、平安创建等工作中做到不含糊、不动摇、不懈怠，责无旁贷地担负起这一责任，做到守土有责、守土负责、守土尽责。进一步明确党风廉洁建设工作任务和目标要求，建立起“横向到边、纵向到底，一级抓一级、层层抓落实”的责任体系，运用纪律、组织、教育等手段，严肃追究违反廉洁从政规定、不履行或不正确履行职责的干部，有效维护党风廉洁建设责任制的权威性和严肃性。

严格教育监管。通过观看警示教育片、开设教育专栏、廉政中心学习等形式，广泛开展党风廉洁教育，筑牢惩防体系建设防线。严格执行领导干部报告个人有关事项和重大事项规定，领导干部廉洁从政意识进一步加强。

严惩违纪违规。围绕解决干部队伍在党性党风党纪方面存在的突出问题，深入开展纪律作风整顿活动。加强与纪委、审计、财政、经管等部门协作，彻查财经案件、社区换届过程中的违纪违规案件，强化震慑作用。其中，及时查处沿江风光带青苗补偿造假问题，对涉事人员严肃问责，对3名组长予以撤职处理，追回款项30万元，避免国家资产的流失，确保征地拆迁工作风清气正，起到良好的警示作用。

综治维稳方面，对全镇重点对象全面摸底，建立信息台账，责任压实到人；对部分特殊对象，主动邀请市级相关领导现场办公接访、息访，部分重点对象安排社区干部看护，特殊情况及时报告、及时处置。通过一系列措施，相关对象得到有效稳控，十九大期间无一人赴京非访。平安创建方面，开展民情大走访，评选“平安家庭”“平安门店”“平安小区”，充分发挥示范作用。安全生产方面，落实安监人员专岗专责，深入开展安全隐患整治，定期进行安全生产大检查，建立问题销号台账，发出整改通知178张，安全隐患得到有效化解；强力推进烟花鞭炮打非治违，投入9万元添置一台测炮仪，收缴烟花鞭炮15吨，安全生产排名全市靠前。

（许林年）

罗江镇

罗江镇党政负责干部（名单）

党委书记	倪　勇
镇　长	于　法（6月起）
党委副书记	邹建波（12月起）
人大主席	吴利斌
政协办主任	冯　雄
组织委员	干汉林
党委委员、副镇长	秦　双
党委委员	蒋　琮　仇　军
副镇长	黄伦辉
主任科员	曾先进　陶吉松 许文峰　钟放华
副主任科员	杨志国　周海林 陈　勇

【概况】 罗江镇位于汨罗市区东北角，罗水汨水在境内汇流成江。107国道、京珠高速东线、京广高铁均在镇域内，交通十分便利。域内共有14个行政村，辖617个村民小组，总人口62204人，域内农产品丰富，民营经济活跃。

【组织建设】 抓好党建工作是乡镇党委的重要任务。坚持以解放思想，转变观念为立足点，狠抓基层党组织建设，充分发挥党员先锋模范作用，有效地增强党组织的战斗力、凝聚力和创新力。

抓协调、聚合力，打造谋事型，实干型领导班子。

农村基层组织建设，领导班子是核心，党员队伍是重心，为此，从抓制度入手抓班子建设，促进规范化管理。每月规定学习日，聘请市纪委专家讲解《两个准则》，市委党校副校长周兴建讲党课。每名负责干部结合各自的工作实际，在机关、所联包村讲业务培训、党课各一堂以上，各支部书记、总支书记每人讲党课一堂以上。每名干部做学习记录15000字以上。坚持每季度召开一次党委会议，专题研究部署党建工作；建立干部联村包村抓党建工作责任制，党政班子成员联村，主职干部包片，其他干部包村，联包村干部作为各村党建工作指导员，每周至少深入所联包村一次，寻找存在问题，督促工作落实。参加“三会一课”活动，直接参与该村党建指导工作及村内各项事务管理。制定并完善《机关考勤制度》《联包村工作制度考核办法》《全面建成小康社会绩效考核方案》《会议制度》等一系列强化班子规范管理制度，做到分工具体、管理规范、职责明确，极大地调动镇村党员干部，尤其是班子成员的工作积极性。同时加强对党政领导班子培训，镇长于法参加岳阳市委党校为期两个月的集中培训，派员参加12月为期一周的复旦大学学习，深入学习区域经济发展、美丽乡村建设、特色小镇建设等一系列全新的理念；有两位负责干部参加汨罗市委党校组织的乡科级干部培训，人大主席吴利斌同志参加市人大组织的为期一周的培训考察活动。通过这一系列的培训活动，进一步增强干部的理论水平、业务素质。开阔视野，更新观念，增进能力。班子是团结的班子，是务实的班子，是富有战斗力的班子。

强素质，增活力，打造务实型、能成事的基层组织。

严肃选举纪律、严格选举程序、严格候选人资质审查、到5月底，圆满完成全镇14个村总支、支部换届于6月底前全面完成村委换届。这是建制村合并后的第一次村级组织换届，一批有担当、能干事的中青年党员推选进入村级班子。换届后，组织新一届支村两委班子成员，进行为期2天的集中培训，从党性锻炼，业务知识等方面，加强对村级班子的教育提升。基层组织在新一届总支、支部的领导下，适时调整各党小组，认真组织各支部党员开展各项党建活动，谋篇布局，有效开展各项村级建设。认真完善非公新经济组织党的建设，对春雷学校，东风钢模具等四个非治新经济组织支部进行全面指导，完善各项制度，加强规范管理，充分发挥党组织在非公经济组织中的模范带头作用；用心启用政治思想好、工作有魄力的大学生村官充实各村委会领导班子，目前有一名大学生村官充实到村级班子；改善村级党组织硬件环境，14个行政村，于7月启动，推进村级综合服务平台建设，新建6处，改扩建8处，其中示范性村级服务平台一座，至11月底，全部完成建设任务，所有村全部搬入新的办公场地办公，极大地改善各村办公条件；精心组织开展软弱涣散村级组织整顿、对难点村、重点村、后进村的工作，选派镇领导到村进行督查、指导，及时扭转后进村班子的被动局面。目前，罗江镇基层组织面貌焕然一新。

优服务、严管理，打造作风正、思想纯的党员队伍。

6月30日，全镇举行纪念中国共产党成立96周年庆祝活动，重温入党誓词，表彰3个优秀基层党组织，84名优秀共产党员，慰问136名困难党员，严把入口关，发展新党员25名，转正预备党员27名。依照组织程序，严格开展民主评议党员，处置不合格党员29名，报请镇纪委立案，经上级纪委批准，开除党籍1名。镇纪委立案10起，结案10起，留党察看一名。以上数据可以看出，党要管党、从严治党、真抓实管、动真格，出实招。

注重学习提素质。镇党委十分重视党员学习，利用网络平台学习，注册“红星云”，共产党员e+等微信平台，参与岳阳市、湖南省委远程教育学习；参加集中培训学习。选派优秀党员、农村党员致富带头人，参加大荆农业基地实用技术培训，参加汨罗市委党校组织的农村经纪人、致富带头人等技术培训；支部组织集中学习。全面组织开展“两学一做”，各支部组织两次以上的“两学一做”集中学习活动，全面深入学习习总书记系列讲话精神，十九大报告精神，通过一系列的学习活动开展，提高党员队伍的整体素质。

开展活动树形象。严格按照上级组织部门要求，深入开展“三会一课”“四议两公开”、民主评议党员等规定动作；在全镇开展党员公开承诺，签署承诺书，倡导党员在深入开展“治婚丧陋习、刹人情歪风、树文明新风”活动中当好带头人，履行模范带头职责；深入开展“我为扶贫攻坚作贡献”活动，号召有致富带动能力的党员结对帮扶贫困户，先后有25人结队贫困户，帮助困难群众在产业帮扶、劳动力就业上提供机会，实现脱贫。

优化机制强管理。针对全镇流动党员多，管理难度大等现实，建立党员联系便利卡、网络参与支部活动等机制，切实加强流动党员管理。多数支部对流动党员公布支部书记、支部委员联系方式，离家的党员可以快捷便利与支部联系，及时向支部汇报思想情况、工作情况；各总支、支部、党小组大都成立相应的党员活动微信群，支部开展的各项活动可以通过微信方式向流动党员通报，流动党员可以通过微信方式参与支部活动。通过上述方式，加强流动党员管理，实现支部、党小组与流动党员之间的双向交流，确保流动党员离家不离组织。深入开展入党积极分子培训，为党组织补充后备力量。

【项目招商】 完成红花山村边界跨罗江村境内2.7千米拓宽改造工程；

完成加华牛业基地周边通组路拓宽、硬化等项目工程，共计拓宽、改造、硬化近10千米；

与黄花机场集团正式洽谈，拟在天井片区建设飞行体验基地；

引入浙江商人建造花海，一期500亩已经正式启动建设，预期3~5年内打造万亩花海；

于11月底前全部全面完成村级综合服务平台建设，并搬入办公；

启动“红花山，天井峰”旅游开发，正与有资质、有实力的旅游投资公司全面接洽，着手进行规划设计。

【脱贫攻坚】 脱贫攻坚关系民生福祉，坚持动态管理，扶真贫、真扶贫。下猛药，出重拳，开展扶贫攻坚战。

集中整改突出问题。组织驻村帮扶单位、联包村干部、村负责同志，对982户3332人信息全面核对，对系统内拼户、拆户、四类对象等其他不符合条件的对象全部清理，对符合条件未录入的全面摸底录入。共甄别不符合贫困户标准对象491人，其中个体工商户16人、小汽车户155人，其他识别不准对象320人。新识别贫困户127户407人。全年农村低保和精准扶贫双线合一，对农村低保重新评议，14个村全部按程序完成低保评议、进行公示、纳入社会救助。

开展结对帮扶。对系统内精准识别的所有对象实施一对一结对帮扶，完善一户一牌一册，因户因人施策，分户制定帮扶措施和脱贫方案，每户发放一份政策口袋告知书，做到扶贫政策家喻户晓。

实施精准帮扶。申报易地搬迁37户，完成37户。危房改造申报29户，通过验收核实能够享受扶贫补贴33户。发放小额信贷470万余元，申报补贴利息6万余元，雨露计划申报47人，通过审核18人，组织致富带头人10人到岳阳培训。健康扶贫正在稳步推进。

【综合整治】 其一，深入开展“刹歪风、治陋习、树新风”活动。根除陋习需采取春风化雨、润物无声、循序渐进的方式逐步根治。一是以村民自治的方式，制定村规民约，规范群众行为。二是成立“一会三队”，倡导社会新风尚。各村根据各自的实际，聘请一些责任心强、热心公益、德高望重的老同志，成立红白理事会，在此基础上成立文明新风劝导队、宣讲队、督导队。走村串户宣扬文明新风，劝导群众根治各种不良风气。三是以上率下，示范带动。党委政府负责同志树标杆，村干部自身做榜样，共产党员带头树形象，通过公开承诺、示范引领、以点带面。全面深入推动“刹人情歪风、治婚丧陋习、树文明新风”，专项整治工作全覆盖。

其二，环境整治卓有成效。出台全镇环境卫生整治工作目标管理考核办法，严明考核抓整治；加强公共区域，主要道路保洁队伍建设，确保主干道两侧清洁；建立垃圾中转站，做到垃圾及时清理，确保全镇垃圾全部运往垃圾消纳场，避免二次污染。全年拆除影响环境美观的107国道老垃圾池100余

表7 2017年罗江镇各村基本情况统计表

村 名	农业人口（人）	村民小组（个）	户	耕地面积（亩）
嵩 山	4540	42	1055	3180
天 井	4001	37	1045	3014
群 英	4248	39	980	2616
山 秀	4224	43	940	2914
金 塘	4007	47	950	6189
黄 市	5340	58	1172	7238
托头岭	3180	29	773	4772
尚 义	4800	53	1141	7064
滨 江	3716	36	926	2078
汨 东	4130	45	1131	2822
罗 滨	3863	32	785	2046
罗 江	5228	52	1257	4862
红花山	5480	54	1367	5080
石仑山	5444	50	1319	3987
合 计	62201	617	14841	57862

个，新配垃圾桶400多个，拆除十古路、天井集镇沿线围墙广告标牌130多块，违章棚架16个，近600平米，修复破损水沟8处，共计260米长。新建各类垃圾池1800多个，其中三格式垃圾池达1100个，三格式污水处理池900个，政府机关全面改造升级，申报岳阳市园林式单位，已顺利通过验收。排查非正规垃圾堆放场18个，黑臭水沟14处，清理各类垃圾26000多吨。罗江镇多次接受岳阳、汨罗检查，获得领导充分肯定。

【党风建设】 镇党委政府领导班子突出作风转变，以“两学一做”“纠‘四风’、治陋习”“雁过拔毛”等教育活动和专项整治工作为载体，全力加强党风廉政建设和德的建设。

常抓不懈加强党风廉政建设。严格落实两大责任，履行党委主体责任，全力支持镇纪委加强监督责任。先后召开3次党风廉政建设专题会议，研究纪检监察和党风廉政建设工作，召开5次以上机关干职工和村部门干部全会，就党风廉政建设和干部作风建设进行专题部署和调度。随时进行谈心谈话，对重要风险防控点的人和事进行廉政提醒；严格监督重要项目。村级综合服务平台建设、机关维修改造等重点项目招投标，镇纪委全程参与监督。由镇监察室牵头，在村级换届选举前，对原30个村级财务进行全面清理，并进行公示。对涉农、惠农资金项目、扶贫专项资金，实行打卡支付，实现“一卡通”，杜绝“雁过拔毛”式腐败。严格“三公经费”管理，对“三公经费”开支，实行从严、从紧，先申报，先打卡支付。严把审核关，完善相应手续，做到“一支笔”签字，一年来节省各类支出费用20余万元。加强对村级换届纪律监督。5月，村级班子换届，候选人严格实行“八联审”，镇纪委随时加强监督，确保选举风清气正。全面加强镇纪委

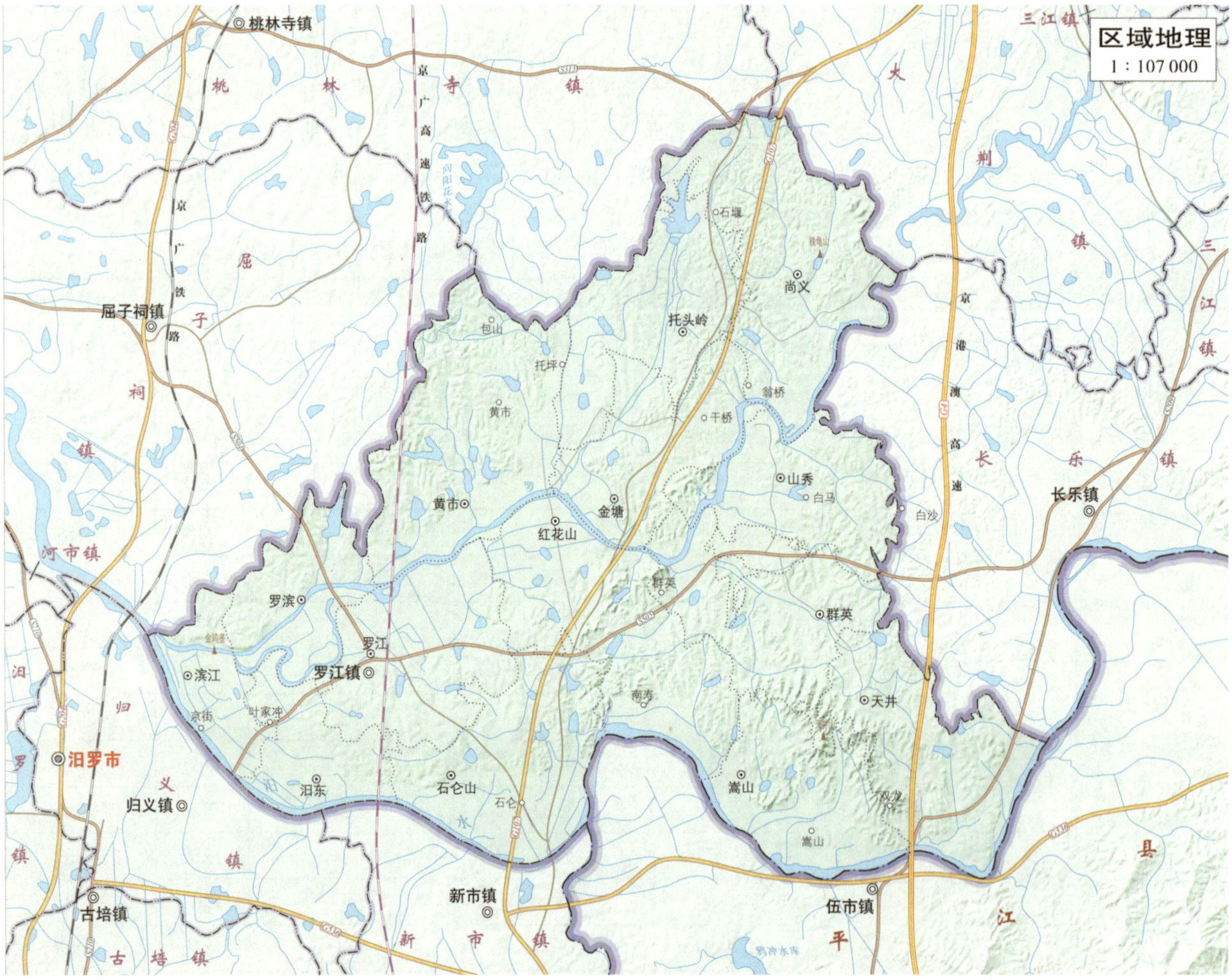

图12 罗江镇示意图

硬件建设，投入资金5万余元，建立纪委谈话室，监控室，添置办公设备，镇纪委阵地得到完善。整体而言，镇党政班子履行廉政职责，深入廉洁自律，做得到位，干部队伍中没有一人因廉政问题、作风建设问题，受到上级纪检、组织部门的追究。

常修为官之德，夯实执政之基。为官之本，不患位之不尊，而患德之不举。一年来，领导班子时刻以“君子检身、常若有过”的谦诚态度，把遵守社会公德、职业道德、个人品德、家庭美德贯穿于工作和生活始终。自觉加强自身道德修养，时刻坚持自醒、自警、自律，严守规矩、抵住诱惑、分清善恶、谨慎交友，切实管好自己的生活圈、交际圈、娱乐圈，坚持言行一致，表里如一，8小时内与8小时外一个样，有人监督和无人监督一个样，绝不降低做人为政标准。坚持“三公”“三心”贯彻工作始终。全镇各项工作繁而多，矛盾无处不在，领导班子牢固树立“公开、公平、公正”和“党心、民心、良心”的德政意识，扑下身子，躬身而为，提高党委政府的公信力，以德治镇的理念得到很大程度的贯彻。

（陈　勇）

新市镇

新市镇党政负责干部（名单）

党委书记	李亚江
党委副书记、镇长	周　田
人大主席	许　达（12月起）
政协联络办主任	罗自荣
纪委书记	姜庆锋
组织委员	罗　月
宣传委员	张宏伟
副镇长	李　勇　付卫锋
监察室主任	吴伟荣
副主任科员	仇政权
财政所长	王尚武
办公室主任	黄宗平

【概况】　新市镇位于汨罗市城东，域内有京珠高速、107国道、京广高铁、平益公路通行。全镇共有面积61.33万亩，总人口31055人，域内交通便捷，各类经济活跃，物产丰富。

【队伍建设】　新一届党政班子主要领导上任伊始，把干部队伍建设作为开展一切工作的根本。坚持“严管理，强作风，提本领”的理念，打造出一支“召之即来，来之能战，战之必胜”的干部队伍。在管理上，大力完善机关和农村党支部书记管理制度，真正做到靠制度管人，靠制度管事，杜绝管理的随意性。在作风建设上，镇党委、政府始终坚持各项工作有安排有部署有落实有奖惩，雷厉风行的工作作风，杜绝推诿扯皮，拖泥带水的现象发生。在提高干部队伍的本领上，坚持学习教育作为一项基础性和长期性工程来常抓不懈，继续完善党委中心组理论学习制度。定期组织干部职工学习党的十九大精神，认真领略中央省市经济工作会议精神，读党报党刊，写心得感受，坚持用一个合格党员的标准要求干部，用党的十九大精神武装头脑，开展工作。不断提高班子的理论水平、业务素质和拒腐防变的能力。与此同时，村“两委”换届选举工作顺利完成。换届选举工作真正将“走访一个不漏，程序一个不少，问题一个不出”落到实处，一支能彻底贯彻党的政策，全心全意为人民服务的村领导班子诞生形成。

【民生实事】　深入调研明思路。正月初三到正月十七，党政主管干部对12村（社区）逐一到村入户，座谈走访，调研新市发展方向，明确“以古镇为核心的生态镇区，以工业园为核心的生态园区，以团螺山为核心的生态旅游区，以新利、新桥为核心的生态农业区”的发展思路。综合调研情况，召开全镇的党员、组长、人大代表一委员、教师、部门负责人、保洁员等千人“四大”行动大会。明确工作目标是：单项工作争先进，全面建成小康社会夺红旗。

理顺关系聚合力。讲政治，全力以赴服务园区。成立以政协办主任为组长的园区协调组，配备19名精干力量专门对接服务园区工作。

讲担当，全神贯注建好新市。实行“5+2，白+黑”工作制。对全镇221个组开户主会，宣传政策，知民情，解民忧。

讲感情，全心全意服务群众。对全镇退伍老兵进行走访座谈帮扶，减少涉军上访事情。成立群众工作站，接待来访群众，彻底解决以前群众找人难，办事难的问题。

真抓实干顺民心。镇村干部利用晚上时间对全镇221组开户主会，户户签定三包责任书，立足现实、着手未来，为新市镇经济发展出主意、想办法。进一步强化目标责任，建立切实可行的奖惩激励机制，次次分解任务，层层传导精神，把干部职工的思想统一到干好本职工作和发展经济上来，把党员群众的智慧集中到服务地方建设和发展经济上来。一年来，把环境卫生整治列入镇工作安排重心，提高对环境卫生整治的重视。建立、健全和完善卫生整治工作领导责任制，实行党政一把手负总责、纪委书记具体抓，成立环境卫生整治组，聘用保洁员124人，鼓励各行政村建立垃圾中转站，方便垃圾清扫收集和清运，保证各项工作有序进行。清运陈年垃圾10000余车，彻底清除塘坝、水库沟渠内积聚的垃圾几百处，全镇投入大约800万元用于环境卫生整治，各村总计投入大约100万元资金用于各村环境卫生管理，现在各村无明显垃圾，无卫生死角，无乱张贴。全镇对生活垃圾的处理实现一条龙服务，全镇范围的垃圾日产日清。新书片区负责人主动到湖北购置垃圾车一辆，垃圾箱30余个，共投资20多万元，群众无任何异议。加强对环卫设施的维护和清理，定期派人对各村的垃圾箱和垃圾中转站进行检查维护、清理和消毒，对已经损坏的垃圾箱进行更换，实现垃圾设施周围无脏物。同时，抽调精干力量联合市环保、公安等部门关停团山再生资源交易市场，张贴关停封条2000多条，关停“小散乱废”企业2000多家。组织巡查队伍24小时巡逻，严厉打击自拆封条生产的“小散乱废”企业，对全镇废品交易加工进行全面整治，逐步关停和取缔不合格企业。正确引导“小散乱废”企业转型升级。在安全生产方面，镇政府组织召开2017年安全生产工作专题会议，与各村（社区）、镇直各部门、各生产经营单位签订各种安全生产责任状。组织镇安监站到生产经营单位进行检查，拆除高铁桥下安全隐患建筑20多处，有效杜绝各类安全事故的发生。与此同时，控建拆违工作进一步推进，共计拆除违章建筑75000多平米。零容忍对待一切违章建筑，全覆盖落实拆除违建工作。通过四大行动，把干部搞拢，把民心搞顺，把环境搞美。经济发展有基础，人民健康得保障。

【项目建设】 镇党委、政府坚持以经济建设为中心，以项目建设和服务园区为起点，充分利用新市独特的区位、地理，资源和交通优势，把大项目，重点项目、特色项目抓实，抓牢，抓出成效，推动镇经济又好又快的发展。截至目前，已经圆满完成阶段性的各项经济建设指标。

财税收入。多管齐下，协助国税、地税部门在10月上旬完成税收任务1400余万，为完成全年的1500万的税收任务奠定良好的基础。并且在征收过程中杜绝漏税、偷税现象的发生，向缴税人宣扬税收政策，令缴税人自主自觉上缴税款。

项目建设。项目建设正在如火如荼的进行，主要为:世界银行贷款项目建设，武广安置区二期住宅楼建设和新市镇南街集中安置区建设。新市街古镇小学学校、集贸市场，停车场及其他配套设施正在施工中。

重点项目。镇党委政府对涉及到新市的省市、园区重点项目如“气化湖南工程建设”“国道536线路”“平益高速”“园区创新大道建设”“园区三千亩规划建设用地”“沿江风光带建设”棚户区改造等全力配合。多次派出全镇的精干力量，对上述项目涉及到的征地，拆迁，清表工作全力配合。保证这些重点项目在新市的顺利进行。

【经济社会】 在做好经济建设同时，注重社会事业的发展，实现农

表8 2017年新市镇各村（社区）基本情况统计表

村 名	人口（人）	小组（个）	党员（人）	地域面积（亩）
新市街社区	11000	59	282	18900
新阳社区	5480	48	178	16500
团山社区	2865	22	91	8700
元福村	3220	35	134	13050
团螺村	3228	26	94	13050
八里村	2236	19	62	7395
新利村	3026	26	91	14400
合 计	31055	235	932	91995

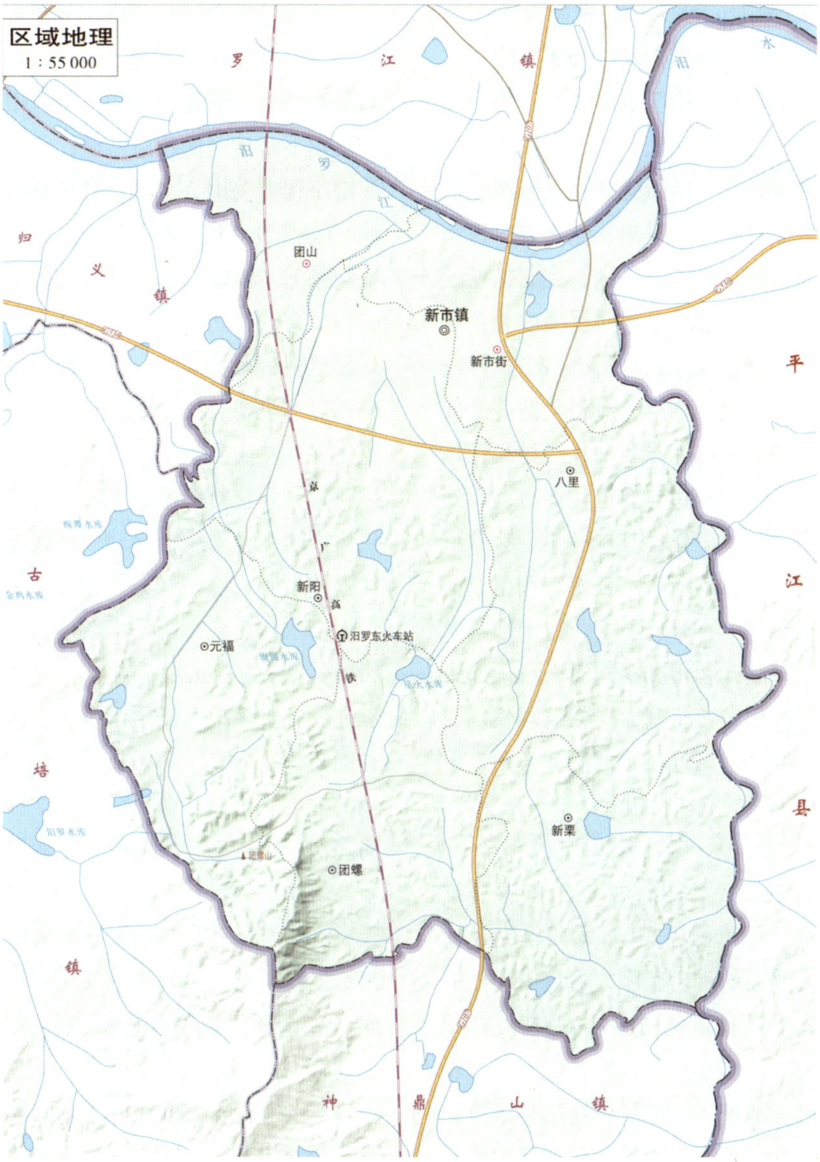

图13　新市镇示意图

业，旅游休闲业，人口计生、集镇建设等各项工作的平衡协调发展。

农业方面。抓好家禽家畜的春防工作。及时结合镇情实际制定出春季动物重大疫病应急预案。及时布置重大动物疫病防控工作，落实措施，做到村不漏户，户不漏禽，禽不漏针。抓好全镇大小型水库的检查和管理，坚决落实。结合实际，进一步健全和完善各水库防洪抢险预案、防灾避险群众疏散工作方案。发放防洪抢险预演明白卡，与有水库行政村签订水库安全管理、安全度汛目标责任状，与各村行政村签订安全度汛目标责任状，切实落实河长制，层层加强管理，确保全镇安全度汛。严格执行落实中央的惠农政策，定期公示参合农民住院、门诊补偿情况。按照每月复查、自查的形式，对全镇享受低保户实行动态管理，确保全乡应保尽保，应退尽退，高标准建设启用幸福互助院，尊老爱老，构建和谐镇村，认真核对新农保到龄人员信息，及时把银行卡发放到农户手中。另外按照上级的要求，在全镇干部认真开展“1+1”结对帮扶脱贫攻坚工作，精准扶贫不漏一人。取得良好的效果，赢得群众的好评。

旅游休闲业。试点起动旅游休闲业项目，充分挖掘丰厚的历史人文底蕴和得天独厚的自然资源，以团螺山旅游休闲开发为依托，抓住集中水库开发和元福村居民集中建房点有利契机，增强团螺山公园发展整体服务功能，进一步强化旅游开发“先规划，后开发，不规划，不开发”的思想观念，激发农民和社会各界投资兴办旅游的积极性。同时，重点抓好以武广高铁片区为点，沿团螺山大道至高铁汨罗东站，星火水库，燎源水库“一山两库”建成“山水生态游”。镇党委、政府同时组织邀请发改、旅游、规划、林业、水利等相关部门的负责人或专家来镇实地考察，为新市镇的旅游规划及开发工作献言献策，按照打造“团螺山公园”的总体思路，使旅游业成为壮大财政、促进农民增收新的增长点。

集镇建设。集镇拓展是镇区发展史上难得的一次机遇，也是提升集镇品位的一个突破口，以此为契机，利用新市街古镇建设的有利条件，沿汨新路两边全部改成徽派建筑模式，新建黄金街集贸市场的工作思路，高标准、高定位、高质量地稳步推进新集镇建设步伐。随园区开发建设涉及新桥、新书两个片区600多户居民已全部安置。目前，已拆除房屋223栋，已全部安置。已完成和谐路的路基建设。集中安置区供电、供水工程已完善，排污管线、垃圾站场、绿化、亮化等建设工程正在规划中。

（黄宗平）

古培镇

古培镇党政负责干部（名单）

党委书记	闵庆丰
镇长	郑丰
党委副书记	倪志彪（12月起）
人大主席	刘灿
政协办主任	黄明
纪委书记	游泳
组织委员	周长城
宣传委员	刘铁柱
武装部长	郑亚波
副镇长	许霞
主任科员	杨杰　左良凤
财政所长	吴果辉
副主任科员	徐勇波　孟志平　缪富国
办公室主任	兰子昂

【概况】 古培镇紧邻汨罗市城南角，既有近城之优，又有陆路交通呈网便捷之便，全镇共有8个行政村，辖407个村民小组，总人口34302人，域内面积8362.71公顷。

【队伍建设】 村级换届圆满顺利。5月，“村支两委换届”工作严格程序，严肃风气，共精简村干部22名，平均年龄46.5岁，课功村在岳阳市第一个完成村党总支选举，整个换届选举过程程序到位，风清气正，得到副省长谢建辉、民政厅厅长唐白玉等省、岳阳市领导充分肯定。队伍管理规范有序。新一届村干部上任后，党委政府组织为期两天的业务培训，到邻镇参观学习、在廉政中心接受廉政教育、并召开“立规矩、求实效、促发展”专题培训会，对村支两委干部职务分工进一步明确，对村级管理的11项工作进行规范化运行，做到村上各项工作都有规有矩、有章可循。干事创业状态良好。调整充实联包村干部，严格实行村干部集中坐班制，制定和实施镇、村干部目标管理考核机制，严格兑现奖优罚劣制度，镇、村干部心齐气顺，干事创业的积极性很高。

【主要工作】 重点工程顺利推进。国道国道240古培段已完成沥青路面的最后工序，古培的前期征地拆迁打造“国道240”速度；国道国道536（古培塅）拓改工程现已完成90%；重新规划于临集镇、新修集镇过境道路，打造集中建房示范点；启动红军学校、万福学校建设，古培塘中学礼堂、食堂改造，大众中学围墙整修等项目，进一步改善校园环境。水利秋冬修全面铺开。镇政府采取以奖代投的形式，投入资金200万元，完成对窑冲、栗塘、硖石、金山四座小Ⅱ型水库整险扫尾，争取拱桥、乌梅塘水库立项开工，对小Ⅱ型水库主干渠疏通清淤，对水毁的山塘、堤坝全面修复，完成骨干山塘清淤改造。基础设施逐步完善。栗桥集中规范建房示范点完成前期“三通一平”，现已经有21户建成，另符合集中规范建房并达成意向的8户，力争在12月底前建成30户以上；于临集镇下水道全面改造清淤；气化湖南工程在关山、水口、月星、培塘4个片区的管道铺设现已完工，地貌都基本恢复；古培敬老院已于4月建成入住，是湖南省县级以下规模最大、环境最美、设施最全的乡镇养老机构。村级服务平台优质完工。镇内8个行政村，无论是改扩建还是新建村级服务平台，都严格按照上级要求全面启动。镇政府加强质量和安全监管，强化按图施工，汨水村是全市第一个新建入驻村，其他各村11月中旬全部如期完工入驻，整体排名居全市第一。镇村面貌持续向好。一是加大保护环境的力度。镇联合派出所、司法部门多次开展行动，大力打击私有开采高岭土行为，让那些顶风作案的人员，经济上伤元气、人身上失自由。二是营造清洁环境的氛围。镇联合环保部门关停养猪场6家，黏土砖厂5家，小微企业51家；成立环境整治专门班子，投入资金300万元用于提升环境卫生基础设施建设水平、保洁队伍综合素质和提升保洁员工资待遇；多次在全镇开展房前屋后大清扫、清除陈年垃圾等行动，形成环境卫生比学赶超氛围，保证村容村貌整洁有序，扎实推进农村环境卫生整治工作。三是力推移风易俗的实效。镇党委、政府开展一系列“治婚丧陋习、树文明新风”的活动，从“七一”大会上全镇党员成为第一批移风易俗带头人、到高考优秀学子、妇女代表、复退军人、两代表一委员等团体都先后参与到移风易俗的一线宣传中；各村村干部和红白理事会成员对操办红白喜事东家上门做工作，动员全民参与移风易俗；成立镇域公共管理执法队伍，每天对境内操办婚丧喜事的农户进行巡查监管，对违反在全镇人大大会审议通过的《加强镇域范围内禁止燃放烟花爆竹等管理工作的议案》的行为进行严格执法。现古培境内，禁炮、禁塑、禁拱门取得阶段性的胜利，大操大办现象有所控制，群众觉悟提高、文明新风大普及。增收节支保财源。镇党委、政府积极向上争资争项，向省交通厅、民政厅、发改委等争取项目15个，争取资金1500余万元，还清陈年债务950万元，没有形成新负债；在“三公”经费支出上严格把关，确保政府和村级正常运转，各项工作保障有力；盘活存量土地，对砖厂闲置土地、高岭土破坏土地进行恢复，原集体企业闲置地进一步盘活，提升利用率。

【社会综治】　综治维稳工作收实效。镇党委、政府高度重视社会治安综合治理工作，围绕建设“平安古培”的总体目标，成立镇综治中心，在各行政村建设有综治办公室，配备综治主任，实现村一级有专人、有办公室、有综治工作制度。在全镇8个行政村、13所中小、幼中，普遍建立调解、普法、巡逻、帮教“四位一体”的创安工作体系，建立各部门单位“一把手”负总责，方方面面齐抓共管

表9　古培镇建制村合并调整后基本情况对照表

调整前基本情况						调整后基本情况						
序号	建制村名称	人口数	村民小组数	党员数	地域面积（公顷）	序号	新村名称	总人数	总村民小组数	党员数	地域面积（公顷）	新村村部选址
1	培塘	2360	25	53	533.90	1	双凤	6208	75	179	1596.20	培塘
2	关山	2538	31	72	595.15							
3	大同	1310	19	54	467.15							
4	栗桥	2476	28	91	652.13	2	古培塘	4601	57	166	1227.38	栗桥
5	于临	847	9	35	202.56							
6	古培	1278	20	40	372.69							
7	万福	1280	19	48	361.72	3	杨梅铺	3304	45	122	950.06	东港
8	喻家	960	14	28	588.34							
9	东港	1064	12	46								
10	明月	2380	24	91	351.31	4	南环	5138	52	209	733.24	明月
11	三港	1418	17	56	164.37							
12	大众	1340	11	62	217.56							
13	黄塘	1270	12	39	318.21	5	雨坛	2664	25	93	665.56	清水学校
14	杨柳	780	8	30	162.78							
15	雨坛	614	5	24	184.57							
16	石牛	1340	17	39	323.34	6	汨水	2960	38	81	793.17	汨罗水库管理所
17	大兴	1620	21	42	469.83							
18	课功	1980	21	50	392.49	7	课功	3806	33	97	778.53	课功
19	新合	1826	12	47	386.04							
20	月星	2254	32	64	594.01	8	岳峰	5621	82	144	1618.57	水口
21	三合	1021	18	28	369.68							
22	水口	2346	32	52	654.88							
23	合计	34302	407	1091	8362.71			34302	407	1091	8362.71	

的创安工作格局。基本做到小事不出组，中事不出村，大事不出镇，有效地把各类矛盾解决在基层，化解在萌芽状态。全镇无一起赴省进京上访事件发生，无一起安全事故发生。平安创建工作提质进位。年内，古培镇多次召开镇村两级“综治民调工作推进会”，动员包村干部召开村组民调户主会，听取群众意见，解决群众困难；对吸毒、贩毒成员进行精准打击，及时破获盗窃犯罪案件，严惩违法犯罪行为，联合派出所共开展矛盾纠纷排查26次，调解纠纷90多起，在镇村干部和广大群众的共同参与下，上半年综治民调排名岳阳市第13名，汨罗市第5名，取得历年来最好成绩，是汨罗唯一申报岳阳“十大平安”的乡镇。安全生产工作创先争优。镇党委、政府紧紧围绕创省级“安全生产示范乡镇”的目标，重基层、夯基础、强监管，狠抓落实，共开展烟花爆竹打非治违65次、消防安全专项整治12次，道路交通、校园校车安全专项整治16次、高岭土安全整治9次，落实隐患整改82项，取缔烟花爆竹经营点11家，收缴销毁烟花爆竹6067件，整改电力隐患43处，改造危房67户。以“打非治违百日行动”活动和“安全生产月”“安全生产大检查”活动为载体，共发放安全生产小册子15000份，安全生产宣传单12万张，安全生产警示牌32个，义务为中小学上安全教育课34节，镇未发生一起安全事故，先后获得全市“安全生产工作先进单位”和岳阳市“安全生产示范乡镇”的荣誉称号，11月底，顺利通过安全生产省级示范乡镇验收。

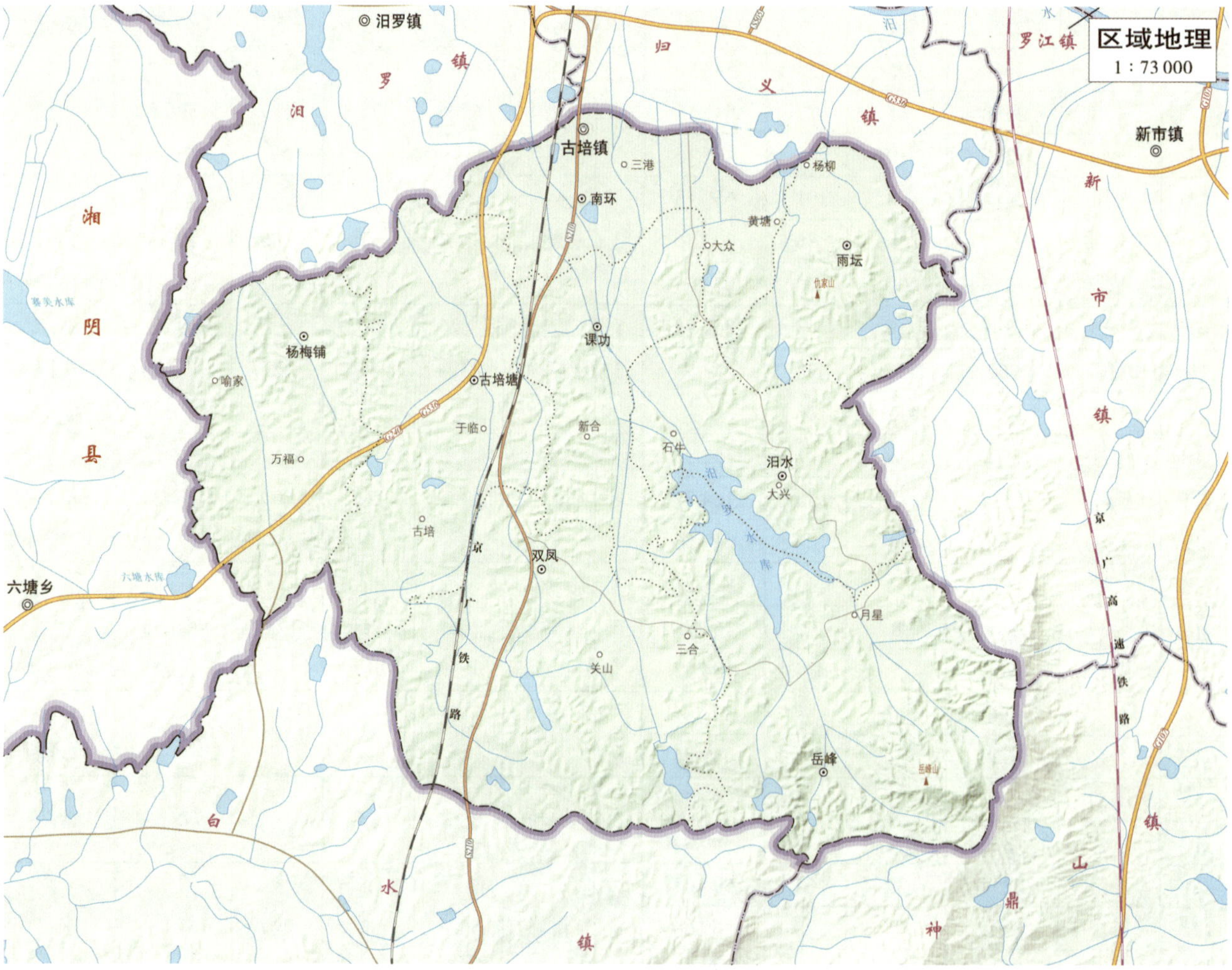

图14　古培镇示意图

汨罗镇

汨罗镇党政负责干部（名单）

党委书记	胡亚运
镇　　长	郝　光
党委副书记	刘　灿（12月起）
人大主席	倪志彪
政协办主任	杨　雄
武装部长 人大副主席	曾　荣
宣传委员	刘　卫
纪委书记	周　托
组织委员	张先觉
副　镇　长	童卞利　卢　原
主任科员	杨　静　彭　华 黄治国
副主任科员	胡　雄　陈　漾
办公室主任	周　冀
财政所所长	何建潘

【概况】　汨罗镇位于汨罗城西角，全镇共有7个行政村，231个村民小组，总人口24403人，域内主产谷物、鱼类、牲猪、莲藕，经济活跃，交通便捷。

【党建工作】　开展活动，增强基层党组织凝聚力。扎实推动“两学一做”学习教育常态化制度化。在深学上下功夫，联系实际学、带着问题学。在真做上见实效，从具体事情做起，按照“四讲四有”标准做合格党员。在行动上学先进，向“廖俊波、叶剑芝、李大元”等先进人物学习，争做合格党员。开展“汨罗新发展、党员新作为”创先争优活动，增强进取意识，增强创新意识，以饱满的精神状态争创一流的工作业绩。开展“党员活动日”活动。将每个月第一个工作日定位党员活动日，分支部开展，活动主题根据组织安排和工作需要确定，全体党员参加。认真落实和执行好“三会一课”制度，深入开展基层组织建设年活动。开展党支部调查摸底和分类定级工作，整顿软弱涣散基层党组织。

加强党员管理，始终保持党员队伍先进性。严把党员的“入口关”，保证发展党员的质量。加强党员学习教育，开展“四种精神”学习讨论，通过集中学习、专家讲座、自学等方式，进一步加强党员意识，增强党性修养。认真开展民主评议党员活动，实行“党员积分管理”，加强党员作风建设，农村党员积极维护、支持镇村工作，主动调处纠纷，化解矛盾，充分发挥模范带头作用。加强“红星云”的推广和应用，激活率达到99.6%，全镇共产党员掀起红星云学用高潮。

加强干部队伍建设，提高为民办事能力。加强村干部队伍建设，选优配齐村班子。在村级换届选举过程中，严格按照市委统一部署，突出党的领导，加大宣传引导，严格纪律要求，坚持资格条件，一把尺子量到底。全镇共选出村干部43名，一批政治坚定、群众信赖、有激情、敢担当、素质全面的党员群众选进村领导班子。加强机关干部队伍建设。加强作风建设，强化红线意识、看齐意识、规矩意识，完善各项工作制度和财经纪律，从源头上解决突出作风问题。加强党风廉政建设，认真落实全面从严治党主体责任制。完善考核制度，按照目标责任书，对各项指标任务的完成情况进行督查，确保各项任务按时完成。

【棚户区改造】　国道240涉及汨罗镇4个村，征拆任务繁重，为确保国道240顺利施工，安排政协办主任专抓，抽调精干力量，采取分村包户负责制，日夜攻坚，合计全线共拆除房屋89栋，确保工程顺利推进。国道536工程已完成全部征地任务，进入施工阶段。安排专人负责城富线建设项目，协调村组关系，处理矛盾纠纷，目前已封闭施工，预计老历年前可完工。做好鹤巢湖渔光互补发电项目协调工作，已成功并网发电。

屈子生态湿地公园棚户区改造汨罗镇范围改造计划126栋，时间紧，任务重。成立武夷山村和瞭家山社区两个征拆协调指挥部，书记、镇长坐阵指挥，抽调20名精干力量参与拆迁，实行“一对一”包户责任制，责任到个人，明确时间节点，不分节假日，每晚十点分别召开碰头会，及时通报情况，疏理问题，共同商讨解决办法。目前，已拆除110栋，12月底前可全部拆除，确保屈子生态湿地公园建设顺利推进。

【脱贫攻坚】　根据实际制定汨罗镇脱贫攻坚突出问题集中整改方案，全面查摆脱贫攻坚中存在的问题，深入分析原因，扎实整改到位。多次召开党政负责干部会专题研究，镇村干部会、驻村单位会安排部署，将全镇所有贫困户分解到个人，对贫困户精准识别，共清除不符合贫困条件的对象和“四类人员”45户，192人，新增贫困户10户41人。因户施策，落实帮扶措施。将全镇所有贫困户分解到个人，明确工作责任，各帮扶责任人根据实际制定切实可行的帮扶措施。目前，全镇雨露计划已落实29户。易地搬迁第一批6户已入住完成竣工验收。第二批申报11户已公示，建房选址全部完成，其中2户基础建设已开工，9户建房证正在办理中。2016年，危房改造扶贫跟进补助共有11户已通过验收，2017年，贫困户危房改造43户。小额信贷共47户，总计放贷207万。贫困学生教育帮扶104户。开展健康扶贫，对全镇贫困户免费体检，针对不同病症分类施策，圆满完成43户、176人脱贫任务。

【生态宜居】 推进农村环境综合整治。将4月定为环境卫生突击月，拿出专项资金，全面清理全镇陈年垃圾。建立“政府补贴、村级配套、村民自助”的多元化投入机制，按70元/人（农户20元/人，村20元/人，市镇30元/人）投入农村环境整治，全年预计投入300万元。建立农村垃圾分类机制和定范围、定区域、定责任的长效机制，聘请工作认真、责任心强、身体健康的保洁员负责各村主干道、村级屋场、公共场所的日常保洁。开展环保大整治。开展畜禽养殖整治工作，划定禁养区、限养区，禁养区一律关停，限养区环保不达标的责令整改或关停，目前已关停猪场10个，整治工作有序推进。开展关停黏土砖厂集中行动，淘汰落后产能，全镇6家黏土砖厂已全部关停。依法关停洗砂场3家、麻石加工企业1家。

村级中心全步建成。汨罗镇村级服务平台建设5个新建、1个改建、1个扩建。12月全镇村级服务平台都已投入使用。这些村级服务平台将成为广大党员干部和群众倡导文明风尚的新窗口、服务生产生活的新平台、推进互动发展的新载体、规范民主管理的新阵地。

【文明新风】 积极争创岳阳市文明镇，把创建文明镇工作做为总揽全局、树立良好形象、加快自身发展的重中之重。成立创建工作领导小组，明确人大主席和宣传委员具体负责。强化创建工作的宣传，在镇村主要路段和人口密集处宣传社会主义核心价值观、传统文化美德和“治陋习、树新风”专项工作，以文化墙、大型公益广告、公开信、倡议书、横幅、标语等为载体，图文并茂、形式多样，提升群众对文明创建工作的知晓程度。开展“治陋习、树新风”专项行动。积极响应上级“刹人情歪风、治婚丧陋习、树文明新风”号召，印制承诺书和倡议书9000多份，利用“七一”党员活动和“八一”退役军人活动分村举行倡议书签字活动。各村根据实际制订《村规民约》和《红白理事会章程》，建立红白理事会和劝导队，制定婚丧喜庆事宜操办章程，明确操办标准。武夷山村已启动公墓建设，预计建设8000多个壁葬墓格，现已有50多人安葬在内，全村60岁以上的

表10 2017年汨罗镇各村（社区）基本情况统计表

村名	居民小组（个）	农业人口（人）	户	耕地面积（亩）			人平纯收入（元）
				水田	旱田	总面积	
燎家山	30	3147	872	2912	56	2968	20513
夹　城	36	3528	903	3496	115.9	3611.9	14701
汴　塘	26	2383	519	2356	319.8	2675.8	14794
九　雁	32	3104	832	3795	224	4019	13512
武夷山	43	5012	1320	4192	152.5	4344.5	21970
江　景	39	4725	1269	3983	267	4255	13527
蟠龙桥	25	2504	621	2672	24	2696	13658
合　计	231	24403	6336	23406	1159.2	24570.2	15739

近千名老人加入村老年协会，承诺生前不办寿，死后火化安葬，简化丧事，全镇掀起文明办事、节俭办事新风尚。评选先进模范，鼓励社会帮扶。结合“两学一做”学习教育，在全镇共产党员中广泛开展“十大学做标兵”评选活动，共评选“孝敬老人”“匡扶正义”等标兵36人。结合平安创建活动开展“平安创建模范户”活动，分村分组召开户主会，通过民主投票共评选“平安创建模范户”1264户。鼓励引导干职工、爱心人士、现代乡贤参与社会帮扶，开展爱心捐助、医疗帮扶等，传递文明理念，弘扬传统美德。加强阵地建设，繁荣乡村文化。利用建设村级服务中心契机，每村建好一个文化广场，增加文化设施，为群众文化活动提供场所。鼓励群众组建各类文化社团，目前全镇共有广场舞队10支，腰鼓队5支，戏曲爱好团体3个。积极开展各类文化活动，年内已举行书画竞赛、送春联下乡、广场舞比赛、“治陋习、树新风”演讲比赛、送戏下乡等大型活动6次，丰富了人民群众的精神文化生活。

【廉政建设】 2017年，汨罗镇党委认真落实党风廉洁建设主体责任，纳入党政领导班子、领导干部目标管理，成立以党委书记为组长的领导小组，由“一把手”负总责。定期召开会议，听取专题工作汇报。开展以“五个一”为主要内容的反腐倡廉警示教育活动，组织观看《四风之害》《莲城警钟》等警示教育片，引导广大党员干部筑牢拒腐防变思想道德防线。严格遵守《党政领导干部选拔任用工作条例》的有关规定，认真执行市委关于干部选拔任用工作的规定，加强对干部选拔任用全过程的监督检查，做到公平、公正、透明，有效预防干部任用工作中不正之风，树立正确的用人导向，形成风清气正的用人环境。以“两学一做”学习教育常态化制度化活动为契机，聚焦“四风”问题，开展公务用车、办公用房、会员卡清退、“吃空饷”、公款走访等专项治理活动12次。公务接待方面，严格执行上级有关接待标准，一律在镇食堂安排就餐，不上烟酒。工作日内严禁饮酒，镇纪委加大查处力度，凡发现工作日内饮酒现象的，从严从重处理。积极为镇纪委履行职责提供有利条件，创造良好环境，旗帜鲜明地支持镇纪委查办案件。一是解决专岗不专职的问题，明确纪委书记只分管纪检、监察工作，专职纪检干部不得兼任与纪检无关的工作，确保纪检干部专职专用。二是大力推进镇纪委规范化建设，配齐纪委

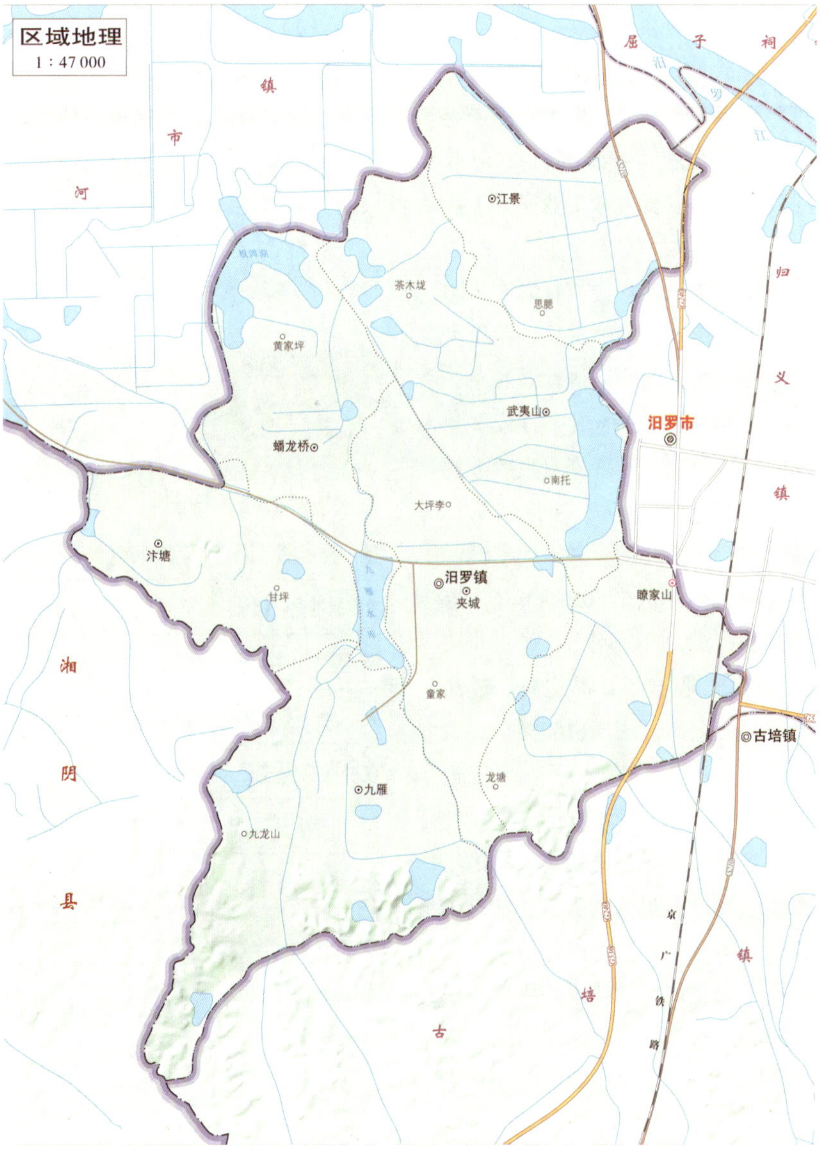

图15 汨罗镇示意图

副书记、纪委委员和专职纪检干部，配备办公办案设备和办案经费。三是支持纪委独立行使办案职权，确保纪检干部对权力敢监督、善监督，对腐败问题勇于“亮剑”，坚持有腐必反、有案必查，坚决惩处、决不姑息，以反腐倡廉的实实在在成果取信于民。一年以来，共查办各类违纪案件5起，有力的打击违法乱纪分子，警示广大党员干部严格自律，廉洁从政。

【乡村建设】 2017年，汨罗镇把安全生产作为经济发展、社会稳定的一项大事来抓，牢固树立“红线”意识和“底线”思维，加强组织领导，严格落实安全生产“党政同责、一岗双责”和企业安全生产主体责任。加大对安全生产法律法规和安全常识的宣传教育力度，印发各类宣传资料8000多份，制作大型标牌10块，印刷墙体标语26条，出动宣传车8天，形成多方位多角度的宣传氛围。开展安全生产大检查和各类专项行动，领导带队，镇、村、部门联动，共出动车辆90多台次，出动人员500多人次，取缔烟花爆竹地下小作坊7家、非法储存6家，收缴半成品炮筒、成品烟花2000余筒，鞭炮1100挂。2017年安全生产工作争创岳阳市先进乡镇。

继续做好规范村民集中建房工作。引导村民规范建房，鼓励村民集中建房。提升打造南托新村，移栽苗木绿化环境，建设好村级活动中心，提升新村文化底蕴。北托集中建房点项目规划总用地面积160亩，规划安置居民181户，现已正式开始建房，将打造成为特色鲜明、环境优美的现代化生活示范区。高标准规划甘坪村民集中建房点建设，目前正与相关部门对接做好前期工作。

继续通过以奖代投方式，引导有意愿、有群众基础、有一定资金保障的村，加大建设投入，依托山水生态、田园风光和人文资源，突出村庄建设的风格和品位，打造配套齐全、环境整洁的特色屋场。瞭家山社区硬化加宽道路2400米，移栽苗木800株，铺设自来水管1500米，架设太阳能路灯40盏，手绘文化墙1100平方米，得到群众和上级的认可与赞同。夹城村正在硬化、加宽道路，绿化、美化道路两侧，整修清理渠道，衬砌护坡池塘，架设路灯，兴建文化广场，安装户外健身器材。

（周 冀）

白水镇

白水镇党政负责干部（名单）

党委书记	周 振
党委副书记、镇长	熊细平（6月起）
党委副书记	李显辉（12月起）
人大主席	龚拥军（12月止）
政协联络办主任	周 飞
正科级干部	傅立文
纪委书记	黄伟见
党委宣传委员	吴颜飞
党委委员	余 勇
党委组织委员	任曦竹
副镇长	彭 旺 李 智
监察室主任	熊献军
副主任科员	周海军 周 浪 刘虎翼
财政所长	傅 斌
办公室主任	王 亮

【概况】 白水镇位于汨罗江南腹地，京广铁路、国道240国道等贯穿其中。全镇有11个行政村，389个村民小组，总人口3.3990万人，域内主产谷物，民营经济活跃。

【党建工作】 白水镇党委高度重视基层党建和干部队伍建设，坚持“抓党建、抓队伍、促发展”的理念，将“两个建设”摆在全镇工作的首要位置。一是开展“二项活动”，突出创新创优。通过开展“汨罗新发展、党员新作为”活动和“四种精神”学习讨论，落实“两学一做”学习常态化制度化。号召全镇党员为社会经济快速健康持续发展献计献策，凝聚力量、形成共识。二是夯实“三大抓手”，强化基层治理。紧抓村级服务平台建设工作，11月底之前全面完成全镇6个新建村部和5个改扩建村部的任务并投入运行，各村级服务平台达到“七室一厅一广场”的硬件标准，党建阵地得到明显优化。严抓村级运转经费的保障工作，镇党委按照每村每年不低于17万元的经费标准保障到位，另外，镇财政在环境整治工作上补助各村2万元，各村的招商引进资金，镇财政一分不扣，一分不挪，款到即拨，足额到位。长抓村干部待遇补助工作，白水镇党委严格按照上级文件精神，对现任村干部工资和离任村干部的困难补助较去年进行提标。对个别家庭困难的村干部，由镇财政安排另外的困难补助。对任职期间业绩突出、表现优异、群众满意的优秀村干部实行奖励。通过多项措施保障村干部队伍的稳定性。三是严把“四个关”，突出从严从实。严把入党关。坚持按照“123”工作法，优中选优，从全镇200多名入党积极分子中发展新党员18名。严把审核关。本次村级“两委”换届坚持群众参与，坚持“两推一选”，坚持候选人资格“八联审”，确保新村级队伍的干净和活力。严把处置关。2017年，纪律处分党员5人、开除1人，集中整顿好1个软弱涣散村党组织。严把整改关。针对上年度存在的阵地建设投入不足问题、教育实践活动后续整改和“不严不实”突出问题，狠抓整改落实，进一步转变党员队伍的作风。

【廉政建设】 白水镇党委始终认真开展党风廉政建设，支持纪检监察工作。一是认真落实党风廉政建设主体责任。将党风廉政建设纳入全镇经济社会发展规划统一部署、统一实施，镇党委班子定期研究、分析党风廉政建设情况，把责任分解到人到岗，形成合力抓落实的工作格局。二是注重强化制度保障建设。在严格执行现有的廉政建设制度基础上，制定《白水镇党风廉政建设制度》等纪律性文件，出台民主议事制度、公务接待、公车使用管理、办公纪律等制度，用制度规范权力。认真实行“党务、政务、财务”公开，推进“互联网+监督”工作，落实“收支两条线”财务管理制度，严控“三公”经费的开支，提高财政的使用效益。三是加大反腐倡廉力度。白水镇党委、政府认真贯彻落实中央“八项规定”、省、市有关作风建设的规定精神，积极开展“贪、庸、懒、奢”专项整治行动、公职人员“涉砂、涉矿”自查自纠活动，加强对“不作为、乱作为、缓作为”行为的整顿，深入开展纪律教育活动，加强党员干部廉政教育，班子成员带头贯彻落实党风廉政建设责任制和廉洁从政的各项规定，自觉接受各方监督，自觉形成风清气正的工作圈、生活圈和社交圈。

【脱贫攻坚】 白水镇党委、政府关注民生民计，以脱贫攻坚工作为要务，强化“真扶贫、扶真贫、真脱贫、脱真贫”的工作思路。对全镇297户、927人不符合贫困户条件的“四类人员”进行清理、认真开展“三走访、三签字”活动、通过产业发展转移就业、教育扶贫、健康扶贫、做实驻村帮扶，严格贫困户退出程序。共有112户358人脱贫、落实19户贫困户危房改造，43户贫困户易地扶贫搬迁，省级贫困村群玉村将实现整体脱贫摘帽。“五保”供养、社会救助救济、新农合、新农保等工作稳步推进，全年共发放低保、“五保”资金180余万元，城乡居民社会养老保险实现参保19840人，新型农村合作医疗参合人数36800人，为群众申报医疗救助8万余元。

【环境整治】 扎实推进环境卫生整治。突出资金保障，共投入环境整治资金200余万元，新建三格式垃圾池500个，购置分类垃圾桶300个，对国道240、湘慧线、杨闵线、城界线沿线各村给予3000元／

表11 2017年白水镇各村（社区）基本情况统计表

序号	村 名	村民小组（个）	户	人口（人）	党员（人）	耕地（亩）
1	白水社区	15	502	1857	104	765
2	群玉村	26	675	2597	105	2600
3	毛岭村	35	728	2876	101	2381
4	高冲村	57	568	5043	156	4732
5	王家坪村	35	796	1296	106	2820
6	唐山村	31	692	2920	95	1948
7	西长村	45	1012	4060	149	2600
8	三星村	43	1098	4218	143	3860
9	越江村	36	850	3255	112	2900
10	关北村	30	542	2442	100	1517
11	大塘村	36	827	3426	122	1420
12	合 计	389	8290	33990	1293	27543

千米，唐山入口至花海旅游线路给予2000元／千米的整治经费，确保全天候保洁。并引进永净环保有限公司，实行垃圾清扫清运专业化运营，确保集镇区域的长效管理。严格落实环保专项整治。全镇关停小规模牲猪养殖场7家，清栏2100多头生猪，并配合上级关停黏土砖厂5家。实行网格化管理，按党政干部包片、镇干部包村、村干部包组，组长、党员包户的模式层层压实责任；镇环境整治组一天一巡查，巡查结果发送到镇村干部微信群，要求即查即改、即改即报，每月对各村环境卫生情况排名讲评，并按季度兑现奖惩，取得良好实效。11月中旬顺利通过省卫生乡镇检查验收。

【“刹人情歪风、治婚丧陋习、树文明新风”专项工作】 深入落实移风易俗工作、培育文明新风始终是白水镇党委、政府强力推进的一项中心工作。一是做到宣传先行。白水镇成立以党委书记周振同志挂帅的移风易俗领导小组，并下设考核奖惩组，文明创建劝导组，宣传报道组。全镇共悬挂大型标语11块。集镇、湘慧线、国道240沿线路灯杆上悬挂150块小型固定标语，出动宣传车进村入组宣传。村上召开党员组长动员会议，党员及村小组长签订承诺书，各村通过村规民约和选举成立红白喜事理事会，理事会成员入户下发倡议书，宣讲相关政策，做到移风易俗工作家喻户晓，深入人心。汨罗电视台、《时刻新闻》《微汨罗》《岳阳晚报》更是对白水移风易俗工作进行宣传报道。二是做到奖惩兑现。村红白理事会、文明创建劝导组、考核奖惩组相互配合、各尽其责。群众举办红白喜事一律向村红白理事会事前报备并报镇移风易俗办公室，摸底备案后由包联村干部、总支书记、专抓，理事会成员上门提前宣讲政策做好工作，在农户办事当天，由理事会成员及村干

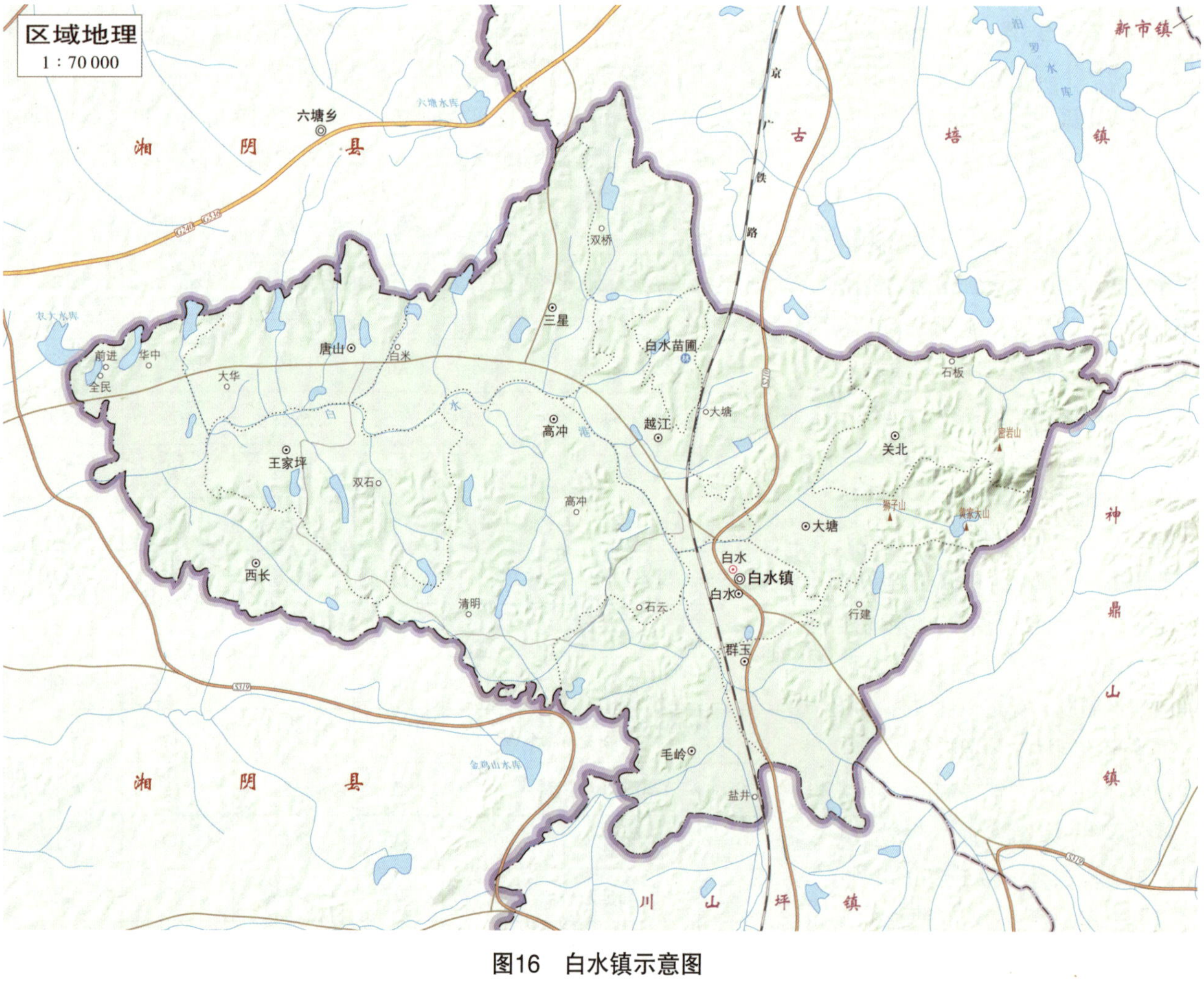

图16 白水镇示意图

部上门监督、查看落实情况，如发现违规办客情况，立即报告。由镇文明创建巡查监督执行组会同村干部现场劝导制止。事后依据党纪或村规民约对村、对户主予以罚款。对于按规定做好的村、户主予以奖励和通报表扬。三是做到禁塑禁炮。由政府统筹安排。新购2200套环保餐具，为每村统一备置20桌餐具，和“婚事新办、丧事简办、余事不办”的温馨提示牌，免费提供给办红白喜事的群众使用。减轻群众的办事负担，降低塑制品对环境的污染。镇打非整治组每月至少开展3次以上烟花爆竹专项整治工作，查处地下作坊、收缴烟花爆竹、规劝文明风尚。通过开展专项整治工作，共取缔烟花爆竹地下作坊1家，收缴销毁非法销售、储存烟花1200余件、鞭炮1600余挂，总价值30余万元，白水镇烟花鞭炮燃放得到控制、重大事故隐患得以消除、群众禁放鞭炮的意识得以增强。打非治违工作在全市处于先进行列。

【平安创建】 白水镇党委、政府全力维护地方稳定，抓好基础工作。大力推进信访维稳“以村为主、到镇为止”，全面排查调处各类矛盾，优化经济发展环境，切实增强人民群众的安全感和幸福感。综治工作、民调工作、信访工作继续位居全市前列。十九大安保维护期间，白水镇做到零上访。在2017年度汨罗市民调工作考核排名中，白水镇位列汨罗市乡镇第一名，其中白水镇越江村、毛岭村、白水村取得全市村级民调工作一、二、三名的好成绩。安全生产工作上，白水镇强化安全监管，突出抓好烟花爆竹、校园校车、危爆物品、厂矿企业的安全生产工作。镇政府联合执法部门多次组织行动，严厉打击非法开采高岭土等违法行为，依法拘留5人、扣押车辆4台，全力巩固湖南省安全生产示范乡镇和岳阳市先进单位创建成果。白水镇计生工作，在岳阳市模范乡镇的基础上继续保持进位，以人口出生数据为重点，以优生服务为抓手，将压力到村、考核到人，全面完成人口与计划生育工作的各项指标任务。

白水镇持续发力美丽乡村建设。紧紧围绕“花海小镇，休闲白水”的发展理念。一是完善沿线基础设施。完成大塘村、越江村、西长村村级道路的拓宽改造及沿线穿衣戴帽工程，完善14千米的绿色通道建设。二是打造西长片区现代农业科技示范园。由岳阳市人大联点，项目指挥部牵头，镇村两级配合，启动西长生态停车场建设，占地600亩的四季花海休闲旅游项目已经正式开园营业。蓝莓采摘园项目、湘产园种植项目、富硒水稻种植项目、花卉苗木种植等相继落户，通过对西长片区生态设计，逐步融入地方传统优秀文化和社会主义现代文化，形成浓郁的西长文化氛围。三是夯实“闵家新村”基础。白水镇政府以三星村闵家新村度假山庄为核心，在原有基础上继续做大做强，新上恐龙园、民俗馆、游乐场等项目。利用闵家祠堂古朴风貌和忠孝文化元素，打造闵氏宗祠文化园和中学生成人宣誓仪式地点。通过项目整合、连片开发，不断深挖休闲旅游潜力，经过努力，三星村已成功获评“湖南省美丽乡村”。白水镇的美丽乡村建设及文明创建正呈现出百花齐放的良好势头。

（王　亮）

川山坪镇

川山坪镇党政负责干部（名单）

党委书记	李尚兵
党委副书记、镇长	颜念龙（6月起）
党委副书记	陈敬林（12月起）
人大主席	陈　虎
政协联络办主任	吴　冬
纪委书记	杨寒丰
组织委员	胡亚军
武装部长 人大副主席	熊落星
宣传委员	彭　智
副镇长	何兴旺　黄　琴
财政所所长	胡跃武
主任科员	甘新罗　韩建伟
副主任科员	霍然胜　郑军飞
办公室主任	胡　宁

【概况】 川山坪镇位于汨罗市南，北抵白水，南靠长沙，京广铁路、国道240国道穿行。全镇总人口56403人，共有行政村16个，村民小组683个。

【脱贫攻坚】 川山坪镇共有建档立卡贫困户1803户，贫困人口5483人，精准识别后1512户4729人，脱贫1279人，川山、清泉2个省级贫困村退出，是汨罗市贫困人数最多，扶贫任务最大，退出工作最艰巨的一个乡镇。为此，镇党委多次召开专题会议，按照“四个切实、五个一批、六个精准”的要求强力推进精准扶贫工作。一是精准识别再回炉。对全镇所有建档立卡贫困户进行再梳理、再清查、再识别，共清理四类人员151户474人，新识别评定不合理的129户427人，总共减少901人，新纳入232人，通过清理减少669人。二是帮扶措施再细化。认真分析致贫原因，研究脱贫对策，建立帮扶台帐，使帮扶工作真正做到“一户一档”“因户施策”，做到识别精准、措施精准、脱贫成效精准。集中财力解决贫困村水、电、路等基础设施建设，共计硬化贫困村通村通组公路24.8千米，拓宽5.6千米，5个贫困村的饮水安全问题得到彻底解决，电网得到全面升级。重点抓好产业扶贫，大力扶持川山村的优质稻种植合作社、桥坪村的松江洞种养合作社、玉池山村的蜂蜜、灵芝、野山茶、黄牛养殖合作社、清泉村的宏祥牧业黑山羊养殖合作社，为贫困户提供就业岗位和创造经济效益。积极推进金门坝和燕塘两个高标准易地扶贫搬迁安置区建设，严格规范散户建房工作，年底770人可全部搬进新居。发放小额信贷580万元，帮助180户贫困户解决缺少产业发展资金的问题。全面落实生态补偿、雨露计划、危房改造、医疗救助、低保兜底等扶贫措施。三是突出问题再整改。针对贫困村与非贫困村工作不平衡、已脱贫户与未脱贫户全覆盖不到位，重未脱贫户帮扶，轻已脱贫户巩固，帮扶措施过于单一的等问题，制定专门措施，逐一加以解决，确保脱贫攻坚工作整体推进。四是责任压力再传导。强化责任、强化调度、强化纪律、强化督查、强化考核，做到组织领导到位，资金保障到位,力量保障到位，宣传引导保障到位。严格落实脱贫攻坚工作责任制，将任务细化分解，逐级签订责任状，层层传导压力，级级压实责任，形成齐抓共管、合力攻坚的良好工作格局。顺利通过扶贫省检工作。

【镇域经济】 2017年，启动建设项目多，投资额度大，财政压力比较大。面对困难，迎难而上，多措并举，实现川山坪经济社会发展的良性循环。通过培植财源，加强重点税源监管，全年税收任务592万元可确保完成。鼓励发展旅游业、适度发展种养业，培育发展文化产业，绿色GDP占全镇国民生产总值的比例进一步增加。

依托区位优势，在全镇范围内全面布局绿色产业。结合镇域实际，发挥资源优势，申报恒大集团“康养小镇”项目，全力推进商业步行街开发进程，引进抽水蓄能电站、风能发电项目，开发玉池山旅游项目，引进光伏发电项目落户川山村，向上争取农业综合开发、规范建房示范点、“一事一议”财政奖补等项目。

【民生工程】 一是优先保障基本民生。农田水利设施方面，除险加固小Ⅰ、小Ⅱ型水库5座，硬化山塘60余口，修建、硬化、疏浚灌溉水渠近90千米，全镇农业条件得到进一步优化，保障农民群众的切实利益。二是加速推进交通建设。交通建设方面，通村通组公路累计硬化、拓宽、整修近100千米，给群众带来方便和实惠。进一步方便山区群众的出行，带动贫困村、大山村的经济发展和区域融入。三是全面完善便民设施。电力设施方面，加强电网改造和升级，在全镇范围内增设多组变压器，保障防汛抗旱用电平稳；村部平台建设方面，新建10个，改扩建6个，现已全部竣工，广播“村村响”工程率先完成安装和使用，基层文化宣传工作深入人心。四是抓好麻石整治。推进全镇193家麻石加工企业按就地改造升级一批、关停取缔一批、引导退出一批、整合入园一批的“四个一批”进行转型升级；五是抓好清江河治理。青江治理工程已全线动工，第一步疏浚河道，治理重金属污染；第二步严禁乱倒，保持水体清澈。六是抓好村民集中建房。遵循“政府推动，政策引导，以人为本，造福群众”的基本原则，推进金门坝、燕塘2个安置区的建设，严守耕地红线，严禁私自乱建，实施建一退一工程。七是抓好环境整治。投入资金近200万元，购置垃圾拖运车辆，完善环境卫生基础设施，聘请保洁公司负责日常保洁和垃圾清运。八是抓好镇容镇貌建设。先后开展13次专项活动，动员干部群众1600余人次，查处占道经营96起，清理乱堆乱放15处25余立方米，清除非公路标志牌44块，依法查处麻石运输非法营运车辆13台次，依法拆除1处非法马路市场，依法关停3家黏土砖生产企业。

【社会管理】 一是重点抓好“刹人情歪风、治婚丧陋习、树文明新风”工作。坚持全民齐参与，构建网格化管理，推动“治陋习、树新风”向纵深发展。向全镇人民发出倡议书，强化事前干预，创新事中干预，落实事后巩固。全镇党员干部带头落实，以点带面，在各村成立红白理事会等群众自治组织，引导群众自我管理，自觉抵制陈规陋习。设立大型宣传标语、微信公众号、播放专题宣传片、村村响广播等形式，全方位、多层次开展“治陋习、树新风”宣传。暑假，召集36名大学新生召开座谈会，签订不办升学宴的承诺书，镇政府以奖代投，表彰奖励在移风易俗行动中带头遵守的离退休老同志和基层干部，鼓励各村购买电子鞭和瓷质茶杯，为“烟花鞭炮”和“一次性塑料杯”提供替代品。确保“刹人情歪风、治婚丧陋习、树文明新风”工作真正落到实处。二是深入推进法治川山建设。强化源头预测预警预防、强化乡镇综治中心建设、强化法律服务体系建设，打造“综治中心+网格化管理”模式，形成覆盖城乡、横向到边、纵向到底的基层社会治理网格体系强化社会综治体系；成立川山坪镇治安巡逻工作领导小组，全体干职工排班进行治安巡逻。全年共计调处各类纠纷190起，妥善处理各类突发案件，有效控制事态影响。全年未出现赴省市集体访、进京非访，特别是十九大期间圆满完成维稳任务。安监站、工商所、派出所等部门开展专项联合执法，突出抓好烟花爆竹、校园校车、危爆物品、厂矿企业的安全生产工作，对辖区内烟花爆竹经营户进行全面清理，收缴销毁非法销售、储存烟花2000余个、鞭炮1500余挂，总价值30余万元。

注重民生至上，社会事业不断进步。农村社会养老保险参保率达86%，全年发放农村社会保险金达1130多万元，补助农民医药费用1773万元。全年公开审批低保户447户，发放低保资金92万元；关爱五保户535户，累计补助172万元；边缘救助户371户，累计救助21万元。

【党建工作】 一是扎实推进“两学一做”学习教育常态化制度化。加强集中学习。每周组织全体镇干部进行学习，学习党章、党规及习总书记系列讲话精神，及时传达近期上级工作要求，安排当周重点工

表12 2017年川山坪镇各村基本情况统计表

序号	村名（个）	村民小组（个）	户数	人口（人）	党员（人）	耕地		
						水田（亩）	旱地（亩）	合计
1	燕 塘	55	1173	3956	120	3752.3	2301	6053.3
2	青 江	46	1095	4039	166	3427.11	2868	6295.11
3	三 姊	61	1422	4900	162	4592.74	3120	7712.74
4	新船山	47	1154	4194	118	4247.69	2472	6719.69
5	高家坊	39	979	3331	139	2979.9	1762	4741.9
6	麓风寨	50	1100	3608	114	3812.12	1036	4848.12
7	桥 坪	36	805	2391	98	3556.66	2033	5589.66
8	玉池山	46	845	3093	140	2088.72	1093	3181.72
9	达摩岭	37	493	1522	70	2083.13	375	2458.13
10	川 山	36	905	3284	135	3174.15	1510	4684.15
11	白马城	43	1015	3753	122	3386	1492	4878
12	清 泉	49	1223	4567	140	3708.36	1913	5621.36
13	川 西	36	1021	3923	145	3309.69	1869	5178.69
14	天井山	36	763	2970	132	3397.82	1787	5184.82
15	万 林	25	811	2885	138	2450.36	1608	4058.36
16	芭 蕉	41	1072	3987	187	3887.41	1905	5792.41
17	合 计	683	15876	56403	2126	53854.16	29144	82998.16

作；根据个人学习情况，及时撰写学习笔记和心得体会，各个总支根据各自实际安排学习任务。认真开展专题讨论。全镇党员就“四种精神”开展专题讨论，党员撰写心得体会，在会上进行发言交流，坚定广大党员干部的理想信念，提高干事创业的能力，为扎实做好工作，推进各项事业发展打牢基础。扎实上好党课工作。“七一”前后，由党委书记结合当前重点工作，给全体镇村干部上一次党课，镇党委安排镇领导班子成员到各联系支部上一次党课，共开展党课活动36场次。认真组织开展党员活动日活动。成立专门领导小组，制定实施方案和工作计划，每月就不同的当前工作主题，开展活动。二是稳妥推进做好全年几项重点工作。完成支村两委换届选举工作。及早谋划，迅速推进，圆满完成全镇16各行政村换届选举工作。加强基层党组织标准化建设。对全镇全部16个党总支进行逐一排查，形成工作台账和以一总支部一档材料。排查出问题7个，镇党委开具问题清单，制定整改方案，确保如期全部达标。做好“红星云”注册学习工作。成立专门领导组，制定实施方案。镇党建办全程进行技术指导，目前党员信息录入已完成88%，目前正就错误信息进行修改，确保12月底全部完成。镇机关党员要求每周不少于210分，各村党员要求每周不少于140分，全力助推汨罗排名挺进前三。抓好抓党建促脱贫“联帮工程”。组织企业（合作社）的党员结对帮扶贫困户，提供产业养殖发展启动资金4万余元，提供种养殖技术指导300余次，提供就业岗位近百个，为贫困户户均增收1500元左右。学习宣传贯彻落实党的十九大精神。主要措施是：一看，全镇党员收看十九大开幕式盛况，全体党员干部通过“红星云”观看相关视频等十九大的影像资料；二读，举办党的十九大报告读书班和宣讲骨干培训班，党员读十九大报告原文十遍以上；三听，邀请党校老师给镇村干部集中宣讲十九大精神，镇党委领导班子到各党支部专题讲党课，辅导学习。四说，镇党委班子成员、村支部带头讲党课，开展各村、部门单位学习贯彻党的十九大精神座谈会，谈体会、谈感受、谈心得；五写，镇党委举办学习党的十九大征文活动和学习党的十九大知识竞赛活动，结合工作实际撰写读书笔记和心得体会；六做，向十九大精神和习近平思想对标看齐，进一步理清建设思路和举措，推动全方位学习宣传贯

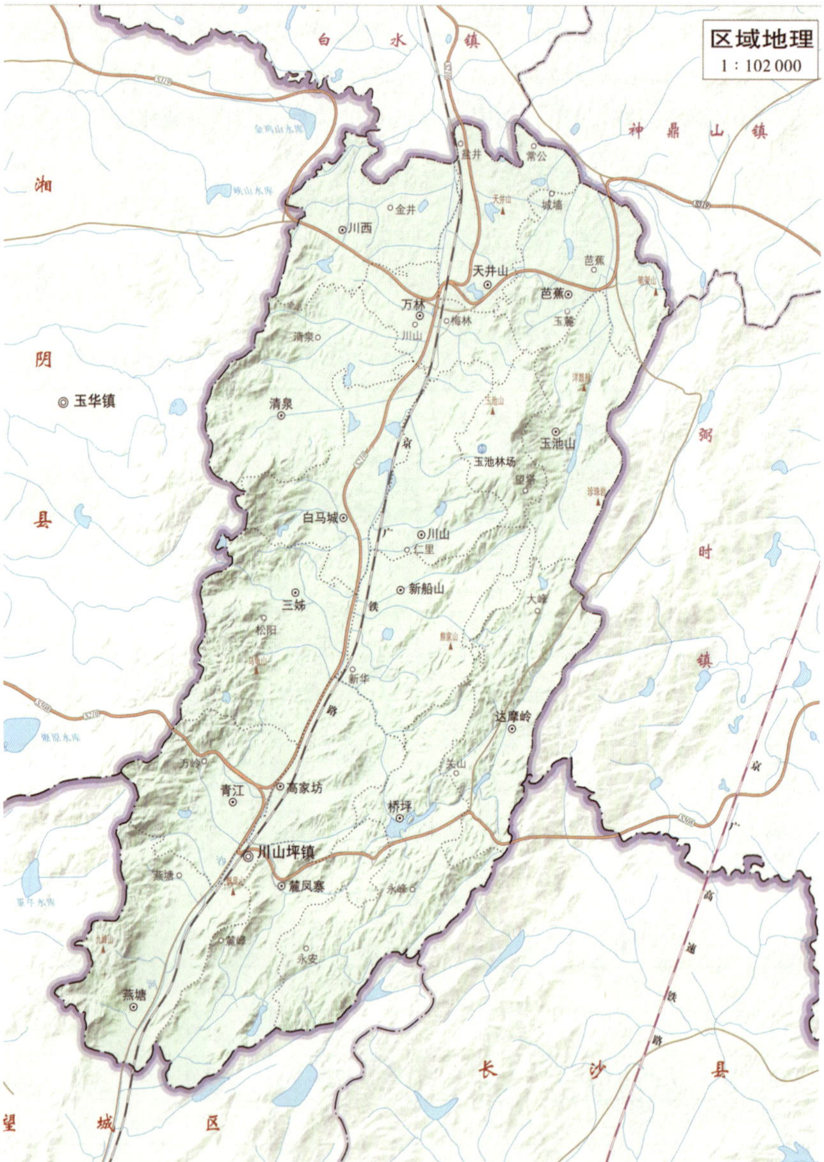

图17 川山坪镇示意图

彻党的十九大会议精神落地落实。

（胡 宁）

弼时镇

弼时镇党政负责干部（名单）

党委书记	吴艳平
党委副书记、镇长	张保林
党委副书记、人大主席	曾海波（12月起）
政协办主任	黄 毅
纪委书记	黄 维
武装部长、宣传委员 人大副主席	周 国
统战委员	邹振雄
组织委员	胡芳华
党委委员	刘 专
副镇长	胥申红 游再良
财政所长	王胜贤
办公室主任	黄晏源

【概况】 弼时镇位于汨罗市东南角，是任弼时的故里，域内107国道、京珠高速、京广高铁南北穿行，行政村17个，村民小组707个，总人口57112人，域内红色文化和传统文化相交融，传统农业和现代工业齐发展。

【队伍建设】 党建工作是一切工作的灵魂，该镇始终把党建工作摆在重中之重的位置，强化责任，狠抓落实。一是开展主题教育。把传承“骆驼精神”作为党员教育的主题内容，结合新村“两委”干部上岗培训，镇党委组织多次集中学习活动。二是加强支部建设。制定村级周前会、坐班值班、“三会一课”、目标考核等一系列规章制度，同时，每周安排专项督查，及时通报。既规范村级管理，又激发队伍活力。三是完善村级平台。全镇村级综合服务平台共有9个新建（其中2个示范型，7个标准型），8个改扩建，目前所有村已全部完工投入使用，特别是平华、铜盆村夺得全市改扩建的第一、二名。

【项目建设】 将项目建设作为加快发展引擎，坚持项目为大、项目为主。一是金山旅游商品街项目。商业街全长580米，项目一期总建筑面积约3.5万平方米，投资约8000万元，计划建成154个铺面和部分住宅。目前商铺主体已经完成，年内将基本建成。二是弼时原集镇提质改造工程。该路段全长2000米，计划投资1000万元，对主路进行“白改黑”，并对人行道进行铺装，对沿路进行绿化、亮化，目前工程已在施工，年底将完成。三是新农商业街二期。二期工程主要是镇西面供销超市和4栋住宅，现主体已建成。四是集镇供排水工程。集镇供排水项目，主要是金山路商业街一期、新农商业街二期、产业园安置区一期区域内供排水管网建

表13　2017年弼时镇各村基本情况统计表

村 名	人口（人）	村民小组（个）	党员（人）	地域面积（亩）
弼时村	4591	46	160	9400
序贤村	6088	73	205	20506
平华村	3564	48	109	15195
白沙村	2819	29	111	6306
桃花村	3982	43	136	12397
铜盆村	3558	45	147	9232
大里塘村	5420	43	142	15345
影珠山村	905	19	43	7717
南龙村	3002	40	98	7946
高燕村	3153	39	111	8860
李家塅村	2450	30	80	2940
湄江村	3207	42	111	10497
明月山村	4871	61	170	13897
清溪村	3151	48	130	15790
白鹤洞村	1909	34	103	14645
玉池村	1776	27	89	15923
大龙山村	1959	40	104	14597

设，预计投资1000万元，目前正在进行管道铺设，年内将完成。

【脱贫攻坚】 全镇共有5个贫困村，有建档立卡贫困户1294户，3775人。一年来，突出抓实如下工作：一是压实责任。将扶贫工作责任传递到镇、村、组及广大党员骨干，传递到扶贫工作队，把脱贫攻坚的责任立起来、严起来、落下去。二是夯实基础。即做实基础台账、基础数据和基础工作。清理“四类对象”205户、557人，新增37户、99人。三是做实产业。坚持走“一村一品”的发展路子。全镇已建起22个合作社，如火龙果种植、高山蔬菜种植、猕猴桃种植、黄桃种植等，有效解决贫困户就业和增收的问题，年内已脱贫376户、1091人，易地搬迁83户、299人，危房改造112户、335人，“雨露计划”助学38人，低保兜底64户、154人，完成小额信贷420万，特别是在这次省委组织的脱贫检查验收中，三项受检，其中清溪村被定为实地核查点，14户危房改造、易地搬迁、2户集中安置、3户分散自建分别受检，得到较高评价。

【农村环保】 积极开展“秀美村庄”“文明屋场”评选活动，严格执行“户分类、减量、就地消纳处理”，推行三格式垃圾池，通过以点带面，全面铺开，弼时环境卫生有较大改观。整体水平得到提升，并涌现出一批先进典型。在抓好常规工作的同时，按照中央环保督查组的要求，突出抓好“老大难”环保问题的整治。辖区内4家黏土砖厂、5个万头猪场已全面关停，52家麻石加工企业，已签关停协议40家，国道沿线的14家已全面关停。

认真贯彻市委、市政府关于“治陋习、树新风”的工作要求，切实做到规定动作不走样，自选部分有创新。狠刹人情歪风。严格按照“喜事新办、丧事简办、余事不办”的要求，组建文明劝导队、执法队，选举红白理事会，开展新考录大学生集体拒办升学宴的活动，形成良好风气。推进殡葬改革。弘扬传统美德，保护绿水青山。先行启动桃花公墓改扩建工程。全面实施“三禁”。即“禁炮、禁塑、禁拱门”。通过一手抓宣传，一手抓配套，各村都备电子炮、免费使用的桌布和餐具等设施，目前，全镇上下已倡导禁放烟花爆竹，不再使用一次性碗筷，红白喜事最多只使用一个拱门。

【“四大会战”】 将征地、拆迁、优化环境摆在重中之重，全力以赴。一是征地拆迁。安排32名干部，专门从事征地拆迁工作。共完成污水厂、燃气站、自来水厂、变电站等项目征地，目前共征地4868亩，拆房627栋，其中拆房105

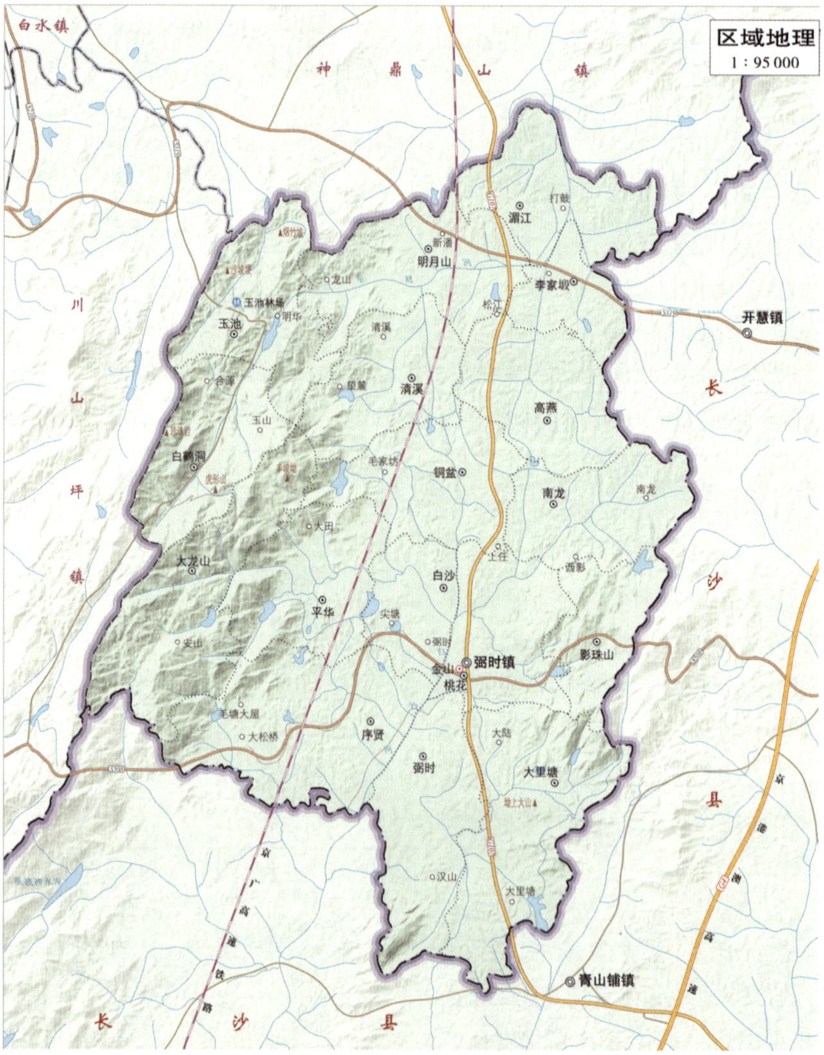

图18 弼时镇示意图

栋，拆“钉子户”47栋。二是安置区建设。目前，已全面开建29栋，全面交工入住6栋，年前基本建成23栋。三是环境优化。坚持“两不”目标：即不因征拆影响园区发展，不因环境影响项目落地。对于强揽工程、强买强卖、强行阻工等“三强”行为从严打击。行政拘留2人刑事拘留4人。园区发展环境良好，受到省建工集团、兴旺集团等施工单位的好评。

【廉政建设】 一是主体责任全面落实。镇党委切实履行党风廉政建设的主体责任，时刻将党风廉政建设放在心上、抓在手上、扛在肩上。认真落实党风廉政建设责任制的各项要求。层层签订责任状，切实落实“一岗双责”。牢固树立“四种意识”，在思想上、政治上和行动上始终同党中央、和上级党委保持高度一致。切实加强努力深化党风廉政教育。镇党委中心组组织观看警示教育片3次，集中学习党风廉政建设内容4次，村两委换届选举、重大活动前的警示教育不折不扣落实到位，广大党员干部廉洁自律意识不断增强。严格执行“三重一大”事项集体决策制度。二是监督责任有效到位。镇纪委认真落实上级纪委精神，深入推进党风廉政建设和反腐败工作，严明党的纪律，坚持不懈纠“四风”，严查扶贫领域违纪问题，加强队伍能力建设，聚焦主责主业，落实党员干部述职述廉、廉政谈话等制度。干部选拔任用、党务政务公开、年度目标考核、重大工程项目、机关财务开支、征地拆迁等工作均能得到有效监督。

【创先争优】 弼时镇在完成上述重点工作的同时，创先争优，部分特色亮点工作也取得较好成绩。6月份，弼时村获得省首批“经典文化村镇”荣誉；10月份，通过积极争取，获得湖南省美丽乡镇示范镇的荣誉称号；绿色高创优质水稻万亩连片种植基地通过省农委验收，得到省、岳阳一致好评；积极推进殡改工作，弘扬传统美德，保护绿水青山，已建成的桃花公墓准备进行改扩建目前已有1100座坟入公墓；规范村民建房方面，已建成白鹤洞、铜盆、影珠花园三个集中点，且影珠花园将申报岳阳规范建房示范点；湄江村被评为岳阳市美丽乡村；抗洪救灾、义务献血均获得岳阳先进。

（黄呈源）

神鼎山镇

神鼎山镇党政负责干部（名单）

党委书记	许艳辉（10月止）
镇长	李鲜艳（6月止） 刘成熟（6月起）
党委副书记	吴利斌（12月止）
人大主席	邹建波
政协办主任	戴向丰
纪委书记	郑 国
组织委员	杨 浩
人大副主席	陆海峰
武装部长	周 波
副镇长	王俊飞 胡建波
党政办主任	毛付艳
财政所长	于 伟

【概况】 神鼎山镇位于汨长公路中段。域内有京广高铁、107国道，京珠高速贯穿南北，全镇总人口51441人，有13个行政村，473个村民小组，域内农产品丰富，民营经济活跃。

【综合实力】 工业发展整体推进。积极帮扶企业，实行负责干部联企业制度，优化企业发展环境。大力支持镇域企业技改创新、融资扩产，以飘峰电气、顺欣科技为龙头的企业实力进一步增强。2017年预计实现财税收入800万元。

现代农业逐步推进。以强农、联丰、双江等合作社为基础，积极引导土地流转，优质稻种植面积增加5000余亩。以益建蓝莓生产采摘基地、安农生态园的“跟着村长玩泥巴”、万亩玫瑰园基地等一批现代农业发展现代服务业，带动农村特色经济发展，促进农民增收。

重点项目扎实推进。争取棚户区改造、双江口大桥整修维护、优质蓝莓种植园、道路硬化、危桥改造、农网改造近40个项目落户神鼎山，预计项目资金近4000万元。

【乡村建设】 健全环卫长效机制。加大对村级和124名保洁员的考核及奖惩力度。引导农户对垃圾实行分类处理，定期保洁、及时清运、就地消化。创新环卫管理模式，引导群众自觉参与，共创秀美家园。

积极开展“五化”工程（净化、绿化、美化、亮化、文化）。新增造林面积1000余亩，美化公路20余千米，新增亮化道路3千米左右，拆除凤凰猪场，对佳润猪场进行停产整顿，全镇违建猪场拆除正在大规模行动。

加快特色小镇的建设。以“一核两区两廊三园”的规划为蓝图，结合自身的区位优势、产业特点、人文资源、经济发展水平，扎实推进“禅修谷”特色小镇和影视小镇建设步伐，合作规模达200亿元的金诚影视小镇（汨罗）暨湖南省神鼎山森林公园开发项目已经签约，这是金诚公司首次在真山真水之中打造集电影工业、拍摄、教育旅游等为一体的特色小镇。

【社会民生】 基础设施逐步完善。完成水利设施建设30余处，新修水渠20余千米，9座小二型水库的全面整修工作已经完成，完成村道的水泥硬化通畅工程20余千米；新修、整修组道10余条，实现通组公路率98%以上。

社会大局基本稳定。深入开展平安创建工作，推进平安村、平安屋场、平安家庭建设。深入开展打击“三强三堵”活动，打击违法犯罪活动，共刑事拘留8人，治安拘留23人。全民开展普法教育活动，积极化解矛盾纠纷，加强对重点人员，重点人群监管，坚持属地原则，做到小事不出村，大事不出镇，确保本地无重大群体事件，无重大刑事案件，有效维护地方的治安。认真抓好安全生产工作，严查安全隐患，人民安全感不断提高，以上级关于安全生产及打非治违工作的指示精神为引领，发动全体镇村干部联合公安、工商等相关部门认真开展7次全面的安全生产打非治违行动，共查处烟花爆竹非法零售经营户75处；清缴并销毁非法经营烟花爆竹总价值32万余元；取缔非法汽油贩卖窝点3个、非法液化气窝点1个。排查处置各类安全生产隐患11处，成功取缔107国道赶集场所2处，及时消除安全隐患。

扶贫攻坚稳步推进。进一步加大扶贫攻坚精准识别工作，共甄别贫困人口271户850人，新增37户132人。进一步加大扶贫攻坚精准施策工作，2017年，共有52户163人易地搬迁户。对2016年的秋季、2017年春季雨露计划网上报名已达34人。对2016年16户的贫困危房改造补助已经审核通过，每户将获得扶贫部门危房改造资金1万元。对2016年的贫困户小额贷款贴息工作正在进行。2017年预计全镇贴息贷款将达356万元。在贫困村丰仓村，新成立一个全部由贫困户组成的种养合作社，将投资50万元新建光伏发电项目，带动贫困户脱贫致富。

卫计工作扎实有效。2017年，全镇出生人口709人，符合政策生

表14 2017年神鼎山镇各村基本情况统计表

序号	村 名	村民小组（个）	户	人口（人）	党员（人）	耕地		
						合计	水田（亩）	旱地（亩）
1	云山神	25	1028	4324	107	2295	2259	36
2	黄 柏	32	1188	3645	131	2400	2336	64
3	苏 南	38	1249	3677	128	3362	3229	133
4	新 开	35	944	2788	74	1971	1959	12
5	双 枫	49	1953	6030	243	4899	4833	66
6	丰 仓	63	1973	6156	201	4754	4636	118
7	新 龙	29	1022	3046	88	2125	2084	41
8	神鼎山	43	1431	4176	148	2802	2732	70
9	飘 峰	36	1158	3395	121	3998	3729	269
10	兰 溪	32	1286	3783	278	3605	3357	248
11	鹅 江	28	988	2836	124	3698	3461	237
12	双江口	36	1032	3180	104	3541	3316	225
13	沙 溪	37	1427	3932	196	4653	4346	307
14	合计	483	16679	50968	1943	44103	42277	1826

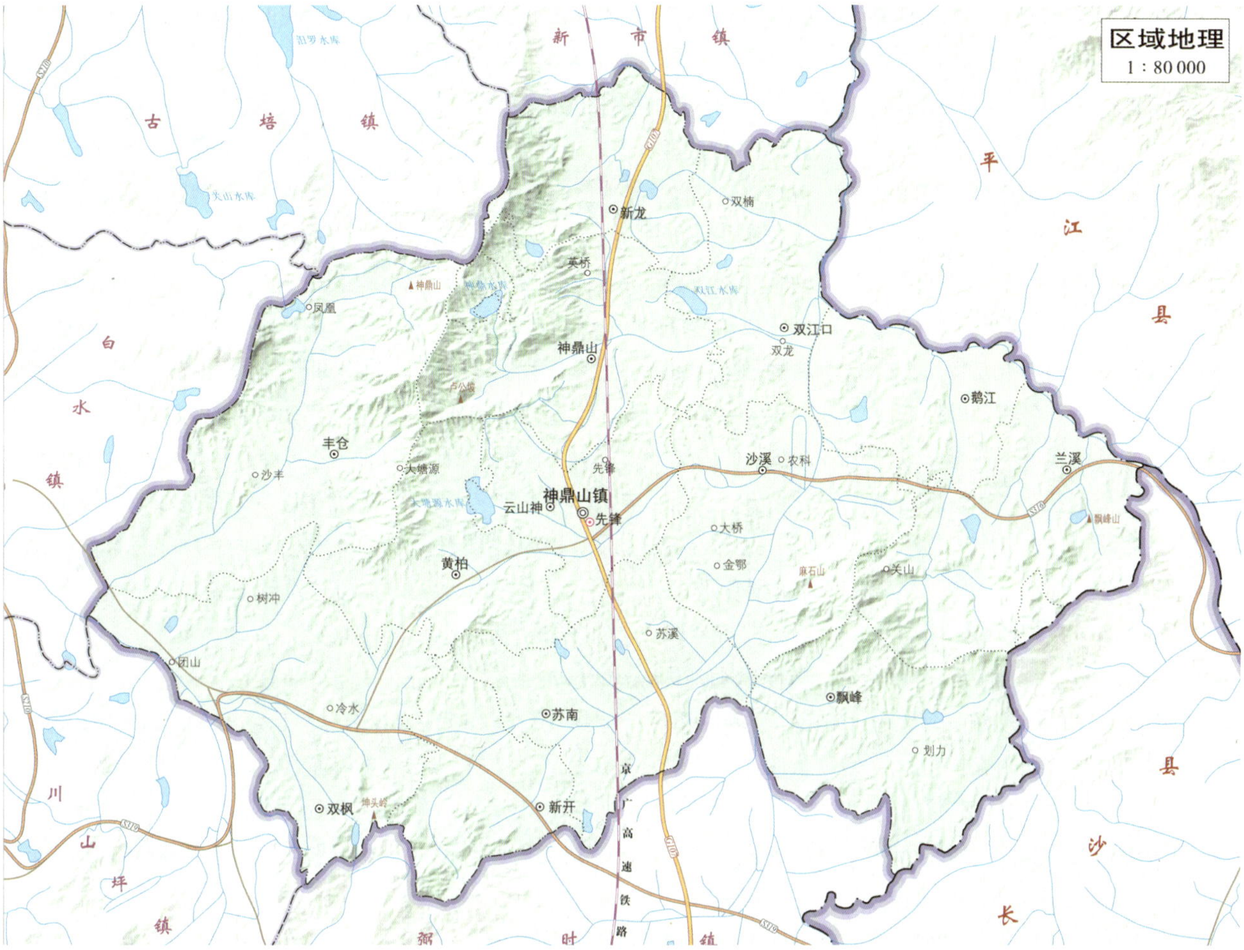

图19　神鼎山镇示意图

育率达98.16%，出生人口性别比104，征收社会抚养费10.5万元。

【组织建设】　村级换届选举工作全面完成。全镇13个新村共选举产生新一届村“两委”干部74名。一大批政治坚定、德才兼备、群众拥护的优秀人才走上新一届村级领导岗位，村级组织的凝聚力、战斗力进一步增强。

党风廉政建设不断加强。始终将纪律挺在前面，不断完善党务、政务、村务公开制度，大力推进农村党风廉政建设。年内共立案5起，开除党员2人。

干部作风切实转变。出台干部管理制度，明确住勤、值班等各项规定。严格遵守中央八项规定，切实规范干部行为，没有发生一起违纪违规现象。

长乐镇

长乐镇党政负责干部（名单）

党委书记	凌红权（6月起）
副书记、镇长	许　强（6月起）
党委副书记	龚拥军（12月起）
人大主席	李选辉
政协办主任	曾海峰
纪委书记	彭智峰
武装部长	胡甲平
宣传委员	何　云
组织委员	李　锋
副镇长	孙白鸥
副镇长	曹陆兵
财政所长	黄　萍
正科级	黄永红
办公室主任	胡　诚

【概况】　长乐镇是一座具有2000

余年历史的文明古镇，位于汨罗市东北角，全镇有9个行政村，221个村民小组，总人口34074人，域内有香飘海外的长乐甜酒，有享誉神州的长乐故事，文化悠久，底蕴深厚，交通发达，物产丰盈。

2017年，长乐镇确立“民生要实、产业要兴、古镇要旺、民风要淳、干部要正”的“五要”工作要求，擦亮“非遗”名片，以打造故事小镇为总目标，上下同心，攻坚克难，使得全镇各项事业呈现出良好的发展态势。

【非遗名片】 以市政协主席彭千红为指挥长，成立领导小组，以故事非遗文化为中心，建好一街、一带、一园、一基地四个点，发展壮大故事会、长乐甜酒、安防设施、智峰山旅游四大产业。2017年，启动甜酒博物馆建设，故事文化园概念性规划设计已通过专家评审，智峰山旅游项目正在综合开发，马桥、长乐等村田园综合体项目正在洽谈对接中。

2017元宵节，湖南抬阁故事联盟在该镇成立，长乐政府组织开展故事闹元宵活动。正月十四、十五《华夏地理》汨罗长乐摄影节、长乐抬阁故事会联合益阳、娄底等四地故事会在长乐镇举行湖南省抬阁故事文化节，此次活动取得圆满成功，活动不论是举办规模与参加人数都是史无前例，活动时间段内参与人数达20万人次，车辆高峰期达一万台次，活动的成功举办极大的提高汨罗及长乐的知名度。

【镇区规划】 继续开展镇区改造工程，通过改造实现建筑特色化、管线规范化、街道景区化、空间明净化、配套设施标准化、功能分区合理化。完成东巷路提质改造，启动鲁家巷等小巷建设，启动麻石古街改造工程，计划对麻石古街古建筑实行立面改造，麻石实行杆线入地、麻石路面的重新铺装，目前已完成工程量的30%。同时，海山村村级公路即将投入建设，马桥村罗桥也完成翻新改造。汨江长乐镇区段沿江风光带已于10月启动建设。

2017年，长乐镇积极开展打非治违工作。成立专门工作领导小组，安排专职人员对打非治违工作进行管理，共清理、整治各类门店200余家，清理清退烟花鞭炮1000余件。

【农业发展】 全镇粮食播种面积达到14548亩，比上年增加516亩，扭转种粮面积逐年下降的趋势。早稻播种面积8569亩，蕃薯、花生等种植面积3916亩。2017年，长乐镇将生态优势转化为经济优势，大力推进有机木瓜特色品牌的战略发展，并始终把冬季瓜菜生产作为农民增收工作的重中之重来抓落实，采取积极稳妥的措施，引导农民种植冬季瓜菜，特别是长豆角,达到2960亩。同时，畜牧养殖业全年出栏肉猪13094头，比去年同期增长4%。

运用种植大户专业合作社的方式，全镇种植“兆优5455”优质稻6000余亩，桂花糯稻3000余亩，农业部领导多次现场调研。积极推广观光农业，合旗村种植油菜400亩，马桥村种植荷花近400亩。

防汛与抗旱两手抓，制定完善的防汛与抗旱预案，使得防汛抗旱工作取得全面胜利。镇政府与各行政村、各有关单位签订防汛责任状，认真开展河堤、大坝治理工程，积极为汨罗江长乐段河堤的维修改造筹集资金，并将工作提上日程。在该年度的洪灾中，长乐镇汛情形势严峻，但是人民群众的财产损失相对较小，体现防汛工作的质量。年初分别与各村委会签订小Ⅱ型以上水库安全责任状；加强林政管理，进行集体林权制度改革；落实森林防火的各项工作措施，做到预防在先，全镇没有发生一例重大的火灾。

【环境卫生】 政府大力开展镇村环境卫生整治，投入资金近200余万元，新建三格式垃圾池近500个，购置垃圾桶1300个，各村安排专职保洁员，对陈年垃圾进行彻底清运，对生活垃圾进行分类处理，实行垃圾清扫清运专业化运营。关停禁限养区域内小规模牲猪养殖场3家，清栏400多头牲猪。2017年，长乐村被评为湖南省新农村建设示范村，长乐村的经验正在全市推广。同时，镇成功举办全市环境卫生和规范农民建房现场会。

【社会公益】 平安创建工作。大力推进信访维稳，“以村为主、到镇为止”，全面排查调处各类矛盾，优化经济发展环境，重拳打击麻将馆，严厉打击歪风邪气，截至12月行政拘留12人，刑事拘留12人。

安全生产工作。7月，调整以镇长许强为组长安全生产大检查领导小组，坚持每周一巡查、每月一例会，每季一分析调度，突出抓好烟花爆竹、校园校车、危爆物品、厂矿企业的安全生产工作。对全镇范围内的企业、加油站、学校等进行安全生产突击检查，发现问题及时处置，全年未发生安全事故。同时投入50万元对镇区各个路口、学校安装监控，群众安全指数得到有效提升。

卫计工作。强化以村为主的理念，加大对村卫计专干考核力度，全面完成人口与计划生育工作的各项指标任务。至12月，全镇出生463人，符合政策生育率95.5%，人口自然增长率5.6‰。156人享受独生子女保健费，“两扶”政策受益家庭286人。

脱贫攻坚工作。强化精准识别，将不符合贫困户条件的“四类人员”进行清理，共计242人。落实2016年贫困户危房改造9户，易地扶贫搬迁61户215人，已下发第一批资金260万元，发放小额扶贫贷款253.4万元。严格把关，对全镇低保户进行重新评定，发放低保、五保资金140余万元。

资金兑付。2016年，长乐镇开展镇区改造工程，对镇区道路及管线进行全面改造。各个组线的工作开展需大量资金兑付，经核算需资金两千多万元。在2017年第一季度，政府将资金积极筹措到位并进行及时兑付，确保各项工作的资金运转。

村级平台建设。对3个村服务平台进行新建，分别是联江、海山、青狮，目前开工建设，预计11月底可以完工。另对6个村服务平台进行改扩建，目前均已开始进行改扩建工作，预计10底可以完工。

村民规范建房工作。一是按照现场会精神，迅速制定《长乐镇村民规范建房工作实施方案》，二是召集镇村干部进行规范建房的相关政策法规知识培训，三是坚持镇政府干部与国土所干部每周三次的例行巡查，四是正在开展制定各村规范村民集中建房工作规划。

财税工作。镇政府迎难而上，多措并举，通过培植财源，加强重点税源监管，截至9月共完成国地两税1900万，全年财政收入有望突破2400万元。

环境卫生工作。镇政府投入环境卫生整治资金270多万元，配备专职保洁员125名，新增垃圾压缩站1个、垃圾桶1000余只、新建垃圾池600余个。11月9日通过省级卫镇考核验收。

【党风建设】 民兵整组工作各项工作扎实到位，得到市武装部的充分肯定。6月22日，市武装部在长乐镇召开全市民兵整组示范点工作会议。

提高党员干部的素质，一是组织党员干部学习新党章、中央会议精神、各项农村政策法规和市委书记喻文，市委常委、组织部部长李冯波在全市组织工作会议上的讲话精神。二是认真做好发展党员工作。按照“坚持标准，保证质量，

表15 2017年长乐镇各村（社区）情况统计表

序号	村 名	村民小组（个）	户	人口（人）	党员（人）	耕地		
						合计	水田（亩）	旱地（亩）
1	马桥村	22	919	3815	106	29608.8	28371.9	1236.9
2	青狮村	32	1123	5095	136	3523	3376	147
3	长乐村	16	631	2593	76	4619	4426	193
4	长北村	27	842	3540	103	5181	4965	217
5	联江村	48	1537	5866	141	3228	3092	135
6	海山村	34	1088	4721	135	5893	5646	247
7	合旗村	20	780	3244	95	4174	4000	174
8	长新社区	16	720	常住人口3100 流动人口3200	117	2843	2724	119
9	长乐街社区	6	920	常住人口2100 流动人口2200	93	0	0	0

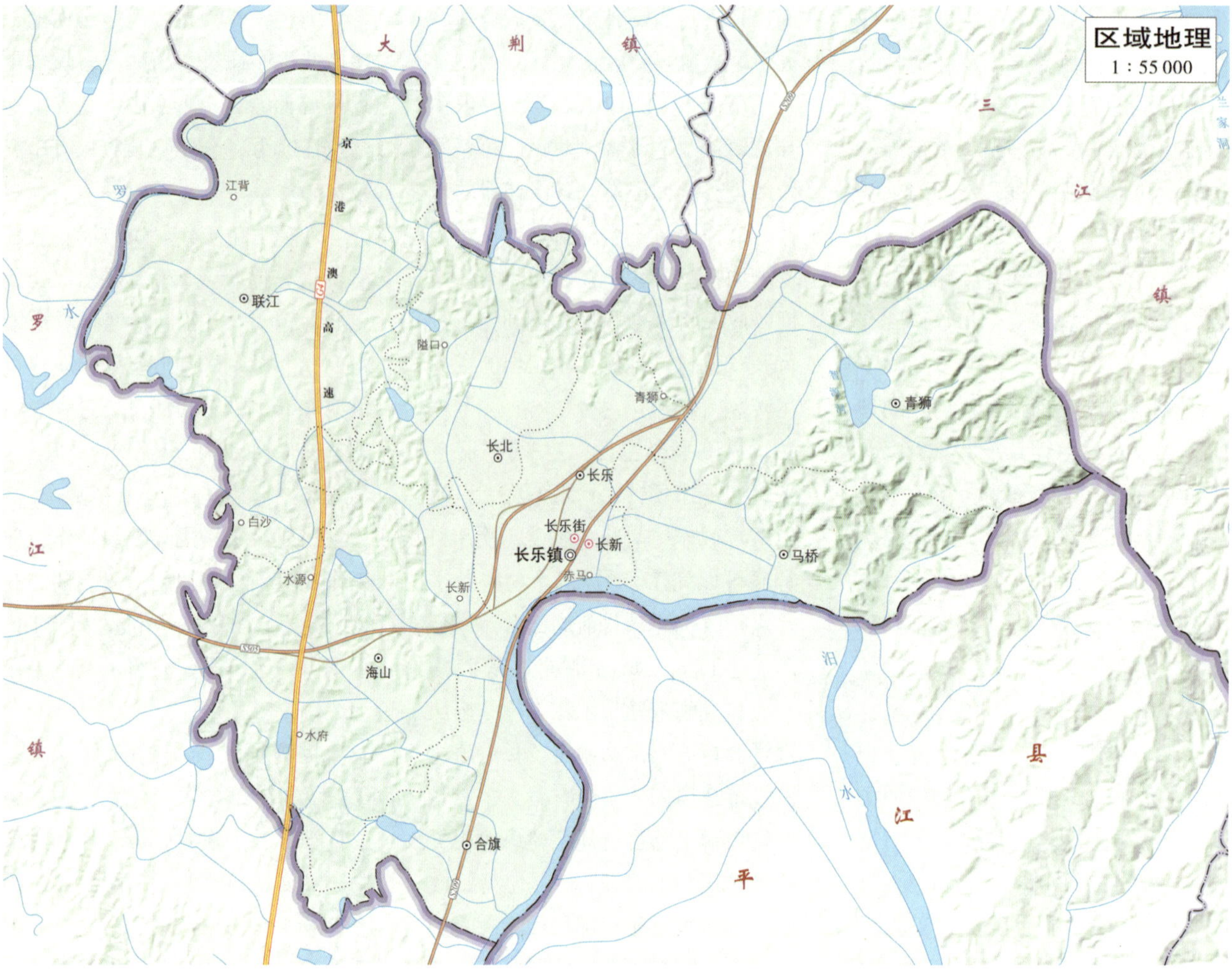

图20 长乐镇示意图

改善结构、慎重发展”的方针，针对全镇党员年龄老化、文化结构偏低，妇女比例偏少的情况，要求各党支部要做好党员“入口关”，争取将有能力有文化的年轻人吸收到党员队伍中来，新发展党员32人。同时认真做好党费收缴工作，缴交党费5865元。三是继续加强对流动党员进行动态管理，确保流动党员能过上正常组织生活。

“治陋习、树新风”。一是镇机关干职工、村干部及部门单位相关人员全部签订责任状。二是在教师节庆祝大会及镇第十四届人大第二次会议上开展治陋习、树新风活动集签名活动，三是在镇人大会上审议并通过《长乐镇刹人情歪风、治婚丧陋习、树文明新风议案》。四是在例行巡查中成功制止多起违规搭设拱门等行为。

（胡 诚）

三江镇

三江镇党政负责干部（名单）

党委书记	仇文娟（6月起）
镇长	黄光大（6月起）
副书记	吴站中（12月起）
人大主席	张剑波
政协办主任	宋 雄
纪委书记	湛建兵
组织委员	刘利权
宣传委员	罗海波
武装部长	仇 全
副镇长	骆伟军 郑 义
主任科员	李爱国 钟文格 曾水初
副主任科员	朱学根 李叶明 湛 波
财政所长	黎湘桃
办公室主任	熊 斌

【概况】 三江镇位于汨罗市东北角，是一个集老区、山区、库区于一体的内陆乡镇，全镇8个行政村，299个村民小组，总人口32383人，主产鱼、米、木材等。

【党建工作】 以“党建工作标准化建设”为抓手、以“三型四有”活动为载体，大力开展“两学一做”活动，切实加强自身建设，有效打造“队伍素质更高，表率作用更好，服务态度更优，创新意识更强”的基层党组织。

抓自身建设，当好“领头雁”。严格落实主体责任，认真落实民主集中制和“三重一大”制度。开展党委书记谈心谈话，班子成员每月集中学习充电，召开镇、村、组会议层层传达，确保把十九大精神贯彻到实处。

抓村级换届，明确“风向标”。始终将纪律挺在前面，没有发生一起因换届引起的上访投诉事件。坚持调优配强的用人导向，村干部队伍呈现年轻化、精简化，劝退一批年纪较大的老干部，村干部职数由59人减少至43人。在汨罗率先完成支委换届。

抓支部建设，夯实“桥头堡”。严格落实“三会一课”等党建制度，充分发挥支部在集体经济发展、脱贫攻坚、防汛抗旱中的引领作用。严格对支部书记实行考核，7月，组织支部书记进行实打实的半年度述职，所有镇村干部参与考评，通过述职，给每一位支部书记拉起责任清单，对责任落实不到位的逐一点评，让他们“出出汗”。

抓平台建设，搭建“服务台”。严格按照“七室一厅一广场”的标准，将花桥村服务平台打造为示范点。八景村由原八景乡政府改建为村级服务平台，方便群众办事。望峰村动员社会力量，村上企业家黄显荣主动出资参与建设。全镇8个村将全部进入新的便民服务中心办公。要求各项制度上墙，逐项落实，积极推行村干部坐班制度，让“群众找干部”变为“干部等群众”。

【脱贫攻坚】 三江镇现有建档立卡贫困户678户2260人，其中省级贫困村3个（八景村、洪源洞村和双桥村），2014—2016年实现225户810人脱贫。2017年预脱贫829人，双桥村和洪源洞村年底实现贫困村脱贫摘帽。

着眼“实”的要求，“面对面”调查研究。镇帮扶干部深入各户现场调查，剔除“四类人员”，坚决打假除假。通过集中整改，共清理“四类人员”229户606人。

突出“准”的内涵，“点对点”帮扶结对。18家驻村帮扶单位相关责任人入户走访，制定整体帮扶方案和各户脱贫计划。工作队积极争取项目，驻村帮扶单位共投入专项扶贫资金177.8万元。

体现“真”的情感，“心贴心”服务群众。通过实施六大扶贫项目，贴心服务群众。实施搬迁扶贫。两年来共实行易地搬迁151户491人，12月底可全部入住。实施产业扶贫。探索村“两委”班子和驻村第一书记“支部+”的基层党建助推精准扶贫模式，带动扶贫产业发展。八景村的油茶种植基地，通过“支部+”的模式由支部牵头，组织32户贫困劳力参与劳动，不仅为每个劳动力每年增收6000元，也可每年壮大村集体经济收入3万元以上。实施教育扶贫。协同教育部门做好贫困学生登记，结合“雨露计划”“泛海行动”等项目，已解决16户贫困户学生学杂费10万元以上。实施健康扶贫。摸清贫困户健康底子，对全镇680户贫困户做一次全方位的体检。实施金融扶贫。2016年，全镇发放小额信贷78户311万元；2017年，发放小额信贷90户332万元。实施社会扶贫。建立发动社会力量参与扶贫的联动机制。社会人士吴苍松成立的优景养蜂合作社，指导帮扶47户贫困户（共87户），定期对他们提供技术培训，正着手建立电子商务平台，实行统一包装、网上销售。

【“刹人情歪风、治婚丧陋习、树文明新风”专项工作】 开展“三禁”（禁炮、禁塑、禁拱门）和“树新风”活动，境内婚丧陋习基本得到遏制，人情歪风有效整治，人情负担明显下降，文明新风逐渐成为自觉和常态。

强化宣传发动，形成树新风的氛围。下发倡议书8000多份，签订承诺书1400多份。组织篮球赛、广场舞、中秋晚会等“治陋习、树新风”专题活动5次。充分发挥三江诗联协会的作用，开展诗文征集活动，将诗歌编辑成册向群众宣传，达到很好的宣传教化作用。

注重典型示范，形成树新风的标杆。重点给镇村干部、“两代表一委员”、党员戴上“紧箍咒”，要求这些重点人员发起带头“树新风”的倡议，在人大会上通过《治陋习、树新风的决议》，并签订承诺书，起到率先垂范作用。

注重载体建设，形成树新风的特色。全面推进“三禁”工作。组织党员达1000多人、学生600余人的“小手牵大手，文明齐步走”和“党员我先行”助推“三禁”的大型活动。荆浒村400余人的李氏后裔带头执行无烟祭祀，影响很大。大力推进公堂建设。结合村级平台建设计划建成8个公堂，逐步消除人情风、攀比风等陋习。抓实公墓制度改革。以村为单位设立8个公益性殡葬改革点。八景村公墓建设为全市2017年四个示范点之一，现已做好项目申报、规划设计、征地补偿，道路开挖等工作。公墓征地39.3495亩，可容纳80年的墓葬安置，预计投资800多万元，年底竣工。

注重专项整治，形成树新风的环境。深入开展打非治违专项整治行动，对全镇非法生产、销售、运输烟花爆竹现象进行严厉打击，发现一家，取缔一家。目前全镇此类行为已基本匿迹，为“禁炮”工作奠定基础。严厉打击“三强三堵”行为，特别对农村容易出现的集体阻工行为采取零容忍方针，发现一起，打击一起，彻底刹住这股歪风邪气。

【环境整治】 三江镇山林面积近17万亩，占汨罗山林面积的1/10，兰家洞、八景洞、向家洞三大水库如三颗明珠镶嵌在三江大地。保护绿水青山就成为三江义不容辞的责任。

加强水源生态保护。境内兰家洞水库是省水源保护区，在汨罗市委、市政府的统筹推动下，对水源保护区内实行“六禁”（禁建、禁伐、禁养、禁游、禁炮、禁入），并引导山区群众下山居住，已有48户搬出水源保护区。针对“六禁”政策对当地居民带来的影响，镇党委、政府通过积极争取，已落实水源保护地补偿机制，惠及当地居民。在水库两次发现“鸟中大熊猫”中华秋沙鸭，有力彰显三江的生态环境向着更高品质的方向迈进。

加强环境卫生整治。加大对农业面源污染的治理。结合实际，科学划分“禁养”“限养”“适养”三区，对水源保护区和集镇范围内的养殖户共计21户进行退养处理。加大环境卫生整治投入。投入200余万元开展环境卫生整治工作。目前新建垃圾压缩站1个、垃圾屋32个、三格垃圾分类池520个，三级四级净化池660个，垃圾分拣中心8个。开展“植树造林”行动，2016—2017年新造经济林1000亩，栽植行道树木4600株。

【廉政建设】 加强组织领导，夯实党风廉政建设基础。镇党委高度重视党风廉洁建设责任制落实工作，支持镇纪委开展党内同级监督，及时召开党委班子会议，传达学习中央、省、市纪委全会精神，研究部署镇党风廉政建设工作。调整充实由镇党委书记任组长、镇长、纪委书记任副组长的镇党风廉洁建设责任制工作领导组，并对党风廉洁建设工作进行任务分解，落实到各责任人，履行“一岗双责”职责。镇党委书记认真履行“第一责任人”职责，做到“重要工作亲自部署、重大问题亲自过问、重点环节亲自协调、重要案件亲自督办”。

加强宣传教育，提升干部廉洁自律意识。邀请市纪委副书记周学军给全体镇、村干部讲授廉政党课，集体参观汨罗市廉政教育中心，镇村干部从心灵深处受到震撼。利用“五一”、中秋、国庆等重要节点发送廉洁短信，提醒党员干部时刻严守中央八项规定及其纪律要求。

加强监管力度，全面推进权力阳光运行。一是强化资金监管。镇党委严格落实国家政策和上级精神，态度旗帜鲜明，对惠农资金发放、行政单位收费等领域进行严格

表16 2017年三江镇各村情况统计表

村名	村民小组（个）	人口（人）	党员（人）	耕地面积（亩）
花桥村	43	5621	126	5105
洪源洞村	45	4860	77	3639
太平村	25	2765	76	3377
荆浒村	44	4387	146	6019
双桥村	28	3785	99	3178
智峰村	22	2991	75	3018
望峰村	36	4030	92	3802
八景村	56	3944	170	2073

监督，主动约谈村、部门单位负责人。二是重视案件查处。镇党委坚持有案必查，有腐必惩，严肃党的纪律，真正发挥查处一案、教育一片、稳定一方、净化社会风气的作用，促进农村基层党风廉洁建设的深入开展。全镇共立案审查党员干部9起违法违纪案件，其中给予1人党内警告、7人党内严重警告、1人正立案调查中，另进行诫勉谈话4人次。

加强作风建设，树立队伍良好服务形象。一是开展专项活动。认真组织开展“整治党员干部不作为、缓作为、乱作为”专项整治活动，制定实施方案，召开部署学习会，开展自查自纠、财务检查、明察暗访，针对查摆发现的问题，制定整改计划和措施，及时纠正存在的突出问题。二是严格制度办事。镇党委换届后，修订完善《机关日常管理制度》，明确学习、签到签退、值班、请销假、考绩、公务接待、公务用车、文印、采购、财务管理、工作奖惩等更加严格的规章制度，坚持用制度管人，规范办事程序。

【民生工作】 灾后重建。对因灾受损的水利工程，镇村两级齐发力，在能力范围之内能修复的尽快修复，目前斜堰、虎溪堰、周陈堰、黄怀堰已修复，齐心桥及东胜桥两座危桥进行加固。同时争取小农水建设项目，对全镇重点骨干山塘进行改造提质；

高标准改造村级文化广场2个。建设小游园、农家书屋，引导群众开展健康向上的文体活动，丰富群众的精神文化生活；

对现有部分村级道路进行拓宽改造。如八景村的主干道、双桥村的防汛公路等，满足群众出行需要，确保道路畅通；

优化教育资源布局。改造薄弱学校2所，完善高标准幼儿园建设，进一步改善办学条件。

健全社会保障体系。大力加强民政事业，严格落实临时救助、医疗补助、优抚解“三难”等资金。重点推进新农合、新农保工作，争取群众参保率、参合率达到95%。着力解决低收入家庭和困难群体生活保障问题，做到应保尽保，努力使困难群众生存有尊严、生计有保障、生活有盼头。

规范村民建房。在村、组设置规范建房宣传专栏，向群众发放8000余份规范建房口袋书。坚持镇长审批负责制，高标准，高起点制定出三江镇整体规划。目前，结合易地扶贫搬迁、水源保护搬迁契机，兴建八景高华规范建房集中点1个，预计12月底可入住160人。

集镇建设。将所有违规搭建的雨阳棚、违规占道经营的临时棚架进行全面拆除清理，优化集镇经营

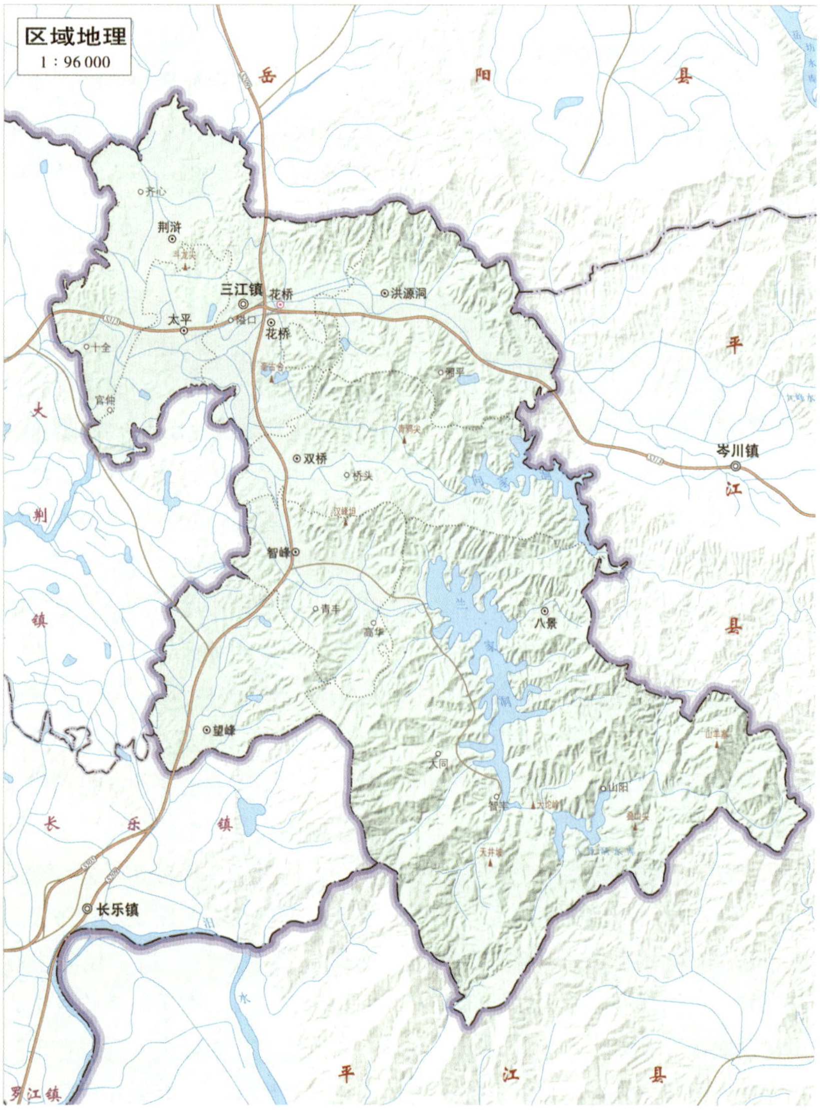

图21 三江镇示意图

环境；在集镇路段合理设置垃圾收集场所，便于集中收集处置垃圾。

（熊　斌）

大荆镇

大荆镇党政负责干部（名单）

党委书记	赵　婷（9月止）
镇　　长	郭永恒
党委副书记	李　峰（12月起）
主任科员	罗　腾
政协联络办主任	周　雄
纪委书记	吴　尉
组织委员	霍党赠
党委委员 人大副主席	李德平
宣传、统战委员	徐升红
武装部长	唐　彬
副　镇　长	任定国　徐龙波
副主任科员	吴玉清　陶先明 付林芝
财政所长	李　科
办公室主任	郑　佳

【概况】　大荆镇地处汨罗市北部，107国道、京珠高速、京广高铁穿行南北，辖8个行政村，257个村民小组，总面积83.2平方千米，总人口2.8万余人。域内农业发达，物产丰富，交通便捷，经济活跃。

【队伍建设】　抓住党建这个“牛鼻子”，把党建工作同中心工作一起谋划，一同部署。始终把干部队伍建设摆在首要位置。

注重学习教育。认真组织各党支部开展“党员活动月”活动，做到会前认真准备，会后及时总结，通过活动日的开展，加强对党员的管理，切实提高广大党员的能力和素质。

认真开展活动。扎实开展“三会一课”“民主生活会”“民主评议党员”等活动，真正做到会议不流于形式，评议党员不走过程，进一步规范党员的言行，净化党员队伍，发挥支部堡垒和党员先锋模范作用。

加强制度建设。大荆镇在原有的《住勤制度》《财务制度》《联包村制度》等17项机关制度上进一步修改完善，用制度调动广大干部的工作积极性，用制度规范干部言行，使干部明白什么事能做，什么事不能做，真正做到用制度激励人、约束人，“把权力关进制度的笼子”。

【项目攻坚】　一是拆违规建。针对集镇住户乱搭乱建的情况，以公路路域建设为契机，对集镇进行控建拆违，共拆棚568个，拆除砖混78栋。二是积极协调。在完成控建拆违后，积极与住户、上级单位、设计单位多方协调，组织干部、住户多次到长沙望城县、金井镇、湘阴县、汨罗镇等地考察学习，集镇改造设计图纸经过多次易稿，得到上级领导和广大群众一致认可，8月28日，由市委主要领导组织政府办、发改委等多个部门单位负责同志在大荆镇召开现场办公会。三是快速推进。在前期按规定程序完成设计、财评、招、拍、挂等手续后，10月17日，在岳阳市政务中心召开改造工程招标会，现改造工程正在火热建设中，有望在年底前完成路面改造工作。

【脱贫、环保】　脱贫攻坚。始终把脱贫攻坚工作作为头等大事来抓，做到真扶贫、扶真贫。2017年，93户330人脱贫，两个贫困村摘帽。

强化领导引领攻坚，成立由镇长任组长的领导小组，明确分管责任人，组建专门工作班子，办公室由10人组成，配备专门的办公场地和办公设备，各村相应成立领导小组，明确一名副职专管，压实工作责任。

强化机制确保攻坚，一是扎实开展突出问题集中整改、对原有的666户、2308人认真开展“四类对象”及不符合纳入条件对象的清理工作，共清除469户1692人，对于新增贫困户人口严格按照户申请、组推荐、小组评议、村检查、镇审查、市复查的识别程序，严格入户审查、民主评议、公示公告三个关键环节，确保贫困对象的精准识别和公开透明，新识别纳入21户91人。现系统中的贫困对象为217户710人。二是积极开展“三走访、三签字”工作，把牢入口关出口关，做到不错评一户、不漏评一户、不错退一户。三是将脱贫攻坚纳入各村综合绩效考核，出台村主职干部脱贫攻坚工作问责机制，签订责任状，助推脱贫攻坚工作落到实处。强化驻村落实攻坚，根据市扶贫办统一安排，每个村都安排驻村帮扶单位和驻村工作队，明确专职工作人员，驻村开展扶贫工作，多次组织驻村队召开脱贫攻坚推进会，制定驻村帮扶考核制度，对217户贫困户实施结对帮扶全覆盖。同时，抽调专门人员组成督察队，以自查自纠的形式，定期不定期对各村脱贫攻坚工作进行督查，对在督查中发现的问题列出清单，并要求各村对照清单限期整改。

2017年，全镇共申报易地搬迁32户118人，按照上级的要求，已全部完成第一次基础验收，完成17户的竣工验收并已入住，其余15户全部在完成竣工验收工作，并实现入住。

环境保护。整顿生猪养殖业，根据实际情况，对全镇范围内的生猪养殖进行督查，对无环评手续和环评不达标的养殖场，共关停3家，下达整改通知书12份，并在全镇各类会议明确向广大群众提出一律不准新建养猪场，违者一律拆除。全镇无新增养猪场，整顿砖厂。镇境内共有2家黏土砖厂，为做到顺利关停的目标，镇工作组成员多次与砖厂老板协商、宣讲政策，通过耐心细致的工作，目前两家砖厂一家成功实现技改，一家顺利关停。整顿水域。严格按照河长制工作要求，成立河长制领导小组，按照属地管理原则，将沿河各村的村干部纳入领导小组。组织人员多次对水域进行清理，实现水域基本无污染，严格划定禁养、限养区域。按照上级文件精神，严格划定禁养、限养区域，做到禁养区域无养殖行为，限养区域严格按规定执行。

【廉政建设】 制度落实，制定党风廉政建设方案。一是落实党委主体责任。镇党委高度重视党风廉政建设责任制工作，始终把党风廉政建设制摆在头等位置，成立以党委书记为组长的党风廉政领导小组，健全“一把手”负总责，分管领导各司其职，班子成员齐抓共管，镇纪委协调督查工作机制。二是狠抓工作落实。先后出台《大荆镇党风廉政建设实施方案》《大荆镇党政班子成员党风廉政建设责任分解》等文件，按照“谁主管、谁负责和分级负责、一级抓一级”的原则，班子成员进行工作内容分工、人员分工、职责分工和管辖范围分工，细化责任清单，将党风廉政建设责任制任务分解到每个人。

教育宣传，营造党风廉政环境。镇党委始终把加强反腐倡廉教育，提高广大党员干部的廉政意识作为头等大事来抓，坚持教育在先，强防为主的方针，党员干部廉洁自律意识和拒腐防变的能力得到进一步增强。一是结合“两学一做”主题教育活动，认真组织广大党员学习党的十八大及十八届四中、五中、六中和十九大会议精神，认真细致开展《关于新形势下党内政治生活的若干准则》《中国共产党党内监督条例》学习，并结合大荆镇实际加以贯彻执行。二是结合“党员活动日”主题教育活动，认真组织全体镇、村党员学习党风廉政建设和反腐倡廉文件精神，安排作风建设、农村财务管理等专题。三是利用农村党员远程教育平台、“红星云”、大荆党建微信公众号，对党员干部进行警示教育，将上级精神及时传达到每个支部、每位党员。

监督查处，划牢党风廉政红线。镇党委全力支持镇纪委开展本职工作，坚持有案必查，有贪必究的原则，严格按照《中国共产党纪

表17　2017年大荆镇各村基本情况统计表

序号	村　名	村民小组（个）	户	人口（人）	党员（人）	耕地		
						合计	水田（亩）	旱地（亩）
1	金龙新	30	621	2498	128	2638	2453	185
2	桂花	32	716	3194	156	3349	3295	164
3	金渡	33	1068	4306	99	3140	2674	466
4	白杨	28	749	3009	99	2708	1985	723
5	金水	33	985	3684	111	2935	2760	175
6	古仑	30	826	3186	102	3125	2274	851
7	东文	34	825	4035	148	4632	3777	855
8	大荆	37	1023	4286	186	4213	3351	862
9	合计	257	6813	28198	1029	26740	22569	4171

律处分条例》《中国共产党廉洁自律准则》执纪办案，积极推动“三转。”通过村级财务审计、群众来信来访、村务财务公开等手段，严肃查处党员干部违法违纪行为。2017年以来，镇纪委共收到信访举报件16件，已全部办结，立案审查6起，约谈52人，给予严重警告处分5人，开除党籍1人，留党察看1人，移送司法机关3人。

【工作特色】 平安创建工作。与派出所的协同作战，坚持每晚到村巡逻，认真开展大走访活动，以组为单位召开户主会，宣传平安创建工作，组织评定“平安家庭示范户”，上半年和下半年分别组织评定“平安家庭示范户”514户和1578户。通过示范户带头，社会风气明显的好转，民调工作岳阳市排第九名，汨罗市第三名。

安全生产工作。全面落实安全生产责任制和责任追究制，同各单位签订安全生产责任状，继续实施党政负责干部联企业制度，做到企业围墙内的正常生产经营不插手，围墙外的协调全程跟进。同时，规定负责干部每个月必须到所联单位进行安全生产检查，及时发现和整改存在的问题。通过开展联企制度，全镇各企事业单位未发生任何安全生产问题。

“打非治违”工作。一是建立健全制度。成立以镇长为组长的打非治违工作领导小组，下发《大荆镇烟花爆竹领域打击非法生产运输储存经营清剿行动工作方案》、《大荆镇烟花爆竹打非攻坚实施方案》，健全工作台账和工作日志。二是加强宣传。出动宣传车50多次，在全镇范围内进行打非宣传，在各村、各组醒目位置悬挂横幅、张贴红纸标语，在国道建立60米的打非宣传栏，以组为单位组织召开打非治违工作会，每组评选一名信息员，做到打非治违工作家喻户晓。三是扎实开展行动。镇“打非”组每星期至少在镇区范围内开展一次清剿活动，对辖区内的偏僻场所进行一次检查，截至目前，共清缴烟花628箱、鞭炮1276挂，同时，积极发挥信息员的作用，规定每村每星期一上报、每月一总结巡查情况，通过扎实开展行动，全镇基本肃清违法生产、经营烟花爆竹行为，确保广大群众生命财产安全。2017年，“打非治违”工作位列全市第一名。

农业生产工作。年内两次汛期，严格按要求备齐各水库防汛物资，落实防汛责任人，扎实开展水库值守、巡查，及时转移危房户、切坡建房户人员确保汛期各山塘、水库和人员安全度汛。水稻种植上，在全镇创建70个高档优质稻连片示范点，有力推动全镇双季稻种

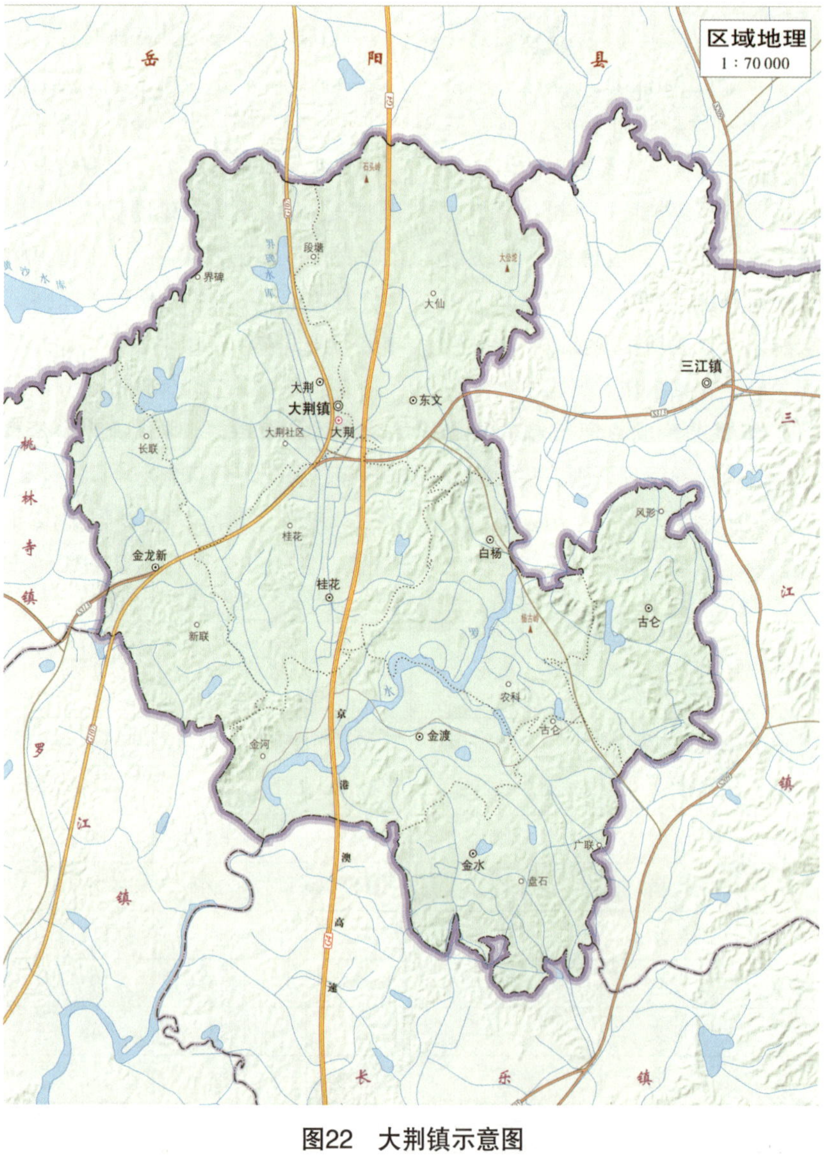

图22 大荆镇示意图

植面积的落实。10月10日，成功举办由省农委组织的各地农业局到该镇东文村召开的泰优390湖南首届优质稻田间竞拍行动，优质稻每百斤182元的竞拍价成为“标王”，有力推动农户种植优质稻，提高农户收入，2017年度在粮食生产工作被岳阳市评为先进单位。

（郑 佳）

桃林寺镇

桃林寺镇党政负责干部（名单）

党委书记	陶文轩
镇长	黎安福（6月起）
党委副书记	张 磊
人大主席	吴站中（12月止）
纪委书记	李 文
组织委员	孙跃军
武装部长	吴开跃
宣传委员	仇碧海
副镇长	黄 尚 黄范峰
主任科员	黄孝奎
副主任科员	吴广胜 黎景阳 黄 兴
财政所长	尚 军
办公室主任	蔡林峰

【概况】 桃林寺镇位于汨罗江北，南抵屈子祠镇，北与岳阳县为邻，南北宽3.7千米，东西长34千米，辖火天、桃林、新塘三片区，18个行政村，610个村民小组，总人口74026人，域内107国道、国道240国道、京珠高速西线南北穿行，交通便捷，物产丰富，特别是该镇特产——红薯，其以品质优良闻名，个大，口感好，易加工，综合价值高。截至2017年，全镇种植红薯面积增至432.2公顷，总产4538吨，并加工成淀粉、粉条等产品销往全国各地。

【执政能力】 队伍建设是事业发展的根本保证。镇党委政府一班人抓重点、抓关键，以干部队伍执政能力建设为抓手，为全镇经济社会建设提供坚强的组织保证。一是加强党员干部学习教育。充分利用党员活动日、集中培训会等方式，强化对党员干部队伍的教育培训。9月初，组织全体党政负责干部认真学习胡忠雄书记“四个精神”，并就如何落实传承和弘扬“四种精神”，献力生态文化活力汨罗建设展开大讨论。10月18日上午，组织全体干职工，并督促各村干部、党员，准时收听收看中国共产党第十九次全国代表大会的开幕仪式，一起学习党的十九大工作报告。十九大召开后，迅速召开全体镇村干部大会，邀请市委党校周兴建教授，对十九大精神进行解读，全镇迅速兴起学习贯彻热潮。结合“红星云”的学用工作，要求各个支部组织年轻党员上门上户帮助指导老党员激活和使用“红星云”，扩宽党员教育渠道。村支两委换届完成后，及时召开专题培训会，帮助新一届村“两委”成员迅速进入角色，尽快履职。“七一”大会上邀请岳阳市委党校刘建新教授给全体党员讲一堂别开生面的党课，切实强化党员意识，提高党员素质。二是选优配强党员干部队伍。抽调精兵强将成立城建综合执法大队，它是汨罗市首个集镇管理、社会治理、控建拆违、打非治违、文明创建等职能于一体的综合管理队伍，在各项重点工作中发挥重要作用。村支“两委”换届工作中，严守“九种情形”不提名和“八个禁止”的纪律要求，周密组织，选优配强18个村的村支两委班子成员。当选的村党总支书记中，女性2人。村支“两委”班子成员中，35岁以下的4人，大专及以上学历的3人，组成结构进一步得到优化。三是强化党员干部作风建设。专门成立作风建设办公室，对干部职工出勤、值守、履职等情况进行考核，按月、季度进行工作讲评，严格落实，奖惩分明。坚持将党员“积分制”管理和处置不合格党员结合起来，共筛查出19名不合格党员，其中有机关支部郑新明、杨爷庙村李彪和江北村何文辉3人被开除党籍，其余均进行限期改正、谈话告诫的组织处理。这些措施，有效促进党员干部队伍的作风转变。

【民生工程】 镇党委政府一班人，始终将人民对美好生活的向往作为奋斗目标，下大气力解决一批人民群众最关注、最现实的问题，将高质量、有效率、可持续的发展紧紧抓在手上。一是脱贫攻坚显成效。全镇共有4个省级贫困村，其中建档立卡贫困户677户2171人。始终把脱贫攻坚作为政治任务来抓，作为重中之重的工作来抓，通过落实领导责任，强化社会力量，加强基层组织，有效帮扶286户，917人脱贫，特别是在产业扶贫上，通过金银花、葡萄园、油茶林种植、黑斑蛙养殖为60余名贫困群众增加人均收入6000元/年。并且统筹推进电商扶贫、光伏扶贫、社会保障兜底扶贫，拓宽增收渠道，加快脱贫步伐，至年底脱贫203户681人。2017年，易地搬迁申报71户228人，第一批63户207人已经全部竣工，搬迁入住，第二批增补8户21人易地搬迁已经开工，年底全部竣工，搬迁入住，易地搬迁任务全部完成。二是民生工作上台阶。全面落实优抚政策，对军队退役人员进行全面走访登记录入，全年共走访退役军人1200余人。优化养老服务，将桃林与新塘敬老院合并重组。完成低保户重新建档、审批、汇总等工作。全镇农村社会养老保险参保14015人，参保率达88%。农村医疗保险参合64673人，参合率达98%。三是环境整治无死角。全镇共投入280余万元，增设垃圾桶600多只、三格式垃圾分类回收桶290组，新建2个垃圾压缩站，新建分类式垃圾池近1000个。各村环境整治的积极性全面提高，并着力打造各自的秀美屋场，目前已建成6个秀美屋场，与此同时，加大对猪场和黏土砖厂的整治力度，强制拆除5家猪场和5家黏土砖厂，禁停一家非法砂石场，保护青山绿水，还原自然生态。四是社会综治有亮点。桃林寺镇共收集民调电话25618个，受理、处理群众信访165件，做到事事有着落、件件有回音。组织安全大检查活动，深入学校及大街小巷，进村入户，对校车安全、食品安全、道路安全及生产安全等全面排查，下达执法文书31份，行政拘留3人，取缔一家固体酒精非法生产厂及清除虹盛烟花厂剩留的火药及半成品，清剿烟花爆竹累计达10余吨。大力开展“刹人情歪风、治婚丧陋习、树文明新风”专项工作，成立村级红白理事会，制定村规民约，引导村民“丧事简办、婚事新办、余事不办”，自活动开展以来，全镇共新办婚事

表18 2017年桃林寺镇各村基本情况表

村名	村民小组（个）	户	人口（人）	党员（人）	耕地面积		
					合 计	水田（亩）	旱土（亩）
三新村	31	790	2909	89	3167	2802	365
东塘村	48	1320	5680	216	3079	2593	486
江北村	33	968	3558	110	4300	1810	2490
亦仁村	35	928	3986	86	2431	1677	754
同心村	34	880	3480	116	2386	1350	1036
合力村	31	994	4120	113	3252	2167	1085
五柱村	28	860	3650	96	3610	1750	1860
杨爷庙村	26	785	3398	98	2908	2062	846
磊石村	21	1110	4586	133	4000	1600	2400
玉林村	22	886	3870	118	3500	1700	1800
新塘村	37	791	3566	106	1918	1631	287
武穆村	37	960	3460	115	2564	1334	1230
赤卫村	48	1076	4980	148	3480	2154	1326
永红村	59	1515	6868	220	8752	5632	3120
永兴村	34	786	3500	98	7060	2560	4500
西塘村	16	834	3395	104	2600	1775	825
高丰村	25	1106	4460	116	1479	1111	368
石桥村	45	1150	4560	108	3600	2900	700
合 计	610	17739	74026	2190	64086	38608	25478

45起，简办丧事75起，劝导余事不办89起，为群众节约资金共计300余万元。五是审计工作无差错。经管部门积极组织各村干部进行惠农减负政策的学习，不定期组织各村会计开展业务培训，会同纪委监察部门按季度对各村村级财务及惠农减负政策落实情况进行检查，并督促各村将村级财务公示在公示栏上。由于各项工作扎实，各村财务无违规违纪现象。

【基础建设】 国道240、三磊公路和岳望高速这两纵一横的交通路网拉开桃林的建设构架，加快桃林飞速发展。高标准农田建设、3所小学改扩建、天网监控工程建设、综治中心建设、污水处理厂建设、玉林撇洪渠道路硬化，新塘环镇公路硬化、火天中心敬老院的改造、4个贫困村的安全用水、农网改造、18个村级服务平台建设、西塘公益性公墓建设、高丰村农民集中建房示范点建设等民生实事工程都得到全面落实，以优异的成绩完成百日攻坚任务。特别是集镇建设上，全年共完成4683米污水管网改造；三线入地，新洞口改造，江北大道、振兴街、同兴街、府前路、老街绿化、美化、亮化工程有序推进；投资8000万元的桃林商业街建设已全面完成，已打造成为区镇商业亮点。此外，桃林寺庙的恢复重建已获省级批文，康养特色产业园即将动工打造，投资3000万的农业面源污染治理项目成功落户桃林。

【文明创建】 将文明创建作为转变干部作风，规范干部行为，提高服务质量的有效载体。以创建树形象，以创建抓服务，形成良好的文明创建氛围。一是开展“除陋习、树新风”活动。围绕全面提高干部职工综合素质和服务水平，主动对照标准检查分析，查找存在的问题和不足。同时，教育引导干部职工在日常工作和生活中，从自己做起、从家庭做起、从不良行为习惯改起，自觉维护公共环境卫生，模范遵守城乡环境综合治理的各项要求，不乱扔垃圾、不乱停乱放车

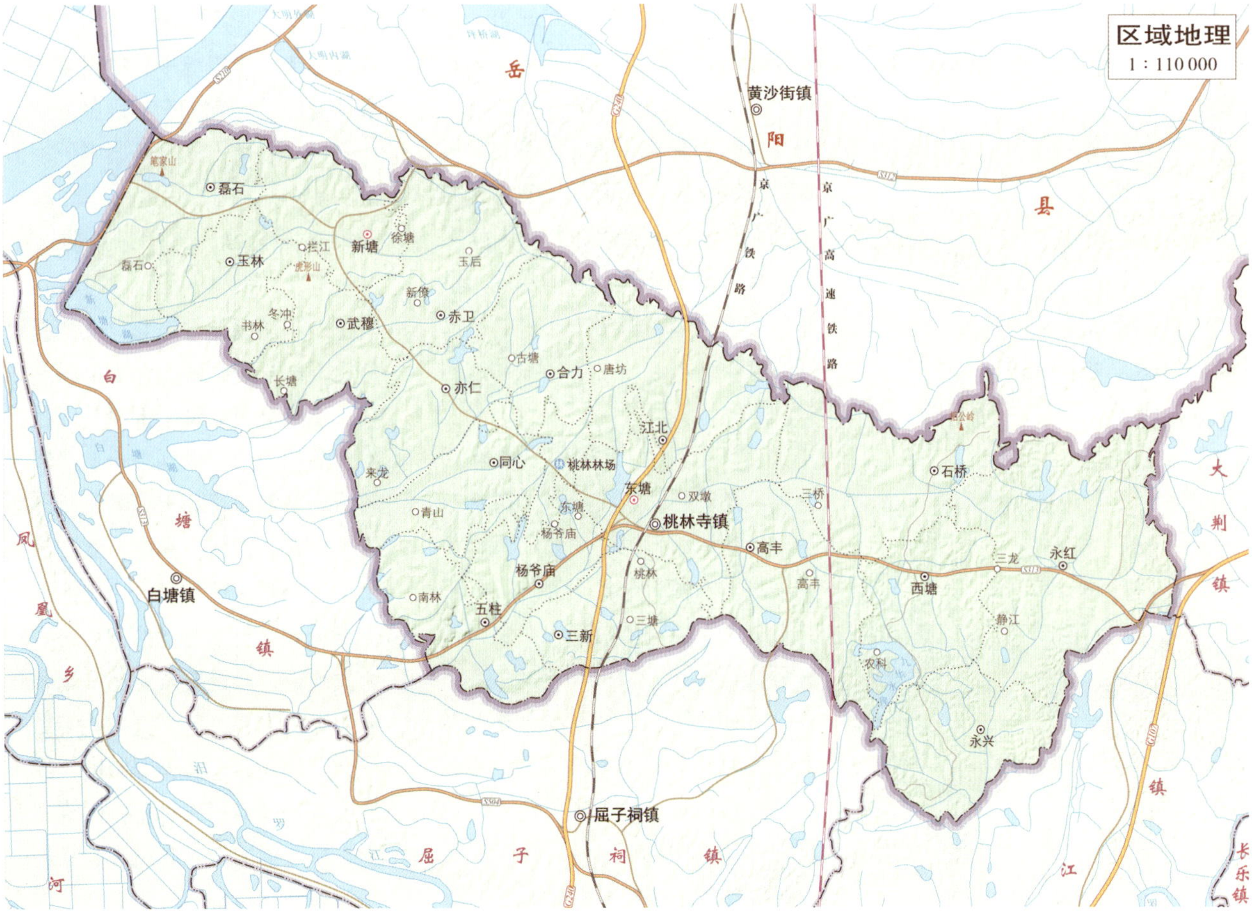

图23 桃林寺镇示意图

辆、不随地吐痰，努力培养文明、健康、有序的生活习惯，创优美环境、做文明职工。二是大力开展文明创建活动。加强对公交客车、校车驾驶员的教育和督查，做到文明驾驶、礼貌行车，自觉遵守交通法规、社会公德和城市管理的各项规定。执法人员坚持文明执法、公正执法、廉洁执法、为民执法。三是弘扬雷锋精神，开展志愿服务活动。大力弘扬“服务人民，助人为乐”的雷锋精神和“奉献、友爱、互助、进步”的志愿服务精神，按照“关爱他人、关爱社会、关爱自然”的要求，切实发挥志愿服务在推动社会文明进步中的作用，认真组织开展各种志愿服务活动，特别是在雷锋活动日期间，开展以政策咨询、扶贫济困、文化宣传、慰问困难群众等为主要内容的宣传服务。

（蔡林峰）

屈子祠镇

屈子祠镇党政负责干部（名单）

党委书记	廖升红（6月起）
镇长	湛　虎（6月起）
党委副书记	吴德辉（12月起）
政协联络办主任	李治国
纪委书记	周弋峰
组织委员	姚　拓
武装部长	何君琪
宣传委员	黄常勇
副镇长	舒　乐 周　军
财政所长	陈力武
正科协理员	欧阳林
副主任科员	黄建宏 段小燕 黄泽林
办公室主任	吴　剑

【概况】　屈子祠镇位于汨罗城西北角，汨罗江东西穿行，京广铁路、国道240国道，京珠高速西线贯穿南北，域内共有11个行政村，辖530个村民小组，总人口47150人，镇域内传统文化底蕴深厚，玉祠山是楚国三闾大夫屈原晚年写作，生活及其沉沙自尽的地方，留下了骚坛，濯缨桥、独醒亭、桃花洞、招屈亭，寿星台，女嬃、十二荒塚等诸多传说，明代建的屈子祠古朴巍峨，现代新构的屈子文化园秀美钟灵。镇域内盛产大米、红薯、鱼虾、菱藕等绿色食品。2017年，该镇党委、政府认真落实党的十八大，十九大会议精神，围绕文化名镇，旅游旺镇，经济强镇的目标，力求突破，奋勇争先，取得较好的成绩。

【党建工作】　加强村级组织建设。一是顺利完成村级班子换届。从3月6日启动村级“两委”换届选举动员大会到5月15日全面结束，共选举产生新一届村支两委会成员66名，女性16人，占25%；党员58人，占93.5%；高中（含中专）以上学历45人，大专以上学历5人。班子机构基本完善。实现选优配强班子的目标，7月，顺利通过省委组织部和省民政厅对村级班子换届的检查。二是推进两新组织党组织工作全覆盖。通过摸底排查，成立5个非公有制企业党支部。三是对换届后的各村开展矛盾隐患排查处置。在排查中共收到群众信访举报4起，已交付镇信访办处置。四是对软弱涣散党组织实施整顿，根据整改方案选优配强领导班子，提升基层组织服务能力。

平稳推进，建设村级服务平台。按市委市政府要求，全面强化党建阵地建设，坚持由镇党委政府主导，协调各方资源，对11个行政村进行实地考察，充分听取各方意见建议，统一规划，制定11个村级的综合服务平台新建与改扩建方案，辖区内11个村，6个村为新建，5个村为改扩建。9月，新建的永青村村级服务平台在全市第一个建成并率先投入使用，在永青伏林召开全市村级服务平台的现场会，截至目前，已有10个村级服务中心正式投入使用，认真落实坐班、值班制度。

专抓学习，筑牢思想防线。持续深化“两学一做”学习教育，坚持做到制度化常态化。全体党政负责干部分别到各党总支部联点指导，引导全镇党员干部将其内化于心、外化于形。做到理论上清醒、政治上坚定、行动上自觉，时刻同党中央省、市保持高度一致。一是坚持每个党员活动日，由支部书记带领全体党员学习党的方针路线和相关政策；二是坚持支部书记和联村领导讲党课；三是坚持扎实做好三会一课和四议两公开制度，逐步规范记录内容；四是坚持围绕“四个合格”标准做好党员积分管理，做到季公开年公示，年底进行综合评定。五是在全体镇村部门干部中广泛开展“四种精神”及典型人物先进事迹学习。六是开展党支部书记“双述双评”工作，要求各村党支部书记认真撰写述职报告，做到村述村评、村述镇评，排名前3名的党支部书记作为2017年度优秀农村党支部书记评选的重要依据。七是学习贯彻党的十九大会议精神，党的十九大胜利召开后，镇党委政府组织镇村部门干部重温习总书记的大会报告，发放各类专题学习书本600于册，要求干部边学边思边写心得体会，通过室外电子屏、广播村村响、横幅标语等宣传十九大会议精神，组织联包村负责同志深入各村支部开展讲党课活动，让十九精神深入人心。八是积极开展“红星云”学用工作，全镇党员激活率达到90%以上，基层党组织书记学习积分均达300分以上。九是严格做好党员信息采集工作，做到不漏人不漏项，确保信息的准确率。

扎实推进“汨罗新发展、党员新作为”活动。按市委文件要求，为认真落实好“汨罗新发展、党员新作为”创先争优活动，制定下发《屈子祠镇关于“汨罗新发展、党员新作为”创先争优活动的实施方案》，部署活动的具体安排及工作要求，保障活动的顺利开展。组织开展“汨罗新发展、党员新作为”主题演讲比赛。全体党员干部结合各自工作实际，采取集中学习、个人自学、集中讨论等形式，先后学习党的十八届六中全会精神和党的十九大报告，为大讨论活动的深入开展奠定基础。通过交流思想认识和学习心得，达到互相启发，共同提高。

抓党建促脱贫成效突出。“精准扶贫”是工作的重中之重，坚持党委领导、党组织支持、党员出力，全力做好精准识别、精准帮扶、完善档案等工作。一是建机制，重长效，切实压紧工作责任。党政负责干部、机关党员和村干部党员均结对帮扶2~3户。二是强组织，重保障，切实发挥攻坚作用。不断加强贫困村党员干部队伍建设，加大贫困村基层组织保障投入。真正做到抓举措，重实效，切实促进脱贫攻坚任务的完成。

【镇域经济】 发展镇域经济，提高综合实力。牢固树立“抓项目就是抓发展”的理念，着力发展地方特色产业和生态文化旅游。一是经济持续健康发展。经济指标稳定增长，2017年，全镇实现国内生产总值6.324亿元，农民人均纯收入达到16159.5元；全年预计财政收入3872万元，其中，国税已完成810万元，地税已完成50万元。二是重点项目稳步推进。一年来强力推进镇内多项重点工程项目建设，屈子文化园、粽子产业园、国道240工程、棚户区改造、江北骑行工园、京珠复线、红屈公路、镇机关建设、中学运动场改造等项目均有序推进。在镇村干部的配合下，加大征拆和建设协调力度，全力确保屈子文化园于5月30日顺利开园；粽子产业园前期200亩的征地、腾地任务已完成，并完成“三通一平”工作，二、三、八、九栋厂房的前期土地平整已完成，现已开工建设；国道240工程建设前期在征地协议及征地款发放、房屋拆迁、青苗补偿和地上附属物拆除、腾地任务和全面清表和土方任务5个方面力创5个第一，目前各项工程完成度均达95%以上；棚改安置区工作共征地782亩，已全面完成征地任务；房屋拆迁协议签订153栋，房屋拆除71栋，完成总任务的101%，前期的勘探测探任务已基本完成，青苗、坟墓补偿工作正在进行中；红屈公路一期拓改工程已顺利完工，相关配套设施建设正在紧锣密鼓的推进中；京珠复线已恢复施工；集镇建设一期青龙路改造已完工，二期街道改造，已完成强弱电入地，雨污分流，路面已全面硬化，10月中下旬可完成地面铺油；中学运动场改造工程已完工；机关建设，宿舍楼改造已完成，干职工已全部入住，五小综合楼已于9月竣工并投入使用，门楼和篮球场改造进度均达到95%以上，12下旬可投正式入使用。目前，全镇各项重点工程项目均有序推进，年底均顺利完成年内既定目标和任务。三是农业农村基础设施不断夯实。2017年，通过积极向上争资争项，全镇共硬化道路16千米；新建文化活动广场2个；修扩建山塘168口；整险小二型水库4座；整险5座水坝；新建、维修渠道30千米，维修防汛路10千米；维修排渍机埠6处、抗旱机埠6处，完成电路改造1.5万多米；切实保障人民群众的正常生产生活，为致富增收奠定坚实基础。四是做大做强生态农业品牌。通过鼓励农民实施土地流转，加快推进农业专业合作社和家庭农场建设，大力倡导绿色加工产业发展，镇域内初步形成以“茶叶、花卉苗圃、无公害蔬菜”为主的三大生态农业主导产业，其加工产品深受广大消费者喜爱。

推动社会事业，强化民生保障。一是抓精准扶贫。不断加大扶贫相关政策宣传力度，营造精准扶贫浓厚氛围，协助帮扶单位有序推进各项工作目标。对镇域内的贫困户精准识别，并结合贫困户实际制定脱贫服务计划。因户施策，因人制宜，精准发力，制定切实可行的帮扶措施，积极争取项目，多方筹措资金，健全扶贫机制，强化扶贫责任，全力实施扶贫工程，2017年完成脱贫人口151户，475人，精准帮扶、成效显著。特别是12月份顺利迎接省扶贫办到伏林村检查脱贫攻坚工作，湖南农大商学院第三方评估团到永青村进行脱贫攻坚工作评估，均顺利通过，获得高度评价。

二是抓教育强镇。积极推进中小学校安全工程、道路安保工程建设，教育事业得到进一步拓展与提升。全年共投入教育资金445余万元，新建教学楼1栋，教职工宿舍1栋，对范家园中学门楼进行改造、新建运动场地、投资300万的屈子学校田径场也将破土动工，学校基础设施不断完善；4月成功举办“情系教育、放飞梦想”为主题的教师演讲比赛，6月成功创办全镇庆“六一”大型文艺汇演；2017年，中考再创佳绩，市一中、二中录取学生110人，范家园中心小学和屈子学校荣获汨罗市教育质量评价先进单位。三是抓安全生产。认真贯彻执行党政同责、一岗双责、失责追责责任制，突出重点，狠抓薄弱环节，采取多种形式开展宣传教育活动，深入开展“八打八治”专项行动，加强重点区域、行业各种隐患排查，有效防止各类安全生产事故发生，未发生重大安全事故，切实保障人民群众生命财产安全，11月底顺利通过岳阳市安全生产示范乡镇创建工作验收。四是抓文化建设。投入大量资金加强镇村文化事业发展。镇村文化基础设施不断完善。先后协助上级单位组织举办广场舞大赛、送戏下乡等节目；向上争取项目资金，全年向各村农家书屋发放各类图书1.5万余册；各村村级服务平台建设严格遵照文化建设“七个一”的标准，做好村级文化基础设施的配套建设，获得上级部门一致好评。五是抓综治维稳。镇党委切实贯彻落实信访维稳工作机制，着力排查化解群众身边切身利益的突出矛盾，重点解决越级上访、非正常上访、缠访闹访等突出问题，确保党的十九大特别防护期各项安保维稳，确保实现“四个不发生”目标。同时坚持“打防结合、预防为主”的方针，切实开展社会管理和加强平安创建工作。社会治安防范、矛盾纠纷排查调处、流动人口管理、戒毒及社区矫正等工作有序推进，形成党委领导、政府负责、社会协同、公众参与的社会管理格局，建立畅通有

表19 2017年屈子祠镇各村基本情况统计表

序号	村 名	村民小组（个）	户数	人口（人）	党员（人）	耕地面积		
						合计	水田（亩）	旱土（亩）
1	双 楚	112	1850	7646	219	4510	3657	853
2	新 义	48	1007	3846	193	3291	1912	1379
3	屈子祠	47	1164	4236	161	2967	1703	1264
4	渔 街	34	679	2754	94	1612	911	701
5	屈 原	61	1319	4921	191	4793	3589	1204
6	伏 林	31	754	3019	115	2250	1759	491
7	范家园	41	1424	4731	140	2692	2208	484
8	金 山	27	730	3287	80	2099	1648	451
9	徽 山	60	1451	5947	179	4544	3856	688
10	永 青	34	819	3549	137	2813	2019	794
11	新 茶	35	761	3214	140	1546	811	735
	合 计	530	11958	47150	1649	33117	24073	9044

序的信访秩序，妥善处理好各类信访问题，努力把矛盾纠纷化解在萌芽状态，进一步提升人民群众的安全感和满意度。

建设美丽乡村，优化人居环境。一是强力推进“刹人情歪风、治婚丧陋习、树文明新风”工作，通过大力宣传推动群众“婚事新办、丧事简办、余事不办”，加快推进公益性公墓规划建设，助推农村殡葬改革，二是扎实开展生猪养殖场的控建，对10户群众反映强烈、污染较大的规模猪场进行关停；同时严抓禁炮工作，违规燃放事件大幅减少，重点区域实现零燃放。三是持续推行农村规范建房，严格保护基本农田红线。规范建房方面：镇建立一套严格的审查程序，明确具体的责任人；通过谈话交流和考核的方式加强村一级的村民建房资格审查；结合屈子文化园征地拆迁，对核心景区内的拆迁户、无房户、符合分户条件的建房户进行集中安置，金钩安置区占地面积52亩，目前已安置57户，向上争取集中建房项目资金21万元，屈子祠村乌龟山安置区占地面积49.8亩，现已安置9户，另金钩安置区二期已征地782亩，目前正在后进行土地平整。国土、控建拆违工作，全年国土所共办理198户建房证（含补证），其中40户易地帮扶，查处31宗违法用地。对全镇范围特别是屈子文化园核心景区进行控建巡查，一经发现，立即制止，通过多次上门宣传政策、国土法律法规，成功劝阻并督促其自拆18户违法建筑，控建组强制拆除违建生基一处，砖砌砂石堆场两处，违建商店一处，拔除已征范围内抢栽树苗6.5亩。进行4次强制拆除违法建设行动，拆除24栋违法建房、违建厂房、文化园禁建区内的违建杂屋，二户违建加层以及国道240钉子户围墙等共计面积达9600余平方米，挖除粽子产业园强栽强种树木30余亩，有效的保证屈子祠的国土秩序，确保屈子文化园、国道240等各项重点工程的顺利推进。四是抓好镇村环境卫生综合整治。按照美丽乡村建设的要求，深入开展农村环境综合整治工作，着力改善农村面貌，提升农民生活质量，通过强化宣传教育、制度建设、资金投

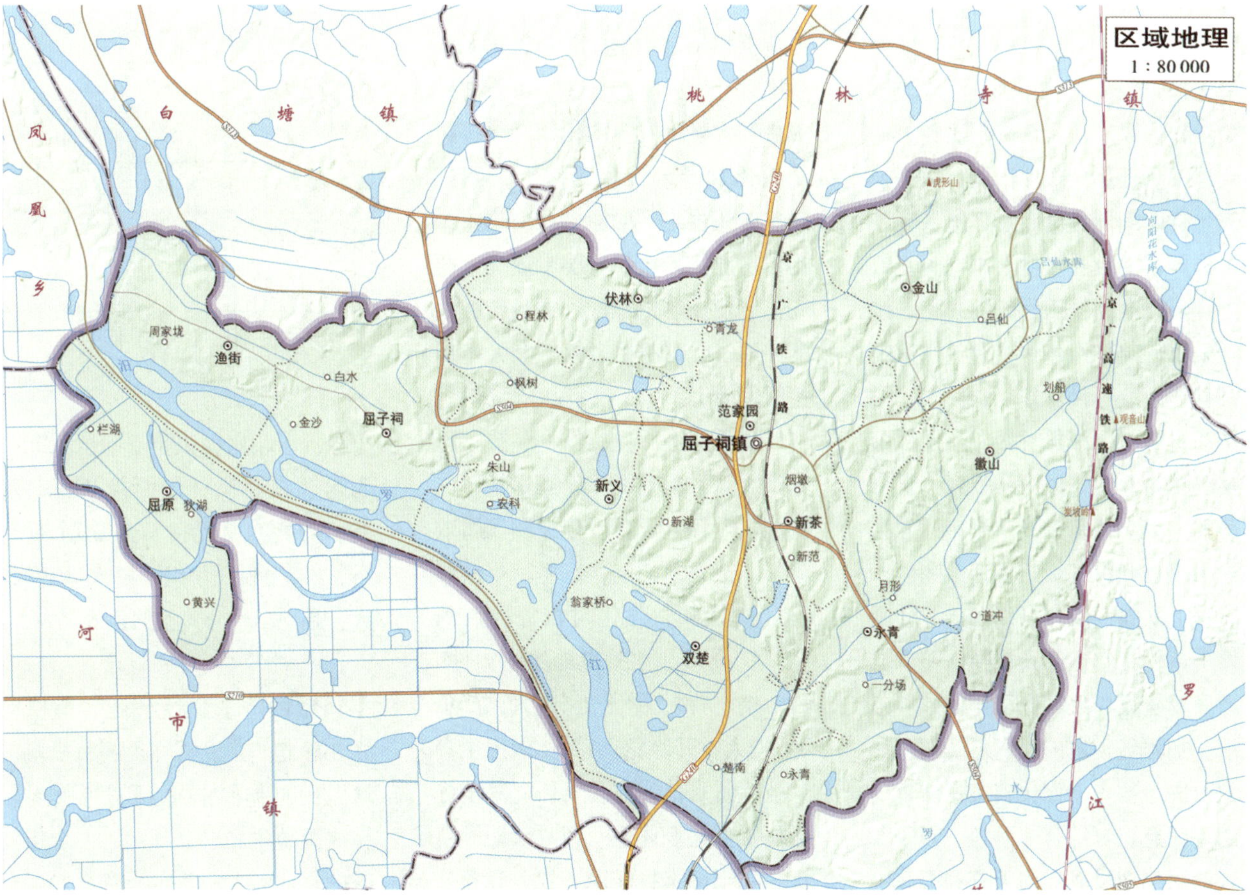

图24　屈子祠镇示意图

人、督促检查等方式，集中解决困扰农村的“脏、乱、差”问题，重点抓好基础设施建设、村容村貌整治、集镇占道经营整治、道路清扫保洁、垃圾收集运输等5个方面的整治任务，努力打造文明、整洁、有序、优美的城乡环境，镇域内人居环境不断优化。全市秀美乡村现场会将屈子祠镇伏林村定为示范点。

【廉政建设】 镇党委全面落实挂帅领航。镇党委高度重视党风廉政建设和反腐败工作，认真落实主体责任，始终将党风廉政建设和反腐败工作作为全镇的重要工作内容之一，坚持把党风廉政建设作为一项重要工作，与其他中心工作同部署、同考核、同落实，完善工作制度，强化服务意识，提高办事效率，加强监督制约，进一步改进机关工作作风。一是认真落实党风廉政建设责任制。按照市委、市纪委部署，明确职责分工、任务目标、工作要求。成立以党委书记为组长的党风廉政建设工作领导小组，镇党委书记与各组各线主要负责人签订党风廉政建设责任状，落实“一岗双责”，一级抓一级，层层抓落实。二是深化党风廉政教育。贯彻落实上级会议精神。认真传达领会中央、省和市各级纪委全会和国务院第五次廉政工作会议精神，让全体干部职工掌握会议精神，明确党风廉政建设和反腐败工作任务和要求。加强经常性的反腐倡廉教育和廉政警示教育，深化落实主体责任的责任意识。结合“两学一做”教育活动，把反腐倡廉教育和廉政警示教育纳入党委中心组学习计划和机关党员干部学习教育计划，每月1次组织镇村党员干部学习，做到警钟长鸣，防患于未然。通过学习和廉洁自律教育，提高广大党员干部廉洁自律意识，促进廉洁从政。2017年，镇党委中心组学习有关党风廉政建设和作风建设的内容4次，观看警示教育片2次；聘请岳阳市委党校教授刘建新对镇、村干部讲授如何做好关于形势、组织、群众、事业、名利和家庭的6个正确对待及如何当村干部、怎样当好村干部为主题教育课2次。三是严格执行“三重一大”事项集体决策制度。根据《中国共产党党内监督条例（试行）》和市纪委有关文件精神，建立健全《屈子祠镇“三重一大”事项决策制度》，规定领导班子要认真落实集体领导和个人分工负责相结合的制度，凡属重大事项决策、重要干部任免、重要项目安排和大额度资金的使用必须按照“集体领导、民主集中、个别酝酿、会议决定”的原则，由集体讨论作出决定。全镇各类专项资金的安排、使用、管理均通过班子会议研究通过，严格公务接待和公车使用管理规定。

镇纪委突出主抓，监督。该镇纪委认真落实上级纪委精神，深入推进全镇党风廉政建设和反腐败工作，严明党的纪律，坚持不懈纠正“四风”，强化对权力的制约监督，全年共立案查处违纪案件9件，结案7件，警告处分4人，严重警告2人，开除党籍1人。聚焦主责主业，认真落实监督责任，落实好党员干部述职述廉、廉政谈话等制度。在干部选拔任用、党务政务公开、年度目标考核、重大工程项目、机关财务开支等工作中镇纪委进行全程监督，较好的履行纪委监督责任。

（吴 剑）

白塘镇

白塘镇党政负责干部（名单）

党委书记	李 旺（3月止） 李鲜艳（6月起）
镇长	郭阳平
副书记	刘 赞
人大主席	张志红
政协办主任	周 荣
纪委书记	熊 亮（9月止） 陈 勇（9月起）
党委委员	许涌波
组织委员	周吉平
武装部人大副主席	汪明付
副镇长	晏汨湘 何 亮
主任科员	周海舟 湛朝晖
财政所长	梁 波
副主任科员	仇勇波 李碧波
办公室主任	郑志丰

【概况】 白塘镇位于汨罗江北西北角，东邻桃林，西接洞庭，水路、陆路交通便利，全镇9个行政村，272个村民小组，总人口29047人，是一个十分典型的鱼米之乡。

【镇域经济】 经济运转平稳向好。确立“建设富饶美丽幸福新白塘”的工作要求,狠抓财税收入。完成国地税1257.1万元，占全年任务的111.2%，引进各类资金2200余万元，确保各项工作的正常开展。

项目建设稳步推进。坚持大力引进项目，加快全镇基础条件的改进。投资600多万元的南联学校等教育改造项目、垃圾中转站项目；投资6.2亿元的渔光互补光伏发电项目成功落户，开工建设；1140亩土地占补平衡项目已经完成建设。这些项目的落地建设，将有效改善全镇基础设施条件，并带来可观的经济效益，提供强劲的发展动力。

【组织建设】 高效完成换届工作任务。白塘镇由原来的26个村合并为9个村，职数、人员大幅度调整，镇党委政府严控职数要求、严把时间节点，支村两委班子由原来的66名精简为现在的46名，并按市委的时间要求提前一个月，在全市率先完成支村两委换届选举工作。有力推进村级服务平台建设。对9个村部进行全面改、扩建，其中新建5个村级服务中心，在11月中旬将全部完工，11月底投入使用；改建4个村级服务中心，已基本完成建设任务，即将投入使用。注重加强党员管理教育。对全镇1187名党员党组织关系进行清理排查，摸清党员底数，规范党员管理。在“党员活动日”组织党员积极投入到环境卫生整治、精准扶贫、民调等工作中，充分发挥党员的先锋模范和示范带头作用。利用网络电视，结合红星网和“红星云”手机移动平台，组织镇村党员干部集中学习党的十九大会议精神，宣传党的路线方针政策、传播党的思想理论，通过一系列活动，增强党员的服务意识、大局意识。

【民生工程】 全力推进扶贫攻坚。按照“六个精准”的要求，对原系统中存在识别不精准、拼户、拆户等问题进行精准复核，剔除“四类人员”，共剔除不符合对象341户，989人，复核后，全镇贫困户由原来的839户2321人减少至498户1332人。扎实推进扶贫帮困措施的落实，积极组织驻村工作队员、镇村干部对贫困户进行走访，并根据实际情况采取有效的帮扶措施，因户施策，落实易地扶贫搬迁39户，102人、贫困户危房改造3户、兜底扶贫21户、产业扶贫337户、雨露计划7人。发动“爱心帮帮”“爱行天下”等社会慈善组织对32名贫困户进行资金帮扶。落实贫困村“安全饮水”工程，目前已完成管网铺设，将有效保障群众的饮水安全。着力保护生态环境。半年度，共投入农村环境整治专项资金200余万元，对汨罗江沿线及农村大面陈年垃圾进行全面清理，并结合洞庭湖生态圈垃圾治理项目的实施，新建垃圾中转站、压缩站。结合中央环保督查问题，根据实际情况，划定禁（限）养区，对在禁养区内的养殖场进行全面退养关停，对在限养区内的养殖场进行退养转型。对洞庭湖、汨罗江国家湿地公园范围内的5家砂石码头全面关停整治，对域内3家黏土砖厂现已拆除，有效保障地方生态环境。

表20 2017年白塘镇各村基本情况统计表

序号	村 名	村民小组（个）	户数	人口（人）	党员（人）	耕地面积		
						合计	水田（亩）	旱土（亩）
1	移风村	49	1346	5333	171	7325	3526	3799
2	仁义村	32	912	3356	113	3069	2066	1003
3	穆屯村	43	1180	5480	145	6520	3610	2910
4	白塘村	60	1612	5633	227	6779	3337.3	3441.7
5	马厅村	33	645	2650	90	4700	2250	2450
6	高联村	10	400	1585	41	2030	750	1280
7	磊石山村	14	482	1586	72	3460	2300	1160
8	六湖村	18	360	1492	71	4056	1113.7	2942.3
9	汨北村	13	465	1932	76	4059	2362	1697
10	合 计	272	7402	29047	1006	41998	21315	20683

竭力摒除陈年陋习。在全镇全面铺开、整体推进“刹人情歪风、治婚丧陋习、树文明新风”专项工作，各村都成立红白理事会和劝导队，制定红白理事会章程，完善村规民约，建立红白喜事公堂，健全婚丧喜庆事宜事前、事后报告备案制度。全面开展禁炮、禁拱、禁塑行动，鼓励村支两委免费为群众提供电子鞭炮、提倡使用环保餐具，提倡“婚事新办、丧事简办、余事不办”的操办方式和不收送礼品礼金等健康文明的交往方式。努力改善基础设施。利用原磊石乡政府闲置资产，投入资金80余万元对敬老院进行整体搬迁改造。投入资金60万元对贫困村扶贫公路进行全面硬化。对白塘集镇路面进行全面维修。结合土地占补平衡项目，对磊石垸2000余亩旱地进行“旱改水”。根据镇村规划在白塘集镇新建集中规范建房点，目前，占地15亩37户的一期工程已动工新建，占地29亩50户的二期工程已完成“三通一平”，这些项目工程的建设将有效改善人民群众的生产生活条件。防汛抗灾取得全面胜利。白塘镇是汨罗市唯一的湖区乡镇，辖磊石垸、松柏垸、双河坝垸3个万亩大垸，一线防汛大堤长22509米，有28个防汛值守点，保卫着7万余人的生命财产安全。该年度遭遇1998年以来最大的洪涝灾害，党政干部坚持靠前指挥、压实责任，不惜一切代价，充分调动广大党员、群众共同参与，全面实现市委、市政府提出的“两个确保”的目标，被评为岳阳市防汛抗灾工作先进基层党组织，岳阳市防汛工作先进单位。计划生育工作整体提升。2017年，出生人口431人，政策外出生16人，符合政策生育率96.28%，其中男孩224人，女孩207人，出生人口性别比为108：100。计划生育奖励扶助对象224人，特别扶助对象28人，奖扶金全部发放到位。并做好健康扶贫工作，联合镇扶贫办和卫生院，组织对全镇建档立卡贫困户进行免费体检。

【社会综治】 深入开展打非治违行动。深刻吸取“2·27”事故的教训，痛定思痛，全面开展烟花爆竹清剿行动，截至目前，共查处非法烟花爆竹经营门店147户，烟花爆竹非法储存点2处，联合市打非办、派出所对所有烟花爆竹非法经营门店进行多次清缴、对非法储存点进行重点打击，全镇共收缴、集中销毁烟花2780件，爆竹1934挂，全镇范围内门店均无烟花爆竹销售。强化安全隐患排查治理。全年共检查各生产经营单位71次，关停拆除砖厂3家，发现安全隐患39

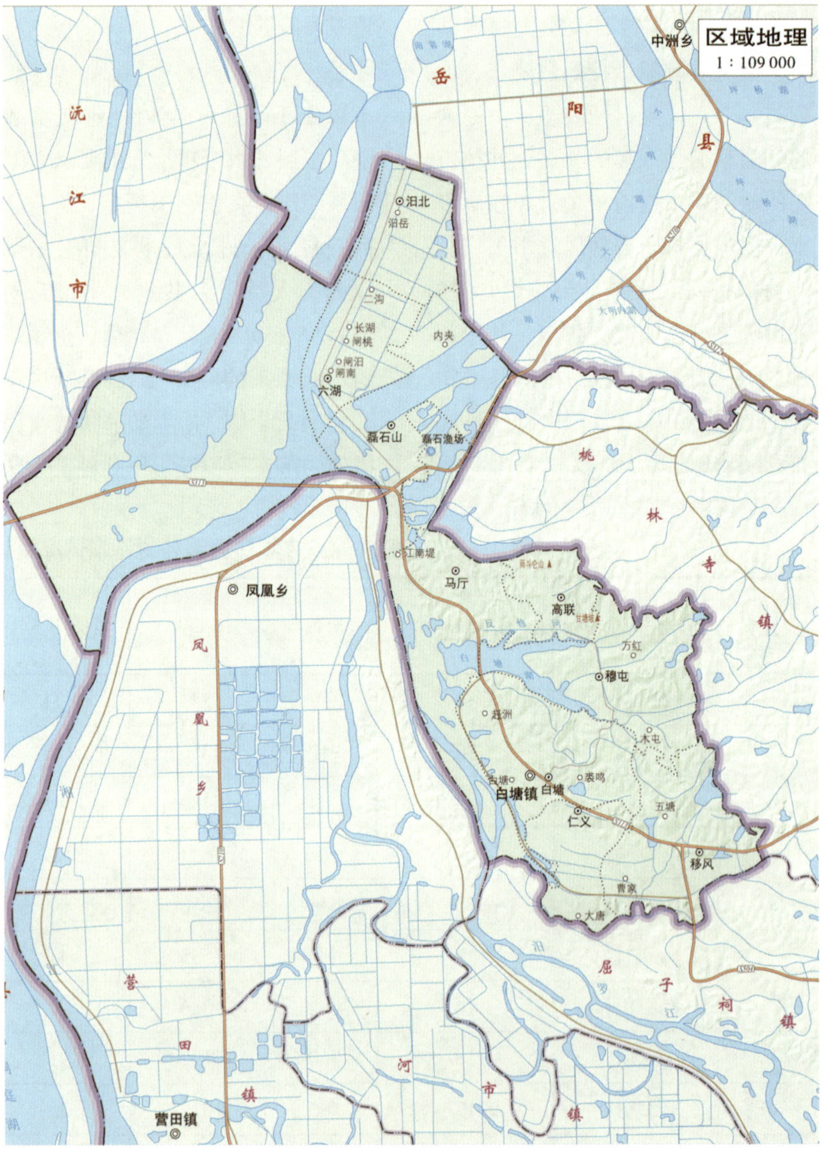

图24 白塘镇示意图

起，已整改38起，江南堤渡口正在升级整改中。积极调解社会矛盾纠纷。结合民调大走访，广泛听取群众意见，疏导民意，稳定民心，及时解决群众反映的热点、难点问题，化解社会矛盾纠纷，共排查矛盾纠纷56起，调处56起，通过一系列活动的开展，上半年镇域综治民调工作排名岳阳市第二。确保十九大期间信访维稳。全镇严格按市委正确部署的要求，召开专题会议，对全镇重点人员、重点群体、重点问题进行全面梳理，并落实相关措施。

（郑志丰）

营田办事处

市营田办事处负责人（名单）

党委书记	江永红
主　　任	高　攀
副 主 任	郑可文　潘柏元
办公室主任	宋新军

【概况】　营田办事处党委围绕市委提出的“建设更高品质的生态文化活力汨罗”工作目标，紧扣“一心一意谋发展，聚精会神抓党建”两条主线，统筹做好抓发展，保稳定，转作风，惠民生各项工作，扎实开展“两学一做”常态化、制度化学习教育，抢抓机遇、团结一致、尽心尽责，在保障辖区平安稳定的基础上，优化干部作风，提升社区宜居环境，创新党建思路，保障民生投入，繁荣群众文化，办事处各项工作积极向前推进。

【项目建设】　地方要发展，项目是关键。始终抓住国有工矿棚户区改造项目不放松，对拆迁钉子户实行百日攻坚，9月底最后一户钉子户成功拆除后，累计拆迁房屋131户，全面完成棚改一期拆迁任务。累计投资近2000万元的棚改安置小区建设进展顺利，新建的60套电梯小高层安置房已进入扫尾阶段，水、电基础设施7月份全面完工，区内配套设施工程正在紧张施工，区实行开放式设计，取消围墙，规划篮球场、健身设施、休闲广场，建成后将成为社区居民的休闲娱乐广场，预计12底可以竣工，区外配套工程也已着手设计，年内也将开工建设，一个秀美、宜居的安置小区初见雏形。年初，办事处多方筹措资金40万元，对营田防汛大堤进行全面整修，堤面全面硬化，堤身加宽一米，全线高标准架设路灯。防汛期间，积极争取市委领导重视，对散浸堤段进行灌浆处理，大大增强营田大堤的防洪保安能力。争取市民政部门的支持，投资十多万元，对营田抗日阵亡烈士墓进行修缮。加强与屈原区住建局的对接，争取农垦集团危房改造项目，累计争资近百万元，对办事处下辖新港社区原中心粮站小区46户宿舍楼进行屋面和立面改造，疏通小区下水道，通过改造后，漏雨现象得到彻底根治，而且做到建筑风格一致，整齐划一，焕然一新，人居环境大大改善。积极争取领导重视，为区域两个特殊社区安排社区综合服务平台建设项目，拟投入资金200多万元，向屈原区征地15亩，高标准建设航运社区综合服务平台和居民休闲广场，投资70万元维修改造新港社区综合服务平台。

【平安建设】　努力化解群体性矛盾。通过引导促化解。积极开展大走访活动，耐心细致地做群众工作，让群众在了解真相、感受变化、展望未来中理性对待发展中出现的问题，最终引导群众理解政府的难处。把握契机促化解。抓住难点热点问题，组成攻坚小组，落实工作责任，依靠各方力量，创新工作方法，千方百计地做好集访人、信访人的工作，使集访人员、非访人员进一步减少，最终达到分化瓦解的局面，有效维护社会大局稳定。

努力化解信访矛盾。全面梳理历史遗留和发展中的信访案件，加大调处力度，妥善解决信访案件，依法化解各类信访矛盾，切实提高信访案件的化解率，从源头上预防和减少影响社会稳定的隐患。通过多方努力，长达八年之久的芦苇开发业主承包合同系列纠纷已得到全面妥善处理。建立突发矛盾应急机制，制定预案，落实措施，很好地处理砂石资源开采工程船指标分配等多起突发事件，控制不稳定因素的发生。

努力创建平安社区。为落实市综治委的指示精神，办事处积极号召，广泛开展社区平安创建。强化综治民调，全年进行两次大走访，广泛收集社区居民的意见和建议，并召开专题会议，研究意见建议办理方案，部署交办责任。扎实开展“平安示范家庭”创建工作，广大居民积极参与，开展业务巡逻，加大社会治安重点地区和重点人员的排查管控力度，打击违法行为，加强联防联控，辖区群防群治水平进一步提高。加强生产安全监管，定期开展安全隐患大排查，进行安全隐患治理，消除公共安全隐患。群众安全感和满意率逐年上升，综治民调满意率居全市之首。

强力推行文明创建。在辖区广泛开展“刹人情歪风，治婚丧陋习，树文明新风”活动，办事处发出倡议，社区宣传发动，组建红白理事会，党员骨干带头，全民积极响应，收到明显效果。真正做到婚事新办，丧事简办，余事不办。丧事不超过三天出葬，婚事只办一餐，每户只来一个，只用一个拱门，只放电子鞭炮，全面实行火化，墓地每穴一方，等等这些都成为这里的新风尚。

【民生公共服务】 持续做好民生保障。一是抓低保促和谐。关心帮助弱势群体，切实保障弱势群体基本生活权益，确保公开、公平、公正，促进和谐稳定。强化重度残疾人困难及护理补贴的申报和发放工作，切实保障重度残疾人的基本生活。目前辖区享受低保有55户、89人，实现“应保尽保”。共发放各类救济款金额达11.4万元。二是抓医疗促健康。统筹城乡医疗救助，做好困难居民医疗救助申请、发放工作，实现“应救尽救”，切实减轻困难群众的医疗负担。积极推行城镇居民医疗保险工作，辖区城镇居民医疗保险参保率达98%，极大减轻看病就医群众的负担。三是抓就业促发展。积极宣传就业、创业政策，为下岗职工、剩余劳动力、轻度残疾人和城镇失业人员等困难群体打造就业平台。安排社区公益性岗位6人。四是抓帮困促救助。高度重视困难群众的生产生活，广泛开展对社会弱势群体结对帮困和救助活动，辖区内因病致贫都得到不同程度的救济；同时完成农村危房改造户7户，群众居住条件得到改善。

持续完善公共服务。一是实行政务公开。办事处通过网站、宣传栏，对单位性质、职能、班子分工、内设机构全面实行政务公开，方便居民群众办事。社区也相应开展居务公开，班子分工、年度财务状况等一看便知，大大方便居民群众。二是健全信访接待制度。办事处实行领导接待日制度，每天安排负责干部坐班，接待群众来访，对群众诉求包案到底。三是社区服务不断完善。为方便群众，积极开展养老保险集中年检照相，城居保统一缴费，城镇医疗保险服务上门等服务活动，使社区服务不断优化与完善。

办事处坚持把社区建设作为加强社会管理的重要基础性工作来抓。以加强基层基础建设为着力点，加大投入力度，创新体制机制，社区服务管理能力得到明显提升。计生管理逐渐趋于人性化。以宣传教育为主，以避孕节育为主，以优质服务为主。印发计生宣传资料800余份，将国家实施全面二孩政策宣传到户，实现以行政执法为主向以优质服务为主的转型。环境卫生整治趋于常态化。从环境整治入手，落实河长制要求，投入十多万元，拖运陈年垃圾400多车，实施环洞庭垃圾治理，大力推进湘江汨罗段的水质环境整治，加快美丽社区建设。环境卫生整治由办事处、社区、居民三级负责，办事处负责主要路段和重点小区，社区负责背街小巷，居民实行门前三包，逐步形成人人讲卫生，个个爱清洁的长效管理机制。防汛抗灾逐步趋于程序化。防汛期间，从防汛预案的制定到防汛器材的准备，从堤脚刹青到巡堤查险，从涵闸守护到机埠排渍，安排得有条不紊，防汛宣传氛围十分浓厚，居民自觉参与意识也不断增强，做到及早发现险情，果断处置险情，确保营田大堤的安全度汛。基本建设逐步趋于规范化。为全面推进社区城市化，对辖区内基本建设全面实行规范化管理，坚决杜绝乱圈乱建，私搭乱挖现象。组织基层骨干参观新农村建设示范点，学习古镇建设成功经验，提高居民环境意识，提升社区规划意识，为建设秀美社区打下坚实的思想基础。

【党建工作】 加强党委班子自身建设，充分发挥党建工作“第一责任人”职责。坚持把党委班子建设作为党建工作的首要任务来抓。一是在班子内部，明确一名党委班子成员专抓党建工作，形成党委统一领导、各社区由（总）支部书记为第一责任人，配备一名（总）支部委员具体负责、形成一级抓一级、层层抓落实的党建工作格局。二是进一步加强党委工作制度的规范。成立营田办事处党风廉政建设领导小组，履行党风廉政建设主体责任，全力支持派驻纪检组工作，自觉接受监督，积极配合执纪，全力支持问责。坚持厉行节约，严把接待范围，严格接待标准，三公经费逐年减少，严格落实八项规定，加强干部作风建设。三是修订办事处各项机关管理制度，形成“以制度管人，用制度说话”的工作氛围。四是重视学习，加强党委班子和基层党组织落实“两个责任”意识。每周一、周五组织机关、社区全体干部进行政治学习，通过采取强行灌输学习教育的形式，达到自觉学习的目的，切实提高办事处党委班子成员和社区党（总）支部履行主体责任意识。

夯实组织建设，筑牢党的基层战斗堡垒。按照市委的统一要求，办事处成立社区换届选举工作领导小组，制定社区换届选举工作实施方案，认真加强指导，积极加强监督，于5月5日前圆满完成所辖社区换届选举工作，确保换届选举风清气正，选齐配优社区两委班子。并借换届选举之机，完善基层党组织机构，重新划分党小组，选举产生党小组长；居民小组划分也进一步细化，选齐居民小组长和居民代表。彻底改变过去党小组、居民小组划分不科学，基层组织涣散的局面。6月，办事处组织社区两委干部和党小组长、居民小组长进行为期两天的专题培训，提高干部素质。开展包联共建工作，实行党委班子成员联社区，社区干部包片到组，对社区抓思想、教方法、提能力、政策引导，提高社区班子的科学发展能力。

扎实开展学习教育活动，抓党员教育管理。办事处在辖区内广泛开展“两学一做”学习教育活动，党委书记带头上党课，班子成员到社区讲党课，开辟周末课堂，开展党员活动日活动，组织广大党员干部认真学习党章、党规、条例、准则及习近平同志系列讲话等方面的内容，组织党员干部观看警示片，以支部为单位，组织党员学习党的十九大报告和会议精神，结合本地实际，开展各种讨论活动。动员全体党员积极注册“红星云”，利用“红星云”平台开展学习竞赛活动。利用“七一”开展优秀党员评选和民主评议党员工作，弘扬党员先进典型事迹，引导党员创先争优。加强党员规范管理，要求党员按月缴纳党费，补齐少缴党费，吸纳优秀年轻人参加入党积极分子培训，引导他们积极向党组织靠拢。全年培养入党积极分子2名，接受新党员1名。

根据市里的统一安排，办事处对口扶贫白水镇白水村，为切实加强领导，明确一名副主任专抓，安排一名脱产干部专门驻村帮扶，后勤保障按市扶贫办的要求全部到位，切实加大帮扶办度，除单位安排专项帮扶资金3万元外，动员广大干部群众捐资捐物，累计为扶贫点捐资12200元，砂石等物资6000元，为贫困户争取危改项目资金14000元，选配10个机关社区干部，对扶贫点十户贫困户进行一对一帮扶，帮扶效果十分明显，得到扶贫办和扶贫点群众的一致认可。

（宋新军）

人　物

汨罗新任副处级以上干部简介

吴宏基

1962年1月出生，湖南汨罗人，中共党员。1979年2月至1982年8月，任汨罗县桃林三塘小学教师；1982年9月至1984年7月，在岳阳师范学校中专学习；1984年8月至1991年9月，任汨罗市财政局办公室副主任；1991年9月至1997年1月，任汨罗市财办业务科长、秘书；1997年1月至1999年3月，任汨罗市财校校长、党支部书记（其间：1997年8月至1999年12月在中央党校经济管理专业函授本科学习）；1999年3月至2000年2月，任汨罗市财办党组成员、财校校长、党支部书记；2002年2月至2002年3月，任汨罗市财办副主任、党组成员、财校校长、党支部书记；2002年3月至2006年5月，任汨罗市财办（内贸办）主任、党组书记；2006年5月至2017年3月，任汨罗市商务局局长、党组书记（2008年8月至2009年1月兼任市商业总公司党委书记、总经理）；2017年3月20日，任汨罗市职业中专党委书记。

欧阳三华

1965年5月出生，湖南汨罗人，中共党员。1990年8月至1999年2月，汨罗市委党校教师、办公室主任；1999年2月至2003年2月，任汨罗报社副总编、总编（其间：1999年8月至2001年12月，在中央党校经济管理专业函授本科学习）；2003年2月至2004年7月，任汨罗报社社长、总编；2004年7月至2007年5月，任汨罗市委宣传部副部长；2007年5月至2011年7月，任汨罗市文化局局长、党组书记；2011年7月至2016年5月，任汨罗市文化广电新闻出版局局长、党组书记；2016年5月，任汨罗市文化旅游广电新闻出版局党组书记、局长、市龙舟文明发展办公室主任。2017年9月13日，任汨罗市二中党委书记。

杨惜春

女，1968年5月出生，湖南汨罗人，中共党员。1986年9月至1988年7月，在湖南省益阳地区供销学校经营管理专业中专学习；1988年7月至1990年3月，任汨罗市新市地区供销社出纳；1990年3月至1992年6月，任汨罗市新塘乡妇女主任；1992年6月至1995年10月，任汨罗市新塘乡党委委员；1995年10月至2002年3月，任汨罗市纪委干部、案件检察室副主任（其间：1996年12月24日在湘潭大学行政管理专业自考大专毕业）；2002年3月至2002年11月，任汨罗市纪委信访室主任；2002年11月至2006年6月，任汨罗市纪委常委；2006年6月至2012年1月，任汨罗市纪委副书记；2012年1月至2015年1月，任汨罗市移民管理局党组书记、局长；2015年1月至2016年1月，任汨罗市科学技术局党组书记、局长；2016年1月，任汨罗市人民政府党组成员、市纪委副书记、市监察局局长、市预防腐败局局长（兼）。2017年12月19日，任汨罗市循环经济产业园区管委会纪工委书记。

冯勇刚

1970年12月出生，湖南汨罗人，中共党员。1987年9月至1990年7月，在岳阳师范学校学习；1990年7月至1992年7月，在汨罗市三江乡任教；1992年7月至1999年3月，在汨罗市汨罗镇教书（其间：1995年6月在湘潭大学政管理专业自考大专；1994年7月至1997年6月，在湖南师范大学中文专业函授本科学习）；1999年3月至2002年5月，任汨罗报社记者、编辑；2002年5月至2006年5月，任汨罗市政府办干部、秘书；2006年5月至2009年3月，任汨罗市政府经研室副主任（副科级）；2009年3月至2011年3月，任汨罗市黄柏镇党委书记；2011年3月至2013年4月，任汨罗市人口和计划生育局党组副书记、局长；2013年4月至2017年6月，任汨罗市发展和改革局党组书记、局长。2017年6月，任湖南汨罗循环经济产业园区管委会副主任。

附　　录

市委、市政府工作部门

市委工作部门

市委办
组织部
宣传部
统战部
政法委
老干局
编办
信访局（部门管理机构）

市政府工作部门

政府办公室（法制办公室、金融证券办）
发展和改革局
工业和信息化局
教育体育局
科学技术局（知识产权局）
公安局
民政局（社会组织管理局）
司法局
财政局
人力资源和社会保障局
国土资源局
住房和城乡建设局（城市综合执法管理局）
交通运输局
农业局（市委农村工作办公室）
水务局
林业局
商务粮食局
文化旅游广电新闻出版局（版权局、龙舟文化发展办公室）
卫生和计划生育局
审计局
环境保护局
统计局
安全生产监督管理局
食品药品工商质量监督管理局（食品安全委员会办公室）
监察局

具有行政职能的正科级及以上事业单位

工业园区管委会（正处级）
档案局
血吸虫病地方病防治工作领导小组办公室
规划局
广播电视台
房地产管理局
供销合作联社
城市建设资金管理中心
移民管理局
扶贫开发办公室
中国国际贸易促进委员会汨罗市委员会（中国国际商会汨罗商会）
河道砂石综合执法局
畜牧水产局

正科级及以上行政支持类事业单位

人民防空办公室

主职享受正科级及以上待遇的事业单位

一中（副处）
二中（副处）
职业中专（副处）
市委党校
人民政府政务服务中心
人民医院
成人教育中心
湖南汨罗工业园长沙飞地园管理中心

双重领导、省和岳阳市管理部门领导为主的管理机构

汨罗市邮政局
汨罗市电信局
国网汨罗市供电公司
汨罗市国家税务局
汨罗市地方税务局
汨罗市气象局
汨罗市公路管理局

湖南省烟草公司汨罗市公司（烟草专卖局）
湖南省石油公司汨罗支公司
中国移动集团湖南有限公司岳阳分公司汨罗营业部
中国人民银行汨罗支行
中国工商银行汨罗支行
中国农业银行汨罗支行
中国建设银行汨罗支行
中国银行汨罗支行
中国农业发展银行汨罗支行
华融湘江银行汨罗支行
汨罗国开村镇银行
汨罗市信用合作联社
中国人民保险公司汨罗市支公司
中国人寿保险公司汨罗市支公司
岳阳市住房公积金中心汨罗管理部
国家统计局汨罗调查队

市委、市政府2017年度重要文件目录

中共汨罗市委重要文件目录

▲　2月14日　关于更高品质的生态文化活力汨罗建设2016年度综合绩效考评情况的通报（汨发〔2017〕2号）

▲　2月15日　关于成立建设“三个汨罗”，落实“六大战略”领导机构及2017年度重点项目建设指挥部的通知（汨发〔2017〕1号）

▲　2月24日　关于印发《“汨罗新发展，党员新作为”创先争优活动实施方案》的通知（汨发〔2017〕3号）

▲　3月7日　印发《汨罗市2016—2018年农村环境整治三年行动实施方案》的通知（汨办发〔2017〕8号）

▲　3月22日　印发《关于全面推进政务公开工作的实施意见》的通知（汨办发〔2017〕11号）

▲　3月22日　印发《汨罗市加快对接大长沙工作实施方案》的通知（汨办发〔2017〕12号）

▲　3月29日　印发《关于全面推行河长制的实施意见》的通知（汨办发〔2017〕13号）

▲　4月11日　印发《市委常委与党外代表人士联谊交友工作实施方案》的通知（汨办发〔2017〕17号）

▲　4月20日　关于印发《贯彻落实岳阳市村务监督委员会规范化建设实施办法试行工作方案》的通知（汨办发〔2017〕19号）

▲　4月24日　关于转发《湖南省扶贫开发领导小组关于印发〈脱贫攻坚突出问题集中整改方案〉的通知》的通知（汨办发〔2017〕22号）

▲　4月30日　关于印发《汨罗市配合中央环境保护督察总体工作方案》和《汨罗市突出环境问题整改方案》的通知（汨办发〔2017〕24号）

▲　5月4日　关于成立巡察领导小组的通知（汨委〔2017〕6号）

▲　5月8日　关于举办2017年“我们的节日·端午”——全国文明村镇“爱我国家·圆梦中华”端午节主题文化活动和屈子文化园开园仪式的请示（汨委发〔2017〕7号）

▲　5月23日　关于成立市直单位派驻纪检监察机构改革领导小组的通知（汨办〔2017〕25号）

▲　5月27日　关于印发《中共汨罗市委全面深化改革领导小组2017年工作要点》的通知（汨办发〔2017〕27号）

▲　6月1日　关于印发《汨罗市2017年全面小康短板指标攻坚行动方案》的通知（汨办发〔2017〕29号）

▲　6月22日　关于印发《汨罗市“刹人情歪风、治婚丧陋习、树文明新风”专项工作方案》的通知（汨办发〔2017〕32号）

▲　6月27日　印发《关于推进“两学一做”学习教育常态化制度化的实施方案》的通知（汨办发〔2017〕35号）

▲　7月25日　关于印发《汨罗市2017年城市棚户区改造项目实施方案》的通知（汨办发〔2017〕40号）

▲　8月7日　关于深入学习宣传贯彻习近平总书记“7·26”重要讲话精神的通知（汨发〔2017〕9号）

▲　8月14日　关于印发《汨罗市机关事业单位“吃空饷”问题专项治理工作实施方案》的通知（汨办发〔2017〕44号）

▲　9月4日　印发《关于深化市纪委派驻机构改革的实施意见》的通知（汨办发〔2017〕45号）

▲　9月7日　关于进一步加强市镇人大工作和建设的意见（汨委发〔2017〕11号）

▲　9月27日　关于印发《汨罗市开展整治行政执法领域国家工作人员“不作为、缓作为、乱作为”和鼓励“敢作为”专项行动实施方案》的通知（汨办发〔2017〕47号）

▲　10月26日　印发《汨罗市三城同创2017年工作方案》的通知（汨办发〔2017〕57号）

▲　11月14日　关于认真学习宣传贯彻党的十九大精神的通知（汨发〔2017〕14号）

▲　11月20日　关于进一步加强和改进新时代人民政协工作的意见（汨委发〔2017〕13号）

▲　11月20日　关于成立市深化监察体制改革试点工作小组的通知（汨委发〔2017〕21号）

▲　12月15日　关于印发《汨罗市深化国家监察体制改革试点工作》的通知（汨发〔2017〕16号）

汨罗市政府重要文件目录

【部分汨政发文件】　2月24日，关于健全完善临时救助制度的通知（汨政发〔2017〕2号）

3月13日，关于进一步加强市政府投资项目管理的意见（汨政发〔2017〕5号）

9月18日，关于批准《乡镇畜禽养殖禁（限）养区具体界限勘定》的通知（汨政发〔2017〕10号）

9月18日，关于印发《汨罗市工业企业招商引资办法》的通知（汨政发〔2017〕12号）

11月6日，关于印发《汨罗市推进简政放权放管结合优化服务改革工作方案》的通知（汨政发〔2017〕13号）

12月6日，关于公布行政审批事项目录、公共服务事项清单、清理规范证明（盖章）材料清单的通知（汨政发〔2017〕18号）

【部分汨政办发文件】　3月4日，关于印发《汨罗市安全生产“三大行动”实施方案》的通知（汨政办发〔2017〕12号）

3月20日，关于印发《汨罗市加快第三产业发展的实施意见》的通知（汨政办发〔2017〕15号）

5月8日，关于印发《汨罗市2017年引导农村村民规范建房开展村庄整治工作方案》的通知（汨政办发〔2017〕33号）

5月22日，关于印发《汨罗市支持工业企业十条措施》的通知（汨政办发〔2017〕38号）

5月22日，关于印发《加快汨罗循环经济产业园区“二次创业”转型升级的实施意见》的通知（汨政办发〔2017〕39号）

6月20日，关于印发《汨罗市推进电子商务创新发展实施意见》的通知（汨政办发〔2017〕45号）

10月24日，关于印发《汨罗市洞庭湖水污染问题专项整改方案》的通知（汨政办发〔2017〕75号）

2017年度汨罗市获地级以上荣誉暨全市综合绩效考核优秀集体和优秀个人名单

一、汨罗市获国家、省级、岳阳市级荣誉

2017年国家级农村职业教育和成人教育示范县（市）
2017年全国“五好”县级工商联
2017年全国公安监管工作成绩突出集体
2017年全国文明村镇——神鼎山镇神鼎山村
2017年全省粮食生产标兵县（市）
2017年全省人口和计划生育工作优秀县（市）
2017年岳阳市信访工作优胜单位
2017年岳阳市人口和计划生育工作优秀单位

二、红旗单位

归义镇　屈子祠镇　弼时镇　新市镇　汨罗镇　长乐镇　川山坪镇
交通运输局　林业局　农业局　财政局　住建局　水务局　扶贫办
卫计局　教体局　政务服务中心　环保局　国土资源局　法院　检察院
公安局　河道砂石综合执法局　市委机关事务管理中心　总工会　工商联
编办　国税局　地税局　国网汨罗供电公司　公路局

三、全面建成小康社会专项奖

（注明：排名靠前的归义镇、屈子祠镇、汨罗镇、弼时镇、长乐镇在绩效考核中获评红旗单位，不重复表彰）

（一）实现程度先进奖

白水镇　桃林寺镇　古培镇

（二）提升幅度快进奖

三江镇　大荆镇　白塘镇

（三）推进工作先进单位奖

科技局　工信局　商务粮食局　文旅广新局　国家统计局汨罗调查队

（四）争先创优组织管理奖

小康办　统计局

（五）推进工作先进个人奖

夏伟阳　彭建芳　任　娜（女）　楚　军　左小林　杨中书
任其文　彭旭汉　邓　林　傅风波　冯　春

四、重点项目建设奖

（一）一类项目

国道240拓改工程　城市棚户区改造项目（拆迁工作）
经阜新材料建设项目　屈子文化园建设工程
屈子生态湿地公园建设工程　村级综合服务平台建设项目

（二）二类项目

“三城同创”工作

五、重点工作奖

国土平整开发工作	（国土资源局）
“刹人情歪风、治婚丧陋习、树文明新风”工作	（市纪委、文旅广新局）
烟花爆竹“打非”工作	（市烟花爆竹“打非”办）

六、落实党风廉政建设“两个责任”考核先进单位

（一）主体责任先进单位

归义镇党委	古培镇党委	汨罗镇党委
川山坪镇党委	桃林寺镇党委	交通运输局党委
教体局党委	规划局党组	水务局党委
贸促会党组	移民管理局党组	政务服务中心党组
商务粮食局党组	公安局党委	食药工商质监局党组

（二）监督责任先进单位

大荆镇纪委　罗江镇纪委　归义镇纪委　川山坪镇纪委　桃林寺镇纪委

七、“刹人情歪风、治婚丧陋习、树文明新风”工作先进单位

汨罗镇	白水镇	三江镇	归义镇	长乐镇
市委办	市政府办	宣传部	民政局	广播电视台
妇联	总工会	财政局	住建局	花鼓戏剧团

八、突出贡献人员

黄　平	（在棚改拆迁、服务重点工程建设中作出突出贡献）
李亚江	（在服务重点工程建设、中央环保督察整改工作中作出突出贡献）
廖升红	（在服务重点工程建设中作出突出贡献）
湛　益　王　军	（在砂石资源开发利用保护工作中作出突出贡献）
周灿文　吴德军　仇小明	（在“脱贫攻坚大会战”中作出突出贡献）
柳才平	（在中央环保督察整改工作中作出突出贡献）
雷　进　郑立辉　赵　滔	（在棚改拆迁工作中作出突出贡献）
罗立群　吴冬华	（在“交通大会战”中作出突出贡献）
李海波	（在“园区大会战”中作出突出贡献）
卢卫东	（在招商引资工作中作出突出贡献）

九、棚户区改造、控建拆违工作先进个人

刘向阳	黄凤霞（女）	许长辉（女）	黄飞虎	陈　勇
周权利	周　波	吴　锋	龙　仕（女）	黄　浩
袁　敏	汪望三	伏正平	付卫锋	谢　猛
李治国	曾　荣	李朝辉	许正国	刘芳菲（女）
曹　锐	彭向平	何宇阳	苏　柱	

十、脱贫攻坚工作先进单位和先进个人

（一）先进单位

市委办　市人大机关　市政府办　市政协机关　组织部
统战部　编办　扶贫办　财政局　发改局
农业局　卫计局　住建局　水务局　人社局
民政局　交通运输局　林业局　教体局　一中
河道砂石综合执法局　城市建设资金管理中心　房产局
国税局　工商联　公路局　路灯管理所
国网汨罗供电公司　中银富登村镇银行　农商银行

（二）先进个人

胡亚军　邹振雄　周弋锋　汪明付　肖敬红　胡二平　周渊博
仇红光　柳新华　湛中满　游西云　吴志勇　杨　谦　杨笔艳（女）
谢　弘　钟　征　何卫军　袁作华　徐永红　湛文波　张余良

十一、先进基层党组织和优秀共产党员

（一）先进党委（党组）

归义镇党委　屈子祠镇党委　古培镇党委　林业局党委
交通运输局党委　水务局党委　住建局党委　国税局党组

（二）先进党总支（党支部）

归义镇双塘社区党总支　屈子祠镇伏林村党总支
汨罗镇夹城村党总支　新市镇新阳村党总支
罗江镇红花山村党总支　古培镇课功村党总支
弼时镇大里塘村党总支　神鼎山镇云山神村党总支
白水镇西长村党总支　川山坪镇三姊村党总支
长乐镇教育党支部　大荆镇金龙新村党总支
三江镇荆浒村党总支　桃林寺镇东塘村党总支
白塘镇白塘村党总支　市委党校机关党支部
市委统战部机关党支部　水务局防汛器材站联合党支部
房产局机关党支部　供销联社永丰食杂果品公司党支部
住建局环卫处党支部　商业总公司食品公司党支部
外贸总公司党支部　信访局机关党支部
文化馆党支部　广播电视台党支部
汨罗市第四中学党支部　政务服务中心机关党支部
国土资源局第四党支部　食药工商质监局机关一党支部
公安局刑侦大队党支部　环境监察大队党支部
气象局机关党支部　农电服务公司党支部
地税局办税服务中心党支部　湖南宏拓铝业有限公司党支部
湖南龙舟农机股份有限公司党支部　桃林寺镇驻中山市流动党支部

（三）优秀共产党员

李复兴　何　丹　欧阳彦　何高如　许　达

黄伦辉	徐　斌	张　红	王俊飞（女）	任曦竹（女）
杨寒丰	李　锋（长乐镇）	吴忠义	刘利权	冯海斌
吴新艳（女）	彭冬军	吴德辉	朱德权	李昔艳（女）
胡伟云	黄文德	杨　玲（女）	曹　钢	欧阳中华
郑登高	孙一航	秦为忠	金秋南	黄素萍（女）
徐金娥（女）	李　雄	杨晓锋	朱再文	李选辉
郑高峰	任晋德	吴飞虹	李志平	许振军
郑　伟	吴　浪	朱仲文	周拥军	吴玖良

十二、优秀村（社区）党组织书记

曹　晶（归义镇高塘社区）	谢震波（归义镇高泉社区）
郑庆丰（归义镇龙舟社区）	王启辉（汨罗镇武夷山村）
何永胜（汨罗镇瞭家山社区）	彭军家（新市镇团螺村）
蔡申根（新市镇新市街社区）	许德标（罗江镇滨江村）
李利军（罗江镇山秀村）	龙庆阳（罗江镇托头岭村）
陈灿兰（古培镇双凤村）	杨寒松（古培镇汨水村）
岑利荣（弼时镇湄江村）	黎双全（弼时镇玉池村）
彭建军（弼时镇清溪村）	刘建加（神鼎山镇苏南村）
楚三平（神鼎山镇丰仓村）	蒋国宏（神鼎山镇飘峰村）
虞红超（白水镇毛岭村）	宋兵权（白水镇越江村）
吴思平（川山坪镇青江村）	吴雪彪（川山坪镇清泉村）
应南芳（川山坪镇万林村）	陈　景（长乐镇长北村）
江珍恕（长乐镇马桥村）	周平伟（大荆镇大荆村）
杨丛根（大荆镇白杨村）	向九林（三江镇双桥村）
梁　健（三江镇智峰村）	吴玖若（桃林寺镇新塘村）
熊志坤（桃林寺镇永红村）	吴昔勇（桃林寺镇亦仁村）
冯应忠（白塘镇移风村）	湛中堤（白塘镇汨北村）
赵寒兵（屈子祠镇永青村）	阳再春（屈子祠镇新义村）

十三、综治工作先进单位

屈子祠镇	弼时镇	归义镇	古培镇	汨罗镇
川山坪镇	规划局	国土资源局	财政局	食药工商质监局
卫计局	住建局	交通运输局	水务局	司法局
公安局	林业局	人社局	工信局	商业总公司
组织部	移民管理局	市委机关事务管理中心		河道砂石综合执法局
市纪委	城市建设资金管理中心		农机局	统战部
扶贫办	妇联	宣传部	接待办	营田办事处
党校	团市委	编办	气象局	电信公司
移动公司	国税局	农商银行	国网汨罗供电公司	
地税局	公路局	职业中专		

十四、人口计生工作优秀集体

（一）优秀单位

白水镇　川山坪镇　弼时镇　归义镇　古培镇
新市镇　神鼎山镇　移民管理局　人社局　组织部
教体局　宣传部　食药工商质监局　统战部　工商联
民政局　住建局　房产局　国土资源局　农业局
财政局　卫计局　发改局　法院　公安局
广播电视台　妇联　市监察委　团市委　编办
工信局　政法委　畜牧水产局　国税局　水务局
市委机关事务管理中心　商业总公司　交通运输局　审计局
统计局　林业局　商务粮食局　检察院　循环经济产业园区管委会
湖南岳阳南岭民用爆破服务有限公司　农机局　妇幼保健计划生育服务中心
公路局　人民医院　农商银行

（二）显著进步单位

汨罗镇　屈子祠镇　长乐镇

（三）良好单位

白塘镇　大荆镇　桃林寺镇　三江镇　罗江镇
营田办事处　玉池林场　白水苗圃　桃林林场
磊石渔场　科技局　文旅广新局　计生协会
总工会　人防办　物资行业办　血吸虫防治办　规划局
环保局　107国道管理所　邮政局　党校
地税局　政府行政科　供销合作联社　司法局
人寿保险　外贸总公司　市场建设管理中心
石油公司　政务服务中心　汨罗江大酒店
国网汨罗供电公司　气象局　移动公司　农发行

十五、信访工作先进单位

白水镇　归义镇　新市镇　白塘镇　弼时镇
屈子祠镇　三江镇　工信局　公安局　民政局
林业局　规划局　环保局　河道砂石综合执法局
农业局　移民管理局　住建局　商务粮食局
城市建设资金管理中心　商业总公司　交通运输局

十六、安全生产工作先进单位

长乐镇　新市镇　弼时镇　交通运输局　住建局
公路局　教体局　卫计局　交警大队　安监局
河道砂石综合执法局　公安局　食药工商质监局　水务局

十七、村（社区）综合服务平台建设先进单位

新市镇　古培镇　白塘镇

十八、记三等功人员

刘　勇	仇深根	易贵明	周建国（统战部）	谢仲意	周　春	郑　飞
李朝霞	毛　利	李尚兵	湛虎（屈子祠镇）	郝　光	胡亚运	周　田
许　强	吴艳平	张保林	黄永红	李银海	吴朝霞	陈学礼
吴纪卫	何发扬	吴建伟	柳振宇	冯　杨	陶洪明	章晓群
李　适	游　清	阳　舟	徐　敏	彭词新	周　辉	杨　权
许劲松	戴勇光	李勇（康复医院）	甘延安	杨光明	黄向阳	周　勃
吴尚纯（女）	唐霞林（女）	毛　颖	吴　威	李　波	常跃新（女）	霍文志
周艳兰（女）	王晓兰（女）	李　卓	黄世玲（女）	喻立红（女）	蔡　勇	何　雪
彭亦斌	张　靖	吴　友	陈惠林	黎　敏	周宇宏	周海燕
马新化	周金霖	徐飞跃	胡　珊（女）	李明根	郑伟民	李昔阳
涂　伟	高　山	许云峰	张大来	何　韧	杨　博	何卫国
杨　明	戴景辉	许瑞中	徐　欢（女）	邓长英	郑卫红	李德君
何跃武	李石芳	黄　菲（女）	杨五霞	冯　磊	陈　洲	鲁顺良
何艳军	严文娟（女）	杨　滔	周　波	宋　沁	李红辉	袁棣怀
杨　琛	邓达阳	黄王威	杨　芬（女）	周　智	吴　波	彭韬韬
肖望求	彭彦怡	彭高义	张睦峰	彭容华	任佳成	阳朝晖（女）
曹　阳	聂利华（女）	彭　璞	邹国平	汤红梅（女）	潘　鸿	娄　德
王红如	黎清华（女）	刘高利（女）	钟争光	周　虎	袁会加	韩　昱
江　威	杨怡明	黎景阳	周显光	许景辉	尹　晋	胡德兵
朱　培	任　效	狄美祥	许文丰	刘正荣	吴　剑	朱军旗
杨　静	刘虎翼	苏雪根	周正良	唐晴雨	王正伟	王　俭
杨广林	梁　波	许　杰	罗自荣	黄　程	湛建兵	张旭仕
袁　亮	许　昌	胥申红	郭永恒	黄国喜	曹万齐	杨浩（归义镇）
李贵中						

汨罗市第十届“名师”、第八届“十佳师德标兵”、第七届“十佳班主任”名单

一、第十届“名师”（62人）

（一）模范校长（2人）

许曼云	归义镇荣家路小学校长
袁 毅	新市镇新市中学校长

（二）模范教师（5人）

余星星	市二中语文教师（连续三届名师）
金超云	市一中化学教师
毛 容	市职业中专计算机专业教师
黄翔焱	神鼎山镇黄柏中学语文教师
苏 丹	市罗城学校语文教师

（三）学科带头人（20人）

李 伟	市一中历史教师
黎 艳	市二中语文教师
蒋 纬	市一中物理教师
朱 明	市一中生物教师（连续三届名师）
湛彦娟	市罗城学校数学教师（连续三届名师）
熊周蓉	市成教中心英语教师
杨青日	神鼎山镇黄柏小学数学教师（连续四届名师）
余 蓓	归义镇实验小学数学教师（连续三届名师）
巢 鸽	归义镇实验小学品德与社会教师
熊 荣	屈子祠镇屈子祠小学科学教师
刘 霞	白水镇白水小学语文教师
刘 庆	市幼儿园幼儿教师
杨 青	市罗城学校语文教师（连续三届名师）
何春苗	古培镇大众中学语文教师
高 创	归义镇归义中学英语教师
唐 果	白水镇白水中学历史教师（连续四届名师）
黎 辉	新市镇新市中学数学教师
易 萍	归义镇归义中学生物教师（连续三届名师）
宋 佳	新市镇新市中学物理教师（连续五届名师）
姜后星	市职业中专数学教师

（四）骨干教师（35人）

熊有为	市一中政治教师（连续三届名师）
吴　琼	市二中英语教师（连续三届名师）
湛密昌	市楚雄中学语文教师
周安波	市二中数学教师（连续三届名师）
雷金志	市一中化学教师
周春怀	市一中数学教师
韩志红	市一中通用技术教师
黄永红	市四中语文教师
程大明	三江镇智峰中学道德与法治教师
韩　颉	市罗城学校英语教师
罗　超	屈子祠镇范家园中学地理教师
刘晓敏	市罗城学校英语教师
杨中建	白塘镇白塘中学物理教师
邹　丹	市罗城学校化学教师
黄　帅	市罗城学校数学教师
邵强文	弼时镇李家中学生物教师
黄云利	归义镇城北中学化学教师
何敬东	新市镇新市中学信息技术教师（连续三届名师）
龙　婷	市罗城学校体育教师
傅春辉	市罗城学校语文教师（连续五届名师）
许　芳	新市镇新市完小语文教师
向　宇	归义镇实验小学信息技术教师（连续四届名师）
秦　丽	大荆镇桂花小学数学教师（连续五届名师）
甘　剑	归义镇荣家路小学数学教师
刘　维	罗江镇东冲小学数学教师
周　颖	神鼎山镇黄柏小学语文教师（连续五届名师）
李细飞	长乐镇长乐小学语文教师
喻　红	归义镇高泉小学语文教师
杨　娟	归义镇实验小学音乐教师
湛　晶	市罗城学校音乐教师
陈瑞华	归义镇实验小学美术教师（连续四届名师）
陈　智	市成教中心信息技术教师
唐爱梅	市职业中专园林专业教师
黄　查	市职业中专电工专业教师
彭　燕	市职业中专形体专业教师

二、第八届“十佳师德标兵”（10人）

范火炬	市二中
吴小星	白水镇白米小学

郑宏建	市一中
谢自勇	归义镇荣家路小学
李冬喜	川山坪镇万家小学
梅玉年	市罗城学校
陈月娥	神鼎山镇黄柏中学
邹 丹	新市镇新市中学
陈芙蓉	长乐镇长乐中学
张飞文	屈子祠镇范家园中学

三、第七届“十佳班主任”（10人）

戴双莲	市楚雄中学
黎 明	市二中
湛继红	市一中
黄巨华	市职业中专学校
张美英	罗江镇露水坡中学
陈岳湘	市罗城学校
任林伟	弼时镇弼时中学
黄 珊	长乐镇长乐小学
孙红艳	新市镇新市小学
余一傲	归义镇荣家路小学

河长制

为加强河湖管理保护，构筑“天蓝、地绿、水洁、人和”的美好家园，推进生态汨罗建设，根据《中共中央办公厅国务院办公厅印发〈关于全面推行河长制的意见〉的通知》、《中共湖南省委办公厅湖南省人民政府办公厅印发〈关于全面推行河长制的实施意见〉的通知》和岳阳市有关文件精神，结合全市实际，制定本实施方案。

一、指导思想

全面贯彻党的十八大和十八届三中、四中、五中、六中全会精神，深入学习贯彻习近平总书记系列重要讲话精神，贯彻新发展理念，坚持“节水优先、空间均衡、系统治理、两手发力”新时期治水兴水管水重要战略，以建设更高品质的生态文化活力汨罗为主要目标，以保护水资源、防治水污染、改善水环境、修复水生态为主要任务，在全市江河湖库全面实现河长制，构建责任明确、协调有序、监管严格、保护有力的河湖管理保护机制，为维护河湖健康生命、实现河湖功能永续利用提供制度保障。

二、基本原则

（一）坚持生态优先、绿色发展。遵循人与自然和谐发展理念，强化规划约束，科学开发、合理利用，有效保护河湖资源，正确处理河湖保护与开发利用的关系，促进河湖休养生息，维护河湖生态功能。

（二）坚持政府领导、部门联动。建立以党政领导负责制为核心的责任体系，明确各级河长及部门职责，强化工作措施，协调各方力量，构建河湖管理新机制。

（三）坚持属地管理、分级负责。各镇是辖区内所有河道管理保护的责任主体，跨行政区域河道由市政府做好统筹协调工作，逐层分解目标，逐级落实责任。

（四）坚持问题导向、因地制宜。立足全市各河湖具体实际，实行“一河一策，一湖一策、一河一档”，系统治理，解决好河湖管理保护的突出问题，保障治理长远有效。

（五）坚持城乡统筹、水岸同治。加强区域合作，统筹城市与农村发展需求，统筹上下游、兼顾左右岸，水岸并重，城乡同治，系统治理，充分发挥河湖综合功能。

（六）坚持强化监督、严格考核。拓展公众参与渠道，营造全社会共同关心和保护河湖的良好氛围，健全河湖管理保护的监督和责任追究制度，科学规划，严格执法，切实发挥河长制作用。

三、工作目标

（一）到2017年4月底，各级河道实现“河长制”全覆盖，基本建立责任明确、制度健全、运转高效的河道管理体系。

（二）到2018年底，全市“河长制”管理全面落实，主要河道实现“清面全面完成、清乱基本完成、清养初步完成”的目标。

（三）到2020年底，基本解决河道垃圾和黑臭问题，全市跨行政区域河流交接断面水质稳定达标，河道的主要水污染物排放总量明显下降，地表水环境质量明显改善，重要饮用水水源地水质稳定达标，全市“河长制”管理实现常态化，河道环境面貌显著改观，省、市、县、镇各级河道范围内实现污水无直排、水域无障碍、堤岸无损毁、河底无淤积、河面无垃圾、绿化无破坏、沿河无违章“七无”目标。通过河长制管理，到2020年底，全市河湖管理实现以下目标：

1. 用水总量严格控制。全市用水总量控制在3.09亿立方米以内，万元工业增加值用水量降低至36立方米以下，农田灌溉水有效利用系数提高至0.52以上。

2. 水体水质根本好转。全市重要江河湖泊水功能区水质达标率达到95%以上，汨罗江干流水质达到或优于Ⅲ类，湖溪垸、小桥湖、百丈机埠调蓄湖、李家河、涂家套电排调蓄池水质有明显改善；汨罗市城市及重要集镇集中式饮用水源达标率达到100%。城区污水处理率达到93%以上，重点镇基本具备污水收集处理能力。

3. 水域岸线有效保护。全市河湖水域面积保有率稳定在10%，湘江（汨罗段）、汨罗江干流自然生态岸线保有率达到90%，汨罗市城区达到国家规定的防洪治涝标准。

4. 生态环境明显改善。市区建成区黑臭水体控制在10%以内；全市森林覆盖稳定在46.6%以上，湿地保护率稳定在72%以上，水生生物重要栖息地、洄游通道保护率达到70%，水土流失治理程度达到82%；河道管理范围内“乱占乱建、乱围乱堵、乱采乱挖、乱倒乱排”现象有效遏制。

5. 管理制度健全完善。建立涵盖全市的基础信息、实时水量水质数据等在内的河湖管理信息平台，河湖管理与保护联合执法机制不断完善，在湘江（汨罗段）、汨罗江建立基于水质水量考核的流域生态补偿机制。

四、组织体系及职责分工

（一）组织体系

市委、市政府成立河长制工作委员会（简称市河长制委员会），委员会由第一总河长、总河长、副总河长及委员组成，在市委、市政府领导下开展工作。由市委书记喻文担任第一总河长，市委副书记、市长朱平波担任总河长，市委常委、常务副市长林治学，副市长陈岭华担任副总河长。市河长制委员会成员由市监察局、市文旅广新局、市发改局、市科技局、市工信局、市公安局、市财政局、市人力资源和社会保障局、市国土资源局、市环保局、市住房和城乡建设局、市交通运输局、市水务局、市河道砂石综合执法局、市农业局、市林业局、市卫计局、市审计局、市食品药品工商质量监督管理局、市政府法制办、市畜牧水产局、市城管大队等单位主要负责人和各镇镇长组成。每个单位确定一名分管负责人为责任人、一名干部为联络人。市河长制委员会办公室（简称市河长办）设在市水务局，由吴纪卫同志兼任办公室主任。

湘江（汨罗段）、汨罗江（汨罗段及平汨共管段）、一道撇洪渠、李家河、湄江、友谊河、罗江、白水江、桃林河、芭蕉水、兰家洞、向家洞、汨罗水库等纳入市级河长制管理范围，分别由市政府领导担任市级河长，明确一个市直联系部门牵头，负责协调工作。其流经的镇（办事处）为责任主体。不跨镇的镇管河流，长度10千米以上的河流由镇党委或政府主要负责人担任河长。长度5~10千米的河流和千亩以上湖泊及城区重要湖泊，各镇根据河流条数、重要程度确定，由镇党政主要负责人或其他负责干部担任河长。小一、二型水库设库长，由防汛行政责任人兼任，水库所在镇为责任主体。村（社区）组设立河道协管员、保洁员、巡查员。

（二）工作职责

1. 委员会职责。

研究制定相关制度和办法，审核年度工作计划，组织协调相关综合规划和专业规划的制定与实施，协调处理部门之间、地区之间的重大争议，组织开展综合考核工作，统筹协调其他重大事项。

2. 河长职责。

各级河长是本行政区域内河道（含湖泊、水库）保护管理的第一责任人。市级河长负责指导、协调市管以上河道保护管理工作，组织召开河长联席会议、部门联席会议，协调解决区域间、部门间、上下游、左右岸的河湖管护问题，督导下级河长和市直相关部门履行职责，牵头组织对河道管理保护中的突出问题依法进行整治，实行联防联控，对目标任务完成情况进行考核。镇级河长负责组织实施本行政区域内河道堤防安全、水资源保护、水域岸线管理、水污染防治、水环境治理、水生态修复及河湖保洁等工作，协调解决实际问题。

3. 河长制委员会办公室职责。

市级河长制委员会办公室设市水务局，办公室主任由市水务局主要负责人担任。纳入市级河长制管理范围的河道（含湖泊、水库），设立“一河一长一办”，办公室设在市级联系牵头部门，由牵头联系部门主要负责人担任办公室主任。负责组织协调、调度督导、检查考核等河长制实施具体工作；建立联席会议制度，推动河长（部门）联席会议议定事项的落实；按照河道管理权限组织编制河湖开发、利用、保护规划；做好上传下达工作，指导下级河长制办公室开展工作；河长人员变动时，公布河长名单。

4. 联系部门职责。

22个河长制成员单位为开展河长制工作的联系部门，环保局、住建局、水务局、农业局为工作联络的牵头单位，负责协助河长履行指导、协调和监督职能，建立“联络员会议”等工作协调机制，对照“一河一档”、“一河一策”工作要求督促各有关部门和单位按照职责分工，协同推进各项工作。定期向河长制委员会办公室提交工作推进情况。

5. 成员单位职责。

市监察局：负责对镇级河长和成员单位河长制工作落实情况进行监督，对因失职、渎职导致河湖生态环境遭到严重破坏的，依法追责。

市文旅广新局：负责组织旅游景区内河道洁化、绿化和美化工作，并指导新闻媒体开展河长制主题宣传报道活动，大力宣传水生态文明创建、水环境保护和治理及河长制实施工作成效。

市发改局：负责协调推进重点项目实施，优化经济产业布局规划，推进产业转型升级和结构优化，严格控制水质污染投资项目审批。

市科技局：负责组织开展节约用水、水资源保护、河湖环境治理、水生态修复等科学研究和技术示范。

市工信局：负责完善落后产能淘汰目录，健全落后产能退出机制，参与产业政策审查，推进企业清洁生产审核和绿色企业创建。

市公安局：负责涉及水环境、水生态、水保护等涉水、涉河治安违法、刑事犯罪行为的打击，参与突发性水污染事件的应急处置。

市财政局：负责河道水环境保护、河道治理、河道保洁、河道管护的资金支持和管理，协调落实河长制相关资金政策，监督资金使用情况。

市人力资源和社会保障局：负责将河长制实施工作纳入各镇各部门绩效评估指标体系，并落实奖惩措施。

市国土资源局：负责做好重点项目建设用地保障，组织开展废弃矿山治理工作，推进土地、矿产资源节约、集约利用，协调做好河道划界工作、河道采砂管理工作。

市环保局：负责水环境污染防治的统一监督指导，组织跨镇的水污染防治规划（方案）的实施、牵头组织水环境污染事故调查处理；负责工业污染源、城镇集中式供水饮用水源保护区污染整治及监管；做好排污许可、水污染排放总量控制；组织水环境质量评估，河道断面水质监测。

市住房和城乡建设局：负责城市建成区范围内水域环境保护治理、城镇污水管网等基础设施及重大减排项目建设与监管；推进新型城镇化和海绵城市建设；参与制定城镇供水应急预案及水环境污染事故调查处理。

市交通运输局：负责航道保洁，水上运输安全及船舶、港口码头污染防治，参与水环境污染防治事故调查处理。

市水务局：负责开展水资源管理保护，推进节水型社会和水生态文明建设，组织水域岸线登记及管理、河湖划界确权、河道采砂管理、水土流失治理、堤防工程管理与养护、河湖连通工程及备用水源工程建设等工作，依法查处水事违法行为。

市河道砂石综合执法局：负责全市水域采砂的统一管理、组织协调、监督检查、综合执法工作,参与河道保洁、水环境污染事故调查处理。

市农业局：负责指导美丽乡村建设和农村环境综合整治工程建设，开展农村生活污水和生活垃圾处置，农药化肥面源污染治理，推进农业废弃物综合利用，参与河道保洁、水环境污染事故调查处理。

市林业局：负责植树造林、退耕还林、封山育林、生态公益林、珍稀动物保护和管理，提高森林覆盖率，组织河道沿岸山体绿化造林和湿地修复工作。

市卫计局：负责集中式供水单位水质监测、卫生监督检查，组织开展农村卫生改厕和饮用水卫生监督、监测，做好水污染及洪、旱灾害、水污染突发事件的医疗救治及疾病控制工作。

市审计局：负责对全市河湖保护管理工作实施审计监督，将水域、岸线、滩涂等自然资源纳入领导干部自然资源资产离任审计范围。

市食品药品工商质量监督管理局：负责依法查处无照经营违法行为，对国家规定关停、取缔的企业和项目，依法吊销营业执照。

市政府法制办：负责河湖保护管理有关文件的审查修改。

市城管大队：负责生活垃圾、餐饮垃圾管理，防止随意倾倒，规范集中处置。

市畜牧水产局：负责指导监督水产养殖污染防治工作，依法查处违规渔业行为；指导河道洁水养鱼工作；加强畜禽养殖环节病死动物无害化处理执法监管，开展鱼类等水生生物放流。

各相关责任部门各负其责、密切配合，协同推进河长制实施工作。

五、主要任务

（一）加强水资源保护

1. 控制用水总量。健全流域取用水总量控制指标体系，加强国民经济和社会发展总体规划、城市总体规划和重大建设项目布局的水资源论证工作，严格建设项目水资源论证，对取用水总量接近控制指标的地区，限制审批建设项目新增取水许可；已达到或超过控制指标的地区，暂停审批建设项目新增取水许可。划定全市地下水禁采区、限采区和地面沉降控制区范围，严格控制开采深层承压水，地热水、矿泉水开发应严格实行取水许可和采矿许可。到2020年，全市用水总量控制在3.09亿立方米以内，万元工业增加值用水量降低至36立方米以下。（市水务局牵头，市发改局、市国土资源局、市工信局、市住建局等参与，市人民政府负责落实。以下均需市人民政府落实，不再列出）

2. 提高用水效率。建立覆盖主要农作物、工业产品和生活服务行业的先进用水定额体系，严格执行《湖南省用水定额》，严格采用用水定额核定取用水量，强化行业和产品用水强度控制。重点对火电、钢铁、石化、化工、印染、造纸、食品等高耗水工业行业节水技术改造，开展工业企业节水诊断、水平衡测试和用水效率评估。对使用超过50年和材质落后的城市供水管网进行更新改造。到2020年，全市公共供水管网漏损率控制在10%以内。加强农田水利建设和现代高效节水工程设施建设，到2020年，基本完成大型灌区、重点中型灌区续建配套和节水改造任务，新增农田有效灌溉面积25万亩，发展高效节水灌溉面积21万亩，农田灌溉水有效利用系数提高至0.52以上。（市水务局牵头，市工信局、市住建局、市农业局、市发改局等参与）

3. 加强水源保护。根据《岳阳市水功能区划（修编）》，从严核定12个水功能区水域纳污能力，提出水功能区限排意见。加强入河排污口监管，对违法排污行为开展专项整治，关闭设置不合理的排污口；对排污量超出水功能区限制排污总量的地区，限制审批新增入河排污口。开展饮用水水源地安全保障达标建设，依法拆除或关闭饮用水水源一级、二级保护区内排污口和与供水设施无关的建设项目。2017年底前，完成1000人以上农村饮用水水源保护区的划定，到2020年，通过提质改造和配套完善，实现100%的乡镇、85%的行政村通自来水，农村自来水普及率达90%以上，水质符合农村饮水安全水质检测标准。市级重要饮用水水源地按季度向社会公开城市饮水安全状况信息。（市水务局、市环保局牵头，市住建局、市卫计局等参与）

（二）加强河湖管理保护

4. 加强河湖防洪保安管理。加快全市河湖防洪排涝体系建设，加强洞庭湖区综合整治，大力开展河道疏浚、清障和护岸工程建设，提高防洪能力，农村重要保护区域防洪标准提高到10年（含）一遇以上。加强河湖堤防管理，河道责任主体镇定期对辖区内河道堤岸进行全面巡查，及时修复和更新堤岸工程及附属设施，防止出现自然损坏或人为破坏以及沿河宣传牌、标志牌、警示牌破损、颜色脱落、字迹不清等。（市水务局牵头，市河道砂石综合执法局参与）

5. 加强河湖岸线管理。建立河湖自然资源资产产权制度，开展水域、滩涂、岸线等自然生态空间确权登记，2017年底前完成湘江（汨罗段）干流管理范围和大中型水利工程管理与保护范围划定，2020底前基本完成汨罗江河湖管理范围和水利工程管理与保护范围划定。按照《港口岸线使用审批管理办法》，进一步规范港口岸线使用审批管理，保障港口岸线资源的合理开发与利用。到2020年，湘江（汨罗段）及汨罗江（汨罗段）自然岸线保有率达到90%。建立健全河湖规划治导线制度，保障防洪安全。（市水务局、市国土资源局牵头，市发改局、市交通运输局、市农业局、市林业局等参与）

6. 加强河湖水域管理。按照保护生态、管控结合、等效替代的原则，建立完善建设项目占用水域补偿制度。严格禁止建设项目非法占用水域，防止减少现有河湖水域面积，到2020年，全市河湖水域面积保有率稳定在10%。加强涉河建设项目管理，严格履行报批程序和行政许可，建立涉河建设项目行政许可信息通报和公告制度。（市水务局牵头，市发改局、市国土资源局、市住建局、市交通运输局、市农业局、市河道砂石综合执法局等参与）

7. 规范河道采砂管理。严格按照《湖南省河道采砂管理办法》编制并执行河道采砂规划，按照“去产能、控产量、严监管”的原则，健全“政府主导，水利主管，部门配合”和“省授权、市审批、县监管”的监管体系，严厉打击各类涉砂违法行为。大力开展河道清障，2018年，完成重要交通干线沿线等重点河段采砂尾堆清理。（市水务局牵头，市国土资源局、市交通运输局、市河道砂石综合执法局等

参与）

（三）加强水污染防治

8. 加强工业污染防治。对造纸、焦化、氮肥、有色金属、印染、农副食品加工、原料药制造、制革、农药、电镀等“十大”重点行业进行专项治理，全面取缔不符合国家产业政策的小型造纸、制革、印染、染料、炼焦、炼硫、炼砷、炼油、电镀、农药等严重污染水环境的“十小”工业企业。2017年底前，工业集聚区要按规定建成污水集中处理设施，并安装自动在线监控装置，经预处理达标后方可进入污水集中处理设施，逾期未完成的，一律暂停审批和核准新增水污染物排放的建设项目。（市环保局牵头，市发改局、市工信局、市国土资源局、市农业局等参与）

9. 加强城镇生活污染防治。加快城镇污水处理设施建设与改造，积极推进“两供两治”工程建设，全面加强配套管网建设，强化城中村、老旧城区和城乡结合部污水截流、收集，对现有合流排水系统加快实施雨污分流改造，难以改造的，采取截流、调蓄和治理等措施。2017年底前，市城区污水处理率达到93%以上，敏感区域（重点湖泊、重点水库）城镇污水处理设施全面达到一级A排放标准。到2018年底前，实现流域内重点建制镇污水处理设施全覆盖。到2020年，污水再生利用率达到15%以上，市区和重点镇具备污水全收集、全处理能力。推进污水处理设施产生污泥的稳定化、无害化和资源化处理处置，全面完成污泥处理设施的达标改造，禁止处理处置不达标的污泥进入耕地，非法污泥堆放点一律取缔。到2017年底前，基本完成现有污泥处理设施达标升级改造，2020年底前市城区污泥无害化处理处置率达到100%。强化城镇生活垃圾处理。垃圾渗滤液处理不能稳定达标的，在2017年底前完成处理设施的升级改造。积极推进垃圾焚烧发电项目和城乡环卫一体化，到2018年底前，建成垃圾焚烧或水泥窑协同处置设施，实现生活垃圾的减量化、资源化。建立覆盖城乡的垃圾收转运体系和垃圾分类收集系统，到2020年，生活垃圾资源化利用率达到30%以上，80%以上的镇（社区）建成覆盖城乡的垃圾收转运体系。（市住建局牵头，市发改局、市环保局、市农业局等参与）

10. 加强农业面源污染防治。①防治畜禽养殖污染，全面完成畜禽养殖禁养区划定。到2017年底前，依法关闭或搬迁禁养区范围内的畜禽养殖场；适养区新建、改建、扩建规模化畜禽养殖场实施雨污分流和标准化改造，2020年底前，全面完成适养区内存栏生猪500头以上规模养殖场的标准化改造，实现养殖粪便污水和病死禽畜等有机废弃物的资源化利用。推进生态健康水产养殖，在饮用水水源保护区及其他环境敏感区依法划定禁止和限制养殖区，其他重点水域必须严格控制养殖规模和品种并按照规定采取防治措施。积极推广人工配合饲料，逐步减少冰鲜杂鱼饲料使用。加强养殖投入品管理，依法规范、限制使用抗生素等化学药品，并开展专项整治。控制农业面源污染，推广低毒、低残留农药，开展农作物病虫害绿色防控和统防统治。实行测土配方施肥，推广精准施肥技术和机具。到2018年底前，测土配方施肥技术推广覆盖率达到90%以上，氮肥利用率提高到40%以上，农作物病虫害统防统治覆盖率达到40%以上。（市农业局牵头，市发改局、市环保局、市住建局、市国土资源局、市水务局、市林业局、市畜牧水产局等参与）

②扎实推进农村环境综合整治全覆盖工作。按照“政府牵头、部门联动、市场驱动、村民参与”和“以奖促治、先治后奖、奖惩结合”的原则，以改善农村人居环境，提升农民群众生活质量为目标，以整治生活垃圾、污水污染及加强耕地和饮用水水源保护为重点，建立健全环保工作和污染防治服务体系。到2020年，实现农村环境综合整治全市覆盖。（市环保局牵头,市发改局、市农业局、市住建局、市国土资源局、市水务局、市林业局、市畜牧水产局等参与）

11. 加强交通运输污染防治。2017年底前，全市所有高速公路服务区建成污水收集处理设施并稳定达标排放。加快港口码头垃圾接收、转运及处理处置设施建设，位于内河的港口、码头、装卸站于2020年底前达到建设要求。严格执行船舶污染物排放标准，依法强制报废超过使用年限的船舶，限期淘汰不能达到污染物排放标准的船舶，严禁新建不达标船舶进入运输市场。自2017年1月1日起，禁止生活污水排放达不到要求的内河运输船舶以及单壳化学品船、600载重吨以上的单壳油船进入湘江（汨罗段）及洞庭湖水域航行，停止此类船舶的检验和营运手续。（市交

通运输局牵头，市工信局、市环保局、市住建局等参与）

（四）加强水环境治理

12. 加强不达标水体污染整治。根据《岳阳市水功能区划（修编）》，对水功能区水环境质量监测长期不达标的区域开展综合治理。到2018年底前，基本完成汨罗江长乐段至白塘镇段等污染较重流域河段污染整治。（市环保局牵头，市发改局、市住建局、市水务局、市农业局等参与）

13. 加强城市黑臭水体整治。汨罗市建成区要根据水体排查结果，及时公布黑臭水体名称、责任人及达标期限。采取控源截污、垃圾清理、清淤疏浚、河湖连通、生态修复等措施，加大黑臭水体治理力度，每半年向社会公布治理情况。汨罗市建成区到2020年底前完成黑臭水体治理目标。（市环保局牵头，市住房建局、市水务局、市农业局等参与）

14. 加强重点区域水环境治理。按照“一湖一策”“一区一策”的原则，到2017年底，各级河道实现“河长制”全覆盖，基本建立责任明确、制度健全、运转高效的河道管理体系。（市水务局、市环保局牵头，市发改局、市工信局、市国土资源局、市住建局、市农业局、市河道砂石综合执法局等参与）

15. 加强河道保洁。建立“政府主导、部门协作、公众参与”的河道保洁工作机制，按照“控源头、清河道、重监管”的要求，全面清除河道内堆积的废弃物，逐步清理河道管理范围内的违章建筑，落实河湖清障、绿化和保洁等日常管护工作。到2017年底前，确保县级以上城区段河面垃圾有专人清理，实现水面无大面积漂浮物，河岸无垃圾的目标。（市水务局牵头，市农业局、市住建局、市城管大队、市环保局、市河道砂石综合执法局等参与）

16. 加强地下水保护与治理。制订地下水污染场地清单，编制地下水治理修复工作方案。依法规范机井建设管理，排查登记已建机井，未经批准的和公共供水管网覆盖范围内的自备水井一律关闭。在地面沉降、岩溶塌陷等地质灾害易发区开发利用地下水，应进行地质灾害危险性评估。定期调查评估集中式地下水型饮用水水源补给区等区域环境状况。石化生产存贮销售企业和工业园区、矿山开采区、垃圾填埋场等区域应进行必要的防渗处理。加油站地下油罐应于2017年底前全部更新为双层罐或完成防渗池设置。报废矿井、钻井、取水井应实施封井回填。（市国土资源局、市环保局、市水务局牵头，市发改局、市住建局、市农业局等参与）

（五）加强水生态修复

17. 加强流域源头保护。健全河湖源头保护机制，建立生态红线分区域分级分类管理制度，在主要河流源头、重要水源涵养区、生态敏感区，因地制宜推进小流域综合治理等生态保护工程，完善对重点生态功能区保护的政策措施。通过实施生态保护、生态修复、污染防治等项目，实现河流源头保护区污水“零排放”。（市环保局、市水务局牵头，市发改局、市林业局、市财政局、市国土资源局、市住建局、市农业局等参与）

18. 加强水量调度管理。优化流域和区域水资源调度方案、应急调度预案，采取闸坝联合调度、生态补水等措施，合理安排闸坝下泄水量和泄流时段，维持河湖基本生态用水需求，重点保障枯水期生态基流。加大水利工程建设力度，发挥好控制性水利工程在改善水质中的作用。（市水务局牵头，市环保局、市农业局等参与）

19. 加强河湖水系连通。以汨罗市城区及城市扩展区河湖为重点，着力解决水系复杂、河湖萎缩、蓄滞洪水能力降低等问题，逐步构建流域布局合理、生态良好、引排得当、蓄泄兼筹、丰枯调剂、多源互补、调控自如的江河湖库水系连通体系。加强水生物重要栖息地、洄游通道保护，水生生物重要栖息地、洄游通道保护率达70%。（市水务局牵头，市发改局、市住建局、市农业局等参与）

20. 加强森林湿地保护。以国家级、省级重点生态功能区为重点，大力开展植树造林，实施退耕还林、封山育林、水土保持、矿山植被修复等生态工程，不断扩大森林面积，提高水源涵养能力。加强湿地保护修复，禁止湿地无序开发，确保全市15.59万亩湿地面积不减少。通过建设湿地公园、湿地类型自然保护区、湿地保护小区等形式，完善全市湿地保护体系。到2020年，全市森林覆盖率稳定在46.6%以上，湿地保护率稳定在72%以上。（市林业局牵头，市环保局、市财政局、市国土资源局、市住建局、市水务局、市农业局等参与）

（六）加强执法监管

21. 完善河湖管理制度体系。建立领导干部自然资源资产离任审计制度，把河湖保护管理工作作为对领导干部自然资源资产离任审计的主要内容之一。落实《党政领导干部生态环境损害责任追究办法（试行）》，强化党政领导干部河湖生态环境保护职责。探索建立与生态文明建设相适应的河湖健康评价体系，开展河湖健康评估，条件成熟后发布河湖健康公报。开展河湖生态环境损害赔偿制度改革试点，建立河湖保护管理生态补偿制度，将河湖保护管理工作纳入生态补偿范围，生态补偿资金重点用于河湖保护管理工作。建立网格化、全方位河湖水域岸线巡查检查制度和违法行为报告制度，强化日常监督和考核问责。完善河湖及堤防管理养护制度，明确河湖管理责任和管理主体，积极推行管养分离和政府购买服务方式，实现河湖养护专业化、社会化。制定、修改和完善河道管理、河道采砂、湖泊保护等法规规章。（市监察局、市水务局牵头，市审计局、市环保局、市发改局、市财政局、市国土资源局、市住建局、市农业局、市河道砂石综合执法局等参与）

22. 加强日常行政监管执法。完善巡查制度，开展河湖管护、涉河工程、水域岸线、河道保洁、河道采砂日常巡查。建立河湖管理、河道保洁、水质水量监测监控系统，加强河湖水域环境动态化、信息化监管。构建河湖保护管理联合执法机制，探索水务、环保、农业、林业、国土资源、城市综合执法等部门综合执法试点。开展河湖“乱占乱建、乱围乱填、乱采乱挖、乱倒乱排”突出问题专项整治，健全行政执法与刑事司法衔接配合机制，严厉打击非法侵占水域岸线、擅自取水排污、非法采砂、非法采矿洗矿、倾倒废弃物以及电、毒、炸鱼等破坏河湖生态环境的违法犯罪行为。（市水务局牵头，市公安局、市人社局、市环保局、市交通运输局、市住建局、市国土资源局、市农业局、市林业局、市畜牧水产局、市河道砂石综合执法局、市城管大队等参与）

23. 提升动态监测监管水平。协助启动全省河湖库管理地理信息系统平台建设，逐步实现基础数据、涉河工程、水域岸线管理及水位、水量、水质监测等信息化、系统化。加强河湖水域环境动态监管，及时制止河道管理范围内的违法行为。建立实时、公开、高效的河长即时通信平台，将日常巡查、举报投诉、问题督办、情况通报、责任落实、问题办理等纳入信息化、一体化管理，提高工作效率，接受社会监督。（市水务局牵头，市国土资源局、市环保局、市住建局、市交通运输局、市农业局、市卫计局等参与）

六、保障措施

（一）加强组织领导。各级党委、政府要把实施河长制、保护河湖健康作为当前推动生态文明建设的重要抓手，编制符合实际的实施方案。建立河长制工作督办制度，开展日常督办、专项督办、重点督办，确保工作落实。各镇党委或政府主要负责人要亲自担任辖区总河长，镇、村要分级分段设立河长。各级河长、各职能部门要坚持守土有责、守土尽责、密切配合、协调联动，依法履行河湖管理保护的相关职责。

（二）严格考核问责。建立河长制工作考核奖罚制度，按照《湖南省河长制考核办法》建立奖惩机制，按照“一河一策”要求，实行差异化绩效评价考核，考核结果纳入市委、市政府对各镇党委政府、市直单位综合绩效考评范围，作为党政领导干部综合考核评价的重要依据。按照生态环境损害责任终身追究制的要求，对因失职、渎职导致河湖生态环境遭到严重破坏的，依法追究单位和个人的责任。

（三）建立长效机制。各镇要建立党委政府主导、分工明确、运转高效的河湖管护机制。要因地制宜设置河长制办公室，建立河长会议制度、信息共享制度、工作督查制度，定期通报河湖管理保护情况，协调解决河湖管理保护的重点难点问题。健全河道巡查检查和管理养护制度，以市场化模式培育河道社会化养护队伍，实行全方位、“网格化”管理。

（四）落实保障措施。人社、编制、财政部门要保障“河长制”工作正常开展。人社、编制部门落实好“河长制”办公室机构人员配套工作，财政部门落实好“河长制”办公室日常管理、保障河道巡查保洁、堤防工程维护等经费，并纳入财政预算，推进政府购买服务用于河湖日常管护。要落实水质水量监测、规划编制、信息平台建设、河道划界确权、突出问题整治等工作费用。要加大水环境整治、水污染治理、水生态保护项目资金投入。

（五）加强宣传引导。全市上下要广泛宣传河湖保护管理的法律法规，大力宣传河长制实施工作成效。在河道显要位置设立河长公示牌，公布河段范围、河长名单、职责和联系方式，接受群众监督和举报。引导社会各界增强河湖管理和保护的责任意识，营造全社会共同关心、支持、参与和监督河湖保护管理的良好氛围。

各镇人民政府要在每年12月份将河长制工作情况报市人民政府。

附件：

1. 市级第一总河长、总河长、副总河长名单

2. 省、岳阳市管河道市级河长名单

3. 汨罗市管河道市级河长名单

4. 汨罗市管以上河道镇责任范围（河流）

5. 汨罗市镇管河道（湖泊）名单及责任单位

附件1

市级第一总河长、总河长、副总河长名单

市级第一总河长：喻　文
市 级 总 河 长：朱平波
市 级 副 总 河 长：林治学
陈岭华
河长制办公室主任：吴纪卫

汨罗市河长制领导委员会名单

第一总河长：

喻　文　市委书记

总　河　长：

朱平波　市委副书记、市人民政府市长

副总河长：

林治学　市委常委、市人民政府常务副市长

陈岭华　市人民政府副市长

成　　员：

刘四清　市人民政府副市长、市公安局局长

杨惜春　市纪委副书记、市监察局局长

蒋建武　市政府法制办主任

吴纪卫　市水务局局长

冯勇刚　市发改局局长

夏伟阳　市财政局局长

欧阳三华　市文旅广新局局长

楚　军　市工信局局长

余亚星　市委组织部副部长、市人社局局长

李石芳　市国土资源局局长

柳才平　市环保局局长

陈学礼　市住建局局长

李德君　市交通运输局局长

湛　益　市河道砂石综合执法局局长

李银海　市农业局局长

黄永红　市林业局局长

何发扬　市卫计局局长

胡满林　市审计局局长

周爱煌　市食品药品工商质量监督管理局局长

周　沫　市畜牧水产局局长

周亚玲　市科技局局长

朱德权　市城管大队大队长

市河长制委员会下设办公室（设市水务局），由吴纪卫同志兼任办公室主任，蒋建武（兼）、何文清、朱建辉、邓永红、刘良辉等同志任办公室副主任，周勇、吴权中、李雄、甘延安、许云舟等同志为成员，负责市河长制委员会日常工作。

省、岳阳市管河道市级河长名单

序号	河 道	市级河长	市级副河长	联系部门	责任主体	镇级河长
1	湘 江 汨罗段	朱平波	林治学 陈岭华 吴纪卫	市水务局 市政府法制办 市河道砂石综合执法局	白塘镇 营田办事处	郭阳平 江永红
2	汨罗江	朱平波	林治学 陈岭华 柳才平	市环保局 市发改局 市财政局 市国土资源局 市工信局 市林业局	长乐镇 罗江镇 新市镇 归义镇 屈子祠镇 白塘镇	凌红权 倪 勇 周 田 黄 平 廖升红 郭阳平
3	一道撇洪渠	林治学	陈岭华 李银海	市农业局 市监察局	汨罗镇	郝 光

说明：1. 联系部门系河长制成员单位，市水务局、市环保局、市农业局为联系部门的牵头单位，各河长办设在牵头单位；

2. 跨行政区域的河道，水面以河道中轴线为界，陆地岸线以行政区域自然节点为界。

汨罗市管河道市级河长名单

序号	河 道	市级河长	市级副河长	联系部门	责任主体	镇级河长
1	湄 江	刘四清	许志雄 陈学礼	市住建局 市公安局	弼时镇 神鼎山镇 新市镇	张保林 李鲜艳 周 田
2	友谊河	朱 苇	蒋建武 陈学礼	市住建局 市城管大队	归义镇 古培镇	黄 平 郑 丰
3	罗 江	吴高明	任文德 柳才平	市环保局 市交通运输局	三江镇 大荆镇 罗江镇 长乐镇	仇文娟 郭永恒 倪 勇 凌红权
4	桃林河	宋 辉	吴 兆 吴纪卫	市水务局 市食品药品工商质量监管局	桃林寺镇 白塘镇	刘成熟 郭阳平
5	白水江	陈岭华	朱均祥 吴纪卫	市水务局 市畜牧水产局	川山坪镇 白水镇	李尚兵 周 振
6	芭蕉水	仇正勇	张意鸣 李银海	市农业局 市卫计局	川山坪镇 神鼎山镇	李尚兵 李鲜艳
7	李家河	林治学	陈 晟 柳才平	市环保局 市文旅广新局	归义镇 汨罗镇	黄 平 郝 光
8	汨罗水库	林治学	陈 晟 陈学礼	市住建局 市人社局	古培镇	郑 丰
9	兰家洞水库	陈岭华	朱均祥 吴纪卫	市水务局 市审计局	三江镇	仇文娟
10	向家洞水库	陈岭华	朱均祥 李银海	市农业局 市科技局	三江镇	仇文娟

说明：1. 联系部门系河长制成员单位，市水务局、市环保局、市农业局、市住建局为联系部门的牵头单位，各河长办设在牵头单位；

2. 跨行政区域的河道，水面以河道中轴线为界，陆地岸线以行政区域自然节点为界。

汨罗市管以上河道镇责任范围（河流）

河道名称	河流所在镇	责任主体	镇级河长	责任范围			
				岸别	起　点	终　点	长度（km）
湘江	白塘镇	白塘镇党委政府	郭阳平	左岸			26.7
				右岸	潮洲头(营田)	白塘镇汨北村	
汨罗江	长乐镇	长乐镇党委政府	凌红权	左岸			8
				右岸	长乐镇马桥村	长乐镇合旗村	
	罗江镇	罗江镇党委政府	倪　勇	左岸			28
				右岸	罗江镇天井村	罗江镇滨江村	
	新市镇	新市镇党委政府	周　田	左岸	新市镇新市街社区	新市镇团山村	7
				右岸			
	归义镇	归义镇党委政府	黄　平	左岸	归义镇上马村	归义镇百丈村	6
				右岸			
	屈子祠镇	屈子祠镇党委政府	廖升红	左岸			9
				右岸	屈子祠镇双楚村	屈子祠镇渔街村	
	白塘镇	白塘镇党委政府	郭阳平	左岸			16.5
				右岸	白塘镇仁义村(大塘片区)	白塘镇马厅村(双义片区)	
一道撇洪渠	汨罗镇	汨罗镇党委政府	郝光	左岸	汨罗镇九雁村	汨罗镇汴塘村	9.5
				右岸			
李家河	归义镇	归义镇党委政府	黄　平		归义镇百丈村	归义镇百丈村	1.5
	汨罗镇	汨罗镇党委政府	郝　光		汨罗镇江景村	汨罗镇武夷山村	5
湄江	弼时镇	弼时镇党委政府	张保林	左岸	弼时镇白鹤洞村	弼时镇湄江村	10
				右岸	弼时镇白鹤洞村	弼时镇湄江村	
	神鼎山镇	神鼎山镇党委政府	李鲜艳	左岸	神鼎山镇飘峰村	神鼎山镇双江口村	10
				右岸	神鼎山镇飘峰村	神鼎山镇双江口村	
	新市镇	新市镇党委政府	周　田	左岸	新市镇新栗村	新市镇新市街社区	20
				右岸	新市镇新栗村	新市镇新市街社区	

河道名称	河流所在镇	责任主体	镇级河长	责任范围			
				岸别	起 点	终 点	长度（km）
友谊河	归义镇	归义镇党委政府	黄 平	左岸	归义镇大路铺社区	归义镇龙舟社区	11
				右岸	归义镇大路铺社区	归义镇龙舟社区	
	古培镇	古培镇党委政府	郑 丰	左岸	古培镇雨坛村	古培镇南环村(明月片)	8
				右岸	古培镇雨坛村	古培镇南环村(明月片)	
罗 江	三江镇	三江镇党委政府	仇文娟	左岸	三江镇太平村	三江镇太平村	5
				右岸	三江镇太平村	三江镇太平村	
	大荆镇	大荆镇党委政府	郭永恒	左岸	大荆镇古仑村	大荆镇金渡村	9
				右岸	大荆镇古仑村	大荆镇金渡村	
	长乐镇	长乐镇党委政府	凌红权	左岸	长乐镇联江村	长乐镇联江村	
				右岸			
	罗江镇	罗江镇党委政府	倪 勇	左岸	罗江镇尚义村	罗江镇滨江村	23
				右岸	罗江镇尚义村	罗江镇滨江村	
桃林河	桃林寺镇	桃林寺镇党委政府	刘成熟	左岸	桃林寺镇永红村	桃林寺镇五柱村	19
				右岸	桃林寺镇永红村	桃林寺镇五柱村	
	白塘镇	白塘镇党委政府	郭阳平	左岸	白塘镇移风村	白塘镇仁义村	11
				右岸	白塘镇移风村	白塘镇仁义村	
白水江	川山坪镇	川山坪镇党委政府	李尚兵	左岸	川山坪镇清泉村(湖鼻片)	川山坪镇川西村(金井片)	11
				右岸	川山坪镇清泉村(湖鼻片)	川山坪镇川西村(金井片)	
	白水镇	白水镇党委政府	周 振	左岸	白水镇群玉村	白水镇西长村	29
				右岸	白水镇群玉村	白水镇西长村	
芭蕉水	川山坪镇	川山坪镇党委政府	李尚兵	左岸	川山坪镇玉池山村(玉明片)	川山坪镇芭蕉村	8
				右岸	川山坪镇玉池山村(玉明片)	川山坪镇芭蕉村	
	神鼎山镇	神鼎山镇党委政府	李鲜艳	左岸	神鼎山镇双枫村	神鼎山镇双枫村	3
				右岸	神鼎山镇双枫村	神鼎山镇双枫村	
兰家洞水库	三江镇	三江镇党委政府	仇文娟				
向家洞水库	三江镇	三江镇党委政府	仇文娟				
汨罗水库	古培镇	古培镇党委政府	郑 丰				

说明：镇级副河长由副科以上实职担任，并报河长制委员会办公室。

汨罗市镇管河道（湖泊）名单及责任单位

序号	河 道	河长（km） 面积（亩）	河流所在镇	责任主体
1	赤马江	9.0	长乐镇	长乐镇政府
2	朱港水	7.1	长乐镇	长乐镇政府
3	梅家桥	6.0	新市镇	新市镇政府
4	张公桥	11.0	新市镇	新市镇政府
5	杨书段	8.2	新市镇	新市镇政府
6	霍家桥	7.7	古培镇	古培镇政府
7	关山水	9.8	古培镇	古培镇政府
8	母子桥水	11.0	屈子祠镇	屈子祠镇政府
9	青龙冲水	12.0	屈子祠镇	屈子祠镇政府
10	木屯冲水	15.0	白塘镇	白塘镇政府
11	大皮冲	11.0	白塘镇	白塘镇政府
12	新塘冲水	8.7	白塘镇	白塘镇政府
13	内夹湖	1680亩	白塘镇	白塘镇政府
14	团湖	1300亩	白塘镇	白塘镇政府
15	劳改湖	1700亩	白塘镇	白塘镇政府
16	双河坝	2000亩	白塘镇	白塘镇政府
17	洪源洞	31.7	三江镇	三江镇政府
18	兰家洞	29.0	三江镇	三江镇政府
19	向家洞	20.0	三江镇	三江镇政府
20	折桥段	12.0	大荆镇	大荆镇政府
21	金家垅	8.1	大荆镇	大荆镇政府
22	群英段	7.2	罗江镇	罗江镇政府

序号	河 道	河长（km） 面积（亩）	河流所在镇	责任主体
23	黄谷市	17.0	罗江镇	罗江镇政府
24	关山冲	12.0	罗江镇	罗江镇政府
25	蟠龙水	29.0	古培镇	古培镇政府
26	双狮水	8.0	神鼎山镇	神鼎山镇政府
27	未包水	9.0	神鼎山镇	神鼎山镇政府
28	沙河	34.0	川山坪镇	川山坪镇政府
29	梓木洞	11.0	川山坪镇	川山坪镇政府
30	松江	5.1	弼时镇	弼时镇政府
31	栗田水	8.0	神鼎山镇	神鼎山镇政府
32	画江冲	7.0	神鼎山镇	神鼎山镇政府
33	苏溪水	7.8	神鼎山镇	神鼎山镇政府
34	沙溪水	8.2	神鼎山镇	神鼎山镇政府
35	马嘶段	7.2	神鼎山镇	神鼎山镇政府
36	蓝溪	22.0	神鼎山镇	神鼎山镇政府
37	彭家段	11.5	神鼎山镇	神鼎山镇政府
38	七里冲	4.8	新市镇	新市镇政府
39	白沙河	46.0	弼时镇	弼时镇政府
40	黄鹤寺	5.5	弼时镇	弼时镇政府
41	铜盆坳	4.5	弼时镇	弼时镇政府
42	南仑水	6.6	弼时镇	弼时镇政府
43	莲花水	8.0	弼时镇	弼时镇政府
44	木屯冲水	7.4	桃林寺镇	桃林寺镇政府
45	小桥湖	1000亩	归义镇	归义镇政府
46	新塘湖	1800亩	桃林寺镇	桃林寺镇政府

说明：干流长度10km以上的由镇长担任河长，副河长由各镇河长办确定。

汨罗市建制村合并前后对照表

乡镇	合并前村名	合并后村名	新村村部选址	党总支（支部）书记
白水镇	白米村	三星村	原闵家村部	傅岳峰
	闵家村			
	越江村	越江村	原越江村村部	宋兵权
	双桥村			
	大塘村	大塘村	原邓家坊村部	马跃飞
	邓家坊村			
	石板村	关北村	原关北村部	李 辉
	关北村			
	群玉村	群玉村	原群玉村部	卢四新
	行建村			
	毛岭村	毛岭村	原毛岭村部	虞红超
	石云村			
	高冲村	高冲村	原藕花村部	倪建春
	藕花村			
	清明村			
	王家坪村	王家坪村	原王家坪村部	马雄波
	双石村			
	大华村	唐山村	原唐山村部	邵海龙
	唐山村			
	西长村	西长村	原西长村部	刘 胜
	前进村			
	全民村			
	华中村			
	白水村	白水村	白水村部	胡万华
白塘镇	木屯村	穆屯村	原拦河村部	吴向群
	万红村			
	拦河村			
	移风村	移风村	原移风村部	冯应忠
	曹家村			
	五塘村			

乡镇	合并前村名	合并后村名	新村村部选址	党总支（支部）书记
白塘镇	大塘村	仁义村	原仁义村部	吴新群
	仁义村			
	马厅村	马厅村	原马厅村部	黎建军
	双义村			
	松塘村	白塘村	原松塘村部	杨应辉
	裘鸣村			
	赶洲村			
	白塘村			
	江南堤村	磊石山村	原长山村部	李更新
	长山村			
	内夹村			
	磊石船队			
	渔民组			
	高台村	六湖村	联合村部	彭云飞
	闸南村			
	闸汨村			
	闸桃村			
	长湖村			
	沙洲村	汨北村	原沙洲村部	湛中堤
	汨岳村			
	二沟村			
	乡渔场			
	高联村	高联村	高联村部	湛志和
汨罗镇	甘坪村	汴塘村	原汴塘村部	何高如
	汴塘村			
	九龙村	九雁村	原雁塘村部	张　伟
	雁塘村			
	大坪李村	夹城村	原夹城村部	曹公平
	童家村			
	夹城村			
	黄家坪村	蟠龙桥村	原蟠龙桥村部	杨　进
	蟠龙桥村			

乡镇	合并前村名	合并后村名	新村村部选址	党总支（支部）书记
汨罗镇	瞭家山社区	瞭家山社区	瞭家山社区	何永胜
	龙塘村			
	茶木垅村	武夷山村	原北托村部	王启辉
	北托村			
	南托村			
	眠羊山村	江景村	原眠羊山村部	胡智慧
	李家坪村			
	鱼腮村			
川山坪镇	杨桥村	燕塘村	原杨桥村村部	甘义平
	燕塘村			
	周坊村	青江村	原周坊村村部	吴思平
	青江村			
	万岭村			
	狮岭村			
	三姊村	三姊村	原高华村村部	李四平
	松阳村			
	高华村			
	仁里村	新船山村	原船山村村部	沈应才
	船山村			
	新华村			
	达仁村	高家坊村	原沙河村村部	龙国荣
	沙河村			
	二居委			
	凤形村	麓风寨村	原凤形村村部	柳满明
	麓峰村			
	永峰村	桥坪村	原桥坪村村部	韩建武
	永安村			
	桥坪村			
	玉明村	玉池山村	原玉明村村部	陈素辉
	望塔村			
	玉麓村			

乡镇	合并前村名	合并后村名	新村村部选址	党总支（支部）书记
川山坪镇	大峰村	达摩岭村	原梓洞村村部	李广成
	关山村			
	梓洞村			
	川山村	川山村	原联山村村部	李志文
	联山村			
	石桥村	白马城村	原石桥村村部	张 果
	石陂村			
	湖鼻村	清泉村	原湖鼻村村部	吴雪彪
	清泉村			
	万家村	万林村	原万家村村部	应南芳
	梅林村			
	居委会			
	西北村	川西村	原西北村村部	卢俊章
	金井村			
	天井村	天井山村	原天井村村部	刘 勋
	常公村			
	盐井村			
	芭蕉村	芭蕉村	原金华村村部	龙建新
	城墙村			
	金华村			
弼时镇	汉山村	弼时村	原弼时村村部	范义国
	弼时村			
	大松桥村	序贤村	原唐家桥村部	刘 城
	毛塘村			
	唐家桥村			
	坪塘村	平华村	原坪塘村部	彭 安
	大田村			
	尖塘村	白沙村	栗桥学校	刘勇奇
	共荣村			
	桃花村	桃花村	原农科村部	任哲军
	上任村			
	弼时农科村			

乡镇	合并前村名	合并后村名	新村村部选址	党总支（支部）书记
弼时镇	毛家坊村	铜盆村	原福寿山村部	游再良
	福寿山村			
	铜盆村			
	大陆村	大里塘村	原大里塘村部	彭国红
	大里塘村			
	莲花村			
	东影村	影珠山村	原西影村部	刘 辉
	西影村			
	群合村	南龙村	原群合村部	曾凯丰
	南龙村			
	高燕村	高燕村	原高燕村部	李觉军
	松江村			
	清溪村	清溪村	原新荣村部	彭建军
	望麓村			
	新荣村			
	合泉村	白鹤洞村	原合泉村部	黎永平
	高龙村			
	合源村			
	合龙村	玉池村	原合龙村部	黎双全
	双狮村			
	明华村			
	安山村	大龙山村	原大龙村部	徐拥斌
	安乐村			
	玉山村			
	大龙村			
	龙山村	明月山村	原明月村部	刘领义
	新潘村			
	明月村			
	打鼓村	湄江村	原画眉村部	岑利荣
	画眉村			
	李家村	李家塅村	原李家农科村部	卢景煌
	农科村			

乡镇	合并前村名	合并后村名	新村村部选址	党总支（支部）书记
新市镇	丛羊村	新阳村	原丛羊村村部	郑开洪
	合心村			
	福兴村	元福村	原元宵小学	韩玉辉
	元宵村			
	新市街社区	新市街社区	原新书村村部	蔡申根
	新书村			
	黄金街			
	新桥村			
	八里村	八里村	八里村村部	郑次辉
	团山村	团山村	团山村部	郑奇志
	新栗村	新栗村	新栗村村部	张好平
	团螺村	团螺村	团螺村村部	彭军家
归义镇	双托村	荣家坪社区	荣家坪社区服务中心	邹乐军
	荣家坪社区			
	百丈村	百丈村	百丈小学	喻建兴
	城北村			
	上马村	上马村	上马村部	仇平和
	南江社区			胡新荣
	友谊河社区			袁拓领
	归义社区			曹新华
	大路铺社区			何立志
	老街社区			许昔辉
	高泉社区			谢震波
	山塘社区			杨分良
	双塘社区			霍忠伟
	高塘社区			曹　晶
	汨新社区			郑庭荡
	广场社区			韩卫群
	车站社区			杨三军
	石桥坝社区			何胜满
	罗城社区			邹建发

乡镇	合并前村名	合并后村名	新村村部选址	党总支（支部）书记
归义镇	窑洲社区			郑德华
	龙舟社区			郑庆丰
	茶园社区			王仁辉
长乐镇	赤马村	马桥村	原马桥村部	江珍恕
	马桥村			
	智源村	青狮村	原智源村部	黄金国
	青狮村			
	佑圣村	长乐村	原佑圣村部	周卫国
	长新村			
	长南村	长北村	原长南村部	陈 景
	隘口村			
	水源村	海山村	海山学校	傅富求
	水府村			
	江背村	联江村	原广联村部	游义夫
	广联村			
	白沙村			
	水合村	合旗村	原双旗村部	傅满群
	双旗村			
	长新社区			阳中明
	长乐街社区			周 和
三江镇	官仲村	太平村	原落马村部	胡建平
	落马村			
	十全村	荆浒村	原金桥村部	杨根桃
	金桥村			
	齐心村			
	桥头村	双桥村	原双春村部	向九林
	双春村			
	汉峰村	智峰村	原新铺村部	梁 健
	青峰村			
	广联村	望峰村	原新铺村部	黄检良
	新铺村			

乡镇	合并前村名	合并后村名	新村村部选址	党总支（支部）书记
三江镇	高华村	八景村	原三联村部	刘汉仁
	智峰村			
	山阳村			
	大同村			
	三联村			
	湘平村	洪源洞村	原洪源村部	郑小敏
	洪源村			
	隘口村	花桥村	原花桥村部	冯海兵
	花桥村			
	凤形村			
大荆镇	渡头村	金渡村	原渡头村部	田勇军
	金河村			
	大荆村	大荆村	原大荆村部	周平伟
	长联村			
	界碑村			
	墩河村	东文村	原墩河村部	张艳辉
	塅塘村			
	大仙村			
	黄道村	古仑村	原黄道村部	梁义雄
	古仑村			
	新塘村	金龙新村	原新塘村部	仇文辉
	金星村			
	乌龙村			
	农科村	白杨村	原朱砂村部	杨丛根
	朱砂村			
	桂花村	桂花村	原桂花村部	吴忠义
	折桥村			
	新联村			
	盘石村	金水村	原仰山村部	胡水波
	仰山村			

乡镇	合并前村名	合并后村名	新村村部选址	党总支（支部）书记
古培镇	培塘村	双凤村	原培塘村部	陈灿兰
	关山村			
	大同村			
	栗桥村	古培塘村	原栗桥村部	柳四元
	于临村			
	古培村			
	万福村	杨梅铺村	原东港村部	陈建辉
	喻家村			
	东港村			
	明月村	南环村	原明月村部	何灿辉
	三港村			
	大众村			
	黄塘村	雨坛村	清水学校	仇志刚
	杨柳村			
	雨坛村			
	石牛村	汨水村	汨罗水库管理所	杨寒松
	大兴村			
	课功村	课功村	原课功村部	仇雄艳
	新合村			
	月星村	岳峰村	原水口村部	甘民元
	三合村			
	水口村			
桃林寺镇	亦仁村	亦仁村	亦仁老学校	吴昔勇
	来龙村			
	三彩村	同心村	原三彩村部	吴建如
	青山村			
	五柱村	五柱村	奋斗小学	湛 雄
	南林村			
	塅中村	杨爷庙村	原塅中村部	吴 放
	杨爷庙村			
	十龙桥村	三新村	原十龙桥村部	吴迪先
	三塘村			

乡镇	合并前村名	合并后村名	新村村部选址	党总支（支部）书记
桃林寺镇	古塘村	合力村	原赞桥村部	毛海军
	赞桥村			
	塘坊村	江北村	原大托村部	唐长根
	大托村			
	双墩村	东塘村	原双法村部	吴细明
	双法村			
	东塘村			
	居委会			
	丁园村	磊石村	原丁园村部	朱自权
	磊石村			
	范塘村	新塘村	原新塘乡政府	吴玖若
	拦江村			
	徐塘村	赤卫村	原划林村部	郭珍祠
	裕厚村			
	新寮村			
	划林村			
	玉龙村	玉林村	原玉龙村部	刘立新
	书林村			
	光前村	武穆村	原光前村部	湛金玉
	东冲村			
	长塘村			
	石许村	石桥村	原石许村部	姚永红
	三乔村			
	高峰村	高丰村	原四塘村部	邹小年
	四塘村			
	园艺场			
	包山村	永兴村	杨家小学	刘望书
	杨家村			
	西塘村	西塘村	原西塘村部	熊仁志
	农科村			
	静江村	永红村	永红小学	熊志坤
	周公村			
	三垅村			

乡镇	合并前村名	合并后村名	新村村部选址	党总支（支部）书记
罗江镇	天岭村	天井村	原天岭村部	康怡章
	双龙村			
	双合村			
	群英村	群英村	原长岭村部	李文明
	长岭村			
	车田村	山秀村	原车田村部	李利军
	白马村			
	嵩华村	嵩山村	原嵩华村部	王建武
	嵩山村			
	瑞灵村	黄市村	原瑞灵村部	胥升旗
	黄市村			
	港口村	金塘村	原港口村部	李 奇
	大坪村			
	干桥村			
	关山村	托头岭村	原关山村部	龙庆阳
	托坪村			
	石堰村	尚义村	原划塘村部	黎站武
	划塘村			
	翁桥村			
	红花村	红花山村	原红花村部	翁光辉
	南寿村			
	京街村	滨江村	原廖家塅村部	许德标
	廖家塅村			
	石仑村	石仑山村	原石鼓村部	吴建中
	石鼓村			
	垉塘村	罗江村	原东冲村部	叶余良
	东冲村			
	刘花洲村	汨东村	原刘花洲村部	刘清波
	叶家冲村			
	罗滨村	罗滨村	罗滨村部	黄冬波

乡镇	合并前村名	合并后村名	新村村部选址	党总支（支部）书记
屈子祠镇	青龙村	范家园村	原范家村部	郑建军
	范家村			
	牛形山社区			
	划船村	徽山村	原花桥村部	彭谨慎
	花桥村			
	月形村			
	道冲村			
	金山村	金山村	原金山村部	吴久良
	吕仙村			
	伏家村	伏林村	原伏家村部	李光明
	程林村			
	永青村	永青村	原农科村部	赵寒兵
	范家农科村			
	烟墩村			
	新范村	新茶村	原二分场村部	周　珂
	新湖村			
	一分场			
	二分场			
	屈子农科村	新义村	原金钩村部	阳再春
	朱山村			
	金钩村			
	枫树村			
	渔街市村	渔街村	原渔街市村部	吴庆求
	周家垅村			
	屈子祠村	屈子祠村	原屈子祠村部	欧阳满
	金沙村			
	白水村			
	楚南村	双楚村	原楚塘中学	何利群
	楚塘村			
	翁家桥村			
	荻湖村	屈原村	原屈原村部	周吉和
	栏湖村			
	黄兴村			
	屈原村			

乡镇	合并前村名	合并后村名	新村村部选址	党总支（支部）书记
神鼎山镇	大塘源村	黄柏村	黄柏中心学校	刘顺华
	黄柏村			
	先锋村	云山神村	云山学校	刘友良
	云山村			
	新溪村	苏南村	新溪学校	刘建加
	苏溪村			
	新开村	新开村	新开村部	彭跃平
	冷水村	双枫村	双水学校	李炯煌
	双丰村			
	团山村			
	树冲村			
	沙丰村	丰仓村	丰仓学校	楚三平
	丰仓村			
	凤凰村			
	神鼎村	神鼎山村	神鼎学校	杨 波
	英桥村			
	新龙村	新龙村	新龙村部	伏卫光
	划江村	飘峰村	划江小学	蒋国宏
	划力村			
	沙溪村	沙溪村	原沙溪农技推广中心	黄 磊
	农科村			
	大桥村			
	金鹅村			
	双江村	双江口村	双江口	戴良桥
	双楠村			
	双龙村	鹅江村	清联小学	郑稳山
	清联村			
	兰溪村	兰溪村	张公庙	周勤俭
	关山村			

屈原管理区建制村合并前后情况对照表

乡镇	合并前村名	合并后村名	新村村部选址
河市镇	大江村	三江村	原大江村部
	双江村		
	金龙村	金兴村	原万兴村部
	万兴村		
	北洲村	新洲村	原新联村部
	新联村		
	同洲村		
	黄金村	金洲村	原青洲村部
	青洲村		
	人湾村	大湾村	原大湾村部
	禾鸡山村		
	金塘村	平安村	原寺坪村部
	滨莲村		
	寺坪村		
	新悦村	河夹塘社区	原河夹塘社区办公楼
	河夹塘社区		
	荻湖村	莲芙村	原荻湖村部
	三联村		
	三合村	三和村	原三合村部
	和平村		
	三星村		
	古罗城村	古罗城村	原永兴村部
	永兴村		
	星湖村		
	洋湖村	幸福村	原复兴村部
	复兴村		

乡镇	合并前村名	合并后村名	新村村部选址
凤凰乡	荞麦湖村	荞麦湖村	原荞麦湖村部
	春江村		
	河泊潭村	河泊潭村	原河泊潭村部
	兴隆村		
	凤凰村		
	福星村		
	横港村	横港村	原横港村部
	船江村		
	磊石村	磊石村	原磊石村部
	大湾村		
	古湖村		
	青港村	青港村	原北港村部
	北港村		
	凤凰村	凤凰村	原新河村部
	永丰村		
	新河村		
	八港村	琴棋村	原三星村部
	三星村		
	兴隆村		
	汨江村	东干村	原汨江村部
	香游湖村		
	东干村		
营田镇	义南村	义南村	原义南村部
	千秋村		
	新民村		
	三洲村	三洲村	原玉湖村部
	玉湖村		

乡镇	合并前村名	合并后村名	新村村部选址
营田镇	新堤村	荷花村	原新堤村部
	荷花村		
	产调公司		
	港南村	团湖村	原港南村部
	团湖村		
	宝塔村	宝塔村	宝塔村村部
	菱湖村	八港村	原菱湖村部
	八港村		
	尚林村	槐花社区	原槐花社区办公楼
	槐花社区		
	凤山村	推山咀社区	原推山咀社区办公楼
	推山咀社区		
	虎形山社区	虎形山社区	原址不变
	青山寺社区	青山寺社区	原址不变
	余家坪社区	余家坪社区	原址不变
	营田办航运社区		
	营田办新港社区		

中共汨罗市委党校、汨罗市行政学校

汨罗市委党校、汨罗市行政学校坚持以培训为中心，狠抓主业主课，更加有力地发挥主渠道、主阵地作用。党的十九大召开后，学校迅速组织全体干职工学习十九大报告并第一时间开展宣讲。为真正提高宣讲实效，该校邀请省委党校湖南行政学院副校（院）长刘丹、湖南大学岳麓书院国学研究院院长朱汉民等专家教授来校讲课，在法制能力提升班和青年后备干部培训班中，及时开展十九大精神教学专题讲座。积极送十九大精神下乡进村，副校长周兴建和黄清华、杨春林教师等上门讲课40余堂，听课学员达5000余人次。按照《汨罗市2017年党员干部教育培训计划》，统筹安排校内各种教学资源，依次举办组工干部培训班、市直机关工委书记学习十八届六中全会精神培训班、入党积极分子培训班、新党员转正培训班、统战干部培训班、乡科级干部培训班、村（社区）“两委班子”培训班、青年后备干部培训班、法治能力提升班、十九大精神宣讲骨干培训班等纳入财政拨款的主体班次12个共19期，培训学员3502人次。班次开设和培训学员人数都创历史新高。一年来，学校党委响应市委“两学一做”活动相关要求，认真积极做好送课下乡、送课上门，重点突出十九大精神、“一《党章》、两《准则》、三《条例》”等知识宣讲，取得良好成效。并利用现有培训设施，主动联系和热心接纳农业局、农机局、人社局、农广校、归义镇等单位，共举办各类社会培训38场次，培训人员5350余人次。另外，学校探索设立“罗城大讲堂”，和组织部配合开办为期一年的“罗城金融英才培训班”。

主体班到韶山开展党性教育活动

青年志愿者行动

省委党校副校长曹健华参观屈子书院

课题组成员到文化园建设指挥部调研

“七一”主题活动

学习例会

汨罗市公安局

副市长、局长　刘四清

政委　刘立波

汨罗市公安局现有班子成员 7 名，在职民警干警 475 人，已招录配备辅警 177 人。内设 23 个科室，18 个派出所，1 个看守所，1 个拘留所，20 个城乡社区警务室。2017 年，在汨罗市委、市政府和上级公安机关的正确领导下，市公安局围绕中心，服务大局，积极投身生态文化活力汨罗建设，深入实施“五标准五工程”警务战略，大力推动警务机制改革，精准打击，强力治乱，公安工作和队伍建设不断发展，刑事案件发案率年均下降 7.4%，刑事案件破案率年均提升 9.7%，全市没有发生一起造成现实影响的群体性事件，汨罗社会政治大局和治安大局持续稳定向好，公安整体工作持续稳居岳阳优秀行列。2017 年度，市公安局获评全国中关工委第三届“关爱明天，普法先行”成绩突出先进集体；2016“12.01”打孔盗油案的侦破受到公安部和省公安厅的贺电表彰；公安机关绩效评估及综治工作均获评岳阳市优秀单位；禁毒工作获评湖南省及岳阳市先进单位；看所守获评全国“一级看守所”、公安监管工作成绩突出集体；刑侦大队获评全省优秀公安基础单位；新市派出所获评全省公安户政管理和出国境管理工作优秀服务窗口；公安民警形象排岳阳市各县市区第二名。同时涌现一批先进个人和优秀民警，3 人荣获二等功，7 人荣获三等功，7 人荣获嘉奖。

省领导检查看守所

省厅领导督导输油气管道综合整治工作

岳阳市领导督导安全生产工作

表彰授奖

消防火灾救援大演练

汨罗市人民检察院

检察长　赵承卓

走访贫困户

2017 年，在中共汨罗市委和上级检察机关的坚强领导下，全面贯彻落实党的十八大和十九大会议精神，紧扣市委工作部署，认真履行法律监督职责，检察工作取得新的进展。全院认真贯彻党中央关于反腐败斗争的决策部署，大力惩治和预防职务犯罪，力促政务环境风清气正，全年共立案查办贪污贿赂、渎职侵权职务犯罪案件 15 件 14 人，同比上升 36%，居岳阳市第二。其中，大要案 10 件；处级领导干部 1 人，科级 4 人；侦查终结起诉至法院 8 件 9 人（含积案），法院审结 5 件，均作有罪判决，为国家挽回经济损失 1000 余万元。受理公安机关提请逮捕 273 件 349 人，经审查，批准逮捕 179 件 218 人；受理移送审查起诉 349 件 450 人，经审查，提起公诉 290 件 392 人。结合市委市政府专项工作部署，集中整治“三违三强”，重拳打击发生在工程建设领域中的强迫交易、敲诈勒索、串通投标等破坏经济发展环境的犯罪，突出打击非法经营、组织传销、合同诈骗、地下六合彩、非法吸收公众存款等扰乱市场经济秩序的犯罪，共批准逮捕上述犯罪嫌疑人 26 人，提起公诉 35 人。一年来，该院完善保障，夯实基层基础，再次成功创建省级文明单位，并进一步加大投入力度，以争创省级文明标兵单位为抓手，高效优质完成办案场所、服务大厅、青年干警公寓、篮球场等机关建设，办公办案环境有效改善；强化人力资源保障，按照员额制改革关于人员配备的要求，争取市委市政府支持重视，公开招聘 30 名聘任制书记员，一定程度上缓解案多人少的矛盾；大力实施科技强检战略，促进信息化应用与检察工作的深度融合，推动检察工作实现创新发展。

参观屈原纪念馆

学习中共十九大精神活动

深入扶贫联点帮扶村调研

烈士陵园吊唁活动

汨罗市人民法院

院长　孔剑

春雷学校法制教育基地揭牌仪式

汨罗市人民法院是国家的审判机关，副处级，现有在职干警 119 人，离退休老干部 40 人。其中党员 132 人。现任党组班子成员共八名，下设二十一个部门。主要工作任务负责本辖区内刑事、民商事、行政三大诉讼活动和执行。1966 年 3 月湘阴县分设汨罗、湘阴两县，汨罗县人民法院宣告正式成立。1987 年 9 月汨罗县改市，1988 年 1 月经最高人民法院批准，正式挂牌改为汨罗市人民法院，在近半个世纪的搏击中，经历了从无到有，从弱到强，曲折坎坷，跨越式的发展过程。经过几代人的努力，法院队伍建设，审判组织建设，基础设施建设得到了长足的发展，为不同时期，不同阶段的社会稳定及社会发展提供了有力的司法保障，为推进法制化进程，促进地方经济发展做出了积极的贡献。在新形势下，法院党组书记、院长聂晴晓带领新一届班子，团结务实，开拓进取，紧扣“公正、高效、权威”的工作主题，以争创湖南省优秀法院，汨罗市三个文明红旗单位为目标，全力打造“三精工程”（案件精品化、管理精细化、队伍精英化），并沿着这条工作思路，积极按照“有创意，有绩效、有影响”的要求，扎实工作，使法院审判工作得到了加强，队伍建设及影响力得到了提升，管理工作进一步规范，基础设施建设实现了新的突破。汨罗法院先后获评岳阳市司法绩效考核第一名，汨罗市“突出贡献”先进单位。法官许泽平被最高人民法院评为“全国刑事审判先进个人”，投资 2000 万余万元建筑面积 9600 平方米的庄严雄伟，多功能现代化综合审判大楼屹立在汨罗江畔，是人民群众得到法律救助，法官依法司法、亲民便民的重要法律场所，是汨罗城市建设的一靓点。汨罗市人民法院党组及全体干警将以新的姿态，新的精神面貌，展示着法院的威严，法官的风采，树立“人本”理念，贯彻司法为民要求，以人民满意为标准，提供一流的法律服务，同时自觉接受法律监督，社会监督，努力为汨罗经济建设，社会和谐发展和三个文明建设发挥着积极作用，她将会再创佳绩，再创辉煌。

党员活动日

岳阳市人民法院领导到汨罗法院调研审执分离工作

宪法宣誓仪式

行政审判30年集中采访

办公楼

汨罗市发展和改革局

省发改委领导来汨罗开展扶贫联基层活动

市委书记喻文参加重大项目开工仪式

2017 年，市发展和改革局以十九大精神为指引，在市委市政府的坚强领导和省、市发改委的悉心指导下，认真履行部门职能，努力创新工作方式，圆满完成各项工作任务。驻政务中心窗口荣获全国“巾帼文明岗”称号。该局坚持项目带动战略，筑牢市域经济发展强基，出台政府投融资项目目录，指导全市 6 家平台公司共录入项目 60 个，总投资 276.17 亿元，全年融资 75.96 亿元；汨罗鹤巢渔光互补光伏发电项目实现提前并网发电，完成 5 个贫困村光伏项目建设；成功申报汨罗市端午文化产业整体开发项目为省重点项目；工业园国家“城市矿产”示范基地通过国家终期验收清算；指导相关单位做好项目前期工作，全年单边或部门联合到位资金 8767.1 万元。坚持强化项目监管，努力规范项目资金运作。全年办理审批项目 117 项；备案项目 72 项，涉及总投资 300 多亿；招投标核准项目 57 项，招标金额 10 余亿元；项目网上办理率达到 100%（除涉密项目外）；全累计完成招投标监管项目 80 余个，金额 40 余亿元，接受处理招投标投诉 5 起。全年共清理行政审批中介服务事项 29 项，积极开展行业协会商会与行政机关脱钩工作，第二批脱钩的 12 家行业协会实现脱钩分离。坚持关注民生价费，紧密回应百姓迫切诉求。认真贯彻落实药品零差率制度，调整城镇污水处理收费标准，规范教育、涉企行政事业性收费；理顺天然气销售价格，出台完善出租车运价政策；加强价格成本监审；依法开展价格认证工作，全年共受理价格认证案件 1170 起，认定金额 613.6 万元；全年接受咨询、处理价格举报 221 起，开展教育、医疗、运输、金融等行业专项检查，立案查处价格违法案件 10 起，罚没 60 余万元。

市长朱平波指导白鹤洞村扶贫工作

党组班子科学决策

传达学习三级干部大会精神

局长周雄伟深入超市进行价格检查

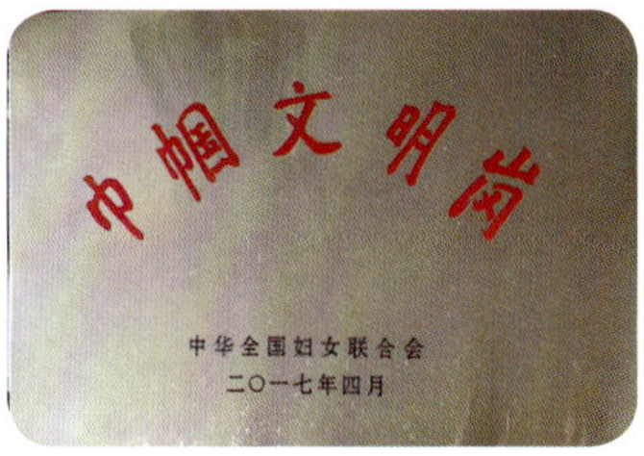

市发改局驻政务中心窗口获评全国巾帼文明岗

汨罗市交

岳阳市人大副主任向伟雄视察G240汨罗江大桥建设

2017年，市交通运输局党委团结带领全系统广大干职工，凝神聚力，攻坚克难，强势推进交通建设大会战，切实加强行业管理，不断强化干部队伍建设，取得较好成绩。汨罗市交通建设大会战共完成投资11.7亿元，圆满完成岳阳市交通建设大会战指挥部下达的投资任务，圆满完成市重点项目百日攻坚目标任务，其中干线公路建设完成投资10.1亿元，农村公路建设完成投资1亿元，汽车站建设完成投资0.6亿元。大会战各项工作多次赢得岳阳市主要领导的一致好评，其工作经验多次被岳阳市交通建设大会战指挥部专刊推介。该局严抓行业整治，

市长朱平波慰问施工人员

局领导在汽车站进行安全检查

红屈线一期

通运输局

严打非法营运。专门设立城市客运管理中队和京广高铁汨罗东站客运管理中队，重点打击城区范围内非法营运车辆，查处摩的660台、黑的25台，报送拘留15人；货运“治违”共查处各类案件1002起，处罚金170余万元。全年共查处超限超载车辆380余台次，强制卸载货物1180余吨，处罚金约45万元，把牢源头管控，省、市两级4次对城区治超工作进行督查皆获一致好评。查处安全隐患车辆52台次、船舶46艘次，督促整改到位率100%。深入开展安全生产“大部署、大宣传、大整治、大督查、大提升”五大行动，重点开展水上安全整治，对200余艘干舷不足的船舶强制卸载货物6000余吨，行政处罚船舶98艘、船员35名，确保全年全市交通运输行业安全生产的平安稳定。

局长李德君带队参观廉政教育展厅

G536开工动员大会

建设中的G536

汨罗市农业局

局长　黄永红

2017 年，全市粮食作物播种总面积 113.75 万亩，总产 49.2 万吨，再次荣获全省粮食生产标兵县；全市规划建设 30 户以上集中建房点 17 个，共规划建设 1049 户，在建 135 户，竣工 332 户。各镇 30 户以下的小集中点 5 个，规划建设 32 户，集中建房点占地总面积 995.68 亩；结合在全市开展的各中小学认真组织开展的“小手牵大手”活动，在全市农村形成干部群众齐动员，共同治理，共同绿化，共同享有，加快建设社会主义新农村的社会氛围，使全市农村环境卫生人均参与率达 90% 以上。全市累计出动人员 3000 人次，出动机械 500 台次，清理陈年垃圾 10 万余吨；新打造 15 个代表岳阳水平的美丽乡村建设“百村示范”明星村；新建磊石鑫港安和古仑益群大型沼气工程；实施好 CCER 项目；全市共培育种粮大户 2332 户、生猪养殖大户 360 户，发展农业专业合作社 790 家，其中，水稻种植专业合作社 390 家、农机专业合作社 91 家，发展种粮为主的家庭农场 189 家。发展农产品加工企业 258 家，培育市级以上龙头企业 31 家，其中省级龙头企业 5 家，4 星级休闲农业庄园 3 家，5 星级休闲农业庄园 1 家，上半年，全市规模以上的农产品加工企业产值 68 亿元，占农业生产总值比 220%；全年共计抽检样品 4000 余个，其中蔬菜 3800 余个，水果 100 余个，合格率 99.8%；全市已认证无公害农产品 2 个、绿色食品 15 个，还有 3 个农产品正在申报绿色食品标志，1 个农产品申报国家地理标志，其中“饮之王”“湘康”“盈田”“湘金一”“屈原”“长乐情”“长乐街”“加华”“天子山”“喂你好”等获评“湖南省著名商标”，“九喜”“现代美”获评“中国驰名商标”。

党员活动日

开展“帮扶贫困学生　助援求学之梦”捐赠活动

庆“三八”妇女节暨环保志愿者活动

湖南省高档优质稻第一届田间拍卖会在汨罗举行

选聘农村环境整治联乡督导员会议

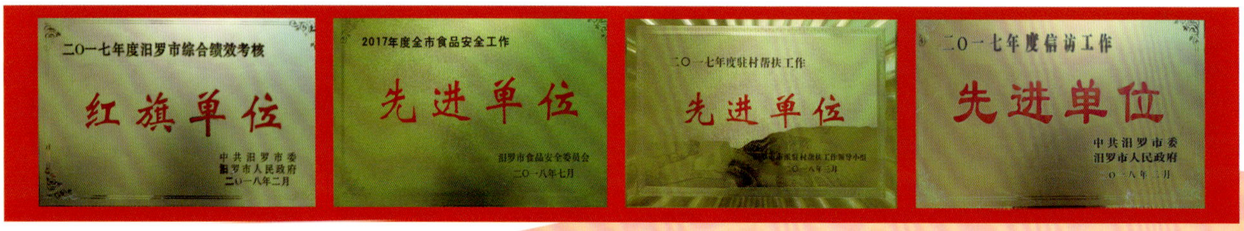

获得的部分荣誉

汨罗市林业局

局长　周灿文

市长朱平波植树节参加植树活动

2017 年，市林业局严格按照“湘林杯”林业建设工作内容和市委、市政府工作部署，围绕坚守“一条红线”、确保“两个提高”、夯实“三项基础”、树立“四大品牌”、发展“五种产业”和“全面工作夺红旗”“单项工作争先进”“项项工作上台阶”的目标任务，上下一心、群策群力、求真务实、开拓创新，取得较好成绩。全市共完成大面造林 22000 亩，造林任务完成率和质量合格率均为 100%。市委、市政府领导高度重视城乡绿化工作，成立以市委副书记、市长任组长、市人大主任任政委的城乡绿化三年行动领导小组，市财政每年拿出 1000 万元，每年在全市范围内评选 5 个森林小镇、每个补助 30 万元；评选 5 个绿色村庄、每个补助 10 万元；年度验收合格后，大面造林每亩补助 200 元，绿色通道建设每公里补助 5000 元。林业、交通、住建等部门各司其职、各负其责，短短三个多月时间就取得很好的成绩，在上半年的岳阳市城乡绿化检查中，获得全市第二名。一是完成大众北路、山水路、香粽路、沿江大道南边友谊河至滨江一号、山塘路提质改造，共栽植优质绿化苗木 3 万多株，新建人民路、大众南路等小型城市游园。二是圆满完成 G107、十古公路、红屈公路的绿化任务，共栽植优良乡土树种 3.2 万株，共计投入资金 410 余万元。其他县乡村道绿化达 300 多公里。申报长乐、新市、弼时、白水等 4 个森林小镇，申报汨罗镇武夷山村、瞭家山村，古培镇汨水村、南环村，新市镇福元村，屈子祠镇伏林村等 6 个近郊绿色村庄建设计划，南托新村已申报全国生态文明村。

兰家洞

林业科技示范园（植物园）

汨罗市水务局

2017 年，市水务局紧紧围绕“建设更高品质的生态文化活力汨罗”总目标和“加快水利建设步伐，补齐水利基础设施短板、补齐农田水利短板、补齐供水保障短板；突出党的建设引领，加强队伍建设”的今后一段时期水务工作总思路，创新务实开展工作。该局荣获省“芙蓉杯”水利建设管理先进单位、省级文明卫生单位、岳阳市防汛救灾先进集体、汨罗市综合绩效考核红旗单位；河长制工作获全省经验推介，党建、脱贫攻坚、综治维稳、计划生育、安全生产等工作位列汨罗先进。一是防汛抗旱夺取新胜利。牢固树立防灾意识，在市委、市政府前所未有的重视下，强抓“十大备汛工程”建设、防汛物资储备。打赢了汨罗有气象记录以来最强降雨、堤垸逼近历史最高水位的“遭遇战”，夺取了防汛工作全面性胜利。二是争资争项实现新突破。加大水利争资争项工作力度，全年共争取上级项目和国家基金项目计划资金 2.75 亿元，创历史新高。三是水利建设迈出新步伐。启动 58 座小（二）型水库除险，加固汨罗江堤防 3.4 公里，治理母子桥河 1 公里，更新改造双河坝泵站 620 千瓦，解决农村饮水安全人口 10.1 万人。整治山塘 59 口，改造河坝 3 处、引水堰 2 处，铺设输水管道 29.9 公里，建成高效节水灌溉农田 2000 亩。四是治水管水获得新提升。以全面推行河长制工作为总抓手，推进水生态文明建设。在岳阳地区率先成立高规格河长制工作委员会、出台实施意见，推进工作；关闭和治理入河排污口 9 处，清理河道垃圾堆场 15 处，加固绿化汨罗江堤防 21 公里；拆除河道违章建筑 89 处、7245 平米，惩处砂石盗采人员 7 名，查处水源地违法案件 15 起，水事管理得到全面加强。

副省长何报翔视察汨罗水利工作

岳阳市副市长唐文发到汨罗督导河长制落实工作

市委书记喻文视察河长制工作

市长朱平波调研水利工作

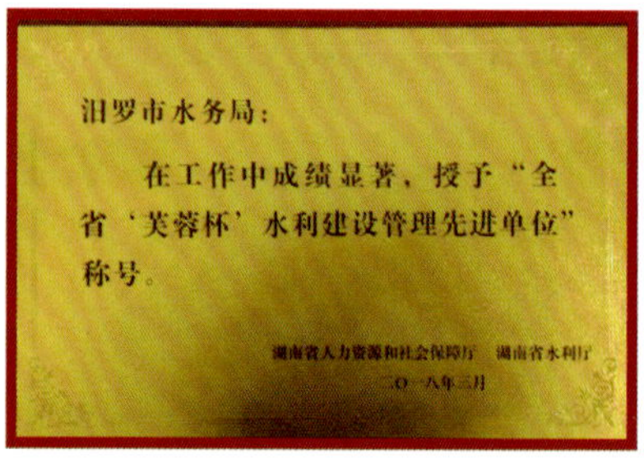

汨罗市水务局：

在工作中成绩显著，授予“全省‘芙蓉杯’水利建设管理先进单位”称号。

湖南省人力资源和社会保障厅 湖南省水利厅

二〇一八年三月

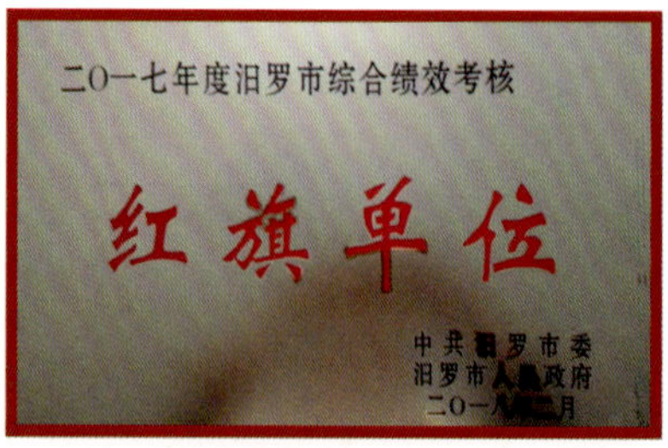

二〇一七年度汨罗市综合绩效考核

红旗单位

中共汨罗市委

汨罗市人民政府

二〇一八年二月

获得的部分荣誉

农田水利建设

汨罗江护岸

汨罗市科学技术局

党组书记蒋海龙考察企业

班子成员会议

2017年，科技工作贯彻“创新、协调、绿色、开放、共享”的发展理念，围绕全面建成小康社会各项科技考核指标和建设“更高品质生态文化活力汨罗”的目标要求，不断强化科技项目申报力度和科技研发经费投入，加速科技成果产业化，支持各类科技平台申报和建设，各项工作取得一定成绩。2017年，汨罗市委、市政府高度重视省级高新园区创建工作，科技局按照市委、市政府的要求和部署，把创建省级高新技术产业园区作汨罗科技工作的首要目标，多次聘请省知名专家和专业机构进行专业指导，市政府主要领导亲自担任主答辩人，汨罗市循环工业园区以扎实的工作基础顺利获批省级高新技术产业园。为强化科技创新服务体系，全年共申报省、岳阳市科研计划、技术创新引导、众创空间建设、省级科技孵化器、科技特派员等各类项目15个，扶持优势企业3个，建设和培育专业合作社3个，帮扶科技特派员创业示范基地2个，园区同力循环有限公司通过了省级科技孵化器验收，投资达300万元的科创服务中心正在建设中。2017年，共完成平桂制塑的地方科技发展专项、同力循环省级科技孵化器项目、省地震局农村居民安居示范工程建设、凌峰环保科技的人才团队计划科技专项等9个科技项目，累计资金146万元，完成比例达年度任务的112%。

湿地保护志愿者活动

主题党日活动

科技活动周启动仪式

“长沙银行杯”活动

汨罗市工业和信息化局

局长　楚军

局长楚军走访慰问贫困户

为联点帮扶村检查通信信号

2017 年，市工业和信息化局在市委、市政府的正确领导下，围绕“建设更高品质的生态文化活力汨罗”的总体目标，充分发挥服务、协调和参谋的职能作用，以新上项目和转型升级为驱动力，加快构建新型工业体系，不断夯实工业发展平台，促进工业动力转换，提质增效，促进全市工业经济总量大突破，质量大提升。2017 年，全市完成规模工业总产值 756.5 亿元，同比增长 12%；完成规模工业增加值 143 亿元，同比增长 7.5%；工业用电量 36544.35 万千瓦时，同比减少 6.72%。完成园区规模工业增加值同比增长 6.2%，园区规模工业增加占比为 70.1%，新增规模企业 16 家。5 月 16 日，局下属的电力和信息执法大队揭牌成立，通过不断探索和完善，各项工作均迈入正轨，取得了可喜的成绩。全年处理破坏电力设施等违法行为 23 起，打击挂钩用电窃电行为 200 余起，协助调解电力事故 4 起，对全市范围内的 15 家违法麻石生产企业实施断电，对武广高铁沿线的违章建设用电户进行了及时处理。作为一个全新的行政执法单位，电力和信息执法大队的成立为全市的电力行政执法工作开创了新局面，民用及工业用电秩序得到显著改善，电力事故发生率较去年同期下降了 40%，全市范围内的电力设施运行秩序井然。根据岳阳市帮扶办的指示要求，局帮扶办对园区 50 余家企业进行了帮扶情况调研，其中，41 家企业提出生产经营过程中存在流动招工难、资金紧张、周边关系难协调、企业负担过重等困难和问题 61 个，按照“分析问题找对策、共性问题抓培训、个案问题重帮扶”的工作思路，有针对性地提出对策，成功解除了现实问题，企业非常满意。

获得的部分荣誉

党员活动日

党的十九大精神宣讲会

汨罗市安全生产监督管理局

省局副局长罗德龙到汨罗开展专题讲座

省局领导督查汨罗安全生产工作

2017 年，市安监局在全力做好安全监管工作的同时，服从大局，积极主动，统筹做好各项中心工作。一是全力开展扶贫攻坚，将扶贫攻坚工作作为一项政治任务抓紧抓实，采取发展养猪、养牛的产业帮扶措施和社会捐助、捐资捐款等形式筹措资金 5.7 万元对联点帮扶的 13 户对象实行一对一资助，对因病致贫的扶贫帮困对象湛遥，局扶贫工作组通过建立“轻松筹”爱心项目，为扶贫对象募集善款近 5 万元，得到当地群众的深情感激。二是切实抓好平安创建，成立以局党组书记、局长为组长的安监局平安创建工作领导小组，召开专题会议进行安排部署，在全局上下深入开展综治民调问卷调查学习和“平安家庭”创建活动，通过民主评议，评选出平安家庭 6 户。广泛开展“大走访”活动，全体干职工按要求深入各自原籍村开展平安创建走访宣传，共走访农户 160 户。三是全力防汛抗灾，主汛期间，全局上下在坚守防汛抗灾一线，巡堤查险，参与抗灾的同时，周密部署，严格管控危险化学品、非煤矿山、烟花爆竹等高危行业领域汛期安全生产工作，夺取防汛抗灾的最后胜利。四是积极参与重点工程建设，局党组认真研究，精心安排，抽调 3 名工作经验丰富、年富力强的同志至市重点工程建设指挥部参与棚户区改造项目，为全市重点工程项目建设添砖加瓦，助力推进。五是全力配合烟花爆竹打非治违工作，按照市政府统一安排部署，抽调 3 名同志到市烟花爆竹打非办工作，其中执法大队大队长到市打非办任副主任，全力以赴开展烟花爆竹打非治违工作。

“最美安全卫士”演讲比赛

安全生产三大行动会议

《安全生产法》宣传周活动

安全生产月“咨询日”活动

汨罗市畜牧水产局

局长　韩建中

2017 年，畜牧水产局深入贯彻落实中央、省、市农村工作会议精神，以大力推进养殖业供给侧结构性改革为主线，以绿色发展为导向，以结构调整为重点，以“减量提质生猪产业，壮大家禽产业，大力发展牛羊产业和名特优水产业”为方向，培育发展新动能，协调推进保供给、保安全、保生态各项工作，推动养殖业转型升级，加快建设现代养殖业。同时把加强党的建设和干部队伍建设贯穿全年工作始终，持续推进作风建设和反腐倡廉建设，切实履行党风廉政建设主体责任和监督责任，全面贯彻落实市委、市政府有关决定事项，狠抓政策落地、任务落实，重点打好畜禽养殖污染治理、动物疫病防控、质量安全监管持久战，非法捕捞狙击战，项目建设和精准扶贫攻坚战，圆满完成全年目标任务，取得显著成效。全市共创建国家级畜禽养殖标准化示范场 5 家，省级畜禽养殖标准化示范场 4 家，国家级水产健康养殖示范场 4 家；围绕提质增效、减量增收的目标，促进渔业发展由数量型向质量型转变，严控水库、湖泊投饵施肥养鱼，划定水产养殖禁（限）养区，发展名特优水产养殖；宣传引导推进养殖业投保工作，降低养殖户风险，2017 年已参保能繁母猪 6.5 万头，育肥猪 41.3229 万头。存栏生猪 88.1 万头，出栏生猪 190 万头、牛 4.96 万头、羊 2.21 万只、禽类 541 万羽，水产品 3.3 万吨。

局长韩建中带队考察水产养殖工作

“四帮一促”扶贫活动

党员活动日

养殖污染整治工作推进会

汨罗市人民防空办公室

党组书记、主任　陈炜

副主任　霍四光

副主任　许波勇

汨罗市人防办成立于 2007 年 6 月，系汨罗市政府序列正科级行政单位、国动委常设机构、人民防空工作主管部门，位于汨罗市屈原北路五号。现有干职工 31 名，设综合、指挥通信、工程、法规四个股室。该办切实贯彻执行国家有关人民防空的法律，法规、规章和方针、政策；结合地方实际，组织制定本行政区的人民防空的法规、规章并实施，编制城市人民防空总体规划、中长期发展规划和年度计划并实施，制定城市防空袭方案和各项保障计划；检查、监督城市重要经济目标的人民防空建设；指导协助有关部门做好防空袭专业队伍的组建、训练和综合演练。组织实施人民防空通信、警报网点的建设管理和人防指挥与通信战备值勤；收集研究敌空袭兵器、空袭特点、人民防空资料，传递空情、抢险救灾信息。协调人民防空工程的建设和维护，审核人民防空地下室建设规划；办理防空地下室易地建设、防空工程拆除的审批；负责人民防空工程建设质量监督，管理人民防空工程建设监理，负责防空地下室的设计核准和竣工验收。

防空知识宣传现场

人防工作汇报会

校园防空演习

发放宣传手册

汨罗市环境保护局

局长　柳才平

世界环境日宣传

2017 年，在汨罗市委、市政府和上级环保部门的正确领导下，汨罗环保持续推进环境整治，完成粘土砖、塑料、麻石三个行业整治，启动畜禽养殖门类加工行业整治、办理移送公安机关案件 35 起，行政拘留 17 人，办理行政处罚案件 209 件，移送法院强制执行 6 件，查封、扣押机械设备涉重、涉危物品 1064 处 63 项。汨罗区域环境质量持续好转，全年空气优良率达 85.8%，地表水质稳定保持 Ⅲ 类水质标准，顺利通过中央环保督察，该局先后获评“湖南省依法办事示范窗口单位”，省公安厅、环保厅“联合打击环境污染犯罪先进集体”，省环保厅“执法大练兵先进集体”。全年共收到中央环保督察组信访交办件 52 件，以及 8 月份中央环保督察组和湖南省委、省政府交换督察意见时交办的 10 个问题，省政府交办重点事项 4 个，岳阳市委、市政府督办中发现交办问题 4 个，合计共 70 个问题。针对中央、省、市三级交办的问题，该局以最大的政治忠诚，以最坚毅的态度，克服困难，排除阻力，以 100% 的办结率、100% 的问责率、100% 的约谈率办结中央环保督察交办 52 个信访件。在环保压力大、基础薄弱的情况下，以背水一战的决心，持续推进环保整治，最后顺利通过中央环保督察的“国考关”。中央、省、市交办的 70 个问题中，全部办结 66 件，还有 4 件正在按“一个问题，一个市级领导，一套班子，一个方案，一抓到底”的方式推进，紧扣时间节点完成任务。

市长朱平波督查汨罗镇环境保护

专项整治行动动员大会

全省污染防治攻坚战电话会议

联合执法

汨罗市规划局

局机关党员干部到廉政教育中心参观学习

局长李建平带领党员干部义务除雪

2017年，市规划局认真贯彻落实市委、市政府工作部署，始终按照“更高品质”的工作要求，充分发挥规划引领作用，不断开拓规划思路，扎实履行规划职能，圆满完成各项工作任务。该局在城市总体规划的框架下按照“科学前瞻、特色鲜明、无缝对接”的工作要求，结合项目建设，扎实推进规划编制。在城市规划上，启动并完成了汨罗市城市总体规划实施情况评估工作；在专项规划上，完成了城区医疗、教育专项规划编制工作；完成汨罗市新型墙体材料布局专项规划编制；在片区规划上，启动并完成城南商圈、高泉活力新城和武广高铁新城的城市设计和规划编制工作，参与启动了工业园总体发展规划的编制工作；在镇村规划上，启动并完成了市域集镇布局规划的编制；完成了神鼎山镇、三江镇镇域村镇布局规划、镇区规划、集镇规划的编制，其中神鼎山镇的三个规划成果通过规划委员专题会议审议；启动了长乐镇、川山坪镇、白水镇等新一轮乡镇区划调整后的规划编制工作；完成了弼时镇湄江村村庄规划和长乐镇长新村、新市镇新书村传统村落保护规划编制工作；完成了长乐故事小镇概念性规划、长乐故事文化园修详规划编制；在项目规划上，完成了风光带及沿江大道提质改造、新市古镇仿古街、西入口、湄江路东延线、棚户区改造、屈子生态湿地公园、国际广场、金泽酒店、诗歌小镇、龙舟酒店、老年活动中心等项目规划。

盛腾西湖首府设计评审会

迎接岳阳市控建拆违检查

高泉活力新城全景

鸟瞰长乐故事广场

汨罗市河道砂石综合执法局

2017 年，汨罗市河道砂石综合执法局将河道采砂安全作为重点工作，严格落实“一岗双责”，切实打牢安全工作基础。该局组织成立由湛益任组长，王军任副组长，王恒专抓，各组室负责同志为成员的安全领导小组，明确责任、签订责任状，层层抓落实。每周召开例会和安全小组会议，做好总结，并依据各组工作实际相继制定“安全生产十条禁令”“水上安全十有”“安全操作规程”“五不发航规定”“安全排查制度”“签单发航员职责”等。同时，通过电视台、网络、汨罗周刊等新闻媒体滚动播放河道采砂管理规定及水上交通安全法律法规，编发《安全工作半月谈》，现在已编发 94 期，并且在采砂船上、公务船上悬挂横幅，向船主、采砂业主及沿岸群众发放宣传资料近 500 余份，营造浓厚河道采砂安全生产氛围。创建微信湘汨公司群、市河道砂石综合执法局工作群，通过微信群聊，及时掌控各船只生产作业情况，加强信息沟通，强化监管，做到每日生产情况心中有数。制定值班表、巡查表，每日记录巡查排查日志、整理安全整改通知，详细归纳，建立一整套完善的安全生产台账。巡查和排查一般采取水陆并举、车船配合、巡查蹲守相结合模式，并依据各河段实际情况采取不同方式，制定巡查值班表，安排专人专车全天候轮流巡查排查值守，并积极与所属镇政府建立联防机制，确保安全巡查工作到位。制定安全生产月、打非治违、四大行动、百日攻坚等方案，研究制定船只漂移处置预案，对船只漂移和船上紧急逃生进行多次演练，做到有条不紊、有备无患。

市委书记喻文指导河道砂石禁采整治工作

市长朱平波带队调度河长制落实工作

局领导走访慰问贫困户

汨罗江湿地保护及河道砂石禁采专项整治行动动员大会

水上执法

采砂船集中检查

汨罗市总工会

省总工会领导调研汨罗基层职工之家建设

“春送岗位”招聘活动

“金秋助学”捐赠活动

2017年，在市委、市政府和上级工会的正确领导下，汨罗市总工会不忘初心、牢记使命，以落实市委重点工作与岳阳工会业务工作为目标，求真务实，开拓进取，在服务大局中提升工作水平，在推进改革中强化自身建设，在深入基层贴近服务职工中增强维权帮扶力度，较好地完成了各项工作任务。总工会以创建“工人先锋号”为载体，通过开展各类劳动竞赛和“职工大练兵、大比武”等活动为全市广大职工提高技能素质、展示风采搭建了广阔舞台，创建岳阳市级“工人先锋号”1家。在全市女职工中开展了“芙蓉标兵岗”创建和“芙蓉百岗明星”活动，积极推动女职工的建功立业活动，激发职工工作热情；组织全市劳模开展“传承红色教育弘扬劳模精神”活动，在汨罗电视台、汨罗时刻APP开辟劳模风采栏目对劳模的先进事迹进行宣传报道，充分发挥劳模的示范引领作用。开展“书香岳阳·为您读书”活动，夯实全民阅读活动战略部署，展示职工风采传递社会正能量。积极开展“安全生产月”活动、举办“最美安全卫士”演讲比赛等活动，增强职工安全生产意识，促使劳动保护工作扎实推进；组织技工代表参加湖南省“湘字号”传统工艺工匠竞赛和“巴陵工匠”岳阳选拔活动，天井千盏茶叶和屈原酒厂脱颖而出，代表岳阳市赴省参赛，同时联合市教育工会开展全市教职工乒乓球大赛，丰富职工活动，进一步展现劳动者风采。

红旗单位

“一户一产业”农民工培训工程

“冬送温暖”慰问困难职工

“夏送清凉”慰问环卫工人

中国国际贸易促进委员会汨罗市委员会

市委书记喻文、市长朱平波一行在党组书记张辉的陪同下到广东招商

副市长、循环经济产业园管委会副主任宋辉在会长曾灿陪同下参加河南国际贸易投资洽谈会

2017 年，市贸促会深入贯彻落实市第十次党代会精神，以“建设更高品质的生态文化活力汨罗”为目标，改革创新、锐意进取，全力抓好招商引资工作；优化平台、健全机制，借力做好贸易促进工作；牢记宗旨、创先争优，着力加强队伍作风建设；强化工作举措、加大工作力度，坚持“贸促”“投促”两手抓，较好的完成了全年的工作任务。贸促会紧扣特色资源、产业链条、重大项目千方百计招商选商，汇聚各方资源，整合各方力量，采取主要领导率团招商、敲门招商、以商招商、产业链招商等办法，以“三园一区”为主阵地，狠抓精准招商与项目建设。全年引进项目 78 个，合同引资 183.13 亿元，实际到位资金 58.16 亿元，全面完成招商引资任务。围绕再生制造等支柱产业，补链延链招商，集中签约项目 13 个，争取经阁集团选择汨罗，投资 15.5 亿元，分期建成年产 20.5 万吨高档建筑工业铝型材和 150 万平方米鲁班节能门窗幕墙项目，全面提升铝行业品质。突出汨罗粽子特色，建设粽子产业园，征地 1000 亩。组团赴江浙等地招商推介，与嘉兴湖南商会、寿哈食品签订战略合作协议和加工项目开发建设意向性协议。结合脱贫攻坚等任务，依托白塘镇水域广阔优势，引进中国电建集团中南勘测设计研究院有限公司投资 6.08 亿元，建设渔光互补光伏发电项目。同时，牢记宗旨、创先争优，着力加强队伍作风建设。上年 7 月份机构改革后，市委调整充实了贸促会主要领导，加强了班子建设。坚持民主集中制原则，坚持重要事项决策前通过集体讨论，不搞“一言堂”，完善《机关管理制度》《贸促会干职工绩效考核办法》等制度，注重职责与制度的学习、应用和落实，为进一步加强干部队伍自身建设和优化办事程序提供了思想和制度保证。加强了对规模企业的走访调研，与会员企业单位建立了紧密联系，着力推进了市外资引进力度和外向型经济走出去发展。

党组书记张辉带领招商小分队赴天津招商

融海能源、金风科技来汨罗考察座谈会

党员活动日

重大项目集中开工

汨罗市城市建设投资开发有限公司

走访慰问贫困户

汨罗市城市建设投资开发有限公司（市城市建设资金管理中心）成立于 2002 年 2 月 27 日，位于湖南省岳阳市汨罗市迎宾路 4 号注册资本人民币 323,504 万元。该公司主营筹建城市建设资金；负责对国有资产投资项目、城市建设投资项目及资金使用；国家开发项目投资的管理；国有土地和市政公用设施拍卖的咨询服务；保障房、安置房等安居工程项目的开发建设与管理；汨罗市人民政府依法授权管理的其他业务。截至 2017 年 12 月 31 日，公司经审计的总资产为 1,255,122.85 万元，总负债为 496,528.40 万元，所有者权益为 758,594.44 万元；2017 年度，公司实现营业收入 159,714.18 万元，实现利润总额 32,389.41 万元，实现归属于母公司所有者净利润 24,504.61 万元。2017 年，中央六部委 50 号文件和财政部 87 号等文件的相继出台，在信贷收紧、监管加强，融资压力增大的情况下，不断拓展融资渠道，创新融资方式，加强与银信部门的对接，较好的完成全年融资任务。全年通过银行贷款渠道融资签订合同金额 192250 万元，其中到位资金 153650 万元，尚有 38600 万元在 2017 年底到位，同时为应对国家信贷政策调整，公司建立融资项目库，加快项目整合及申报进度，结合银行信贷政策，有针对性的启动项目融资，确保完成全年 180000 万元融资任务。2017 年公司土地收储及出让工作均创历年之最，全年共收储土地 16 宗，面积 931.3 亩；报批土地 17 项，共计 26 宗地块，面积 1437.9 亩；全年实现土地出让金收入 48510 万元。

党员活动日

扶贫工作推进会

签约现场

山塘路跨铁路线桥

屈子生态湿地公园

汨罗市安居工程建设投资开发有限公司

汨罗市文化旅游产业发展公司揭牌仪式

妇女节活动

2018 年，汨罗市安居工程建设投资开发有限公司升级重组为汨罗市文化旅游产业发展有限公司。公司在董事长兼总经理周征及领导班子带领下，奋发图强、砥砺前行，取得了较好的成绩。其中，安置区建设情况：除已建成交付使用的茶园安置区一期外，目前在建和即将动工的保障房建设项目有窑洲安置区、茶园安置区三期和四期、大众北路安置区二期、屈子文化园安置区一期、西湖安置区二期、南托公寓式安置区等，建筑面积共 438530 平方米，安置房（保障房）2445 套。收储土地情况：收储土地合计 2257.72 亩，棚户区改造项目收储存量土地 137.87 亩、屈子文化园收储土地 1255.36 亩、城区收储其他土地 864.49 亩，暂无出让土地。规划工作情况：完成了大众北路安置区二期、电力局地块棚改房源小区、新市安置区规划方案评审，大众北路安置区二期、茶园安置区三期、茶园安置区四期、屈子文化园安置区 2 号、3 号、4 号地块施工图设计和网审，开展了百丈安置区、龙舟社区安置区、南江农贸市场、车站社区安置区前期规划设计工作，协作电力局、冶金机械厂地块、钢管厂地块的规划设计工作等。融资工作情况：在防范化解债务金融风险的严峻形势下，公司攻坚克难，抢抓政策机遇，截止到 2018 年 11 月，公司到位贷款资金 176600 万元，均为银行贷款，其中棚户区改造项目贷款 169700 万元，占比 96.09%，屈子文化园 2700 万元，文建投 2700 万元，借壳市建筑安装公司贷款 1500 万元。物业及广告工作情况：成立了弘安物业公司，完成了龙舟节、千人宴、《更有清流是汨罗》文学采风等各类大型活动的保洁、保安、综合服务等工作任务；自屈子文化园开园以来，弘安物业累计完成各类接待任务 267 起，安排观光车辆近千辆次未出现任何事故。

西湖公园安置区一期

南托还建式安置区

茶园安置区一、二期

施工中的茶园安置区三期

窑州安置区

汨罗市公路建设和养护中心

党委书记　游　清

汨罗市公路建设和养护中心，原名汨罗市公路局，2018 年 2 月份更名为建养中心。该中心成立于 1996 年，位于汨罗市泉水巷 7 号，主管公路的路基、路面、桥梁、涵洞、隧道、绿化、交安、房屋维修等大中修养护工程的机构，属纯公益性事业单位。目前，中心履行 221.42 公里公路管养职能，其中省道 2 条，县道 9 条；下辖公路管理所及 8 个公路站，其中京古塘站、白水站、市郊站为中心公路站；机关内设办公室、政工股、纪检股、财审室、安机股、工务股、工会、物业公司 8 个职能股室。现有干职工 196 人，其中在岗在职人员 130 人，离退休人员 66 人，中共党员 61 人。多年来，该中心本着“科学发展服务第一”的宗旨，按照“抓党建、强基础、带队伍、促工作、创一流”的总体思路，积极开展争先创优活动，全体干职工精诚团结、忠诚履职，公路工作取得了相当突出的成绩。目前，辖区内国省道优良率 90.662%、支线优良率 86.725%。近两年中心先后被评为“湖南省公路系统文明建设先进单位”“岳阳市公路系统综合目标绩效考核先进单位”“岳阳市精神文明建设先进单位”“岳阳市第六届富民强市模范单位”，岳阳市委市直机关工委“先进基层党组织”“汨罗市综合绩效考核红旗单位”等多项荣誉，其中白水中心养护站荣获“湖南省交通运输行业模范职工小家”“十佳养护站”称号。

省公路局副局长孔华调研汨罗公路建设

岳阳市公路建养中心党委书记、主任彭旅京在白水站调研

团结奋进的领导班子

对口帮扶双桥村

应急保畅红花桥

获得的部分荣誉

弼时镇

党委书记　吴艳平

镇长　张保林

省委副书记乌兰、副省长何报翔来弼时镇调研脱贫攻坚工作

“三一集团”梁稳根董事长一行来弼时调研产镇融合建设工作

市委书记喻文来弼时调研脱贫攻坚工作

市委副书记、市长朱平波来弼时调研脱贫攻坚工作

弼时镇，是岳阳和汨罗的南大门，紧邻国家级长沙经开区，京珠高速、107 国道横贯南北，距汨罗市区 40 公里，距长沙市 28 公里。全镇辖 17 个行政村，总面积 151 平方公里，总人口 5.7 万。弼时镇交通便捷，乡风文明，环境优美，境内有省首个跨市州合作的飞地园区，有 4A 级景区任弼时纪念馆，有玉池山省级风景名胜区，是省会长沙市民度假休闲的首选之地，素有省府“后花园”的美称。2017 年，弼时镇按照乡村振兴的“二十字方针”，深化农村改革，发展生态农业，加快土地流转，促进农民增收。不断壮大种植合作社，引进了丰和生态农庄、百果园、花香缘等农旅田园综合体；粮食生产成果喜人。高产创建示范片通过省市验收，扶持大户 56 户，发展合作社 5 家，落实双季稻种植面积 25800 亩，推广绿色高产示范水稻 2000 亩，推广稻田秸秆腐熟技术 18750 亩；积极开展“秀美村庄”“文明屋场”评选活动，严格执行“户分类、减量、就地消纳处理”，大力推行三格式垃圾池，通过组织 2 个专业公司管镇区、130 多名保洁员管大面，弼时的环境卫生有了较大改观，整体水平得到显著提升，湄江村喜获岳阳市“美丽村庄”称号；生态保护顺利接受省环保督查，辖区内 4 家粘土砖厂、5 个万头猪场全面关停，52 家麻石加工企业已全部关停。同时，“空心房”整治、村民规范建房、土地确权发证、河长制、林业、水利、畜牧等各项工作都取得了较好成绩。

弼时纪念馆

玉池山风景

罗江镇

党委书记　倪 勇

镇长　于 法

罗江镇位于汨罗市区东北角，罗水汨水在境内汇流成江。107 国道、京珠高速东线、京广高铁均在镇域内，交通十分便利。域内共有 14 个行政村，辖 617 个村民小组，总人口 6.2204 万人，域内农产品丰富，民营经济活跃。罗江镇党委政府紧紧围绕“环保立镇，生态兴镇”，打造汨罗城市后花园，建设美丽新罗江这一主题，团结和带领全镇人民，以全面加强党的建设为引领，求真务实，埋头苦干，各项工作取得可喜的成绩。完成红花山村边界跨罗江村境内 2.7 公里拓宽改造工程；加华牛业基地周边通组路拓宽、硬化等项目工程，共计拓宽、改造、硬化近 10 公里；与黄花机场集团正式洽谈，拟在天井片区建设飞行体验基地；引入浙江商人建造花海，一期 500 亩已经正式启动建设，预期 3–5 年内打造万亩花海；于 11 月底前全部全面完成村级综合服务平台建设，并搬入办公；启动“红花山，天井峰”旅游开发，正与有资质、有实力的旅游投资公司全面接洽，着手进行规划设计。脱贫攻坚关系民生福祉，坚持动态管理，扶真贫、真扶贫。下猛药，出重拳，开展扶贫攻坚战。集中整改突出问题。组织驻村帮扶单位、联包村干部、村负责同志，对 982 户 3332 人信息全面核对，对系统内拼户、拆户、四类对象等其他不符合条件的对象全部清理，对符合条件未录入的全面摸底录入。共甄别不符合贫困户标准对象 491 人，其中个体工商户 16 人、小汽车户 155 人，其他识别不准对象 320 人。新识别贫困户 127 户 407 人。全年农村低保和精准扶贫双线合一，对农村低保重新评议，14 个村全部按程序完成低保评议、进行公示、纳入社会救助。

副省长隋忠诚到罗江镇检查河长制工作

省农业委主任袁延文到罗江镇检查人居环境整治工作

岳阳市长李爱武到罗江镇检查空心房整治工作

市长朱平波指导夕揽洲田园综合体建设

大　荆　镇

党委书记　郭永恒

大荆镇地处汨罗市北部，107 国道、京珠高速、京广高铁穿行南北，辖 8 个行政村，257 个村民小组，总面积 83.2 平方公里，总人口 2.8 万余人。域内农业发达，物产丰富，交通便捷，经济活跃。2017 年，大荆镇党委、政府坚持稳中求进总基调，按照市委提出的“向更高品质的生态文化活力汨罗建设坚实迈进”的总思路，团结和带领全镇广大干群，聚精会神抓党建，一心一意谋发展，全镇呈现出经济社会健康发展的良好态势。抓好平安创建工作，与派出所的协同作战，坚持每晚到村巡逻，认真开展大走访活动，以组为单位召开户主会，宣传平安创建工作，组织评定“平安家庭示范户”，上半年和下半年分别组织评定“平安家庭示范户”514 户和 1578 户，通过示范户带头，社会风气明显的好转。抓好打非治违工作，建立健全制度。成立以镇长为组长的打非治违工作领导小组，下发《大荆镇烟花爆竹领域打击非法生产运输储存经营清剿行动工作方案》《大荆镇烟花爆竹打非攻坚实施方案》，健全工作台账和工作日志。加强宣传，出动宣传车 50 多次，在全镇范围内进行打非宣传，在各村、各组醒目位置悬挂横幅、张贴红纸标语，在国道建立 60 米的打非宣传栏，以组为单位组织召开打非治违工作会，每组评选一名信息员，做到打非治违工作家喻户晓。全年共清缴烟花 628 箱、鞭炮 1276 挂，同时，积极发挥信息员的作用，规定每村每星期一上报、每月一总结巡查情况，通过扎实开展行动，全镇基本肃清违法生产、经营烟花爆竹行为，确保广大群众生命财产安全。2017 年度打非治违工作位列全市第一名的优异成绩。

云溪区领导考察大荆镇

市易地扶贫搬迁项目集中开工仪式现场

送法下乡活动

湖南盈田米业

湖南基荣木业

古培镇

党委书记　闵庆丰

镇长　郑　丰

古培镇位于汨罗市南郊仅 1.5 公里，全镇总面积 78 平方公里，辖 8 个行政村，408 个村民小组，总人口 34302 人，耕地面积 43485 亩，水面 8000 亩。境内有中型水库 1 座（汨罗水库），小Ⅰ型水库 2 座（关山水库、金鸡水库），小型水库 17 座，高标准山塘 300 余口。全镇以丘岗、山地为主，气温、雨量适宜，属典型的亚热带气候，镇内高岭土、陶土资源丰富，盛产优质稻米、蔬菜、瓜果、特种水产品、木材和鲜鱼、牲猪、土鸡等各种农副产品。现有初级中学 2 所，小学 6 所，幼儿园 5 所，在校学生 2500 余人，在编教师 220 人。2017 年全年财政总收入 4067 万元，含国税 766 万元，地税 613.5 万元，全镇人均收入达 12595 元。2017 年，镇党委政府提出建设实力、文化、美丽、平安新古培的构想，全力抓好经济社会建设各项工作，保持了经济社会平稳较快发展。古培历史悠久，风景秀丽。晚清文化名人彭峨，民国时期著名革命进步人士仇亮、仇鳌均诞生于此；境内东侧岳峰山电视塔如巨臂擎天，与镇中汨罗水库旅游风景区遥遥相望，相映生辉。近年来，在市委、市政府的正确领导下，紧扣发展主题，紧贴古培实际，紧跟时代步伐，紧紧围绕“实力、文化、美丽、平安古培”建设的发展思路，古培镇经济实力快速增长，农村面貌明显改观，社会和谐程度大幅提升，党的建设不断加强，人民幸福感显著增强。

市委书记喻文到敬老院陪同老人过春节

市长朱平波视察指导工作

大学生暑假当“村官”

耕文化陈列馆

白　水　镇

省委副书记乌兰调研白水镇供销合作社改革工作

岳阳市长李爱武调研白水镇西长村建设工作

镇区九牛龙公园夜景

西长四季花海航拍全貌

2017 年，白水镇在汨罗市委、市政府的正确领导下，坚定信心，转变作风，务实奋进，在转型升级中实现了质量、效率同步提升；在改革创新中实现了动力、活力不断增强；在协调发展中实现了环境、民生持续改善。镇域经济增量提质，全面小康扎实推进，生态文化活力白水建设迈出坚实步伐。凭借“吃得苦、霸得蛮、扎硬寨、打硬仗”的拼劲，较好的完成了市委、政府下达的各项工作任务，得到了省、市的充分肯定和全镇干群的广泛认可。在全市三级干部大会上，白水镇获评了全面建成小康社会专项奖，荣获移风易俗工作、信访工作、人口计生工作先进单位，信访工作、国家安全与反邪教工作两个单项均为全市第一。西长村党总支荣获“汨罗市先进党总支”，虞红超、宋兵权两位同志获评“汨罗市优秀党组织书记”。2017 年，白水镇获评岳阳市“安全生产先进单位”、岳阳市“市级文明村镇”称号、岳阳市“2017 年计划生育基层群众自治示范乡镇”荣誉称号。顺利通过省卫生乡镇检查验收，获评“湖南省卫生乡镇”，西长村、三星村荣获“湖南省卫生村”的荣誉称号。

西长村四季花海一角

西长村彭家组

白塘镇

党委书记　李鲜艳

镇长　郭阳平

市委书记喻文考察双河坝环境保护工作

党委书记李鲜艳调度“路域整治”行动

白塘镇位于汨罗江北西北角，东邻桃林，西接洞庭，水路、陆路交通便利，全镇9个行政村，272个村民小组，总人口2.9047万，是一个十分典型的鱼米之乡。2017年，紧紧围绕建设更高品质的生态文化活力汨罗这一目标，带领全镇广大干群团结一心、攻坚克难，各项工作进展顺利。一是经济运转平稳向好。确立“建设富饶美丽幸福新白塘”的工作要求，狠抓财税收入。完成国地税1257.1万元，占全年任务的111.2%，引进各类资金2200余万元，确保各项工作的正常开展。二是项目建设稳步推进。坚持大力引进项目，加快全镇基础条件的改进。投资600多万元的南联学校等教育改造项目、垃圾中转站项目；投资6.2亿元的渔光互补光伏发电项目成功落户，开工建设；1140亩土地占补平衡项目已经完成建设。这些项目的落地建设，将有效改善全镇基础设施条件，并带来可观的经济效益，提供强劲的发展动力。白塘镇是汨罗市唯一的湖区乡镇，辖磊石垸、松柏垸、双河坝垸三个万亩大垸，一线防汛大堤长22509米，有28个防汛值守点，保卫着7万余人的生命财产安全。2017年遭遇98年以来最大的洪涝灾害，党政干部坚持靠前指挥、压实责任，不惜一切代价，充分调动广大党员、群众共同参与，全面实现市委、市政府提出的“两个确保”的目标，被评为岳阳市防汛抗灾工作先进基层党组织，岳阳市防汛工作先进单位。

防汛大堤设立临时党支部

“碧水行动”清理房前屋后垃圾

川山坪镇

党委书记　李尚兵

镇长　颜念龙

川山坪镇位于汨罗市西南端，2015 年 12 月由原川山坪镇、原高家坊镇以及原玉池乡的五个村合并成立，共辖 16 个村，总人口 6.08 万人，总面积约 150 平方公里。全国大动脉京广复线贯穿其间，境内公路网织，东接 107 国道，南通长沙，西达湘阴，北抵岳阳。2017 年在市委、市政府的坚强领导下，面对特大洪涝灾害的不利影响，面对国家宏观经济发展的新态势，面对从严治党的新要求，全镇上下团结一致克难奋进，顶住压力砥砺前行，有效保障和推动全镇经济社会的快速发展。2017 年全镇实现社会总产值 40325 万元，增加 8.8%；农民纯收入 14152 元，增加 17.9%，全镇全年税收保持在 950 万以上，社会固定资产投资、社会消费品零售总额均保持较高的增长速度，全镇经济实力稳步增强。2017 年川山坪镇荣获汨罗市红旗单位、落实党风廉政建设主体责任先进单位、监督责任先进单位、综治工作先进单位、人口计生工作先进单位、统战工作先进单位。

岳阳市委书记刘和生调研川山坪镇金门坝安置区

市委书记喻文到川山坪镇指导精准扶贫工作

突发性地质灾害避险演练

麻石转型升级工作整治现场

党委书记　仇文娟

镇长　黄光大

三江镇

三江镇位于汨罗东北部，十古公路贯穿全境，具体来说有“四个三”：一是三乡合并。它由原八景、智峰、三江合并而成，面积134平方公里，山林面积近17万亩，耕地面积2万亩，拥有中型水库2座，小二型水库13座，小一型水库1座，全镇辖8个行政村，总人口32000余人。二是三县交界。它毗邻平江县、岳阳县，交通地理位置重要，是汨罗的边贸重镇，其中花桥集镇远近闻名。三是三江汇聚。有三条江，罗江、梅江、川江纵贯全境，三江会合处在十全村。四是三洞并立。它有三个洞，兰家洞、八景洞、向家洞，它们如三颗明珠镶嵌在三江大地，成为三江镇的宝贵财富。

三江镇虽为偏远乡镇，但在汨罗具有重要的战略地位。它既是汨罗的“清新之肺”“饮用水水源地”，也是汨罗的“爱国主义教育基地”“易地扶贫搬迁主战场”。今年，三江镇在市委市政府的坚强领导下，认真贯彻落实省市系列会议精神，牢固树立创新、协调、绿色、开放、共享的发展理念，主动把握适应引领经济发展的新常态，紧紧围绕建设“特色森林小镇，打造油茶之乡”的目标，聚焦“山水美镇、生态绿镇、历史名镇、边域强镇”四张名片，全力推进秀美三江、活力三江、文明三江、幸福三江、平安三江、诚信三江“六个三江”建设。

党委书记仇文娟带领班子成员到平江县梅仙镇参观学习

岳阳市副市长唐文发调研八景村产业扶贫工作

八景烈士陵园烈士纪念日公祭活动

八景洞天

镇域航拍

汨罗市营田办事处

营田办事处是汨罗市人民政府的派出机构，位于汨罗市西部湘江河畔，地处三县交界，辖航运、新港两个社区和芦苇场，总面积101.6平方公里，共有居民3859人。在汨罗市市委、市政府的领导下，依据法律法规在辖区范围内行使基层政府职能，主持本辖区的行政工作。主要职能是：市政管理（对辖区内的市容、交通、环境保护、卫生绿化、防汛排渍等进行领导、监督、检查和制约），经济管理（对辖区企事业单位的发展方向、计划安排、经营管理进行检查、监督，促进其健康发展），民政管理（负责社区居民委员会的建设工作，负责辖区生产救灾、社会救济，居民最低生活保障、残疾人保障等社会保障工作，负责婚姻登记、殡葬改革等工作），司法管理（进行普法教育、民事纠纷调解和提供法律咨询服务，确保辖区平安、稳定），人口管理（控制人口增长，提高人口素质。加强流动人口管理和扩大就业）。2017年，营田办事处党委深入贯彻落实党的十八大及十九大会议精神和习近平总书记系列讲话精神，围绕市委提出的“建设更高品质的生态文化活力汨罗”工作目标，紧扣“一心一意谋发展，聚精会神抓党建”两条主线，统筹做好抓发展，保稳定，转作风，惠民生各项工作，扎实开展“两学一做”常态化、制度化学习教育，抢抓机遇、团结一致、尽心尽责，在保障辖区平安稳定的基础上，优化干部作风，提升社区宜居环境，创新党建思路，保障民生投入，繁荣群众文化，办事处各项工作积极向前推进。

党委书记　江永红

主任　高攀

抓党建攻坚结对帮扶工作推进会

党委书记江永红讲党课

民主生活会

扶贫助学捐赠活动

航运社区居委会

棚户区改造居民安置小区“江锦家园”

汨罗市自来水公司

总经理　朱建辉

2017 年，汨罗市自来水公司在上级及社会各界的关心、关爱、关注下，公司秉承“团结、务实、创新、奉献”发展理念，不断深化改革，强化管理，围绕“制好水、供好水、服务优”为己任，确保安全优质供水，满足用户供水需求，提高服务质量，取得了良好的社会效益和经济效益。公司作为市级公益类企业，以盲区供水工程为龙头，搞好管网延伸工程，提高供水覆盖率，不断满足城乡居民用水需求，2017 年新铺设 DN110 以上管道 35000 米，新增用水户 4596 户；加大投入，把好水源地保护和制水关，让城区人民喝放心水是供水人的责任；借助新技术、新平台，加强查抄、收费、客服等前台服务。公司以用户便利为工作的方向，以用户微笑为工作的目标，“以用户的口碑为工作的奖杯”的服务理念；勤维护、快抢修，针对城区管网运行年久，城区改造建设多的现状，2017 年，公司对供水抢修设备进行更换和添置，配备齐新的发电机、切割机、测漏仪、应急维修车等设备设施，提高应急抢修能力。全年突发性爆管达 1000 多次，都得到了及时处理；冰冻天气期间，公司全员行动，成立 10 个应急抢修小组，分区域进行管道及水表抢修，期间共更换水表 300 余块，更换水表玻璃 2000 多块，维修管道 200 余处。

精准扶贫党日活动

夜间抢修现场

V型滤池

反应沉淀清水池

曝气池

汨罗市就业服务局

局长　李申文

市领导考察人才招聘市场

就业服务局主要承担着区域间的劳务交流、协调劳动力有序流动工作；落实统筹城乡就业的政策措施；负责失业保险基金征缴、待遇审核发放及管理工作；负责失业人员的登记、调查、统计工作；开展各类培训和小额担保贷款服务工作；为劳动者提供政策咨询等服务；承办上级部门以及领导交办的其他工作。2017 年，就业服务局在市委、市政府正确领导下和上级业务部门的精心指导下，紧紧围绕扩大就业和促进就业两大主题，坚定不移地实施更加积极的就业政策，不断完善就业服务体系，扎实做好各项工作，全力推动就业工作再上新台阶。城镇新增就业人员 5483 人，占目标任务 5225 人的 105%；失业人员再就业 3380 人，占目标任务 3200 的 106%；就业困难对象再就业 1158 人，占目标任务 990 人的 117%；积极联系帮助“零就业”家庭，全面实现动态清零；新增农村劳动力转移就业 5236 人，占目标任务 5210 人的 101%；失业保险参保 26052 人，占目标任务 26000 人的 101%，征缴失业保险金 449.7 万元，占目标任务 370 万元的 122%；完成各类培训 3822 人，占目标任务 3750 人的 102%。其中创业培训 360 人，占目标任务 350 人的 103%。贫困家庭“两后生”技能培训 82 人，占目标任务 80 人的 103%；发放小额担保贷款 261 户，发放金额 2212 万元；新增创业主体 3573 户，带动城乡就业 5879 人；城镇登记失业率控制在 3.89。

“四海揽才”招聘活动新闻发布会

人才招聘市场

创业培训班开班

招聘现场

汨罗市工伤保险基金管理服务中心

岳阳市局领导督查汨罗工伤保险工作

安全生产月活动

汨罗市工伤保险基金管理服务中心成立于2004年11月，位于汨罗市城南巷，是汨罗市人力资源和社会保障局的下属事业单位，现有在岗职工12人。2017年度参保人数已达到38595人，全年征缴基金1555.9万元，支付各类工伤保险待遇1078.9万元。汨罗市工伤保险中心连续4年在全市范围内企业实地举办培训班，全年共有中天龙舟等6家单位近500名职工参训。随着高温季节的来临，工伤保险中心向参训企业赠送防暑降温药材；鉴于近年来涉及交通事故工伤案件居高不下，发放并粘贴交通工具反光条，力争通过上述措施降低事故发生率。积极参加安委会组织的各项宣传活动，在活动现场发放宣传资料，宣传工伤保险有关政策，耐心解答群众提出的问题，力争通过类似活动提高全民安全素养和安全意识，防患未然，做好安全事故预防工作，给人民群众生命安全提供充分保障。2017年6月，由安委会组织在全市范围举办“最美安全卫士”演讲比赛，该局作为承办单位之一，全程参与，积极组织，精心准备，取得二等奖的优异成绩。为了给参保单位提供快捷、方便的服务，保证参保人员异动信息和工伤事故申请的及时和准确，全面提高办事效率，进一步规范工伤保险业务经办程序，工伤保险中心举办工伤保险业务网上申报培训班，共有90多家参保企业参加。培训班分别就基金征缴、工伤申报、人员增减异动网上申报和工伤事故快报网上申报进行讲座。通过培训班，给我市工伤保险业务网上申报工作的启动打好了坚实的基础，同时也给参保单位业务的办理提供了精心的指导。

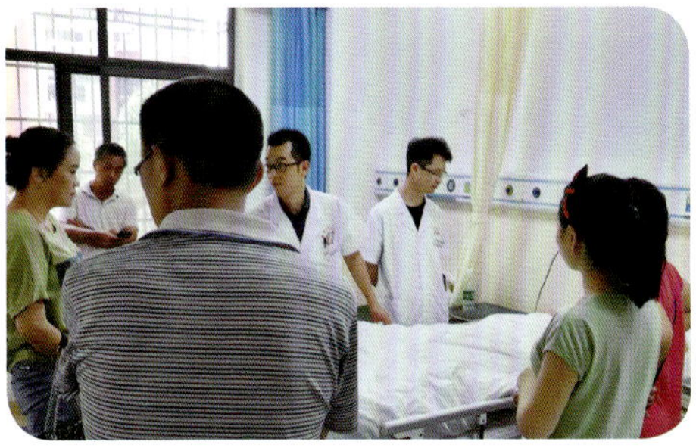

关爱老工伤人员

向参保企业赠送防暑药品

举办工伤保险业务网上申报培训班

开展工伤事故预防和急救处理知识讲座

汨罗市公安局交通警察大队

省交警总队政委杨能到汨罗城区中心岗检查交通秩序

市委书记喻文督导春运

全面深入贯彻落实省厅“两加强两提升”“五标准五工程”警务战略，积极落实建设更高品质的生态文化活力汨罗战略部署，坚持“以制度管人管事管物实现政通，以队伍调优调强调活达到人和，以中心工作推进创造满意”，以预防和减少交通事故为中心，紧紧围绕“降事故、保安全、保畅通”的工作目标，敏锐感知，主动作为，为建设“平安幸福汨罗”打造良好的交通安全环境。全年全队共接处警6133多起，处理各类道路交通事故7368起，查处各类交通违法109611起，行政拘留168人，刑拘56人，逮捕16人，查获酒驾112人。全大队绩效评估工作位列岳阳市县级交警部门前列，创新推出的疑难道路交通事故处置“三三”工作法被省厅和公安部推介。大队党总支始终按照市委党建工作思路，围绕“支部建设年”主题，着力加强“组织建设、班子建设、队伍建设”三个基础，党员的先锋模范作用得到进一步发挥。大队领导和中队负责人实行党建工作“一岗双责”，一级带着一级干，一级做给一级看，形成上下联动，层层抓落实的工作局面。大队长、教导员和其他大队领导与分管单位负责人谈心，队属各单位和支部负责人与党员谈心，形成良好的党建氛围。年初，大队党总支召开党建工作专题会议，将每季度一次党建会议、一次民主生活会议、各支部每月组织一次党建活动作为具体的党建任务抓落实，总支班子成员每月坚持不少于3次到基层调研督导，健全各项党建工作制度，方便开展党建活动和对党员进行教育管理。

除冰保畅

龙舟节安保

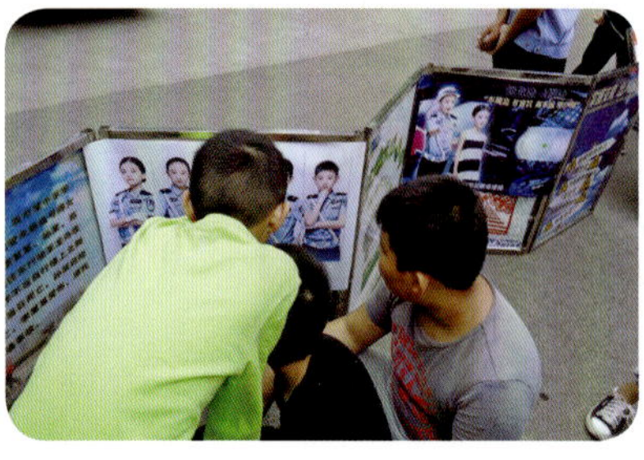

交通安全宣传进校园

交通安全宣传资料发放现场

雨中保障交通安全

汨罗市公安消防大队

2017 年，全市消防工作始终围绕服务经济社会发展“一条主线”，坚持以预防和遏制重特大火灾事故发生、稳控全市消防安全形势为目标，紧扣“十三五”发展机遇，将消防二站建设、消火栓增设、主战消防车添置和消防宣传外包服务纳入政府重点工程项目，凝心聚力、攻坚克难、真抓实干、砥砺前行，有效夯实城市消防基础建设。全年未发生一起较大以上火灾事故，确保全市火灾形势持续平稳。健全完善战斗力生成体系，立足灭火救援需求，推动全员练兵，全年共接警出动 688 次，出动官兵 6691 人次，出动车辆 1092 台次，抢救被困人员 106 人，疏散人员 559 人，抢救财产价值 8000 余万元，同比 2016 年，接警起数下降 12%，出动次数下降 12%，抢救被困人员数上升 24%，疏散人员数上升 18%，抢救保护财产价值上升 31%，特别是成功扑救和处置了“2.27”荷塘街道正江村一人坠井、“3.17”京珠高速湘潭往长沙方向交通事故、“8.30”岳塘国际商贸城跳楼救援等险重任务；抗洪抢险期间，共参与处置抗洪抢险警情 61 起，出动官兵 363 人，营救被困人员 41 人，疏散被困人员 200 余人，并出色完成中马 u-22 国家队男子足球赛、金阳水果博览会、湘潭中心大融城开业庆典、湖南·湘潭动漫嘉年华暨首届旅游节、岳塘市“庆祝第 33 个教师节暨第三届‘米兰奖’”颁奖、省委宣讲团党的十九大精神宣讲报告会及政府拆违现场安保等 28 余起消防执勤保卫任务。

民主生活会

消防工作调度会

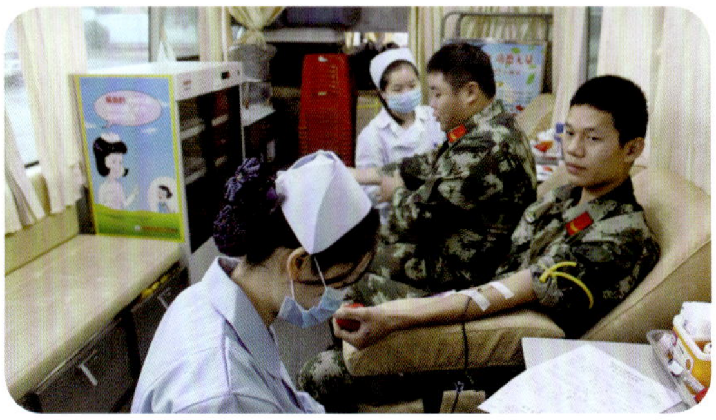

义务献血

日常训练

消防安全进校园活动

疏散被困群众

汨罗中队器材室

汨罗市农村公路管理所

班子成员会议

2017 年，汨罗市农村公路管理所在上级部门的正确领导下，围绕年初制定的工作目标，明确工作职责，强化安全意识，稳步推进农村公路各项工作。全市现有农村公2122.001 公里，其中县道 222.906 公里，乡道 688.617 公里，村道 1210.478 公里。农村公路窄路加宽计划 17.97 公里，实事考核任务 11.2 公里 8 条路线，计划投资 481 万元，补助资金 270 万元。已经与有计划的乡镇签订合同，由乡镇具体实施，公路所负责资金拨付与质量管理。目前已经完成 2.711 公里，已达到月进度安排。农村公路安保工程计划 72.7 公里，实事考核任务 72.6 公里，计划投资 2178 万元，补助资金 726 万元。与中标公司签订施工合同，市政府出台相关政策。目前已经完成 10.9 公里，已达到月进度安排。深入贯彻习近平总书记关于农村公路重要批示精神，大胆探索，勇于实践，精心谋划，周密部署，念好农村公路“建、管、养、运”四字诀，坚持建好路，做好扶贫攻坚“先行官”；管好路，做好群众安全“守护神”；养好路，做好乡村环境“美术师”；运营好路，做好社会发展的“引路人”，为创建省级“四好农村路”示范县，努力争取财政资金年内分别在屈子祠镇、白水镇着重打造三十公里以上的示范路，通过示范带动全市农村公路新一轮的提质改造。进一步加大农村公路管养力度，加强重点路段的日常养护，对出现的病害路段及时进行处理。对管养的县道进行路基除草、水沟清淤等养护工作，养护里程 150 余公里，完成梅仁线排水涵洞的重建和广培线一处挡土墙的新建。目前为止，已投入养护维修资金 200 万余元。

市领导调研交通行业扶贫公路建设

市交通运输局长李德君调研四好农村公路建设

贫困户核评调查建卡

红星云总结讲评活动

汨罗市城市公共汽车公司

市长朱平波视察工作

新能源公交首发仪式

汨罗公交成立于1992年，自2011年归市交通运输局管理以来，公交品味大幅提升。2017年市人民政府第九次常务会议，会议通过汨罗市启动公交运营体制改革方案。

在市委，市政府领导的高度重视和大力支持下，市交通建设投资有限公司投入近6000万元，用于公交运营体制改革，由过去的“私车私营”转变为政府行为的“公车公营” 模式，将过去个体户挂靠公司经营的高排放83台公交车，统一解除经营承包合同，统一收购，同时一次性购置零排放纯电动公交车81台投入运营，当前已开通公交线路10条。

全市绿色公交投入运营以来，公司严格按上级要求所有车辆实施语音报站；在车厢内安装多个摄像头，全方位监控，确保旅客生命财产安全，同时对全市65岁以上老年人、现役军人、残疾人等特殊群体实行不限趟次的免费乘车；15周岁以下的学生实行半票价优惠乘车；充值卡刷卡、微信扫码支付等多元化支付方式乘车，方便市民出行，办人民满意公交。

市交通局长李德君现场指导工作

公交停保场

新能源公交充电站

电动公交始发站

汨罗市新市自来水厂

汨罗市新市自来水厂位于新市镇新市老街社区一零七国道，建于 1993 年 10 月，1995 年 2 月正式投入使用，2013 年 12 月采用优质兰家洞水库的水作为水源，现规模为日供水量 20000m^3/ 天，采用曝气氧化 + 穿孔旋流絮凝 + 高效沉淀 + 气水反冲过滤的先进水质处理工艺进行处理，设备采用全自动化控制管理模式。水质检测各项指标均达国家《生活饮用水卫生标准》。近年来，新市自来水厂大力推动农村饮水安全工程建设，服务农民、农村、农户，2017 年新铺 ϕ75 以上主管 20km，2018 年计划新增 ϕ75 以上主管 20km 以上，将曾用户 2000 多户。新市自来水厂本着服务民生，竭诚为广大用户提供优良水质，优质服务。

湖北水司到水厂参观

过滤池

国家饮水安全项目标示牌

加氯间

配电室

汨罗市玉池国有林场

场长　许德琼

2017年，玉池国有林场围绕构建“绿色林业、生态林业、和谐林业、富强林业”这一中心，进一步强化服务意识；紧紧围绕“科技兴场，生态建场”的新思路，狠抓项目建设促发展、产业升级促发展，突出抓好营林生产工作不放松，真正做到青山常绿，后继有林。全年共完成新造珍稀阔叶林400余亩，成活率90%以上，且生长良好，完成中幼林抚育2000余亩，新修、开辟林道防火线5公里，维修林道25公里。全面完成国家木材战略储备生产基地项目建设。培育珍稀苗木红稠20万株，进一步巩固已建“赤皮青冈”“钩栗”种源繁育基地建设及推广等工作。进一步深化国有林场改革，围绕将玉池国有林场建设成为“森林资源丰富、森林景观优美、基础设施完善、管理科学规范”的“秀美林场”这一目标，累计投入资金200万元，将场部机关1.58公里主干道拓宽硬化至5.5米，配套完善道路避洪渠2.5公里，美化、亮化1.58公里，着力加大环境整治力度，打造居民休闲广场二个。以红稠种苗基地为核心，大力调整林种、树种结构，做大做强珍稀苗木种植培育基地，保护好《焠火成钢》拍摄基地，完善相关配套设施，继续抓好神鼎山玉池山核心景区建设，维护好资圣古寺、南岳行宫的正常运营环境。此举，进一步提升国有林场森林资源质量，保持森林生态系统的稳定性，森林景观的完整性，充分利用玉池林场的青山绿水，为打造玉池林场成为集宗教文化，影视文化和户外运动于一体的综合性“秀美林场”奠定了坚实基础。

省厅领导到林场调研珍稀树种赤皮青冈

机关支部联基层座谈会

走访贫困户

川西村脱贫攻坚研讨推进会

庆祝建党97周年活动

汨罗市桃林国有林场

省厅领导到桃林林场考察指导工作

指导农户抚育工作

2017年，桃林国有林场在上级林业主管部门的正确领导和支持下，坚持一手抓生产项目，一手抓安全维权，逐步推进基础设施建设工程，健全执行各项工作管理制度，贯彻“贵在行动、力求实效”的管理理念，充分调动全场干职工的积极性和主人翁精神，圆满完成各项工作任务。为切实贯彻落实林业厅关于建设“秀美林场”的决策部署，实现生态稳定、景观优美、设施完备的国有林场目标，林场坚持以“优化场区环境、打造核心区域、建设秀美林场”思路，按照先作整体规划设计然后逐步实施的理念，积极争引对口项目资金，2017年，先后完成场区入场公路白改黑、绿化、亮化工程、农电改造工程、架设路灯，对场部前水塘、进场公路、阔叶树种子园等区域进行改造和美化工程，稳步推进“秀美林场”建设工程。始终把综治工作放在重要位置，认真开展综治创建，搞好群防群治，广泛开展建设“平安林场”“和谐林场”的宣传活动，多次召开治安工作专题会议，成立专门治安维权小组。全场境内垃圾采取分片包干方式，分为5个组，加班加点，组织人员、机械进行全面彻底清理转运，统一转运到新市垃圾场。对重点区域，设置62块固定警示牌，入村入户张贴、发布1000余份宣传公告。与桃林寺镇及周边6个行政村联合召开协调会，形成共识，共同守护林场一方净土，坚决维护林场权益。

参观胡耀邦胡居

党员活动日

林场日常维护工作

生产抚育现场

汨罗市殡葬管理所

所长　周跃雄

汨罗市殡葬管理所负责全市殡葬法规执行情况的监督、检查和对违反殡葬法规行为的查处，开展相关业务培训，贯彻殡葬改革方针、政策，推进全市殡葬改革与殡葬法规宣传，管理殡葬事宜。为进一步加强殡葬管理工作，加速殡仪服务回归公益性进程，树立丧事简办、文明祭祀新风尚，岳阳市出台《关于推进全市殡葬改革工作指导意见》。7月21日，汨罗召开殡葬改革工作座谈会，贯彻落实文件精神，深入分析汨罗殡葬改革工作现状，安排部署殡葬改革工作任务。会上，各乡镇、部门负责人汇报殡葬改革情况，并结合全市殡葬改革现状提出意见和建议。会议要求，各乡镇要加强农村公墓建设，合理确定公墓的数量和规模，配合部门做好项目选址、申请、建设等工作；要强化城市殡葬设施建设，成立殡仪馆改制工作、千秋福园专项工作班子，切实转变殡仪馆企业化运作模式，解决火化区人员安葬问题；要全面推进丧事简办礼俗改造，规范丧事办理方式、规模，严格殡葬执法管理；要开展“三沿六区”乱埋乱葬专项整治行动，分类治理豪华墓、祖坟山等，并依法查处阻碍殡葬执法、寻衅滋事等违法行为。

殡葬改革工作座谈会

新义村集体迁坟入公墓

万福园

武夷山村公墓

厚德精医 求索致远

——汨罗市人民医院

汨罗江畔，物华天宝，人杰地灵，润育着一座现代化的综合医院——汨罗市人民医院。记忆的底片定格在公元 1966 年，汨罗市人民医院在这一年诞生，揭开悬壶济世，救死扶伤的篇章。今天的汨罗市人民医院，已发展成为一所学科配套、设备完善、技术力量雄厚，集医疗、康复、教学、科研于一体的综合性二级甲等医院。

医院占地 40 亩，建筑面积 40000 平方米，编制病床 725 张，现有职工 877 人，专业技术人员占 88%，其中高级职称 71 人，中级职称 223 人，设置 23 个临床科室、14 个医技科室，是中南大学湘雅医院双向转诊定点指导医院、省人民医院临床指导医院。医院拥有美国 GE1.5T 磁共振，进口第二代 64 排 128 层西门子螺旋 CT、西门子 DR、西门子四维彩超、飞利浦彩色超声诊断仪、奥林巴斯全自动生化分析仪、进口电子胃镜、肠镜、阴道镜、宫腔镜、腹腔镜、利普刀、输尿管镜、膀胱镜、前列腺电切镜、碎石机、鼻窦内窥镜、十二座高压氧、眼科中心日本 NIDEK 超声乳化手术系统、莱卡手术显微镜、拓普康数码裂隙灯显微镜及眼底荧光造影照相技术、激光治疗仪、尼德克非接触式眼压计、光大 A/B 超等，为医院的发展打下坚实基础。医院大力实施“人才兴院”战略，从各大知名院校引进研究生 11 名，本科毕业生若干名，并派遣多名技术骨干赴湘雅集团、省人民医院、省肿瘤医院进修学习，采取“专家指导，选送进修、外出交流、业余自学、院内培训和学术交流”等多种形式，塑造了一支医德高尚、技术过硬，服务优秀的医疗技术团队。

医院五官科开展超声乳化白内障手术，抗青光眼手术、眼底病综合治疗、鼻内镜鼻窦外科手术等；创伤骨科开展全髋关节置换术、断肢再植、皮瓣转位及移植手术等；脊柱外科开展椎间孔镜微创手术治疗椎间盘突出症和老年骨质疏松性压缩性骨折的椎体成形手术等；肝胆胃肠外科除普通手术外，开展经皮肾碎石取石术，输尿管钬激光碎石术、经尿道前列腺电切、膀胱癌根治、胃结肠直肠癌根治、乳腺癌根治等、以及胆囊腹腔镜手术；泌尿外科开展经皮肾镜钬激光碎石术，经尿道前列腺电切术等；产科开办孕妇学校，对不同时期的孕妇进行产前教育，开设产后康复中心、儿童保健中心；妇科开展妇科肿瘤根治术及腹腔镜子宫切除手术、经皮椎体成形术等；内科对心血管病、脑卒中、糖尿病、老年病以及疑难病症的诊治水平居本市领先地位，特别是心血管内科承担的国家十二五项目（H 型高血压比较效果研究）开启医院参加国家级项目的先河。医院不断强化服务意识，设立“优质护理服务示范病房”，医院护理团队率先在汨罗地区开展医院 6S 精细化管理服务，以整理、整顿、清扫、清洁、安全、素养为核心，全面提升医院护理质量，更好的服务于群众。自助缴费、费用查询、预约挂号、前台导诊、中心呼叫等系统服务，处处彰显着对病人无微不至的人文关怀，医院不断履行着“心系社会，真情为民”的医疗承诺，每月委派医疗专家下乡义诊，每年都开展为困难群体捐赠活动，以实际行动履行社会责任。“修医德、铸医魂、强医能”，这是继汨罗市人民医院与 2017 年顺利通过“二甲”医院复审工作后，以朱德军院长为首的院领导班子对全院提出的新要求。院领导及所有行政职能部门负责人每周一例会，汇总解决临床所需事项及布置一周工作安排，要求所有行政职能部门及时下科室解决问题、现场指导、追踪整改，认真贯彻落实“一线工作法”，把时间留给医护人员，把医护人员留给病人，让医护有足够多的时间与精力为病人服务，使医护工作贴近患者、贴近临床、贴近社会。

长风破浪会有时，直挂云帆济苍海。汨罗市人民医院牢固树立“您的健康、我的心愿”的服务理念，始终坚持“以病人为中心、以质量求发展、以管理促效益”的办院方针，遵循“厚德精医、求索致远”的医院精神，着力塑造“为病人解难、为员工谋利、为政府担责、为社会造福”的公立医院良好形象，以精湛的技术、先进的设备、优质的服务、合理的价格、现代化的管理深受广大人民群众的赞誉。

汨罗市中医医院

院长　郑湘波

党员活动日

“悬壶济世、厚德为民”主题文化活动

汨罗市中医医院始建于1966年3月，是一所集中医医疗、教学、科研、康复、预防保健于一体，以中医为主、中西医结合的二级甲等现代化综合性医院。医院占地面积21463平方米，建筑面积27360平方米，医疗用房面积9000平方米，南院9371平方米，设有门诊大楼、急诊大楼(120急救中心)、住院大楼、放射楼、药剂楼、综合大楼、教学大楼、学生住宿大楼，是汨罗市红十字会二医院、医疗保险定点单位、农村合作医疗定点单位、铁路医保定点单位，汨罗市中医药适宜技术推广基地。新中医医院建设已完成设计工作，进入主体工程建设倒计时。2004年创建“湖南省重点中医急诊科”；2007年创建“湖南省农村示范中医医院”；2012年针灸康复科创建为“湖南省特色专科”；2014年儿科创建为“岳阳市中医名科”；2014年加入湖南省“湘中医”联盟；2015年加入湖南省中医专科联盟；2016年成为中南大学湘雅医院双向转诊、定点指导医疗合作单位。医院现有在职职工357人，其中医疗专业技术人员315人。高级职称14人，中级职称86人，中医中药专业技术人员152，其中1人获岳阳市名医称号，湖南省基层老中医药专家学术经验继承指导老师1人。退休人员88人，全院共计人员445人。医院现开放床位200张，设有16个临床科室（门诊部、内一科、内二科（肾病科）、骨伤科、外一科、外二科、妇产科、血透科、儿科、急诊科、针灸康复科、肛肠科、口腔科、五官科、皮肤科、麻醉科、手术室）；11个辅助科室（放射科、检验科、生化室、病理室、B超科、心电图科、胃镜科、高压氧治疗科、碎石科、健康体检科、治未病科）、汨罗市“120”急救中心。

汨罗市长乐初级中学

省领导检查工作

市领导考察学校商店

“中国楹联教育基地”授牌

长乐中学创办于1950年，1976年从文昌阁搬迁到海螺山，全名为长乐镇初级中学，学校布局合理、风景秀丽、交通方便、周边环境良好，是读书求学的理想场所。

学校占地面积为41367平方米，校舍建筑面积为13978平方米，现有五栋教学楼，三栋教师宿舍楼，一栋学生宿舍楼，一栋综合性科教大楼，内设可容纳140人多媒体教室一间，三个达省级一类标准的实验室，三个仪器室，图书室一间，藏书60000余册，微机室一间，计算机68台，学校总资产约2700万元，是汨罗市农村规模最大的初级中学。学校现有教学班24个，师生共1300余人，先后有21名教师被评为汨罗市“名师”“师德标兵”“十佳班主任”，8名教师被评为岳阳市优秀教师，两名校长被评为岳阳市优秀校长。近几年来，教师参加教学竞赛，共有5人次获省级一、二等奖，12人次获地级一、二等奖，40多人次获市级一、二、三等奖。学校1988年被评为“岳阳市级文明学校”；1990年被授予“全国星火杯”先进集体称号；1995年被评为岳阳市一级学校；1997年被评为汨罗市“花园式”学校；2000年被授予岳阳市“教育教学实验示范学校”；2004年、2005年、2006年评为汨罗市体育测试先进考点；2006年中央教科所授予我校“传统文化与语文教学实验学校”、；2010年被评为岳阳市“依法治校示范校”、汨罗市教育局授予我校“安全文明校园”称号、被评为岳阳市“青少年科技活动示范基地”、通过湖南省合格学校验收，授予省“合格学校”称号、2011年汨罗市教育局授予我校“教师培训示范学校”称号；2012年被评为岳阳市先进基层教育学会、2013年，学校被评为“岳阳市语言文字规范化示范校”，2017年，学校被评为国家中小学楹联教学基地。2007年至今学校目标管理、教育教学质量连续九个年度进入市级先进行列。

长期以来，长乐中学一直秉承“一切为了孩子，一切为了明天”的办学理念，视教学质量为学校生存发展的生命线，把课堂教学改革不断推向深入。自2010年推行课改以来，长乐中学与时俱进、锐意进取，使这所昔日名校又呈现出勃勃生机。2011年我校被定为“汨罗市课堂教学改革样板校”，2016年，我校被评为“岳阳市课堂教学改革样板校”。

元旦晚会

校园风光

学校大门

中央储备粮汨罗直属库有限公司

团结务实的管理团队

湖南省粮食局领导到公司检查指导工作

中央储备粮汨罗直属库有限公司是隶属中国储备粮管理集团公司湖南分公司的全民所有制中央直属企业，地处汨罗市白水镇湘泉路，注册资金3945.26万元。主要从事中央事权粮油的收购、储存、运输、加工、销售及相关业务。公司下辖中心库与平江分公司，中心库于2005年11月由地方粮食企业整体上收为中央直属企业。公司设有综合人事科、财务科、仓储监管科、轮换购销科四个科室，在编员工60人。占地235亩（中心库105亩、平江分公司130亩），总仓容10.8万吨（中心库仓容6.2万吨、平江分公司仓容4.6万吨），目前储粮规模12万吨。公司中心库和平江分公司均配套完整的检化验设备、智能通风系统、智能化粮库系统、消防管网、微型消防站等设施和办公、生活附属设施，仓房规划整齐、布局合理、功能完善、科技储粮水平较高。平江分公司建有日产100吨的大米生产线和日烘干能力300吨的粮食烘干整理中心，是一个集粮食收购、储存、调运、加工、烘干整理于一体的智能、现代化粮库。近年来，汨罗公司始终坚持“两个确保”，贯穿“责任、感恩、团结、诚信”中储粮企业价值观，严格执行国家粮食收储政策，常年收购粮食在10万吨以上，为服务辖区“三农”，维护国家粮食市场稳定，维护国家粮食安全，维护农民利益作出积极贡献。

“新时代，新作为，为中储粮改革发展做出新贡献”主题演讲比赛

“永远的革命精神，永恒的革命传承”主题教育活动

粮库大门

粮食收购现场

中国移动汨罗分公司

员工关爱培训

安全生产培训

"两学一做领先锋，精准扶贫我先行"党员活动

移动分公司成立于1999年7月，位于汨罗市城西南路，主要负责移动通信网、宽带网和数字信息化网络的规划、建设与生产经营管理工作。现有机构设置综合部、市场部、网络部，市场部下设5个营业部、2个中心，在职员工92人。按照年初确定的总体工作思路和目标，坚定信心、奋勇拼搏。在全体员工的共同努力下，各项工作取得显著成效。近年来，先后获得"全国模范职工之家""湖南省文明单位""湖南省消费维权先进单位""省一级档案室""岳阳市工人先锋号"等荣誉称号。公司注重党建领航，党的建设全面加强，以支部标准化建设为主线，以推进"两学一做"专题教育常态化制度化为手段，全面贯彻落实党的十九大会议精神。深入落实党建工作责任制，加强"六好党支部"建设，严格落实"三会一课"制度、"党员活动日制度"，全面提升支部全体党员的理论水平和四个意识，在各项工作中国发挥党员先锋模范作用。公司积极履职尽责，企业形象更加彰显，以企业文化建设为抓手，做好精神文明建设，不断加强员工凝聚力和向心力。在制度建设上下功夫，抓好内部管理，在人力资源、财务管理、安全生产等各个环节按要求落实到位；开展"转型发展当先锋，共筑幸福移动梦"主题活动，参与"撸起袖子干，推动新跨越"奋斗文化大讨论；举办四期道德讲堂；开展"师徒结对"活动，以老带新，发扬光荣的工作和思想传统；开展工会主席"送清凉、走听转"活动，慰问奋战在一线的营销队伍及员工；开展"优秀女职工""五好家庭"评选工作。

办公楼

"保护汨罗江、保护母亲河"社会公益活动

湖南汨罗农村商业银行股份有限公司

省农信联社纪委书记余开生视察视频监控中心

省农信联社主任李勤视察建设路支行

2017 年，汨罗农商银行充分挖掘体制潜能，全面释放机制等各方面的优势，加强精品网点建设，积极开发业务产品大力推进转型发展。公司产权改革带来的蝴蝶效应充分显现，全年实现经营利润 1.24 亿元，增长 130.99%；各项存款 50.46 亿元，比年初净增 10.67 亿元，增长 26.79%；日均存款比年初净增 10.21 亿元，增长 28.1%；各项贷款 20.28 亿元，比年初净增 5.34 亿元，增长 34.56%；总收入 2.75 亿元，增长 42.41%；电子银行替代率 64.92%，手机银行新增开户 1.37 万户。从 2015 年启动农商银行改革以来，历经两年多的时间，特别是从 2016 年 8 月份以来，用不到五个月的时间，使不良贷款大幅下降，历年财务包袱全部消化；资本充足率、不良率等监管指标显著改善，提前获得省银监局《关于筹建湖南汨罗农村商业银行股份有限公司的批复》（湘银监复〔2016〕299 号）和《关于湖南汨罗农村商业银行股份有限公司开业的批复》（湘银监复〔2017〕30 号）。2017 年 1 月 24 日，举办汨罗农商银行开业活动。省农信联社党委书记、理事长张志军出席开业仪式，并与岳阳市委常委、军分区政委张作坤，汨罗市委书记喻文，汨罗农商银行董事长甘冠军为汨罗农商银行揭牌。汨罗市委常委、常务副市长林治学发表讲话，汨罗市副市长宋辉主持开业仪式。省联社办公室、改革发展部、岳阳办事处、岳阳银监分局、人行岳阳中支、岳阳各县级行社及市筹建工作小组、市清收不良贷款领导小组成员单位负责人参加了开业活动。开业仪式上，向市教育基金会捐款 50 万元。汨罗农商银行的成立，宣告结束农信社在汨罗市的历史，实现了农信社向农商银行的华丽转身，了却了汨罗市几代农信人为之奋斗的夙愿。

董事长甘冠军、行长何卫军走访金正科技有限公司

召开农户贷款评级授信工作现场会

华融湘江银行汨罗市支行

行长　柳金龙

华融湘江银行汨罗市支行是该行设立的第一家县域支行，支行成立以来，在当地树立了良好的银行业服务形象，为当地广大民众提供优良的金融服务，在际内国内经济形式日益严峻的情况下，汨罗市支行主动作为，积极践行“走出去”战略，持续加大对重大项目和民营企业信贷支持，推助“三园一区”发展，脚踏实地服务实体经济，为汨罗当地经济建设做出突出贡献，成为汨罗金融行业一颗璀璨的明珠。

2017 年，支行各项存款余额为 12 亿元，全年累计投放表内表外授信敞口余额 15 亿元，为汨罗市发展做出了自己的贡献。同时，汨罗市支行通过内练苦功，外塑形象，服务能力不断提升，品牌影响力不断扩大，支行先后获得省级工人先锋号、岳阳市级工人先锋号、汨罗市级金融安全风险评估优秀网点等良好成绩。

大厅

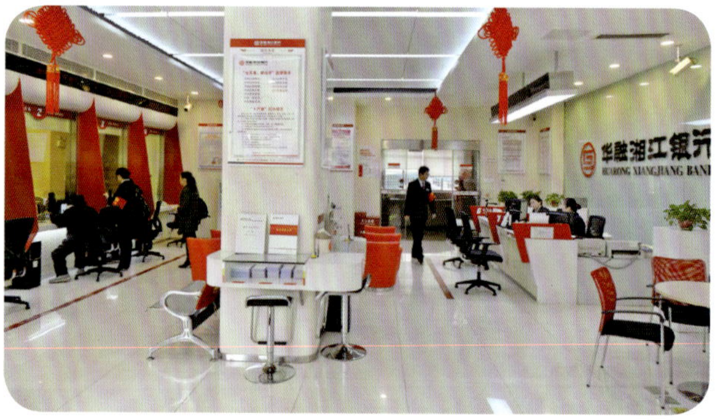

业务办理

全体员工

汨罗市住房公积金管理中心

主任　荀志敏

2017 年，市公积金通过与工商、社保、质监等部门实现信息互通，全面掌握全市应建未建住房公积金制度单位及职工情况，及时跟进催建催缴，加大政策宣传力度，让单位和职工了解建立住房公积金制度是单位的法定义务和职工的合法权益，进一步增强职工的自我维权意识，并将扩面重点逐步向民营以及中小型企业拓展，不断扩充制度覆盖领域。该中心强化执法工作，通过查处群众反映强烈的不缴少缴住房公积金违法案件，提高行政执法的社会影响力，实现应缴尽缴。2017 年全市新增缴存单位 22 个，新增缴存职工 465 人，至 2017 年末，全市累计有 365 个单位建立了住房公积金制度，住房公积金制度覆盖职工人数达到 1.86 万人。同时，严格落实“控高保低”政策，切实维护低收入职工群体的合法权益。2017 年全年收缴住房公积金 1.76 亿元，完成年度目标任务的 100%；全年提取 9030 万元，实现收缴余额 8.06 亿元，为职工提供了稳定可靠的住房资金积累。中心积极做好住房公积金贷款工作，规范业务流程，完成住房公积金贷款政策调整工作，并不断加大公积金个贷发放力度，开展在途贷款业务清理工作，缩短贷款业务办理周期，简化业务流程，提高工作效率。2017 年向 468 个职工家庭发放贷款 1.5 亿元，累计向 2008 个职工家庭发放公积金贷款 5.4 亿元，实现贷款余额 4.7 亿元；有效提高了职工购房支付能力。

“两学一做”专题会

义务植树活动

民主生活会

走访慰问贫困户

湖南腾顺保险销售服务有限公司汨罗营业部

总经理　彭杰

湖南腾顺保险销售服务有限公司是经中国保监会批准，于2005年4月正式成立的专业保险销售服务公司，是国家一级金融法人机构。公司以“诚信、专业、高效”为经营理念做好客户与保险企业的沟通桥梁，在为保险公司创造价值的同时，实现客户利益最大化，实现合作三赢的良性局面。目前，公司与在湖南的40多家产/寿险公司均有良好的业务合作，成为保险公司重要的合作伙伴，也成为保险公司价值最大化的销售渠道。为保险行业逐步实现“产销分离”奠定了基础，打下了市场铺垫。同时潜心打造一个长久稳定的就业平台，产险+寿险、销售+理赔、线上+线下、个人+平台，打造全方位、全流程、全平台的服务模式，和广大合作伙伴一起，实现“利益共享、合作共赢”的经营目标。

腾顺公估一直以“公正、专业、共赢”的企业精神，打造业内知名的“腾顺公估”品牌。未来公司将按照中国保监会的要求，在保险公估领域，大力提升保险公估的专业技术和服务能力，全面提升公司的竞争力，发挥公估在保险理赔中的积极作用。同时，公司将通过不断的提升自身能力，致力于打造国内领先的“公正、专业、共赢”保险公估公司。为了提供优质的保险公估服务，确保公估报告的质量，防止在公估业务和缮制公估报告过程中出现疏漏和错误，公司技术团队开发综合数据平台，年底上线使用，加快了查勘资料的上传，提高了案件流转时效。腾顺努力实践的企业使命为：通过制度保障合作伙伴的终身事业归属，通过诚信保障成为保险供应商信赖的合作者，通过专业保障成为保险中介市场优质的服务企业，腾顺与您一起创造、腾顺与您共同分享！

获得的部分荣誉

员工风采

汨罗国际广场

在汨罗市委、市政府“迎老乡、回故乡、建家乡”的政策引导下，中国500强友阿集团响应国家新型城镇化和乡村振兴战略的号召，打造县域经济标杆项目——汨罗国际广场。

项目位于汨罗市政府十三五规划重点发展区域高泉新城的核心位置，沿江大道与高泉北路两条主干道的黄金十字路口。汨罗国际广场作为高泉新城的一号工程，将承担起高泉新城商圈建设的重任，成为城市新名片。

项目总占地约130亩，总建筑面积18万方，由一期8万平方的国际商贸城和二期10万平方的城市综合体组成。其中一期国际商贸城2018年年底开业，已经成功入驻上百家知名品牌商户，二期城市综合体已经在整体施工当中。项目建成后将是一个集时尚购物、娱乐、餐饮、休闲、儿童体验等为一体的汨罗唯一的大型城市综合体，对带动地方经济，提供就业岗位，引领商业进步，满足人民对美好生活的期待起到巨大促进作用。汨罗国际广场自今年6月30日招商大会开幕以来，不负众望的开启了一波招商热潮，以广阔的财富前景，赢得了众多行业巨头商家的青睐和信任。高泉新城，作为市委市政府“沿江为主、组团开发、加减结合、内疏外扩”的战略区域，是汨罗核心商圈外拓的主力方向，城市战略升级的重要发端。在规划上，高泉新城规划为城市的中心区，功能上集城市市级商业金融中心、教育医疗公共服务中心、城市主要的生活居住区和配套的生活物资配送基地于一体。目前，高泉片区已建设或立项的项目有两馆两中心、汨罗江湿地公园、市人民医院、长途汽车总站等。

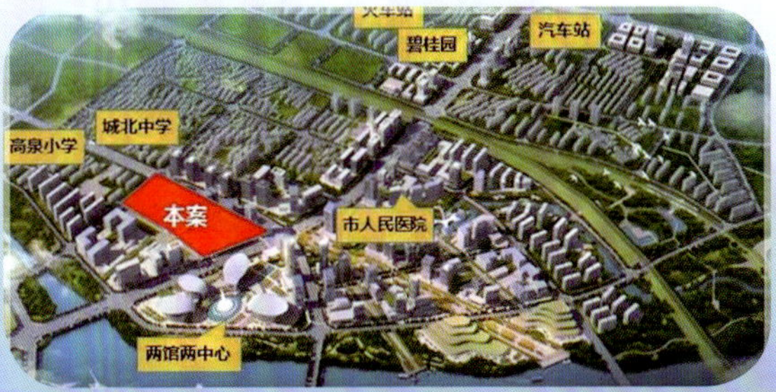

周边配套

奠基仪式

湖南华建建筑工程有限公司

总经理　彭建云

“3A”级信用企业证书

湖南华建建筑工程有限公司有职称人员 157 人，其中高级职称 3 人，工程师 25 人，助理工程师 128 人，中级会计 1 人，壹级建造师 1 人，二级建造师 11 人，工程技术人员 155 人，年平均人数约 300 人。近年来，公司承建了汨罗市西湖公园片区公寓式安置房建设工程；汨罗市地税三分局公租楼、办公楼工程；汨罗市职业中专学校校篮排球场改造工程；湖南省长乐情食品科技年产 4 万吨甜酒建设项目；湖南省公安厅交警总队项目；中国邮政集团公司湖南省长沙邮区中心局邮件处理中心墙和地面改造工程；湖南涉外经济学院学生宿舍土建改造项目；汨罗市玉池乡卫生院门诊综合楼工程；汨罗市玉池乡公租房新建工程；南昌至宁都高速公路 A6 合同段挖孔桩施工工程；汨罗市古培卫生院住院楼新建工程；永州市新田水文站土建工程、汨罗市人民法院诉讼服务中心新建工程；汨罗市龙舟北路项目区标准化厂房建设项目；江县石牛江镇贺家塘村等十三个村土地整治项目；安乡县 2015 年市级农村土地整治工程建设项目；广东省龙川至怀集公路 TJ36 合同段挖孔桩施工工程等项目。每项工程合格率为 100%，优良率在 30% 以上，未发生过任何安全和质量事故，深受业主的好评。公司连续十年获得汨罗市“重合同守信任单位”“经营管理先进单位”“湖南省建筑企业 AAA 信用企业”“岳阳市建筑业协会 A 级信用企业”“全国中小企业 AAA 级信用企业”“招投标信用等级 AAA”等荣誉。公司注册资本金 2018 万元，固定资产原值 1395 万元，净值 1050 万元。拥有各类施工机械 392 余台套，完全具备民用建筑、工艺厂房、道路工程、土石方工程、体育场馆设施、市政、环保及装饰装修的综合施工能力。

获得的部分荣誉

承建项目天惠铜业扩建工程

承建项目循环经济产业园厂房

汨罗市建功工程建设监理有限公司

住建局副局长周月平讲党课

总经理杨帆参加助学活动

汨罗市建功工程建设监理有限公司成立于 2002 年 7 月，遵循建设部《建设工程项目管理试行办法》(自 2004 年 12 月 1 日起执行)，通过企业整合而设定的，是融合各方面资源的智力技术型企业。现公司拥有房屋建筑工程监理乙级资质，拟申报甲级资质。公司技术力量雄厚，目前公司有各类技术人员 86 名，其中学士学位一人，具有高级职称 (工程师) 6 人，具有中级职称的 (工程师) 30 人，国家注册监理工程师 15 人和省级监理工程师 15 人，国家注册一级建造师 1 人；本公司监理工程师、建造师都来自著名高等学府、承担过大型工程的监理和工程技术与管理服务，业务素质好、理论水平高、敬业精神强，具有丰富的工程施工经验和监理经验。公司现有大、中型专业仪器设备 10 台，其中全站仪 1 台，万能压力机 1 台，水准仪 3 台，经纬仪 2 台，测距仪 10 台等办公化设备等。公司自成立以来，承担大小各类项目七百多项，多个项目受到主管部门、业务部门的高度称赞。

该公司管理科学规范，严格执行国家和湖南省各项规定和政策，按照质量体系标准建立完善的质量体系并确保有效运行，制定了一系列管理制度和公司内部规定。“循道、厚德、诚信、感恩”是公司人的品质，一流的技术、高水平的管理、雄厚的人才资源是公司的优势，“公正、科学、严谨、拼搏、开拓、进取”是工作的行为准则，“严格监理、诚信服务”是公司一直秉承的监理理念，认真履行合同，高质量完成业主委托的任务是公司追求的目标。该公司将发扬务实的敬业精神，竭诚为委托单位提供优质的服务，积极为建设工程项目管理和国家经济建设做出贡献。

“七一”助学活动

汨罗市老年活动中心

检查弼时飞地产业园美好置业

检查屈子生态湿地公园施工

湖南屈原酒业有限公司

董事长　何伟雄

办公楼

湖南屈原酒业有限公司坐落于洞庭湖东岸风光旖旎的汨罗江畔，占地 150 亩，是湘北地区唯一取得食品经营许可的白酒和特制腊味酒生产厂家。公司创建于 1966 年，原名国营汨罗县酒厂，2003 年更为现名。公司注册资本 2000 万元，法人代表何伟雄。公司主营业务白酒、调味料酿造与销售，2017 年，完成营业收入 7000 余元，实现利税近 1000 万元，拥有固定资产近 1 亿元。公司被认定为“湖南省农业产业化省级龙头企业”，“屈原”商标被认定为“中国驰名商标”，“屈原”酒品牌被认定为“湖南省名牌产品”和“湖南老字号”品牌。屈原酒秉承浓香型白酒“混和续糟、双轮发酵、分层起糟、量质摘酒”的传统生产工艺，聘请四川宜宾五粮液酒厂酿酒专家舒尤荣先生担任常年技术顾问，汲取名、优酒酿造技术之精髓，借助汨罗江得天独厚的自然生态环境，结合现代微生物技术的运用，选用优质高粱、小麦、玉米、糯米、大米五种粮食为原料酿制而成。精粹的粮食、精湛的工艺、精美的环境成就了屈原酒高贵的品质——酒香浓郁、入口醇甜、落口爽净、回味悠长。产品质量符合国家名优白酒标准，曾荣获“马来西亚国际金奖”“湖南省优质产品”“湖南省首届名优特新农副产品博览会金奖”“第三届中国（长沙）国际食品博览会金奖”等。“弘工匠精神，创百年品牌”是公司始终如一的追求，公司将以诚信经营企业，以质量拓展市场，以品牌赢得未来，走“产业融合”之路，将屈原酒生态酿酒园打造成集白酒酿造、湘楚民俗、风景园林于一体的 3A 级旅游景点；走“品牌战略”之路，将“屈原酒”打造成世界华人的“端午酒”！

展厅

部分产品

湖南省屈之源食品科技有限公司

董事长　周红勇

董事长周红勇代表汨罗粽子参加央视节目《又逢艾香时》

湖南省屈之源食品科技有限公司成立于 2014 年 10 月，公司全力传承弘扬汨罗江畔传统美食手工技艺与文化，以屈子文化为核心，以汨罗江端午习俗为着力点，结合现代化标准生产与工艺，应用先进的企业管理与质量控制体系，集食品研发、生产、销售于一体，为广大消费者提供更安全，更健康，更美味的传统美食新体验。屈之源系列产品汨罗粽子、汨罗红薯粉、汨罗红薯片、汨罗老月饼等产品，数年来凭借过硬的产品质量与口碑，迅速发展成为市场热销的食品品牌。其中公司推出的汨罗粽子，为湖南省文化旅游产业的重要基地——屈子文化园提供最具地方特色的旅游产品。赛龙舟、吃粽子、作为中华民族沿袭千年的重要传统节日习俗，“屈之源”汨罗粽子即将成为“汨罗江畔，端午习俗——世界非物质文化遗产”最具代表性的符号性文化产品。近年来，屈之源影响越来越大，受到媒体的诸多关注。2017 年，湖南经视专题报道其汨罗粽子产业；2018 年，中央电视台 CCTV3《又逢艾香时》、中央电视台 CCTV2《消费主张》、中央电视台 CCTV9《餐桌上的节日》、新华通讯社《新华每日电讯》、中共湖南省委机关报《湖南日报》、中国外文出版发行事业局《中国网》等都对其汨罗粽子进行专题报道。

公司产品

“赏端午文化品千年美食”屈之源特色产品推介暨中秋感恩答谢会

文旅广新局副局长朱佑宝为屈之源授汨罗市非物质文化遗产传承基地

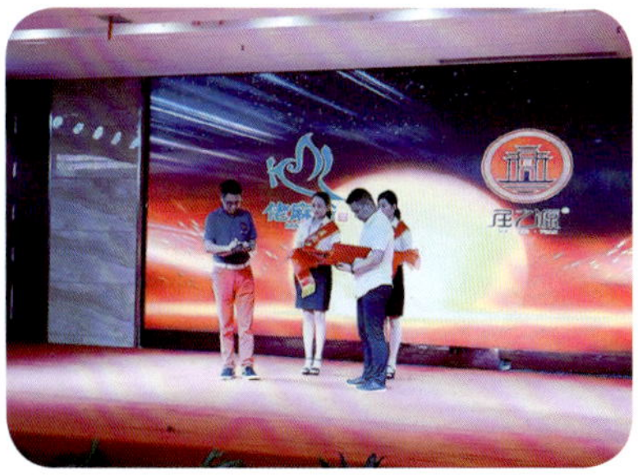

广东佬麻雀餐饮管理有限公司创始人，广东省湖南汨罗商会秘书长，何威先生做客户分享并现场签约为长远合作伙伴

川山毛笔制作技艺

岳阳市级非物质文化遗产项目

传承人　卢存旭

川山素有“毛笔艺术之乡”之美称。早在汉代，川山就有民间制作毛笔的史料记载，距今已有两千多年历史。据境内“清泉”石刻表明，“清泉”二字乃宋代经学家朱熹见川山毛笔精湛，毅然步王羲之《兰亭》风韵，足踏清泉溪，手提川山笔，信手在石壁上写下了“清泉”二字，留存至今，供人凭吊。川山毛笔以独产的汨竹、红竹、羊毛、狼豪、牛骨、高级胶水为原料采用系列传统工艺精制而成，笔杆纯白、花色或黑色，精制牛骨作项盖装饰，笔头细嫩，洁白，身架平稳，蘸墨适中，着墨均匀，书写流利、光滑，其工艺流程有配料、水盆、斗笔、整笔、装簧、检验、包装等七大工序。按其构造和用途，可分为羊豪、狼豪等 2 类，小楷、中楷等 37 亚类，特制小楷、双料小楷等 184 个品种。其产品畅销国内以及东南亚、西欧、美国等地，受到书画爱好者及国际友人的高度赞誉，并先后荣获“世界博览会金奖”、国家“部优产品”、国家“农牧渔业部优奖”、省“优质产品”、省“优等产品”等荣誉称号。2016 年，川山毛笔制作技艺被湖南省文化厅公布为湖南省第四批省级非物质文化遗产保护项目。

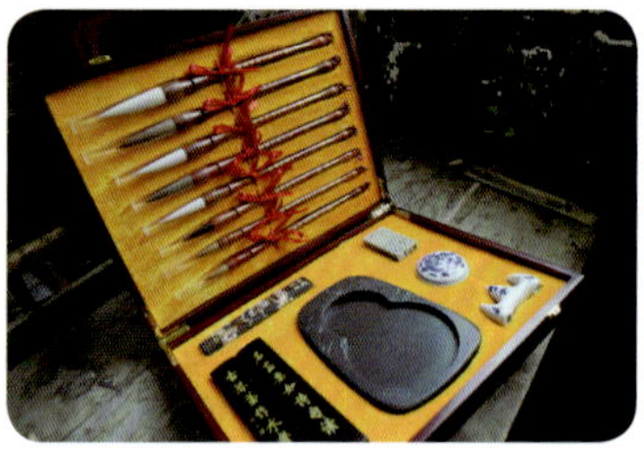

川山毛笔产品